Bulgakow · Die Treppe ins Paradies

Herausgegeben von
Ralf Schröder

Aus dem Russischen
von Thomas Reschke

Michail

Bulgakow

Die Treppe ins Paradies

Erzählungen
Feuilletons
Tagebücher
Briefe

Verlag
Volk und Welt
Berlin

Mit einem Nachwort von Ralf Schröder

ISBN 3-353-00817-9

1. Auflage

Quellenverzeichnis: Hundeherz: © Zs. „Znamja", Moskau 1987, Nr. 6; Tagebücher: © Zs. „Teatr", Moskau 1990, Nr. 2; Autobiographische Erzählungen: © M. Bulgakow, „*Izbrannye proizvedenija v dvuch tomach*", Bd. 1, Vlg. Dnipro, Kiew 1989; Erzählungen und Feuilletons: © M. Bulgakow, „*Sobranie sočinenij v pjati tomach*", Bd. 1 u. 2, Vlg. Chudožestvennaja literatura, Moskau 1989; Briefe: © Zs. „Oktjabr", Moskau 1987, Nr. 6
Einbandentwurf: Klaus Krüger
Satz, Druck und Einband: Graphischer Großbetrieb Pößneck GmbH
Ein Mohndruck-Betrieb
Printed in Germany

Hundeherz

1

Huuuuuh! Oh, seht mich an, ich sterbe. Der Schneesturm im Torweg heult mir das Sterbegebet, und ich heule mit. Ich bin verloren, verloren. Der Schuft mit der schmutzigen Mütze, Koch in der Kantine für Normalverpflegung der Angestellten des Zentralrats der Volkswirtschaft, hat mich mit kochendem Wasser begossen und mir die linke Seite verbrüht. Dieser Dreckskerl, und das will ein Proletarier sein. Herr du mein Gott, wie das weh tut! Das kochende Wasser hat sich bis auf die Knochen durchgefressen. Jetzt heule ich und heule, aber hilft das etwa?

Was habe ich ihm getan? Fresse ich etwa den Zentralrat der Volkswirtschaft arm, wenn ich den Müll durchwühle? Gieriges Vieh! Seht euch bloß mal die Visage an! Der Kerl ist ja mehr breit als hoch. Ein Gauner mit kupferroter Fresse. Ach, die Menschen, die Menschen. Mittags hat er mich mit kochendem Wasser bewirtet, und jetzt wird es schon dunkel, vier Uhr nachmittags mag es sein, nach dem Zwiebelgeruch aus der Feuerwache in der Pretschistenka-Straße zu urteilen. Die Feuerwehrleute essen zu Abend Grützbrei, wie ihr wißt. Aber das ist ja das allerletzte, fast so wie Pilze. Bekannte aus der Pretschistenka haben mir übrigens erzählt, in der Neglinnaja-Straße, im Restaurant „Bar“, da fressen sie als Tagesgericht Pilze in pikanter Soße, 3 Rubel 75 Kopeken die

Portion. Das ist was für Feinschmecker, so als ob man an einer Galosche leckt. Huuuuuh …

Die Seite tut unerträglich weh, und meine weitere Karriere ist deutlich abzusehen: Morgen werden sich Geschwüre bilden, und womit soll ich die kurieren? Im Sommer kann man in den Park von Sokolniki flitzen, da wächst ein sehr gutes Kraut, außerdem frißt man sich gratis an Wurstzipfeln satt und leckt das fettige Papier ab, das die Bürger wegschmeißen. Und wenn nicht irgendeine alte Vettel auf der Wiese im Mondschein „holde Aida“ singt, so daß einem das Herz in die Hose rutscht, ist es dort wunderschön. Aber wo soll ich jetzt hin? Hat man Sie schon mal mit dem Stiefel in den Hintern getreten? Man hat. Hat man Ihnen schon mal einen Ziegelstein in die Rippen geschmissen! Ich glaube, oft genug. Ich habe alles durchgemacht, ich finde mich mit meinem Schicksal ab, und wenn ich jetzt weine, dann nur vor physischem Schmerz und vor Kälte, denn mein Geist ist noch nicht erloschen. Hunde haben einen zähen Geist.

Nur mein Körper, der ist zerschlagen und zerbrochen, die Menschen haben sich reichlich daran ausgetobt. Das schlimmste: Das kochende Wasser hat sich durchs Fell gefressen, also ist die linke Seite jetzt ungeschützt. Ich kann sehr leicht eine Lungenentzündung kriegen, und wenn ich die habe, liebe Leute, dann muß ich Hungers krepieren. Mit Lungenentzündung soll man im Vorderhaus unter der Treppe liegen, doch wer wird dann für mich, den einsam daliegenden Hund, die Müllkästen nach Nahrung absuchen? Wenn die Lunge krank wird, krieche ich auf dem Bauch und werde immer schwächer, und jeder ausländische Spezialist kann mich mit dem Knüppel totschlagen. Dann packen mich die Hausmeister am Bein und schmeißen mich auf den Wagen …

Die Hausmeister sind von allen Proletariern das scheußlichste Gesindel. Menschlicher Abschaum, die allerunterste Kategorie. Köche gibt's verschiedene. Zum Beispiel der verstorbene Wlas aus der Pretschistenka. Wie vielen hat er das Leben gerettet! Wenn man krank ist, muß man vor allem einen Bissen schnappen. Alte Hunde erzählen, Wlas hätte manchmal sogar mit einem Knochen gewinkt, an dem noch ein Achtelchen Fleisch dran war. Gott schenkte ihm das Himmelreich, denn er war eine wirkliche Persönlichkeit, herrschaftlicher Koch bei den Grafen Tolstoi, nicht beim Zentralrat für Normalverpflegung. Was die da mit der Normalverpflegung anstellen, ist für einen Hundeverstand unfaßbar. Die Halunken nehmen ja für die Kohlsuppe stinkendes Salzfleisch, und die armen Kunden wissen es nicht. Sie laufen hin, fressen, schlürfen.

Eine Stenotypistin in der neunten Lohngruppe kriegt fünfundvierzig Rubel, allerdings schenkt ihr Liebhaber ihr noch Strümpfchen aus Fil de Perse. Aber für diese Strümpfe muß sie sich eine Menge gefallen lassen. Er behandelt sie ja nicht auf gewöhnliche Weise, sondern zwingt sie zu französischer Liebe. Diese Franzosen sind richtige Schweine, unter uns gesagt. Sie mampfen zwar üppig, und immer gibt's Rotwein dazu. Ja ... Da kommt sie angelaufen, die kleine Stenotypistin, schließlich kann sie mit fünfundvierzig Rubeln nicht in die „Bar" gehen. Auch fürs Kino reicht es nicht bei ihr, dabei ist das Kino für die Frauen das einzige Vergnügen im Leben. Sie zittert und verzieht das Gesicht, aber sie mampft ... Man denke nur: vierzig Kopeken für zwei Gerichte, und die sind beide keine fünfzehn wert, weil die restlichen fünfundzwanzig der Wirtschaftsleiter gestohlen hat. Ist solches Essen etwa gut für sie? Ihre rechte Lungenspitze ist nicht in Ordnung, außerdem hat sie eine Frauenkrankheit auf französischer Grundlage, auf Arbeit haben sie ihr was abgezogen, in der Kantine hat man sie mit verfaultem Fleisch gefüttert. Da kommt sie, da kommt sie ... Sie läuft in den Torweg mit den Strümpfen von ihrem Liebhaber. Ihre Beine frieren, es bläst ihr in den Bauch, denn ihr Fell ist so ähnlich wie meins, aber sie trägt dünne Höschen als Augenschmaus für ihren Liebhaber. Solches Zeug aus Spitzen. Wenn sie eine Flanellhose anzieht, brüllt er los: Was bist du doch unelegant! Ich hab genug von meiner Matrjona, die hat mich gepeinigt mit ihren Flanellhosen. Jetzt ist meine Zeit gekommen. Ich bin jetzt Vorsitzender, und was ich zusammenklaue, geht alles drauf für den weiblichen Körper, für Krebsschwänze und

Abrau-Durso-Wein. In meiner Jugend habe ich genug gehungert, mir reicht's, und ein Leben nach dem Tode gibt es nicht.
Sie tut mir so leid! Aber ich selber tu mir noch mehr leid. Ich rede nicht aus Egoismus, o nein, sondern weil wir wirklich in ungleichen Umständen leben. Sie hat es wenigstens zu Hause warm, aber ich, ich … Wo soll ich hin? Huuuuuh!
„Komm her, komm her! Komm, Bello … Was winselst du so, du Ärmster? Hat dir jemand was getan? Ach …"
Der trockene Schneesturm, dieser Hexenmeister, tobte durch den Torweg und fegte dem Fräulein um die Ohren. Er blies ihr das Röckchen bis zu den Knien hoch, entblößte die cremefarbenen Strümpfchen und einen schmalen Streifen der schlechtgewaschenen Spitzenunterwäsche, drückte die Worte zurück in den Hals, schleuderte den Hund beiseite.
„Mein Gott, was für ein Wetter … Ach … Und der Bauch tut mir weh. Dieses Salzfleisch, davon kommt es! Wann hört das alles bloß auf?"
Mit gesenktem Kopf stürzte sich das Fräulein in den Angriff und stürmte durch das Tor. Auf der Straße drehte es sie herum, und sie verschwand in einem Schneewirbel.
Der Hund blieb im Torweg, die verbrühte Seite schmerzte, er drückte sich an die kalte Wand, hechelte und war fest entschlossen, nicht mehr wegzugehen, sondern hier im Torweg zu krepieren. Die Verzweiflung warf ihn nieder. Ihm war so bitter und schmerzlich zumute, er fühlte sich so einsam und verängstigt, daß ihm Hundetränen, klein wie Pickel, aus den Augen tropften und sogleich trockneten. An der verdorbenen Seite klebten gefrorene Klumpen, dazwischen leuchteten unheilvoll die roten Flecke der Verbrühung. Die Köche waren doch unglaublich gedankenlos, stumpfsinnig, grausam. Bello hatte sie ihn genannt … Wieso zum Teufel bin ich Bello? Bello, das bedeutet schön, dumm, wohlgenährt, ein Bello frißt Haferbrei und hat angesehene Eltern, ich dagegen bin struppig, schlaksig und lumpig, mein Hals ist sehnig, ich bin ein Straßenköter. Übrigens, schönen Dank für das freundliche Wort.

In dem hellerleuchteten Laden auf der anderen Straßenseite klappt die Tür, und heraus kommt ein Bürger. Ja, ein Bürger, kein Kollege, höchstwahrscheinlich sogar ein Herr. Er kommt näher – klarer Fall, ein Herr. Ihr meint wohl, ich seh das am Mantel? Quatsch. Einen Mantel tragen jetzt schon viele Proletarier. Freilich, bei denen sehen die Kragen anders aus, da gibt's nichts zu reden, aber das kann man auf die Entfernung verwechseln. Wenn man jedoch die Augen sieht, gibt's keine Verwechslung. Oh, die Augen sind ganz wichtig. Die sind wie ein Barometer. Man sieht alles – wer eine verdorrte Seele hat, wer einem für nichts und wieder nichts die Stiefelspitze in die Rippen stößt und wer vor allem und jedem Angst hat. Solch einen niedrigen Lakaien beißt man ja gern in den Knöchel. Wenn du Angst hast, nimm's hin. Hast du Angst, dann hast du's verdient. Rrrrr... wau-wau ...

Der Herr, in einen Schneewirbel gehüllt, überquert selbstsicher die Straße und kommt auf den Torweg zu. Ja, ja, bei dem ist alles zu sehen. Der würde niemals verfaultes Salzfleisch fressen, und wenn es ihm jemand vorsetzt, schlägt er gewaltigen Krach und schreibt an die Zeitungen: Ich, Filipp Filippowitsch Preobrashenski, bin betrogen worden.

Er kommt immer näher. Dieser Mensch ißt reichlich und stiehlt nicht, er tritt auch keinen mit dem Fuß, aber er hat auch vor niemand Angst, und zwar weil er immer satt ist. Er ist ein Herr der geistigen Arbeit, mit einem feinen Spitzbart und einem grauen Schnurrbart, der sieht buschig und verwegen aus wie bei einem französischen Ritter, aber im Schneesturm geht ein scheußlicher Krankenhausgeruch von ihm aus. Und nach Zigarre riecht er.

Was zum Teufel mag ihn in den Konsum des Zentralrats geführt haben? Er ist schon ganz nahe ... Was hat er da gesucht? Huuuuuh ... Was kann er schon gekauft haben in dem elenden Dreckladen, hätte er nicht zum Ochotny Rjad gehen können? Was ist das? Wurst. Herr, wenn Sie wüßten, aus was diese Wurst gemacht wird, würden Sie einen Bogen um den Laden machen. Geben Sie sie mir.

Der Hund raffte die letzten Kräfte zusammen und kroch wie

von Sinnen aus dem Torweg auf den Gehsteig. Der Schneesturm ließ über ihm Gewehrschüsse knallen und zauste die riesigen Lettern eines Plakats: „Ist Verjüngung möglich?“
Natürlich ist sie möglich. Der Wurstgeruch hat mich verjüngt, hat mich auf die Beine gebracht, hat heiße Wellen in meinen seit zwei Tagen und Nächten leeren Magen gejagt, hat den Krankenhausgeruch besiegt – der paradiesische Geruch einer durchgedrehten Stute mit Knoblauch und Pfeffer. Ich spüre, ich weiß: Die Wurst steckt in der rechten Tasche seines Pelzes. Er steht über mir. Oh, mein Gebieter! Sieh mich an. Ich sterbe. Eine Knechtsseele hab ich und ein böses Schicksal!
Der Hund kroch wie eine Schlange auf dem Bauch, und seine Tränen strömten nur so. Sehen Sie sich an, was der Koch angerichtet hat. Aber Sie geben mir ja doch nichts. Oh, ich kenne die Reichen sehr gut! Aber was wollen Sie eigentlich mit der Wurst? Wozu brauchen Sie verfaultes Pferdefleisch? Solches Gift kriegen Sie nirgendwo, nur bei der Moskauer Lebensmittelindustrie! Sie haben doch heute gefrühstückt, Sie sind eine Größe von Weltbedeutung dank den männlichen Geschlechtsdrüsen. Huuuuuh ... Was geschieht nicht alles auf der großen Welt! Zum Sterben scheint es noch zu früh, und Verzweiflung ist wahrhaftig eine Sünde. Ich muß ihm die Hände lecken, was anderes bleibt mir nicht übrig.
Der rätselhafte Herr beugte sich mit blitzender Goldbrille über den Hund und entnahm der rechten Tasche ein längliches weißes Päckchen. Ohne die braunen Handschuhe auszuziehen, wickelte er das Papier auf, von dem sogleich der Schneesturm Besitz ergriff, und brach ein Stück Wurst ab, die den Namen „Besondere Krakauer“ trug. Und gab es dem Hund. Oh, edelmütige Persönlichkeit! Huuuuuh!
„Ft-ft“, pfiff der Herr und fügte aufs strengste hinzu: „Nimm! Nimm, Bello!“
Schon wieder Bello. Sie haben mich getauft. Aber nennen Sie mich, wie Sie wollen. Für Ihre einzigartige Tat.
Der Hund fetzte die Pelle ab, biß schluchzend in die Krakauer und verschlang sie im Handumdrehen. Die Wurst und

der Schnee würgten ihn so, daß ihm die Tränen kamen, denn er hätte vor Gier beinahe die Schnur mit verschluckt. Noch einmal lecke ich Ihnen die Hand. Ich küsse Ihnen das Hosenbein, mein Wohltäter!

„Das reicht fürs erste." Der Herr sprach abgehackt, als ob er kommandierte. Er beugte sich zu Bello herunter, sah ihm prüfend in die Augen und strich ihm mit der behandschuhten Hand unerwartet vertraulich und zärtlich über den Bauch.

„Aha", bemerkte er vielsagend, „kein Halsband. Na großartig, dich brauche ich grade. Komm mit." Er schnippte mit den Fingern. „Ft-ft!"

Mit Ihnen kommen? Bis ans Ende der Welt. Und wenn Sie mich mit Ihren Filzschuhen treten, ich sage kein Wort.

In der ganzen Pretschistenka brannten die Lampen. Die Seite schmerzte unerträglich, aber Bello vergaß das zeitweilig, denn ein Gedanke nahm ihn ganz in Anspruch, nämlich in dem Gedränge nicht die wundersame Erscheinung im Pelzmantel zu verlieren und ihr irgendwie seine Liebe und Ergebenheit zu zeigen. Und er zeigte sie wohl siebenmal bis zur Obuchow-Gasse. Bei der Mjortwy-Gasse küßte er ihm den Stiefel, er machte ihm den Weg frei, indem er mit wildem Geheul eine Dame so sehr erschreckte, daß sie sich auf einen Prellstein setzte, und winselte zweimal, um das Mitleid des Herrn wachzuhalten.

Ein Schuft von streunendem Kater, auf sibirisch zurechtgemacht, schlüpfte hinter einer Regenrinne hervor, denn er hatte trotz des Schneesturms die Krakauer gewittert. Bello wurde ganz krank bei der Vorstellung, der reiche Sonderling, der verletzte Köter im Torweg auflas, könnte womöglich auch diesen Gauner mitnehmen, und dann müßte er das Erzeugnis der Moskauer Lebensmittelindustrie mit ihm teilen. Darum fletschte er so wild die Zähne, daß der Kater, zischend wie ein löcheriger Schlauch, an der Regenrinne bis zum ersten Stock hinaufsauste. Rrrrrr ... Wau! Weg! Die Moskauer Lebensmittelindustrie stellt nicht genug her, um jedes Lumpenvieh, das sich in der Pretschistenka herumtreibt, zu füttern. Der Herr wußte die Ergebenheit zu schät-

zen, und bei der Feuerwehrwache, aus deren Fenster das angenehme Brummen eines Waldhorns tönte, belohnte er den Hund mit einem zweiten Stück Wurst, kleiner, an zwanzig Gramm.
Ach, ist der komisch. Er will mich locken. Keine Bange! Ich lauf schon nicht weg. Ich folge Ihnen, wohin Sie wollen.
„Ft-ft-ft! Hier lang!"
In die Obuchow-Gasse? Aber gern. Diese Gasse kenne ich bestens.
„Ft-ft!" Hier rein? Mit Vergnü ...! Ach bitte nein. Nein. Hier ist ein Portier. Der schlimmste auf der Welt. Viel gefährlicher als ein Hausmeister. Eine ganz verhaßte Rasse. Noch scheußlicher als Katzen. Ein livrierter Schinder.
„Komm, hab keine Angst."
„Ich wünsche Gesundheit, Filipp Filippowitsch."
„Tag, Fjodor."
Er ist wirklich eine Persönlichkeit. Mein Gott, zu wem hast du mich geführt, mein Hundelos? Was ist das für ein Herr, der einen Straßenköter am Portier vorbei in ein Haus der Wohnungsgenossenschaft mitnehmen kann? Seht doch, dieser Halunke von Portier – kein Laut, keine Bewegung! Seine Augen blicken zwar finster, aber ansonsten bleibt er gleichgültig unter seiner goldbetreßten Mütze. Als ob es so sein muß. Er respektiert den Herrn, und wie! Nun, ich geh ja auch mit ihm und hinter ihm her. Staunst du, was? Schluck's runter. Ich möchte ihn in sein schwieliges Proletarierbein beißen. Für alles, was er unsereinem angetan hat. Wie oft hast du mir den Besen auf den Kopf geschlagen, na?
„Komm, komm."
Verstehe, verstehe, keine Bange bitte. Wo Sie hingehen, will auch ich sein. Zeigen Sie mir nur den Weg, ich bleib schon nicht zurück, trotz der Schmerzen in der Seite.
Von der Treppe nach unten:
„Post für mich, Fjodor?"
Von unten respektvoll zur Treppe herauf:
„Zu Befehl, nein, Filipp Filippowitsch." Dann mit vertraulich gesenkter Stimme: „In die Wohnung drei sind Wohnungsgenossen reingesetzt worden."

Der gewichtige Hundewohltäter drehte sich auf der Treppenstufe heftig um, beugte sich übers Geländer und fragte entsetzt:
„Waas?"
Seine Augen rundeten, sein Schnurrbart sträubte sich.
Der Portier drunten legte den Kopf in den Nacken, formte aus seinen Händen ein Sprachrohr und bestätigte:
„Jawohl, gleich vier Stück."
„Mein Gott! Ich stelle mir vor, was jetzt in der Wohnung los ist. Was machen sie da?"
„Gar nichts, bittschön."
„Und Wassili Pawlowitsch?"
„Der ist weg, um Wandschirme und Ziegelsteine zu besorgen. Er will eine Trennwand einziehen."
„Weiß der Teufel, was das soll!"
„Filipp Filippowitsch, in alle Wohnungen sollen mehr Leute reingesteckt werden, nur in Ihre nicht. Eben war Versammlung, da haben sie die neue Leitung eingesetzt und die alte gefeuert."
„Was nicht alles geschieht. Eijeijei ... Ft-ft."
Ich komme schon, ich eile. Wissen Sie, meine Seite macht sich bemerkbar. Gestatten Sie, Ihnen das Stiefelchen zu lekken.
Die Goldtresse des Portiers verschwand unten. Auf dem marmornen Treppenabsatz wehte es warm aus den Heizungsrohren, noch eine halbe Treppe, und da war die Beletage.

2

Lesen lernen hat überhaupt keinen Zweck, wenn Fleisch auch so eine Werst weit zu riechen ist. Nichtsdestoweniger: Wenn Sie in Moskau leben und ein bißchen Grips im Kopf haben, lernen Sie wohl oder übel lesen, obendrein ohne Lehrgang. Unter den vierzigtausend Moskauer Hunden wird es kaum einen Idioten geben, der nicht das Wort Wurst buchstabieren könnte.

Bello hatte nach Farben lesen gelernt. Als er grade vier Monate alt war, wurden in ganz Moskau grüne und blaue Schilder mit der Aufschrift MVKG ausgehängt, das bedeutete Fleischhandel. Um es noch einmal zu sagen, das ganze Lesenlernen hat keinen Sinn, denn Fleisch riecht man sowieso. Einmal kam es zu einem Mißverständnis, denn Bello, dessen Geruchssinn von dem Benzinqualm eines Motors geschwächt war, orientierte sich nach der giftigblauen Farbe und lief statt in eine Fleischerei in den Elektroladen der Brüder Golubisner in der Mjasnizkaja-Straße. Bei diesen Brüdern bekam er Isolierdraht zu kosten, und der zieht noch mehr durch als eine Kutscherpeitsche. Dieser denkwürdige Moment darf als der Beginn von Bellos Ausbildung gelten. Wieder draußen auf dem Gehsteig, überlegte er, daß „blau" nicht immer „Fleisch" bedeutet. Heulend und vor brennendem Schmerz den Schwanz zwischen die Hinterbeine klemmend, prägte er sich ein, daß bei allen Fleischläden links als erstes ein goldener oder rötlicher Krakel steht, der an einen Galgen erinnert.
Weiterhin lief es besser. Den Buchstaben N lernte er bei dem „Fischladen" Ecke Mochowaja-Straße, dann folgte das E (denn er mußte sich beim hinteren Ende des Wortes „Fischladen" heranpirschen, weil am Anfang des Wortes ein Milizionär stand).
Die viereckigen Kacheln, mit denen Moskauer Eckgeschäfte verkleidet waren, bedeuteten immer und unvermeidlich „Käse". Der schwarze Samowarhahn an der Spitze bezeichnete den ehemaligen Besitzer Tschitschkin und Berge von rotem Holländer Käse wie auch Bestien von Verkäufern, die die Hunde haßten, Sägespäne auf dem Fußboden und scheußlich stinkende Backsteine.
Wo Harmonika gespielt wurde, was etwas schöner klang als die „holde Aida", und es nach Würstchen roch, fügten sich die ersten Buchstaben auf den weißen Plakaten ganz bequem zu dem Wort „Keine ...", was bedeutete: „Keine unanständigen Wörter gebrauchen und keine Trinkgelder geben." Hier brachen manchmal wüste Schlägereien aus, die Menschen droschen sich mit Fäusten ans Maul, selten frei-

lich – die Hunde aber kriegten es immer – mit Servietten oder Stiefeln.
Wenn in den Fenstern abgelagerte Schinken hingen und Mandarinen auslagen … wau-wau … Feinkost. Wenn es dunkle Flaschen mit übler Flüssigkeit waren … W – e – i – ne, Weine. Das ehemalige Geschäft der Brüder Jelissejew.
Der unbekannte Herr, der den Köter zur Tür seiner Luxuswohnung in der Beletage mitgenommen hatte, läutete, und sogleich hob der Hund den Blick zu dem großen schwarzen Schild mit den Goldbuchstaben neben der breiten Tür mit dem rosa Riffelglas. Die drei ersten Buchstaben setzte er sogleich zusammen: P – r – o –, Pro. Dann folgte ein Mistding mit zwei Häkchen, das er nicht kannte. Womöglich Proletarier? dachte Bello verwundert. Das kann nicht sein. Er hob die Nase, beschnupperte noch einmal den Pelz und dachte überzeugt: Nein, das riecht nicht nach Proletarier. Das Wort sieht gelehrt aus, aber weiß Gott, was es bedeutet.
Hinter dem rosa Glas flammte auf einmal freudiges Licht auf und verdunkelte das schwarze Schild noch mehr. Die Tür öffnete sich vollkommen geräuschlos, und eine schöne junge Frau mit weißer Schürze und Spitzenhäubchen stand vor dem Hund und seinem Herrn. Den ersten umwehte göttliche Wärme, und der Rock der Frau roch nach Veilchen.
Das ist gut, das gefällt mir, dachte der Hund.
„Bitte einzutreten, Herr Bello“, sagte der Herr ironisch, und Bello trat selig, schwanzwedelnd ein.
Eine große Zahl von Gegenständen füllte die prachtvolle Diele. Was sich sogleich einprägte, war ein Spiegel bis zum Fußboden, der einen zweiten verwahrlosten und zerrauften Bello zeigte, außerdem ein beängstigendes Hirschgeweih hoch droben, zahllose Pelze und Galoschen und an der Decke eine opalfarbene Lampenschale mit elektrischem Licht.
„Wo haben Sie denn den her, Filipp Filippowitsch?“ fragte die Frau lächelnd und half dem Herrn aus dem schweren

schwarzbraunen, bläulich glitzernden Fuchspelz. „Du meine Güte, er ist ja räudig!"
„Red keinen Unsinn. Wo ist er räudig?" fragte der Herr streng und abgehackt.
Nachdem er abgelegt hatte, zeigte er sich in einem schwarzen Anzug aus englischem Tuch, und auf seinem Bauch blinkte freudig eine goldene Kette.
„Warte, spring nicht herum, ft ... Halt doch mal still, du Dummchen. Hm! Das ist keine Räude. Stillhalten, du Satan ... Hm! Aha. Eine Verbrühung. Welcher Halunke hat dich denn so verbrüht? Na? Steh doch still!"
Der Koch, dieser Zuchthäusler! sagte der Hund mit jammervollem Blick und heulte ein wenig.
„Sina", befahl der Herr, „sofort ins Untersuchungszimmer mit ihm, und meinen Kittel."
Die Frau pfiff und schnippte mit den Fingern, und der Hund folgte ihr zögernd. Zu zweit durchquerten sie einen matt erleuchteten Korridor, gingen an einer lackierten Tür vorbei und kamen am Ende links in ein dunkles Kämmerchen, das mit seinem unheildrohenden Geruch dem Hund sogleich mißviel. Die Dunkelheit verwandelte sich mit einem Knack in blendendhelles Tageslicht, das von allen Seiten glänzte, strahlte und leuchtete.
Bitte nein, heulte der Hund in Gedanken, entschuldigt, aber da mach ich nicht mit! Ich habe kapiert. Zum Teufel mit denen und ihrer Wurst. Sie haben mich in eine Hundeklinik gelockt. Gleich werden sie mich zwingen, Rizinus zu saufen, und mir die ganze Seite mit kleinen Messern aufschneiden, aber die darf keiner auch nur berühren.
„Halt, wohin?" schrie die Frau, die Sina hieß.
Der Hund riß sich los, nahm federnd Anlauf und sprang mit der gesunden Seite so gewaltig gegen die Tür, daß es durch die ganze Wohnung dröhnte. Dann flog er zurück und drehte sich auf der Stelle wie ein Brummkreisel unter Peitschenhieben, wobei er einen weißen Eimer umstieß, aus dem Wattebäusche hüpften. Während er sich drehte, umsausten ihn die Wände mit den Schränken voller blanker Instrumente, die weiße Schürze und das verzerrte Frauengesicht.

„Wo willst du hin, du struppiger Satan?“ schrie Sina verzweifelt. „Der ist ja wie besessen!“
Wo mag die Hintertreppe sein? überlegte der Hund. Er nahm wieder Anlauf und sprang auf gut Glück gegen eine Scheibe in der Hoffnung, es wäre die Hintertür. Eine Wolke von Scherben klirrte zu Boden, eine bauchige Flasche mit einer rötlichen Scheußlichkeit sprang heraus und überschwemmte stinkend den Fußboden. Die richtige Tür ging auf.
„Halt, du Bestie“, schrie der Herr, der den Kittel nur mit einem Ärmel übergestreift hatte, und packte ihn mit einem Sprung an den Beinen. „Sina, nimm ihn am Genick, den Strolch.“
„Du meine Güte, ist das ein Köter!“
Die Tür öffnete sich noch weiter, und herein stürmte eine weitere Persönlichkeit männlichen Geschlechts im Kittel. Die Glasscherben zertretend, eilte sie nicht zum Hund, sondern zu einem Schrank, riß ihn auf und füllte das ganze Zimmer mit einem widerlichen süßen Geruch. Dann warf sich die Persönlichkeit mit dem Bauch auf den Hund, der bei dieser Gelegenheit mit Genuß oberhalb der Schnürsenkel zuschnappte. Die Persönlichkeit schrie auf, ließ aber nicht ab. Die Übelkeit erregende Flüssigkeit benahm dem Hund den Atem, in seinem Kopf drehte sich alles, dann knickten ihm die Beine weg, und er sank schief zur Seite. Danke, es ist aus, dachte er träumerisch und legte sich auf die spitzen Scherben. Leb wohl, Moskau! Nie wieder werde ich Tschitschkin sehen und Proletarier und Krakauer Wurst. Für meine Hundelangmut komme ich ins Paradies. Brüder, Schinder, wofür tut ihr mir das an?
Er sank endgültig auf die Seite und verendete.

Als er wieder auferstand, schwindelte ihm ein wenig der Kopf, im Bauch war ihm etwas übel, aber die Seite spürte er nicht, sie schwieg wonnig. Der Hund öffnete matt das rechte Auge und sah, daß Bauch und Seiten straff verbunden waren. Habt ihr mich doch noch fertiggemacht, ihr Hundesöhne, dachte er trüb. Aber geschickt, das muß man euch lassen.

„Von Sevilla bis Granada … in der stillen finstern Nacht", sang über ihm eine Stimme falsch und unkonzentriert.
Der Hund wunderte sich, er öffnete beide Augen und sah in zwei Schritt Entfernung einen Männerfuß auf einem weißen Hocker. Hosenbein und Unterhose waren hochgekrempelt, und die nackte gelbe Wade war mit getrocknetem Blut und mit Jod beschmiert.
Um Gottes willen! dachte der Hund. Ich muß ihn gebissen haben. Mein Werk. Na, nun wird es Prügel setzen!
„Laut ertönt die Serenade, und es klirrt der Schwerter Pracht! Warum hast du den Doktor gebissen, du Landstreicher? Na? Warum hast du die Scheibe zerschlagen? Na?"
„Huuuuuh", winselte der Hund kläglich.
„Na schön, bist aufgewacht, bleib liegen, du Tölpel."
„Wie haben Sie's fertiggebracht, einen so nervösen Hund herzulocken, Filipp Filippowitsch?" fragte eine freundliche Männerstimme, und die Trikotunterhose wurde heruntergerollt. Es roch nach Tabak, im Schrank klirrten Glasgefäße.
„Mit Freundlichkeit. Sie ist die einzige Methode zum Umgang mit einem Lebewesen. Mit Terror ist bei einem Tier gar nichts zu erreichen, auf welcher Entwicklungsstufe es auch stehen mag. Das habe ich schon immer behauptet, und ich werde es immer behaupten. Die bilden sich ein, daß Terror ihnen helfen könnte. Nein, nein, er hilft nicht, egal, ob er weiß oder rot ist oder gar braun! Terror lähmt das Nervensystem. Sina! Ich habe diesem Spitzbuben für einen Rubel vierzig Kopeken Krakauer Wurst gekauft. Sei so freundlich und gib sie ihm, wenn die Übelkeit vergangen ist."
Die Glasscherben wurden klirrend zusammengekehrt, und die Frauenstimme versetzte kokett:
„Krakauer! Mein Gott, Sie hätten ihm für zwanzig Kopeken Abfälle kaufen sollen. Die Krakauer esse ich lieber selbst."
„Versuch's nur. Ich werd dir helfen! Für den menschlichen Magen ist das Gift. Du bist ein erwachsenes Mädchen, aber du stopfst jeden Dreck in den Mund wie ein Kind. Untersteh dich! Ich warne dich: Weder ich noch Doktor Bormen-

tal werden uns um dich kümmern, wenn du Bauchschmerzen bekommst. ‚Jeden, der da sagen wollte, eine andere käme dir gleich.'"
In diesem Moment klirrte ein sanftes Klingeln durch die Wohnung, und aus der fernen Diele drangen Stimmen. Das Telephon klingelte. Sina verschwand.
Der Professor warf den Rest der Papirossa in den Eimer, knöpfte den Kittel zu, strich vor dem Wandspiegel den buschigen Schnurrbart glatt und rief den Hund: „Ft-ft. Na, schon gut, schon gut. Komm mit in die Sprechstunde."
Der Hund stand mit unsicheren Beinen auf, er schwankte und zitterte, erholte sich aber rasch und folgte dem wehenden Kittel des Professors. Wieder ging es durch den schmalen Korridor, aber der war jetzt von oben hell erleuchtet. Als die lackierte Tür aufging, betrat er mit dem Professor das Sprechzimmer, das ihn mit seiner Ausstattung blendete. Vor allem war es lichtdurchflutet: Unter der Stuckdecke leuchtete es, auf dem Schreibtisch leuchtete es, und es leuchtete an der Wand und in den Glasschränken. Das Licht beschien eine Unzahl von Gegenständen, von denen der spannendste eine riesige Eule war, die an der Wand auf einem Ast saß.
„Platz", befahl der Professor.
Die gegenüberliegende holzgeschnitzte Tür ging auf, und herein kam der Gebissene, der jetzt im hellen Licht ein schöner junger Mann mit Spitzbart war. Er gab dem Professor ein Krankenblatt und sagte: „Der von neulich."
Er verschwand geräuschlos. Der Professor schlug die Kittelschöße zurück, setzte sich an den gewaltigen Schreibtisch und sah sogleich würdevoll und repräsentabel aus.
Nein, das ist keine Klinik, ich bin bei einer anderen Stelle gelandet, dachte der Hund und legte sich auf das Teppichmuster bei dem schweren Ledersofa. Und die Eule, die nehm ich mir noch vor.
Die Tür öffnete sich weich, und herein kam ein Mann, der den Hund so sehr verblüffte, daß er, wenn auch zaghaft, kläffte.
„Still! Oho, Sie sind ja nicht wiederzuerkennen, mein Bester."

Der Ankömmling machte dem Professor höflich und verlegen eine Verbeugung.
„Hihi! Sie sind ein Magier und Zauberer, Professor", sagte er verwirrt.
„Ziehen Sie die Hose aus, mein Bester", befahl der Professor und stand auf.
Herr Jesus, dachte der Hund, ist das ein Früchtchen!
Auf dem Kopf des Früchtchens wuchsen völlig grüne Haare, die am Hinterkopf in rostigem Tabakbraun schimmerten. Falten zerflossen im Gesicht, das aber rosa war wie bei einem Säugling. Das linke Bein war steif und wurde auf dem Teppich nachgezogen, dafür hüpfte das rechte wie bei einem Kinderhampelmann. Auf dem Revers des prachtvollen Jacketts prangte wie ein Auge ein Edelstein.
Vor Interesse verging dem Hund die Übelkeit.
„Wuff, wuff!" kläffte er leise.
„Still! Wie ist Ihr Schlaf, mein Bester?"
„Hähä. Sind wir allein, Professor? Es ist unbeschreiblich", sagte der Besucher verschämt. „Parole d'honneur, seit fünfundzwanzig Jahren nichts Vergleichbares." Das Subjekt griff nach dem Hosenknopf. „Glauben Sie mir, Professor, jede Nacht nackte Mädchen haufenweise. Ich bin geradezu hingerissen. Sie sind ein Zauberer."
„Hm", brummte der Professor besorgt und blickte in die Pupillen des Besuchers.
Der wurde endlich mit den Knöpfen fertig und ließ die gestreifte Hose herunter. Nun stand er in niegesehenen Unterhosen da. Sie waren cremefarbig, mit schwarzen Seidenkätzchen bestickt und rochen nach Parfüm.
Der Hund ertrug die Katzen nicht und schlug so laut an, daß das Subjekt hochhüpfte.
„Au!"
„Du kriegst Dresche! Keine Angst, er beißt nicht."
Was, ich beiße nicht? dachte der Hund verwundert.
Aus der Hosentasche des Besuchers fiel ein kleiner Umschlag auf den Teppich, darauf war eine Schönheit mit aufgelösten Haaren abgebildet. Das Subjekt hüpfte hoch, bückte sich, hob es auf und lief rot an.

„Aber passen Sie auf“, sagte der Professor mürrisch und warnend und drohte ihm mit dem Finger. „Sehen Sie zu, daß Sie’s nicht übertreiben!“

„Das tu ich nicht“, murmelte das Subjekt verlegen und zog sich weiter aus. „Bloß so zum Probieren, teurer Professor.“

„Na und? Mit was für Ergebnissen?“ fragte der Professor streng.

Das Subjekt schwenkte ekstatisch die Hand.

„Ich schwöre bei Gott, Professor, seit fünfundzwanzig Jahren nichts Vergleichbares. Das letzte Mal 1899 in Paris, Rue de la Paix.“

„Und warum sind Ihre Haare grün?“

Das Gesicht des Besuchers bezog sich.

„Verfluchte Firma! Sie können sich nicht vorstellen, Professor, was diese Halunken mir statt der Farbe angedreht haben. Sehen Sie nur“, murmelte er und suchte mit den Blikken nach einem Spiegel. „Man müßte sie verprügeln!“ fügte er mit wachsender Wut hinzu. „Was soll ich jetzt machen, Professor?“ fragte er weinerlich.

„Hm. Kahlrasieren.“

„Aber Professor“, rief der Besucher kläglich, „dann wachsen doch wieder graue nach. Außerdem kann ich mich im Dienst nicht blicken lassen, ich bleibe sowieso schon den dritten Tag zu Hause. Ach, Professor, Sie müßten eine Methode entdecken, auch die Haare zu verjüngen!“

„Eins nach dem andern“, brubbelte der Professor.

Er beugte sich vor, untersuchte mit blitzenden Augen den nackten Bauch des Patienten und sagte:

„Na, das sieht ja prächtig aus, alles in schönster Ordnung. Ehrlich gesagt, ein solches Resultat hätte ich nicht erwartet. ‚So viel Blut, so viele Lieder.‘ Sie können sich anziehen, mein Bester!“

„‚Ich seh gern die Schönste wieder!‘“ fiel der Patient mit einer Stimme ein, die wie eine Bratpfanne klirrte, und zog sich freudestrahlend an. Nachdem er sich in Ordnung gebracht hatte, zählte er, hüpfend und Parfümduft verströmend, dem Professor ein Päckchen helle Banknoten auf und drückte ihm zärtlich beide Hände.

„Sie brauchen erst in zwei Wochen wiederzukommen“, sagte der Professor. „Trotzdem, bitte seien Sie vorsichtig.“
„Professor!“ rief die Stimme ekstatisch schon von der Tür her. „Seien Sie ganz unbesorgt.“ Er kicherte lüstern und verschwand. Ein Klingelzeichen durchklirrte die Wohnung, die lackierte Tür ging auf, der Gebissene kam herein, gab dem Professor ein Krankenblatt und sagte:
„Das Alter ist falsch angegeben. Bestimmt fünfundfünfzig. Herztöne etwas dumpf.“
Er verschwand, und herein rauschte eine Dame mit keck aufgebogenem Hut und einem funkelnden Kollier um den zerknitterten Hals. Scheußliche dunkle Säckchen hingen unter ihren Augen, ihre Wangen aber waren von einem puppenhaften Rosa. Sie war stark erregt.
„Gnädige Frau, wie alt sind Sie?“ fragte der Professor sehr streng.
Die Dame erschrak und erbleichte sogar unter der Farbkruste. „Professor, ich schwöre Ihnen, wenn Sie nur wüßten, was für ein Drama!“
„Wie alt sind Sie, gnädige Frau?“ wiederholte der Professor noch strenger.
„Ehrenwort … Na, fünfundvierzig.“
„Gnädige Frau“, schrie der Professor, „ich werde erwartet. Halten Sie mich bitte nicht auf. Sie sind nicht die einzige!“
Die Brust der Dame hob sich stürmisch.
„Ich sag's nur Ihnen, einer Leuchte der Wissenschaft. Aber ich schwöre, das ist ja so entsetzlich.“
„Wieviel Jahre sind Sie alt?“ kreischte der Professor wütend, und seine Brille blitzte.
„Einundfünfzig!“ Die Dame wand sich ängstlich.
„Ziehen Sie die Hose aus, gnädige Frau“, sagte der Professor erleichtert und zeigte auf ein hohes weißes Schafott in der Ecke.
„Ich schwöre Ihnen, Professor“, murmelte die Dame, während sie mit zitternden Fingern irgendwelche Knöpfe am Gürtel öffnete, „dieser Moritz … Ich gestehe es Ihnen wie bei der Beichte …“

„‚Von Sevilla bis Granada'", trällerte der Professor gelangweilt und trat das Pedal des marmornen Waschbeckens. Wasser rauschte.
„Ich schwöre bei Gott!" sagte die Dame, und lebendige Farbflecke drangen durch die künstliche Schicht auf ihren Wangen. „Ich weiß, es ist meine letzte Leidenschaft. Er ist ja solch ein Schuft! Oh, Professor! Er ist Falschspieler, den kennt ganz Moskau. Er kann keine einzige schäbige Modistin auslassen. Er ist ja auch so diabolisch jung." Die Dame murmelte es und holte unter ihren rauschenden Röcken einen zusammengeknüllten Spitzenfetzen hervor.
Der Hund war gänzlich benommen, und in seinem Kopf kehrte sich das Unterste zuoberst.
Hol euch alle der Teufel, dachte er trüb, legte den Kopf auf die Pfoten und döste ein vor Scham. Ich will auch gar nicht versuchen, zu begreifen, was das alles soll, ich begreif's ja doch nicht.
Er erwachte von der Klingel und sah den Professor irgendwelche blanken Röhrchen in eine Schüssel werfen.
Die fleckige Dame drückte die Hände an die Brust und sah den Professor hoffnungsvoll an. Der runzelte gewichtig die Stirn, setzte sich an den Schreibtisch und schrieb etwas.
„Gnädige Frau, ich werde Ihnen die Eierstöcke einer Äffin einsetzen", verkündete er mit strengem Blick.
„Ach, Professor, müssen sie wirklich von einer Äffin sein?"
„Ja", antwortete der Professor unbeugsam.
„Wann soll die Operation sein?" fragte die Dame erbleichend mit schwacher Stimme.
„‚Von Sevilla bis Granada ...' Hm ... am Montag. Kommen Sie am Morgen in die Klinik. Mein Assistent wird Sie vorbereiten."
„Aber ich möchte nicht in die Klinik. Geht es nicht bei Ihnen, Professor?"
„Schauen Sie, bei mir operiere ich nur in äußersten Fällen. Und es ist sehr teuer – fünfhundert Rubel."
„Einverstanden, Professor!"
Wieder rauschte Wasser, der Federhut schwankte von dan-

nen, und nun erschien ein Kopf, so kahl wie ein Teller, und umarmte den Professor. Der Hund döste, die Übelkeit war weg, er genoß es, daß die Seite nicht mehr schmerzte, genoß auch die Wärme, schnarchte sogar einmal auf und hatte einen kurzen, angenehmen Traum: Er reißt der Eule ein ganzes Büschel Federn aus dem Schwanz. Dann kläffte eine erregte Stimme über ihm: „Ich bin zu bekannt in Moskau, Professor. Was soll ich machen?"

„Um Himmels willen", schrie der Professor entrüstet, „so geht das nicht. Man muß sich beherrschen. Wie alt ist das Mädchen?"

„Vierzehn, Professor. Verstehen Sie, wenn das bekannt wird, bin ich erledigt. Ich mache in den nächsten Tagen eine Dienstreise ins Ausland."

„Aber ich bin doch kein Jurist, mein Bester! Warten Sie noch zwei Jahre ab und heiraten Sie sie."

„Ich bin verheiratet, Professor."

„Ach du meine Güte!"

Die Tür ging immer wieder auf, die Gesichter wechselten, Instrumente klirrten im Schrank, der Professor arbeitete unablässig.

Eine unanständige Wohnung, dachte der Hund, aber so schön! Bloß was zum Teufel will er mit mir? Ob er mich am Leben läßt? Komischer Kerl! Dabei brauchte er nur mit der Wimper zu zucken, und schon hätte er einen Hund, daß man nur staunen würde! Aber vielleicht bin ich auch schön. Das muß wohl mein Glück sein! Die Eule da, die ist gemein ... So frech.

Endgültig wach wurde der Hund erst spät am Abend, als das ewige Klingeln aufgehört hatte, in dem Moment, als die Tür besondere Besucher einließ. Sie waren gleich zu viert. Alles junge Leute, sehr bescheiden angezogen.

Was wollen die denn? dachte der Hund verwundert. Noch viel feindseliger empfing sie der Professor. Er stand am Schreibtisch und blickte sie an wie ein Feldherr die Feinde. Die Flügel seiner Habichtsnase blähten sich. Die vier traten auf dem Teppich von einem Bein aufs andere.

„Wir kommen zu Ihnen, Professor", sagte einer von ihnen,

der auf dem Kopf eine ein viertel Arschin hohe Mähne aus dichtem Lockenhaar trug, „in folgender Angelegenheit ..."
„Meine Herren, Sie sollten bei diesem Wetter Galoschen tragen", fiel ihm der Professor belehrend ins Wort, „erstens erkälten Sie sich sonst, und zweitens haben Sie mir die Teppiche schmutzig gemacht, und es sind alles Perserteppiche."
Der mit der Mähne verstummte, alle vier starrten den Professor verblüfft an. Das Schweigen dauerte mehrere Sekunden und wurde vom Fingertrommeln des Professors auf einer bemalten Holzschale ausgefüllt.
„Erstens sind wir keine Herren", sagte endlich der jüngste der vier, der ein Gesicht wie ein Pfirsich hatte.
„Zweitens", unterbrach ihn der Professor, „sind Sie ein Mann oder eine Frau?"
Die vier verstummten abermals mit offenem Mund. Diesmal besann sich als erster der mit der Mähne.
„Was macht das für einen Unterschied, Genosse?" fragte er hochmütig.
„Ich bin eine Frau", gestand der Jüngling mit dem Pfirsichgesicht, der eine Lederjacke trug, und errötete heftig. Daraufhin errötete noch heftiger ein weiterer der vier, ein blonder junger Mann mit Pelzmütze.
„Dann können Sie Ihre Mütze aufbehalten, aber Sie, mein Herr, muß ich bitten, die Kopfbedeckung abzunehmen", sagte der Professor mißbilligend.
„Ich bin kein Herr", sagte der Blonde scharf und nahm die Pelzmütze ab.
„Wir kommen zu Ihnen", fing der mit der schwarzen Mähne wieder an.
„Zunächst einmal, wer ist das, wir?"
„Wir sind die neue Hausverwaltung", sagte der Schwarzmähnige mit unterdrückter Wut. „Ich heiße Schwonder, sie heißt Wjasemskaja, und das sind die Genossen Pestruchin und Sharowkin. Wir kommen also ..."
„Sind Sie das, die in die Wohnung von Wassili Pawlowitsch Sablin einquartiert wurden?"

„Ja", antwortete Schwonder.
„Mein Gott, das Kalabuchow-Haus ist verloren!" rief der Professor verzweifelt und schlug die Hände zusammen.
„Professor, machen Sie sich lustig?"
„Lustig? Verzweifelt bin ich", schrie der Professor. „Was soll jetzt aus der Dampfheizung werden?"
„Spotten Sie, Professor Preobrashenski?"
„In welcher Angelegenheit kommen Sie? Fassen Sie sich möglichst kurz, ich gehe jetzt essen."
„Wir, die Hausverwaltung", sagte Schwonder haßerfüllt, „kommen zu Ihnen nach der Mieterversammlung unseres Hauses, auf der die Frage der Wohnraumverkleinerung in unserm Hause stand ..."
„Wer hat auf wem gestanden?" schrie der Professor. „Versuchen Sie, Ihre Gedanken klarer darzulegen."
„Es stand die Frage der Wohnraumverkleinerung."
„Genug! Ich habe begriffen! Ist Ihnen bekannt, daß laut Beschluß vom 12. August meine Wohnung von jedweder Verkleinerung und Einquartierung befreit ist?"
„Es ist uns bekannt", antwortete Schwonder, „aber die Mieterversammlung hat diese Frage untersucht und ist zu dem Schluß gelangt, daß Sie übermäßig viel Wohnraum beanspruchen. Viel zuviel. Sie bewohnen allein sieben Zimmer."
„Ich wohne und arbeite in sieben Zimmern", antwortete der Professor, „und ich könnte ein achtes gebrauchen. Als Bibliothek."
Die vier standen starr.
„Ein achtes! Hähä", sagte der Blonde, der die Kopfbedekkung abgenommen hatte. „Das ist ja unerhört."
„Nicht zu fassen!" rief der Jüngling, der sich als Frau entpuppt hatte.
„Ich habe ein Sprechzimmer – wohlbemerkt, es ist zugleich die Bibliothek, ein Eßzimmer, mein Arbeitszimmer, macht drei. Untersuchungszimmer – vier, Operationszimmer – fünf. Mein Schlafzimmer – sechs, das Zimmer meiner Hausgehilfin – sieben. Mir fehlt also ... Aber unwichtig. Meine

Wohnung ist unantastbar und das Gespräch beendet. Kann ich essen gehen?"
„Entschuldigung", sagte der vierte, der wie ein kräftiger schwarzer Käfer aussah.
„Entschuldigung", unterbrach ihn Schwonder, „wegen des Eßzimmers und des Untersuchungszimmers kommen wir ja gerade. Die Mieterversammlung bittet Sie, im Rahmen der Arbeitsdisziplin freiwillig auf das Eßzimmer zu verzichten. Ein Eßzimmer hat in Moskau kein Mensch."
„Nicht mal Isadora Duncan", rief die Frau schrill.
Mit dem Professor ging etwas vor, demzufolge sein Gesicht puterrot anlief und er keinen Laut hervorbrachte, sondern abwartete, was weiter kam.
„Und auf das Untersuchungszimmer", fuhr Schwonder fort, „die Untersuchungen können Sie sehr gut im Arbeitszimmer vornehmen."
„Soso", sagte der Professor mit seltsamer Stimme, „und wo soll ich meine Nahrung zu mir nehmen?"
„Im Schlafzimmer", antworteten die vier im Chor.
Des Professors Röte ging in Grautöne über.
„Im Schlafzimmer Nahrung einnehmen", sagte er mit leicht gedämpfter Stimme, „im Untersuchungszimmer lesen, in der Diele ankleiden, im Zimmer der Hausgehilfin operieren, im Eßzimmer untersuchen. Durchaus möglich, daß Isadora Duncan das so macht. Vielleicht speist sie im Arbeitszimmer und seziert im Badezimmer Kaninchen. Mag sein. Aber ich bin nicht Isadora Duncan!" kläffte er plötzlich, und sein Gesicht wurde gelb. „Ich will im Eßzimmer essen und im Operationszimmer operieren! Richten Sie das der Mieterversammlung aus! Und jetzt ersuche ich Sie ergebenst, zu Ihren Angelegenheiten zurückzukehren und mir die Möglichkeit einzuräumen, meine Nahrung da zu mir zu nehmen, wo normale Menschen sie zu sich nehmen, nämlich im Eßzimmer, nicht in der Diele und nicht im Kinderzimmer."
„Dann, Professor, angesichts Ihres hartnäckigen Widerstands", sagte Schwonder erregt, „werden wir über Sie eine Beschwerde an die höheren Instanzen einreichen."
„Aha", sagte der Professor. „So?" Seine Stimme nahm einen

verdächtig höflichen Klang an. „Bitte warten Sie ein Momentchen."
Das ist ein Kerl, dachte der Hund begeistert. Ganz wie ich. Au, gleich wird er sie beißen, und wie. Ich weiß noch nicht, auf welche Weise, aber er wird sie beißen. Schlag sie! Diesen Langbeinigen möchte ich oberhalb des Stiefels in die Kniesehne beißen ... rrr ...
Der Professor nahm den Hörer ab und sprach hinein: „Bitte ... ja ... danke. Geben Sie mir bitte Pjotr Alexandrowitsch. Professor Preobrashenski. Pjotr Alexandrowitsch? Schön, daß ich Sie erreiche. Danke, gut. Pjotr Alexandrowitsch, Ihre Operation entfällt. Was? Nein, ganz und gar. Ebenso alle anderen Operationen. Das will ich Ihnen sagen: Ich beende meine Arbeit in Moskau und überhaupt in Rußland. Eben sind vier Personen zu mir gekommen, darunter eine als Mann verkleidete Frau, zwei mit Revolvern bewaffnet, die terrorisieren mich in meiner Wohnung, um sie mir teilweise wegzunehmen."
„Erlauben Sie mal, Professor", begann Schwonder erbleichend.
„Entschuldigen Sie ... Es ist mir nicht möglich, alles wiederzugeben, was die gesagt haben. Ich bin kein Freund von sinnlosem Geschwätz. Nur soviel – sie haben mir nahegelegt, auf mein Untersuchungszimmer zu verzichten, mit anderen Worten, sie haben mich in die Notwendigkeit versetzt, Sie da zu operieren, wo ich bisher Kaninchen seziert habe. Unter solchen Bedingungen kann und darf ich nicht arbeiten. Darum stelle ich meine Tätigkeit ein, schließe die Wohnung ab, und fahre nach Sotschi. Die Schlüssel kann ich Schwonder geben. Soll er Sie operieren."
Die vier standen wie angewurzelt. Auf ihren Stiefeln schmolz der Schnee.
„Was soll ich machen ... Ist mir ja selber unangenehm ... Wie? O nein, Pjotr Alexandrowitsch! O nein. Das mache ich nicht mehr mit. Meine Geduld ist erschöpft. Das ist schon der zweite Vorfall seit August ... Wie? Hm ... Wie Sie möchten. Von mir aus. Aber unter einer Bedingung: Wer, wann, was, das ist mir egal, aber ich brauche ein Pa-

pier, das dafür sorgt, daß weder Schwonder noch sonstwer je wieder meiner Wohnung zu nahe kommt. Ein endgültiges Papier. Ein wirksames. Ein echtes! Ein Schutzdokument. Mein Name darf nie wieder erwähnt werden. Schluß. Ich will für die gestorben sein. Ja, ja. Bitte. Wer? Aha ... Na, das klingt schon besser. Aha ... Gut. Ich übergebe den Hörer. Seien Sie so liebenswürdig", sagte der Professor scheinheilig zu Schwonder, „man will mit Ihnen sprechen."

„Erlauben Sie, Professor", sagte Schwonder, der abwechselnd rot und blaß wurde, „Sie haben unsere Worte verdreht."

„Ich ersuche Sie, nicht solche Ausdrücke zu gebrauchen."

Schwonder nahm verwirrt den Hörer und sagte:

„Ich höre, ja ... Vorsitzender des Hauskomitees ... Wir haben doch nach den Vorschriften gehandelt ... Der Professor hat sowieso eine Ausnahmestellung ... Wir wissen von seinen Arbeiten ... Ganze fünf Zimmer wollten wir ihm lassen ... Na gut ... Wenn's so ist ... Gut ..."

Puterrot hängte er den Hörer ein und drehte sich um.

Wie er den abgefertigt hat! Ist das ein Kerl! dachte der Hund hingerissen. Er weiß wohl ein Zauberwort? Na, jetzt könnt ihr mich verprügeln, wie ihr wollt, ich geh hier nie wieder weg.

Die drei sahen offenen Mundes Schwonder an, der dastand wie bespuckt.

„Eine Schande!" sagte er zaghaft.

„Wenn wir jetzt mit diesem Pjotr Alexandrowitsch diskutieren könnten", sagte die Frau erregt und errötend, „dann würde ich ihm schon beweisen ..."

„Verzeihung, möchten Sie die Diskussion in diesem Moment eröffnen?" fragte der Professor höflich.

Die Augen der Frau glühten.

„Ich verstehe Ihre Ironie, Professor, wir gehen gleich. Aber ich als Leiter der Kulturabteilung unseres Hauses ..."

„Lei-te-rin", verbesserte sie der Professor.

„Ich möchte Ihnen Zeitschriften anbieten", sagte die Frau und zog ein paar bunte und vom Schnee feuchte Zeitschrif-

ten aus der Lederjacke. „Zugunsten der Kinder in Deutschland. Einen halben Rubel das Stück."
„Nein, ich nehme keine", antwortete der Professor kurz mit einem Seitenblick auf die Zeitschriften.
Totale Verblüffung malte sich auf den Gesichtern, und die Frau lief preiselbeerrot an.
„Warum nicht?"
„Ich will nicht."
„Haben Sie kein Mitleid mit den Kindern in Deutschland?"
„Doch, ich habe."
„Tut Ihnen der halbe Rubel leid?"
„Nein."
„Warum also?"
„Ich will nicht."
Schweigen.
„Wissen Sie, Professor", sagte die junge Frau mit einem Stoßseufzer, „wenn Sie nicht eine europäische Größe wären und nicht die empörende Unterstützung" (der Blonde zupfte sie an der Jacke, aber sie wehrte ihn ab) „von Personen hätten, die wir uns – da bin ich ganz sicher – noch näher ansehen werden, müßte man Sie verhaften."
„Wofür?" fragte der Professor neugierig.
„Weil Sie das Proletariat hassen!" sagte die Frau stolz.
„Ja, ich mag das Proletariat nicht", gab der Professor traurig zu und drückte auf einen Knopf. Irgendwo klingelte es. Die Korridortür ging auf.
„Sina", rief der Professor. „Trag das Essen auf. Sie gestatten, meine Herren?"
Die vier verließen schweigend das Arbeitszimmer, durchquerten schweigend das Sprechzimmer und die Diele, dann fiel hinter ihnen schwer und schallend die Wohnungstür ins Schloß.
Der Hund stellte sich auf die Hinterpfoten und vollführte vor dem Professor einen rituellen Tanz.

3

Auf den mit paradiesischen Blumen bemalten Tellern, die einen schwarzen Rand hatten, hauchdünne Lachsscheiben und marinierter Aal. Auf einem schweren Brett ein Stück tränender Käse. In einem Silbernapf, mit Schnee umlegt, Kaviar. Zwischen den Tellern ein paar schlanke Gläser und drei Kristallkaraffen mit Wodka verschiedener Farbe. Alle diese Dinge befanden sich auf einem Marmortisch, gemütlich herangerückt an das mächtige geschnitzte Eichenbüfett, das gläserne und silberne Lichtbündel versprühte. Mitten im Zimmer stand schwer wie eine Grabplatte ein Tisch, mit einem weißen Tafeltuch bedeckt, darauf zwei Gedecke, Servietten, wie eine päpstliche Tiara gefaltet, und drei dunkle Flaschen.

Sina brachte eine zugedeckte Silberschüssel, in der es brodelte. Von der Schüssel ging ein Geruch aus, daß sich die Schnauze des Hundes im Nu mit Speichel füllte. Die Gärtener der Semiramis! dachte er und klopfte mit dem Schwanz wie mit einem Knüppel aufs Parkett.

„Her damit", befahl der Professor mit Raubtiermiene. „Doktor Bormental, ich bitte Sie, lassen Sie doch den Kaviar. Und wenn Sie einen guten Rat hören wollen, dann schenken Sie sich nicht englischen, sondern gewöhnlichen russischen Wodka ein."

Der schöne Gebissene, schon ohne Kittel, in einem anständigen schwarzen Anzug, ruckte mit den breiten Schultern, griente höflich und schenkte klaren Wodka ein.

„Ist das der gepriesene neue?" fragte er.

„Ich bitte Sie, mein Bester", antwortete der Hausherr. „Das ist Sprit. Darja Petrowna macht daraus hervorragenden Wodka."

„Aber Filipp Filippowitsch, alle behaupten, der dreißigprozentige wäre ganz anständig."

„Wodka muß vierzig Prozent haben und nicht dreißig, soviel erstens", dozierte der Professor, „und zweitens, weiß Gott, was die da alles reintun. Wissen Sie denn, was denen so einfällt?"

„Alles nur Denkbare“, sagte der Gebissene überzeugt.
„Das meine ich auch“, fügte der Professor hinzu und kippte sich mit einem Ruck den Inhalt des Glases in den Hals. „Hm ... Doktor Bormental, runter damit, und wenn Sie sagen, das wäre ... bin ich Ihr Todfeind fürs ganze Leben. Von Sevilla bis Granada ...“
Bei diesen Worten spießte er mit der breitgeschwungenen Silbergabel etwas auf, was wie ein kleines dunkles Brötchen aussah. Der Gebissene folgte seinem Beispiel. Die Augen des Professors leuchteten.
„Ist das schlecht?“ fragte er kauend. „Ist das schlecht? Antworten Sie, geehrter Doktor.“
„Unvergleichlich“, antwortete der Gebissene aufrichtig.
„Das will ich meinen. Merken Sie sich, Iwan Arnoldowitsch, kalte Vorspeisen und Suppen essen zum Wodka nur die von den Bolschewiken übriggelassenen Gutsbesitzer. Jeder, der ein bißchen auf sich hält, gebraucht warme Vorspeisen. Und von allen warmen Moskauer Vorspeisen ist dies die beste. Früher wurde sie im Slawischen Basar hervorragend zubereitet. Da, nimm.“
„Wenn Sie dem Hund im Eßzimmer was geben“, sagte eine Frauenstimme, „kriegen den keine zehn Pferde mehr von hier weg.“
„Macht nichts. Der Ärmste ist ausgehungert.“ Der Professor reichte dem Hund mit der Gabel einen Happen, den dieser mit der Geschicklichkeit eines Trickkünstlers entgegennahm, und warf die Gabel krachend in das Spülgefäß.
Dann stieg von den Tellern Dampf auf, der nach Krebsen duftete; der Hund saß im Schatten des Tischtuchs mit der Miene eines Postens, der das Pulvermagazin bewacht. Der Professor schob sich das Ende der steifen Serviette hinter den Kragen und predigte:
„Das Essen, Iwan Arnoldowitsch, ist eine verzwickte Sache. Man muß sich darauf verstehen, und stellen Sie sich vor, die meisten Menschen verstehen sich nicht darauf. Man muß nicht nur wissen, was man ißt, sondern auch wann und wie.“ Der Professor schwenkte vielsagend den Löffel. „Und was man dabei spricht. Jawohl. Wenn Ihnen Ihre Verdauung am

Herzen liegt, gebe ich Ihnen den guten Rat: Sprechen Sie bei Tisch nie vom Bolschewismus und von der Medizin. Und lesen Sie, gottbehüte, vor dem Essen nie sowjetische Zeitungen."
„Hm … Aber andere gibt's ja nicht."
„Dann lesen Sie gar keine. Wissen Sie, ich habe in meiner Klinik dreißig Fälle beobachtet. Und was glauben Sie? Patienten, die keine Zeitung lesen, fühlen sich ausgezeichnet. Diejenigen aber, die ich gezwungen habe, die ‚Prawda' zu lesen, haben abgenommen."
„Hm", brummte der Gebissene interessiert, rosig von Suppe und Wodka.
„Mehr noch. Der Kniereflex war bei ihnen vermindert, der Appetit miserabel und die Seelenverfassung niedergedrückt."
„So was …"
„Jawohl. Aber was mache ich da? Ich rede ja selber von der Medizin."
Der Professor lehnte sich zurück und läutete, und in der kirschroten Portiere erschien Sina. Der Hund bekam ein dikkes, blasses Stück Stör, der ihm nicht schmeckte, und gleich danach eine Scheibe blutiges Roastbeef. Nachdem er es verputzt hatte, merkte er plötzlich, daß er müde war und kein Essen mehr sehen konnte. Seltsames Gefühl, dachte er und klappte die schwergewordenen Lider zu, meine Augen möchten keine Nahrung mehr sehen. Aber nach dem Essen zu rauchen ist eine Dummheit.
Das Eßzimmer füllte sich mit unangenehmem blauem Qualm. Der Hund döste, den Kopf auf den Vorderpfoten.
„Der Saint-Julien ist ein anständiger Wein", hörte er im Halbschlaf, „aber man kriegt ihn nirgends."
Ein von der Decke und den Teppichen gedämpfter Choral drang von oben und von der Seite herein.
Der Professor läutete, und Sina erschien.
„Sina, was hat das zu bedeuten?"
„Schon wieder eine Mieterversammlung, Filipp Filippowitsch", antwortete sie.
„Schon wieder!" rief der Professor traurig. „Na, jetzt geht's

los, jetzt ist das Kalabuchow-Haus verloren. Man müßte abreisen, fragt sich bloß wohin. Alles wird gehen wie geschmiert. Zuerst gibt's jeden Abend Gesang, dann frieren im Klo die Rohre ein, dann platzt der Kessel der Dampfheizung und so weiter. Unser Haus ist hin."
„Der Professor grämt sich", bemerkte Sina lächelnd und trug einen Stoß Teller hinaus.
„Wie sollte ich mich nicht grämen?" schrie der Professor. „Was war das einmal für ein Haus, verstehen Sie doch!"
„Sie sehen die Dinge zu düster, Filipp Filippowitsch", widerspach der schöne Gebissene. „Die haben sich jetzt sehr geändert."
„Mein Bester, Sie kennen mich doch, oder nicht? Ich bin ein Mann der Fakten, der Beobachtung, und ein Feind unbegründeter Hypothesen. Das weiß man nicht nur in Rußland, sondern auch in Europa. Wenn ich etwas sage, liegt dem ein Fakt zugrunde, aus dem ich einen Schluß ziehe. Hier haben Sie einen Fakt: Garderobenhaken und Galoschenständer in unserem Haus."
„Interessant ..."
Galoschen, Quatsch. Die machen nicht glücklich, dachte der Hund. Auf die hervorragende Persönlichkeit kommt es an.
„Schauen Sie, der Galoschenständer. Ich wohne seit 1903 in diesem Haus. In der ganzen Zeit bis März 1917 ist es nicht ein einziges Mal vorgekommen, ich unterstreiche mit Rotstift, nicht ein einziges Mal, daß aus unserm Hausflur unten bei nicht verschlossener Tür auch nur ein Paar Galoschen verschwunden wäre. Bedenken Sie, wir haben hier zwölf Wohnungen, und ich halte Sprechstunde ab. Im März 1917 verschwanden eines schönen Tages sämtliche Galoschen, darunter zwei Paar von mir, drei Stöcke, ein Mantel und der Samowar des Portiers. Seitdem hat der Galoschenständer seine Existenz eingestellt. Mein Bester, ich rede schon gar nicht von der Dampfheizung. Nein. Von mir aus, wenn wir schon soziale Revolution haben, braucht nicht mehr geheizt zu werden. Aber ich frage: Warum gehen alle, seit die ganze Geschichte angefangen hat, in schmutzigen Galoschen und

Filzstiefeln über die Marmortreppe? Warum muß man die Galoschen immer noch unter Verschluß halten? Und womöglich einen Soldaten hinstellen, damit sie nicht gestohlen werden? Warum ist der Teppichläufer von der Vordertreppe verschwunden? Verbietet etwa Karl Marx, auf der Treppe einen Teppichläufer liegen zu haben? Heißt es etwa irgendwo bei Karl Marx, der zweite Aufgang des Kalabuchow-Hauses in der Pretschistenka müsse mit Brettern vernagelt werden und man müsse um das Haus herum und über den Hinterhof gehen? Wer braucht das? Warum läßt ein Proletarier nicht seine Galoschen unten, statt den Marmor zu beschmutzen?"

„Aber er hat doch gar keine Galoschen, Filipp Filippowitsch", wollte der Gebissene widersprechen.

„Das stimmt nicht!" antwortete der Professor mit Donnerstimme und schenkte sich ein Glas Wein ein. „Hm ... ich mag nach dem Essen keine Liköre, sie machen einen träge und greifen die Leber an ... Es stimmt nicht! Er hat jetzt Galoschen, und diese Galoschen sind meine! Es sind genau die Galoschen, die im Frühjahr 1917 verschwunden sind. Nun fragt sich, wer hat sie entwendet? Ich? Das kann nicht sein. Der Burshui Sablin?" Der Professor zeigte zur Decke. „Lächerliche Vorstellung. Der Zuckerfabrikant Polosow?" Der Professor zeigte zur Seite. „Gewiß nicht! Das waren diese Sänger. Jawohl! Wenn sie sie wenigstens auf der Treppe ausziehen würden!" Der Professor lief rot an. „Weshalb zum Teufel sind die Blumen von den Treppenabsätzen entfernt worden? Weshalb geht das elektrische Licht, das, wenn ich mich recht entsinne, im Verlauf von zwanzig Jahren nur zweimal erloschen ist, gegenwärtig genau einmal im Monat aus? Doktor Bormental, die Statistik ist was Entsetzliches. Sie kennen meine letzte Arbeit und wissen das besser als jeder andere."

„Die Zerrüttung, Filipp Filippowitsch."

„Nein", widersprach der Professor mit Überzeugung. „Nein. Sie, lieber Iwan Arnoldowitsch, sollten als erster auf den Gebrauch dieses Wortes verzichten. Es ist ein Trugbild, Rauch, Fiktion." Der Professor spreizte die kurzen Finger, wovon zwei Schatten wie Schildkröten übers Tischtuch krochen. „Was ist das, Ihre Zerrüttung? Eine alte Frau mit Krückstock? Eine Hexe, die sämtliche Scheiben zerschlagen und sämtliche Lampen gelöscht hat? Die gibt's doch gar nicht. Was verstehen Sie unter diesem Wort?" fragte er wütend die unglückliche Pappente, die mit den Füßen nach oben neben dem Büfett hing, und gab statt ihrer die Antwort: „Ich will es Ihnen sagen: Wenn ich, statt jeden Abend zu operieren, anfange, in meiner Wohnung Chorgesänge zu veranstalten, beginnt bei mir die Zerrüttung. Wenn ich in der Toilette, entschuldigen Sie den Ausdruck, am Becken vorbeipinkele und wenn Sina und Darja Petrowna es ebenso machen, beginnt in der Toilette die Zerrüttung. Folglich fängt die Zerrüttung nicht in den Toiletten an, sondern in den Köpfen. Also, wenn diese Holzköpfe ‚Nieder mit der Zerrüttung!' schreien, kann ich nur lachen." Das Gesicht des Professors verzerrte sich dermaßen, daß der Gebissene den Mund aufriß. „Ich schwöre Ihnen, dann muß ich lachen! Es bedeutet, daß jeder von denen sich selbst eins ins Genick hauen müßte! Und wenn er dann sämtliche Halluzinationen aus sich herausgeklopft hat und sich ans Aufräumen der Schuppen macht, was seine eigentliche Arbeit ist, dann hört die Zerrüttung ganz von selbst auf. Zwei Göttern kann man nicht dienen! Es ist unmöglich, gleichzeitig die Straßenbahnschienen sauberzufegen und irgendwelchen spanischen Hungerleidern helfen zu wollen! Das kann keiner, Doktor, und schon gar nicht können es Menschen, die in ihrer Entwicklung zweihundert Jahre hinter den Eurpäern zurück sind und bis auf den heutigen Tag ihre eigenen Hosen nicht richtig zuknöpfen!"

Der Professor hatte sich in Eifer geredet. Die Flügel seiner Habichtsnase blähten sich. Nach dem üppigen Essen hatte er Kräfte gewonnen, er tönte wie ein Prophet im Altertum, und sein Kopf glänzte silbern.

Seine Worte trafen den schläfrigen Hund wie dumpfe Erdstöße. In seinen Träumen sah er bald die Eule mit den dummen gelben Augen, bald die widerliche Visage des Kochs mit der schmutzigen weißen Mütze, bald den verwegenen

Schnauzbart des Professors, von der Lampe hell beleuchtet, bald einen schläfrigen Schlitten, der knirschend verschwand. In seinem Hundemagen wurde, in Saft schwimmend, das zerkaute Stück Roastbeef verdaut.
Er könnte als Volksredner sein Geld verdienen, dachte der Hund im Traum, er ist ein erstklassiger Könner. Im übrigen scheint es ihm auch so nicht schlecht zu gehen.
„Ein Schutzmann!" schrie der Professor. „Ein Schutzmann!" Im Gehirn des Hundes platzten irgendwelche Blasen. Huuuuuh ... „Ein Schutzmann! Das ist das einzige. Und es ist völlig gleich, ob er ein Blechschild trägt oder einen roten Tschako. Neben jeden Menschen einen Schutzmann stellen, der die gesanglichen Ausschreitungen unserer Bürger einschränken muß. Und sie reden von Zerrüttung! Ich sage Ihnen, in unserm Haus und in jedem anderen Haus wird sich nichts zum Besseren verändern, solange diese Sänger nicht zum Schweigen gebracht sind! Erst wenn die ihre Konzerte einstellen, kann es besser werden."
„Sie führen konterrevolutionäre Reden, Filipp Filippowitsch", bemerkte der Gebissene scherzhaft, „wenn das bloß gottbehüte niemand hört."
„Keine Gefahr", widersprach der Professor feurig. „Keine Konterrevolution. Das ist übrigens noch solch ein Wort, das ich nicht ertragen kann. Ich habe nicht die geringste Ahnung, was dahintersteckt! Weiß der Teufel! Ich sage Ihnen, in meinen Worten ist keinerlei Konterrevolution. Sie sind gesunder Menschenverstand und Lebenserfahrung."
Der Professor zog den Zipfel der glänzenden Serviette aus dem Kragen, knüllte sie zusammen und legte sie neben das halbvolle Weinglas. Der Gebissene erhob sich sogleich und bedankte sich.
„Einen Moment, Doktor!" hielt der Professor ihn zurück und holte die Brieftasche hervor. Mit eingekniffenen Augen zählte er helle Geldscheine ab und reichte sie dem Gebissenen mit den Worten: „Sie haben heute vierzig Rubel zu bekommen, Iwan Arnoldowitsch. Bitte."
Der vom Hund Geschädigte dankte höflich und steckte das Geld errötend in die Jackentasche.

„Brauchen Sie mich heute abend noch, Filipp Filippowitsch?“ erkundigte er sich.
„Nein, ich danke Ihnen, mein Bester. Heute machen wir nichts mehr. Erstens ist das Kaninchen krepiert, und zweitens gibt's heute im Bolschoi-Theater ‚Aida‘. Die habe ich lange nicht gehört. Ich mag sie sehr. Erinnern Sie sich? Das Duett ... Ta-di-da-da.“
„Wie schaffen Sie das bloß alles, Filipp Filippowitsch?“ fragte der Arzt respektvoll.
„Man schafft alles, wenn man nichts überstürzt“, dozierte der Hausherr. „Natürlich, wenn ich von einer Sitzung zur anderen laufe und den ganzen Tag singe wie eine Nachtigall, statt mich mit meiner eigentlichen Aufgabe zu beschäftigen, dann schaffe ich gar nichts.“ Unter den Fingern des Professors in seiner Tasche klangen die Himmelstöne der Repetieruhr. „Kurz nach acht. Zum zweiten Akt komme ich zurecht. Ich bin für Arbeitsteilung. Im Bolschoi-Theater sollen sie singen, und ich operiere. Dann ist es gut. Dann gibt es keine Zerrüttung. Also, Iwan Arnoldowitsch, bleiben Sie dran – sobald ein geeigneter Toter da ist, vom Tisch sofort in die Nährlösung und zu mir!“
„Keine Sorge, Filipp Filippowitsch, der Pathologe hat es mir versprochen.“
„Ausgezeichnet. Einstweilen werden wir diesen Neurotiker von der Straße beobachten und pflegen. Soll erst mal seine verbrühte Seite verheilen.“
Er sorgt sich um mich, dachte der Hund, er ist ein sehr guter Mensch. Ich weiß, wer er ist. Er ist der Magier und Zauberer aus dem Hundemärchen. Es kann ja nicht sein, daß ich alles träume. Aber vielleicht doch? (Er zuckte im Schlaf.) Wenn ich aufwache ... ist das alles weg. Die Lampe mit dem Seidenschirm, die Wärme, die Sattigkeit. Wieder der Torweg, die irrsinnige Kälte, der vereiste Asphalt, der Hunger, die bösen Menschen ... Kantine, Schnee ... Mein Gott, schwer wird das sein!
Aber nichts davon geschah. Im Gegenteil, der Torweg war dahin wie ein böser Traum und kam nicht wieder.
Mit der Zerrüttung schien es nicht gar so schlimm zu sein.

Trotz der Zerrüttung füllten sich die grauen Harmonikas unter den Fensterbrettern zweimal täglich mit Hitze und sandten Wärmewellen durch die ganze Wohnung.
Es war völlig klar: Der Hund hatte das große Hundelos gezogen. Seine Augen verströmten jetzt mindestens zweimal am Tag dankbare Tränen an die Adresse des Weisen von der Pretschistenka. Außerdem zeigten die großen Wandspiegel im Salon und in der Diele zwischen den Schränken einen erfolgreichen, schönen Hund.
Ich bin schön. Vielleicht bin ich ein unbekannter Hundeprinz inkognito, dachte der Hund und betrachtete den struppigen kaffeebraunen Köter mit der zufriedenen Schnauze, der in den Tiefen des Spiegels spazierenging. Womöglich ist meine Großmutter mit einem Neufundländer fremdgegangen. Auf meiner Schnauze ist ja ein weißer Fleck. Wo mag der herkommen? Der Professor hat einen guten Geschmack, der würde nicht den erstbesten Hofhund nehmen.
Im Verlauf einer Woche hatte der Hund so viel gefressen wie in den anderthalb Hungermonaten zuvor auf der Straße. Das zur Menge. Über die Qualität des Essens beim Professor brauchte man nicht zu reden. Wenn man schon außer acht ließ, daß Darja Petrowna täglich auf dem Smolensker Markt einen Berg Wurstabfälle für achtzehn Kopeken kaufte, genügte es, an die Mahlzeiten um sieben Uhr abends im Eßzimmer zu denken, an denen der Hund trotz der Proteste der eleganten Sina teilnahm. Während dieser Mahlzeiten erwarb der Professor endgültig den Titel einer Gottheit. Der Hund stellte sich auf die Hinterpfoten und kaute an dessen Jackett, er kannte inzwischen das Klingelzeichen des Professors, zwei volltönende, abgehackte, herrische Stöße, dann sauste er bellend in die Diele, um ihn zu begrüßen. Der Hausherr trat ein, auf seinem schwarzbunten Fuchspelz glitzerten Millionen Schneestäubchen, er duftete nach Mandarinen, Zigarren, Parfüm, Zitronen, Benzin, Eau de Cologne und Tuch, und seine Stimme schallte wie eine Kommandotrompete durch die ganze Wohnung.

„Warum hast du Strolch die Eule zerrissen? Was hat sie dir getan? Hat sie dir was getan? will ich wissen. Warum hast du Professor Metschnikow zerschlagen?"
„Filipp Filippowitsch, er müßte wenigstens einmal die Peitsche kriegen", sagte Sina entrüstet. „Sonst wird er noch ganz übermütig. Sehen Sie bloß, was er mit Ihren Galoschen gemacht hat."
„Man darf niemand schlagen", sagte der Professor erregt, „merk dir das ein für allemal. Einen Menschen und ein Tier kann man nur mit Zureden beeinflussen. Habt ihr ihm heute Fleisch gegeben?"
„Mein Gott, er hat das ganze Haus leergefressen. Wie können Sie fragen, Filipp Filippowitsch. Ich staune nur, daß er nicht platzt."
„Möge es ihm bekommen ... Was hat dir die Eule getan, du Rowdy?"
„Huuuuuh!" winselte der Hund, kroch auf dem Bauch, kehrte die Pfoten nach außen.
Dann wurde er mit Geschrei im Genick gepackt und durch die Diele ins Arbeitszimmer geschleift. Der Hund heulte, schnappte um sich, krallte sich in den Teppich, ritt auf dem Hinterteil wie im Zirkus. Im Arbeitszimmer auf dem Teppich lag die glasäugige Eule mit aufgerissenem Bauch, aus dem nach Mottenpulver riechende rote Lappen quollen. Auf dem Tisch lag das zertrümmerte Porträt.
„Ich habe mit Absicht noch nicht aufgeräumt, damit Sie sich das ansehen können", meldete Sina verärgert. „Auf den Tisch ist er gesprungen, der Halunke! Und am Schwanz hat er sie gepackt! Ehe ich mich's versah, hatte er sie schon zerrupft. Stoßen Sie ihn mit der Schnauze gegen die Eule, Filipp Filippowitsch, damit er lernt, was es heißt, Sachen zu verderben."
Nun begann Geheul. Der Hund, der sich an den Teppich preßte, wurde mit der Schnauze gegen die Eule gestukt, dabei vergoß er bittere Tränen und dachte: Schlagt mich, nur jagt mich nicht aus der Wohnung.
„Bring die Eule heute noch zum Ausstopfen. Außerdem, hier hast du acht Rubel, dazu sechzehn Kopeken für die Straßen-

bahn, fahr zu Muir und kauf ihm ein gutes Halsband mit Kette."
Tags darauf wurde dem Hund ein breites blankes Halsband angelegt. Als er sich im Spiegel beschaute, war er anfangs sehr verdrossen, kniff den Schwanz ein und ging ins Badezimmer, um das Halsband an der Truhe oder an einer Kiste abzustreifen. Bald erkannte er jedoch, daß er einfach blöd war. Sina führte ihn an der Kette in der Obuchow-Gasse spazieren. Der Hund ging wie ein Häftling und brannte vor Scham, aber als sie durch die Pretschistenka zur Christus-Kirche gelangten, wußte er schon bestens, was ein Halsband im Leben bedeutet. In den Augen aller anderen Hunde war rasender Neid, und bei der Mjortwy-Gasse kläffte ihn ein schlaksiger Hofhund mit abgehacktem Schwanz an und beschimpfte ihn „herrschaftliches Luder" und „Lakai". Als sie die Straßenbahnschienen überquerten, sah der Milizionär das Halsband mit Respekt und Vergnügen, und als sie nach Hause zurückkehrten, geschah etwas nie Dagewesenes: Der Portier Fjodor öffnete eigenhändig die Haustür, ließ Bello hinein und bemerkte dabei zu Sina: „Hei, was für einen Zottelhund Filipp Filippowitsch sich angeschafft hat. So was von fett."
„Und ob, er frißt ja auch für sechs", erklärte die schöne und vom Frost gerötete Sina.
Ein Halsband ist wie eine Aktentasche, witzelte der Hund in Gedanken und begab sich, das Hinterteil schwenkend, in die Beletage wie ein feiner Herr.
Nachdem der Hund das Halsband solchermaßen gewürdigt hatte, machte er seine erste Visite in der Hauptabteilung des Paradieses, wo ihm der Zutritt strengstens verboten war, nämlich im Reich der Köchin Darja Petrowna. Die ganze Wohnung war nicht so viel wert wie zwei Fußbreit von Darjas Reich. Den ganzen Tag über fauchte und prasselte in dem Herd mit der schwarzen Platte und den weißen Kacheln das Feuer. Die Bratröhre knackte. In puterroten Flekken glühte von der ewigen Hitze und der ungestillten Leidenschaft Darjas Gesicht. Es glänzte und schimmerte fettig. In der modischen Haartracht, die die Ohren verdeckte und

auf dem Hinterkopf einen Korb aus blonden Haaren formte, funkelten zweiundzwanzig falsche Brillanten. An den Wänden hingen an Haken goldene Kasserollen, die ganze Küche donnerte von Gerüchen, es zischte und brodelte in zugedeckten Gefäßen.
„Raus!" zeterte Darja Petrowna, „raus, du Vagabund und Taschendieb! Du hast mir hier grade noch gefehlt! Ich geb's dir mit dem Feuerhaken!"
Was hast du? Warum kläffst du so? Der Hund blinzelte liebedienerisch. Ich bin doch kein Taschendieb! Siehst du nicht das Halsband? Er steckte die Schnauze durch die Tür und schob sich seitlich hinein.
Der Hund Bello besaß das Geheimnis, wie man die Herzen der Menschen erobert. Zwei Tage später lag er bereits neben dem Kohlenkorb und sah Darja Petrowna bei der Arbeit zu. Mit einem scharfen schmalen Messer hackte sie hilflosen Haselhühnern die Köpfe und Pfoten ab, schabte dann wie ein rasender Henker das Fleisch von den Knochen, riß Hühnern die Eingeweide heraus, drehte etwas durch den Fleischwolf. Bello zerfleischte derweil einen Haselhuhnkopf. Aus einer Schüssel Milch zog Darja Petrowna Stücke von eingeweichten Semmeln, vermengte sie auf einem Brett mit dem Fleischbrei, übergoß das Ganze mit Sahne, streute Salz darüber und formte auf dem Brett Klößchen. Im Herd prasselte es wie eine Feuersbrunst, in der Pfanne zischte, schäumte und hüpfte es. Der Riegel sprang klirrend zurück und entblößte eine furchtbare Hölle, in der die Flammen prasselten und schillerten.
Abends erlosch der Feuerschlund, im Küchenfenster oberhalb der weißen Halbgardine stand tiefschwarz und würdevoll die Nacht des Pretschistenka-Viertels mit einem einzelnen Stern. Der Fußboden in der Küche war feucht, die Kasserollen blinkten matt und geheimnisvoll, auf dem Tisch lag eine Feuerwehrmütze. Bello ruhte auf der warmen Herdplatte wie ein Löwe überm Tor; ein Ohr neugierig aufgestellt, sah er zu, wie der erregte Mann mit dem schwarzen Schnauzbart und dem breiten Lederkoppel hinter der halboffenen Tür in Sinas und Darjas Zimmer Darja umarmte.

Darjas Gesicht glühte in Qual und Leidenschaft mit Ausnahme der totenbleich gepuderten Nase. Ein Lichtstrahl lag auf dem Gesicht des Schnauzbärtigen, Darja hing an ihm wie ein Osterröschen.
„Wie ein Dämon bedrängst du mich", murmelte sie im Halbdunkel. „Laß mich! Sina kommt gleich. Was ist, hast du dich auch verjüngen lassen?"
„Das hat unsereins nicht nötig", antwortete der Schnauzbärtige heiser und konnte sich kaum noch beherrschen. „Wie feurig du bist!"
Der Abendstern der Pretschistenka verschwand hinter schweren Gardinen, und wenn im Bolschoi-Theater nicht „Aida" gegeben wurde und keine Sitzung der Allrussischen Chirurgischen Gesellschaft anberaumt war, saß die Gottheit im Arbeitszimmer in einem tiefen Sessel. Das Deckenlicht war ausgeschaltet, nur die grüne Schreibtischlampe brannte. Bello lag auf dem Teppich im Schatten und beobachtete unverwandt schreckliche Dinge. In Glasgefäßen lagen in einer ekelerregenden ätzenden, trüben Flüssigkeit menschliche Gehirne. Die Arme der Gottheit waren bis zum Ellbogen entblößt, die Hände steckten in gelblichen Gummihandschuhen, und die glatten stumpfen Finger befühlten die Windungen. Von Zeit zu Zeit bewaffnete sich die Gottheit mit einem blanken Messerchen und schnitt sacht in solch ein straffes gelbes Gehirn.
„Zu des Niles heilgen Ufern", trällerte die Gottheit, preßte dann die Lippen zusammen und dachte an den goldenen Innenraum des Bolschoi-Theaters.
Die Heizungsrohre waren um diese Stunde bis aufs äußerste erhitzt. Die Wärme stieg zur Decke und breitete sich im Zimmer aus, und im Fell des Hundes erwachte der letzte, vom Professor noch nicht herausgekämmte Floh, der aber keine Chance mehr hatte. Die Teppiche dämpften jeden Laut. Aber dann klingelte es an der fernen Wohnungstür.
Sina geht ins Kino, dachte der Hund. Wenn sie wiederkommt, werden wir wohl zu Abend essen. Ich glaub, es gibt heute Kalbskoteletts!

An diesem schrecklichen Tag hatte den Hund Bello schon am Morgen ein Vorgefühl gezwackt. Infolgedessen winselte er plötzlich auf und aß sein Frühstück – eine halbe Schüssel Haferbrei und einen Hammelknochen von gestern – ohne jeden Appetit. Bedrückt trottete er in die Diele und heulte dort leise sein Spiegelbild an. Aber der Tag verlief, nachdem Sina ihn auf dem Boulevard spazierengeführt hatte, wie gewöhnlich. Sprechstunde war nicht, weil bekanntlich dienstags nie Sprechstunde ist. Die Gottheit war im Arbeitszimmer und blätterte auf dem Schreibtisch in schweren Büchern mit bunten Bildern. Man wartete auf das Essen. Der Hund lebte ein wenig auf bei dem Gedanken, daß es als Hauptgericht, wie er aus der Küche wußte, Truthahn geben würde. Während er durch den Korridor ging, hörte er im Arbeitszimmer des Professors unangenehm und unverhofft das Telephon läuten. Der Professor nahm den Hörer ab, horchte und war auf einmal sehr aufgeregt.
„Ausgezeichnet", tönte seine Stimme, „bringt ihn sofort her, sofort!"
Er wurde hastig, klingelte und befahl der eintretenden Sina, sofort das Essen aufzutragen.
„Das Essen! Das Essen! Das Essen!"
Im Eßzimmer klapperten sogleich Teller, Sina eilte hin und her, aus der Küche kam das Knurren von Darja Petrowna, der Truthahn sei noch nicht fertig. Der Hund spürte wieder Erregung.
Ich mag diese Hastigkeit in der Wohnung nicht, dachte er. Und kaum hatte er das gedacht, da nahm die Hastigkeit einen noch unangenehmeren Charakter an, vor allem deshalb, weil der neulich gebissene Doktor Bormental auftauchte. Er hatte einen übelriechenden Koffer bei sich, den er, ohne abzulegen, durch den Korridor ins Untersuchungszimmer trug. Der Professor ließ seinen Kaffee stehen, was noch nie geschehen war, und lief Bormental entgegen, was auch noch nie geschehen war.
„Wann gestorben?" schrie er.
„Vor drei Stunden", antwortete Bormental, ohne die beschneite Mütze abzunehmen und den Koffer zu öffnen.

Wer ist gestorben? dachte der Hund mißmutig und drückte sich vor den Füßen der Männer herum. Ich kann nicht ausstehen, wenn sie so laufen.
„Weg von meinen Füßen! Schnell, schnell, schnell!“ schrie der Professor nach allen Seiten und klingelte mit sämtlichen Klingeln, wie es dem Hund schien. Sina kam angelaufen.
„Sina! Darja Petrowna soll sich ans Telephon setzen und alle abwimmeln! Dich brauche ich. Doktor Bormental, ich bitte Sie, schnell, schnell, schnell!“
Das gefällt mir ganz und gar nicht, dachte der Hund beleidigt und trottete mürrisch durch die Wohnung. Die Unruhe konzentrierte sich aufs Untersuchungszimmer. Sina hatte auf einmal einen Kittel an, der wie ein Leichenhemd aussah, sie lief zwischen dem Untersuchungszimmer und der Küche hin und her.
Ob ich was fressen geh? Zum Teufel mit denen, dachte der Hund, da erlebte er eine Überraschung.
„Bello kriegt nichts zu essen“, dröhnte ein Kommando aus dem Untersuchungszimmer.
„Ich kann aber nicht auf ihn aufpassen.“
„Sperr ihn ein!“
Bello wurde gelockt und ins Bad gesperrt.
Gemeinheit, dachte er in dem halbdunklen Badezimmer. Gradezu blöd.
Etwa eine Viertelstunde verbrachte er dort in einer seltsamen Gemütsverfassung – teils wütend, teils schwer niedergeschlagen. Alles war so traurig, so unbegreiflich ...
Na schön, dann sehen Sie sich morgen mal Ihre Galoschen an, geehrter Filipp Filippowitsch, dachte er. Zwei Paar haben Sie schon gekauft, und Sie werden noch eins dazu kaufen, damit Sie künftig keine Hunde mehr einsperren.
Aber plötzlich riß sein wütender Gedanke ab. Ganz deutlich kam ihm eine Erinnerung an seine früheste Jugend – ein sonniger riesengroßer Hof beim Preobrashenskaja-Tor, Sonnensplitter in Flaschen, Ziegelbruch, frei streunende Hunde.
Nein, von hier kann man nicht mehr in die Freiheit, ich will

mir nichts vormachen, dachte der Hund traurig und schniefte durch die Nase. Ich habe mich daran gewöhnt. Ich bin ein herrschaftlicher Hund, ein intelligentes Wesen, ich habe ein besseres Leben kennengelernt. Was ist denn Freiheit? Nur Rauch, Trugbild, Fiktion. Eine Fieberphantasie dieser unglückseligen Demokraten ...

Dann bekam er es im Halbdunkel des Badezimmers mit der Angst, er heulte, stürzte zur Tür, kratzte daran.

„Huuuuh!“ klang es durch die Wohnung wie aus einem Faß.

Die Eule zerrupf ich noch mal, dachte er wütend, doch ohnmächtig. Dann erschlaffte er, legte sich hin, und als er wieder aufstand, sträubten sich die Haare seines Fells, denn er glaubte im Badezimmer auf einmal scheußliche Wolfsaugen zu sehen.

Auf dem Höhepunkt seiner Ängste öffnete sich die Tür. Der Hund ging hinaus, schüttelte sich und wollte mürrisch zur Küche trotten, aber Sina zog ihn am Halsband hartnäckig zum Untersuchungszimmer. Bello wurde kalt ums Herz.

Was wollen die von mir? dachte er argwöhnisch. Meine Seite ist doch verheilt. Ich verstehe das nicht.

Mit den Pfoten über das glatte Parkett schleifend, wurde er ins Untersuchungszimmer gezerrt. Hier bestürzte ihn die nie gesehene Beleuchtung. Die große Kugel an der Decke strahlte so gleißend, daß es in die Augen schnitt. In dem weißen Glanz stand der Opferpriester und trällerte von den heiligen Ufern des Nils. Nur an einem sehr schwachen Geruch erkannte der Hund, daß es der Professor war. Die kurzgeschnittenen grauen Haare waren unter einer weißen Kappe verschwunden, die an eine Patriarchenhaube erinnerte; die Gottheit war ganz in Weiß, und darüber trug er eine schmale Gummischürze wie ein Epitrachelion. Die Hände steckten in schwarzen Handschuhen.

Auch der Gebissene trug eine weiße Kappe. Der lange Tisch war auseinandergeklappt, und an der Seite war ein viereckiges Tischchen mit blankem Fuß herangerückt.

Der Hund haßte auf einmal am meisten den Gebissenen, vor allem wegen seiner jetzigen Augen. Sonst kühn und offen, huschten sie heute nach allen Seiten und mieden den Blick des Hundes. Sie waren mißtrauisch und falsch, und in ihrer Tiefe barg sich etwas Ungutes, ein schurkisches Vorhaben, wenn nicht ein Verbrechen. Der Hund warf ihm einen schweren und finsteren Blick zu und verzog sich in einen Winkel.

„Das Halsband, Sina", sagte der Professor halblaut, „aber rege ihn nicht auf."

Sogleich hatte Sina genauso gemeine Augen wie der Gebissene. Sie kam zu Bello und streichelte ihn mit falscher Freundlichkeit. Er sah sie mit Wehmut und Verachtung an.

Na ... ihr seid drei. Nehmt mich, wenn ihr wollt. Aber schämt euch was. Wenn ich bloß wüßte, was ihr mit mir machen wollt!

Sina löste das Halsband, der Hund schüttelte den Kopf und schnaubte. Der Gebissene stand vor ihm und verströmte einen scheußlichen, benebelnden Geruch.

Pfui, ekelhaft ... Wovon ist mir bloß so trüb und ängstlich? dachte der Hund und wich vor dem Gebissenen zurück.

„Schnell, Doktor", sagte der Professor ungeduldig.

Ein scharfer, süßlicher Geruch hing in der Luft. Der Gebissene, ohne den argwöhnischen Lumpenblick von dem Hund zu lassen, brachte die rechte Hand hinterm Rücken hervor und stieß dem Hund einen feuchten Wattebausch gegen die Nase. Bello erschrak, in seinem Kopf drehte es sich sacht, aber er konnte noch zurückspringen. Der Gebissene eilte ihm nach und verklebte ihm die ganze Schnauze mit der Watte. Bello verschlug es den Atem, aber er riß sich noch einmal los. Gemeiner Kerl, durchzuckte es ihn. Wofür? Wieder kam die Watte. Auf einmal war mitten im Untersuchungszimmer ein See mit Booten, darin saßen fröhlich nie gesehene rosa Hunde aus dem Jenseits. In Bellos Beinen waren keine Knochen mehr, sie knickten weg.

„Auf den Tisch!" plumpsten irgendwo vergnügt die Worte des Professors und zerflossen zu rosa Strömen. Das Entsetzen wich und wurde von Freude abgelöst. Zwei Sekunden lang liebte der verlöschende Hund den Gebissenen. Dann kehrte sich die ganze Welt mit dem Untersten zuoberst, und er spürte noch eine kalte, aber angenehme Hand am Bauch. Dann war gar nichts mehr.

4

Auf dem schmalen Operationstisch lag ausgebreitet der Hund Bello, und sein Kopf pochte hilflos gegen das weiße Wachstuchkissen. Sein Bauch war kahlrasiert, und jetzt fuhr Doktor Bormental, schwer atmend, mit dem Maschinchen in das Kopffell. Der Professor, beide Hände auf der Tischkante, beobachtete mit blitzender Goldbrille die Prozedur und sagte aufgeregt:
„Iwan Arnoldowitsch, der wichtigste Moment ist, wenn ich in den Türkensattel hineingehe. Ich bitte Sie, geben Sie mir dann sofort die Hypophyse, und gleich vernähen. Wenn da eine Blutung einsetzt, verlieren wir Zeit und auch den Hund. Im übrigen hat er sowieso keine Chance." Der Professor schwieg, kniff die Augen ein, warf einen Blick auf das gleichsam spöttisch halbgeschlossene Auge des Hundes und fügte hinzu: „Wissen Sie, er tut mir leid. Stellen Sie sich vor, ich habe mich an ihn gewöhnt."
Dabei hob er die Hände, als wollte er den unglücklichen Hund Bello für eine große Tat segnen. Auf seine schwarzen Gummihandschuhe durfte kein Stäubchen fallen.
Die kahlgeschorene Haut des Hundes schimmerte hell. Bormental legte das Maschinchen weg und seifte den hilflosen kleinen Kopf ein, dann begann er zu rasieren. Unter der Klinge knirschte es, da und dort trat Blut aus. Nachdem der Gebissene den Kopf kahlrasiert hatte, tupfte er ihn mit einem benzingetränkten Wattebausch ab, zog dann den kahlen Hundebauch straff und sagte schnaufend: „Fertig."
Sina drehte den Wasserhahn auf, und Bormental wusch sich eilig die Hände. Sina goß ihm aus einem Fläschchen Sprit darüber.
„Kann ich gehen, Filipp Filippowitsch?" fragte sie und warf

einen furchtsamen Seitenblick auf den rasierten Hundekopf.
„Geh."
Sina verschwand. Bormental hantierte hastig weiter. Er legte leichte Mullservietten um Bellos Kopf. Jetzt lag auf dem Kissen ein nie gesehener Hundeglatzkopf mit seltsam bärtiger Schnauze.
Der Opferprieser kam in Bewegung. Er richtete sich auf, sah auf den Hundekopf und sagte:
„Nun, Herrgott, gib deinen Segen. Messer."
Bormental entnahm dem glitzernden Haufen Instrumente auf dem Tischchen ein gebogenes Messerchen und gab es dem Opferpriester. Dann zog er wie dieser schwarze Handschuhe an.
„Schläft er?" fragte der Professor.
„Ja, tief."
Die Zähne des Professors preßten sich aufeinander, seine Augen bekamen einen stechenden Glanz. Mit dem Messer zog er einen langen geraden Schnitt auf Bellos Bauch. Die Haut klaffte sogleich, Blut spritzte nach allen Seiten. Bormental eilte raubtierflink herzu, preßte Mull auf den Schnitt, klemmte dann mit kleinen Zangen wie Zuckerzangen die Ränder ab, und das Blut versiegte. Auf Bormentals Stirn perlte Schweiß. Der Professor schnitt ein zweites Mal, dann zerrten sie zu zweit Bellos Körper mit Haken, Scheren und Klammern auseinander. Rosa und gelbe Gewebe sprangen heraus, weinten blutigen Tau. Der Professor drehte das Messer in dem Körper, dann rief er: „Schere!"
Das Instrument blitzte in der Hand des Gebissenen wie bei einem Zauberkünstler. Der Professor griff tief hinein und löste mit ein paar Drehungen die Samendrüsen nebst Anhängsel aus Bellos Körper. Bormental, schweißnaß von Eifer und Aufregung, stürzte zu einem Glasgefäß und entnahm ihm andere, nasse, längliche Samendrüsen. In den Händen des Professors und seines Assistenten hüpften, schlängelten sich kurze feuchte Sehnen. Krumme Nadeln klickten in den Klemmen, die Samendrüsen wurden Bello anstelle seiner eigenen eingenäht. Der Opferpriester löste sich von der

Operationswunde, tupfte sie mit einem Mullbausch ab und befahl:
„Nähen Sie zu, Doktor schnell." Er warf einen Blick auf die runde weiße Wanduhr hinter sich.
„Vierzehn Minuten haben wir gebraucht", preßte Bormental durch die Zähne und stieß die krumme Nadel in die labberige Haut. Beide waren aufgeregt wie Mörder, die es eilig haben.
„Messer!" schrie der Professor.
Das Messer sprang ihm wie von selbst in die Hand, sein Gesicht sah furchteinflößend aus. Er fletschte die Porzellan- und Goldkronen und setzte mit einem einzigen Schnitt Bello einen roten Kranz auf die Stirn. Die rasierte Haut wurde zurückgeklappt wie ein Skalp. Der Schädelknochen lag frei.
„Trepan!" schrie der Professor.
Bormental reichte ihm den glänzenden Handbohrer. Der Professor, sich auf die Lippen beißend, setzte das Gerät an und bohrte in Bellos Schädeldecke rundum im Abstand von einem Zentimeter kleine Löcher. Für jedes Loch brauchte er nicht mehr als fünf Sekunden. Dann schob er die Spitze einer sonderbar geformten Säge in das erste Loch und begann zu sägen, so wie man ein Damenkästchen aussägt. Der Schädel zitterte und wimmerte leise. Ein paar Minuten später wurde Bellos Schädeldach herausgehoben.
Nun lag die Kuppel von Bellos Gehirn frei, grau, mit bläulichen Adern und rötlichen Flecken. Der Professor stieß die Schere in die Hirnhaut und schnitt sie auf. Ein dünner Blutstrahl schoß heraus, traf den Professor beinah ins Auge und durchfeuchtete seine Kappe. Bormental stürzte wie ein Tiger mit der Torsionspinzette herzu und klemmte das Gefäß ab. Der Schweiß lief ihm in Strömen herunter, sein Gesicht war fleischig und buntfleckig. Seine Augen flitzten von den Händen des Professors zu dem Teller auf dem Instrumententisch. Der Professor sah jetzt ganz schrecklich aus. Ein Fiepen drang aus seiner Nase, die Zähne waren bis ans Zahnfleisch entblößt. Er zog die Hirnhaut weg, ging in die Tiefe, drückte die beiden Hirnhalbkugeln aus dem offenen Schä-

del. In diesem Moment erbleichte Bormental, griff nach Bellos Brust und sagte heiser:
„Der Puls sinkt rapide."
Der Professor warf ihm einen tierischen Blick zu, ließ ein Ächzen hören und drang noch tiefer. Bormental brach knakkend eine Ampulle ab, zog eine Spritze auf und stieß sie Bello tückisch in die Herzgegend.
„Ich gehe in den Türkensattel", knirschte der Professor und hob mit blutigen schlüpfrigen Handschuhen das graugelbe Gehirn aus Bellos Kopf. Für einen Moment blickte er zu Bellos Schnauze, und sogleich brach Bormental die zweite Ampulle mit gelber Flüssigkeit ab und zog eine lange Spritze auf.
„Ins Herz?" fragte er zaghaft.
„Da fragen Sie noch?" schrie der Professor erbittert. „Er ist Ihnen sowieso schon fünfmal gestorben. Spritzen Sie! Ist es die Möglichkeit?" Sein Gesicht glich in diesem Moment dem eines begeisterten Räubers.
Der Doktor holte aus und stieß die Spritze leicht in das Hundeherz.
„Er lebt, aber ganz schwach", flüsterte er zaghaft.
„Jetzt ist keine Zeit, zu erörtern, ob er lebt oder nicht", zischte der schreckliche Professor. „Ich habe den Türkensattel. Er stirbt ja doch ... ach, verd... Zu des Niles heilgen Ufern ... Geben Sie mir die Hypophyse."
Bormental reichte ihm ein Glasgefäß, in dem an einem Faden ein weißes Klümpchen in einer Flüssigkeit baumelte. Die eine Hand des Professors – er hat wahrhaftig nicht seinesgleichen in Europa! dachte Bormental verschwommen – nahm das baumelnde Klümpchen aus dem Glas, die andere schnitt mit der Schere ein ebensolches Klümpchen in der Tiefe zwischen den gespreizten Halbkugeln heraus. Bellos Klümpchen warf er auf einen Teller, das andere legte er mit dem Faden ins Gehirn ein und brachte es mit seinen kurzen Fingern, die wie durch ein Wunder dünn und biegsam geworden waren, fertig, es dort mit dem bernsteingelben Faden zu befestigen. Sodann nahm er Spreizhaken und Pinzetten aus dem Schädel, legte das Gehirn zurück in die Kno-

chenschale, lehnte sich nach hinten und fragte schon ruhiger:
„Er ist natürlich tot?"
„Der Puls ist hauchdünn", antwortete Bormental.
„Noch mehr Adrenalin."
Der Professor legte die Hirnhaut über die Halbkugeln, paßte das herausgesägte Schädeldach ein, zog den Skalp darüber und schrie:
„Zunähen!"
Bormental vernähte den Kopf in fünf Minuten und brach dabei drei Nadeln ab.
Nun lag auf dem blutbespritzten Kissen das leblose erloschene Gesicht von Bello mit der ringförmigen Kopfwunde. Der Professor lehnte sich endgültig zurück wie ein satter Vampir, riß den einen Handschuh ab, aus dem eine Wolke Schweißpuder stäubte, zerfetzte den anderen, warf ihn zu Boden und drückte auf den Klingelknopf an der Wand. Sina erschien, sie wandte sich weg, um den blutigen Bello nicht zu sehen. Der Opferpriester nahm mit kreidiger Hand die blutige Kappe ab und rief:
„Sofort eine Zigarette, Sina. Frische Wäsche und ein Bad."
Er legte das Kinn auf die Tischkante, zog mit zwei Fingern die rechten Lider des Hundes auseinander, blickte in das sichtlich sterbende Auge und sprach:
„Da, verdammt. Er ist nicht krepiert. Na, er krepiert ja doch noch. Ach, Doktor Bormental, schade um den Hund, er war so freundlich, wenn auch hinterlistig."

5

Aus dem Tagebuch des Doktor Bormental:
Ein dünnes Schreibheft, vollgeschrieben in der Handschrift Bormentals. Diese ist auf den ersten Seiten sauber, schwungvoll und exakt, weiterhin aber flüchtig, mit vielen Klecksen.
22. Dezember 1924. Montag.

Krankengeschichte.
Laborhund, etwa zwei Jahre alt. Rüde. Rasse – Promenadenmischung. Name – Bello. Fellbehaarung spärlich, büschelartig, bräunlich, gefleckt. Schwanz milchkaffeebraun. Auf der rechten Seite Spuren einer ausgeheilten Verbrühung. Ernährung, bis er zum Professor kam, schlecht, nach einwöchigem Aufenthalt äußert wohlgenährt. Gewicht 8 kg (Ausrufezeichen). Herz, Lunge, Magen, Temperatur ...
23. Dezember. Um 20.30 Uhr fand die für Europa erstmalige Operation nach Prof. Preobrashenski statt: Unter Chloroformnarkose wurden Bello die Hoden entfernt und statt dessen menschliche Hoden mit Nebenhoden und Samenleitern eingesetzt. Diese waren einem 4 Stunden, 4 Minuten vor der Operation verstorbenen Mann von 28 Jahren entnommen und für diese Zeit in einer sterilisierten physiologischen Lösung nach Prof. Preobrashenski aufbewahrt worden.
Unmittelbar danach wurde nach der Trepanierung des Schädeldachs die Hirnanhangdrüse, die Hypophyse, entfernt und durch eine menschliche von dem erwähnten Mann ersetzt.
Es wurden verbraucht 8 Kubik Chloroform, 1 Spritze Kampfer, 2 Spritzen Adrenalin ins Herz.
Zweck der Operation: Versuch Preobrashenskis, mit einer kombinierten Verpflanzung von Hoden und Hypophyse die Frage zu klären, ob die Hypophyse anwächst und wie sie sich im weitern auf die Verjüngung des menschlichen Organismus auswirkt.
Es operierte Prof. F. F. Preobrashenski.
Es assistierte Dr. I. A. Bormental.
In der Nacht nach der Operation wiederholtes gefährliches Absinken des Pulses. Wir erwarten letalen Ausgang. Gewaltige Dosen Kampfer nach Preobrashenski.
24. Dezember. Morgens Besserung. Atmung doppelt beschleunigt, Temperatur 42. Kampfer, Koffein subkutan.
25. Dezember. Erneute Verschlechterung. Puls kaum tastbar. Erkalten der Extremitäten, Pupillen ohne Reaktion. Adrenalin ins Herz, Kampfer nach Preobrashenski, physiologische Lösung intravenös.

26. Dezember. Geringe Besserung. Puls 180, Atmung 92, Temperatur 41. Kampfer, Ernährung durch Klistier.
27. Dezember. Puls 152, Atmung 50, Temperatur 39,8, Pupillen reagieren. Kampfer subkutan.
28. Dezember. Deutliche Besserung. Mittags plötzlicher Schweißausbruch, Temperatur 17,0. Operationswunden unverändert. Anlegen eines Verbandes. Beginnender Appetit. Flüssige Nahrung.
29. Dezember. Plötzlicher Haarausfall auf der Stirn und an den Rumpfseiten. Zur Konsultation gebeten: der Lehrstuhlleiter für Hautkrankheiten Professor Wassili Wassiljewitsch Bundarew und der Direktor des Moskauer Musterinstituts für Veterinärmedizin. Sie anerkennen den Fall als in der Literatur bislang nicht beschrieben. Keine Diagnose gestellt. Temperatur normal.
(Aufzeichnungen mit Bleistift.)
Am Abend zum erstenmal gebellt (20.15 Uhr). Auffallend eine starke Veränderung des Timbres und ein tieferer Ton. Der Hund bellt nicht „wau-wau“, sondern „a-o“, was entfernt an Stöhnen erinnert.
30. Dezember. Der Haarausfall nimmt den Charakter einer allgemeinen Verkahlung an. Das Wiegen ergab ein überraschendes Resultat – 30 kg durch Wachstum (Verlängerung) der Knochen. Der Hund liegt nach wie vor.
31. Dezember. Kolossaler Appetit.
(Im Heft ein Klecks. Nach dem Klecks mit eiliger Schrift.)
Um 12.12 Uhr bellte der Hund deutlich „nedal“.
(Im Heft eine Pause und dann, offenbar vor Aufregung irrtümlich):
1. Dezember. *(durchgestrichen und korrigiert)* 1. Januar 1925. Morgens photographiert. Er bellt deutlich „nedal“, wiederholt das Wort laut und offenbar freudig. Um 15 Uhr *(mit Großbuchstaben)* lachte er, worauf das Stubenmädchen Sina in Ohnmacht fiel. Am Abend sprach er achtmal nacheinander das Wort „nedal-schif“, „nedal“.
(Schräg mit Bleistift): Der Professor entschlüsselte das Wort „nedal-schif“, es bedeutet „Fischladen“. Ungeheuerlich.
2. Januar. Beim Lächeln photographiert, mit Magnesium-

blitz. Vom Bett aufgestanden, hielt sich eine halbe Stunde lang auf den Hinterpfoten. Fast so groß wie ich.
(Im Heft ein eingelegtes Blatt.)
Die russische Wissenschaft hätte beinahe einen schweren Verlust erlitten.
Krankengeschichte von Professor F. F. Preobrashenski.
Um 1.13 Uhr fiel Prof. Preobrashenski in tiefe Ohnmacht. Beim Sturz stieß er mit dem Kopf gegen ein Stuhlbein. Trauma.
In meinem und Sinas Beisein hatte der Hund (wenn man ihn noch Hund nennen kann) Prof. Preobrashenski mit säuischen Ausdrücken beschimpft.

(Pause in den Aufzeichnungen.)

6. Januar. *(Teils mit Bleistift, teils mit lila Tinte.)*
Heute ist ihm der Schwanz abgefallen, er sagte deutlich „Kneipe". Der Phonograph ist eingeschaltet. Weiß der Teufel, was das zu bedeuten hat.

Ich bin durcheinander.

Die Sprechstunde des Professors fällt aus. Seit 17 Uhr hört man aus dem Untersuchungszimmer, wo dieses Wesen umhergeht, deutlich gemeines Fluchen und die Worte „noch einen Doppelten".
7. Januar. Er spricht schon sehr viele Wörter: „Kutscher", „Alles besetzt", „Abendzeitung", „Ein schönes Geschenk für die Kinder" sowie sämtliche Schimpfwörter, die der russische Wortschatz nur kennt.
Er sieht sonderbar aus. Fell hat er nur noch auf dem Kopf, am Kinn und auf der Brust. Seine Haut ist wabbelig. Im Bereich der Geschlechtsorgane entwickelt er sich zum Mann. Der Schädel hat sich deutlich vergrößert. Die Stirn ist schräg, niedrig.

Bei Gott, ich werde verrückt.

Der Professor fühlt sich noch immer schlecht. Die Beobachtungen nehme größtenteils ich vor. (Phonograph, Photographien.)

Die Stadt schwirrt von Gerüchten.

Die Folgen sind nicht abzusehen. Heute war die Gasse den ganzen Tag voll von Nichtstuern und alten Frauen. Auch jetzt noch stehen Gaffer vor den Fenstern. Die Morgenzeitungen brachten eine merkwürdige Notiz. „Die Gerüchte über einen Marsmenschen in der Obuchow-Gasse entbehren jeder Grundlage. Sie wurden von den Händlern des Sucharjowka-Marktes aufgebracht. Darauf stehen strenge Strafen." Was für ein Marsmensch, verdammt noch mal? Das ist ja ein Alptraum.

Noch besser die Abendzeitung, dort stand, es sei ein Kind geboren worden, das Geige spielen könne. Dazu eine Zeichnung – eine Geige und ein Photo von mir, darunter steht: „Prof. Preobrashenski, der bei der Mutter einen Kaiserschnitt vorgenommen hat." Es ist nicht zu fassen ... Er spricht ein neues Wort: „Milizionär".

Es hat sich herausgestellt, daß Darja Petrowna in mich verliebt war und das Photo aus dem Album des Professors gemaust hatte. Nachdem wir die Reporter verjagt hatten, ist einer von ihnen in die Küche eingedrungen usw.

Was sich während der Sprechstunde abspielt! Heute hat es 82mal geklingelt. Telephon abgeschaltet. Die kinderlosen Damen sind ganz verrückt und rennen uns das Haus ein ...

Das Hauskomitee erschien in voller Besetzung mit Schwonder an der Spitze. Wozu, wußten sie selber nicht.
8. Januar. Am späten Abend wurde die Diagnose gestellt. Der Professor gestand als echter Wissenschaftler einen Fehler ein – die Auswechslung der Hypophyse führt nicht zur Verjüngung, sondern zur völligen Vermenschlichung *(drei-*

mal unterstrichen). Das aber mindert die Bedeutung seiner verblüffenden, umwerfenden Entdeckung nicht im geringsten.
Heute erging er sich das erstemal in der Wohnung. Im Korridor lachte er, als er die elektrische Lampe sah. Dann begab er sich in Begleitung des Professors und meiner Person ins Arbeitszimmer. Er steht sicher auf den Hinterpfoten *(durchgestrichen)* Beinen und macht den Eindruck eines kleinen und schlechtgebauten Mannes.
Im Arbeitszimmer hat er gelacht. Sein Lächeln ist unangenehm und wirkt künstlich. Dann kratzte er sich den Hinterkopf, sah sich um, und ich notierte ein neues, deutlich ausgesprochenes Wort: „Burshuis". Er fluchte. Sein Fluchen ist methodisch, ununterbrochen und allem Anschein nach ohne jeden Sinn. Es trägt einen etwas phonographischen Charakter: als ob dieses Wesen die Schimpfwörter früher irgendwo gehört, sie automatisch, unbewußt in seinem Gehirn notiert hat und sie jetzt bündelweise herausschleudert. Aber ich bin ja kein Psychiater, verdammt nochmal.
Auf den Professor macht das Fluchen einen sonderbar deprimierenden Eindruck. Es gibt Momente, da verläßt er die zurückhaltende und kühle Beobachtung neuer Erscheinungen und verliert gewissermaßen die Geduld. Als der Hund wieder mal fluchte, schrie er plötzlich nervös:
„Hör auf!"
Das hatte nicht die geringste Wirkung.
Nach dem Spaziergang im Arbeitszimmer wurde Bello mit vereinten Kräften ins Untersuchungszimmer befördert.
Danach hielten der Professor und ich eine Beratung ab. Zum erstenmal, ich muß es gestehen, sah ich diesen selbstsicheren und erstaunlich klugen Mann fassungslos. Nach seiner Gewohnheit trällernd, fragte er: „Was machen wir jetzt?" Und antwortete sich selbst wörtlich: „Moskauer Textilhandel, ja ... Von Sevilla bis Granada. Textilhandel, lieber Doktor." Ich verstand kein Wort. Er wurde deutlicher: „Ich bitte Sie, Iwan Arnoldowitsch, kaufen Sie ihm Wäsche, Hose und Jackett."
9. Januar. Sein Wortschatz wird (im Schnitt) alle fünf Minu-

ten um ein neues Wort reicher, seit heute früh auch um Sätze. Es ist, als wären sie in seinem Bewußtsein eingefroren, tauten jetzt auf und kämen heraus. Ein einmal herausgekommenes Wort bleibt in Gebrauch. Seit gestern abend hat der Phonograph aufgezeichnet: „Drängel nicht so“, „Du Strolch“, „Scher dich runter vom Trittbrett“, „Ich knall dir eine“, „Anerkennung Amerikas“, „Primuskocher“.

10. Januar. Die Ankleidung ist vollzogen. Das Unterhemd ließ er sich bereitwillig überziehen, lachte sogar vergnügt. Die Unterhosen lehnte er ab und kleidete seinen Protest in den heiseren Ruf: „Hinten anstellen, ihr Hundesöhne!“ Er wurde angezogen. Die Socken sind ihm zu groß.

(Im Heft mehrere schematische Zeichnungen, die allem Anschein nach die Umwandlung der Hundepfote in einen menschlichen Fuß darstellen.)

Die hintere Hälfte des Fußknochens (planta) wird länger. Die Zehen strecken sich. Krallen.

Zum wiederholten Male systematischer Unterricht im Gebrauch der Toilette. Das Stubenmädchen ist schon völlig mit den Nerven runter.

Aber auch die Auffassungsgabe des Wesens muß erwähnt werden. Die Sache geht ziemlich in Ordnung.

11. Januar. Er hat sich mit der Hose abgefunden. Sagte einen langen lustigen Satz: „Gib ein Zigarettchen und geh ins Bettchen.“

Das Fell auf dem Kopf ist dünn und seidig. Leicht mit Haaren zu verwechseln. Aber die Flecke auf dem Kopf sind geblieben. Heute ist der letzte Flaum von den Ohren abgegangen. Kolossaler Appetit. Ißt besonders gern Hering.

Um 17 Uhr ein Ereignis: Zum erstenmal sprach das Wesen Worte, nicht losgelöst von den Erscheinungen seiner Umgebung, sondern als Reaktion darauf. Nämlich als der Professor ihm befahl: „Wirf die Speisereste nicht auf den Fußboden«, antwortete er plötzlich: „Laß mich in Ruh, du Lauseei.“

Der Professor war bestürzt, aber dann faßte er sich und sagte: „Wenn du dir noch einmal herausnimmst, mich oder den Doktor zu beschimpfen, kannst du was erleben.«

In diesem Moment photographierte ich Bello. Ich verbürge mich, daß er die Worte des Professors verstand. Ein düsterer Schatten überflog sein Gesicht. Er blickte unter gesenkten Brauen hervor ziemlich wütend, sagte aber nichts.
Hurra, er versteht!
12. Januar. Er steckt die Hände in die Hosentaschen. Wir versuchen, ihm das Fluchen abzugewöhnen. Er pfeift „Hei, Äpfelchen". Nimmt am Gespräch teil.
Ich kann mich einiger Hypothesen nicht enthalten. Zum Teufel einstweilen mit der Verjüngung! Etwas anderes ist unvergleichlich wichtiger: Der beeindruckende Versuch von Prof. Preobrashenski hat eines der Geheimnisse des menschlichen Gehirns enthüllt. Von nun an darf die rätselhafte Funktion der Hypophyse, der Hirnanhangdrüse, als geklärt gelten. Sie bestimmt das menschliche Aussehen. Ihre Hormone kann man als die wichtigsten des Organismus betrachten, es sind die Hormone des Aussehens. Ein neues Gebiet für die Wissenschaft: Ohne die Retorte des Faust wurde ein Homunkulus geschaffen. Das Skalpell des Chirurgen hat eine neue menschliche Einheit zum Leben erweckt. Prof. Preobrashenski, Sie sind ein Schöpfer.
(Klecks.)
Aber ich bin abgeschweift. Also, er nimmt am Gespräch teil. Nach meiner Mutmaßung ist es folgendermaßen: Die angewachsene Hypophyse hat im Hundegehirn das Sprachzentrum frei gemacht, und die Wörter strömen nur so. Ich glaube, wir haben ein zum Leben erwachtes entwickeltes Gehirn vor uns, nicht ein neugeschaffenes. Oh, wundersame Bestätigung der Evolutionstheorie! Oh, endlose Kette vom Hund bis zum Chemiker Mendelejew! Und noch eine Hypothese von mir: Bellos Gehirn hat in der Hundeperiode seines Lebens eine Unmenge von Begriffen gespeichert. Sämtliche Wörter, mit denen er zu operieren begann, sind Straßenausdrücke, die er aufgeschnappt und in seinem Gehirn bewahrt hat. Wenn ich jetzt die Straße entlanggehe, sehe ich mit heimlichem Entsetzen die Hunde an. Weiß Gott, was sich in ihrem Gehirn verbirgt.

Bello hat gelesen. Gelesen *(3 Ausrufezeichen)*. Ich habe es erraten. Durch den Fischladen. Er hat das Wort vom Ende her gelesen. Ich weiß sogar, wo die Lösung dieses Rätsels steckt: eine Unterbrechung der Sehnerven des Hundes.

Was sich in Moskau tut, ist für den menschlichen Verstand nicht zu fassen. Sieben Händler vom Sucharjowka-Markt sitzen wegen der Verbreitung von Gerüchten über den Weltuntergang, den die Bolschewiken heraufbeschworen hätten. Darja Petrowna sprach davon und nannte sogar das Datum: Am 28. November 1925, dem Tag des heiligen Märtyrers Stefan, werde die Erde gegen die Himmelsachse stoßen. Irgendwelche Spitzbuben halten Vorträge. Das ganze Theater haben wir mit dieser Hypophyse angerichtet, man möchte aus der Wohnung laufen. Ich bin auf Preobrashenskis Bitte zu ihm gezogen und schlafe mit Bello im Sprechzimmer. Das Untersuchungszimmer ist zum Sprechzimmer geworden. Schwonder hat recht behalten. Das Hauskomitee ist voller Schadenfreude. Die Schränke haben keine heile Scheibe mehr von seinem Herumspringen. Mühsam haben wir es ihm abgewöhnt.

Mit Filipp geht etwas Seltsames vor. Als ich ihm von meinen Hypothesen erzählte und von meiner Hoffnung, Bello zu einer psychisch hochstehenden Persönlichkeit zu entwickeln, brummte er und antwortete: „Meinen Sie?" Sein Ton klang drohend. Ob ich mich irre? Der Alte hat was vor. Während ich mich mit der Krankengeschichte herumplage, brütet er über die Geschichte des Mannes, dem wir die Hypophyse entnommen haben.

(Im Heft eingelegtes Blatt.)
Klim Grigorjewitsch Tschugunkin, 25 Jahre alt, unverheiratet. Parteilos, Sympathisant. 3mal angeklagt und freigelassen: das erstemal aus Mangel an Beweisen, das zweitemal wegen seiner Abstammung, beim drittenmal auf Bewährung verurteilt zu 15 Jahren Kartorga. Diebstähle. Beruf – Spielen auf der Balalaika in Spelunken.

Von kleinem Wuchs, schlecht gebaut. Leber vergrößert (Alkohol). Todesursache – ein Messerstich ins Herz in einer Bierkneipe („Zum Halteschild“ beim Preobrashenskaja-Tor).

Der Alte brütet fortwährend über Klims Krankheit. Ich begreife nicht, was er will. Er knurrt was in der Richtung, daß er es versäumt habe, in der Pathologie den Leichnam Klims zu untersuchen. Was er will, ich begreife es nicht. Ist es nicht ganz egal, von wem die Hypophyse stammt?
17. Januar. Ich habe ein paar Tage nichts notiert, ich war erkältet. In dieser Zeit hat sich sein Aussehen endgültig herausgebildet.
a) ein vollkommener Mensch dem Körperbau nach;
b) Gewicht etwa 1 Zentner;
c) kleiner Wuchs;
d) kleiner Kopf;
e) hat zu rauchen begonnen;
f) ißt menschliche Nahrung;
g) kleidet sich selbständig an;
h) führt mühelos ein Gespräch.

So ist das mit der Hypophyse *(Klecks).*

Damit beende ich die Krankengeschichte. Wir haben einen neuen Organismus vor uns, der muß von Anfang an beobachtet werden.
Anlagen: Stenogramme seiner Rede, phonographische Aufzeichnungen, photographische Aufnahmen.
Unterschrift: Assistent von Professor F. F. Preobrashenski

Doktor Bormental

6

Ein Spätnachmittag. Ende Januar. Es war die Zeit vor dem Essen und der Sprechstunde. Am Rahmen der Sprechzimmertür hing ein Blatt Papier, auf dem von der Hand des Professors geschrieben stand:
„Ich verbiete, in der Wohnung Sonnenblumenkerne zu knabbern.

F. F. Preobrashenski“

Mit Blaustift hatte Bormental in keksgroßen Buchstaben dazugeschrieben:
„Das Spielen von Musikinstrumenten ist von 17 bis 19 Uhr verboten.“
Dann folgte eine Notiz von Sina:
„Wenn Sie zurückkommen, sagen Sie dem Professor: Ich weiß nicht, wo er hingegangen ist. Fjodor meint, mit Schwonder.“
Von der Hand des Professors:
„Muß ich noch hundert Jahre auf den Glaser warten?“
Von der Hand Darja Petrownas *(in Druckbuchstaben)*:
„Sina ist einkaufen gegangen, sie sagt, sie bringt ihn mit.“
Im Eßzimmer erzeugte die Lampe mit dem Seidenschirm eine abendliche Stimmung. Die Lichtstrahlen aus dem Büfett brachen sich in der Mitte, denn die Spiegelscheiben waren über Kreuz mit Papierstreifen beklebt. Der Professor saß über den Tisch gebeugt, in eine aufgeschlagene Zeitung vertieft. Blitze verzerrten sein Gesicht, und durch die Zähne rieselten abgerissen geknurrte Wortstummel. Er las eine Notiz:
„Es besteht kein Zweifel, daß es sich um seinen ungesetzlich geborenen Sohn handelt (wie man in der verfaulten bürgerlichen Gesellschaft sagte). So also amüsiert sich unsere pseudogelehrte Bourgeoisie! Sieben Zimmer hat so was, bis eines Tages das blitzende Schwert der Gerechtigkeit wie ein roter Strahl funkelt.

Schw…r“

Sehr beharrlich, mit verwegener Geschicklichkeit wurde zwei Wände weiter auf einer Balalaika geklimpert, und die Töne einer pfiffigen Variation von „Scheint der Mond“ vermengten sich im Kopf des Professors mit den Worten der Zeitungsnotiz zu einem widerwärtigen Brei. Nachdem er zu Ende gelesen hatte, spuckte er sich trocken über die Schulter und trällerte mechanisch durch die Zähne:
„Schei-heint der Mond … schei-heint der Mond … schei-heint der Mond … Pfui Teufel, man wird die verfluchte Melodie nicht los!“
Er läutete. Sinas Gesicht schob sich durch die Portiere.
„Sag ihm, es ist siebzehn Uhr, er soll aufhören und bitte zu mir kommen.“
Der Professor saß im Sessel am Tisch. Zwischen den Fingern der linken Hand ragte ein brauner Zigarrenstummel. Bei der Portiere stand, an den Türrahmen gelehnt und ein Bein übers andere geschlagen, ein Mann von kleinem Wuchs und unsympathischem Aussehen. Storre Haare standen ungleichmäßig auf seinem Kopf wie Gebüsch auf einem gerodeten Feld. Flaum bedeckte das unrasierte Gesicht. Die Stirn verblüffte durch ihre geringe Höhe. Fast unmittelbar über den struppigen schwarzen Augenbrauen begann die dichte Bürste.
Das Jackett, unter der linken Achsel aufgerissen, war mit Strohhalmen besät, die gestreifte Hose war über dem rechten Knie durchgescheuert und über dem linken mit lila Farbe beschmiert. Um den Hals trug der Mann einen giftblauen Schlips mit einem falschen Rubin. Die Farbe des Schlipses war so schreiend, daß der Professor, wenn er dann und wann die müden Augen schloß, in der völligen Dunkelheit bald an der Decke, bald an der Wand eine lodernde Fackel mit hellblauer Flackerkrone sah. Wenn er die Augen wieder öffnete, blendeten ihn am Fußboden die lichtersprühenden Lackstiefeletten mit den weißen Gamaschen.
Als ob er Galoschen anhat, dachte der Professor angewidert, holte tief Luft, schnaufte und widmete sich seiner erloschenen Zigarre. Der Mensch an der Tür warf ab und zu trübe

Blicke auf ihn und rauchte eine Papirossa, wobei er sich das Vorhemd mit Asche bekleckerte.
Die Wanduhr neben dem hölzernen Haselhuhn schlug fünfmal. Dann klang in ihr etwas wie ein Stöhnen nach, als der Professor das Gespräch eröffnete:
„Habe ich nicht schon zweimal gebeten, nicht in der Küche beim Herd zu schlafen und schon gar nicht tagsüber?"
Der Mann hüstelte heiser, als würgte ihn ein Knöchelchen, und antwortete:
„Ich mag die Luft in der Küche."
Seine Stimme klang ungewöhnlich, etwas dumpf und zugleich hallend, als käme sie aus einem Fäßchen.
Der Professor schüttelte den Kopf und fragte:
„Wo kommt eigentlich diese Scheußlichkeit her? Ich meine den Schlips."
Der Mensch folgte mit den Augen dem Finger, so daß sie über die vorgestülpte Unterlippe hinweg liebevoll nach dem Schlips schielten.
„Wieso Scheußlichkeit?" sagte er. „Der Schlips ist doch schick. Darja Petrowna hat ihn mir geschenkt."
„Ein gräßliches Geschenk, so wie die Schuhe da. Was ist das für ein glänzender Blödsinn? Wo kommt das her? Worum hatte ich gebeten? An-stän-di-ge Schuhe, und was ist das? Hat die etwa Doktor Bormental ausgesucht?"
„Ich habe ihm gesagt, es müssen Lackschuhe sein. Bin ich schlechter als die Menschen? Gehen Sie auf den Kusnezki Most, da trägt alle Welt Lackschuhe."
Der Professor drehte den Kopf und sagte nachdrücklich:
„Das Schlafen in der Küche hört mir auf. Verstanden? Was ist das für eine Frechheit! Sie stören die Frauen dort."
Das Gesicht des Mannes lief dunkel an, die Lippen schoben sich vor.
„Ja, Frauen. Na wennschon! Diese feinen Fräuleins. Ganz gewöhnliche Dienstboten, aber angeben wie eine Kommissarsche. Sinachen hat mich verleumdet."
Der Professor blickte streng.
„Unterstehen Sie sich, sie Sinachen zu nennen! Verstanden?"

Schweigen.
„Ob Sie verstanden haben, will ich wissen."
„Ja."
„Nehmen Sie diese Scheußlichkeit vom Hals. Sie ... du ... Sie sollten sich mal im Spiegel angucken, wie sie aussehen. Wie ein Jahrmarktschreier. Und keine Zigarettenstummel auf den Fußboden werfen, ich sage es zum hundertstenmal. Und kein einziges Schimpfwort mehr in der Wohnung! Nicht ausspucken! Da steht der Spucknapf. Und benehmen Sie sich anständig im Pissoir. Die Gespräche mit Sina hören mir auf. Sie beklagt sich, daß Sie ihr im Dunkeln auflauern. Lassen Sie das! Und wer hat einem Patienten geantwortet ‚weiß der Köter!'? Glauben Sie, Sie sind hier in der Kneipe?"
„Sie engen mich irgendwie furchtbar ein, Väterchen", sagte der Mann auf einmal weinerlich.
Der Professor lief rot an, seine Brille blitzte.
„Wer ist Ihr Väterchen? Was soll die plumpe Vertraulichkeit? Ich will das nie wieder hören! Reden Sie mich mit Vor- und Vatersnamen an!"
Der Mann zeigte eine freche Miene.
„Was haben Sie bloß andauernd ... Nicht spucken. Nicht rauchen. Da nicht hingehen ... Was soll das alles? Reinweg wie in der Straßenbahn. Lassen Sie mich doch in Ruhe! Und wegen ‚Väterchen', das hätten Sie sich sparen können. Hab ich Sie gebeten, mich zu operieren?" Der Mann bellte empört. „Eine hübsche Geschichte! Erst schnappt man sich ein Tier, schneidet ihm mit dem Messer den Kopf auf, und dann ekelt man sich davor. Ich hab vielleicht gar nicht erlaubt, mich zu operieren. Ebensowenig" (der Mann blickte zur Zimmerdecke, wie um sich an eine bestimmte Formulierung zu erinnern), „ebensowenig meine Angehörigen. Ich hab vielleicht sogar das Recht, Sie zu verklagen."
Die Augen des Professors wurden groß und rund, die Zigarre fiel ihm aus der Hand. Ist das ein Typ, ging es ihm durch den Kopf.
„Sie geruhen unzufrieden zu sein, daß ich einen Menschen aus Ihnen gemacht habe?" fragte er mit eingekniffenen

Augen. „Sie möchten vielleicht lieber wieder bei den Müllgruben herumlaufen? In den Torwegen frieren? Nun, wenn ich das gewußt hätte ...“
„Was reiben Sie mir dauernd die Müllgruben unter die Nase? Mein Stück Brot hab ich allemal erbeutet. Und wenn ich Ihnen unterm Messer geblieben wäre? Was haben Sie dazu zu sagen, Genosse?“
„Filipp Filippowitsch heiße ich!“ schrie der Professor gereizt. „Ich bin nicht Ihr Genosse! Das ist ja ungeheuerlich.“ Ein Alptraum, ein Alptraum, dachte er.
„Aber gewiß doch“, sagte der Mann ironisch und setzte siegesbewußt einen Fuß vor. „Wir verstehen bittschön. Wie können wir Ihre Genossen sein! Woher denn! Wir haben nicht auf Universitäten studiert, wir haben nicht in Wohnungen mit fünfzehn Zimmern nebst Badezimmer gelebt. Aber jetzt ist höchste Zeit, daß das aufhört. Heutzutage hat jeder Mensch das Recht ...“
Der Professor lauschte erbleichend den Erörterungen des Menschen. Der unterbrach seine Rede und ging demonstrativ mit seiner zerkauten Papirossa zum Aschbecher. Sein Gang war watschelnd. Umständlich drückte er den Stummel in der Schale aus, und seine Miene schien zu sagen: Da! Da! Dann ging er zurück, knackte plötzlich mit den Zähnen und schob die Nase unter die Achsel.
„Mit den Fingern fängt man Flöhe! Mit den Fingern!“ schrie der Professor wütend. „Ich verstehe überhaupt nicht, wo Sie die immer auflesen.“
„Was weiß ich, zücht ich sie etwa?“ sagte der Mann beleidigt. „Die Flöhe mögen mich wohl.“ Er tastete mit den Fingern im Ärmelfutter umher und ließ ein Flöckchen gelblicher Polsterwatte fliegen.
Der Professor blickte zu den Stuckgirlanden an der Decke und trommelte mit den Fingern auf den Tisch. Der Mensch hatte den Floh hingerichtet und setze sich auf einen Stuhl. Dabei ließ er die Hände vor den Jackettrevers von den angewinkelten Armen herabbaumeln. Seine Augen schielten zu den Parkettriemen. Er beschaute mit großem Vergnügen seine Schuhe. Der Professor blickte auch zu den stumpfen

Schuhspitzen, auf denen scharfe Lichtflecke blitzten, kniff die Augen schmal und sagte:
„Was für eine Angelegenheit wollten Sie mir vortragen?"
„Was für eine Angelegenheit? Eine ganz einfache. Filipp Filippowitsch, ich brauch ein Dokument."
Dem Professor gab es einen Ruck.
„Hm ... Verdammt! Ein Dokument! Wirklich ... Ähem ... Vielleicht geht es irgendwie auch ohne ..." Seine Stimme klang unsicher und wehmütig.
„Aber erlauben Sie", antwortete der Mensch selbstsicher, „wie soll das gehn ohne Dokument? Ich muß doch sehr bitten. Sie wissen selber, einem Menschen ohne Dokument ist es streng verboten, zu existieren. Erstens das Hauskomitee ..."
„Was hat das Hauskomitee damit zu tun?"
„Das fragen Sie noch? Jedesmal, wenn sie mich treffen, fragen sie mich: Wann läßt du dich endlich eintragen, Verehrtester?"
„Ach du lieber Gott", rief der Professor verzagt, „sie fragen ... Ich kann mir denken, was Sie denen antworten. Dabei habe ich Ihnen verboten, sich im Treppenhaus herumzutreiben."
„Was denn, bin ich ein Häftling?" fragte der Mensch verwundert, und das Bewußtsein, im Recht zu sein, glühte sogar aus seinem Rubin. „Was heißt hier herumtreiben? Ihre Worte kränken mich. Ich gehe, wie alle Menschen."
Dabei schlenkerte er mit den lackierten Füßen übers Parkett.
Der Professor verstummte und blickte zur Seite. Ich muß mich beherrschen, dachte er, trat zum Büfett und stürzte ein Glas Wasser hinunter.
„Ausgezeichnet", sagte er ganz ruhig, „es geht nicht um Worte. Also, was sagt Ihr großartiges Hauskomitee?"
„Was soll es schon sagen ... Sie brauchen es gar nicht als großartig beschimpfen. Es verteidigt die Interessen."
„Wessen Interessen, wenn ich fragen darf?"
„Ist doch klar, die des werktätigen Elements."
Der Professor riß die Augen auf.

„Wieso sind Sie ein Werktätiger?"
„Ist doch klar, ich bin kein NÖP-Schieber."
„Na schön. Also, was benötigt es zum Schutz Ihrer revolutionären Interessen?"
„Ist doch klar – angemeldet muß ich werden. Die sagen, es wär noch nie dagewesen, daß ein Mensch unangemeldet in Moskau lebt. Das zum ersten. Aber das wichtigste – die Erfassungskarte. Ich will ja kein Deserteur sein. Und dann die Gewerkschaft, das Arbeitsamt ..."
„Erlauben Sie mir die Frage, womit soll ich Sie anmelden? Mit dem Tischtuch hier oder mit meinem Paß? Wir müssen doch die Situation berücksichtigen! Vergessen Sie nicht, daß Sie ... äh ... hm ... Sie sind sozusagen ein plötzlich vorhandenes Wesen, aus dem Labor." Der Professor wurde immer unsicherer.
Der Mensch schwieg siegesbewußt.
„Ausgezeichnet. Was ist denn letzten Endes erforderlich, um Sie anzumelden und überhaupt alles nach dem Plan Ihres Hauskomitees einzurichten? Sie haben doch weder Vor- noch Nachnamen."
„Sie tun mir Unrecht. Den Namen kann ich mir in aller Ruhe aussuchen. Er kommt in die Zeitung und fertig."
„Wie wünschen Sie denn zu heißen?"
Der Mensch zupfte den Schlips zurecht und antwortete: „Polygraf Polygrafowitsch."
„Spielen Sie hier nicht den Dummkopf", entgegnete der Professor mürrisch. „Ich spreche ernsthaft mit Ihnen."
Ein giftiges Lächeln zog den Schnurrbart des Menschen schief.
„Ich versteh da was nicht", sagte er vergnügt und vernünftig. „Ich darf keine gemeinen Ausdrücke gebrauchen. Ich darf nicht spucken. Und von Ihnen krieg ich bloß zu hören: ‚Dummkopf'. In der RSFSR dürfen wohl nur Professoren fluchen?"
Der Professor lief dunkel an, goß sich ein Glas Wasser ein und ließ es fallen. Er leerte ein anderes und dachte: Es fehlt nicht viel, dann fängt er an, mich zu belehren, und er hat ganz recht. Ich kann mich nicht beherrschen.

Er dreht sich auf dem Stuhl herum, verneigte sich übertrieben höflich und sagte mit eiserner Festigkeit:
„Ent-schuldigen Sie. Meine Nerven sind nicht die besten. Ihr Name kommt mir sonderbar vor. Gestatten Sie die Frage, wo haben Sie den ausgegraben?"
„Das Hauskomitee hat mir dazu geraten. Wir haben im Kalender gesucht. Welchen willst du? haben sie gesagt. Da hab ich mir den ausgesucht."
„Aber der kann in keinem Kalender gestanden haben."
„Ziemlich erstaunlich." Der Mensch lachte auf. „Sie haben doch einen im Untersuchungszimmer hängen."
Der Professor, ohne aufzustehen, drückte auf den Tapetenknopf, und Sina erschien.
„Den Kalender aus dem Untersuchungszimmer."
Eine Pause verstrich.
Als Sina mit dem Kalender zurückkam, fragte der Professor:
„Wo?"
„Am vierten März wird er gefeiert."
„Zeigen Sie mal her … Hm … verdammt … In den Ofen damit, Sina, aber schnell."
Sina riß erschrocken die Augen auf und ging mit dem Kalender hinaus, der Mensch aber schüttelte vorwurfsvoll den Kopf.
„Darf ich auch den Nachnamen erfahren?"
„Ich möchte meinen alten Namen behalten."
„Was? Alten? Nämlich?"
„Bellow."

Im Arbeitszimmer vor dem Schreibtisch stand der Vorsitzende des Hauskomitees Schwonder in seiner Lederjoppe. Doktor Bormental saß im Sessel. Auf seinen frostgeröteten Wangen (er war eben erst zurückgekehrt) lag ein ebenso verwirrter Ausdruck wie auf dem Gesicht des Professors, der neben ihm saß.
„Was soll ich schreiben?" fragte er ungeduldig.
„Na, das ist nicht weiter schwierig", sagte Schwonder. „Schreiben Sie eine Bescheinigung, Bürger Professor. So

und so, der Vorzeiger dieses ist Polygraf Polygrafowitsch Bellow, geboren ... hm ... in Ihrer Wohnung."
Bormental bewegte sich verblüfft in seinem Sessel. Der Professor sträubte den Schnurrbart.
„Hm ... verdammt! Was Dümmeres kann man sich nicht vorstellen. Er ist ja gar nicht geboren, sondern einfach ... na, kurz und gut ..."
„Ihre Sache, ob er geboren ist oder nicht", sagte Schwonder mit ruhiger Schadenfreude. „Jedenfalls haben Sie den Versuch gemacht, Professor! Sie haben den Bürger Bellow geschaffen."
»Und zwar ganz einfach", bellte Bellow vom Bücherschrank her, wo er den Anblick seines Schlipses in der spiegelnden Tiefe genoß.
„Ich muß doch sehr bitten, sich nicht in das Gespräch einzumischen", fauchte der Professor. „Es ist Humbug, wenn Sie sagen, ganz einfach. Es ist eben nicht ganz einfach."
„Wieso soll ich mich nicht einmischen?" brummte Bellow beleidigt.
Schwonder unterstützte ihn sogleich:
„Entschuldigen Sie, Professor, aber der Bürger Bellow hat ganz recht. Es ist sein gutes Recht, mitzureden, wenn es um ihn selbst geht, insbesondere um sein Dokument. Das Dokument ist das Wichtigste auf der Welt."
In diesem Moment unterbrach ein schrilles Klingeln das Gespräch. Der Professor sagte „ja" in den Hörer, lief rot an und schrie:
„Behelligen Sie mich bitte nicht mit solchen Lappalien. Was geht das Sie an?" Er knallte den Hörer in die Gabel.
Hellblaue Freude ergoß sich über Schwonders Gesicht.
Der Professor, puterrot, schrie:
„Kurz und gut, machen wir Schluß."
Er riß ein Blatt vom Notizblock und warf ein paar Wörter darauf, dann las er gereizt vor:
„‚Hiermit bestätige ich' ... Weiß der Teufel, was das wird ... Hm ... ‚Der Vorzeiger dieses ist ein bei einem Laborversuch durch eine Gehirnoperation entstandener Mensch, und er braucht Dokumente' ... Verdammt! Ich bin ja überhaupt da-

gegen, daß er diese idiotischen Dokumente bekommt. Unterschrift – ‚Professor Preobrashenski.'"
„Sehr merkwürdig, Professor", sagte Schwonder verärgert, „wieso nennen Sie die Dokumente idiotisch? Ich kann nicht dulden, daß ein Mieter ohne Dokumente im Hause wohnt, ganz besonders wenn er von der Miliz noch nicht militärisch erfaßt ist. Und wenn auf einmal Krieg kommt mit den imperialistischen Räubern?"
„Ich gehe in keinen Krieg!" kläffte Bellow mürrisch in den Schrank.
Schwonder war baff, aber er faßte sich rasch und sagte höflich zu Bellow: „Bürger Bellow, Sie reden im höchsten Maße verantwortungslos. Die militärische Erfassung ist für jeden verbindlich."
„Erfassen lassen kann ich mich ja, aber in den Krieg – den Teufel werd ich tun", antwortete Bellow feindselig und richtete den Schlips.
Jetzt war die Reihe an Schwonder, verlegen zu sein. Der Professor sah Bormental ingrimmig und wehmütig an: Na bitte, so ist das mit seiner Moral. Bormental nickte vielsagend.
„Ich bin bei der Operation schwer verwundet worden", heulte Bellow finster, „da, wie sie mich zugerichtet haben." Er zeigte auf seinen Kopf. Quer über die Stirn zog sich die frische Operationsnarbe.
„Sie sind ein Anarchist und Individualist?" fragte Schwonder und zog die Augenbrauen hoch.
„Mir steht eine Freistellung zu", antwortete Bellow.
„Na gut, das ist jetzt nicht so wichtig", sagte Schwonder verwundert, „Fakt ist, daß wir die Bescheinigung des Professors zur Miliz schicken und Sie Ihr Dokument kriegen."
„Hören Sie mal", unterbrach ihn der Professor, dem sichtlich ein Gedanke zusetzte. „Haben Sie im Haus nicht ein Zimmer frei? Ich bin bereit, es zu kaufen."
In Schwonders braunen Augen tanzten gelbliche Fünkchen.
„Nein, Professor, zu meinem größten Bedauern. Auch nicht in absehbarer Zeit."
Der Professor preßte die Lippen zusammen und sagte nichts.

Wieder schrillte das Telefon. Wortlos riß er den Hörer so heftig von der Gabel, daß der, sich drehend, an der hellblauen Schnur baumelte. Alle fuhren zusammen. Ganz schön nervös, der Alte, dachte Bormental. Schwonder verbeugte sich mit funkelnden Augen und ging.
Bellow folgte ihm mit knarrenden Stiefeln.
Der Professor war mit Bormental allein. Nach kurzem Schweigen schüttelte er sacht den Kopf und sagte:
„Das ist ein Alptraum, wirklich wahr. Haben Sie das gesehen? Ich schwöre Ihnen, lieber Doktor, diese zwei Wochen haben mich mehr mitgenommen als die letzten vierzehn Jahre! Das ist ein Typ, ich kann Ihnen flüstern ..."
In der Ferne klirrte dumpf eine Glasscheibe, dann flatterte ein gedämpfter Frauenschrei auf und erlosch sogleich. Ein böser Geist bewegte sich, gegen die Tapeten polternd, durch den Korridor zum Untersuchungszimmer, dort krachte etwas, und sauste sofort zurück. Türen klappten, aus der Küche kam ein tiefer Schrei von Darja Petrowna. Dann heulte Bellow.
„Mein Gott, schon wieder was!" schrie der Professor und stürzte zur Tür.
„Ein Kater", erriet Bormental und sprang ihm hinterher. Sie liefen durch den Korridor zur Diele, stürmten hinein und von dort in den anderen Korridor, der zur Toilette und zum Badezimmer führte. Aus der Küche kam Sina gerannt und prallte gegen den Professor.
„Wie oft habe ich schon gesagt, Katzen haben hier nichts zu suchen", schrie der Professor wutschäumend. „Wo ist sie? Iwan Arnoldowitsch, um Gottes willen, beruhigen Sie die Patienten draußen!"
„Im Badezimmer, im Badezimmer sitzt das verdammte Vieh", rief Sina keuchend.
Der Professor warf sich gegen die Badezimmertür, aber sie ging nicht auf.
„Sofort aufmachen!"
Als Antwort sprang im zugeschlossenen Badezimmer etwas gegen die Wände, Schüsseln fielen herunter, und Bellows wilde Stimme brüllte dumpf hinter der Tür:

„Ich bring dich um …“
Wasser rauschte durch die Leitungsrohre. Der Professor rüttelte an der Tür. Die erhitzte Darja Petrowna erschien mit verzerrtem Gesicht in der Küchentür. Sodann wurde das Fenster, das oben an der Decke vom Badezimmer in die Küche blickte, rissig, gleichsam wurmstichig, zwei Scherben fielen herunter, und ihnen folgte ein riesiger, tigerartig gestreifter Kater mit einer hellblauen Schleife um den Hals, anzuschauen wie ein Schutzmann. Er fiel direkt auf den Tisch, in eine längliche Schüssel, die in zwei Hälften zerbarst, sprang von dort auf den Fußboden, drehte sich auf drei Pfoten, schwenkte die vierte wie im Tanz und sauste durch den Türspalt zur Hintertreppe. Der Spalt verbreiterte sich, und als Ablösung des Katers erschien ein Greisinnengesicht mit Kopftuch. Gleich darauf war der Rock der Alten, mit weißen Tupfen gesprenkelt, schon in der Küche. Mit Daumen und Zeigefinger rieb sie sich den eingesunkenen Mund, guckte mit vorstehenden stechenden Augen in der Küche herum und sagte neugierig: „O Herr Jesus!“
Der bleiche Professor durchquerte die Küche und fragte die Alte barsch:
„Was wollen Sie?“
„Den sprechenden Hund möcht ich sehen“, antwortete die Alte schmeichelnd und bekreuzigte sich.
Der Professor erbleichte noch mehr, trat dicht an die Alte heran und flüsterte wie erstickend:
„Raus aus der Küche!“
Die Alte wich zur Tür und sagte beleidigt:
„Sie sind ja ziemlich frech, Herr Professor.“
„Raus, hab ich gesagt!“ wiederholte der Professor, und seine Augen wurden rund wie bei einer Eule. Eigenhändig schmetterte er hinter der Alten die Tür zu. „Darja Petrowna, ich hatte Sie doch gebeten!“
„Was soll ich denn machen, Filipp Filippowitsch“, antwortete Darja Petrowna verzweifelt und ballte die Hände zu Fäusten. „Die Leute lassen einem keine Ruhe, man möchte am liebsten alles hinschmeißen.“
Im Badezimmer rauschte das Wasser dumpf und bedrohlich,

doch Stimmen waren nicht mehr zu hören. Doktor Bormental kam hinzu.
„Iwan Arnoldowitsch, ich bitte Sie dringend ... hm ... Wieviel Patienten sind noch draußen?“
„Elf“, antwortete Bormental.
„Schicken Sie sie weg, die Sprechstunde fällt heute aus.“
Er klopfte mit dem Fingerknöchel an die Tür und rief: „Kommen Sie sofort heraus! Warum haben Sie sich eingeschlossen?“
„Hu-hu!“ antwortete Bellows Stimme kläglich und jammervoll.
„Verdammt nochmal, ich höre nichts, drehen Sie den Hahn zu.“
„Wau-wau!“
„Drehen Sie doch den Hahn zu! Was macht er da, ich verstehe das nicht“, schrie der Professor, der allmählich in Raserei geriet.
Sina und Darja Petrowna hatten die Küchentür geöffnet und äugten heraus. Der Professor schlug mit der Faust gegen die Tür.
„Da ist er!“ rief Darja Petrowna aus der Küche.
Der Professor eilte dorthin. Durch das zerschlagene Fenster unter der Decke schob sich die Visage von Bellow in die Küche. Sie war verzerrt, die Augen blickten weinerlich, und über die Nase zog sich ein flammendroter Kratzer.
„Sind Sie wahnsinnig geworden?“ fragte der Professor. „Warum kommen Sie nicht heraus?“
Bellow warf einen ängstlichen und trübsinnigen Blick zurück und antwortete:
„Ich hab mich eingeschlossen.“
„Öffnen Sie das Schloß. Haben Sie noch nie ein Schloß gesehen?“
„Aber ich krieg das verfluchte Ding nicht auf!“ antwortete Bellow verängstigt.
„Du meine Güte, er hat die Sicherung zuschnappen lassen!“ rief Sina und schlug die Hände zusammen.
„Da ist ein Knopf!“ schrie der Professor, um das Wasser zu übertönen. „Drücken Sie ihn nach unten, nach unten!“

Bellow verschwand und zeigte sich gleich wieder im Fenster.

„Ich seh nichts", bellte er entsetzt.

„Machen Sie doch Licht. Der ist durchgedreht!"

„Das verdammte Katervieh hat die Lampe zertöppert", antwortete Bellow, „und wie ich den Halunken bei den Beinen packen wollte, hab ich den Hahn abgerissen, und jetzt kann ich ihn nicht finden."

Da schlugen alle drei die Hände zusammen und erstarrten.

Fünf Minuten später saßen Bormental, Sina und Darja Petrowna nebeneinander auf dem eingerollten nassen Teppich vor der Badezimmertür und preßten ihn mit ihren Hinterteilen gegen den unteren Türspalt, und der Portier Fjodor kletterte mit der brennenden Hochzeitskerze Darja Petrownas über eine hölzerne Trittleiter durch das Fenster. Sein Hintern, grau und grobgewürfelt, schwebte in der Luft und verschwand in der Öffnung.

„Hu-hu!" schrie Bellow im Rauschen des Wassers.

Dann sagte Fjodors Stimme:

„Filipp Filippowitsch, wir müssen doch aufmachen, was rausläuft, wischen wir in der Küche weg."

„Machen Sie auf!" rief der Professor ärgerlich.

Das Trio erhob sich vom Teppich, Fjodor drückte die Badezimmertür auf, und nun wälzte sich die Flut in den Korridor, wo sie sich in drei Ströme teilte: geradeaus in die Toilette gegenüber, nach rechts zur Küche und nach links zur Diele. Sina hüpfte platschend hin und schloß die Dielentür. Fjodor kam, bis an die Knöchel im Wasser, aus dem Bad und schmunzelte. Er sah aus, als wären seine Sachen aus Wachstuch, so durchnäßt war er.

„Ich hab's mit Mühe zugestopft, bei dem Druck", erklärte er.

„Wo ist der Kerl?" fragte der Professor und zog fluchend ein Bein hoch.

„Er traut sich nicht raus", sagte Fjodor mit dummem Lachen.

„Werden Sie mich schlagen, Väterchen?" rief Bellows Stimme weinerlich aus dem Bad.

„Plattkopf!" entgegnete der Professor kurz.
Sina und Darja Petrowna, mit nackten Beinen, die Röcke bis zu den Knien gerafft, sowie Bellow und der Portier, barfuß, mit hochgekrempelten Hosenbeinen, wischten mit nassen Lappen den Küchenfußboden und wrangen sie über dem Ausguß und schmutzigen Eimern aus. Der verlassene Herd summte. Wasser lief durch die Tür ins hallende Treppenhaus und floß durch den Schacht in den Keller. Bormental stand auf Zehenspitzen in einer tiefen Lache auf dem Parkett in der Diele und verhandelte hinter vorgelegter Kette durch den Türspalt: „Heute ist keine Sprechstunde, der Professor fühlt sich nicht gut. Gehen Sie bitte weg von der Tür, bei uns ein Wasserrohr geplatzt."
„Wann ist denn Sprechstunde?" drängte die Stimme hinter der Tür. „Bei mir dauert's nur ein Minütchen."
„Es geht nicht." Bormental verlagerte das Gewicht von den Zehenspitzen auf die Absätze. „Der Professor liegt im Bett, ein Rohr ist geplatzt. Kommen Sie morgen. Sina, Liebste, wischen Sie hier auf, es läuft ja schon die Vordertreppe hinunter."
„Die Lappen schaffen's nicht."
„Gleich schöpfen wir mit Bechern", ließ sich Fjodor vernehmen, „gleich."
Es klingelte immer wieder. Bormental stand schon mit den Sohlen im Wasser.
„Wann ist denn nun die Operation?" beharrte eine Stimme und versuchte sich durch den Türspalt zu zwängen.
„Ein Wasserrohr ist geplatzt."
„Ich könnte ja in Galoschen durchgehen."
Bläuliche Silhouetten bewegten sich vor der Tür.
„Unmöglich, kommen Sie morgen."
„Aber ich bin für heute bestellt."
„Morgen. Wir haben eine Katastrophe mit der Wasserleitung."
Fjodor rutschte zu Füßen des Doktors in dem See herum und schöpfte mit einem Becher. Der zerkratzte Bellow hatte sich eine andere Methode ausgedacht. Er hatte einen großen Lappen zusammengerollt, lag bäuchlings im Wasser und schob es aus der Diele zurück zur Toilette.

„Wozu schiebst du es durch die Wohnung, du Waldschrat?" rief Darja Petrowna ärgerlich. „Schöpf es in den Ausguß."
„Das bringt nichts", antwortete Bellow, mit den Händen nach dem trüben Wasser haschend, „es läuft ja schon die Vordertreppe runter."
Aus dem Korridor rutschte knirschend eine kleine Bank, darauf stand balancierend der Professor in dunkelblaugestreiften Socken.
„Iwan Arnoldowitsch, kümmern Sie sich nicht um die Leute. Kommen Sie ins Schlafzimmer, ich gebe Ihnen Pantoffeln."
„Nicht nötig, Filipp Filippowitsch, unwichtig."
„Oder steigen Sie in die Galoschen."
„Lassen Sie doch, meine Füße sind sowieso naß."
„Ach Gott!" rief der Professor verdrossen.
„Das ist aber auch ein gemeines Vieh!" ließ sich auf einmal Bellow vernehmen und watschelte in der Hocke herein, eine Suppenschüssel in der Hand. Bormental warf die Tür zu, er hielt es nicht mehr aus und lachte. Die Nasenflügel des Professors blähten sich, die Brille blitzte.
„Von wem sprechen Sie?" fragte er Bellow von oben herab. „Das möchte ich doch wissen."
„Von dem Kater natürlich. Dieses Mistvieh", antwortete Bellow mit huschenden Augen.
„Wissen Sie, Bellow", entgegnete der Professor und holte tief Luft, „ich habe mit Sicherheit noch nie ein so freches Wesen gesehen wie Sie."
Bormental kicherte.
„Sie sind schlicht ein Flegel", fuhr der Professor fort. „Wie können Sie es wagen, so etwas zu sagen? Sie haben das Ganze angerichtet, und jetzt nehmen sich heraus ... Ach was! Der Teufel soll's holen!"
„Bellow, sagen Sie mir bitte", fragte Bormental, „wie lange wollen Sie noch hinter Katzen herjagen? Schämen Sie sich! Da ist ja eine Unart! Sie benehmen sich wie ein Wilder!"
„Ich bin kein Wilder", erwiderte Bellow mürrisch, „überhaupt nicht. Man darf sie nicht in der Wohnung dulden. Die suchen ja bloß, wo es was zu klauen gibt. Neulich hat

der Kater Darja Hackfleisch weggefressen. Ich wollte ihm einen Denkzettel verpassen."
„Einen Denkzettel könnten Sie selber gebrauchen!" antwortete der Professor. „Sehen Sie sich doch mal Ihre Visage im Spiegel an."
„Ich hätte beinah ein Auge verloren", sagte Bellow finster und berührte sein Auge mit der nassen schmutzigen Hand.
Als das von der Nässe dunkle Parkett ein wenig getrocknet war, beschlugen alle Spiegel wie im Dampfbad, und das Klingeln hörte auf. Der Professor stand in roten Saffianpantoffeln in der Diele.
„Für Sie, Fjodor."
„Ergebensten Dank."
„Ziehen Sie sich gleich um. Vorher trinken Sie bei Darja Petrowna einen Wodka."
„Ergebensten Dank." Fjodor druckste, dann sagte er: „Da wäre noch was, Filipp Filippowitsch. Entschuldigen Sie, es ist mir ja peinlich. Aber ich krieg noch was für die Scheibe in Wohnung sieben ... Der Bürger Bellow hat mit Steinen geworfen ..."
„Nach dem Kater?" fragte der Professor, finster wie eine Gewitterwolke.
„Ja, und nach dem Wohnungsinhaber. Der wollte schon Anzeige erstatten."
„Verdammt!"
„Bellow wollte dem seine Köchin umarmen, und da hat der ihn rausgeschmissen. Na, da hat es Stunk gegeben."
„Um Gottes willen, erzählen Sie mir immer gleich, wenn so was passiert! Wieviel macht es?"
„Einsfünfzig."
Der Professor holte drei blanke Fünfziger hervor und gab sie dem Portier.
„Für den gemeinen Kerl auch noch Geld", tönte es dumpf in der Tür, „der hat ja selber ..."
Der Professor drehte sich um, biß auf die Lippen, drängte Bellow wortlos in die Diele und schloß ihn ein. Bellow hämmerte sogleich mit den Fäusten gegen die Tür.

„Sofort aufhören!“ rief der Professor mit deutlich kranker Stimme.
„Es ist wirklich die Höhe“, bemerkte der Portier vielsagend, „einen solchen Flegel habe ich noch nicht erlebt.“
Bormental stand da wie aus der Erde gewachsen.
„Filipp Filippowitsch, bitte regen Sie sich nicht auf.“
Der energische Äskulap schloß die Dielentür auf, und dann dröhnte von dort seine Stimme:
„Was soll das? Sind wir hier in der Kneipe?“
„Recht so“, sagte der Portier entschlossen, „recht so ... Und nun noch eins ans Maul ...“
„Aber Fjodor“, brummte der Professor traurig.
„Ich bitte Sie, Filipp Filippowitsch, Sie tun mir leid.“

7

„Nein und nochmals nein!“ sagte Bormental hartnäckig, „bitte erst die Serviette.“
„Mein Gott, was soll das“, knurrte Bellow erbittert.
„Ich danke Ihnen, Doktor“, sagte der Professor freundlich, „ich bin es leid, ihm dauernd Vorhaltungen zu machen.“
„Ich erlaube Ihnen nicht zu essen, ehe Sie die Serviette umhaben. Sina, nehmen Sie ihm die Mayonnaise weg.“
„Warum denn?“ rief Bellow ärgerlich. „Ich mach sie ja schon um.“
Mit der linken Hand beschirmte er das Schüsselchen vor Sina, mit der rechten stopfte er die Serviette hinter den Kragen und sah nun aus wie ein Friseurkunde.
„Bitte mit der Gabel“, sagte Bormental.
Bellow gab einen Stoßseufzer von sich und angelte nach den Störhappen in der dicken Soße.
„Wie wär's mit noch einem Schnäpschen?“ fragte er.
„Haben Sie nicht genug?“ erkundigte sich Bormental. „Sie sprechen dem Wodka in letzter Zeit kräftig zu.“
„Tut es Ihnen leid darum?“ fragte Bellow mit einem bösen Blick.

„Dummes Zeug", mischte sich der Professor gereizt ein, aber Bormental unterbrach ihn:
„Bleiben Sie ruhig, Filipp Filippowitsch, ich mach das schon. Bellow, Sie reden Blödsinn, und was mich am meisten empört, Sie reden ihn kategorisch und mit Überzeugung. Um den Wodka tut es mir natürlich nicht leid, zumal er nicht mir gehört, sondern dem Professor. Nein, er ist einfach schädlich. Das zum ersten. Zweitens – Sie benehmen sich auch ohne Wodka ungehörig genug."
Bormental zeigte auf die geklebte Büfettscheibe.
„Sina, geben Sie mir bitte noch von dem Fisch", sagte der Professor.
Bellow griff inzwischen mit einem Seitenblick zu Bormental nach der Karaffe und füllte sein Glas.
„Sie müssen auch den anderen eingießen", sagte Bormental, „und zwar in dieser Reihenfolge: zuerst dem Professor, dann mir und zum Schluß sich selbst."
Um Bellows Mund spielte kaum merklich ein ironisches Lächeln, während er allen eingoß.
„Bei Ihnen muß es immer zugehen wie bei einer Parade", bemerkte er, „Serviette dahin, Schlips dorthin, ‚entschuldigen Sie' und ‚bitte' und ‚merci', aber mal so richtig, das gibt es nicht. Sie machen sich selber das Leben schwer wie unterm Zarenregime."
„Was heißt das, mal so richtig? Wenn ich fragen darf."
Bellow gab dem Professor keine Antwort, sondern hob das Glas und sagte:
„Na, darauf, daß Sie alle ..."
„Und Sie auch", fiel Bormental etwas spöttisch ein.
Bellow kippte sich den Inhalt seines Glases in den Hals, verzog das Gesicht, führte ein Stück Brot zur Nase, schnupperte daran und aß es, und seine Augen füllten sich mit Tränen.
„Übung hat er", warf der Professor wie geistesabwesend hin.
Bormental guckte verwundert.
„Wie meinen ..."
„Übung hat er!" wiederholte der Professor und schüttelte bitter den Kopf. „Nichts zu machen – Klim."

Bormental sah dem Professor mit verschärftem Interesse in die Augen.
„Glauben Sie, Filipp Filippowitsch?"
„Glauben? Meinen? Ich bin ganz sicher."
„Sollte etwa ...", begann Bormental und verstummte mit einem Seitenblick zu Bellow.
Der zog argwöhnisch die Stirn kraus.
„Später", sagte der Professor halblaut.
„Gut", antwortete sein Assistent.
Sina trug den Truthahn auf. Bormental goß dem Professor Rotwein ein und bot auch Bellow davon an.
„Ich will nicht. Ich nehm lieber noch ein Schnäpschen." Sein Gesicht glänzte, auf die Stirn trat Schweiß, er wurde lustig. Auch der Professor war vom Wein sanfter gestimmt. Seine Augen blickten klar, und er sah wohlwollend Bellow an, dessen schwarzer Kopf in der Serviette aussah wie eine Fliege im Sauerrahm.
Bormental, gleichfalls gestärkt, spürte Tatendrang. „Nun, was unternehmen wir heute abend?" fragte er Bellow.
Der klapperte mit den Augen und antwortete:
„Wir gehen am besten in den Zirkus."
„Jeden Tag in den Zirkus", bemerkte der Professor wohlmeinend, „ich finde das ziemlich langweilig. An Ihrer Stelle würde ich wenigstens einmal ins Theater gehen."
„Ins Theater geh ich nicht", erwiderte Bellow feindselig und bekreuzigte seinen Mund.
„Aufstoßen bei Tisch verdirbt den andern den Appetit", sagte Bormental mechanisch. „Entschuldigen Sie ... Aber was haben Sie eigentlich gegen das Theater?"
Bellow blickte durch sein leeres Glas wie durch ein Fernrohr, überlegte und schob die Lippen vor.
„Alles dummes Zeug ... Gerede, Gerede ... Die reinste Konterrevolution."
Der Professor lehnte sich zurück gegen die gotische Sessellehne und lachte so herzlich, daß die goldene Zahnreihe in seinem Mund blinkte. Bormental drehte den Kopf.
„Sie sollten mal was lesen", schlug er vor, „wissen Sie, sonst ..."

„Ich lese ja, ich lese“, antwortete Bellow und goß sich flink ein halbes Glas Wodka ein.
„Sina“, rief der Professor beunruhigt, „nimm den Wodka weg, Kindchen. Den brauchen wir nicht mehr. Was lesen Sie denn?“
In seinem Kopf malte sich plötzlich ein Bild: eine einsame Insel, eine Palme, ein Mann im Tierfell mit Kappe, Robinson sollte er lesen …
„Diesen … Wie war das gleich … Briefwechsel zwischen Engels und diesem … wie heißt er noch, der Satan … Kautsky.“

Bormental blieb die Gabel mit einem Stück Truthahnfleisch auf halbem Wege zum Mund stehen, und der Professor verschüttete Wein. Bellow benutzte den Moment und kippte den Wodka. Der Professor legte die Ellbogen auf den Tisch, sah Bellow durchdringend an und fragte:
„Darf ich wohl fragen, was Sie mir sagen können zu dem, was Sie gelesen haben?“
Bellow zuckte die Achseln.
„Ich bin nicht einverstanden.“
„Mit wem? Mit Engels oder mit Kautsky?“
„Mit beiden“, antwortete Bellow.
„Bei Gott, bemerkenswert. Jeder, der sagt, daß eine andere … Was würden Sie denn Ihrerseits vorschlagen?“
„Was soll ich schon vorschlagen? Die schreiben was zusammen … Ein Kongreß, irgendwelche Deutschen … Da platzt einem ja der Kopf. Einfach alles nehmen und aufteilen …“
„Das habe ich mir gedacht“, rief der Professor und schlug mit der flachen Hand aufs Tischtuch. „Genauso hab ich's mir vorgestellt.“
„Wissen Sie auch eine Methode?“ fragte Bormental interessiert.
„Was denn für eine Methode“, versetzte Bellow, den der Wodka gesprächig machte, „das ist nicht weiter schwierig. Aber bitte: Der eine macht sich in sieben Zimmern breit und hat vierzig Hosen, der andere streunt und sucht in den Müllkästen nach Nahrung.“

„Das mit den sieben Zimmern ist natürlich eine Anspielung auf mich?" fragte der Professor mit einem hochmütigen Blick.
Bellow duckte sich und schwieg.
„Nun gut, ich habe nichts gegen die Teilung. Doktor, wieviel Patienten haben Sie gestern weggeschickt?"
„Neununddreißig", antwortete Bormental.
„Hm ... Macht dreihundertneunzig Rubel. Nun, nicht viel für drei Männer. Die Damen Sina und Darja rechnen wir nicht mit. Also, Bellow, ich bekomme hundertdreißig Rubel von Ihnen. Wollen Sie bitten zahlen."
„Eine schöne Geschichte", antwortete Bellow erschrocken, „was soll denn das?"
„Für den Wasserhahn und den Kater", blaffte der Professor, den seine ironische Gelassenheit im Stich ließ.
„Filipp Filippowitsch", rief Bormental beunruhigt.
„Warten Sie. Für die Schweinerei, die Sie angerichtet haben und wegen der ich die Sprechstunde absagen mußte. Das ist ja unerträglich. Sie springen in der Wohnung herum wie der erste Mensch und reißen Wasserhähne ab. Wer hat die Katze von Madame Polassucher umgebracht? Wer ..."
„Sie, Bellow, haben vorgestern im Treppenhaus eine Dame gebissen", warf Bormental ein.
„Sie stehen ...", brüllte der Professor.
„Aber sie hatte mir eine runtergehauen", kreischte Bellow, „ich hab schließlich keine volkseigene Visage!"
„Weil Sie sie in die Brust gekniffen haben", schrie Bormental und warf sein Glas um. „Sie stehen ..."
„Sie stehen auf der untersten Entwicklungsstufe", überschrie ihn der Professor, „Sie sind ein sich erst herausbildendes und geistig schwaches Wesen, alle Ihre Handlungen sind rein tierisch, und da unterstehen Sie sich, zwei Männern mit Universitätsausbildung unerträglich dreist irgendwelche Ratschläge von kosmischem Maßstab und ebenso kosmischer Dummheit zu geben, wie alles aufzuteilen wäre ... und dabei essen Sie Zahnpulver ..."
„Vorgestern", bestätigte Bormental.
„Na bitte", dröhnte der Professor, „schreiben Sie sich unter

die Nase – übrigens, warum haben Sie die Zinksalbe davon abgewischt? –, daß Sie zu schweigen haben und zuzuhören, wenn man Ihnen was sagt. Sie müssen lernen und sich Mühe geben, wenigstens ein halbwegs akzeptables Mitglied der sozialen Gesellschaft zu werden. Übrigens, welcher Halunke hat Ihnen das Buch gegeben?"
„Für Sie ist jeder ein Halunke", antwortete Bellow erschrokken, ganz betäubt von diesem Doppelangriff.
„Ich kann es mir denken", rief der Professor, rot vor Wut.
„Von mir aus, Schwonder hat es mir gegeben. Er ist kein Halunke ... Damit ich mich entwickle ..."
„Ich sehe, wie Sie sich entwickeln nach der Lektüre von Kautsky", rief der Professor schrill, und seine Gesichtsfarbe spielte ins Gelbliche. Ingrimmig drückte er den Klingelknopf an der Wand. „Der heutige Vorfall zeigt das bestens. Sina!"
„Sina!" schrie Bormental.
„Sina!" brüllte der verschreckte Bellow.
Sina kam blaß hereingelaufen.
„Sina, in der Diele ... Es ist doch in der Diele?"
„Ja", antwortete Bellow gehorsam, „grün wie Vitriol."
„Ein grünes Buch ..."
„Nicht verbrennen", rief Bellow verzweifelt, „es gehört mir nicht, aus der Bibliothek ist es!"
„Briefwechsel nennt es sich, zwischen ... Engels und diesem Satan ... In den Ofen damit!"
Sina flog hinaus.
„Mein Ehrenwort, ich möchte diesen Schwonder am ersten Ast aufhängen", rief der Professor und biß wütend in seinen Truthahnflügel, „da hat man nun dieses Pack im Hause wie eine Eiterbeule. Nicht genug, daß er sinnlose Schmähartikel für die Zeitung schreibt ..."
Bellow sah den Professor böse und ironisch an. Dieser warf ihm seinerseits einen Seitenblick zu und verstummte.
Oh, es scheint, wir haben in der Wohnung nichts Gutes mehr zu erwarten, dachte Bormental seherisch.
Sina brachte die Kaffeekanne und einen Napfkuchen, auf der einen Seite gelblich und auf der anderen braun.

„So was eß ich nicht“, erklärte Bellow drohend und feindselig.
„Niemand hat Sie eingeladen. Benehmen Sie sich anständig. Doktor, greifen Sie zu.“
In Schweigen ging das Mittagessen zu Ende.
Bellow holte eine zerdrückte Papirossa aus der Tasche und qualmte los. Der Professor, nachdem er Kaffee getrunken, zog die Uhr, drückte den Repetierknopf, und sie schlug mit zarten Tönen Viertel nach acht. Nach seiner Gewohnheit lehnte er sich zurück und griff nach der Zeitung auf dem Tischchen.
„Doktor, bitte fahren Sie mit ihm in den Zirkus. Aber sehen Sie um Gottes willen nach, ob die Katzen im Programm haben.“
„Wie kann man solche Viecher in den Zirkus lassen“, bemerkte Bellow mürrisch und schüttelte den Kopf.
„Nun, sie lassen alle möglichen rein“, entgegnete der Professor vieldeutig. „Was gibt es heute?“
„Bei Solomonski“, las Bormental vor, „irgendwelche vier ... Jussems und ein Akrobat.“
„Was für Jussems?“ fragte der Professor argwöhnisch.
„Keine Ahnung. Diesen Ausdruck lese ich zum erstenmal.“
„So, dann schauen Sie lieber bei den Nikitins nach. Wir müssen das genau wissen.“
„Bei den Nikitins ... Nikitins ... hm ... Elefanten und der Gipfel menschlicher Geschicklichkeit.“
„Soso. Was halten Sie denn von Elefanten, lieber Bellow?“ fragte der Professor zweifelnd.
Der war beleidigt.
„Was denn, ich verstehe nicht. Katzen, das ist doch ganz was anderes. Elefanten sind nützliche Tiere“, antwortete Bellow.
„Na großartig. Wenn sie nützlich sind, fahren Sie hin und schauen Sie sie an. Und hören Sie auf das, was Iwan Arnoldowitsch sagt. Und keine Gespräche dort in der Kantine! Iwan Arnoldowitsch, ich bitte Sie sehr, Bellow kein Bier zu verabfolgen.“

Zehn Minuten später fuhren Bormental und Bellow, der eine Schiebermütze und einen Mantel aus Wollstoff mit hochgeklapptem Kragen trug, in den Zirkus. Die Wohnung wurde still. Der Professor war in seinem Arbeitszimmer. Er knipste die Lampe mit dem schweren grünen Schirm an, was den großen Raum sehr behaglich machte, und begann auf und ab zu gehen. Das Ende seiner Zigarre schimmerte in blaßgrüner Glut. Der Professor hatte die Hände in den Hosentaschen, und schweres Grübeln furchte seine Gelehrtenstirn mit den Geheimratsecken. Ab und zu schmatzte er, trällerte „Zu des Niles heilgen Ufern ...“ und murmelte etwas. Endlich legte er die Zigarre in den Aschenbecher, trat zu dem Schrank, der rundherum aus Glas bestand, und beleuchtete den Raum mit drei superstarken Lampen von der Decke. Dem dritten Gefach des Schranks entnahm er ein schmales Glasgefäß und betrachtete es stirnrunzelnd in dem hellen Licht. In der zähen, durchsichtigen Flüssigkeit schwamm, ohne niederzusinken, ein weißliches Klümpchen – aus der Tiefe von Bellos Gehirn. Achselzuckend, den Mund verziehend und vor sich hin brummend, verschlang es der Professor mit den Augen, als hoffte er in dem schwebenden Klümpchen die Ursache für die wundersamen Ereignisse zu entdecken, die in der Wohnung das Unterste zuoberst gekehrt hatten.

Durchaus möglich, daß der hochgelehrte Mann sie auch wirklich entdeckte. Nachdem er die Hirnanhangdrüse lang genug betrachtet hatte, stellte er das Glas wieder in den Schrank, verschloß ihn, steckte den Schlüssel in die Westentasche und warf sich, den Kopf zwischen die Schultern gezogen und die Hände tief in den Jackentaschen, in das Leder des Sofas. Umständlich zündete er sich eine zweite Zigarre an, kaute auf ihr herum und rief endlich in der grün beleuchteten Einsamkeit, ein grauhaariger Faust:

„Wahrhaftig, ich muß es wohl tun.“

Niemand antwortete ihm. Die Wohnung war vollkommen still. In der Obuchow-Gasse hört bekanntlich gegen 23 Uhr jeder Verkehr auf. Ganz selten tönten in der Ferne die

Schritte eines verspäteten Fußgängers, klapperten irgendwo jenseits der Gardinen und verstummten. Unter den Fingern des Professors klingelte zart die Repetieruhr in der Tasche. Der Professor wartete ungeduldig auf Doktor Bormentals und Bellows Rückkehr.

8

Es blieb unbekannt, was für einen Entschluß der Professor gefaßt hatte. In den folgenden sechs Tagen unternahm er nichts Besonderes, und vielleicht gerade infolge seiner Untätigkeit füllte sich die Wohnung mit Ereignissen.
Eine Woche nach der Geschichte mit dem Wasser und dem Kater erschien bei Bellow der junge Mann vom Hauskomitee, der eine Frau war, und händigte ihm Dokumente aus, die Bellow sofort in die Tasche steckte. Gleich darauf rief er:
„Bormental!"
„Nein, ich muß doch bitten, mich beim Vor- und Vatersnamen zu nennen!" erwiderte Bormental ärgerlich.
Es sei erwähnt, daß der Chirurg es in diesen sechs Tagen fertiggebracht hatte, sich achtmal mit seinem Zögling zu entzweien. In der Wohnung herrschte dicke Luft.
„Dann nennen Sie mich aber auch beim Vor- und Vatersnamen!" antwortete Bellow ganz vernünftig.
„Nein!" dröhnte der Professor in der Tür. „Ich dulde nicht, daß dieser Vor- und Vatersname in meiner Wohnung ausgesprochen wird. Wenn Sie wünschen, daß wir Sie nicht mehr familiär ‚Bellow' nennen, werden Doktor Bormental und ich Sie mit ‚Herr Bellow' anreden."
„Ich bin kein Herr, die Herren sind alle in Paris!" kläffte Bellow.
„Das ist Schwonders Werk!" schrie der Professor. „Nun gut, mit diesem Halunken rechne ich noch ab. Aber solange ich mich in meiner Wohnung befinde, wird es darin nur Herren geben! Andernfalls muß einer von uns beiden raus, höchstwahrscheinlich Sie. Heute noch gebe ich eine Annonce auf,

und Sie können mir glauben, ich finde ein Zimmer für Sie."
„Als ob ich so blöd wär, hier auszuziehen", antwortete Bellow sehr deutlich.
„Wie?" fragte der Professor und wurde so blaß, daß Bormental zu ihm eilte und ihn sanft und besorgt am Ärmel faßte.
„Ich sage Ihnen, lassen Sie die Frechheiten, Monsieur Bellow!"
Bormental sprach sehr laut. Bellow wich zurück, holte drei Papiere aus der Tasche, ein gelbes, ein grünes und ein weißes, tippte mit dem Finger darauf und sagte:
„Da. Ich bin Mitglied der Wohngenossenschaft, und mir steht in der Wohnung fünf bei dem Hauptmieter Preobrashenski eine Wohnfläche von sechzehn Quadratarschin zu."
Bellow überlegte und fügte einen Satz hinzu, den Bormental sich mechanisch merkte, weil er neu war: „Also seien Sie so freundlich."
Der Professor biß sich auf die Lippe und stieß unvorsichtig hervor: „Diesen Schwonder erschieße ich noch, das schwöre ich."
Bellow nahm diese Worte äußerst aufmerksam zur Kenntnis, das war seinen Augen anzusehen.
„Filipp Filippowitsch, vorsichtig[1]", sagte Bormental warnend.
„Na wissen Sie ... Eine Gemeinheit!" schrie der Professor.
„Ich sage Ihnen, Bellow ... Herr Bellow, wenn Sie sich noch ein einziges Mal eine derartige Frechheit erlauben, entziehe ich Ihnen das Mittagessen und überhaupt jegliche Verpflegung in meinem Hause. Sechzehn Quadratarschin, wunderbar, aber dieser Wisch verpflichtet mich ja nicht, Sie auch noch zu beköstigen!"
Bellow riß erschrocken den Mund auf.
„Ich kann nicht ohne Verpflegung sein", murmelte er, „wo soll ich denn mein Futter hernehmen?"
„Dann benehmen Sie sich anständig!" sagten die beiden Äskulaps wie aus einem Munde.

1 Im Original deutsch

Bellow wurde bedeutend ruhiger und fügte an diesem Tag niemandem mehr Schaden zu außer sich selbst: Eine kurze Abwesenheit Bormentals nutzend, bemächtigte er sich dessen Rasiermessers und schlitzte sich die Wange auf, so daß der Professor und Doktor Bormental die Wunde nähen mußten; dabei heulte Bellow kläglich und schwamm in Tränen.

In der folgenden Nacht saßen im grünen Schummerlicht des Arbeitszimmers der Professor und sein treu ergebener Bormental beisammen. Im Hause schlief schon alles. Der Professor trug seinen himmelblauen Hausmantel und die roten Pantoffeln, Bormental saß im Hemd und mit blauen Hosenträgern. Zwischen den beiden Ärzten stand ein runder Tisch, darauf ein dickes Album, eine Flasche Kognak, ein Teller mit Zitronenscheiben und eine Zigarrenkiste. Die beiden Gelehrten qualmten das Zimmer voll und erörterten hitzig das letzte Ereignis: An diesem Abend hatte sich Bellow im Arbeitszimmer des Professors zwei Zehnrubelscheine angeeignet, die unter der Löschwiege lagen, war aus der Wohnung verschwunden und spätnachts volltrunken zurückgekehrt. Damit nicht genug. Mit ihm erschienen zwei Unbekannte, die im Treppenhaus lärmend den Wunsch äußerten, als Gäste bei Bellow zu übernachten. Die genannten Personen entfernten sich erst, als der Portier Fjodor, der dieser Szene in Unterwäsche und Mantel beiwohnte, das fünfundvierzigste Milizrevier anrief. Kaum hatte Fjodor den Hörer eingehängt, verschwanden sie. Mit ihnen verschwanden aus der Diele der Malachitaschbecher von der Spiegelkonsole, die Nutriamütze des Professors und sein Spazierstock, den eine Inschrift aus verschlungenen Goldbuchstaben zierte: „Unserm lieben und verehrten Filipp Preobrashenski von seinen dankbaren Stationsärzten zu seinem XXV. Dienstjubiläum."

„Wer waren die?" fragte der Professor und drang mit geballten Fäusten auf Bellow ein.

Bellow stand wankend an die Pelze gelehnt und lallte, er kenne diese Personen nicht und sie seien nicht irgendwelche Hundesöhne, sondern gute Menschen.

„Das Erstaunlichste, sie waren ja beide betrunken ... Wie haben sie das nur fertiggebracht?“ sagte der Professor verblüfft und blickte auf die Stelle, wo eben noch das Andenken an sein Jubiläum gestanden hatte.
„Könner“, erklärte Fjodor und ging mit einem Rubel in der Tasche schlafen.
Bellow bestritt energisch, die beiden Geldscheine genommen zu haben, und sagte etwas in der Richtung, er sei ja nicht allein in der Wohnung gewesen.
„Aha, dann hat vielleicht Doktor Bormental die zwanzig Rubel geklaut?“ fragte der Professor mit leiser, doch furchterregender Stimme.
Bellow taumelte, riß die glasigen Augen auf und äußerte die Vermutung: „Vielleicht Sina ...“
„Was?“ schrie Sina, die wie ein Gespenst in der Tür erschien und die offene Bluse über der Brust mit der Hand zusammenhielt, „wie kann er ...“
Der Hals des Professors färbte sich rot.
„Ruhig, Sina“, sagte er und streichelte ihr den Arm. „Reg dich nicht auf, wir kriegen das schon hin.“
Sina schluchzte heftig mit offenem Mund, und ihre Hand hüpfte vor dem Schlüsselbein.
„Sina, schämen Sie sich! Wer kommt denn auf so was? Puh, wie peinlich!“ sagte Bormental verwirrt.
„Aber Sina, du bist wirklich ein Dummchen, verzeih mir's Gott“, sagte der Professor.
Aber da hörte Sinas Weinen von selbst auf, und alle verstummten. Bellow wurde es schlecht. Er prallte mit dem Kopf gegen die Wand und stieß einen Laut zwischen „u“ und „e“ aus, es klang wie „äää“. Sein Gesicht war bleich, seine Kiefer mahlten krampfhaft.
„Einen Eimer für den Halunken, aus dem Untersuchungszimmer!“
Alle liefen herum, um den erkrankten Bellow zu versorgen. Als Bormental ihn zu Bett brachte, ließ er sehr zart und melodisch gemeine Schimpfwörter hören, die er nur mühsam hervorbrachte.
Die ganze Geschichte passierte gegen eins, und jetzt war es

drei Uhr nachts. Aber die beiden Männer im Arbeitszimmer waren munter, aufgedreht von Kognak und Zitrone. Sie hatten so viel geraucht, daß der Qualm in dicken trägen Schwaden hing, die nicht einmal wogten.
Doktor Bormental, blaß, aber mit entschlossener Miene, hob das Glas mit der Wespentaille.
„Filipp Filippowitsch", rief er gefühlvoll, „ich werde nie vergessen, wie ich als halbverhungerter Student zu Ihnen kam und Sie mich bei Ihrem Lehrstuhl aufnahmen. Glauben Sie mir, Filipp Filippowitsch, Sie sind für mich bedeutend mehr als mein Professor, mein Lehrer ... Meine unendliche Hochachtung vor Ihnen ... Erlauben Sie mir, Ihnen einen Kuß zu geben, mein lieber Filipp Filippowitsch!"
„Ja, mein Bester", brummte der Professor verwirrt und stand auf. Bormental umarmte ihn und küßte ihn auf den stark verräucherten buschigen Schnurrbart.
„Wahrhaftig, Filipp Fili..."
„Ich bin so gerührt, so gerührt ... Danke Ihnen", sagte der Professor. „Mein Bester, beim Operieren schreie ich Sie manchmal so an. Entschuldigen Sie meinen greisenhaften Jähzorn. Ich bin ja eigentlich so einsam ... Von Sevilla bis Granada ..."
„Filipp Filippowitsch, wie können Sie so reden!" rief Bormental aufrichtig und überschwenglich. „Wenn sie mich nicht beleidigen wollen, sagen Sie so etwas nie wieder ..."
„Nun, ich danke Ihnen ... Zu des Niles heilgen Ufern ... Danke ... Auch ich habe Sie als befähigten Arzt ins Herz geschlossen."
„Filipp Filippowitsch, ich will Ihnen sagen!" rief Bormental leidenschaftlich, sprang auf, schloß die Tür zum Korridor, kehrte zurück und fuhr flüsternd fort: „Es ist ja der einzige Ausweg. Ich maße mir natürlich nicht an, Ihnen Ratschläge zu geben, aber Sie sind schon ganz zermürbt, so kann man doch nicht mehr arbeiten!"
„Es ist absolut unmöglich", bestätigte der Professor seufzend.
„Na bitte, unvorstellbar ist es", raunte Bormental. „Neulich haben Sie gesagt, Sie hätten Angst um mich; wenn Sie nur

wüßten, wie gerührt ich war, lieber Professor. Aber ich bin kein kleiner Junge und weiß sehr wohl, wie entsetzlich die Folgen sein können. Es ist jedoch meine feste Überzeugung, daß es keinen anderen Ausweg gibt."

Der Professor stand auf, fuchtelte mit den Händen und rief:

„Führen Sie mich nicht in Versuchung und reden Sie nie wieder davon." Er ging im Zimmer auf und ab und brachte die Rauchschwaden zum Wallen. „Ich will das nicht hören. Begreifen Sie, was geschieht, wenn wir erwischt werden? Sie und ich, wir kommen dann nicht mit einem ‚in Erwägung seiner sozialen Herkunft' davon, obwohl wir nicht vorbestraft sind. Ihr Herkunft ist ja wohl nicht sehr geeignet, mein Lieber?"

„Woher zum Teufel! Mein Vater war Untersuchungsrichter in Wilna", antwortete Bormental betrübt und leerte sein Kognakglas.

„Na bitte, da haben Sie's. Eine scheußliche Abstammung. Gräßlicher geht es gar nicht. Im übrigen, Verzeihung, meine ist noch schlimmer. Mein Vater war Oberpriester mit Lehrstuhl. Merci. Von Sevilla bis Granada, in der stillen dunklen Nacht ... So ist das, verdammt nochmal."

„Filipp Filippowitsch, Sie sind eine Kapazität von Weltrang, und da soll wegen solch einem Hundesohn, entschuldigen Sie den Ausdruck ... Die können Sie doch gar nicht anrühren, ich bitte Sie!"

„Um so weniger kann ich mich darauf einlassen", erwiderte der Professor versonnen, blieb stehen und blickte zum Glasschrank.

„Warum denn nicht?"

„Weil Sie keine Kapazität von Weltrang sind."

„Woher auch ..."

„Na bitte. Einen Kollegen bei einer Katastrophe im Stich lassen und selber mit Hilfe des Weltrangs durchschlüpfen, entschuldigen Sie schon ... Ich habe in Moskau studiert, nicht Bellow."

Der Professor hob hochmütig die Schultern und sah nun aus wie ein französischer König vergangener Zeiten.

„Filipp Filippowitsch, ach …“, rief Bormental betrübt, „was soll denn werden? Wollen Sie warten, bis aus diesem Rowdy ein Mensch wird?“
Der Professor unterbrach ihn mit einer Handbewegung, goß sich Kognak ein, nippte, lutschte eine Zitronenscheibe aus und sagte: „Iwan Arnoldowitsch, wie ist Ihre Meinung, verstehe ich etwas von der Anatomie und Physiologie, sagen wir, des menschlichen Gehirnapparats? Was meinen Sie?“
„Filipp Filippowitsch, das fragen Sie noch?“ antwortete Bormental mit viel Gefühl und breitete die Arme aus.
„Nun gut. Keine falsche Bescheidenheit. Ich denke auch, daß ich auf diesem Gebiet nicht der letzte Mann in Moskau bin.“
„Und ich denke, Sie sind der erste, und nicht nur in Moskau, sondern auch in London und in Oxford!“ rief Bormental feurig.
„Na schön, von mir aus. Also, künftiger Professor Bormental: Das wird nie einem gelingen. Schluß. Sie brauchen gar nicht zu fragen. Berufen Sie sich auf mich und sagen Sie, Preobrashenski habe das gesagt. Finita. Klim!“ rief er plötzlich triumphierend, und der Schrank antwortete ihm mit einem Klirren. „Klim“, wiederholte er. „Hören Sie, Bormental, Sie sind der erste Schüler meiner Schule und überdies mein Freund, wie ich mich heute überzeugen konnte. Also, ich teile Ihnen als meinem Freund im Vertrauen mit, und ich weiß natürlich, daß Sie mich nicht in Schande bringen werden – der alte Esel Preobrashenski ist mit dieser Operation auf die Nase gefallen wie ein Student im dritten Studienjahr. Eine Entdeckung ist freilich dabei herausgekommen, Sie wissen selber, welche.“ Der Professor zeigte traurig mit beiden Händen zur Gardine, wohl um auf Moskau anzuspielen. „Aber bedenken Sie, Iwan Arnoldowitsch, das einzige Ergebnis dieser Entdeckung – uns allen steht jetzt dieser Bellow bis hier.“ Der Professor schlug sich auf den gedrungenen schlagflüssigen Hals. „Verlassen Sie sich darauf! Wenn irgend jemand“, fuhr er genüßlich fort, „mich jetzt hier hinlegte und durchprügelte, ich würde ihm fünfzig Ru-

bel zahlen, daß schwöre ich! Von Sevilla bis Granada ... Der Teufel soll mich holen ... Da habe ich nun fünf Jahre lang gesessen und Anhangdrüsen aus Gehirnen gepolkt ... Sie wissen, was für eine Arbeit das war, unfaßlich. Und jetzt muß ich mich fragen – wozu? Um eines schönen Tages einen netten Hund in einen solchen Lumpenkerl zu verwandeln, daß sich einem die Haare sträuben!"
„Es ist einzigartig!"
„Völlig einverstanden. Das also kommt dabei heraus, Doktor, wenn ein Wissenschaftler, anstatt parallel zur Natur und in engem Kontakt mit ihr vorzugehen, ein Problem überstürzt und dann den Vorhang hebt: Da habt ihr Bello, nun seht zu, was ihr mit ihm macht."
»Filipp Filippowitsch, und wenn Sie das Gehirn von Spinoza genommen hätten?"
„Ja!" blaffte der Professor. „Ja! Wenn der unglückliche Hund dabei nicht unterm Messer bleibt, und Sie haben ja gesehen, was für eine Operation das ist. Kurz und gut, ich, Filipp Preobrashenski, habe in meinem Leben noch nie etwas Komplizierteres gemacht. Man könnte dem Hund die Hypophyse von Spinoza oder sonst einem Waldschrat einpflanzen und ein hochstehendes Wesen aus ihm machen. Aber wozu, zum Teufel? Das ist die Frage. Erklären Sie mir bitte, wozu soll man künstlich Spinozas fabrizieren, wenn jedes Weib sie jederzeit gebären kann? Schließlich hat ja auch Madame Lomonossowa in Cholmogory ihren berühmten Sohn geboren! Doktor, die Menschheit sorgt schon selbst dafür und bringt im Wege der Evolution Jahr für Jahr Dutzende von hervorragenden Genies hervor, die den Erdball schmücken, und hebt sie aus der Masse des Gesindels heraus. Verstehen Sie jetzt, Doktor, warum ich Ihre Schlußfolgerung in der Krankengeschichte von Bellow zurückgewiesen habe? Meine gottverdammte Entdeckung, mit der Sie noch umgehen, ist keinen roten Heller wert. Nein, widersprechen Sie nicht, Iwan Arnoldowitsch, ich habe es begriffen. Und ich rede nie in den Wind, das wissen Sie genau. Theoretisch ist es interessant. Na schön! Die Physiologen werden begeistert sein. Moskau rast ... Na, und praktisch?

Wen haben wir vor uns?“ Der Professor zeigte zum Untersuchungszimmer, in dem Bellow schlief.
„Einen einmaligen Halunken.“
„Aber wer ist er? Klim, Klim“, schrie der Professor. „Klim Tschugunow“ (Bormental riß den Mund auf), „das ist er: zwei Vorstrafen, Alkoholiker, ‚alles aufteilen‘, Nutriamütze und zwei Zehnrubelscheine verschwunden“ (der Professor mußte an den Jubiläumsstock denken und lief rot an), „ein Schwein und ein Lump. Nun, den Stock finde ich wieder. Kurz und gut, die Hypophyse ist eine geschlossene Kammer, die das konkrete menschliche Aussehen bestimmt. Das konkrete! Von Sevilla bis Granada ...“ Der Professor rollte wild mit den Augen. „Nicht das allgemein menschliche. Sie ist das Gehirn en miniature. Und ich kann es überhaupt nicht gebrauchen, der Teufel soll es holen. Ich wollte etwas ganz anderes, die Eugenik, die Verbesserung der menschlichen Art. Und da bin ich auf die Verjüngung gestoßen. Meinen Sie etwa, ich mach das wegen des Geldes? Ich bin doch schließlich Wissenschaftler.“
„Ein großer Wissenschaftler, jawohl!“ sprach Bormental und schluckte Kognak. Seine Augen waren blutunterlaufen.
„Ich wollte einen kleinen Versuch machen, nachdem ich vor zwei Jahren zum erstenmal aus einer Hypophyse einen Extrakt des Sexualhormons gewonnen hatte. Und was ist statt dessen herausgekommen? Mein Gott! Von diesen Hormonen in der Hypophyse, Herrgott ... Doktor, vor mir ist dumpfe Hoffnungslosigkeit, ich schwör's Ihnen, ich bin in die Irre gegangen.“
Bormental krempelte sich die Ärmel auf und sagte einwärts schielend:
„Also, mein teurer Lehrer, wenn Sie es nicht möchten, werde ich ihm auf eigenes Risiko Arsen verpassen. Zum Teufel damit, daß mein Vater Untersuchungsrichter war. Schließlich ist Bellow ein Wesen, das bei Ihrem Experiment entstanden ist.“
Der Professor erlosch, erschlaffte, lehnte sich im Sessel zurück und sagte:
„Nein, mein lieber Junge, das erlaube ich Ihnen nicht. Ich

bin sechzig Jahre alt und darf Ihnen schon einen Rat geben. Lassen Sie sich nie auf ein Verbrechen ein, gegen wen auch immer. Gehen Sie mit sauberen Händen in Ihr Alter."
„Ich bitte Sie, Filipp Filippowitsch, wenn ihn dieser Schwonder weiter bearbeitet, was kann dann nicht noch aus ihm werden? Mein Gott, erst jetzt geht mir auf, was noch von diesem Bellow zu erwarten ist!"
„Aha! Jetzt erst! Ich wußte es schon zehn Tage nach der Operation. Wissen Sie, dieser Schwonder ist ein gewaltiger Dummkopf. Er begreift nicht, daß Bellow für ihn eine viel größere Gefahr ist als für mich. Jetzt versucht er ihn mit allen Mitteln gegen mich aufzuhetzen, weil er nicht so weit denkt, daß von ihm selber nur ein nasser Fleck übrigbleibt, wenn irgendwer Bellow gegen ihn aufhetzt."
„Na klar! Allein die Katzen, die er erledigt hat! Ein Mensch mit einem Hundeherz."
„Eben nicht", entgegnete der Professor gedehnt, „Sie machen einen Riesenfehler, Doktor. Um Himmels willen, verleumden Sie nicht den Hund. Das mit den Katzen geht vorüber. Es ist eine Frage der Disziplin und von zwei, drei Wochen. Glauben Sie mir. Ein Monat noch, und er wird sich nicht mehr auf sie stürzen."
„Und warum macht er's jetzt?"
„Iwan Arnoldowitsch, das ist sonnenklar, warum fragen Sie denn? Die Hypophyse hängt doch nicht in der Luft. Sie ist in das Hundegehirn eingepflanzt, lassen Sie ihr doch Zeit, sich einzuleben. Bellow zeigt jetzt nur noch Reste von seinem Hundedasein, verstehen Sie, und das mit den Katzen ist noch das Beste von allem, was er macht. Überlegen Sie, das Entsetzliche ist ja grade, daß er kein Hundeherz hat, sondern ein menschliches Herz. Noch dazu das schäbigste von allen, die es in der Natur gibt!"
Bormental, im höchsten Grade aufgedreht, ballte die starken knochigen Fäuste, reckte die Schultern und sagte fest: „Gewiß. Ich bringe ihn um!"
„Ich verbiete es Ihnen!" antwortete der Professor strikt.
„Aber ich bitte Sie ..."
Da hob der Professor den Finger und horchte.

„Moment mal … ich habe Schritte gehört."
Beide lauschten, aber im Korridor war es still.
„Einbildung", sagte der Professor und sprach hitzig deutsch. In seinen Worten kam ein paarmal das russische Wort für „Verbrecher" vor.
„Einen Moment", sagte Bormental plötzlich aufhorchend und ging zur Tür. Er hatte deutlich Schritte gehört, die sich dem Arbeitszimmer näherten. Überdies brummelte eine Stimme. Bormental riß die Tür auf und prallte verblüfft zurück. Der Professor saß völlig perplex in seinem Sessel.
In dem beleuchteten Rechteck der Korridortür stand im Nachthemd Darja Petrowna. Ihr Gesicht glühte kriegerisch. Der Arzt und der Professor waren völlig geblendet von dem Reichtum ihres mächtigen und, wie beide vor Angst zu sehen glaubten, splitternackten Körpers. In ihren starken Armen schleifte Darja Petrowna etwas, und dieses Etwas sträubte sich, setzte sich aufs Hinterteil, und die mit schwarzem Flaum bedeckten kurzen Beine strampelten auf dem Parkett. Das Etwas war natürlich Bellow, völlig verstört, noch immer betrunken, zerrauft und nur im Unterhemd.
Darja Petrowna, nackt und grandios, schüttelte Bellow wie einen Sack Kartoffeln und sprach dazu die Worte:
„Sehen Sie sich das an, Herr Professor, unser Telegraf Telegrafowitsch hat uns einen Besuch gemacht. Ich war ja schon mal verheiratet, aber Sina ist ein unschuldiges Mädchen. Zum Glück bin ich aufgewacht."
Nachdem sie diese Rede beendet hatte, verfiel sie in einen Zustand der Scham, schrie auf, hielt die Hände vor die Brust und lief davon.
„Darja Petrowna, entschuldigen Sie um Gottes willen", rief ihr der Professor, sich besinnend, hinterher.
Bormental krempelte die Hemdsärmel noch höher und ging auf Bellow zu. Der Professor sah ihm in die Augen und erschrak.
„Was machen Sie, Doktor! Ich verbiete …"
Bormental packte mit der rechten Hand Bellow am Kragen und schüttelte ihn dermaßen, daß das Leinenhemd vorn aufriß.

Der Professor warf sich in das Getümmel, um den schwächlichen Bellow den nervigen Chirurgenfäusten zu entreißen.
„Sie dürfen mich nicht schlagen!" schrie Bellow halb erstickt, setzte sich auf den Fußboden und wurde nüchtern.
„Doktor!" schrie der Professor.
Bormental kam ein wenig zu sich und ließ Bellow los, der sogleich zu quengeln begann.
„Na schön", zischte Bormental, „warten wir bis zum Morgen. Wenn er nüchtern ist, veranstalte ich ihm ein Benefiz."
Er packte Bellow unter den Achseln und schleifte ihn ins Sprechzimmer zum Schlafen.
Bellow wollte um sich treten, aber die Beine gehorchten ihm nicht.
Der Professor stand breitbeinig da, so daß sein himmelblauer Hausmantel klaffte, hob Arme und Augen zur Deckenlampe im Korridor und sprach:
„So was ..."

9

Das Benefiz, das Doktor Bormental Bellow in Aussicht gestellt hatte, blieb am nächsten Morgen aus, weil Bellow aus dem Haus verschwunden war. Bormental geriet in wütende Verzweiflung, schalt sich einen Esel, weil er den Schlüssel der Wohnungstür nicht eingesteckt hatte, schrie, das sei unverzeihlich, und schloß mit dem Wunsch, Bellow möge unter einen Autobus geraten. Der Professor saß im Arbeitszimmer, die Finger in den Haaren vergraben, und sagte:
»Ich kann mir vorstellen, was auf der Straße los sein wird ... Ich kann es mir vorstellen. Von Sevilla bis Granada ... Mein Gott."
„Er kann noch im Hauskomitee sein", tobte Bormental und lief hinaus.
Im Hauskomitee beschimpfte er den Vorsitzenden Schwonder dermaßen, daß der sich hinsetzte und eine Anzeige an das Volksgericht des Stadtbezirks Chamowniki schrieb. Dabei

schrieb er, er sei nicht der Aufpasser von Professor Preobrashenskis Pflegling, zumal sich dieser Pflegling Bellow erst gestern als Spitzbube erwiesen hatte, indem er sich vom Hauskomitee, vorgeblich zum Ankauf von Lehrbüchern, sieben Rubel hatte geben lassen.
Fjodor, der damit drei Rubel verdiente, durchsuchte das ganze Haus vom Dach bis zum Keller. Nirgends waren Spuren von Bellow zu finden.
Nur eines stellte sich heraus: Bellow hatte sich in aller Frühe entfernt, bekleidet mit Schiebermütze, Schal und Mantel sowie unter Mitnahme einer Flasche Ebereschenschnaps aus dem Büfett, der Handschuhe Doktor Bormentals und aller seiner Papiere. Darja Petrowna und Sina zeigten unverhohlen stürmische Freude und äußerten die Hoffnung, Bellow werde nicht zurückkehren. Von Darja Petrowna hatte sich Bellow tags zuvor drei Rubel fünfzig Kopeken gepumpt.
„Geschieht Ihnen recht!" knurrte der Professor und schüttelte die Fäuste. Den ganzen Tag über klingelte das Telephon, auch am nächsten Tag. Die Ärzte empfingen eine ungewöhnliche Zahl von Patienten. Am dritten Tag erhob sich im Arbeitszimmer dringlich die Frage, ob man nicht die Miliz verständigen müsse, damit sie Bellow in dem Meer Moskau suche.
Kaum war das Wort „Miliz" gefallen, da wurde die wohlige Stille der Obuchow-Gasse vom Kläffen eines Lastwagens zerschnitten, das die Fenster klirren ließ. Sodann ertönte ein selbstsicheres Klingeln. Bellow trat ungewohnt würdevoll ein, nahm in völligem Schweigen die Mütze ab, hängte den Mantel ans Geweih und bot einen ganz neuen Anblick. Er trug eine gebrauchte Lederjacke, eine abgewetzte Lederhose und hohe englische Stiefel, bis an die Knie geschnürt. In der Diele verbreitete sich ein unwahrscheinlicher Katzengeruch. Preobrashenski und Bormental kreuzten wie auf Befehl die Arme vor der Brust, nahmen Aufstellung bei der Tür und warteten auf Bellows erste Mitteilungen. Er strich sich über die storren Haare, räusperte sich und sah sich um, und man merkte, daß er seine Verlegenheit mit Hemdsärmeligkeit tarnen wollte.

„Filipp Filippowitsch“, begann er schließlich, „ich habe eine Stellung angenommen.“

Die beiden Ärzte stießen einen unbestimmten Kehllaut aus und rührten sich. Der Professor faßte sich als erster, er streckte die Hand aus:

„Geben Sie mir das Papier.“

Dort stand: „Der Vorzeiger dieses, Genosse Polygraf Polygrafowitsch Bellow, ist Leiter der Unterabteilung zur Säuberung der Stadt Moskau von streunenden Tieren (Katzen usw.) bei der Stadtreinigung der Moskauer Kommunalwirtschaft.“

„So“, sagte der Professor schwer, „und wer hat Ihnen den Posten besorgt? Aber ich kann es mir schon denken.“

„Natürlich, Schwonder“, antwortete Bellow.

„Erlauben Sie mir die Frage: Warum riechen Sie so scheußlich?“

Bellow schnupperte erschrocken an seiner Jacke.

„Na ja, das riecht … klar, von meinem Beruf. Ich habe gestern haufenweise Katzen umgebracht …“

Der Professor fuhr zusammen und sah Bormental an. Dessen Augen erinnerten an zwei Pistolenmündungen, die auf Bellow gerichtet waren. Ohne jede Vorrede trat er zu Bellow und umklammerte leicht und sicher dessen Hals.

„Hilfe!“ piepste Bellow und erbleichte.

„Doktor!“

„Ich tu nichts Böses, Filipp Filippowitsch, keine Bange“, entgegnete Bormental mit eherner Stimme und schrie: „Sina, Darja Petrowna!“

Sie erschienen in der Diele.

„Los, sprechen Sie mir nach“, sagte Bormental und preßte Bellows Hals ein wenig gegen den Pelz, an dem dieser lehnte, „bitte verzeihen Sie mir …“

„Na schön, ich spreche nach“, antwortete der gänzlich entgeisterte Bellow heiser, holte tief Luft, gab sich einen Ruck und wollte „Hilfe“ schreien, aber der Schrei drang nicht heraus, und sein Kopf sank gänzlich in den Pelz.

„Doktor, ich flehe Sie an.“

Bellow nickte zum Zeichen, daß er sich fügen und nachsprechen wolle.
„Bitte verzeihen Sie mir, verehrte Darja Petrowna und Sinaida ...?"
„Prokofjewna", wisperte Sina erschrocken.
„Uff, Prokofjewna", sagte Bellow schwer atmend und heiser, „daß ich mir erlaubt habe ..."
„Mich nachts in betrunkenem Zustand gemein zu benehmen."
„... gemein zu benehmen ..."
„Ich will's nie wieder tun ..."
„Ich will's ..."
„Lassen Sie ihn los, Iwan Arnoldowitsch", baten die beiden Frauen gleichzeitig, „Sie erwürgen ihn noch."
Bormental ließ Bellow frei und sagte:
„Wartet der Lastwagen auf Sie?"
„Nein", antwortete Bellow höflich, „er hat mich bloß hergebracht."
„Sina, schicken Sie den Wagen weg. Jetzt möchte ich folgendes wissen: Sind Sie in die Wohnung des Professors zurückgekehrt?"
„Wo soll ich denn sonst hin?" antwortete Bellow zaghaft, und seine Augen irrlichterten.
„Ausgezeichnet. Sie verhalten sich mucksmäuschenstill. Andernfalls kriegen Sie es bei jeder Ungehörigkeit mit mir zu tun. Verstanden?"
„Verstanden", antwortete Bellow.
Der Professor hatte während der ganzen Gewaltanwendung gegen Bellow Schweigen bewahrt. Irgendwie kläglich und fröstelnd hatte er an der Tür gestanden, an seinen Fingernägeln geknabbert und aufs Parkett gestarrt. Dann auf einmal hob er den Blick zu Bellow und fragte ihn dumpf und mechanisch:
„Was machen Sie mit diesen ... mit den umgebrachten Katzen?"
„Für Mäntel", antwortete Bellow, „daraus werden Fehkragen auf Arbeiterkredit."
Nach diesem Vorfall trat in der Wohnung Stille ein, die zwei

Tage und Nächte anhielt. Bellow fuhr morgens mit dem Lastwagen weg, kam abends wieder und speiste friedlich in Gesellschaft des Professors und Bormentals.
Obschon Bormental und Bellow gemeinsam im Sprechzimmer schliefen, sprachen sie nicht miteinander, und das wurde zuerst Bormental langweilig.
Nach den zwei Tagen erschien in der Wohnung ein mageres Fräulein mit angemalten Augen und cremefarbenen Strümpfen und wurde sehr verlegen angesichts der prächtigen Wohnung. In einem abgewetzten Mäntelchen ging sie hinter Bellow her und stieß in der Diele auf den Professor.
„Darf ich erfahren?"
„Ich will mich mit ihr registrieren lassen, das ist unsere Stenotypistin, sie wird mit mir leben. Bormental muß aus dem Sprechzimmer ausziehen. Er hat ja eine eigene Wohnung", erklärte Bellow äußerst mürrisch und feindselig.
Der Professor klapperte mit den Augen, überlegte, blickte dann das errötete Fräulein an und lud sie sehr höflich ein:
„Bitte kommen Sie für einen Moment in mein Arbeitszimmer."
„Ich gehe mit", sagte Bellow rasch und voller Argwohn.
Schon war Bormental zur Stelle, wie aus der Erde gewachsen.
„Entschuldigung", sagte er, „der Professor spricht mit der Dame, und Sie bleiben hier bei mir."
„Ich will nicht", erwiderte Bellow böse und versuchte dem vor Scham glühenden Fräulein und dem Professor zu folgen.
„Nein, entschuldigen Sie", sagte Bormental, griff Bellow am Handgelenk, und sie gingen ins Untersuchungszimmer.
Fünf Minuten lang war aus dem Arbeitszimmer nichts zu hören, dann plötzlich drang dumpf das Schluchzen des Fräuleins heraus.
Der Professor stand am Schreibtisch, und das Fräulein weinte in ein schmutziges Spitzentüchlein.
„Der Halunke hat gesagt, er wär im Krieg verwundet worden", schluchzte das Fräulein.
„Er lügt", antwortete der Professor gnadenlos. Kopfschüt-

telnd fuhr er fort: „Sie tun mir aufrichtig leid, aber man kann doch nicht mit dem Erstbesten nur wegen seiner Stellung ... Das gehört sich doch nicht, Kindchen ... Hören Sie zu ..." Er zog die Schreibtischschublade auf und holte drei Zehnrubelscheine heraus.

„Ich nehme Gift", heulte das Fräulein, „in der Kantine gibt's jeden Tag Salzfleisch ... und er bedroht mich ... er sagt, er wär roter Kommandeur ... Du wirst mit mir in einer Luxuswohnung leben, hat er gesagt ... jeden Tag Ananas ... Ich hab eine gutmütige Psychik, hat er gesagt, bloß Katzen hasse ich. Von mir hat er sich einen Ring schenken lassen zum Andenken ..."

„Aber nanu, gutmütige Psychik ... Von Sevilla bis Granada", murmelte der Professor. „Sie werden's überleben, Sie sind ja noch so jung."

„Wirklich, der vom Torweg?"

„Nun nehmen Sie schon das Geld, ich leihe es Ihnen", blaffte der Professor.

Dann ging feierlich die Tür auf, und auf Geheiß des Professors führte Bormental Bellow herein. Der sah keinen an, und die Wolle auf seinem Kopf stand gesträubt wie eine Bürste.

„Du Schuft", sagte das Fräulein mit blitzenden Augen, die verheult und verschmiert waren, und mit streifig gepuderter Nase.

„Wo haben Sie die Narbe auf der Stirn her? Erklären Sie das der Dame, bitte", sagte der Professor schmeichelnd.

Bellow setzte alles auf eine Karte: „Ich bin an der Koltschak-Front verwundet worden", bellte er.

Das Fräulein stand auf und ging laut weinend hinaus.

„Hören Sie auf!" rief ihr der Professor hinterher. „Warten Sie! Bitte den Ring", sagte er zu Bellow.

Der zog gehorsam den billigen Smaragdring vom Finger.

„Na schön", sagte er plötzlich böse, „du wirst noch an mich denken. Morgen sorg ich dafür, daß du abgebaut wirst."

„Haben Sie keine Angst vor ihm", rief Bormental ihr hinterher, „ich lasse nicht zu, daß er Ihnen was tut." Er drehte sich um und sah Bellow so an, daß der zurückwich und mit dem Hinterkopf gegen den Schrank knallte.

„Wie ist ihr Name?“ fragte ihn Bormental. „Ihr Name!“ brüllte er und wirkte wild und furchterregend.
„Wasnezowa“, antwortete Bellow und suchte mit den Augen, wie er entschlüpfen könnte.
„Jeden Tag“, sagte Bormental und packte Bellow an den Revers, „jeden Tag werde ich mich persönlich bei der Stadtreinigung erkundigen, ob die Bürgerin Wasnezowa auch nicht abgebaut worden ist. Und wenn Sie ... Wenn ich erfahre, daß sie abgebaut wurde, erschieße ich Sie mit meinen eigenen Händen. Nehmen Sie sich in acht, Bellow, ich hab's Ihnen deutlich gesagt.“
Bellow blickte unverwandt auf Bormentals Nase.
„Dann muß ich mir auch einen Revolver besorgen“, murmelte Bellow, aber recht lasch, und plötzlich paßte er den Moment ab und witschte durch die Tür.
„Nehmen Sie sich in acht!“ rief ihm Bormental hinterher.
In der Nacht und am nächsten Vormittag hing Stille in der Wohnung wie eine Gewitterwolke. Alle schwiegen. Aber am nächsten Tag, als Bellow, den schon früh ein scheußliches Vorgefühl zwickte, finster mit dem Lastwagen zu seiner Dienststelle gefahren war, empfing Professor Preobrashenski zu ganz ungewöhnlicher Stunde einen früheren Patienten, einen großen beleibten Mann in Militäruniform. Der hatte sich dringlich um dieses Treffen bemüht und seinen Termin erhalten. Er betrat das Arbeitszimmer und schlug vor dem Professor höflich die Hacken zusammen.
„Haben Sie wieder Schmerzen, mein Bester?“ fragte der Professor, der abgemagert war. „Bitte nehmen Sie Platz.“
„Merci. Nein, Professor“, antwortete der Besucher und stellte den Helm auf die Schreibtischecke. „Ich bin Ihnen sehr verbunden ... Hm ... ich komme in einer anderen Angelegenheit zu Ihnen, Filipp Filippowitsch. Da ich große Achtung vor Ihnen habe ... hm ... möchte ich Sie warnen. Völliger Blödsinn. Der Mann ist ein Spitzbube.“ Der Patient griff in seine Aktentasche und holte ein Papier hervor. „Zum Glück hat man es mir gleich gemeldet.“
Der Professor setzte den Zwicker oberhalb der Brille auf die Nase und begann zu lesen. Er murmelte den Text vor sich

hin und wechselte alle Augenblicke die Farbe. „... und gedroht, den Vorsitzenden des Hauskomitees, den Genossen Schwonder, zu erschießen, woraus hervorgeht, daß er eine Schußwaffe besitzen muß. Er führt konterrevolutionäre Reden, und er hat sogar seiner Sozial-Dienerin Sinaida Prokofjewna Bunina befohlen, Engels im Ofen zu verbrennen, denn er ist ein eindeutiger Menschewik mitsamt seinem Assistenten Iwan Arnoldowitsch Bormental, der heimlich und unangemeldet in seiner Wohnung lebt. Die Unterschrift des Leiters der Unterabteilung bei der Stadtreinigung P. P. Bellow wird hiermit beglaubigt. Vorsitzender des Hauskomitees Schwonder. Sekretär Pestruchin."

„Darf ich das behalten?" fragte der Professor mit Flecken im Gesicht. „Oder brauchen Sie das vielleicht, damit der Fall seinen gesetzlichen Gang geht?"

„Aber erlauben Sie, Professor." Der Patient blähte beleidigt die Nasenflügel. „Sie haben ja wirklich eine sehr verächtliche Meinung von uns. Ich ..." Er warf sich in die Brust wie ein Truthahn.

„Verzeihung, Verzeihung, mein Bester!" murmelte der Professor. „Verzeihen Sie, ich wollte Sie wahrhaftig nicht beleidigen. Seien Sie mir nicht böse, mein Bester, aber er hat mir die Nerven ruiniert ..."

„Ich glaub's Ihnen", sagte der Patient beruhigt, „aber der Kerl ist doch Abschaum! Ich würde gern einen Blick auf ihn werfen. In Moskau erzählt man sich die reinsten Legenden über Sie ..."

Der Professor machte eine resignierte Handbewegung. Dem Patienten fiel auf, daß sich der Professor gebückt hielt und in letzter Zeit wohl sogar ergraut war.

Das Verbrechen reifte und fiel wie ein Apfel vom Baum, wie das so zu gehen pflegt. Mit beklommenem Herzen kehrte Bellow im Lastwagen zurück. Die Stimme des Professors bat ihn ins Untersuchungszimmer. Bellow trat verwundert ein, blickte mit undeutlicher Angst in die beiden Pistolenmündungen in Bormentals Gesicht und dann zum Professor. Der Assistent war von einer Rauchwolke umgeben, und seine

linke Hand mit der Papirossa bebte auf der blanken Armlehne des Untersuchungsstuhls.
Der Professor sagte mir unheildrohender Ruhe:
„Sie nehmen jetzt Ihre Sachen, Hose, Mantel, alles, was Sie brauchen, und verlassen die Wohnung!"
„Wieso denn das?" fragte Bellow aufrichtig verwundert.
„Sie verlassen die Wohnung, heute noch", wiederholte der Professor monoton und betrachtete mit schmalen Augen seine Fingernägel.
Ein böser Geist nistete sich in Bellow ein; offenbar lauerte schon der Tod auf ihn, und das Verhängnis stand hinter seinem Rücken. Da stürzte er sich selber dem Unausweichlichen in die Arme und kläffte böse und abgerissen:
„Was soll denn das! Sie meinen wohl, ich kann mein Recht gegen Sie nicht durchsetzen? Ich habe hier Anspruch auf sechszehn Quadratarschin, und ich bleibe."
„Verschwinden Sie aus der Wohnung", flüsterte der Professor herzlich.
Bellow selbst beschwor seinen Untergang. Er hob die linke Hand und zeigte dem Professor mit abgeknabbertem Fingernagel die Feige, die unerträglich nach Katzen roch. Dann zog er mit der Rechten einen Revoler aus der Tasche und richtete ihn auf den gefährlichen Bormental. Dem fiel die Papirossa herunter wie eine Sternschnuppe, und gleich darauf sprang der Professor voller Entsetzen über Glasscherben vom Schrank zur Liege. Darauf lag flach ausgestreckt und röchelnd der Unterabteilungsleiter bei der Stadtreinigung, und auf seiner Brust kniete der Chirurg Bormental und drückte ihm ein weißes Kissen aufs Gesicht.
Ein Weilchen später ging Doktor Bormental mit völlig fremdem Gesicht zur Wohnungstür und befestigte neben dem Klingelknopf einen Zettel:
„Wegen Erkrankung des Professors fällt die Sprechstunde heute aus. Es wird gebeten, nicht zu klingeln."
Mit einem blanken Taschenmesser durchschnitt er die Klingelleitung, dann betrachtete er im Spiegel sein blutiggekratztes Gesicht und seine zitternden, zerschundenen Hände. Gleich darauf erschien er in der Küchentür und sagte zu den

aufmerksam gewordenen Frauen Sina und Darja Petrowna:

„Der Professor bittet Sie, die Wohnung nicht zu verlassen."

„Gut", antworteten sie verschüchtert.

„Erlauben Sie mir, die Hintertür abzuschließen und den Schlüssel einzustecken", sagte Bormental, der im Schatten der Küchentür stand und die Hand vors Gesicht hielt. „Das ist nur für eine Weile und geschieht nicht aus Mißtrauen zu Ihnen. Aber wenn jemand kommt, werden Sie womöglich schwach und öffnen, und wir dürfen nicht gestört werden. Wir sind beschäftigt."

„Gut", antworteten die Frauen und wurden blaß. Bormental verschloß die Hintertür, die Wohnungstür und die Tür von der Diele zum Korridor, dann verklangen seine Schritte im Untersuchungszimmer.

Stille senkte sich über die Wohnung und kroch in alle Winkel. Dämmerung breitete sich aus, scheußlich, furchterregend. Finsternis. Die Nachbarn auf der anderen Seite des Hofes freilich erzählten später, in den Fenstern des Untersuchungszimmers, die in den Hof blickten, hätten an diesem Abend beim Professor sämtliche Lichter gebrannt und sie hätten sogar die weiße Haube des Professors gesehen. Es war schwer nachzuprüfen. Allerdings plauderte auch Sina, als alles vorbei war, aus, Bormental und der Professor seien aus dem Untersuchungszimmer gekommen, und später habe der Doktor sie zu Tode erschreckt, indem er, im Arbeitszimmer vor dem Kamin hockend, eigenhändig ein Heft mit blauem Umschlag verbrannte, eines von denen, die die Krankengeschichten der Patienten enthielten! Bormentals Gesicht habe ganz grün ausgesehen und sei kreuz und quer zerkratzt gewesen. Auch der Professor sei an diesem Abend nicht wiederzuerkennen gewesen. Und dann noch, daß ... Aber es kann auch sein, daß das unschuldige Mädchen aus der Wohnung im Pretschistenka-Viertel schwindelte ...

Nur eines ist sicher: In der Wohnung herrschte an diesem Abend eine grauenhafte Stille.

Ende der Erzählung

EPILOG

Zehn Tage nach der Schlacht im Untersuchungszimmer schlug zu nächtlicher Stunde in der Wohnung Professor Preobrashenskis in der Obuchow-Gasse schrill die Klingel an.

„Kriminalmiliz und Untersuchungsführer. Öffnen Sie bitte."

Schritte klapperten und trappelten, man kam herein, und im Lichterglanz der Diele mit den frisch verglasten Schränken standen auf einmal eine Menge Leute: zwei Männer in Milizuniform, einer im schwarzen Mantel mit Aktentasche, der schadenfrohe und blasse Vorsitzende Schwonder, der Jüngling, der eine Frau war, der Portier Fjodor, Sina, Darja Petrowna und Doktor Bormental, halb angezogen, die Hand schamhaft vor dem unbeschlipsten Hals.

Aus der Tür des Arbeitszimmers kam der Professor. Er zeigte sich in dem wohlbekannten himmelblauen Hausmantel, und jedermann konnte sich mit einem Blick überzeugen, daß er sich in der letzten Woche sehr erholt hatte. Ganz der alte, herrisch, tatkräftig und würdevoll, trat er vor seine nächtlichen Besucher und entschuldigte sich, daß er im Schlafrock war.

„Machen Sie sich nichts daraus, Professor", entgegnete der Zivilist sehr verlegen, dann druckste er und sagte: „Es ist uns sehr unangenehm, aber wir haben einen Durchsuchungsbefehl für Ihre Wohung und" – der Mann warf einen Blick auf den Schnurrbart des Professors und schloß – „und, je nach dem Ergebnis, einen Haftbefehl."

Der Professor kniff die Augen ein und fragte:

„Gegen wen, wenn ich fragen darf, und mit welcher Beschuldigung?"

Der Mann kratzte sich die Wange, entnahm seiner Aktentasche ein Papier und las vor:

„Gegen Preobrashenski, Bormental, Sinaida Bunina und Darja Petrowna. Wegen Mordes am Unterabteilungsleiter der Stadtreinigung bei der Moskauer Kommunalwirtschaft Polygraf Polygrafowitsch Bellow."

Die letzten Worte wurden von Sinas Schluchzen übertönt. Bewegung kam auf.
„Ich verstehe kein Wort", antwortete der Professor und reckte königlich die Schultern. „Bellow? Verzeihung, meinen Sie vielleicht meinen Hund Bello ... den ich operiert habe?"
„Entschuldigen Sie, Professor, nicht als Hund, sondern als er schon Mensch war. Darum geht es."
„Sie meinen, weil er gesprochen hat?" fragte der Professor. „Wenn einer spricht, heißt das noch lange nicht, daß er ein Mensch ist. Im übrigen ist das belanglos. Bello existiert, und niemand denkt daran, ihn umzubringen."
„Professor", sagte der schwarze Mann sehr verblüfft und zog die Augenbrauen hoch. „Dann müssen Sie ihn vorführen. Er ist seit zehn Tagen abgängig, und es liegen, entschuldigen Sie, schwerwiegende Beschuldigungen gegen Sie vor."
„Doktor Bormental, seien Sie so freundlich und führen Sie dem Untersuchungsrichter Bello vor", befahl der Professor und nahm den Durchsuchungsbefehl an sich.
Doktor Bormental ging mit schiefem Lächeln hinaus.
Als er zurückkehrte und einen Pfiff ausstieß, folgte ihm aus der Tür des Arbeitszimmers ein seltsam aussehender Hund. Sein Fell war teils kahl, teils mit Haaren bewachsen. Er ging wie ein dressierter Zirkushund auf den Hinterpfoten, dann ließ er sich auf alle viere herunter und sah sich um. Grabesstille erstarrte in der Diele wie Gelee. Der gespenstische Hund mit der tiefroten Narbe auf der Stirn erhob sich wieder auf die Hinterpfoten und setzte sich grinsend in einen Sessel.
Der zweite Milizionär schlug plötzlich weit ausholend ein Kreuz und trat zurückweichend Sina auf beide Füße.
Der Mann in Schwarz brachte den Mund nicht zu, er stieß hervor:
„Was ist denn das? Er hat doch bei der Stadtreinigung gearbeitet ..."
„Von mir hat er den Posten nicht", sagte der Professor kühl, „Schwonder hat ihn dorthin empfohlen, wenn ich mich nicht irre."

„Ich verstehe rein gar nichts“, sagte der Schwarze verwirrt und fragte den ersten Milizionär: „Ist er das?“
„Ja“, antwortete der Milizionär tonlos. „Eindeutig.“
„Er ist es“, ließ sich Fjodor vernehmen, „bloß der Halunke hat sein Fell wiedergekriegt.“
„Aber er hat doch gesprochen ... ähem ...“
„Er spricht auch jetzt noch, nur immer weniger, also nutzen Sie die Gelegenheit, denn bald wird er gar nicht mehr sprechen?“
„Aber warum nicht?“ fragte leise der schwarze Mann.
Der Professor zuckte die Achseln.
„Die Wissenschaft kennt noch keine Methode, Tiere in Menschen umzuwandeln. Ich habe es versucht und bin gescheitert, wie Sie sehen. Er hat gesprochen, ja, aber jetzt kehrt er allmählich in seinen ursprünglichen Zustand zurück. Ein Atavismus.“
„Keine unanständigen Wörter gebrauchen“, kläffte der Hund plötzlich und stand vom Sessel auf.
Der schwarze Mann erbleichte jäh, ließ die Aktentasche fallen und sank zur Seite. Ein Milizionär und Fjodor fingen ihn auf. Alles redete durcheinander, und am deutlichsten tönten drei Sätze:
Professor: „Baldrian. Er ist ohnmächtig.“
Bormental: „Wenn sich Schwonder noch ein einziges Mal in der Wohnung von Professor Preobrashenski blicken läßt, schmeiß ich ihn achtkantig die Treppe hinunter.“
Und Schwonder: „Ich bitte diese Worte zu protokollieren.“

Die grauen Harmonikas der Heizung wärmten. Die Gardinen sperrten die dichte Finsternis des Pretschistenka-Viertels mit ihrem einzigen Stern aus. Das höhere Wesen, der gewichtige Wohltäter des Hundes, saß im Sessel, und der Hund Bello lag beim Ledersofa auf dem Teppich. Von dem Märznebel bekam er morgens Kopfschmerzen in der ringförmigen Narbe. Sie vergingen erst in der abendlichen Wärme. Jetzt fühlte er sich leicht und wohl, und die Gedanken in seinem Kopf strömten warm und harmonisch.
Was habe ich doch für ein Glück, dachte er im Einschlum-

mern, unbeschreibliches Glück. Ich kann für immer in der Wohnung bleiben. Und ich bin endgültig überzeugt, daß bei meiner Abstammung etwas nicht stimmt. Ganz sicher war ein Neufundländer dabei. Meine Großmutter, Gott schenke ihr das Himmelreich, war eine Schlampe. Mein Kopf ist zwar ganz zerschnitten, aber bis zur Hochzeit ist das wieder gut. Das macht unsereinem nichts aus.

In einiger Entfernung dumpfes Gläserklirren. Der Gebissene räumte die Schränke im Untersuchungszimmer auf.
Der grauhaarige Zauberer saß im Sessel und trällerte:
„Zu des Niles heilgen Ufern ..."
Der Hund sah Schreckliches. Ein wichtiger Mann senkt die Hände in glatten Handschuhen in ein Glas und hebt ein Gehirn heraus – ein hartnäckiger Mann, der ständig etwas will, der schneidet, untersucht, die Augen einkneift und trällert:
„Zu des Niles heilgen Ufern ..."

Januar–März 1925
Moskau

Tagebücher 1922–1925

Aus dem Tagebuch 1922

Das „Jar“ soll eröffnet worden sein. Starker Frost. Die Heizung funktioniert, aber schwach, und nachts ist es kalt.

25. Januar (Tatjanas Tag)

Ich habe das Tagebuch liegengelassen. Schade, in dieser Zeit ist viel Interessantes passiert.

… bin noch immer ohne Stellung. Meine Frau[1] und ich ernähren uns schlecht. Dadurch hat man auch keine Lust zum Schreiben. Schwarzbrot kostet 20 T. pro Pfund, Weißbrot …

Bei Onkel Kolja[2] sind sie während seiner Abwesenheit mit Gewalt … von Moskau, entgegen allen Dekreten haben sie ihm ein Pärchen in die Wohnung gesetzt …

26. Januar

Bin in ein Kollektiv von Wanderschauspielern geraten, werde am Stadtrand spielen. Gage 125 pro Vorstellung. Das ist mörderisch wenig. Natürlich wird wegen dieser Vorstellungen zum Schreiben keine Zeit sein. Ein Teufelskreis. Meine Frau und ich nagen am Hungertuch.

1 Tatjana Nikolajewna Lappa, zu Hause Tassja genannt (1889–1982) – erste Frau Bulgakows

2 Nikolai Michailowitsch Pokrowski – Arzt; einer der in Moskau lebenden Brüder von Bulgakows Mutter

Ich habe nicht bemerkt, daß der Tod von Korolenko in den Zeitungen vielfach erwähnt wurde ... Zärtlichkeiten.
Habe heute bei Nikolai Gladyrewski[3] Wodka getrunken.

9. Februar
Es ist die schlimmste Zeit meines Lebens. Meine Frau und ich hungern. Ich mußte mir vom Onkel ein bißchen Mehl, Öl und Kartoffeln borgen. Von Boris[4] eine Million. Habe ganz Moskau abgeklappert, keine Stellung.
Meine Filzstiefel zerfallen.
Moskau mit ...
Die Villa von S. soll vielleicht zu einem Waisenhaus gemacht werden.
Der gelehrte Professor T. schmeißt achtkantig Leute, die eine akademische Ration bekommen, aus den Listen, auch alle Schauspieler und Wunderkinder (der Sohn von Meyerhold kriegte eine akademische Ration!) und „gelehrte" Lehrer vom Typ solcher der Swerdlowsker Universität. Auf dem akademischen ...

14. 11. 22
Gestern auf dem Dewitschje-Feld in den ehem. Frauenkursen (jetzt 2. Universität) wurde eine Gerichtsverhandlung über die „Aufzeichnungen eines jungen Arztes" veranstaltet. Um halb sieben blockierten schon schwarze Mengen von Studenten sämtliche Eingänge und drängten hinein. Ein paar Tausend waren gekommen. Im Auditorium ...

15. Februar
Das Wetter hat sich verschlechtert. Heute leichter Frost. Ich laufe auf den Resten meiner Sohlen. Die Filzstiefel taugen nichts mehr. Wir nagen am Hungertuch. Überall Schulden.
Mein „Posten" beim Militärischen Redaktionsrat ist der eines Laufburschen.
Weressajew ist sehr unschön, er ähnelt einem bejahrten Ju-

3 Nikolai Leonidowitsch Gladyrewski (1896–1973) – Arzt, Chirurg; alter Freund der Familie Bulgakow
4 Boris Michailowitsch Semski – Verwandter Bulgakows

den (sehr gut erhalten). Er hat sehr schmale Augen mit schweren geschwollenen Lidern, eine Glatze und eine tiefe Stimme. Mir hat er sehr gefallen. Ganz anderer Eindruck als damals bei seinem Vortrag.
Vielleicht im Kontrast zu den Professoren. Die stellen langweilige, schwere Fragen. Weressajew stehen die Studenten näher, die brennende Fragen und wahre Antworten wollen. Er redet wenig. Aber wenn er redet, dann klug und intelligent. Bei ihm waren zwei Damen, offenbar Frau und Tochter[5]. Die Frau ist sehr lieb.
Die Republik ist in Hinsicht auf Brände in einer katastrophalen Situation. Aber in welcher Hinsicht ist sie nicht in einer katastrophalen Situation?
Wenn es nicht zu der Konferenz in Genua kommt, fragt sich, was wir tun werden.
Entschließen, aber nicht warten!

16. Februar
Man soll doch an Vorzeichen glauben! Bin einem Begräbniszug begegnet, und es gibt Hoffnung in der Zeitung „Rabotschi".

Unterm Joch. Mein Tagebuch 1923

Moskau
24. (11.) Mai
Habe lange nicht das Tagebuch zur Hand genommen, denn ich bin am 21. April von Moskau nach Kiew gefahren und bis zum 10. Mai dort geblieben. In Kiew habe ich mich operieren lassen (Geschwulst hinterm linken Ohr). Ich wollte in den Kaukasus, bin aber nicht hingekommen. 12. Mai zurück nach Moskau[6]. Hier begannen große Ereignisse: Der sowjeti-

5 Bulgakow hat offensichtlich Weressajews Frau Maria Germogenowna Smidowitsch (1875–1963) und seine Nichte gesehen, die spätere Literatursekretärin Valeria Michailowna Nolde.
6 Material der Reise nach Kiew im Frühjahr 1923 wurde von Bulgakow vielfach benutzt: in der Berliner Zeitung „Nakanune" – „Reisenotizen" (25. Mai 1923) und „Die Stadt Kiew" (6. Juli 1923); im Roman „Die Weiße Garde"

sche Vertreter Wazlaw Wazlawowitsch Worowski[7] wurde in Lausanne von Conradi ermordet. Am 12. war in Moskau eine grandios inszenierte Demonstration. Die Ermordung Worowskis fiel zusammen mit dem Ultimatum Curzons an Rußland: Rücknahme der frechen Note Wainschtejns, die über die englische Handelsvertretung in Moskau abgeschickt worden war, Zahlung für die festgehaltenen englischen Fischfangschiffe im Weißen Meer, Verzicht auf Propaganda im Osten usw. usw.
Es riecht nach Konflikt und sogar nach Krieg. Die allgemeine Meinung geht freilich dahin, daß es keinen geben wird. Begreiflich, wie sollen wir gegen England Krieg führen? Aber eine Blockade ist durchaus vorstellbar. Scheußlich, daß auch Polen und Rumänien sich regen (Foch hat Polen besucht). Überhaupt stehen wir am Vorabend von Ereignissen. Heute in den Zeitungen Gerüchte über die Entsendung britischer Kriegsschiffe ins Weiße und ins Schwarze Meer und die Mitteilung, Curzon wolle von Kompromissen nichts hören und verlange von Krassin[8] (der sich nach dem Ultimatum sofort per Flugzeug nach London absetzte) die genaue Einhaltung des Ultimatums.
Moskau führt ein lärmendes Leben, besonders im Vergleich zu Kiew. Ganz besonderes Merkmal – in Moskau wird ein Meer von Bier getrunken. Auch ich trinke viel. Überhaupt lasse ich mich in letzter Zeit gehen. Aus Berlin ist Graf Alexej Tolstoi eingetroffen. Er gibt sich dreist und hemdsärmelig. Trinkt viel.
Ich bin aus dem Rhythmus geraten – anderthalb Monate nichts geschrieben.

11. Juli (28. Juni) Mittwoch

Größte Unterbrechung in meinem Tagebuch. Dabei sind die Geschehnisse der Zwischenzeit äußerst wichtig.

7 Wazlaw Wazlawowitsch Worowski (1871–1923) – Staats- und Parteifunktionär, Publizist; war ab 1921 bevollmächtigter Vertreter in Italien
8 Leonid Borissowitsch Krassin (1870–1926) – Partei- und Staatsfunktionär; ab 1920 Volkskommissar für Außenhandel und zugleich bevollmächtigter Vertreter und Handelsvertreter in England, ab 1924 in Frankreich

Der lautstarke Konflikt mit England endete still, friedlich und schmählich. Die Regierung hat erniedrigende Zugeständnisse gemacht, bis hin zur Zahlung einer Geldbuße für die Erschießung zweier britischer Untertanen, die von Sowjetagenten hartnäckig Spione genannt werden.
Unlängst hat sich ein noch bemerkenswerteres Ereignis zugetragen: Patriarch Tichon[9] hat plötzlich eine Erklärung veröffentlicht, in der er sich von seinen Irrtümern in Bezug auf die Sowjetmacht lossagt, verkündet, daß er nicht mehr ihr Feind sei usw. Sie haben ihn aus der Haft entlassen. In Moskau zahllose Gerüchte und in den weißen Zeitungen des Auslands Aufruhr. Sie glauben es nicht, kommentieren usw.
Auf Zäunen und Wänden erschien vorgestern ein Aufruf des Patriarchen, der mit den Worten beginnt: „Wir, Patriarch von Moskau und ganz Rußland von Gottes Gnaden ..." Sinn: Er ist Freund der Sowjetmacht, stellt sich gegen die Weißgardisten, verurteilt aber auch die „lebendige Kirche". Keinerlei Kirchenreformen mit Ausnahme der neuen Orthographie und des neuen Stils. Unwahrscheinliches Gerangel in der Kirche. Die „lebendige Kirche" tobt. Sie wollte den Patriarchen Tichon ganz abschieben, aber er hält jetzt Reden, Gottesdienste usw.
Wir haben einen scheußlich kalten und regnerischen Sommer.
Weißbrot kostet 14 Millionen das Pfund. Die Tscherwonzen (Banknoten) kriechen bergauf und stehen heute bei 832 Millionen.

25. Juli 1923

Der Sommer 1923 in Moskau ist einzigartig. Kein Tag ohne Pladdern, mitunter mehrmals am Tag. Im Juni gab es zwei berühmte Sturzregen – in der Neglinny Gasse stürzte die

9 Patriarch Tichon (Wassili Iwanowitsch Belawin) (1865–1925). Ab 1917 Patriarch von Moskau und ganz Rußland. Im Frühjahr 1918 als erster in die „Liste der Volksfeinde" aufgenommen („Iswestija" 28. März 1918). Später verhaftet. Im Oktober 1989 wurde Tichon vom Konzil der rechtgläubigen Kirche Rußlands kanonisiert.

Fahrbahn ein und wurde überschwemmt. Heute war es ähnlich – Sturzregen mit großen Hagelkörnern[10].
Das Leben ist noch immer durcheinander, hektisch, ein Alptraum. Leider gebe ich viel Geld fürs Trinken aus. Die Mitarbeiter der „Gudok"[11] trinken viel. Heute wieder Bier[12]. In der Neglinny Billard gespielt. Die „Gudok" ist vor zwei Tagen in die Soljanka, in den „Palast der Arbeit" umgezogen, und jetzt bin ich tagsüber durch die Entfernung von „Nakanune"[13] abgeschnitten. „Aufzeichnungen auf Manschetten"[14]bisher in Berlin nicht erschienen, ich schlage mich mit Feuilletons in „Nakanune" durch. Mein Roman[15] kommt wegen der Arbeit in der „Gudok", die mir die beste Tageszeit nimmt, nicht voran.
Moskau ist überaus lebhaft. Immer mehr Verkehr.
Die Banknote (Tscherwonze) steht heute bei 975 Millionen, der Goldrubel bei 100 (Kurs der Staatsbank). Na?

10 Siehe in „Nakanune" Bulgakows Skizze „Chanson d'été (16. August 1923)

11 In der Redaktion der Zeitung „Gudok" arbeitete Bulgakow 1923 bis 1926.

12 Siehe in „Nakanune" (29. Juli 1923) „Der schwarzgebrannte Pfuhl" und „Ein Tag unseres Lebens" (2. September 1923). Außerdem handeln viele Feuilletons in der „Gudok" davon, wie die einfacheren Menschen trinken; „Drei Formen von Gemeinheit" in der Zeitschrift „Roter Pfeffer" (21/1923).

13 Die Moskauer Filiale der „Nakanune" befand sich in der Bolschoi-Gnesdnikowski-Gasse 10 (Nirnsee-Haus).

14 Aus der „Autobiographie" 1924: „In der Berliner Zeitung ‚Nakanune' veröffentlichte ich zwei Jahre lang große satirische und humoristische Feuilletons.
Ich schrieb das Buch ‚Aufzeichnungen auf Manschetten'. Dieses Buch kaufte der Berliner Verlag ‚Nakanune' mit dem Versprechen, es im Mai 1923 zu veröffentlichen. Die Veröffentlichung blieb aus. Das regte mich anfangs sehr auf, später wurde ich gleichgültig."
Hier mag sich Bulgakow verstellt haben, um nicht zu klagen.

15 „Ein Jahr lang schrieb ich den Roman ‚Die Weiße Garde'. Diesen Roman nahm die dicke Zeitschrift ‚Rossija', deren Redakteur I. Leshnew war. Außerdem versuche ich ihn als Buch zu veröffentlichen" (ebenda). Aber als Einzelbuch in russischer Sprache erschien „Die Weiße Garde" erst 1927 in Paris (erster Teil) und 1929 (zweiter Teil) unter dem Titel „Die Tage der Turbins".

22. August
Ich nehme das Tagebuch jetzt monatelang nicht zur Hand und lasse wichtige Ereignisse aus.

27. August, Montag, Nacht
Soeben von einem Vortrag der Smenowechowzen[16] zurückgekehrt: Professor Kljutschnikow[17], Alexej Tolstoi, Bobristschew-Puschkin[18] und Wassilewski-Ne-Bukwa[19].
Im Simin-Theater gerammelt voll. Auf der Bühne eine Masse Volk, Journalisten, Bekannte und Sonstige. Ich saß neben Katajew. Tolstoi sprach über Literatur, erwähnte unter den zeitgenössischen Schriftstellern mich und Katajew.
Das Buch („Aufzeichnungen auf Manschetten") noch immer nicht da.
Die „Gudok" macht mich fertig, läßt mich nicht schreiben.

2. September. Sonntag
Heute steht die Banknote mit Gottes Hilfe bei 2050 Rubel (2 Milliarden 50 Millionen), und ich stecke bis zum Hals in Schulden. Viel Geld, die Zukunft sieht finster aus.

16 Smenowechnowzen – Vertreter einer gesellschaftspolitischen Strömung der russischen Intelligenz (vorwiegend unter den Emigranten) der zwanziger Jahre. Über den Vortrag teilte „Nakanune" am 29. August 1923 mit: „A. W. Bobristschew-Puschkin, I. M. Wassilewski-Ne-Bukwa, Alexej Tolstoi und Professor Kljutschnikow veranstalteten im Simin-Theater einen Abend unter dem Titel „Europa heute".
Reihenfolge der Vorträge:
1) „Menschen und Sitten" (Einleitung) – Alexej Tolstoi, 2) „Krieg oder Frieden" – Professor Kljutschnikow, 3) „Die Macht der Plutokratie" – Bobristschew-Puschkin, 4) „Unsere im Ausland" („Rossija" Nr. 2) – Wassilewski-Ne-Bukwa, „Die neue Erzählung" – Alexej Tolstoi. Nach den Vorträgen Disput und Meinungsaustausch.
17 Juri Weniaminowitsch Kljutschnikow (1886–1938) –Spezialist für internationales Recht, Mitarbeiter der Zeitung „Russisches Wort", Minister für auswärtige Angelegenheiten unter Koltschak, Mitbegründer der Zeitung „Nakanune"
18 Alexander Wladimirowitsch Bobristschew-Puschkin (1875–193?) – Schriftsteller
19 Ilja Markowitsch Wassilewski (-Ne-Bukwa) (1882–1938) – Schriftsteller, Verleger

Gestern kamen Sarotschka, ihre Mutter, ihr Mann und ihr Kind[20] zu uns. Auf der Durchreise nach Saratow. Morgen wollen sie mit dem Schnellzug dorthin fahren, wo das Familienleben früher so schön war. Jetzt wird es arm und schwer sein.
Heute mit Katajew zu Alexej Tolstoi auf die Datsche nach Iwankowo gefahren. Heute war er sehr lieb. Das einzige, was ich schlecht finde, ist seine und seiner Frau[21] schlecht korrigierbare Manier, mit jungen Schriftstellern umzugehen wie ein Bohemien.
Aber sein wirklich großes Talent macht alles wett.
Als Katajew und ich gingen, begleitete er uns bis zum Damm. Am Himmel stand der Halbmond, die Nacht war still und sternklar. Tolstoi sprach davon, daß man eine Schule gründen müsse. Er wurde sogar ein wenig herzlich. „Schwören wir angesichts des Mondes ..."
Er ist mutig, aber er sucht bei mir und Katajew Unterstützung. Seine Gedanken über die Literatur sind immer richtig und treffend, mitunter großartig.
In meiner Schwermut und meiner Sehnsucht nach der Vergangenheit kommt es manchmal, wie jetzt in der absurden Situation zeitweiliger Enge in dem scheußlichen Zimmer des scheußlichen Hauses[22], zu Explosionen von Kraft und Zuversicht. Ich spüre in mir, wie sich meine Gedanken emporschwingen, und ich weiß, daß ich als Schriftsteller unermeßlich stärker bin als alle, die ich kenne. Aber unter meinen jetzigen Umständen gehe ich womöglich in die Knie.

3. September, Montag
Nach dem gräßlichen Sommer haben wir jetzt wunderschönes Wetter. Seit ein paar Tagen scheint die Sonne, und es ist warm.

20 Verwandte der ersten Frau Bulgakows; womöglich die Davidowitschs
21 Von 1914–1935 war die Schriftstellerin und Übersetzerin Natalja Wassiljewna Krandijewskaja (1889–1963) A. N. Tolstois Frau.
22 Vom Winter 1921 bis August 1924 wohnte Bulgakow in der Bolschaja-Sadowaja-Straße 10, in der Wohnung Nr. 50 (Pigit-Haus). Das tägliche Leben in dieser Kommunalwohnung war Stoff für viele Erzählungen und Feuilletons.

Ich gehe jeden Tag zur Arbeit in die „Gudok“ und schlage dort völlig sinnlos meine Zeit tot.
Das Leben ist so beschaffen, daß ich wenig Geld habe und wie immer über meine bescheidenen Mittel lebe. Ich esse und trinke gut und viel, aber für Kleidung reicht es nicht. Kein Tag vergeht ohne das verdammte Gesöff, das Bier. Auch heute war ich in der Bierstube am Strastnaja-Platz, mit A. Tolstoi, Kalmens[23] und natürlich mit dem lahmen „Kapitän“[24], der dem Grafen wie ein Schatten folgt.
Heute sind die Verwandten nach Saratow abgereist.
Heute veröffentlichte Rosta ein Telegramm: schreckliches Erdbeben in Japan. Yokohama zerstört, Tokio brennt, das Meer brandet ans Ufer, Hunderttausende Tote, der Kaiserpalast zerstört, das Schicksal des Kaisers ungewiß.
Ebenfalls heute, genaueres weiß ich nicht, ein Telegramm gesehen, wonach Italien Griechenland angegriffen hat. Was passiert nicht alles auf der Welt.
Tolstoi erzählte, wie er zu schreiben anfing. Zuerst Gedichte. Dann Nachahmungen. Schließlich nahm er sich des Gutsbesitzerlebens an und schöpfte es gänzlich aus. Den Anstoß zu seinem Schaffen gab der Krieg.

9. September, Sonntag
Heute bin ich wieder zu Tolstoi auf die Datsche gefahren und habe ihm meine Erzählung[25] vorgelesen. Er lobte sie, will sie nach Petersburg mitnehmen und mit einem eigenen Vorwort bei der Zeitschrift „Swesda“ unterbringen. Aber ich bin mit der Erzählung nicht zufrieden.
Es ist schon kalt. Herbst. Ich habe mal wieder eine Periode ohne Geld. Gestern habe ich, wütend über Kalmens’ ewiges Drängen, mich geweigert, die angebotenen 500 Rubel zu

23 Semjon Nikolajewitsch Kalmens – Leiter der Finanzabteilung der Moskauer Filiale von „Nakanune“
24 Möglicherweise Susenko, Kapitän für große Fahrt, Mitarbeiter der Zeitung „Auf der Wacht“, Prototyp des Dicken mit dem mechanischen Bein in den „Verhängnisvollen Eiern“
25 Wahrscheinlich „Der Psalm“; veröffentlicht in „Nakanune“ vom 23. September 1923

nehmen, und nun sitze ich in der Patsche. Ich mußte mir von Tolstoi (angeboten von seiner Frau) eine Milliarde borgen.

18. September, Dienstag

In meinem Tagebuch, das ich lückenhaft führe, habe ich noch keinmal erwähnt, was in Deutschland vorgeht. Dort geht folgendes vor: Die deutsche Mark fällt katastrophal. Heute zum Beispiel eine Nachricht in den sowjetischen Zeitungen, wonach der Dollar bei 125 Millionen Mark liegt. An der Spitze der Regierung steht ein gewisser Stresemann, den die sowjetischen Zeitungen als deutschen Kerenski bezeichnen. Die kommunistische Partei rackert sich ab, um in Deutschland eine Revolution auszulösen und ein Durcheinander herbeizuführen. Radek[26] erklärt auf den großen Parteiversammlungen kategorisch, die Revolution habe in Deutschland schon begonnen.

Tatsächlich, in Berlin ist nichts mehr zu erwarten, in verschiedenen Städten gibt es Zusammenstöße. Möglich: ein Sieg der Kommunisten, dann gibt es Krieg zwischen uns und Polen und Frankreich, oder die Faschisten siegen (der Kaiser in Deutschland usw.), dann steht es schlechter um Sowjetrußland. Jedenfalls stehen wir vor großen Ereignissen.

Bin heute nicht gesund. Wenig Geld. Bekam dieser Tage einen Brief von Kolja[27], er ist krank (Blutarmut), bedrückt, wehmütig. Habe nach Berlin an „Nakanune" geschrieben, sie sollen ihm 50 Franc schicken. Ich hoffe, die Schufte tun es.

Heute war A. Ehrlich[28] bei mir, las mir seine Erzählung vor. Bei uns waren Komorski[29] und Davy[30]. Wir tranken Wein

26 Karl Berngardowitsch Radek (1885–1939) – Staats- und Parteifunktionär; 1923 einer der Sekretäre des Exekutivkomitees der Komintern und Mitglied des ZK der RKP (B), Publizist

27 Nikolai Afanassjewitsch Bulgakow (1898–1966) – Bruder M. A. Bulgakows, Emigrant

28 Aaron Issajewitsch Ehrlich (1896–1963) – Journalist, Autor des Erinnerungsbuchs „Uns lehrte das Leben", das in bezug auf Bulgakow unzureichend objektiv ist

29 Wladimir Jewgenjewitsch Komorski – Advokat

30 David Alexandrowitsch Kisselgof – Jurist; wurde später der Ehemann von T. N. Lappa

und plauderten. Solange ich keine Wohnung habe, bin ich kein Mensch, sondern nur ein Halbmensch[31].

25. September. Dienstag. Morgen

Gestern erfahren, daß in Moskau eine Verschwörung aufgedeckt wurde. Festgenommen: Bogdanow, Vorsitzender des Volkswirtschaftsrats, und Krasnostschokow, Vorsitzender der „Industriebank". Und Kommunisten. Die Verschwörung leitete ein gewisser Mjasnikow, der aus der Partei ausgeschlossen wurde und jetzt in Hamburg sitzt. An der Verschwörung beteiligt waren etliche Gewerkschaftskomitees (Metallarbeiter). Was die Brüder wollten, weiß ich nicht, aber eine Kommunistin erzählte mir, die Verschwörung sei „links" und richte sich gegen die NÖP[32].

In der „Prawda" und anderen Zeitungen beginnt ein Säbelrasseln in Richtung Deutschland (obwohl es dort offensichtlich keine Hoffnung auf eine Revolution gibt, da sich die Regierung Stresemann mit den Franzosen einigt). Es scheint, im Zusammenhang mit solchen Artikeln ist der Tscherwonze an der schwarzen Börse noch unter den Kurs der Staatsbank gefallen.

Qui vivra – verra.

30. (17. nach altem Stil) September 1923

Wahrscheinlich weil ich konservativ „bis auf die Knochen" bin, wollte ich schreiben, das ist Schablone, und ich bin konservativ, darum zieht es mich immer an den alten Festen[33] zum Tagebuch. Wie schade, daß ich vergessen habe, an welchem Septembertag ich vor zwei Jahren nach Moskau gekommen bin. Zwei Jahre. Hat sich in dieser Zeit viel verändert? Natürlich. Dennoch findet mich der zweite Jah-

31 Der Traum von einer großen, stillen, bequemen Wohnung blieb unerfüllt.

32 Die Geschichte A. N. Krasnostschokows und seines Bruders ist eine für die NÖP typische Geschichte eines zum Dieb gewordenen Emporkömmlings.

33 17. (30.) September – Namenstag von Vera, Nadeshda, Ljubow und Sofia

restag in demselben Zimmer und als denselben Menschen.
Zu allem übrigen bin ich krank.
Erstens zur Politik, zu dieser scheußlichen und unnatürlichen Politik. In Deutschland geht es noch immer drunter und drüber. Die Mark erholt sich jedoch, weil die Deutschen den passiven Widerstand an der Ruhr eingestellt haben, dafür gibt es in Bulgarien Kämpfe gegen die Kommunisten. Die Wrangel-Leute sind auf seiten der Regierung beteiligt. Für mich gibt es keinen Zweifel, daß diese zweitklassigen slawischen Staaten ebenso rückständig wie Rußland sind und einen großartigen Nährboden für den Kommunismus bilden. Unsere Zeitungen spielen die Ereignisse so hoch, wie es nur geht, obschon sich die Welt vielleicht wirklich in zwei Teile spaltet – Kommunismus und Faschismus.
Was wird, weiß niemand.
Moskau ist nach wie vor eine wunderbare Quelle. Die Teuerung ist ungeheuerlich und bezieht sich nicht nur auf die Geldscheine, sondern auch auf Gold. Der Tscherwonze liegt heute bei 4000 Rubel, der Geldschein 1923 bei 4 Milliarden. Nach wie vor, schlimmer als bisher, keine Möglichkeit, Kleidung zu kaufen.
Wenn ich meine eingebildeten und tatsächlichen Lebensängste beiseite lasse, muß ich zugeben, daß mein Leben derzeit nur einen großen Defekt hat – das Fehlen einer Wohnung.
In der Literatur komme ich langsam, aber ständig voran. Das weiß ich genau. Schlecht ist nur, daß ich nie völlig sicher bin, wirklich gut geschrieben zu haben. Eine Art Schleier verhüllt mein Gehirn und lähmt meine Hand, wenn ich beschreiben muß, was ich tief und wirklich mit den Gedanken und dem Gefühl weiß.

5. Oktober. Freitag

Erstens die politischen Ereignisse: In Bulgarien sind die Kommunisten total geschlagen. Die Aufständischen sind zum Teil getötet, zum Teil über die Grenze nach Jugoslawien geflüchtet. Unter den Geflohenen sind die Anführer:

Kolarow und Dimitroff. Die bulgarische Regierung (Zankow) verlangt ihre Auslieferung. Nach sehr genauen Auskünften haben Wrangel und seine Truppen die Bolschewiken (die Aufständischen sind natürlich Bolschewiken) zerschlagen.
In Deutschland hat sich statt der erwarteten kommunistischen Revolution eindeutig der Faschismus ausgebreitet. Das Kabinett Stresemann ist zurückgetreten, ein Arbeitskabinett wird gebildet. Das Zentrum des Faschismus ist in den Händen von Hoare, der die Rolle des Diktators spielt, und Hitlers, der irgendein „Bündnis" bildet. Das Ganze spielt sich in Bayern ab, von wo eines schönen Tages ein Kaiser hervorgehen könnte. Aber die Mark fällt weiter. Heute wird in der „Iswestija" der offizielle Dollarkurs mitt 440 Millionen Mark angegeben und der inoffizielle mit 500.
In der „Iswestija" steht auch ein Leitartikel von Wilenski-Sibirjakow[34], wonach es überall gärt und die Weißgardisten den Gedanken an eine Intervention wieder aufgegriffen haben. Ein Brief von Trotzki an die Artillerieverbände des Westsibirischen Militärkreises ist noch beredter. Dort sagt er deutlich, daß er im Falle eines Falles „auf die Rotarmisten, Kommandeure und Politarbeiter zählt".
In Japan gehen die Erdstöße weiter. Auf der Insel Formosa ein Erdbeben. Was nicht alles auf der Welt passiert!

18. (5.) Oktober 1923. Donnerstag. Nacht

Heute greife ich zum Tagebuch mit dem Bewußtsein, daß es wichtig und notwendig ist.
Es gibt keinen Zweifel mehr, wir stehen vor grandiosen und höchstwahrscheinlich schweren Ereignissen. Das Wort „Krieg" liegt in der Luft. Seit zwei Tagen klebt in Moskau ein Befehl über die Einberufung der jungen Jahrgänge (bis 1898). Es ist die Rede von „territorialen Manövern". Das ist eine vorübergehende Sache, dennoch hat sie begreiflicherweise Gerüchte, Befürchtungen, Unruhe ausgelöst.

34 D. Wilenski (Sibirjakow). „Es gibt keinen Rauch ohne Feuer". „Iswestija" vom 5. Oktober 1923

Heute kam Konstantin[35] aus Petersburg. Nach Japan kann er begreiflicherweise nicht reisen, und er fährt zurück nach Kiew. Er erzählte, im Petersburger Militärkreis sei der gesamte Kommandeursbestand des Jahrgangs 1890 einberufen worden. In Twer und Klin klebe der Befehl über die Territorialmanöver. Heute wurde mir erzählt, es gebe noch gewichtigere Anzeichen für einen Krieg. Die Zeitschrift „Krokodil" wolle an die Front gehen.

Folgende Ereignisse: Nicht nur in Deutschland, sondern auch in Polen gibt es Aufruhr. In Deutschland ist Bayern das Zentrum des Faschismus, Sachsen das Zentrum des Kommunismus. Oh, natürlich kann keine Rede davon sein, daß dies ein Kommunismus unseres Typs wäre, gleichwohl sitzen in der sächsischen Regierung drei kommunistische Minister: Heckert, Brandler und Bechter. Die Schlagzeilen in der „Iswestija": „Blutige Zusammenstöße in Berlin", „Hungerunruhen" usw. Die Mark ist unwahrscheinlich gefallen. Vor ein paar Tagen kostete ein Dollar mehrere Milliarden Mark. Heute kein Telegramm über die Mark, wahrscheinlich steht sie ein wenig höher.

In Polen streiken laut „Iswestija" die Bergarbeiter. Der Streik brach in Dąbrowa aus und verbreitete sich über das ganze Land. Terror gegen die Arbeiterorganisationen usw.

Vielleicht steht die Welt wirklich vor einer Generalauseinandersetzung zwischen Kommunismus und Faschismus.

Wenn sich die Ereignisse weiter entwickeln, wird das erste ein Krieg zwischen den Bolschewiken und Polen sein.

Ich will meine Notizen jetzt sorgfältiger machen.

In Moskau gab es vor ein paar Tagen eine Schießpulverexplosion im Jägerladen in der Neglinny-Gasse, eine grandiose Katastrophe. Das Haus ist zerstört, zahlreiche Opfer sind zu beklagen[36].

War heute beim Arzt, um ihn wegen der Schmerzen im Bein zu konsultieren. Er betrübte mich sehr, da er mich völlig in Unordnung befand. Ich muß mich wirklich behandeln lassen. Das Schlimmste ist, ich habe Angst, mich ins Bett zu le-

35 Konstantin Petrowitsch Bulgakow – Vetter M. A. Bulgakows

36 Siehe „Iswestija" vom 13., 14. und 16. Oktober 1923

gen, denn in dem lieben Organ, dem ich diene[37], wird gegen mich intrigiert, und es könnte sein, daß sie mich erbarmungslos feuern.
Der Teufel soll sie holen.
Der Tscherwonze liegt heute mit Gottes Hilfe bei 5500 Rubel (fünfeinhalb Milliarden). Ein französisches Weißbrot kostet 17 Millionen, 400 Gramm Weißbrot 65 Millionen. Das Dutzend Eier gestern 200 Millionen Rubel.
Moskau ist voller Lärm. Die Straßenbahnlinie 24 (Ostoshenka) fährt wieder.
Von den „Aufzeichnungen auf Manschetten" nichts zu hören. Wahrscheinlich geht nichts mehr.

19. Oktober. Freitag. Nacht
Am politischen Horizont keine jähen Veränderungen.
Heute ein scheußlicher Tag. Meine Krankheit ist so beschaffen, daß ich mich wahrscheinlich nächste Woche ins Bett legen muß. Es macht mir Sorge, wie ich es einrichten kann, daß sie mich während meiner Krankheit in der „Gudok" nicht rausschmeißen. Die zweite Frage ist, wie wir den Sommermantel meiner Frau in einen Pelz verwandeln. Der Tag war hektisch, voller Laufereien. Ein Teil dieser Lauferei (am Tag und am Abend) ging drauf für die „Arbeitskopeke"[38]. Dort sind zwei Feuilletons von mir verlorengegangen. Es ist wichtig, daß Kolzow (Redakteur der „Arbeitskopeke") sie rausgenommen hat. Ich konnte das Original nicht finden und auch keine Antwort bekommen. Schließlich hab ich's aufgegeben.
Morgen gibt mir Gross (Redakteur der Finanzabteilung der „Arbeitskopeke") Antwort wegen des Feuilletons und einen Vorschuß von vielleicht 3 Tscherwonzen[39].

37 Gemeint ist die Redaktion „Gudok"
38 „Die Arbeitskopeke" – täglich am Abend erscheinende Finanzzeitung des Zentralagitationsbüros des Volkskommissariats für Finanzen; erschien vom 21. August bis zum 5. Dezember 1923
39 Gemeint ist möglicherweise eines der drei Feuilletons „Das Sparbuch", „Dummköpfe" oder „Tee mit Zucker", veröffentlicht unter verschiedenen Pseudonymen am 3. und 31. Oktober und am 2. November

Darauf beruht meine ganze Hoffnung.
„Nakanune“ gibt mir in letzter Zeit wenig (dort wird in 4 Nummern mein Feuilleton über die Ausstellung gedruckt)[40]. Ich warte auf Antwort von „Nedra“ wegen der „Teufeliade“[41].
Im übrigen reicht es zum Essen und für Kleinigkeiten, aber ich habe nichts anzuziehen. Ja, wäre nicht die Krankheit, ich hätte keine Angst vor der Zukunft.
Also, wir wollen auf Gott vertrauen und leben. Das ist die einzige und beste Methode.
Spätabends war ich bei den Onkeln[42]. Sie sind netter geworden. Onkel Mischa hatte dieser Tage meine letzte Erzählung „Der Psalm“ gelesen (ich hatte sie ihm gegeben) und fragte mich heute, was ich damit sagen wolle usw. Sie sind jetzt aufmerksamer und haben mehr Verständnis dafür, daß ich mich mit Literatur beschäftige.
Jetzt beginnt das regnerische Schlackerwetter des Herbstes.

22. Oktober. Montag. Nacht
Heute steht in der „Iswestija“ der Vortrag von Trotzki[43], den er dieser Tage auf dem Gouvernementskongreß der Metaller hielt.
Hier ein paar Auszüge:

40 Siehe „Die goldglänzende Stadt“ – Feuilleton über die Allrussische Landwirtschaftsausstellung („Nakanune“ vom 30. September, 6., 12. und 14. Oktober)
41 „Eine Teufeliade“ wurde in Band 4 des Almanachs „Nedra“, 1924, gedruckt.
42 In Moskau lebten die Brüder von Bulgakows Mutter, die Ärzte Nikolai Michailowitsch und Michail Michailowitsch Pokrowski.
43 Der Vortrag „Gen. Trotzki über die internationale Lage“ wurde in der „Iswestija“ vom 21. Oktober 1923 veröffentlicht: „Die Ankündigung, die Rede werde das Mitglied des Moskauer Bezirkskomitees des Metallarbeiterverbands, Gen. Trotzki, halten, rief einen Beifallssturm hervor, der mehrere Minuten dauerte. Gen. Trotzki begann seine Rede mit dem Hinweis, daß im gegenwärtigen Moment eine Rede über die internationale Situation eine im höchsten Grade verantwortungsvolle Rede sei, da wir jetzt Monate und Wochen erlebten, die in der Geschichte der Menschheit einmal in tausend Jahren vorkommen.“

„Die deutsche kommunistische Partei wächst von Monat zu Monat.“
„In Deutschland sind zwei Aufmarschräume für die bevorstehenden Kämpfe vorgesehen: das faschistische Bayern und das proletarische Sachsen und Thüringen.“
„Überhaupt verschärft sich die Lage in Deutschland in allen Richtungen von Tag zu Tag, von Stunde zu Stunde.“
„Wir nähern uns dem offenen Kampf.“
„Schon jetzt sagen einige ungeduldige Genossen, der Krieg mit Polen sei unvermeidlich. Ich denke das nicht, im Gegenteil, es gibt eine Menge Anzeichen dafür, daß es keinen Krieg mit Polen geben wird.“
„Wir wollen keinen Krieg.“
„Krieg ist eine Gleichung mit vielen Unbekannten.“
„Die deutsche Revolution benötigt keine physische Hilfe.“
Man sieht, die Zukunft liegt im Nebel. Heute passierte in der „Gudok“ eine großartige groteske Anekdote. Eine „Initiativgruppe von Parteilosen“ schlug vor, zum Thema Hilfe für das deutsche Proletariat eine Versammlung abzuhalten. Als N. die Versammlung eröffnete, erschien der Kommunist R. und erklärte drohend und aufgeregt, es sei „unerhört, daß Parteilose eigene Versammlungen“ abhielten. Er forderte die Schließung der Versammlung und die Einberufung einer Vollversammlung. N. berief sich erbleichend darauf, daß die Parteizelle es gestattet habe.
Ganz schlicht ging es weiter. Die Parteilosen stimmten einmütig dafür, die Parteimitglieder hinzuzuziehen, und gebrauchten einschmeichelnde Worte. Die Parteimitglieder kamen und brachten einen Beschluß ein, daß sie doppelt soviel geben wollten wie die Parteilosen (diese einen Tageslohn, die Parteimitglieder zwei Tageslöhne), womit sie den parteilosen Eseln mitten ins Gesicht spuckten.
Bei der Abstimmung für die Redaktionskommission wurde einmütig ich vorgeschlagen. Kolzow stand auf und schlug einen anderen vor. Warum er auf mich so einen Rochus hat, weiß ich nicht[44].

44 Eines der Zeugnisse für die unangenehme Atmosphäre, die Bulgakow in der Zeitungsredaktion umgab

Die „territorialen Manöver“ sehen nach einer gewöhnlichen Mobilmachung aus. Die Schneiderin Tonja, die mir eine Bluse zur Anprobe brachte, erzählte, der Jahrgang 1903 sei für anderthalb Jahre in die Kasernen gegangen.
Ich fragte sie, gegen wen wir Krieg führen würden. Sie antwortete: „Gegen Deutschland. Es gibt wieder Krieg gegen die Deutschen.“
Der Tscherwonze steht bei 6200 bis 6350.
Schlackerwetter. Leichter Nebel.

26. Oktober. Freitag. Abend
Ich bin krank, und die Krankheit ist mir unangenehm, denn sie könnte mich bettlägerig machen. Das würde mir derzeit in der „Gudok“ schaden. Darum bin ich in recht bedrückter Gemütsverfassung.
Heute ging ich früh in die „Gudok“. Lag dann tagsüber. Auf dem Weg von der „Gudok“ schaute ich bei „Nedra“, bei P. N. Saizew[45] vorbei. Meine Erzählung „Teufeliade“ ist angenommen, aber sie zahlen nicht mehr als 50 Rubel pro Bogen. Und Geld gibt es frühestens nächste Woche. Es ist eine dumme Erzählung, sie taugt gar nichts.[46] Aber Weressajew (einer der Redakteure von „Nedra“) hat sie sehr gefallen.
Wenn ich krank und einsam bin, gebe ich mich traurigen und neidischen Gedanken hin. Ich bereue bitter, die Medizin aufgegeben und mich zu einer unsicheren Existenz verurteilt zu haben. Aber Gott weiß, der Grund dafür war nur die Liebe zur Literatur.

Die Literatur ist jetzt ein schwieriges Geschäft. Bei meinen Ansichten ist es nolens-volens schwer, gedruckt zu werden und davon zu leben.
Meine Krankheit kommt unter diesen Umständen im höchsten Grade ungelegen.
Aber wir wollen nicht verzagen. Ich habe im „Letzten der

45 Pjotr Nikanorowitsch Saizew (1889–1970) – Redaktionssekretär im Verlag und Almanach „Nedra“
46 Zu dieser Zeit gab es gegensätzliche Meinungen über die „Teufeliade“.

Mohikaner" geblättert, den ich unlängst für meine Bibliothek gekauft habe. Welchen Zauber hat doch dieser alte sentimentale Cooper. David, der unentwegt Psalmen singt, brachte mich auf den Gedanken an Gott.
Starke und tapfere Menschen brauchen Gott vielleicht nicht, aber solche wie ich haben es mit dem Gedanken an ihn leichter. Meine Krankheit ist kompliziert und zieht sich hin. Ich fühle mich wie zerschlagen. Sie hindert mich am Arbeiten. Darum fürchte ich sie und hoffe auf Gott.
Als ich heute nach Hause kam, mußte ich bei meinem Nachbarn, dem Bäcker, auf Tassja warten (sie hatte die Schlüssel). Er kam auf politische Themen zu sprechen. Die Handlungen der Macht hält er für Gaunereien (Obligationen etc). Nach seinen Worten ist die Stimmung der Eingezogenen sehr schlecht. Dann klagte er darüber, daß sich die Jugendlichen in den Dörfern zu Rowdys entwickelten. Der Schlaue hat dasselbe im Kopf wie alle – er denkt an sich und weiß sehr wohl, daß Gauner nicht in den Krieg wollen, und von der internationalen Lage hat er keine Ahnung. Wir sind ein rückständiges, unwissendes, unglückliches Volk.
Der Tscherwonze kostet 6500 Rubel. Mit der Mark können wir uns trösten. Ein Dollar kostet 69 Milliarden Mark. In Hamburg gab es Zusammenstöße zwischen Arbeitern und der Polizei. Die Arbeiter wurden geschlagen. So etwas wie bei uns wird es in Deutschland nie geben. Das ist die allgemeine Meinung. Lidin[47], der aus Berlin kam, soll nach den Worten Sokolow-Mikitows[48], den ich heute bei „Nakanune" traf, behauptet haben, in der „Iswestija" und in der „Prawda" stehe dummes Zeug über Deutschland. Das ist zweifellos wahr.
Interessant: Sokolow-Mikitow bestätigte meine Annahme, daß A. Drosdow[49] ein Schurke sei. Einmal rief er Drosdow

47 Wladimir Germanowitsch Lidin (1894–1979) – Schriftsteller
48 Iwan Sergejewitsch Sokolow-Mikitow (1892–1975) – Schriftsteller
49 Alexander Michailowitsch Drosdow (1895–1963) – Schriftsteller; Emigrant; kehrte 1923 in die UdSSR zurück

im Scherz an und sagte, er sei Markow[50], er habe Mittel für eine Zeitung und wolle Teilhaber werden. Drosdow erging sich in freudiger Bereitschaft. Das war kurz vor dem Eintritt Drosdows in „Nakanune".

Meine Menschenkenntnis läßt mich nie im Stich. Niemals. Eine Gesellschaft von einzigartigen Halunken gruppiert sich um „Nakanune".[51] Ich kann mir gratulieren, daß ich unter ihnen bin. Oh, ich werde es später schwer haben, den angesammelten Schmutz von meinem Namen abzukratzen. Aber eines kann ich mit gutem Gewissen vor mir selbst sagen. Nur die eiserne Notwendigkeit hat mich genötigt, mich dort drucken zu lassen. Ohne „Nakanune" hätten die „Aufzeichnungen auf Manschetten" und vieles andere, worin ich mich wahrheitsgemäß literarisch zu Wort gemeldet habe, nie das Licht der Welt erblickt. Ich hätte schon ein einmaliger Held sein müssen, um vier Jahre lang zu schweigen, zu schweigen ohne die Hoffnung, künftig mal den Mund aufmachen zu können. Ich bin leider kein Held.

Aber Mut habe ich jetzt mehr. Oh, viel mehr als 1921. Und wäre nicht die Krankheit, ich würde mit mehr Festigkeit in meine neblige schwarze Zukunft blicken.

Von Kolja kein Brief. Der Briefwechsel mit Kiew ist hoffnungslos eingeschlafen.

27. Oktober. Sonnabend. Abend

Am Abend war der Himmel rot. Ich war zu dieser Zeit in der Starokonjuschenny-Gasse. Die Leute kamen aus den Häusern und schauten. Es stellte sich heraus, die Ausstellung[52] brannte.

Vom Arzt in der Starokonjuschenny-Gasse lief ich in die Pretschistenka. Gespräche wie immer, aber schon mit mehr Wut und Hoffnung. Innerlich bin ich durcheinander. Es berührte mich unangenehm, daß mich der Arzt, wie mir schien, unfreundlich behandelte. Es regt mich auch auf, daß

50 Nikolai Jewgenjewitsch Markow – einer der Führer des „Bundes des russischen Volkes"; Emigrant

51 Es handelt sich wahrscheinlich um die Smenowechowzen.

52 Gemeint ist die Erste Allrussische Landwirtschaftsausstellung.

er bei mir eine Verbesserung des Prozesses feststellte. Hilf mir, Herrgott.
Habe bei Sjoma eine Schlafzimmergarnitur gesehen, die sehr wenig kostete, 6 Tscherwonzen. Tassja und ich wollen uns auch so eine kaufen, wenn sie die Honorarzahlung bis nächste Woche aufschieben. Morgen wird sich das herausstellen, ich gehe ein Risiko ein – nächste Woche soll „Nedra“ für die „Teufeliade“ honorieren.

29. Oktober, Montag. Nacht

Heute zum erstenmal geheizt. Ich habe den ganzen Abend zum Verkleben der Fenster gebraucht. Das erste Heizen war dadurch gekrönt, daß die berühmte Annuschka[53]zur Nacht das Küchenfenster sperrangelweit offenließ. Ich frage mich, was macht man mit dieser Mistkrücke, die in dieser Wohnung siedelt.
Im Zusammenhang mit meiner Krankheit bin ich mit den Nerven völlig herunter, und solche Dinge regen mich auf. Die neuen Möbel stehen seit gestern in meinem Zimmer. Um fristgemäß zahlen zu können, habe ich mir von Mosalewski[54] 5 Tscherwonzen geborgt.
Heute abend waren Lidin, Stonow[55] und Gaidowski[56] da und boten mir an, bei der Zeitschrift „Stadt und Land“ (genossenschaftliches, gesellschafts-ökonomisches, literarisches Journal; Organ des Moskauer Verbraucherverbandes; erschien ab April 1923. In den Nr. 6–7 (wahrscheinlich Ende 1923), in den Nr. 8–9 und 10 (1924) wird M. A. Bulgakow

53 Annuschka – Wohnungsnachbarin Bulgakows, Prototyp von Gestalten in vielen Werken des Schriftstellers; ihr Auftreten ist stets von den verschiedensten Mißhelligkeiten begleitet.
54 Viktor Iwanowitsch Mosalewski (1889–1970) – Schriftsteller. Diese Zeilen des Tagebuchs erlauben eine genaue Datierung von Bulgakows Notiz an seine Schwester Nadeshda Afanassjewna, wo vom Möbelkauf die Rede ist.
55 Dmitri Mironowitsch Stonow (1892–1963) – Schriftsteller
56 Georgi Nikolajewitsch Gaidowski (1902–1962) – Journalist, Schriftsteller

als Mitarbeiter geführt.) mitzuarbeiten. Später kam Andrej[57]. Er hatte meine „Teufeliade“ gelesen und sagte, ich hätte ein neues Genre und eine wie selten voraneilende Fabel.
In der Ausstellung hatte nur der Pavillon der Moskauer Landwirtschaftsindustrie gebrannt und war schnell gelöscht worden. Klarer Fall, Brandstiftung.

6. November (24. Oktober). Dienstag. Abend
Vorhin ist Kolja Gladyrewski gegangen. Er behandelt mich. Nach seinem Weggang las ich das schlecht geschriebene, talentlose Buch Michail Tschechows über seinen berühmten Bruder[58]. Ich lese Gorkis meisterliches Buch „Meine Universitäten“.
Ich bin jetzt voller Überlegungen, und mir ist irgendwie klar, daß ich nicht mehr lachen darf. Außerdem ist die Literatur mein ganzes Leben. Zur Medizin kehre ich nie mehr zurück.
Gorki ist mir als Mensch unsympathisch, doch was ist er für ein gewaltiger, starker Schriftsteller, und was für furchtbare und wichtige Dinge sagt er über den Schriftsteller.
Heute gegen fünf war ich bei Leshnew[59], und er erzählte mir zwei wichtige Dinge: erstens, daß meine Erzählung „Der Psalm“ (in „Nakanune“) als Miniatur großartig sei („ich würde sie drucken“), und zweitens, daß „Nakanune“ von allen verachtet und gehaßt wird. Das macht mir keine Bange. Bange machen mir meine 32 Jahre und die für die Medizin vergeudeten Jahre, meine Krankheit und meine Schwäche. Ich habe eine dumme Geschwulst hinterm Ohr, die schon zweimal operiert wurde. Ich fürchte, die Zufallskrankheit könnte meine Arbeit unterbrechen. Wenn nicht, werde ich noch Besseres machen als „Der Psalm“.

57 Andrej Michailowitsch Semski (1892–1946) – Philologe, Mann von Bulgakows Schwester Nadeshda Afanassjewna

58 Gemeint ist das Buch von M .P. Tschechow „Anton Tschechow und seine Sujets“, Moskau 1923

59 Issai Grigorjewitsch Leshnew (Altschuler) (1892–1955) – Literaturwissenschaftler und Publizist; damals Redakteur der Zeitschrift „Rossija“ („Nowaja Rossija“); für die Erforschung des Lebens und Schaffens Bulgakows sehr wichtige Figur, noch unzureichend erforscht

Ich werde jetzt studieren. Es kann nicht sein, daß die Stimme, die mich jetzt beunruhigt, nicht prophetisch wäre. Das kann nicht sein. Ich kann nichts anderes sein als Schriftsteller.
Wir wollen sehen, wir werden studieren, wir werden schweigen.

1924

8. Januar
Heute in den Zeitungen ein Bulletin über den Gesundheitszustand L. D. Trotzkis[60]. Es beginnt mit den Worten: „L. D. Trotzki ist seit dem 5. November letzten Jahres krank", und endet: „Urlaub mit völliger Befreiung von sämtlichen Amtsgeschäften von mindestens zwei Monaten". Ein Kommentar zu diesem historischen Bulletin erübrigt sich.
Also, 8. Januar 1924. Trotzki ist gefeuert. Was aus Rußland wird, weiß Gott allein. Möge er ihm helfen.
Heute abend bei Boris[61]. Wir sind eben erst zurückgekehrt, meine Frau und ich. Es war sehr heiter. Ich habe Wein getrunken, und mein Herz schmerzt nicht.
Der Tscherwonze steht bei 36 Milliarden.

22. Januar 1924 (9. Januar 1924 nach altem Stil)
Soeben (halb sechs abends) teilte mir Sjoma mit, daß Lenin gestorben ist[62]. Darüber gebe es eine offizielle Meldung.

60 Der Text des Bulletins „Über den Gesundheitszustand des Gen. L. D. Trotzki" läßt keine gesicherte Schlußfolgerung über seine Entlassung aus den Amtsgeschäften zu: „... halten wir es für notwendig, dem Kranken unverzüglich Urlaub mit völliger Befreiung von sämtlichen Amtsgeschäften für eine spezielle klimatische Behandlung von mindestens zwei Monaten zu gewähren. Professoren M. Kontschalowski, Forster, Pewsner, W. Alexandrow, F. Getje, N. Semaschko. 31. Dezember 1923" („Iswestija" vom 8. Januar 1924).
61 Boris Michailowitsch Semski – Bruder von Andrej Semski
62 Reportage von M. A. Bulgakow über die Beisetzung W. I. Lenins „Stunden des Lebens und des Todes"; veröffentlicht in „Gudok" vom 27. Januar

25. Februar 1924. Montag
Bekam heute von Pjotr Nikanorowitsch die neueste Nummer des Almanachs „Nedra“. Sie enthält meine „Teufeliade“. Er gab sie mir während einer Lesung, ich las aus der „Weißen Garde“ bei Vera Oskarowna S.
Offensichtlich habe ich auch in diesem Kreis Eindruck gemacht. Vera Oskarowna bat mich, die Lesung bei ihr fortzusetzen.
Also, zum erstenmal bin ich nicht in einer Zeitung und nicht in einer dünnen Zeitschrift gedruckt, sondern in einem Buch, einem Almanach. Na bitte. Was hat das für Qualen gekostet! Die „Aufzeichnungen auf Manschetten“ sind beerdigt.[63]

15. April. Dienstag
Ärgernis des Tages ist nach wie vor das vor einer Woche eingegangene Telegramm Poincarés an die Sowjetregierung. Darin nimmt er sich heraus, sich in ein Gerichtsverfahren im Falle des Kiewer „Aktionszentrums“ (eine konterrevolutionäre Organisation) einzumischen und allen Ernstes darum zu bitten, keine Todesurteile auszusprechen. In den Zeitungen stehen Antworten und Meinungen hierzu von Kiewer und anderen Professoren[64]. Ihr Ton ist lakaienhaft, ihre Herkunft klar.

63 Im Oktober verlor Bulgakow endgültig die Hoffnung, sein erstes Buch „Aufzeichnungen auf Manschetten“ gedruckt zu sehen (siehe „Autobiographie“, 1924).
64 Aus dem Telegramm des französischen Ministerpräsidenten Poincaré an Tschitscherin: „Die öffentliche Meinung Frankreichs ... ist geprägt von der Befürchtung, gegen die Professoren könnte die Todesstrafe verhängt werden. Ihr Verlust würde schmerzlich als Verminderung des intellektuellen Weltbesitzes empfunden werden. Im Namen der Wissenschaft, im Namen der Menschenrechte bitten die Professoren der französischen Universitäten, ihre russischen Kollegen sollten keiner Bestrafung überantwortet werden, die sie nicht verdient haben.“
Der Chefredakteur der „Iswestija“, J. Steglow, zog die Bilanz der Presseveröffentlichungen zu diesem Anlaß: „Wenn dies eine neue Deklaration der Menschen- und Bürgerrechte sein soll, stoßen wir sie verachtungsvoll mit einem Fußtritt weg.“ („Iswestija“, 9. und 12. April).
Am 13. April antworteten Poincaré Leningrader Wissenschaftler, am 18. April die Kommission zur Lebensverbesserung von Wissenschaftlern, am 25. April belorussische Wissenschaftler usw. Das war Mitte 1924.

In den Zeitungen Hetzartikel gegen Professor Golowin[65] (Ophtalmologe).
Heute wurden in der „Gudok" die Mitarbeiter photographiert. Ich ging, ich will nicht photographiert werden.
In Moskau zahlreiche Verhaftungen von Personen mit „guten" Namen. Wieder Verbannungen. Heute kam David Kisselgof. Wie immer steckte er voller phantastischer Gerüchte. Er erzählte, in Moskau kursiere ein Manifest von Nikolai Nikolajewitsch[66]. Zum Teufel mit sämtlichen Romanows! Die haben uns noch gefehlt.
Es läuft eine Wahlkampagne für die Leitung der Wohngenossenschaften (die Burshuis rausschmeißen, durch Arbeiter ersetzen). Das einzige Haus, wo das nicht geht, ist unsers. In der Leitung ist kein einziger Burshui. Niemand muß ausgewechselt werden[67].
Der Herbst ist kalt und unfreundlich. Wenig Sonne.

16. April. Mittwoch. Nacht

Soeben aus der Adelsversammlung (jetzt: Haus der Gewerkschaft) zurückgekehrt, wo der Eisenbahnerkongreß eröffnet wurde. Die ganze Redaktion „Gudok" mit sehr wenigen Ausnahmen ist dort. Ich soll mit anderen die Kurznachrichten leiten.
Im runden Saal neben dem Säulensaal Schreibmaschinengeratter, Licht von den Lüstern, wo in weißen Mattglaskugeln Glühbirnen leuchten. Kalinin kam gebückt in einer dunkelblauen Bluse nach vorn und sagte etwas. Im Licht von blendend hellen Scheinwerfern wurden überall Filmaufnahmen gemacht.

65 Wahrscheinlich Sergej Seliwanowitsch Golowin

66 Nikolai Nikolajewitsch Romanow (1856–1929) – Enkel Nikolaus' I.; General der Kavallerie; Emigrant

67 „Arbeiter in die Wohngenossenschaften. An alle Arbeiter und Arbeiterinnen der Stadt Moskau. Genossen! In Moskau hat eine Kampagne für Neuwahlen der Leitungsorgane für die Wohngenossenschaften begonnen. Diesmal werden an den Wahlen nur Werktätige teilnehmen, während Unternehmer aller Art, Händler und sonstige Ausbeuter und Schmarotzer nicht das Recht haben, Mitglieder dieser Genossenschaften zu sein und in ihre Leitungsorgane gewählt zu werden." („Iswestija" vom 5. April 1924).

Nach dem ersten Sitzungstag gab es ein Kulturprogramm. Es tanzten Mordkin[68] und die Ballerina Kriger[69]. Mordkin ist schön und kokett. Es sangen Künstler vom Bolschoi-Theater. Es sang auch Viktorow[70], ein dramatischer Tenor mit widerlicher, durchdringender, aber gewaltiger Stimme. Es sang auch Golowin[71], ein Bariton vom Bolschoi-Theater. Wie ich höre, ist er ein ehemaliger Diakon aus Stawropol. Er meldete sich bei der dortigen Oper und sang drei Monate später den Dämon, und anderthalb Jahre darauf war er schon am Bolschoi. Seine Stimme ist unvergleichlich.

17. April. Donnerstag

Um halb acht abends erschien auf dem Kongress Sinowjew. Rasch durchschritt er mit gespielter Bescheidenheit den runden Saal, erkundigte sich, wo er ablegen könne, ging ins Präsidiumszimmer, legte dort ab und trat ans Rednerpult. Man empfing ihn mit Applaus, der seinen Vorredner unterbrach; dieser stammelte noch etwas. Wieder flammten die Jupiterlampen auf, und er wurde gefilmt. Möglicherweise war ich auch im Bild. Sinowjew sprach lange, ich hörte einen Teil seiner Rede. Er sprach über die internationale Lage, wobei er MacDonald beschimpfte, und bezeichnete die englischen Bankiers als Krämer. Er redete interessant und flocht Scherze ein, die auf den Geschmack dieses Auditoriums abgestimmt waren.

Er trug ein Jäckchen und sah aus wie ein Orchestergeiger. Seine Stimme ist hoch, er nuschelt, und man spürt kaum einen Akzent.

Aus seiner Rede läßt sich eines erkennen: Die Konferenz in London scheint zu scheitern. Die Engländer verlangen die

68 Michail Michailowitsch Mordkin (1881–1944) – Ballettänzer im Bolschoi-Theater, Ballettmeister

69 Viktorina Wladimirowna Kriger (1896–1978) – Ballettänzerin am Bolschoi-Theater

70 W. J. Viktorow – Sänger, 1923–24 am Bolschoi-Theater

71 Dmitri Danilowitsch Golowin (1894–1966) – Sänger, ab 1924 am Bolschoi-Theater

Restituion[72] des Privateigentums, das Ausländern abgenommen wurde, sie verlangen unabhängige Gerichte und Verzicht auf Propaganda.

21. Juli. Montag

Wir haben jetzt Fünfkopekenstücke aus Messing. Auch Fünfzigkopekenstücke. Ich habe sorgfältig versucht, sie zu „sparen". Aber man gibt sie eben doch aus. Auffällig ist ein Zustrom von Silber, besonders in den Läden der Moskauer Landwirtschaftsindustrie, dort kriegt man oft Silber raus.

Gestern war ich nach meiner Gewohnheit bei Ljubow Jewgenjewna und „Dejinka"[73]. Heute wurde russisch gesprochen – über allen möglichen Unsinn. Ich ging im Regen, traurig und irgendwie unbehaust.

Aus Samara kamen Ilja Ilf und Juri Olescha. In Samara gibt es zwei Straßenbahnlinien. Auf der einen steht „Platz der Revolution – Gefängnis", auf der anderen „Sowjetplatz – Gefängnis". Oder so ähnlich. Kurzum, alle Wege führen nach Rom!

In Odessa Frage an ein Fräulein: „Wurden Sie einer Säuberung unterzogen?" Sie antwortet: „Ich bin Jungfrau."

Mit Olescha läßt sich's interessant plaudern. Er ist bissig und witzig.

25. Juli. Freitag

War das ein Tag! Vormittag zu Hause gesessen und ein Feuilleton für den „Roten Pfeffer" geschrieben, dann begann das, was Tag für Tag erledigt werden muß ohne einen Hoffnungsschimmer – die Redaktionen abklappern auf der Suche nach Geld. Ich war bei dem überaus frechen Furman, Vertreter der Zeitung „Morgenröte des Ostens". Da bekam

72 Restituion – Wiederherstellung der Eigentumsrechte ehemaliger Besitzer (Engländer)

73 Ljubow Jewgenjewna Beloserskaja (1895–1987) – zweite Frau Bulgakows. In der fraglichen Zeit wohnte sie bei ihren Verwandten, den Tarnowskis. Das Familienoberhaupt, Jewgeni Nikititsch, wurde in der Familie Dej genannt, daher „Dejinka".

ich mühsam zwei Feuilletons zurück, er wollte nicht damit rausrücken, weil ich mit 20 Rubel in der Kreide stehe. Ich mußte ihm schriftlich geben, daß ich dieses Geld spätestens am 30. zurückerstatte. Weiter: Eines dieser Feuilletons und das am Vormittag geschriebene gab ich dem „Roten Pfeffer". Ich bin sicher, sie nehmen sie nicht. Weiter: Am Abend gab ich das andere ausgemusterte Feuilleton ... Ich war bei ihm in der Wohnung, und es gelang mir irgendwie, eine Anweisung auf 20 Rubel für morgen zu bekommen, ein grauenhaftes Dasein. Zu allem Überfluß hatte ich am Tag Leshnew angerufen und erfahren, ich bräuchte einstweilen nicht mit Kaganski[74] über die Buchausgabe der „Weißen Garde" zu verhandeln, da er vorerst kein Geld habe. Schon wieder eine Überraschung. Neulich habe ich die 30 Tscherwonzen nicht genommen, das bereue ich jetzt. Ich bin überzeugt, ich werde auf der „Weißen Garde" sitzenbleiben. Da soll sich der Teufel auskennen. Es ist spät, fast Mitternacht, ich war bei Ljubow Jewgenjewna.

2. August. Sonnabend

Gestern kam die Nachricht, in Kalinins Kutsche (er war irgendwo in der Provinz) habe der Blitz eingeschlagen. Sein Kutscher wurde getötet, er selber blieb unverletzt.

Heute gab es eine Demonstration anläßlich des zehnten Jahrestags des „imperialistischen" Kriegs. Ich war nicht dort. Als ich aus der „Gudok" zurückkam, sah ich auf dem Strastnaja-Platz Milizangestellte in Uniform und Zivil. An der Spitze marschierte ein Orchester. Berittene mit Schirmmütze und roter Armbinde sorgten für Ordnung. Bei zweien sah ich unter den Hosenbeinen die Schnürbänder der Unterhosen.

Der Händler Jaroslawzew hat endlich seinen Almanach „Wosroshdenije" (Auferstehung) herausgebracht. Er enthält

74 Sachari Leontjewitsch Kaganski – Herausgeber der Zeitschrift „Rossija", die in Nr. 4 und 5 Teile von Bulgakows Roman „Die Weiße Garde" veröffentlichte. Die Geschichte der Beziehungen zwischen Kaganski, Leshnew und Bulgakow ist bis heute nicht erforscht.

den ersten Teil der „Aufzeichnungen auf Manschetten", von der Zensur verstümmelt.
S. erzählte, ein Regiment der GPU sei zur Demonstration gezogen mit einem Orchester, das „Ja, das haben die Mädchen so gerne" spielte.

4. August. Montag
Die berühmte satirische Zeitschrift „Roter Pfeffer" hat sich schon mehrmals hervorgetan. Besonders in der vorletzten Nummer, in der sie eine Zeichnung mit der Überschrift „Bilanz des XIII. Parteitags" druckte. (Eine dicke NöPmanfrau wird von ihrem Stubenmädchen geschnürt, und sie sagt ungefähr dies: „Was schnürst du mir die Luft ab, der XIII. Parteitag hat uns doch eben erst eingeengt." Oder so ähnlich.)[75] Das Moskauer Parteikomitee schlug Krach. Das Ganze endete damit, daß der „Rote Pfeffer" und sein Schwesterblatt „Der Splitter" verboten wurden. Statt ihrer soll ein dünnes Blatt erscheinen. Den Auftrag dazu erhielt ein gewisser Werchoturski[76] (ich glaube, Redakteur der „Rabotschaja Moskwa"). Ich war heute auf der Sitzung, die die ersten Themen und den Namen der neuen Zeitschrift diskutierte. „Ein scharfer Linksruck": Die Zeitschrift soll für die Arbeiter sein und einen klassenkämpferischen Produktionsnamen bekommen. Swen[77] bestand vergeblich auf dem von jemandem vorgeschlagenen Namen „Petruschka". Die Zeitschrift wird „Der Schraubstock" oder „Der Handbohrer" oder so ähnlich heißen. Bei der Erörterung des ersten Themas, das Kot. für eine Zeichung vorgeschlagen hatte, sagte Werchoturski:
„Ja. Aber es wäre gut, wenn im Hintergrund Arbeiter zu sehen wären, die hereinkommen und diesen ganzen bourgeoisen Zirkus zerstören."

75 Die Karikatur von K. S. Jelissejew „Bilanz des XIII. Parteitags" befand sich in der Zeitschrift „Roter Pfeffer" Nr. 13 (30), 1924, mit dem Untertext: „Die neue Bourgeoisie: 'Dascha, quetschen Sie mich nicht so. Sogar die Bolschewiken haben nur beschlossen, uns einzuengen, nicht zu quetschen.'"
76 Adolf Grigorjewitsch Werchoturski (1870–1933) – Verlagsmitarbeiter
77 Ilja Lwowitsch Swen (Kremljow) (1897–1971) – Schriftsteller

Heute in der „Gudok" im Vorbeigehen Jeremejew[78] gesehen, den ehemaligen Redakteur der „Arbeiterzeitung". Er hat sich in einen ... verwandelt. Auf seiner dunklen Jacke eine Masse rote Aufnäher. Er wird den „Smechatsch" redigieren, und Swen soll sein Stellvertreter werden.

6. August. Mittwoch

Heute in den Zeitungen eine Meldung, daß die britisch-sowjetische Konferenz geplatzt ist. Die Meldung besteht aus dürren offiziellen Worten: „Die Konferenz scheiterte an der Frage der Befriedigung von Ansprüchen ehemaliger Privateigentümer, da sich herausgestellt hat, daß in der Frage der ehemaligen Großeigentümer eine Übereinkunft unmöglich ist, darum wurde die Konferenz abgeschlossen."

Es wäre interessant, zu wissen, wie lange die „Union der Sozialistischen Republiken" in dieser Situation noch existieren wird.

9. August. Sonnabend

Durch Moskau fahren neuerdings Autobusse. Die Linie: Twerskaja–Zentrum–Kalantschewskaja. Vorerst sind es nur ein paar Stück. Sie sind sehr schön, massiv und doch elegant. Die Farbe ist braun, die Rahmen (verglast) sind gelb. Sie haben kein Obergeschoß, sind aber sehr groß.

(Etwas ausgerissen.)

16. August. Sonnabend

(Etwas ausgerissen.)

... zeigen, daß in England eine heftige Kampagne gegen diesen Vertrag läuft, so daß das Parlament ihn vielleicht nicht ratifiziert.

Die Meldung über den Vertrag kam überraschend, erst war von Scheitern die Rede, dann die Nachricht von der Unter-

78 Konstantin Stephanowitsch Jeremejew (1874–1931) – Staats- und Parteifunktionär. Redakteur der „Arbeiterzeitung" und ihrer Beilage, des „Krokodil".

schrift. In England schreiben sie, man müsse nach gesundem englischem Menschenverstand handeln und dürfe den Bolschewiken kein Geld geben, solange die nur davon träumten, England zu zerstören! Sehr vernünftig.
Die Engländer werden's schon schaffen!
Den Vertrag unterschrieben Ponsonby und MacDonald …
Gestern eine verschwommene Nachricht über den Aufstand in Afghanistan, den „britische Agenten" unterstützten.
Heute kam Galja Syngajewskaja[79]. Sie weiß nicht, wohin. Tatjana brachte sie zur Nacht bei Sina Komorskaja[80] unter. Ihre Verpflegung übernehme ich. Das Mädchen soll einzigartige Fähigkeiten als Tänzerin haben. Ich brachte dem „Sowremennik"[81] einen Auszug aus der „Weißen Garde". Wahrscheinlich nehmen sie ihn nicht.
Heute hat im Verlag Frenkel[82], wo Ljubow Jewgenjewna schreibt, ein Angestellter gesagt, die Broschüren, die sich I. M. Wassilewski einfallen ließ („Menschen der Revolution"[83]), seien keine vernünftige Arbeit. Über Dzierżyński wird Bljumkin[84] schreiben, der famose angebliche Mörder von Mirbach[85]. Frecher Kerl.

23. August. Sonnabend

Die konservative Presse von England führt eine energische Kampagne gegen den britisch-sowjetischen Vertrag, und es gibt Grund zu der Annahme, daß das Parlament … (etwas ausgerissen)
Ich bin schon so daran gewöhnt, daß solche Angriffe mich nicht beeindrucken.

79 Tochter von Bekannten Bulgakows aus Kiew
80 Frau von W. J. Komorski
81 Zeitschrift des Moskauer Instituts für Journalistik
82 Lew Dawydowitsch Frenkel – Verleger
83 Die Broschürenreihe hieß: „Führer und Funktionäre der Revolution".
84 Jakow Grigorjewitsch Bljumkin (1898–1929) – linker Sozialrevolutionär, Mitarbeiter der Tscheka
85 Wilhelm Mirbach (1871–1918) – deutscher Diplomat. Ab 1918 Gesandter in Moskau. Seine Ermordung diente als Signal für die linkssozialrevolutionäre Meuterei.

Olescha zeigte mir eine Rezension in „Swesda“[86]. Da heißt es: „Mit viel Humor geschrieben“ (bezieht sich auf ...). (Etwas ausgerissen.)
In der Kislowski-Gasse wurde damit begonnen, das grandiose Haus fertigzubauen, das ich mir im Winter für die „Gudok“ angesehen hatte. Es scheint nicht einzustürzen!
In den Straßen wird an allen Ecken das Buch von Lemke[87] „250 Tage im Hauptquartier“ angeboten. Mit dem Ruf: „Das Geheimnis des Hauses Romanow“.

26. August. Dienstag
Heute ging der Tag für die Kommission Wissenschaftlerhilfe drauf. Ich war bei Professor Martynow[88] wegen der scheußlichen Geschwulst hinterm Ohr. Er glaubt nicht, daß sie bösartig ist, und schickte mich zum Röntgen. Am Abend sah ich flüchtig N-z, dann war ich bei S. und saß den Abend bei ihm.

28. August. Donnerstag
Jetzt (gegen Mitternacht) kam Ljubow Jewgenjewna und sagte, auf dem Boden Rußlands sei Boris Sawinkow[89] verhaf-

86 „Swesda“ Nr. 3, 1924: „Ganz und gar veraltet dem Thema nach (Satire auf die sowjetische Bürokratie) ist die 'Teufeliade' von M. Bulgakow, eine groteske Erzählung, die freilich lebendig und mit viel Humor geschrieben ist.“
87 Michail Konstantinowitsch Lemke (1872–1923) – Historiker und Publizist. Das Buch heißt: „250 Tage im Hauptquartier des Zaren“.
88 Alexej Wassiljewitsch Martynow (1868–1934) – Arzt, Chirurg
89 Boris Viktorowitsch Sawinkow (1879–1925) – Sozialrevolutionär, Terrorist. Gefährte des Kriegsministers in der Provisorischen Regierung; Emigrant. Anführer zahlreicher konterrevolutionärer Verschwörungen und Meutereien. Wurde am 16. August 1924 in Minsk verhaftet. Stand am 27. August vor dem Militärkollegium des Obersten Gerichts der RSFSR. Das Kollegium verurteilte ihn zum Tode durch Erschießen. Das Zentralexekutivkomitee der UdSSR milderte das Urteil: „Die Anwendung der Höchststrafe dient nicht den Interessen des Schutzes der revolutionären Rechtsordnung, und Rachemotive können das Rechtsbewußtsein des Proletariats nicht leiten.“ Sawinkow wurde zu zehn Jahren Haft verurteilt. Er hatte sich gänzlich von seinen Zielen und Methoden losgesagt und anerkannte den völligen Zusammenbruch aller Versuche, die Sowjetmacht zu stürzen. Am 7. Mai 1925 schrieb er einen Brief an Dzierżyński und verlangte seine sofor-

tet worden. Angeblich habe er einen terroristischen Akt geplant.

29. August. Freitag
Die Geschichte mit Sawinkow ist unbegreiflich. Heute gab es eine erstaunliche Regierungsmitteilung. Danach hat das Gericht ihn schon (in Moskau) zum Tode verurteilt, aber angesichts seiner Reue und seiner Anerkennung der Sowjetmacht das Zentralexekutivkomitee gebeten, die Strafe zu mildern.

3. September. Mittwoch
In China herrscht ein großes Durcheinander. Gegen den Führer der linken südlichen Regierung Sun Yatsen haben sich konterrevolutionäre Kräfte erhoben, die von den Engländern unterstützt werden.
Ich war bei dem Schriftsteller Lidin. Sie haben ihm ein Zimmer weggenommen. Er sagte den Agenten der Moskauer Kriminalmiliz:
„Und wo soll ich schreiben?"
Antwort: „Hier können Sie schreiben."
Lidin erzählte, ein Mann habe sich mit einem Fräulein trauen lassen, das er zufällig auf der Straße getroffen hatte, nur damit sie in sein Zimmer zog. Einen zweiten derartigen Fall kenne ich selbst – Rawwinow bat heute in dem Laden „Regenbogen", man solle ihm irgendeine Frau empfehlen. Er wolle sie sofort standesamtlich ehelichen und sie sogar ernähren, nur damit sie zu ihm zieht (das Zimmer hat mehr als 16 Arschin).

12. September. Freitag
Ein klarer sonniger Tag.
Neuigkeit: Dieser Tage zeigten sich in Moskau splitternackte Menschen (Männer und Frauen) mit Schleife über der Schulter „Nieder mit der Scham". Sie bestiegen die Straßen-

tige Freilassung. Nach offizieller Lesart stürzte er sich aus dem Fenster (siehe „Iswestija" vom 29., 30. und 31. August 1924).

bahn. Die Straßenbahn blieb stehen, die Leute waren empört.[90]
In China tobt der Bürgerkrieg. Ich verfolge die Zeitungen auf diesem Gebiet nicht und weiß nur, daß „imperialistische Räuber“ in die Sache verwickelt sind und darum in Odessa (!) eine Gesellschaft „Hände weg von China“ ins Leben gerufen wurde.

26. September. Freitag
Soeben aus dem Bolschoi-Theater zurückgekehrt, war mit Ljubow Jewgenjewna in „Aida“. Der Tenor Viktorow brüllt unwahrscheinlich. War den ganzen Tag mit Ljubow Jewgenjewna unterwegs auf der Suche nach Geld für ein gemeinsames Zimmer. Wir mieteten eins gegen Quittung bei Jewgeni Nikitisch.
In Moskau schon ein paar Tage warm und sonnig. Aus Petersburg noch immer Einzelheiten über die Überschwemmung, die die unglückliche große Stadt vor ein paar Tagen heimsuchte. Sie war fast so schlimm wir die von 1824.

90 Kultur oder Schamlosigkeit? Im Zusammenhang mit dem Erscheinen splitternackter Männer und Frauen in den Straßen von Moskau mit der Losung „Nieder mit der Scham!“ auf einer Schleife über der Schulter beantwortete der Volkskommissar für Gesundheitswesen N. A. Semaschko die Frage unseres Mitarbeiters nach seiner Meinung zu diesem Vorfall folgendermaßen:
„Solches Benehmen ist von allen Gesichtspunkten her aufs strikteste zu verurteilen. Erstens irrt sich gewaltig, wer da glaubt, wahrhaft 'revolutionär' zu sein, wenn er nackt herumläuft und Haare und Nägel wachsen läßt. Zweitens ist eine Fahrt durch Moskau in nacktem Zustand vom hygienischen Zustand völlig unzulässig. Man darf seinen Körper nicht Staub, Regen und Schmutz aussetzen. Die Moskauer Straßen sind nicht der Schwarzmeerstrand. Drittens ist sehr fraglich, ob diese erstaunliche Novität der Sittlichkeit dient. Wir protestieren gegen die 'Nackttänze'. Darum meine ich“, schloß N. A. Semaschko, „ist es absolut notwendig, diese Schamlosigkeit sofort einzustellen, wenn nötig, mit repressiven Maßnahmen.“ („Iswestija“, 12. September 1924).

12. Oktober. Sonntag

Zur Stunde wird V. J. Brjussow[91] beerdigt. Vor dem Literaturinstitut in der Powarskaja[92], das seinen Namen trägt, steht eine Menschenmenge in Kolonnen. Pferde mit roten Federbüschen warten. Unter den Leuten viel Intelligenz. Viele Jugendliche – kommunistische Arbeiterfakultät – vom Typ Meyerhold.

18. Oktober. Sonnabend

Ich schinde mich noch immer in der „Gudok".

Heute habe ich den Tag damit verbracht, von „Nedra" 100 Rubel zu bekommen[93]. Es gibt große Schwierigkeiten mit meiner grotesken Novelle „Die verhängnisvollen Eier". Angarski[94] hat 20 Stellen markiert, die mit Rücksicht auf die Zensur geändert werden müßten. Ob die Zensur sie durchläßt? Das Ende der Novelle taugt nicht viel, ich habe es in aller Eile geschrieben.

Gestern abend war ich in der Simin-Oper (jetzt Experimentiertheater) und sah den „Barbier von Sevilla" in einer neuen Inszenierung. Großartig. Wände gehen, Möbel laufen.[95]

91 Valeri Jakowlewitsch Brjussow starb am 9. Oktober 1924. Er wurde auf dem Nowodewitschje-Friedhof beigesetzt. (Siehe „Iswestija" 10., 11. und 12. Oktober)

92 Powarskaja – heute Worowski-Straße

93 Vorschuß für die „Verhängnisvollen Eier"

94 Nikolai Semjonowitsch Angarski (Klestow) (1873–1941) – Kritiker, Verleger, verantwortlicher Redakteur des Almanachs „Nedra", der die „Verhängnisvollen Eier" veröffentlichte. (4. Buch, 1925).

95 Die Oper von G. Rossini wurde inszeniert von dem Regisseur I. M. Lapizki und dem Bühnenbildner M. F. Domratschew. Die Premiere fand am 17. Oktober 1924 statt.

Die Oper wurde im Stil des „dynamischen Konstruktivismus" inszeniert. Aus der Rezension: „Die Inszenierung ist von Anfang bis Ende dynamisch. 'Mensch und Gegenstand' drehen sich gleichermaßen im Wirbel der Intrige. Die sehr geehrten Tische, Sessel, Stühle, Klaviere sind aktiv einbezogen. Sogar die Wände (erster Versuch, rotierende Schirmprismen einzusetzen) im Haus Bartolos drehen sich vor Lachen und Vergnügen, sie öffnen und schließen sich entsprechend der Handlung." („Rossini im Experimentiertheater. Zur Inszenierung des 'Barbier von Sevilla'." – „Neue Rampe", Nr. 18, 1924, Seite 15).

Nacht vom 20. auf den 21. Dezember

Wieder habe ich mein Tagebuch vernachlässigt. Das tut mir sehr leid, denn in den letzten zwei Monaten hat es viele wichtige Ereignisse gegeben. Das wichtigste war natürlich die Spaltung der Partei, ausgelöst durch Trotzkis Buch „Die Lehren des Oktober“[96]. Dann der einmütige Angriff der Parteihäuptlinge mit Sinowjew an der Spitze auf das Buch, die Verbannung Trotzkis in den Süden unter dem Vorwand seiner Erkrankung und die Stille danach.

Die Hoffnungen der Weißen Emigranten und der inneren Konterrevolutionäre darauf, daß die Geschichte mit dem Trotzkismus und dem Leninismus zu blutigen Zusammenstößen oder zu einem Umschwung innerhalb der Partei führen würde, haben sich, wie ich vermutete, nicht bewahrheitet. Sie haben Trotzki aufgefressen, sonst nichts.

Ein Witz:

„Lew Dawidowitsch, wie steht's um Ihre Gesundheit?“

„Ich weiß nicht, ich habe heute noch nicht Zeitung gelesen.“

(Anspielung auf das lächerliche Bulletin über seine Gesundheit.)

Aus England haben sie uns mit Pauken und Trompeten herausgeschmissen. Der Vertrag ist zerrissen, und die Konservative Partei führt wieder einen unversöhnlichen ökonomischen und politischen Krieg gegen die UdSSR.

Chamberlain ist Außenminister.

Der berühmte Brief Sinowjews, der die Arbeiter und die Truppen Englands zur Empörung aufrief, ist nicht nur vom Außenministerium, sondern auch von ganz England eindeutig als echt anerkannt worden. Die Beziehungen mit England sind am Ende.

Die stumpfen und langsamen Briten kommen, wenn auch verspätet, allmählich dahinter, daß in Moskau, in Rakowski[97]

96 Noch am 12. Oktober veröffentlichte die „Iswestija“ eine Reklame für die Gesammelten Werke Lew Trotzkis: „Soeben erschienen: Band 3, Teil 1, '1917. Von Februar bis Oktober.‘ Mit einer speziellen Einführung (drei Verlagsbogen) 'Die Lehren des Oktober‘, die für diesen Band geschrieben wurde.“

97 Christian Georgijewitsch Rakowski (1873–1941) – damals bevollmächtigter Vertreter in England

und in den Kurieren, die mit versiegelten Umschlägen anreisen, eine sehr bedrohliche Gefahr der Zersetzung Britanniens verborgen ist. Jetzt sind die Franzosen an der Reihe.
Monsieur Krassin hat in Bac de Grenelle schick die Rote Fahne auf der Gesandtschaft gehißt. Die Frage steht scharf und deutlich: Entweder entfaltet Krassin einen wütenden Propagandafeldzug in Frankreich und bemüht sich gleichzeitig, von den Franzosen Geld zu leihen, oder die Franzosen durchschauen, was die Fahne mit Hammer und Sichel in dem stillen Pariser Viertel verspricht.
Wahrscheinlich das zweite. In der Presse begann bereits eine wütende Kampagne nicht nur gegen die Moskauer und Pariser Bolschewiken, sondern auch gegen den französischen Premier Herriot[98], der die Bolschewiken nach Paris hineingelassen hat.
Die Ankunft Krassins in Paris war von einer dummen Geschichte begleitet: Ein verrücktes Weib, Journalistin oder Erotomanin, kam mit einem Revolver zu Krassins Gesandtschaft, um zu schießen. Ein Polizeiinspektor nahm sie sofort fest. Sie hat auf niemanden geschossen, und es ist überhaupt eine miese kleine Geschichte.
Ich hatte das Vergnügen, diese Dikson[99] 1922 oder 1923 in der lieben Redaktion „Nakanune“ in der Moskauer Gnesdnikowski-Gasse kennenzulernen. Ein dickes, total ver-

98 Edouard Herriot (1872–1957) – Führer der französischen Radikalenpartei. 1924–25 Premierminister. Trat für Zusammenarbeit mit der UdSSR ein. Die französische Regierung nahm 1924 diplomatische Beziehungen zur UdSSR auf.

99 „Die letzten Neuigkeiten“ (Paris, 17. Dezember) melden über die Dikson, die mit einem Revolver vor der Pariser Botschaft der UdSSR festgenommen wurde, folgendes: „Die Dikson war in der literarischen Welt von Moskau gut bekannt als Autorin von Theaterstücken, als Journalistin und Übersetzerin. Sie kam von der Krim über Italien nach Paris, und da sie sehr bedürftig war, bekam sie Unterstützung von der Pariser russischen Kolonie und dem Verband russischer Schriftsteller in Paris. Aber man ging ihr aus dem Weg, da sie zweifellos geisteskrank war. Schon in Moskau hatte die Dikson an Verfolgungswahn gelitten, der nach dem Tod ihres Sohnes bei ihr ausgebrochen war. Sie sagte, ihr Sohn wäre von Asef umgebracht worden, vor dem sie zu beschützen sie jedermann bat.“ („Iswestija“ vom 19. Dezember 1929)

rücktes Weib. Lunatscharski ließ sie ins Ausland reisen, sie war ihm mit ihren Zudringlichkeiten lästig geworden.
In Moskau ein Ereignis – es gibt jetzt dreißigprozentigen Wodka, den die Leute völlig zu Recht „Rykowka" nennen. Er unterscheidet sich vom „Zarenwodka" dadurch, daß er zehn Prozent schwächer, schlechter im Geschmack und viermal so teuer ist. Die Flasche kostet 1 Rubel 75 Kopeken. Außerdem kann man jetzt „armenischen Kognak" kaufen, der mit 31 Prozent markiert ist (natürlich aus der Brennerei Schustow). Schlechter und schwächer als früher, die Flasche zu dreifünfzig.
Nach ein paar Frosttagen versinkt Moskau im Tauwettermatsch. Jungen bieten in den Straßen Trotzkis Buch „Die Lehren des Oktober" an, das sehr verbreitet ist. Ein glänzender Trick: Während die Zeitungen Resolutionen drucken, in denen Trotzki dem Anathema ausgeliefert wird, verkauft der Staatsverlag prachtvoll die ganze Auflage.
Es gibt freilich Gerüchte, wonach Schmidt[100] für die Veröffentlichung dieses Buches aus dem Staatsverlag gefeuert wurde; erst später habe man erwogen, das Buch nicht einzuziehen, das sei noch schädlicher, zumal die Leserschaft von dem Buch nicht die Bohne verstehe und ihr sowieso egal sei, ob Sinowjew oder Trotzki oder Iwanow oder Rabinowitsch. Das sei ein „Streit der Slawen untereinander".
Moskau versinkt im Matsch und zeigt immer mehr Lichter. In der Stadt leben auf seltsame Weise zwei Erscheinungen nebeneinander: Leben und Tod. Im Zentrum von Moskau, angefangen am Lubjanka-Platz, hat die Firma „Wodokanal" den Boden aufgebohrt für den Bau einer Metro. Das ist Leben. Aber die Metro wird nicht gebaut, denn es ist kein Geld vorhanden.[101] Das ist Tod.
Es wird an einem Plan für den Straßenverkehr gearbeitet. Das ist Leben. Aber es gibt keinen Straßenverkehr, denn es

100 Otto Juljewitsch Schmidt (1891–1956) – Wissenschaftler und Staatsfunktionär; leitete 1921 bis 1924 den Staatsverlag
101 Die erste Metrolinie wurde 1934 gebaut und 1935 eröffnet. Bulgakow meint auch konkrete Artikel, zum Beispiel „Moskau braucht eine Metro. Plan der Metrolinien 1 und 2" („Iswestija", 30. Oktober 1924).

fehlt an Straßenbahnen. Lächerlich – acht Autobusse für ganz Moskau.
Wohnungen, Familien, Wissenschaftler, Arbeit, Komfort und Nutzen, all das ist Tod. Nichts rührt sich vom Fleck. Die sowjetische Bürokratie, dieser Höllenschlund, hat alles aufgefressen. Jeder Schritt, jede Bewegung eines Sowjetbürgers ist eine Folter, die Stunden, Tage, mitunter Monate verschlingt.
Die Läden sind geöffnet. Das ist Leben. Aber sie stehen vor der Pleite, und das ist Tod.
So ist es in allem.
Die Literatur ist entsetzlich.
Seit zwei Monaten wohne ich in der Obuchowoi-Gasse, zwei Schritte von der Wohnung K.s, mit der mich wichtige, wunderschöne Erinnerungen meiner Jugend, das Jahr 16 und der Beginn des Jahres 17 verbinden.
Ich wohne in einer ganz unnatürlichen Bude, aber seltsam, hier fühle ich mich ein bißchen besser „etabliert". Das erklärt sich ... (eine Seite ausgerissen).

23. Dezember, Dienstag. (Nacht auf den 24.)
Heute ist nach neuem Stil der 23., also haben wir morgen Weihnachten. Vor der Erlöserkathedrale werden Tannen verkauft. Heute kam ich erst sehr spät aus dem Hause, gegen zwei, meine Frau und ich haben wie gewöhnlich lange geschlafen. Um halb eins weckte uns Wassilewski, der aus Petersburg kam. Ich mußte sie wieder zu zweit wegschicken, Besorgungen machen.
Ich bin übrigens gutgelaunt, denn mein Weg liegt jetzt schnurgerade vor mir. Die letzte Eintragung im Tagebuch diktierte ich meiner Frau und beendete sie scherzhaft. Ich wollte mich schon in der vorigen Eintragung zu dem schnurgeraden Weg äußern. Ein Gespräch beim Friseur hat mich sehr getröstet. Eine junge Friseuse frisierte mich. Ich hatte mich geirrt, sie ist erst siebzehn und die Tochter des Friseurs. Sie sprach mich von sich aus an, und in den stillen Spiegeln in der Pretschistenka war während dieses Gesprächs große Ruhe.

Es ist für mich jedesmal ein Genuß, den Kreml zu sehen. Der Kreml tröstet mich. Er ist ein wenig trüb. Wir haben einen Wintertag. Er ist mir immer lieb.
Auf Arbeit haben sie mich sehr beunruhigt, und ich verbrachte drei Stunden ohne Hoffnung (sie haben mir das Feuilleton genommen). Eine ganze Ansammlung von Kräften. Ich hätte noch ein paar Stellen aufsuchen müssen, aber ich konnte nicht, denn ich blieb fast bis fünf in der „Gudok", wo mir R. O. L. in Gegenwart von Aaron, Potozki und noch jemandem eine Rede hielt, wie die „Gudok" beschaffen sein müsse. Ich kann mich noch immer nicht beherrschen, wenn ich sprechen muß, und ich kann mir krankhafte Harlekinsgebärden nicht verkneifen. Während meiner Rede wollte ich mit beiden Armen fuchteln, tat es jedoch nur mit dem rechten, dachte dabei an den Waggon im Januar 1920 und an die Feldflasche mit Wodka am grauen Riemen und an die Dame, die mich bemitleidete, weil ich so schreckliche Zukkungen hatte. Ich blickte R. O. L. ins Gesicht und sah ein doppeltes Gesicht. Ich sprach zu ihm, und dabei erinnerte ich mich ...
Nein, kein doppeltes, ein dreifaches Gesicht. Also, ich sah R. O. L. und gleichzeitig den Waggon, mit dem ich in die falsche Richtung fuhr, und gleichzeitig das Bild meiner Verwundung unter der Eiche und den Oberst mit dem Bauchschuß.

Unsterblichkeit, du stilles, lichtes Ufer.
Nur dir allein gilt unser Streben ganz.
Drum ruh, wer seines Lebens Lauf beendet,
nach seiner langen weiten Wanderung.[102]

Damit ich und die Nachfahren es nicht vergessen, notiere ich, wann und wie er starb. Er starb im November 1919 während des Feldzugs zum Schali-Aul, und seine letzten Worte zu mir lauteten:
„Sie brauchen mich nicht zu trösten, ich bin kein Kind."
Eine halbe Stunde später wurde ich verwundet.

102 Aus dem Gedicht von W. A. Shukowski „Der Sänger im Lager der russischen Krieger". Die ersten drei Zeilen sind Epigraph zu dem Stück „Die Flucht". Etwas weiter heißt es: „Gesegnet sei, wer einen Kampf erlebte."

Ich sah also ein dreifaches Bild. Als erstes den Kampf im November, sodann den Waggon, wo ich von dem Kampf erzählte, und dann diesen für immer verfluchten Saal in der „Gudok". „Gesegnet sei, wer einen Kampf erlebte." Ich habe keinen erlebt, und ich muß meine Portion noch bekommen.

Als wir die „Gudok" verließen (draußen winterlicher Nebel), sagte Potozki im Foyer des verfluchten Gebäudes zu mir: „Sie sind ein tüchtiger Kerl, Michail Afanassjewitsch." Das hörte ich gern, obwohl ich vorerst natürlich kein tüchtiger Kerl bin.

Ein wenig Selbstbewußtsein muß erlaubt sein. In Bezug auf Frankreich bin ich wirklich ein Prophet. Bei Paris hat die Polizei eine kommunistische Schule angegriffen, die, wie Rappoport aus Paris mitteilte, „sich friedlich mit dem Studium von Marx und Engels befaßte". Außerdem gibt es irgendwo schon einen Streik der Fischer, und ... zogen an Krassins Zuflucht mit Geschrei vorüber.

Wenn ich mich nicht irre, hat in Amiens schon ein Aufruhr[103] begonnen. Das erste Spiel hat Krassin den Franzosen abgenommen. Es begann eine Schweinerei.

Heute nirgendwo Geld aufgetrieben, darum sauer und finster nach Hause gekommen. Gereizt an die gemeinsame Reise der beiden gedacht, und die einzige Beruhigung war mein schnurgerader Weg. Der ist immer die kürzeste Entfernung zwischen zwei Punkten, und wenn ich an ihn denke, werde ich ganz ruhig. Zu Hause geriet ich in schreckliche Wut, ich trainiere mich ja schon zwei Wochen lang, darum nahm ich sie mir vor wie der Hund die Eule[104] und schloß sie weg. Man soll unter keinen Umständen von Politik reden.

Wassilewski ist furchtbar geschwächt. Der Mann, der ein

103 C. Rappoport meldet aus Paris, die Polizei habe angegriffen in „Bobigny, wo es eine Leninschule mit 50 Schülern gibt". („Iswestija" vom 23. Dezember 1924). In derselben Nummer ist die Rede vom Aufstand der Fischer in Douarnenez, von Kreditverhandlungen und von Manifestationen in Pré-Saint-Gervais.

104 „Die Eule nehme ich mir noch vor" – dieser Satz ist in „Hundeherz" eingegangen.

Gespür hatte, begann es in der UdSSR zu verlieren. Das wird natürlich tödlich sein. Er hat den Kopf voll von Projekten, von denen eines glänzend ist. Ihnen allen fehlt das amerikanische Herangehen: einmal gesagt, und ich hab's begriffen. In Gedanken hypnotisierte ich ihn, damit er's tut, aber da ich auf diesem Gebiet Dilettant bin, kann ich für den Erfolg nicht bürgen.

Er brachte mir zwei Bücher aus seinem Verlag mit, die er mir zeigte. Aus der Serie „Führer und Funktionäre der Revolution". Das eine ist geschrieben von Mitja S. („Kalinin"), das andere von Bobristschew-Puschkin („Wolodarski")[105]. Man könnte verrückt werden. Bobristschew-Puschkin schreibt über Wolodarski. Im übrigen hat der alte Fuchs eine bessere Nase als Wassilewski. Das liegt an der Verschiedenheit des Blutes. Er hat es fertiggebracht, seinen Namen gleich hinter zwei Pseudonymen zu verstecken. Diese alte Hure geht die Twerskaja entlang und hat die ganze Zeit das Vorgefühl eines Hinterhalts. Damit geht sich's schlecht.

Wassilewski sagt, seine Wohnung sei inventarisiert worden. Überhaupt war sein Einzug ein Reinfall. Aber das muß man verstehen. Der überzeugte alte Pogromheld und Antisemit Bobristschew-Puschkin schreibt ein lobendes Buch über Wolodarski[106] und nennt ihn „Verteidiger der Pressefreiheit". Der menschliche Verstand ertaubt.

Wassilewski spricht über all das mit einer besonderen, hüpfenden, altersschwachsinnigen Heiterkeit. Es gab einen Moment, als er mich grauslich an den alten Arsenjew[107] erinnerte. Sie alle halten die Partie für dermaßen hoffnungslos verspielt, daß sie sich mit ihren Sachen ins Wasser stürzen.

105 In der Serie „Führer und Funktionäre der Revolution" erschien 1925 das Buch „M. I. Kalinin" von Dmitri Stonow. Das Buch „M. M. Wolodarski" erschien im selben Jahr in derselben Serie mit zwei Unterschriften: P. Arski und A. Dmitrijew.

106 Moissej Markowitsch Wolodarski (Goldstejn) (1891–1918) – Kommissar für Presse, Propaganda und Agitation in Petrograd

107 Bulgakow meint möglicherweise Konstantin Konstantinowitsch Arsenjew (1837–1919) – Publizist, Jurist, Mitarbeiter der Zeitschrift „Bote Europas" und Chefredakteur des „Enzyklopädischen Wörterbuchs" und des „Neuen Enzyklopädischen Wörterbuchs von Brockhaus-Efron".

Wassilewski hat eines der Bücher unter Pseudonym[108] veröffentlicht. Was die erste Partie betrifft, so ist das völlig richtig. Der einzige Fehler all der Pawel Nikolajewitschs[109] und Pasmannikows in Paris ist, daß sie alle noch die erste Partie beweisen, während doch die logische Folge ist, daß der ersten eine ganz andere zweite folgt. Was für Kombinationen sich in ihr auch herausgebildet haben, Bobristschew-Puschkin wird zugrunde gehen.
Ich hab's vergessen: Ist das ein Stück oder ein Roman: „Gedämpftes Saitenspiel"[110]?
Wassilewski erzählte mir, Alexej Tolstoi habe gesagt: „Ich bin jetzt nicht Alexej Tolstoi, sondern Arbeiterkorrespondent und Naturtalent Potap Dermow. Ein dreckiger, ehrloser Narr."
Wassilewski erzählte auch, daß Demjan Bedny vor einer Versammlung von Rotarmisten gesagt hat:
„Meine Mutter war eine Hure."
In hoffnungsloser Wut aß ich bei Valentina zu Mittag ... dieser Gefängnismensch von der Powarskaja untergebracht. Zwischen ihm und einer Wanze ist ein gewaltiger Unterschied, und die Mädchen sollten diesen Vergleich nicht ziehen. Er ist ein gar zu primitiver Kommißknochen. Es gibt einen gewaltigen Unterschied: Eine Wanze zu zerquetschen ist unangenehm. Primitivlinge verstehen das nicht. Das verstehen nur solche wie er. Und solche können Schlimmeres anrichten als Fremde, der Teufel soll sie holen.
Notizen zu diktieren ist nicht das Größte, aber doch ein Akt des Vertrauens.
Heute kam die Nachricht, daß schon wieder ein Dorfkorrespont in der Provinz umgebracht wurde, Sigajew. Entweder habe ich kein Gespür, dann werde ich auf meiner schiefen Bahn enden, oder das ist die Introduktion einer ganz unwahrscheinlichen Oper.

108 I. M. Wassilewski zeichnete einige seiner Bücher mit dem Pseudonym I. Poltawski.
109 Gemeint ist Pawel Nikolajewitsch Miljukow (1859–1943) – Führer der Partei der Kadetten, Historiker, Publizist
110 „Gedämpftes Saitenspiel" – Roman von Knut Hamsun

Der Vorrat von Eindrücken an einem Tag ist so gewaltig, daß man nur Bruchstücke wiedergeben kann, mit dem Vorsatz, sie später zu systematisieren. Ein Tag ist wie bei der Verteidigung von Sewastopol wie ein Monat, ein Monat wie ein Jahr. Aber wo sind meine Matrosen?
Die unglaublichste Geschichte von Wassilewski war, wie Frenkel, heute Moskauer Verleger, früher Rabbiner (wahrscheinlich auch heute noch, nur insgeheim), im internationalen Schlafwagen von Sankt Petersburg nach Moskau fuhr. Er hat ein ziemlich schlechtes, aber mit Maschinen ausgestattetes Geschäft im Zentrum von Moskau, darin summt es ständig wie im Bienenstock. Im Hof der Kusnezki-Gasse gibt es ein ständiges Hinein und Heraus und Versammlungen. Das ist ein Krebs in der Brust. Man weiß nicht, wo das Geld des einen aufhört und wo das des anderen anfängt. Er fährt sehr oft nach Petersburg, und es ist charakteristisch, daß eine respektvolle Menge ihn zum Zug bringt; offensichtlich hält er noch immer Gottesdienste ab und gibt Ratschläge über die Ziege. Er ist weise.
Heute, noch immer wütend, las ich, um die Wut zu beruhigen, noch einmal ein Feuilleton eines Petersburger Feuilletonisten der siebziger Jahre. Er schreibt über die Musik in Pawlowsk und zeigt den Juden in einem verächtlichen Scherz, mit Akzent.
Ich arbeite jetzt bei völliger Gesundheit, und das ist ein wundervoller Zustand, den andere für normal halten, der aber für mich leider ein Luxus ist, weil ich am Ende meiner Kräfte bin. Aber im Grunde bin ich auf dem Weg der Genesung, und meine Kräfte kehren, wenn auch langsam, zu mir zurück. Seit Neujahr treibe ich Gymnastik wie 1916 und 1917 und lasse mich massieren; im März will ich wieder in Form sein.
Ich bin ganz unangebracht reizbar. Das kommt von dem verdammten Bauch und den Nerven. Meine Eintragungen über die Gesundheit haben nur einen Zweck: Ich will später nachlesen können, ob ich meine Vorhaben verwirklicht habe.

Leichte Gerüchte flattern, zwei Enden davon habe ich schon erwischt. Miese Dinger.

26. Dezember. (Nacht auf den 27.)

Soeben von einem Abend bei Angarski, Redakteur bei „Nedra“, zurückgekehrt. Es gab wie jetzt allenthalben Gespräche über die Zensur, Angriffe auf sie, „Gespräche über die Wahrheit und die Lüge des Schriftstellers“. Anwesend Weressajew, K., Nikandrow[111], Kirillow[112], P. N. Saizew, Ljaschko[113] und Lwow-Rogatschewski[114]. Ich konnte mir nicht verkneifen, mich ein paarmal einzumischen und zu sagen, daß es heutzutage schwer sei zu arbeiten, griff auch die Zensur an und sagte manches, was ich besser nicht gesagt hätte.

Ljaschko, dieser proletarische Schriftsteller, der eine unüberwindliche Antipathie gegen mich hegt (Instinkt), widersprach mir mit kaum verhohlener Gereiztheit:

„Ich verstehe nicht, von was für einer Wahrheit Genosse Bulgakow spricht. Wozu soll man alles darstellen? Man darf den Leuten nicht alles auf die Nase binden usw.“

Als ich dann sagte, die gegenwärtige Epoche sei eine Epoche der Gemeinheiten, erwiderte er haßerfüllt:

„Sie reden Blödsinn.“

Ich konnte auf diesen familiären Satz nichts antworten, denn in diesem Moment wurde vom Tisch aufgestanden. Vor den Flegeln gibt es keine Rettung.

Grimmiger Frost. Heute früh mußte der Klempner die eingefrorene Wasserleitung auftauen. Dafür ging nachts, kaum war ich nach Hause gekommen, überall das Licht aus.

Angarski (er kam dieser Tage aus dem Ausland zurück) hat in Berlin und wohl auch in Paris allen möglichen Leuten die Fahnen meiner „Verhängnisvollen Eier“ gezeigt. Er sagt, die

111 Nikolai Nikandrowisch Nikandrow (Schewzow) (1878–1964) – Schriftsteller

112 Wladimir Timofejewitsch Kirillow (1889–1943) – Lyriker

113 Nikolai Nikolajewitsch Ljaschko (Ljastschenko) (1884–1953) – Schriftsteller

114 Wassili Lwowitsch Lwow-Rogatschewski (1873–1930) – Kritiker

Erzählung habe allen sehr gefallen, und sie solle in Berlin für einen Verlag übersetzt werden.
Mehr als alle diese Ljaschkos bewegt mich die Frage: Bin ich ein Belletrist?
Einen Nachhall des Gesprächs bei Angarski gab es in einem Pamphlet, das viel Staub aufwirbelte, dem Brief Bernard Shaws in der gestrigen Nummer der „Iswestija". Radek versucht, in einem Feuilleton „Mister Pickwick über den Kommunismus" darauf zu antworten, aber …
In dem Pamphlet gibt es eine Stelle: „Hört auf, von der internationalen Revolution zu reden, das ist Kintopp."[115]

115 In seinem Brief an die Redaktion „Iswestija" schrieb G. B. Shaw: „Teurer Sir! (Sinowjew) muß sich endgültig entscheiden zwischen ernsthafter Tätigkeit für den Staat und den sinnlosen Kindereien für den Kintopp … die Sowjetregierung hat seine Taten vor Europa zu verantworten. Solange Moskau nicht lernt, über die III. Internationale zu lachen, und sich nicht auf den Standpunkt stellt, daß der Sozialismus überall da, wo er als lebendige Kraft in Erscheinung tritt und nicht als tote Theorie, Karl Marx ebenso weit hinter sich gelassen hat wie die moderne Wissenschaft Moses, solange wird es nichts geben außer Mißverständnissen; ein Dutzend nichtiger Sonderlinge in Rußland wird einen feierlichen Briefwechsel mit einem Dutzend nichtiger Sonderlinge in England führen, und die einen wie die andern sind überzeugt, daß sie das Proletariat sind, die Revolution, die Zukunft, die Internationale und weiß Gott was noch …
Von allen russischen Schriften den angenehmsten Eindruck machen hier die Schriften von Mr. Trotzki. Aber sogar er hat sich erlaubt, über Mr. H. D. Wells mit einer Verachtung zu sprechen, die bezeugt, daß er die „Grundlagen der Geschichte" von Wells nicht gelesen hat und daher nicht ahnt, was für ein gewaltiger Schritt nach vorn dieses Werk im Vergleich zum „Kapital" von Marx ist. Diese verblüffende Verbindung glänzender literarischer Fähigkeiten und völliger Emanzipation von bourgeoisen Illusionen einerseits und der absurden, abergläubischen Verehrung der alten Propheten der Londoner Vorstädte aus der viktorianischen Ära andererseits macht die Literatur der russischen Revolution gleichermaßen spannend wie hoffnungslos.
Selbst ein so starker Geist und Charakter wie Lenin war von diesem Aberglauben dermaßen paralysiert, daß er, als Mr. Wells die marxistischen Götzen in Moskau auslachte, zu dem Eindruck gelangte, dies wäre nicht die Ausnutzung des elementaren Rechts auf Kritik durch einen freidenkenden Menschen, sondern schlicht die Lästerung einer göttlichen Autorität, die er, Wells, in seiner ‚Kleinbürgerlichkeit' nicht zu schätzen vermöchte …
Ich schlage Alarm.
Ihr ergebener
G. Bernhard Shaw."

Nacht zum 28. Dezember
Ich schreibe in der Nacht, weil meine Frau und ich vor drei oder vier Uhr früh nicht schlafen gehen, solch ein blöder Rhythmus hat sich herausgebildet. Wir stehen sehr spät auf, um zwölf, manchmal um vier, manchmal auch um zwei.
Auch heute sind wir spät aufgestanden, und statt in die verfluchte „Gudok“ zu fahren, habe ich die Marschroute geändert, habe mich im Friseurladen in meiner geliebten Pretschistenka rasieren lassen und bin zu meiner Zahnärztin Sinuschka gefahren. Sie behandelt zwei meiner Zähne, die für mich wichtig sein können. Sie behandelt mich ohne Eile, ich gehe unregelmäßig zu ihr, sie legt Watte mit Jod oder Nelkenöl ein, und ich bin sehr zufrieden, daß ich keine Schmerzen habe und sie nicht mit der Nadel in die Kanäle dringt.
Als ich zu ihr kam, war es schon fast vier. Moskau ist dunkel, die Lichter brennen. Ihre Fenster blicken auf das Strastnoi-Kloster und die beleuchtete Uhr.
Moskau ist eine große Stadt. Meine zärtliche und einzige Liebe, den Kreml, habe ich heute nicht gesehen.
Nach der Zahnärztin war ich bei „Nedra“, wo der schreckliche Angarski die Angestellten zerschmettert. Dank ihm bekam ich 10 Rubel.
Dann ging ich den Kusnezki Most entlang wie Dutzende Male in den letzten Wintertagen und besuchte verschiedene Geschäfte. Ich mußte dies und das kaufen. Natürlich erstand ich die unvermeidliche Flasche Weißwein und eine halbe

In derselben Nummer der Zeitung (vom 25. Dezember) veröffentlicht Karl Radek eine Antwort an Shaw unter dem Titel „Mister Pickwick über den Kommunismus. Eine prächtige Satire George Bernard Shaws auf den englischen ‚Sozialismus‘“: „Postscriptum. Die sozialdemokratische Presse aller Länder hat vergessen, daß sie es mit einem genialen Satiriker zu tun hat, und nimmt daher ernst, was Shaw in seinem Namen sagt. Ich glaube keinen Moment daran. Aber wenn es so wäre, würde es nur den künstlerischen Wert des Werkes von G. B. Shaw vergrößern. Die besten Scherze sind die unfreiwilligen, und die genialste Satire ist die Selbstsatire, wenn der Autor selber nicht begreift, daß er eine schreckliche Satire schreibt. Solche Fälle sind selten in der Literatur, aber sie sind die kostbarste Darstellung der Epoche. Wir würden den Politiker Shaw bedauern, wenn die Behauptung der sozialdemokratischen Presse der Wirklichkeit entspräche, aber als satirisches Dokument würde sein Brief nur gewinnen.

Karl Radek.“

Flasche russischen Wodka, dazu, mit besonderer Zärtlichkeit, Tee. Bei einem Zeitungsmann auf dem Kusnezki Most sah ich zufällig die Nr. 4 der „Rossija". Darin steht der erste Teil meiner „Weißen Garde", das heißt, nicht der erste Teil, sondern das erste Drittel. Ich konnte es mir nicht verkneifen, bei einem anderen Zeitungsmann Ecke Petrowka und Kusnezki Most das Heft zu kaufen.

Der Roman kommt mir manchmal schwach und dann wieder sehr stark vor. Ich komme mit meinen Empfindungen nicht mehr zurecht. Meine größte Aufmerksamkeit gilt der Widmung. Es ist vollbracht. Sie gilt meiner Frau.[116]

Abends las ich bei Nikitina[117] meine Erzählung „Die verhängnisvollen Eier". Als ich hinging, hatte ich den kindlichen Wunsch, mich hervorzutun und zu glänzen, doch auf dem Rückweg hatte ich komplizierte Gefühle. Was ist das? Ein Feuilleton? Oder eine Frechheit? Vielleicht auch was Ernstes? Dann ist es nicht gar gebacken. Jedenfalls saßen dort an die 30 Leute, und keiner von ihnen war Schriftsteller, und keiner hatte einen Begriff davon, was die russische Literatur ist.

Ich fürchte, sie könnten mich für meine Heldentaten „in nicht sehr entlegene Gegenden" verbannen. Bei solchen Gedanken hilft meine Frau mir sehr. Ich habe beobachtet, daß sie einen wiegenden Gang hat. Das ist bei meinem Vorhaben entsetzlich dumm, aber ich glaube, ich bin in sie verliebt. Ein Gedanke interessiert mich. Würde sie sich bei jedem so schmiegsam anpassen oder nur bei mir?

Politische Neuigkeiten gibt es heute nicht für mich. Diese „Nikitina-Sonnabende" sind ein muffiger, sklavischer, sowjetischer Lumpenkram.

Nicht für das Tagebuch und nicht zur Veröffentlichung:

116 Die Widmung der „Weißen Garde" lautete ursprünglich „Gewidmet Ljubow Jewgenjewna Beloserskaja". Als Bulgakow die Buchausgabe vorbereitete, strich er in seinem Exemplar der Zeitschrift „Rossija" den Namen Beloserskaja und schrieb statt dessen „Bulgakowa".

117 Jewdoxia Fjodorowna Nikitina (1893–1973) – Bibliographin, Kritikerin, Literaturhistorikerin; Vorsitzende der Leitung des kooperativen Verlags „Nikitina-Sonnabende"; Organisatorin von Lesungen, bei denen Schriftsteller aus ihren neuen Werken lasen

Meine Frau erdrückt mich sexuell. Das ist schön und schlecht und süß, doch zugleich hoffnungslos kompliziert: Ich bin jetzt grade krank, und sie ist für mich ... Sah heute, wie sie sich vor unserm Aufbruch zu Nikitina umzog, und guckte gierig.
Keine politischen Neuigkeiten, keine. Statt dessen politische Gedanken.
Wie ein Splitter ist dieses ganze Smenowechowzentum (was habe ich damit zu tun?) und auch, daß dieses Teufelsweib mich versinken läßt wie eine Kanone im Sumpf, eine wichtige Frage. Aber allein, ohne sie, bin ich nicht mehr denkbar. Wahrscheinlich habe ich mich gewöhnt.

29. Dezember. Montag
Der Wodka wird „Rykowka" und „Halbrykowka" genannt. „Halbrykowka" darum, weil er nur 30% hat, während Rykow (ein schlimmer Säufer) sechzigprozentigen trinkt.
In der verdammten „Gudok" und dann abends bei Lidia Wassiljewna[118]. Wir haben uns zu Silvester verabredet.
Leshnew führt Verhandlungen mit meiner Frau, um den Roman „Die weiße Garde" von Sabaschnikow zu übernehmen. Ljubow hat abgelehnt, sie ist kämpferisch und geschickt, und ich habe die Last von meinen Schultern auf ihre übertragen. Ich möchte mich nicht mit Leshnew verbinden, aber auch mit Sabaschnikow einen Vertrag auszuhandeln ist lästig und unangenehm. Wir sind verschuldet bis über beide Ohren.

1925

2. Januar, Nacht zum 3.
„Wenn man dem ‚Rykowka' noch ‚Semaschkowka' hinzufügte, ergäbe sich ein guter ‚Sownarkomowka'.
„Nach Lenins Tod hat sich Rykow vollaufen lassen aus zwei Gründen: erstens vor Kummer, zweitens vor Freude."

118 Wahrscheinlich Lidia Wassiljewna Kirjakowa. Journalistin und Begründerin der literarischen Gesellschaft „Grüne Lampe"

„Trotzki schreibt sich jetzt ‚Troti', das ZK ist weggefallen."
Alle diese Witze erzählte mir dieser sommersprossige Fuchs Leshnew am Abend, als ich mit meiner Frau bei ihm war, um den Vertragstext für die Fortsetzung der „Weißen Garde" in „Rossija" auszuarbeiten. Meine Frau saß da und las einen Roman von Ehrenburg, und Leshnew setzte mir mit Bitten zu. Wir besaßen keine Kopeke Geld. Morgen wird der mir noch unbekannte Kaganski mir noch dreihundert Rubel und Wechsel bezahlen. Mit diesen Wechseln kann man sich abwischen. Im übrigen, weiß der Teufel. Interessant, ob sie morgen das Geld bringen. Das Manuskript haben sie mir nicht zurückgegeben.
Heute keine Zeitungen, also nichts Neues.
Ein spaßiger Vorfall: Ich hatte kein Geld für die Straßenbahn, darum ging ich von der „Gudok" zu Fuß nach Hause. Ich wanderte die Uferstraße an der Moskwa entlang. Der Halbmond lag im Dunst. Die Mitte des Flusses war nicht zugefroren, und auf dem Schnee und Eis am Ufer saßen Krähen. Die Lichter von Samoskworetschje. Als ich am Kreml vorbeiging und bei dem Eckturm war, blickte ich nach oben, blieb stehen, betrachtete den Kreml und dachte eben: Wie lange noch, Herr?, da ging eine graue Gestalt mit Aktentasche an mir vorbei und drehte sich um. Und hängte sich an mich. Ich ließ ihn vorgehen, und wohl eine Viertelstunde lang gingen wir hintereinander her. Er spuckte über das Geländer, ich auch. Erst am Alexander-Denkmal[119] wurde ich ihn los.

3. Januar
Heute von Leshnew 300 Rubel bekommen für den Roman „Die Weiße Garde", der in „Rossija" gedruckt werden soll. Für die Restsumme wurden mir Wechsel zugesagt.
War heute abend mit meiner Frau in der „Grünen Lampe". Ich rede mehr, als ich sollte, aber ich kann nicht schweigen. Allein der Anblick von J. Potechin[120], der nach der Methode von Tschechows Notizbuch angekommen war und frech be-

119 Gemeint ist das Denkmal Alexanders II.; es wurde später abgerissen
120 Juri Nikolajewitsch Potechin – Schriftsteller

hauptete, daß „wir alle Menschen der Ideologie sind“, wirkt auf mich wie das Schmettern einer Kavallerietrompete. „Quatsch nicht so dumm!“
Literatur kann schlimmstenfalls sogar kommunistisch, aber bestimmt nicht Sadyker-smenowechowzisch[121] sein. Die lustigen Berliner Huren. Nichtsdestoweniger fürchtete ich, die „Weiße Garde“ könnte ein Fiasko werden. Schon heute abend in der „Grünen Lampe“ sagte Auslender[122], er habe „beim Lesen“ ..., und verzog das Gesicht. Mir gefällt er, weiß der Teufel warum.
Ein schrecklicher Zustand: Ich verliebe mich immer mehr in meine Frau. Ärgerlich – zehn Jahre habe ich mich gewehrt gegen meinen ... Die Frauen sind doch alle gleich. Jetzt erniedrige ich mich sogar bis zu leichter Eifersucht. Sie ist lieb und süß. Und dick.
Heute keine Zeitung gelesen.

4. Januar 1925
„Petersburg soll leer sein.“[123]
Gestern in Petersburg Überschwemmung. Die Bezirke Wassili-Insel, Petersburg, Moskau-Narwa und Zentrum waren überflutet. Spät abends sank der Wasserspiegel.

Aus England eine von Chamberlain unterschriebene Note, aus der hervorgeht, daß die englische Regierung nicht mehr über den Brief Sinowjews zu reden wünscht. Die Beziehungen zu England sind unerträglich mies.
Heute erschien die „Boheme“ in der „Roten Niwa“, Heft 1. Das ist mein erster Auftritt in der spezifisch sowjetischen sumpfigen Zeitschriftenkloake. Ich habe meine Erzählung heute noch einmal gelesen, und sie gefällt mir sehr, aber mich bestürzte ein schlimmer Umstand, an dem ich selber

121 Pawel Abramowitsch Sadyker – geschäftsführender Direktor der Aktiengesellschaft „Nakanune“
122 Sergej Abramowitsch Auslender (1886–1943) – Schriftsteller und Theaterfunktionär
123 Nach einer Legende tat diesen Ausspruch Jewdokia Lopuschina, die erste Frau Peters I.

schuld bin. Eine unverhohlene Armut weht aus diesen Zeilen. Gar zu sehr waren wir damals an den Hunger gewöhnt und schämten uns seiner nicht, doch jetzt ist es uns peinlich. Speichelleckerei weht aus diesem Text; ich glaube, erstmals seit dem berühmten Herbst 1921[124] erlaube ich mir ein kleines Selbstbewußtsein, und nur im Tagebuch. Der Text ist ganz in der alten Schreibweise verfaßt, mit Ausnahme von ein oder zwei Sätzen.
Alles läuft mit dem oberen Ende und mit dem Maul im Dreck. Ganz Moskau ist vom Tauwettermatsch überschwemmt, und ich war den ganzen Tag auf den Beinen, um Gäste einzuladen. Wir wollen bei Nadja[125] tanzen.
Ich sah die lieben Ljamins[126] und gab ihnen ein Exemplar „Rossija" mit der „Weißen Garde".
In einer Pause zwischen Foxtrotts wurde ich wegen Frauenbriefen an der Kehle gepackt. Sie drückten zu, und sie haben völlig recht. Ich drücke meinerseits, aber ich werde natürlich rein gar nichts tun. Sie schickt sie mir bestimmt nicht. Das ist wie ein Pfahl in der Kehle. Ich bin wirklich eine Kobra. Der Druck war so stark, daß ich an einem Tag abmagerte und mein ganzes Gesicht zur Seite hing. Drei Tage und drei Nächte werde ich überlegen, und mir wird was einfallen. Trotz allem wird es nach mir gehen und nicht nach jemand anderem.

5. Januar
In Moskau ist unglaubliches Wetter, es taut, alles ist aufgeweicht, und so wie das Wetter ist die Stimmung der Moskauer. Das Wetter erinnert an den Februar, und in den Seelen ist Februar.
„Wie soll das alles enden?" fragte mich heute ein Freund. Solche Fragen werden stumpf, mechanisch, hoffnungslos,

124 Gemeint ist die Ankunft Bulgakows in Moskau im September 1921
125 Nadeshda Afanassjewna Semskaja (1893–1971) – Schwester Bulgakows
126 Nikolai Nikolajewitsch Ljamin – Mitarbeiter der Akademie der Kunstwissenschaft, seine Frau Natalja Abramowna Uschakowa (geb. 1899) – Malerin; Freunde Bulgakows

gleichgültig und sonst noch wie gestellt. In seiner Wohnung, im Zimmer gegenüber, hielten gerade Kommunisten ein Saufgelage ab. Im Korridor roch es scharf nach etwas Scheußlichem, und einer der Parteimänner, wie mein Freund erzählte, schlief besoffen wie ein Schwein. Sie hatten ihn eingeladen, und er konnte nicht ablehnen. Mit höflichem, schmeichelndem Lächeln ging er immer wieder zu ihnen ins Zimmer, wenn sie ihn riefen. Dann kam er zurück und schmähte sie flüsternd. Ja, irgendwie wird das alles enden. Ich glaube daran.
Heute bin ich eigens in die Redaktion „Der Gottlose"[127] gegangen. Sie befindet sich in der Stoleschnikow-Gasse, genauer gesagt, in der Kosmodemjanki-Gasse, unweit des Moskauer Stadtsowjets. Bei mir war M. S., und er bezauberte mich von Anfang an.
„Werden Ihnen nicht die Fenster eingeschlagen?" fragte er das erste Fräulein, das am Schreibtisch saß.
„Wie meinen Sie?" (Verwirrt.) „Nein, sie werden nicht." (Drohend.)
„Schade."
Ich hätte ihn am liebsten auf seine jüdische Nase geküßt. Es stellte sich heraus, der Jahrgang 1923 ist nicht zu haben. Vergriffen, sagen sie stolz. Es gelang mir, 11 Nummern von 1924 zu bekommen, die 12. war noch nicht raus. Das Fräulein, wenn man das Wesen, das sie mir gab, so nennen kann, gab sie mir ungern, als sie hörte, daß ich eine Privatperson sei.
„Ich würde sie lieber der Bibliothek geben."
Die Auflage beträgt 70000 und geht weg. In der Redaktion sitzen unglaubliche Halunken, es herrscht ein Kommen und Gehen; eine kleine Bühne, Vorhänge, Dekorationen. Auf einem Tisch auf der Bühne liegt ein heiliges Buch, vielleicht die Bibel, darüber beugen sich zwei Köpfe.
„Wie in der Synagoge", sagte M. S., als wir gingen.
Mich interessiert sehr, inwieweit das speziell zu mir gesagt war. Man darf natürlich nicht übertreiben, aber ich habe

127 „Der Gottlose" – antireligiöse satirische Monatszeitschrift; erschien in Moskau von 1923 bis 1941

den Eindruck, daß ein paar Leute, die die „Weiße Garde" in „Rossija" gelesen haben, anders mit mir reden, mit einer Art furchtsamem, mißtrauischem Respekt.
M.s Besprechung des Auszugs aus der „Weißen Garde" verblüffte mich, man kann ihn begeistert nennen, aber schon vor der Besprechung hatte sich etwas in mir gekräftigt. Dieser Zustand hält nun drei Tage an. Es würde mir furchtbar leid tun, wenn ich mich irre und die „Weiße Garde" nicht eine starke Sache ist.
Als ich abends zu Hause flüchtig die Nummern des „Gottlosen" durchsah, war ich erschüttert. Es geht nicht um die Lästerungen, die natürlich maßlos sind, wenn man es von außen betrachtet. Es geht um die Idee, man kann sie dokumentarisch beweisen – Jesus Christus wird als Unhold und Spitzbube dargestellt, ausgerechnet er. Dieses Verbrechen ist beispiellos.[128]
Am Abend war L. L. da und sagte, es gebe auf der Welt Trotzkisten. Ein Witz: Als Trotzki ausreiste, sagte man ihm: „Je weiter du fährst, desto stiller wirst du sein."
Heute spürte ich in der „Gudok" zum erstenmal zu meinem Entsetzen, daß ich keine Feuilletons mehr schreiben kann. Ich kann es physisch nicht. Es hieße, mir und meiner Physiologie Gewalt anzutun.

128 Die äußerlich sehr subjektive Meinung M. A. Bulgakows über die Zeitschrift findet eine überraschende Bestätigung: „In bezug auf Zynismus und Lästerlichkeit ist sie", nach dem Zeugnis des dänischen Journalisten Kirkeby, „einzigartig in der Weltgeschichte und wäre in jedem anderen Land verboten. Auf die Frage, was Christus zu dieser Propaganda sagen würde, wenn er in unseren Tagen lebte, entgegnete die wackere Redakteurin, er habe überhaupt nicht gelebt, sondern sei ein von der Bourgeoisie geschaffenes ‚Phantom'."
„Wenn aber dieses ‚Phantom' doch in unserer Zeit gelebt hätte, wäre es Kommunist gewesen?"
„Nein", antwortete Kostelowskaja, „Christus wird als Gegner jedes Kampfes dargestellt, und Kommunismus ist Kampf."
„An der Zeitschrift waren hauptsächlich beteiligt Bucharin, Larin, Demjan Bedny und andere. Der künstlerische Gestalter Moor war sehr talentiert. Die Auflage betrug 60000, und die Zeitschrift hatte Erfolg. Die Fenster der Redaktion wurden zur Nacht mit dicken Gittern verschlossen." (Al. Tr. „Der Gottlose", Zeitung „Tage", Berlin, August, Nr. 250).

Die meisten Notizen im „Gottlosen" sind mit Pseudonymen unterschrieben. „Die Eule nehme ich mir noch vor."

16. Januar 1925, Freitag
War vorgestern bei P. N. Saizew zu einer Lesung von A. Bely. In Saizews Zimmer drängte sich eine Menge Menschen. Man konnte sich nirgends hinsetzen. Auch S. S. Fedortschenko[129] war da, sie sank zugleich zusammen und schlummerte ein.
Bely trug ein schwarzes Jäckchen. Für meine Begriffe ziert er sich unerträglich und spielt den Hanswurst.
Er sprach Erinnerungen an Valeri Brjussow. Auf mich machte das Ganze einen unerträglichen Eindruck. Symbolistenquatsch. „Verließ das Haus mit sieben Etagen."
„Einmal gingen wir den Arbat entlang. Plötzlich fragte er (Bely ahmte beim Erzählen Brjussow nach): ‚Boris Nikolajewitsch, was meinen Sie, ist Christus nur für den einen Planeten gekommen oder für viele?' Erstens, bin ich Bileams Eselin, und zweitens, ich spürte darin eine Stichelei ..."
Im übrigen warf er mit spannenden Anekdoten um sich, redete unerträglich lange ... von irgendeinem Farn ..., darüber, daß Brjussow symbolistisch „wild" war und zugleich gern Gemeinheiten beging.
Ich ging, ohne das Ende abzuwarten. Nach Brjussow sollte noch aus Belys neuem Roman gelesen werden. Danke bestens.

25. Februar, Mittwoch. Nacht
Vor mir liegt ein unlösbares Problem.
Das ist alles.

13. Dezember 1925
Seit etwa einem Monat verfolge ich nicht mehr die Zeitungen. Mit halbem Ohr gehört, daß Budjonnys Frau gestorben ist. Dann das Gerücht, sie habe Selbstmord begangen, und dann soll er sie getötet haben. Er hat sich neu verliebt, und

129 Sofia Sacharowna Fedortschenko (1888–1959) – Schriftstellerin; mit Bulgakow befreundet

sie war ihm im Wege. Er bleibt unbestraft. Es wird erzählt, sie habe ihm gedroht, publik zu machen, wie grausam er die Soldaten unterm Zaren behandelt hatte, als er Wachtmeister war.

Autobiographische Erzählungen

Ein Ausschlag wie ein Sternbild

Das ist sie! Mein Gespür sagte es mir. Auf mein Wissen konnte ich mich nicht verlassen. Als Arzt, der erst vor sechs Monaten die Universität beendet hatte, besaß ich natürlich kein Wissen.

Ich hatte Scheu, den Mann an seiner nackten warmen Schulter zu berühren (obwohl kein Grund zur Scheu bestand), und befahl ihm:

„Kommen Sie mal näher ans Licht, mein Lieber!"

Der Mann drehte sich so, wie ich wollte, und das Licht der Petroleumlampe beschien seine gelbliche Haut. Dieses Gelb war auf der gewölbten Brust und auf den Hüften von einem Ausschlag marmoriert. Wie ein Sternbild am Himmel, dachte ich mit einem kalten Schauer und beugte mich zu der Brust, dann hob ich den Blick. Ich sah ein vierzigjähriges Gesicht mit einem verfilzten Bart von schmutzigem Aschgrau und flinke Äuglein hinter halbgeschlossenen geschwollenen Lidern. In diesen Äuglein las ich zu meiner größten Verwunderung Wichtigkeit und ein Bewußtsein der eigenen Würde.

Der Mann klapperte mit den Augen, sah gleichmütig und gelangweilt um sich und zog den Hosengürtel hoch.

Das ist sie, die Syphilis, sagte ich noch einmal streng zu mir. Ich begegnete ihr zum erstenmal in meinem Leben als Arzt,

den es zu Beginn der Revolution von der Universitätsbank in die ländliche Einöde verschlagen hatte.
Es war ein Zufall, daß ich auf diese Syphilis stieß. Der Mann war zu mir gekommen und hatte geklagt, er habe einen Frosch im Hals. Ganz mechanisch und ohne an Syphilis zu denken, hatte ich ihm befohlen, sich frei zumachen, und da hatte ich den sternbildartigen Ausschlag entdeckt.
Ich brachte seine Heiserkeit, die böse Röte im Hals, die schlimmen weißen Flecke darin und die marmorierte Brust in Zusammenhang und wußte Bescheid. Vor allem säuberte ich kleinmütig meine Hände mit einem in Sublimat getauchten Wattebausch, und ein unruhiger Gedanke – er hat mir auf die Hand gehustet – vergiftete mir den Moment. Dann drehte ich hilflos und angewidert den gläsernen Spatel in der Hand, mit dem ich seinen Hals untersucht hatte. Wohin damit?
Ich legte ihn auf ein Stück Watte auf dem Fensterbrett.
„Also", sagte ich, „schauen Sie ... hm ... Offensichtlich ... Nein, ganz bestimmt ... Schauen Sie, Sie haben eine üble Krankheit, die Syphilis ..."
Sprach's und wurde verlegen. Ich glaubte, der Mann werde sehr heftig erschrecken, die Nerven verlieren ...
Er erschrak kein bißchen und verlor auch nicht die Nerven. Irgendwie von der Seite warf er mir einen Blick aus einem runden Auge zu wie ein Huhn, das eine Stimme rufen hört. In dem runden Auge sah ich zu meiner Verblüffung Unglauben.
„Sie haben Syphilis", wiederholte ich sanft.
„Was ist das?" fragte der Mann mit der marmorierten Haut.
Deutlich sah ich vor mir den schneeweißen Krankensaal in der Universität, das Amphitheater mit den Reihen der Studentenköpfe übereinander und den grauen Bart des Professors für Venerologie. Doch ich besann mich rasch darauf, daß ich mich anderthalbtausend Werst von dem Amphitheater und vierzig Werst von der Eisenbahn entfernt im Licht einer Petroleumlampe befand. Vor der weißen Tür rauschten dumpf die Stimmen der Patienten, die auf ihren Aufruf warteten. Vor dem Fenster dämmerte es unaufhaltsam, und es fiel der erste Schnee des Winters.
Ich ließ den Patienten sich noch weiter frei machen und sah

den schon vernarbenden Primäraffekt. Da schwanden meine letzten Zweifel, und ich empfand den gleichen Stolz wie jedesmal, wenn ich eine richtige Diagnose gestellt hatte.
„Ziehen Sie sich wieder an", sagte ich. „Sie haben Syphilis! Das ist eine sehr ernste Krankheit, die den ganzen Organismus erfaßt. Ihre Behandlung wird lange dauern."
Hier stockte ich, denn ich las – ich schwöre! – in diesem Hühnerblick Verwunderung und deutliche Ironie.
„Ich bin heiser", sprach der Patient.
„Nun ja, das kommt davon. Auch der Ausschlag auf der Brust. Sehen Sie ihn sich doch an."
Der Mann blickte einwärtsschielend an sich herunter. Das ironische Fünkchen in seinen Augen erlosch nicht.
„Ich müßt was für den Hals kriegen", sprach er.
Was hat er nur immer? dachte ich mit einiger Ungeduld. Ich rede von der Syphilis und er von seinem Hals!
„Hören Sie, mein Lieber", sagte ich laut, „der Hals, das ist eine zweitrangige Geschichte. Den Hals behandeln wir auch, aber vor allem müssen wir was gegen die allgemeine Krankheit tun. Und die Behandlung dauert lange, zwei Jahre."
Da starrte mich der Patient mit großen Augen an. Darin las ich sein Urteil über mich: Doktor, du hast n Knall!
„Was denn, so lange?" fragte der Patient. „Weshalb denn zwei Jahre? Ich brauch was zum Gurgeln für den Hals."
Mir wurde innerlich heiß. Und ich redete drauflos. Ihn zu erschrecken fürchtete ich nicht mehr. O nein! Im Gegenteil, ich deutete ihm an, seine Nase könne einsinken. Ich erzählte ihm, was ihn erwartete, falls er sich nicht ordentlich behandeln ließ. Ich erwähnte die Ansteckungsgefahr der Syphilis und sprach lange von Tellern, Löffeln und Tassen, davon, daß er ein Handtuch nur für sich benutzen müsse ...
„Sind Sie verheiratet?" fragte ich.
„Bin ich", antwortete er verwundert.
„Sie müssen sofort Ihre Frau zu mir schicken!" sagte ich erregt und leidenschaftlich. „Sie ist doch bestimmt auch krank?"
„Die Frau?" fragte der Patient und sah mich mit größter Verwunderung an.

So ging das Gespräch weiter. Er sah mich mit klappernden Wimpern an, und ich sah ihn an. Es war keine Unterhaltung, es war ein Monolog. Ein glänzender Monolog, für den jeder Professor dem Studenten im fünften Studienjahr eine Eins gegeben hätte. Ich entdeckte in mir gewaltige Kenntnisse auf dem Gebiet der Syphilis und einen nicht alltäglichen diagnostischen Riecher. Dieser füllte die leeren Flecke an den Stellen, wo mir die Zeilen aus den deutschen und russischen Fachbüchern fehlten. Ich erzählte ihm, was mit den Knochen eines nicht behandelten Syphilitikers geschieht, und beschrieb nebenbei die fortgeschrittene Paralyse. Die Nachkommenschaft! Und wie sollte seine Frau Rettung finden? Oder, wenn sie angesteckt sei, und das sei sie bestimmt, wie sollte ich sie behandeln?
Endlich versiegte mein Redestrom. Mit einer schüchternen Bewegung holte ich das rot eingebundene Nachschlagebuch mit den goldenen Buchstaben aus der Tasche. Es war mein treuer Freund, von dem ich mich auf den ersten Schritten meines schwierigen Weges nie trennte. Wie oft hatte es mir geholfen, wenn die verdammten Rezeptprobleme ihren schwarzen Rachen vor mir aufrissen! Während mein Patient sich anzog, blätterte ich verstohlen in dem Buch und fand, was ich suchte.
Quecksilbersalbe – ein großartiges Heilmittel.
„Sie werden Einreibungen machen. Sie bekommen sechs Päckchen Salbe. Ein Päckchen pro Tag ... so ...“
Anschaulich und mit Eifer zeigte ich ihm, wie er sich einreiben müsse, und rieb die leere Hand an meinem Kittel.
„Heute den Arm, morgen das Bein, dann wieder den Arm, den anderen. Wenn Sie die sechs Einreibungen gemacht haben, waschen Sie sich und kommen wieder zu mir. Unbedingt. Verstanden? Unbedingt! Ja! Außerdem müssen Sie aufmerksam Ihre Zähne beobachten und den ganzen Mund für die Dauer der Behandlung. Ich geb Ihnen was zum Gurgeln. Jedesmal nach dem Essen gurgeln.“
„Und der Hals?“ fragte der Patient heiser, und ich merkte, daß er nur bei dem Wort „gurgeln“ aufhorchte.
„Ja, auch den Hals.“

Gleich darauf verschwand der gelbe Rücken des Bauernpelzes aus meinen Augen, und an ihm vorbei zwängte sich ein Frauenkopf mit Kopftuch herein.
Noch ein Weilchen später lief ich durch den halbdunklen Korridor aus meinem Sprechzimmer in die Apotheke, um Zigaretten zu holen, und hörte flüchtig ein heiseres Flüstern: „Schlecht behandelt er. Ist noch jung. Verstehst du, ich hab einen Frosch im Hals, aber er kuckt und kuckt ... auf die Brust, den Bauch ... Ich hab alle Hände voll zu tun, und für das Krankenhaus geht ein halber Tag drauf. Bis ich zu Hause bin, ist es Nacht. Mein Gott! Mir tut der Hals weh, und er gibt mir ne Salbe für die Beine."
„Die nehmen sich keine Zeit für unsereins", bestätigte eine etwas klirrende Weiberstimme und verstummte plötzlich. Wie ein Gespenst war ich in meinem weißen Kittel vorbeigehuscht. Ich hielt es nicht aus und drehte mich um – und erkannte im Halbdunkel den Kinnbart wie aus Werg, die geschwollenen Lider und das Huhnauge. Auch die gefährlich heisere Stimme erkannte ich. Dann zog ich den Kopf ein, duckte mich wie ein Dieb, als wäre ich schuldig, und verschwand. Meine Seele hatte eine deutlich spürbare Schramme bekommen. Ich hatte Angst.
War wirklich alles umsonst?
Das konnte nicht sein! Einen Monat lang fahndete ich in jeder Sprechstunde morgens im Patientenbuch nach der Frau des aufmerksamen Zuhörers bei meinem Monolog über die Syphilis. Einen Monat wartete ich auf ihn. Beide blieben aus. Nach einem Monat erlosch er in meiner Erinnerung, beunruhigte mich nicht mehr, geriet in Vergessenheit.
Denn es kamen neue und immer neue Patienten, und jeder Arbeitstag in der vergessenen Einöde brachte mir erstaunliche Krankheitsfälle, böse Dinge, die mich zwangen, mir den Kopf zu zermartern, Hunderte Male verwirrt zu werden, meine Geistesgegenwart zurückzufinden und mich aufs Neue für den Kampf zu beflügeln.
Heute, viele Jahre später, weit weg von dem vergessenen Krankenhaus mit dem bröckelnden weißen Putz, muß ich manchmal an den sternbildartigen Ausschlag auf seiner

Brust denken. Wo mag er sein? Was macht er? Ach, ich weiß, ich weiß. Wenn er noch lebt, fahren er und seine Frau von Zeit zu Zeit zu dem baufälligen Krankenhaus. Sie klagen über Geschwüre an den Beinen. Ich stelle mir deutlich vor, wie er die Fußlappen abwickelt und auf Mitgefühl hofft. Und ein junger Arzt, männlich oder weiblich, in gestopftem weißen Kittel, beugt sich über die Beine, drückt mit dem Finger auf den Knochen oberhalb des Geschwürs, sucht nach den Ursachen. Findet sie und schreibt in das Buch: „Lues 3", dann fragt er, ob man ihm nicht eine schwarze Salbe verschrieben habe.

Und nun, da ich mich an ihn erinnere, erinnert er sich an mich, an das Jahr siebzehn, den Schnee vor dem Fenster und die sechs Päcken im Wachspapier, sechs nicht genutzte klebrige Klumpen.

„Doch, doch, er hat sie mir verschrieben", sagt er und guckt, aber schon ohne Ironie, mit schwarzer Sorge in den Augen. Der Arzt verschreibt ihm Jodkalium oder vielleicht ein anderes Mittel. Vielleicht wirft er wie ich einen Blick in das Nachschlagebuch ...

Ich grüße Sie, Collega!

„... außerdem, verehrte Gattin, bestelle einen herzlichen Gruß an Onkel Safron Iwanowitsch. Und dann, teure Gattin, fahre bitte zu unserm Arzt, zeig dich ihm, denn ich hab schon ein halbes Jahr die schlimme Krankheit Syphil. Als ich bei Dir war, hab ich mich nicht entdeckt. Laß Dich behandeln.

Dein Gatte A. Bukow."

Die junge Frau preßte einen Zipfel ihres Kopftuchs aus Baumwollflausch vor den Mund, setzte sich auf die Bank und erbebte weinend. Ihre blonden Locken, feucht von getautem Schnee, fielen ihr in die Stirn.

„Er ist ein Lump, ja?" schrie sie.

„Ja, ein Lump", bestätigte ich fest.

Dann kam das Schwerste und Quälendste. Ich mußte sie beruhigen, doch wie? Unter dem Stimmengewirr der ungeduldig draußen Wartenden flüsterten wir lange.

Tief in meiner Seele, die für menschliches Leid noch nicht

abgestumpft war, suchte ich nach warmen Worten. Vor allem gab ich mir Mühe, ihr die Angst zu nehmen. Ich sagte ihr, wir wüßten noch gar nichts, und sie dürfe bis zur Untersuchung nicht verzweifeln. Auch nach der Untersuchung habe das keinen Zweck. Ich erzählte ihr, mit welchem Erfolg wir die schlimme Krankheit Syphilis behandeln.

„Dieser Lump, dieser Lump." Die junge Frau schluchzte tränenerstickt.

„Er ist ein Lump", wiederholte ich.

Ziemlich lange überhäuften wir ihn mit Schimpfworten, den „teuren Gatten", der zu Hause gewesen und in die Stadt Moskau weitergereist war.

Endlich wurde das Gesicht der Frau trocken, es blieben nur die Flecke auf den Wangen und die geschwollenen Lider über den verzweifelten schwarzen Augen.

„Was mach ich bloß? Ich hab ja zwei Kinder", sagte sie mit trockener, erschöpfter Stimme.

„Abwarten, abwarten", murmelte ich, „das wird sich alles finden."

Ich rief die Hebamme Pelageja Iwanowna. Zu dritt schlossen wir uns im Untersuchungszimmer ein, wo es einen gynäkologischen Stuhl gab.

„Ach, dieser Halunke, dieser Halunke", zischte Pelageja Iwanowna durch die Zähne. Die Frau schwieg, ihre Augen waren wie zwei schwarze Löcher, sie starrte in die Dämmerung vor dem Fenster.

Es war eine der sorgfältigsten Untersuchungen meines Lebens. Pelageja Iwanowna und ich ließen keine Handbreit ihres Körpers aus. Und nirgends fand ich etwas Verdächtiges.

„Wissen Sie was?" sagte ich, und ich wünschte mir sehnlichst, daß meine Hoffnung mich nicht trog und der gefährliche Primäraffekt auch weiterhin ausblieb. „Wissen Sie was? Schluß mit der Aufregung! Es gibt Hoffnung. Hoffnung. Zwar kann noch alles geschehen, aber jetzt haben Sie nichts."

„Nichts?" fragte die Frau heiser. „Nichts?" Hoffnungsfünkchen blitzten in ihren Augen, und die Backenknochen liefen rosig an. „Und wenn es doch noch kommt?"

„Ich versteh das selber nicht", sagte ich halblaut zu Pelageja Iwanowna. „Nach dem, was sie erzählt hat, müßte sie sich angesteckt haben, aber sie hat nichts."
„Sie hat nichts", echote Pelageja Iwanowna.
Wir flüsterten noch ein Weilchen über verschiedene Fristen und intime Dinge, und die Frau bekam von mir den Auftrag, wieder ins Krankenhaus zu kommen.
Ich sah sie an und erkannte, daß sie in zwei Teile zerbrochen war. Hoffnung hatte sich in sie eingeschlichen und war gleich wieder gestorben. Sie schluchzte noch einmal und ging wie ein dunkler Schatten. Von nun an hing ein Schwert über ihr. Jeden Sonnabend erschien sie lautlos bei mir im Ambulatorium. Sie war sehr abgemagert, die Backenknochen traten schärfer hervor, die Augen waren eingesunken und von Schatten umrahmt. Konzentriertes Nachdenken hatte ihre Mundwinkel nach unten gezogen. Mit einer gewohnten Bewegung nahm sie das Tuch ab, dann gingen wir ins Untersuchungszimmer, wo wir sie zu zweit untersuchten. An den ersten drei Sonnabenden konnten wir an ihr nichts finden. Sie war ein wenig erleichtert. Lebendiger Glanz lag in ihren Augen, das Gesicht wurde lebendig, die Starre löste sich. Unsere Chancen wuchsen. Die Gefahr schwand dahin. Am vierten Sonnabend war ich meiner Sache schon sicher. Für den glücklichen Ausgang sprachen neunzig Prozent. Die einundzwanzigtägige Inkubationszeit war vorüber. Es blieb ein Rest von Wahrscheinlichkeit, daß sich der Primäraffekt mit großer Verspätung einstellte. Doch endlich war auch diese Zeit vorüber. Eines Tages warf ich den blanken Spiegel in die Schale, befühlte ein letztes Mal ihre Drüsen und sagte zu ihr:
„Sie sind außer Gefahr. Sie brauchen nicht mehr zu kommen."
„Es kann nichts mehr kommen?" fragte sie mit unvergeßlicher Stimme.
„Nein, nichts."
Ich bin unfähig, ihr Gesicht zu beschreiben. Ich erinnere mich nur, wie sie sich tief verbeugte und verschwand.
Sie kam übrigens noch einmal wieder. Mit einem Bündel in

der Hand – zwei Pfund Butter und zwei Dutzend Eier. Nach einem schrecklichen Kampf nahm ich beides nicht an. Und war sehr stolz darauf, wegen meiner Jugend. Später jedoch, als ich in den Revolutionsjahren hungern mußte, dachte ich noch so manchesmal an die Petroleumlampe, die schwarzen Augen und das goldene Stück Butter mit den Fingereindrükken und dem perlenden Tau.

Wie kommt es daß ich nach so vielen Jahren noch an die Frau denken muß, die zu vier Monaten Angst verurteilt war? Nicht von ungefähr. Die Frau war meine zweite Patientin auf diesem Gebiet, dem ich späterhin meine besten Jahre widmete. Der erste war der Mann mit dem sternbildartigen Ausschlag gewesen. Also, sie war die zweite und die einzige Ausnahme, denn sie hatte Angst gehabt. Die einzige in meiner Erinnerung, welche die von der Petroleumlampe beleuchtete Arbeit von uns vieren bewahrte (Pelageja Iwanowna, Anna Nikolajewna, Demjan Lukitsch und mir).

In der Zeit, in der ihre quälenden Sonnabende verstrichen, suchte ich wie in Erwartung der Todesstrafe nach „ihr". Die Herbstabende sind lang. Die Kachelöfen in der Arztwohnung waren heiß. Stille herrschte, und ich hatte das Gefühl, auf der ganzen Welt mit meiner Lampe allein zu sein. Irgendwo brodelte stürmisches Leben, doch vor meinen Fenstern peitschte, prasselte ein schräger Regen, der allmählich zu lautlosem Schnee wurde. Ich saß stundenlang und las in den Ambulatoriumsbüchern der letzten fünf Jahre. Tausende und Zehntausende von Namen und Dörfern zogen an mir vorüber. In diesen Kolonnen von Menschen suchte ich nach ihr und fand sie oft. Schriftzüge huschten vorüber, langweilig, schablonenhaft: „Bronchitis", „Laryngitis", andere … Aber da! „Lues 3". Aha … Daneben in schwungvoller Schrift von geübter Hand:

„Rp. Ung. hydrarg. ciner. 3,0 D. t. d."

Da war sie, die „schwarze" Salbe.

Wieder tanzten vor meinen Augen Bronchitis und Katarrhe, plötzlich erneut unterbrochen von „Lues".

Die meisten Eintragungen lauteten auf „Lues 2". Das dritte

Stadium kam seltener vor. Dann stand in der Spalte „Behandlung“ schwungvoll „Jodkalium“.
Je länger ich in den alten, schimmelig riechenden, auf dem Dachboden vergessenen Folianten des Ambulatoriums las, desto heller wurde es in meinem unerfahrenen Kopf. Ungeheuerliches ging mir auf.
Warum bitteschön fand ich nirgendwo Eintragungen über einen Primäraffekt? Es gab keine. Auf Tausende und aber Tausende Namen höchstens mal eine. Syphilis im zweiten Stadium gab es in endlosen Reihen. Was bedeutete das? Es bedeutete folgendes:
„Das bedeutet“, sagte ich im Schatten zu mir selbst und zu der Maus, die im Bücherregal des Schranks an alten Einbänden knusperte, „das bedeutet, daß sie hier keine Ahnung von der Syphilis haben und der Primäraffekt sie nicht erschreckt. Jawohl. Der verheilt ja dann. Eine Narbe bleibt ... Soso, und sonst nichts? Nein, sonst nichts! Und so entwickelt sich stürmisch das Sekundärstadium der Syphilis. Wenn der Hals weh tut und sich auf dem Körper nässende Knötchen zeigen, fährt er ins Krankenhaus, Semjon Chotow, zweiunddreißig Jahre alt, und sie geben ihm die graue Salbe. Aha!“
Der Lichtkreis lag auf dem Tisch, und die schokoladenbraune Frau im Aschbecher verschwand unter einem Berg Kippen
„Ich muß diesen Semjon Chotow finden. Hm ...“
Die gelb angehauchten Krankenblätter raschelten. Am 17. Juni 1916 hatte Semjon Chotow sechs Päckchen Quecksilbersalbe bekommen, die vor langer Zeit zu seiner Rettung erfunden worden war. Ich wußte, daß mein Vorgänger zu Semjon gesagt hatte, als er ihm die Salbe gab:
„Semjon, wenn du die Einreibungen gemacht hast, wäschst du dich und kommst wieder. Hörst du, Semjon?“
Semjon verbeugte sich natürlich und dankte mit heiserer Stimme. Sehen wir mal nach: So zehn oder zwölf Tage danach müßte Semjon wieder im Buch stehen. Schauen wir, schauen wir ... Qualm, die Blätter rascheln. Doch nein, kein Semjon! Nicht nach zehn Tagen und nicht nach zwanzig, überhaupt nicht mehr. Ach, armer Semjon Chotow! Also

war der marmorartige Ausschlag verschwunden, so wie die Sterne gegen Morgen verschwinden, und die Kondylome waren abgetrocknet. Sterben mußte Semjon, wirklich, sterben. Vielleicht sehe ich diesen Semjon noch mit Gummiknoten in meiner Sprechstunde. Ob sein Nasenbein noch heil ist? Ob seine Pupillen noch gleich sind? Armer Semjon!

Aber da, nicht Semjon, sondern Iwan Karpow. Kein Wunder. Warum sollte Iwan Karpow nicht erkranken? Ja, aber Moment mal, warum wurde ihm das Kalomel mit Milchzukker in kleiner Dosis verschrieben? Darum: Iwan Karpow war zwei Jahre alt! Und hatte „Lues 2"! Die verhängnisvolle Zwei! Von Sternen übersät, war er hergebracht worden. Auf den Armen der Mutter wehrte er sich strampelnd gegen die zugreifenden Hände des Arztes. Alles klar.

Ich weiß, ich errate, ich habe begriffen, wo der zweijährige Junge den Primäraffekt hatte, ohne den es kein zweites Stadium gibt. Im Mund! Er hatte sich am Löffelchen infiziert. Hilf mir, Einöde! Hilf mir, Stille des dörflichen Hauses! Ja, viel Interessantes kann ein altes Patientenbuch einem jungen Arzt erzählen.

Über Iwan Karpow stand:

„Awdotja Karpowa, dreißig Jahre."

Wer ist sie? Ach so. Sie ist Iwans Mutter. In ihren Armen hat er geweint.

Unter Iwan Karpow stand:

„Awdotja Karpowa, acht Jahre."

„Und wer ist das? Die Schwester! Kalomel ..."

Die Familie ist beisammen. Eine Familie. Es fehlt nur einer, Karpow, fünfunddreißig bis vierzig Jahre alt. Und man weiß nicht, wie er gerufen wird – Sidor, Pjotr ... Oh, das ist unwichtig.

„... teure Gattin ... böse Krankheit Syphil ..."

Da ist das Dokument. Im Kopf wird es hell. Ja, sicherlich ist er von der verdammten Front gekommen und hat sich „nicht entdeckt", hat vielleicht nicht einmal gewußt, daß er sich hätte entdecken müssen. Ist wieder abgereist. Und hier ging es los. Nach Awdotja Maria, nach Maria Iwan. Die gemeinsame Schüssel mit Kohlsuppe, das Handtuch ...

Und noch eine Familie. Und noch eine. Da, ein alter Mann, siebzig Jahre. „Lues 2". Ein alter Mann. Was hast du dir zuschulden kommen lassen? Nichts. Die gemeinsame Schüssel! Asexuell, asexuell. Das Licht ist hell. Hell und weißlich, ein früher Dezembermorgen. Also habe ich meine ganze einsame Nacht über den Eintragungen und den großartigen deutschen Fachbüchern mit den bunten Bildern versessen. Gähnend ging ich ins Schlafzimmer und murmelte:
„Ich werde mir ‚ihr' kämpfen."

Um mit ihr zu kämpfen, muß man sie sehen. Sie zögerte nicht. Die Schlittenwege waren schon fest, und es kam vor, daß täglich hundert Menschen meine Sprechstunde besuchten. Der Tag fing trübweiß an und endete mit der schwarzen Finsternis vor den Fenstern, in der geheimnisvoll, mit leisem Knirschen die letzten Schlitten verschwanden.
Sie zeigte sich mir vielfältig und hinterlistig. Mal als weißlicher Ausschlag im Hals eines halbwüchsigen Mädchens. Mal in Form von Säbelbeinen. Mal in Form von eingesunkenen schlaffen Geschwüren an den gelben Beinen einer Greisin. Mal in Form von nässenden Knötchen am Körper einer blühenden Frau. Manchmal thronte sie stolz auf einer Stirn, als halbmondförmige Venuskrone. Sie erschien als Strafe für die Unwissenheit der Väter an Kindern in Form von Nasen, die wie ein Kosakensattel aussahen. Aber sie glitt manchmal auch unbemerkt an mir vorbei. Ach, ich kam ja eben erst von der Schulbank!
All das begriff mein Verstand in der Einsamkeit. Irgendwo war sie versteckt, in den Knochen und im Gehirn.
Ich erfuhr viel.
„Ich sollte damals Einreibungen machen."
„Mit schwarzer Salbe?"
„Ja, Väterchen, mit schwarzer Salbe."
„Über Kreuz? Heute den Arm, morgen das Bein?"
„Aber ja. Woher weißt du das, Väterchen?" (Schmeichelhaft.)
Wie sollte ich nicht? Ach, wie sollte ich nicht. Da ist sie, die Gummigeschwulst!

„Hast du eine böse Krankheit gehabt?"
„Ich bitte Sie! So was hat's bei mir nie gegeben."
„Soso ... Hat dir der Hals weh getan?"
„Der Hals ja. Der hat weh getan. Letztes Jahr."
„Soso ... Und hat dir Leonti Leontjewitsch eine Salbe gegeben?"
„Aber ja! Schwarz wie ein Stiefel."
„Schlecht hast du dich eingerieben, mein Bester, ach, schlecht!"
Ich verbrauchte unzählige Kilo von der grauen Salbe. Ich verschrieb sehr viel Jodkalium, und ich sprudelte viele leidenschaftliche Worte hinaus. Ein paar Patienten kamen nach den ersten sechs Einreibungen wieder. Bei einigen konnte ich, wenn auch zumeist unvollständig, die ersten Injektionsreihen durchführen. Aber der größte Teil rann mir durch die Finger wie Sand in einer Sanduhr, und ich fand die Leute in der verschneiten Finsternis nicht wieder. Ach, ich überzeugte mich davon, daß die Syphilis hier dadurch furchteinflößend war, daß sie keine Furcht einflößte. Darum habe ich am Anfang dieser Erinnerung das Beispiel der Frau mit den schwarzen Augen angeführt. Ich gedachte ihrer mit warmer Hochachtung wegen ihrer Furcht. Aber es war nur eine!

Ich wurde zum Mann, ich gewann Konzentration, war manchmal finster. Ich träumte von dem Ende meiner Frist, dann würde ich in die Universitätsstadt zurückkehren, und mein Kampf würde leichter sein.
An einem dieser düsteren Tage erschien in meiner Sprechstunde eine sehr schöne junge Frau. Im Arm hielt sie ein vermummtes Kind, und zwei weitere Kinder, stolpernd und sich verheddernd in ihren viel zu großen Filzstiefeln, hielten sich an ihrem blauen Rock fest, der unter ihrem Halbpelz hervorsah.
„Die Kinder haben Ausschlag", sagte das rotwangige Frauchen gewichtig.
Behutsam berührte ich die Stirn des Mädchens, das sich an ihrem Rock festhielt. Es verschwand spurlos in den Rockfal-

ten. Den ungewöhnlich dickbäckigen Wanka fischte ich an der anderen Seite aus ihrem Rock. Berührte auch seine Stirn. Beide waren nicht heiß. Normal.
„Mach das Kind frei, meine Liebe."
Sie wickelte das kleine Mädchen aus. Das nackte Körperchen sah so aus wie der Himmel in einer frostklaren Nacht. Von Kopf bis Fuß Flecke der Roseola und nässende Knötchen. Wanka brüllte und strampelte. Demjan Lukitsch kam und half mir.
„Eine Erkältung?" fragte die Mutter mit ruhigem Blick.
„Von wegen Erkältung", knurrte Demjan Lukitsch und verzog mitleidig und angewidert den Mund. „Der ganze Kreis Korobowo ist bei denen so erkältet."
„Wovon kommt das denn?" fragte die Mutter, während ich ihre fleckigen Hüften und Brüste betrachtete.
„Zieh dich wieder an", sagte ich.
Dann setzte ich mich an den Schreibtisch, legte den Kopf in die Hand und gähnte (sie war eine der letzten an diesem Tag, hatte die Nummer 98). Dann sagte ich:
„Meine Liebe, du hast eine ‚böse Krankheit' und deine Kinder auch. Eine gefährliche, schreckliche Krankheit. Ihr alle müßt euch jetzt behandeln lassen, und das wird lange dauern."
Wie schade, daß sich das Mißtrauen in den vorstehenden hellblauen Weiberaugen mit Worten schwer beschreiben läßt. Sie drehte ihren Säugling in den Händen wie ein Holzscheit, guckte stumpf auf seine Beinchen und fragte:
„Wovon kommt das?"
Mit schiefem Mund lachte sie auf.
„Das ist nicht interessant", entgegnete ich und zündete mir die fünfzigste Zigarette an diesem Tag an. „Frag mich lieber, was aus den Kindern wird, wenn du sie nicht behandeln läßt."
„Was schon? Gar nichts", antwortete sie und wickelte das Kind wieder in seine Windeln.
Vor meinen Augen lag die Uhr auf dem Tisch. Ich erinnere mich, daß ich nicht länger als drei Minuten sprach, da brach das Weib in Schluchzen aus. Ich war sehr froh über ihre

Tränen, denn nur sie, ausgelöst durch meine absichtlich harten und verängstigenden Worte, machten das weitere Gespräch möglich.
„Also, ihr bleibt alle hier. Demjan Lukitsch, Sie bringen sie im hinteren Gebäude unter. Die Typhuskranken versorgen wir im zweiten Saal. Morgen fahre ich in die Stadt und hole mir die Erlaubnis, eine stationäre Syphilitikerabteilung einzurichten."
In den Augen des Feldschers blitzte lebhaftes Interesse.
„Ich bitte Sie, Doktor!" erwiderte der große Skeptiker. „Wie sollen wir allein damit fertig werden? Und die Präparate? Wir haben auch nicht genug Pflegerinnen. Wer macht das Essen? Und das Geschirr, die Spritzen?"
Aber ich schüttelte stumpf, hartnäckig den Kopf und sagte: „Ich setze es durch."

Ein Monat verging ...
In drei Zimmern des verschneiten hinteren Gebäudes brannten Lampen mit Blechschirm. Die Bettwäsche war zerrissen. Ich hatte nur zwei Spritzen, eine kleine Eingramm- und eine Fünfgrammspritze. Kurz und gut, es herrschte eine klägliche, schneeverwehte Armut. Aber ... Da lag stolz, für sich, die Spritze, mit der ich, vor Angst vergehend, schon mehrmals die für mich neuen, noch rätselhaften und schwierigen Salvarsan-Injektionen vorgenommen hatte.
Überdies war ich innerlich bedeutend ruhiger. In dem Gebäude lagen sieben Männer und fünf Frauen, und mit jedem Tag schwand vor meinen Augen der sternbildartige Ausschlag.
Es war Abend. Demjan Lukitsch hielt die kleine Lampe und beleuchtete den schüchternen Wanka. Sein Mund war mit Grießbrei verschmiert. Aber er hatte keine Sterne mehr. Alle vier gingen an dem Lämpchen vorbei und schmeichelten meinem Gewissen.
„Morgen will ich raus", sagte die Mutter und knöpfte ihre Bluse zu.
„Nein, das geht noch nicht", antwortete ich, „du mußt noch eine Injektionsreihe durchhalten."

„Ich bin nicht einverstanden“, antwortete sie, „zu Haus hab ich alle Hände voll zu tun. Für die Hilfe meinen Dank, aber morgen entlassen Sie uns. Wir sind schon gesund.“
Das Gespräch flammte auf wie ein Lagerfeuer und endete so:
„Du … damit du’s weißt“, sagte ich und spürte, wie ich rot anlief, „damit du’s weißt, du bist eine dumme Gans!“
„Was schimpfst du so? Was ist das für eine Art zu schimpfen?“
„Genügt es etwa, dich ‚dumme Gans‘ zu schimpfen? Du bist keine dumme Gans, sondern … sondern … Sieh dir doch Wanka an! Wieso willst du ihn zugrunde richten? Das erlaube ich dir nicht!“
Sie blieb noch zehn Tage.
Zehn Tage. Länger hätte niemand sie halten können. Das garantiere ich Ihnen. Aber glauben Sie mir, mein Gewissen war ruhig, und sogar die „dumme Gans“ machte mir keine Sorgen. Ich bereue es nicht. Was war mein Schimpfen gegen den sternbildartigen Ausschlag!

Also, seitdem sind Jahre vergangen. Das Schicksal und die stürmischen Jahre haben mich längst von dem schneeverwehten Ambulatorium getrennt. Was und wer mag jetzt dort sein? Ich glaube, es ist besser als damals. Das Gebäude ist vielleicht geweißt und die Wäsche neu. Strom gibt es natürlich nicht. Möglicherweise beugt sich jetzt, da ich diese Zeilen schreibe, ein junger Kopf über die Brust eines Patienten. Die Petroleumlampe wirft ihr gelbliches Licht auf die gelbliche Haut …
Grüß dich, Collega!

1926

Boheme

Wie man mit Hilfe der Literatur existiert

1 Auf einem Stück reitend nach Tiflis

Ich sage es vor Gottes Angesicht: Wenn mich jemand fragt, was ich verdiene – ich verdiene Zwangsarbeit.
Übrigens nicht wegen Tiflis, in Tiflis habe ich nichts Schlechtes getan. Nein, wegen Wladikawkas.
Ich verbrachte meine letzten Tage in Wladikawkas, und das drohende Gespenst des Hungers (Klischee! Klischee! Das „drohende Gespenst" ... Aber wenn schon. Diese Aufzeichnungen werden nie ans Licht gelangen!), also, das drohende Gespenst des Hungers klopfte an meine bescheidene Wohnung, die ich zugewiesen bekommen hatte. Nach dem Gespenst klopfte der Rechtsanwalt Gensulajew, eine lichte Persönlichkeit mit bürstenartig gestutztem Schnurrbart und strahlendem Gesicht.
Zwischen uns kam es zu einem Gespräch. Ich zitiere es hier stenographisch.
„Sie sehen ja so miesepetrig aus?" (Gensulajew)
„Ich muß vor Hunger sterben in Ihrem lausigen Wladikawkas."
„Das läßt sich nicht bestreiten. Wladikawkas ist eine lausige Stadt. Eine lausigere gibt's auf der ganzen Welt nicht. Aber wieso sterben?"
„Was anderes bleibt mir nicht übrig. Ich habe alle Möglichkeiten ausgeschöpft. Die Unterabteilung Kunst hat kein Geld und zahlt kein Gehalt. Die einleitenden Worte vor den Theateraufführungen fallen weg. Ein Feuilleton von mir ist in der hiesigen Wladikawkaser Zeitung abgedruckt worden, dafür bekam ich 1200 Rubel und die Zusage, mich in die Sonderabteilung zu stecken, wenn ich noch einmal etwas wie dieses Feuilleton veröffentliche."
„Weswegen denn?" (Gensulajew war erschrocken. Verständlich. Wenn sie mich einstecken wollen, muß ich verdächtig sein.)
„Wegen Verächtlichmachung."

„Ach was, Unsinn. Die verstehen hier einfach nichts von Feuilletons. Wissen Sie was ..."
Und nun tat Gensulajew folgendes: Er stiftete mich an, gemeinsam mit ihm ein revolutionäres Stück aus dem hiesigen Alltagsleben zu schreiben. Aber ich verleumde Gensulajew. Er brachte mich nur auf die Idee, und ich willigte aus jugendlicher Unerfahrenheit ein. Was versteht Gensulajew vom Stückeschreiben? Natürlich rein gar nichts. Er gestand mir auch gleich, daß er die Literatur aufrichtig haßt, was in mir eine Explosion von Sympathie für ihn auslöste. Ich hasse die Literatur auch – noch viel mehr als Gensulajew, das können Sie mir glauben. Aber Gensulajew kennt das hiesige Alltagsleben aus dem Effeff, wenn man unter Alltagsleben das Frühstücken in den Schaschlykbuden vor dem Hintergrund der widerlichsten Berge auf der Welt, Dolche aus minderwertigem Stahl, sehnige Gäule, Garküchen und scheußliche, magenumdrehende Musik versteht.
Soso, also ich soll schreiben, und Gensulajew steuert das Alltagsleben bei.
„Idioten sind die, wenn sie das Stück kaufen."
„Idioten sind wir, wenn wir das Stück nicht verkaufen."
Wir schrieben das Stück in siebeneinhalb Tagen, brauchten also dafür anderthalb Tage mehr als Gott für die Erschaffung der Welt. Trotzdem geriet das Stück noch schlechter als die Welt.
Eines kann ich sagen: Wenn es einmal einen Wettbewerb um das sinnloseste, stümperhafteste und dreisteste Stück geben sollte, bekommt unseres den ersten Preis. (Obwohl, ich weiß nicht, ich weiß nicht ... Wenn ich so an einige Stücke der Jahre 1921 bis 1924 denke, kommen mir Zweifel!) Nur, wenn nicht den ersten, so doch den zweiten oder dritten.
Kurz und gut, nach dem Schreiben dieses Stücks trage ich ein Schandmal, und das einzige, worauf ich hoffe, ist, daß das Stück inzwischen in den Tiefen der hiesigen Unterabteilung Kunst vermodert ist. Die Quittung, zum Teufel mit ihr, kann bleiben. Sie lautet auf 200 000 Rubel. Hundert für mich, hundert für Gensulajew. Das Stück wurde dreimal gespielt (ein Rekord), und die Autoren wurden auf die Bühne

gerufen. Gensulajew trat vor und verbeugte sich, die Hand am Schlüsselbein. Auch ich trat vor und schnitt Grimassen, damit mein Gesicht auf dem Foto nicht zu erkennen wäre (die Szene wurde mit Magnesiumblitz aufgenommen). Infolge dieser Grimassen verbreitete sich in der Stadt das Gerücht, ich wäre genial, aber wahnsinnig. Das kränkte mich, besonders weil die Grimassen überflüssig waren, denn geknipst hatte uns ein für das Theater zwangsverpflichteter Fotograf, darum war auf dem Bild nichts zu erkennen außer einem Gewehr, der Schrift „Es lebe ..." und einem Nebelstreifen.
Siebentausend Rubel aß ich in zwei Tagen auf, für die restlichen dreiundneunzigtausend beschloß ich Wladikawkas zu verlassen.

Warum? Warum ausgerechnet nach Tiflis? Und wenn ihr mich totschlagt, ich weiß es nicht. Obwohl ich mich erinnere: Es wurde erzählt, daß
1. in Tiflis alle Läden offen seien,
2. es in Tiflis Wein gebe,
3. es in Tiflis sehr heiß und das Obst billig sei,
4. es in Tiflis viele Zeitungen gebe usw. usw.
Ich beschloß also zu fahren. Vorher mußte ich meine Habseligkeiten packen – eine Decke, ein wenig Wäsche und den Petroleumkocher.
Im Jahre 1921 ging es etwas anders zu als 1924. Es war unmöglich, einfach so irgendwohin zu fahren! Offensichtlich urteilten diejenigen, die über die Reisen der Bürger befanden, ungefähr folgendermaßen: „Wenn jeder anfängt zu reisen, wo soll das hinführen?"
Also mußte man sich zunächst mal eine Genehmigung holen. Ich reichte unverzüglich meinen Reiseantrag bei der zuständigen Stelle ein und schrieb in die Spalte mit der Frage „Weshalb willst du reisen?" stolz hinein: „Nach Tiflis, um mein revolutionäres Stück aufzuführen."
In ganz Wladikawkas gab es nur einen einzigen Menschen, der mich nicht von Angesicht kannte, und ausgerechnet dieser wackere Jüngling stand, eine Pistole an der Hüfte, wie

angenagelt vor dem Tisch, an dem die Reisegenehmigungen nach Tiflis ausgegeben wurden.
Als ich an der Reihe war und die Hand ausstreckte, stoppte sie der Jüngling auf halbem Wege und sagte mit klangvoller, unbeugsamer Stimme: „Weswegen wollen Sie fahren?"
„Um mein revolutionäres Stück aufzuführen."
Da steckte der Jüngling meine Reisegenehmigung in einen Umschlag, versiegelte diesen und händigte ihn mitsamt meiner Person einem Mann mit Gewehr aus, dazu sprach er: „In die Sonderabteilung."
„Weswegen?" fragte ich.
Worauf der Jüngling keine Antwort gab.
Eine grelle Sonne (das einzig Gute an Wladikawkas) schien auf mich herunter, während ich die Straße entlangging, links von mir der Mann mit dem Gewehr. Er wollte mich durch ein Gespräch zerstreuen und sagte: „Wir gehen jetzt gleich über den Markt. Komm ja nicht auf die Idee zu fliehen. Sonst geht's dir schlecht."
„Selbst wenn Sie mich darum bitten, ich fliehe nicht", antwortete ich völlig aufrichtig.
Und bot ihm eine Papirossa an.
Wie gute Freunde miteinander rauchend, gelangten wir in die Sonderabteilung. Während wir den Hof überquerten, rief ich mir flüchtig alle meine Verbrechen in Erinnerung. Es waren drei.
1. 1907 hatte ich zwei Rubel fünfzig Kopeken bekommen, um mir das Physikbuch von Krajewitsch zu kaufen, und das Geld fürs Kino ausgegeben.
2. 1913 hatte ich gegen den Willen meiner Mutter geheiratet.
3. 1921 hatte ich das berühmte Feuilleton geschrieben.
Das Stück? Erlauben Sie mal, vielleicht war das Stück gar kein Kriminalverbrechen? Im Gegenteil.
Für Leute, die noch nie in der Sonderabteilung waren: ein großes Zimmer, auf dem Fußboden ein Teppich, ein unwahrscheinlich riesiger Schreibtisch, acht Telefonapparate verschiedener Konstruktion mit grüner, orangefarbener

und grauer Schnur und hinter dem Schreibtisch ein kleiner Mann in Militäruniform mit sehr sympathischem Gesicht.
Dichte Kastanienkronen von den offenen Fenstern. Der Mann am Schreibtisch wollte bei meinem Anblick sein freundliches Gesicht in ein unfreundliches und unsympathisches verwandeln, was ihm jedoch nur zur Hälfte gelang. Er entnahm der Schreibtischschublade eine Fotografie und betrachtete abwechselnd mich und sie.
„Nein, das bin ich nicht", sagte ich hastig.
„Ein Schnurrbart läßt sich abrasieren", entgegnete er nachdenklich.
„Ja, aber sehen Sie doch mal genau hin", sagte ich, „der da ist schwarz wie Schuhwichse und um die Fünfundvierzig. Ich bin blond und achtundzwanzig."
„Gefärbt?" sagte der Kleine unsicher.
„Und die Glatze? Außerdem, sehen Sie sich doch die Nase an, ich beschwöre Sie."
Der Kleine musterte meine Nase. Verzweiflung bemächtigte sich seiner.
„Stimmt. Nicht ähnlich."
Nun entstand eine Pause. Ein Sonnenpünktchen wurde in dem Tintenfaß geboren.
„Sind Sie Buchhalter?"
„Gott bewahre."
Pause. Die Kronen der Kastanien. Die Stuckdecke. Amoretten.
„Weswegen wollen Sie nach Tiflis? Antworten Sie schnell und ohne zu überlegen", ratterte der Kleine.
„Um mein revolutionäres Stück aufzuführen" ratterte ich zurück.
Der Kleine sperrte den Mund auf, prallte zurück und lief rot an.
„Sie schreiben Stücke?"
„Ja. Manchmal."
„Sieh mal an. Haben Sie ein gutes Stück geschrieben?"
In seinem Ton war etwas, was jedes Menschenherz hätte rühren können, nur nicht das meine. Ich sagte ja schon, daß ich

Zwangsarbeit verdiene. Mit gesenktem Blick antwortete ich: „Ja, ein gutes."
Ja. Ja. Ja. Dies ist mein viertes Verbrechen und mein schwerstes dazu. Um vor der Sonderabteilung sauber zu bleiben, hätte ich antworten müssen: „Nein. Es ist kein gutes Stück. Es ist Mist. Ich möchte nur sehr gern nach Tiflis."
Ich betrachtete die Spitzen meiner zerrissenen Stiefel und schwieg. Zu mir kam ich, als mir der Kleine eine Papirossa und meine Reisegenehmigung überreichte.
Dann sagte er zu dem Mann mit dem Gewehr: „Führe den Schriftsteller hinaus."

Sonderabteilung! Vergiß es! Du siehst ja, ich habe gestanden. Ich habe die Last dreier Jahre abgeworfen. Was ich in der Sonderabteilung getan habe, ist für mich schlimmer als Sabotage, Konterrevolution und Verbrechen im Amt.
Aber vergiß es!

2 Ewige Wanderer

1924 soll es einfach gewesen sein, von Wladikawkas nach Tiflis zu reisen: Man mietete in Wladikawkas ein Automobil und fuhr die Georgische Heerstraße entlang, die ungewöhnlich schön ist. Und auf der es ganze 210 Werst sind. Aber 1921 war das Wort „mieten" in Wladikawkas ein Fremdwort.
Gereist wurde folgendermaßen: Man ging mit Decke und Petroleumkocher zum Bahnhof, wanderte die Gleise entlang und betrachtete die endlosen Güterzüge. Als ich mir den Schweiß abwischte, sah ich auf Gleis sieben vor einem offenen Güterwaggon einen Mann mit Nachtpantoffeln und einem Fächer von Bart. Er spülte seinen Teekessel aus und sagte immer wieder das Wort „Baku".
„Nehmen Sie mich mit", bat ich.
„Nein", antwortete der Bärtige.
„Bitte, ich muß mein revolutionäres Stück aufführen", sagte ich.

„Nein.“
Der Bärtige stieg über ein Brett mit seinem Teekessel in den Waggon. Ich setzte mich neben den heißen Schienen auf meine Decke und zündete mir eine Papirossa an. Zwischen den Waggons strömte Gluthitze auf mich zu, und ich trank Wasser aus einem Hahn gleich neben dem Gleis. Dann setzte ich mich wieder hin und fühlte, was für eine Fieberhitze von dem Waggon ausging. Der Bärtige guckte heraus.
„Was für ein Stück?“ fragte er.
„Hier.“
Ich wickelte die Decke auseinander und holte das Stück heraus.
„Selber geschrieben?“ fragte der Besitzer des Güterwaggons ungläubig.
„Mit Gensulajew.“
„Kenn ich nicht.“
„Ich muß hier weg.“
„Wenn die beiden nicht kommen, nehm ich dich vielleicht mit. Aber eine Pritsche kriegst du nicht. Ihr müßt nicht glauben, ihr könnt Ansprüche stellen, bloß weil ihr ein Stück geschrieben habt. Die Fahrt dauert lange, und wir sind von der Politaufklärung.“
„Ich stelle keine Ansprüche“, sagte ich und spürte ein Wehen von Hoffnung in der schwimmenden Hitze. „Ich kann auf dem Fußboden schlafen.“
Der Bärtige, der auf einer Pritsche saß, sagte: „Haben Sie keinen Mundvorrat?“
„Ein bißchen Geld hab ich.“
Der Bärtige überlegte.
„Also ... Ich trag Sie in unsere Verpflegungsliste ein. Sie müssen aber an unserer Zeitung mitarbeiten. Was können Sie schreiben?“
„Alles, was Sie wollen“, versicherte ich, nahm die Ration entgegen und biß ab.
„Auch ein Feuilleton?“ fragte er, und es war ihm anzusehen, daß er mich für einen Schwindler hielt.
„Feuilletons sind meine Spezialität.“

Im Schatten der Pritsche erschienen drei Gesichter und ein Paar bloße Füße. Alle sahen mich an.
„Fjodor! Hier auf der Pritsche ist noch ein Platz frei. Stepanow kommt nicht, der Hundesohn“, sagten die bloßen Füße im Baß. „Ich nehme den Genossen Feuilletonisten mit.“
„Schön, laß ihn rein“, sagte der bärtige Fjodor verwirrt. „Was für ein Feuilleton werden Sie schreiben?“
„Ewige Wanderer.“
„Und wie fängt das an?“ fragte die Pritsche. „Aber kommen Sie doch rein, Tee trinken.“
„Sehr gut, ewige Wanderer“, sagte Fjodor und zog die Stiefel aus. „Wenn Sie das mit dem Feuilleton gleich gesagt hätten, brauchten Sie nicht zwei Stunden auf der Schiene zu sitzen. Kommen Sie rein.“

Ein gewaltiger, wunderschöner Abend löst in Wladikawkas den glühendheißen Tag ab. Die Ränder des Abends sind die blauen Berge. Über ihnen abendlicher Dunst. Der Boden der Schale ist die Ebene. Über den Boden rollen ratternd die Räder. Ewige Wanderer. Leb wohl für immer, Gensulajew. Leb wohl, Wladikawkas!

1925

Eine Erinnerung

Viele, sehr viele Menschen haben Erinnerungen an Wladimir Iljitsch Lenin. Ich habe eine. Sie sitzt fest in mir, und ich kann mich nicht von ihr trennen. Wie sollte ich auch, wenn ich Abend für Abend, kaum daß sich die grauen Heizungsrohre mit Wärme füllen, die wie eine angenehme Welle durchs Zimmer strömt, das gelbe Blatt meiner berühmten Eingabe vor mir sehe und die abgewetzte Jacke von Nadeshda Krupskaja.
Wie sollte ich auch, wenn ich Abend für Abend, kaum daß die Glühfäden der Fünfzigwattbirne aufleuchten, im grünen

Schatten des Lampenschirms schreiben und lesen kann und es warm habe und mir keine Gedanken darüber machen muß, daß es draußen windig und kalt ist, achtzehn Grad Frost.
Kann ich mich von dieser Erinnerung trennen, wenn ich, kaum daß ich den Kopf hebe, über mir die Decke sehe? Freilich ist es eine scheußliche Decke – niedrig, rissig und verräuchert, aber es ist eine Decke und nicht der blaue Sternenhimmel über dem Pretschistenski-Boulevard, und dort herrschen, nach präzisen Angaben der Wissenschaft, nicht achtzehn, sondern zweihunderteinundsiebzig Grad, alle unter Null. Um aber meine literarische Arbeit zu unterbrechen, bedarf es einer deutlich geringeren Zahl von Graden. Ich habe unter den schwarzen Girlanden der Spinnengewebe zwölf Grad über Null, ich habe Licht und Bücher und die Einweisung der Hausverwaltung. Das bedeutet, ich werde so lange existieren wie das Haus. Wenn es keinen Brand gibt und ich am Leben bleibe.
Aber ich will der Reihe nach erzählen.
Er war Ende 1921. Ich kam in Moskau an. Die Reise selbst machte mir keine besonderen Schwierigkeiten, denn mein Gepäck war klein. Alle meine Habe fand in einem Handköfferchen Platz. Außerdem trug ich um die Schultern einen Schafpelz. Beschreiben will ich ihn nicht, um nicht beim Leser den Abscheu zu wecken, der mich bis heute peinigt bei der Erinnerung an dieses zottige Lumpending.
Es genügt, wenn ich sage, daß ich bei meinem ersten Gang durch die Twerskaja-Straße sechsmal hinter mir begeistertes Flüstern hörte:
„Donnerwetter, ist das ein Pelz!"
Zwei Tage lang lief ich in Moskau herum, und stellen Sie sich vor, ich fand eine Stellung. Sie war nicht besonders glänzend, aber auch nicht schlechter als andere: Man bekam hier wie überall Graupen, und das Gehalt für August wurde im Dezember bezahlt. Ich nahm die Arbeit auf.
Und nun erhob sich in schweinischer Nacktheit vor mir das Problem … des Zimmers. Der Mensch braucht ein Zimmer. Ohne Zimmer kann er nicht leben. Mein Schafpelz ersetzte

mir Mantel, Zudecke, Bett und Tischtuch. Aber er ersetzte mir nicht das Zimmer. Der Koffer auch nicht. Er war zu klein. Und nicht heizbar. Außerdem empfand ich es als unanständig, als arbeitender Mensch in einem Koffer zu wohnen.

Ich begab mich zum Wohnungsamt und stand sechs Stunden Schlange. Zu Beginn der siebten Stunde betrat ich im Schwanz der Schlange mit Leuten wie mir ein Amtszimmer, wo mir gesagt wurde, ich könne in zwei Monaten ein Zimmer erhalten.

Zwei Monate, das sind ungefähr sechzig Nächte, und es interessierte mich sehr, wo ich sie verbringen würde. Fünf dieser Nächte konnte ich im übrigen streichen, denn ich hatte in Moskau fünf Familien, die ich kannte. Zweimal schlief ich auf einem Sofa in der Diele, zweimal auf Stühlen und einmal auf einem Gasherd. Die sechste Nacht aber mußte ich auf dem Pretschistenski-Boulevard verbringen. Er ist sehr schön, dieser Boulevard, aber nächtigen kann man dort im November höchstens einmal. Davon kann sich jeder, der es möchte, leicht überzeugen. Früh am Morgen, kaum daß der Himmel über den gewaltigen Kuppeln verfahlte, nahm ich mein mit silbrigem Reif überzogenes Köfferchen und begab mich zum Brjansker Bahnhof. Das einzige, was ich nach der Übernachtung auf dem Boulevard noch wollte, war Moskau zu verlassen. Ohne jegliches Bedauern verzichtete ich auf meine gelblichen Graupen im Beutel und das Novembergehalt, das ich im Februar bekommen sollte. Kuppeln, Dächer, Fenster und die Moskauer Menschen waren mir verhaßt, und ich ging zum Brjansker Bahnhof.

Hier widerfuhr mir etwas, was man nur als Wunder bezeichnen kann. Vor dem Brjansker Bahnhof traf ich einen Freund. Ich hatte ihn für tot gehalten.

Aber er war nicht tot, er lebte in Moskau und hatte ein Einzelzimmer. Oh, mein bester Freund! Eine Stunde später war ich bei ihm im Zimmer.

Er sagte:

„Übernachten kannst du. Aber eintragen werden sie dich nicht.“

Nachts übernachtete ich, am Tag aber ging ich in die Hausverwaltung und bat, mich zum Zusammenwohnen mit meinem Freund einzutragen.
Der Vorsitzende der Hausverwaltung, ein samowarroter dikker Mensch mit Schaffellmütze und Schaffellkragen, saß, die Ellbogen breit aufgestützt, da und betrachtete mit kupfernen Augen die Löcher meines Pelzmantels. Die Mitglieder der Hausverwaltung, Schaffellmützen auf dem Kopf, umstanden ihren Anführer.
„Bitte, tragen Sie mich ein", sagte ich, „der Besitzer des Zimmers hat nichts dagegen, daß ich sein Zimmer mitbewohne. Ich bin sehr leise. Ich werde niemand stören. Ich werde weder saufen noch hämmern …"
„Nein", antwortete der Vorsitzende, „ich trage Sie nicht ein. Es steht Ihnen nicht zu, in diesem Haus zu wohnen."
„Aber wo soll ich wohnen?" fragte ich. „Wo? Ich kann doch nicht auf dem Boulevard wohnen."
„Das ist nicht mein Problem", antwortete der Vorsitzende.
„Sausen Sie ab wie ein Sektkorken!" schrien die Spießgesellen des Vorsitzenden mit ehernen Stimmen.
„Ich bin kein Sektkorken … ich bin kein Sektkorken", murmelte ich verzweifelt, „wohin soll ich absausen? Ich bin ein Mensch."
Verzweiflung nagte an mir.
So ging es fünf Tage lang, und am sechsten Tag erschien ein lahmer Mann mit einer Petroleumkanne in der Hand und sagte, wenn ich nicht morgen von selbst ginge, werde die Miliz mich abführen.
Ich verfiel in rasende Wut.

In der Nacht zündete ich eine dicke Hochzeitskerze an, um die sich eine goldene Spirale wand. Die Elektrizität war schon eine Woche kaputt, und mein Freund beleuchtete sich mit den Kerzen, in deren Schein seine Tante ihr Herz in die Hand seines Onkels überantwortet hatte. Die Kerze weinte Wachstränen. Ich breitete ein großes, sauberes Blatt Papier aus und schrieb etwas darauf, was mit den Worten begann: An den Vorsitzenden des Rates der Volkskommissare, Wla-

dimir Iljitsch Lenin. Alles, alles schrieb ich auf dieses Blatt – wie ich meinen Dienst angetreten, wie ich die Hausverwaltung aufgesucht, wie ich die Sterne bei zweihunderteinundsiebzig Grad unter Null über der Erlöserkathedrale gesehen und wie man mich angeschnauzt hatte:
„Sausen Sie ab wie ein Sektkorken."
In der kohlschwarzen Nacht schlief ich frierend (die Heizung war ebenfalls kaputt) auf dem löchrigen Sofa ein und sah im Traum Lenin. Er saß im Sessel am Schreibtisch, im Lichtkreis der Lampe, und blickte mich an. Ich saß in meinem Pelzmantel auf einem Stuhl ihm gegenüber und erzählte ihm von den Sternen über dem Boulevard, von der Hochzeitskerze und dem Vorsitzenden.
„Ich bin kein Sektkorken, nein, kein Sektkorken, Wladimir Iljitsch."
Reichliche Tränen entströmten meinen Augen.
„Soso", antwortete Lenin.
Dann läutete er.
„Man gebe ihm die Zuweisung für das Zusammenwohnen mit seinem Freund. Soll er für immer und ewig in dem Zimmer sitzen und dort Gedichte über die Sterne und ähnlichen Unfug schreiben. Und man rufe mir diese Kanaille mit der Schaffellmütze. Ich werd's ihm zeigen, das Zusammenwohnen zu verweigern."
Der Vorsitzende wurde hereingebracht. Der Dickwanst weinte und murmelte:
„Ich tu's nie wieder."

Am nächsten Morgen lachten alle auf meiner Arbeitsstelle über das Blatt, das ich nachts beim Schein der Wachskerze vollgeschrieben hatte.
„Menschenskind, Sie werden gar nicht bei ihm vorgelassen", sagte mir der Leiter mitfühlend.
„Dann geh ich eben zu Nadeshda Krupskaja", antwortete ich verzweifelt, „mir ist schon alles egal. Auf den Pretschistenski-Boulevard geh ich nie wieder."
Und ich ging zu ihr.
Um drei Uhr nachmittags betrat ich ihr Arbeitszimmer. Auf

ihrem Schreibtisch stand ein Telefon. Nadeshda Krupskaja kam in einer abgewetzten Felljacke hinter dem Schreibtisch hervor und betrachtete meinen Pelzmantel.
„Was möchten Sie?“ fragte sie mit einem Blick auf das berühmte Blatt in meiner Hand.
„Ich möchte nichts auf der Welt außer einem: mit meinem Freund zusammen wohnen. Man will mich wegjagen. Ich kann auf niemand mehr hoffen als auf den Vorsitzenden des Rates der Volkskommissare. Ich bitte Sie dringend, ihm diesen Antrag zu übergeben.“
Und ich reichte ihr das Blatt.
Sie las es.
„Nein“, sagte sie, „so etwas kann man doch nicht dem Vorsitzenden des Rates der Volkskommissare geben.“
„Aber was soll ich machen?“ fragte ich und ließ die Mütze fallen.
Nadeshda Krupskaja nahm mein Blatt und schrieb mit roter Tinte an den Rand:
„Ich bitte, ihm die Einweisung für das Zusammenwohnen zu geben.“
Unterschrift:
Uljanowa.
Punkt.
Das Schlimmste, ich habe vergessen, ihr zu danken.
Ich hab's vergessen.
Ich setzte die Mütze schief auf und ging.
Ich hab's vergessen.

Um vier Uhr nachmittags betrat ich die verräucherte Hausverwaltung. Alle waren versammelt.
„Was?“ schrien alle. „Sie sind noch hier?“
„Sausen Sie ab wie …“
„… ein Sektkorken?“ frage ich drohend. „Wie ein Sektkorken, ja?“
Ich holte das Blatt hervor, legte es auf den Tisch und zeigte mit dem Finger auf die wunderwirkenden Worte.
Die Schaffellmützen beugten sich über das Blatt und wa-

ren sofort von Lähmung befallen. Nach der Uhr, die an der Wand tickte, kann ich sagen, wie lange sie dauerte.
Drei Minuten.
Dann wurde der Vorsitzende wieder lebendig und richtete seine erlöschenden Augen auf mich.
„Uljanowa?" fragte er mit hölzerner Stimme.
Bei allgemeinem Schweigen tickte die Uhr.
„Iwan Iwanowitsch", sprach der Vorsitzende mit der Schaffellmütze geschwächt, „Freund, schreib ihm die Einweisung für das Zusammenwohnen aus."
Freund Iwan Iwanowitsch nahm das Buch und schrieb unter Grabesschweigen mit kratzender Feder die Einweisung.

Ich lebe. Ich wohne noch immer in dem Zimmer mit der verräucherten Decke. Ich habe Bücher, und unter der Lampe liegt ein Lichtkreis auf dem Tisch. Am 22. Januar füllte er sich mit rotem Licht, und sogleich erschien mir in diesem Licht das Gesicht aus meinem Traum, das Gesicht mit dem Spitzbärtchen und der steilen Stirn, und hinter ihm waren – in Trauer und Verzweiflung – graue Haare, die abgewetzte Felljacke und das Wort mit roter Tinte – *Uljanowa.*
Das Schlimmste, ich habe damals vergessen, ihr zu danken.
Peinlich …
Danke, Nadeshda Konstantinowna.

1924

Meiner heimlichen Freundin

Die dionysischen Meister.
Der Altar des Dionysos. Bühne.
„Die Tragödie schwenkt den Flittermantel"

1 Postkarte

Meine kostbare Freundin! Sie bestehen also darauf, daß ich Ihnen im Jahr der Katastrophe mitteile, auf welche Weise ich Dramatiker geworden bin? Sagen Sie mir bloß, wozu wollen Sie das wissen? Und: Geben Sie mir Ihr Wort, daß Sie dieses Heft nicht mal nach meinem Tode drucken lassen.

2 Prähistorische Zeiten

Schauen Sie: In Moskau lebte in prähistorischen Zeiten (1921–1925) ein großartiger Mann. Er war von Sommersprossen gesprenkelt wie der Himmel von Sternen (auch sein Gesicht und seine Hände), und er zeichnete sich durch viel Verstand aus.
Er hatte folgenden Beruf: Er war Redakteur mit Leib und Seele und von Gottes Gnaden, und er brachte es fertig (1922–1925!), privat eine dicke Zeitschrift herauszugeben! Noch verrückter ist, daß er nicht eine Kopeke besaß. Aber er hatte einen unglaublichen eisernen Willen, er saß am Stadtrand von Moskau in einer sympathischen und schmutzigen Wohnung und verlegte.
Wie Sie weiter sehen werden, hatte seine Verlegerei sowohl für ihn als auch für eine Reihe von Personen, die das unerbittliche Schicksal mit dieser Zeitschrift zusammenführte, erstaunliche Folgen.
Wenn ein Mensch kein Geld hat, jedoch von krankhaften Phantasiegebilden verzehrt wird, muß er irgendwohin laufen. Mein Redakteur lief denn auch zu einem Mann.
Und sprach mit ihm.
Es endete damit, das dieser Mann den Verlag auf sich nahm.

Von irgendwoher kam Papier, und so erschienen zunächst dünne, später auch dicke Hefte.
Aber der Verleger war sogleich pleite. Und wie! Total, vollständig. Von dem Mann blieb nur ein qualmendes Loch.
Sie werden fragen, wozu ich Ihnen das erzähle. Wie könnte ich nicht! Sie fragen ja, wie ich Dramatiker geworden bin, also erzähle ich's.
Ja. Also, er war pleite.
Er war dermaßen pleite, daß ich, als mein Schicksal mich in dieses Haus, in diese Wohnung verschlug, wo der Pleitemacher sein Domizil hatte, sein (nach seiner Meinung) einziges Rettungsmittel betrachten konnte.
Es bestand in folgendem. Auf einem großen Blatt Papier waren mit Aquarell die Führer der Revolution von 1917 gezeichnet, umgeben von einem Kranz aus Ähren, Sicheln und Hämmern. Die Sicheln waren violett, die Hämmer schwarz und die Ähren gelb. Die Führer waren irgendwie dunkel, traurig und dem Original äußerst unähnlich.
All das hatte der pleitegegangene Märtyrer eigenhändig gezeichnet, und er schuldete zu dieser Zeit an unbezahlten Rechnungen achtzehntausend (Sie können sich denken, daß sein Hauptgeschäft nicht die private Zeitschrift war), dem Staat vierzigtausend und Privatpersonen dreizehntausend.
Wozu?
Stellen Sie sich vor, ich erfuhr, daß ein Verlag dieses Kunstwerk kaufen und in unzähligen Exemplaren drucken wollte, daß alle Behörden es erwerben und an ihren Wänden aushängen sollten.
Ich habe es in der Folgezeit nirgends gesehen. Daraus schließe ich, daß es nicht angekauft wurde.
Im übrigen saß der Schöpfer dieser Zeichnung nicht lange in dem Zimmer in der Pretschistenka. Nachdem darin lediglich ein Sofa übriggeblieben war, entfloh der Märtyrer. Wohin? Ich weiß es nicht. Vielleicht ist er jetzt, da Sie diese Zeilen lesen, in Saratow oder Rostow am Don, vielleicht auch, höchstwahrscheinlich sogar, in Berlin. Aber wo er auch sein mag, ich habe nicht die geringste Möglichkeit, zu meinen tausend Rubeln mit ein paar Zerquetschten zu kommen.

Also: die Zeitschriftnummer ist in der Druckerei, der Märtyrer in Buenos Aires, der Redakteur ...
Sie möchten wissen, wo mein Redakteur vor der Begegnung mit dem Märtyrer Geld hernahm?
Diese Frage ist jetzt geklärt, und ich bin von selbst dahintergekommen. In Gedanken sehe ich Sie lachen! Wenn Sie bei mir wären, würden Sie sicherlich sagen, ich könnte es kaum erraten haben. Ach, meine Freundin, bin ich denn wirklich hoffnungslos dumm? Sie sind klüger als ich, dem stimme ich zu. Nun, ich habe es erraten: Er hat seine Seele dem Teufel verkauft. Der Sohn des Untergangs hat ihn mit Geld versorgt. Knapp freilich, denn es reichte nur für Papier und die Druckkosten, die Autoren hingegen löhnte er so, daß ich jetzt bei der Erinnerung daran über mich selbst lachen muß.
Als die Teufelsgelder alle waren und der Märtyrer nach Taschkent abgereist war, fand er einen neuen Verleger. Dieser war nicht der Teufel und auch kein Märtyrer. Er war ein Gauner.
Meine zärtliche Freundin, ich sage Ihnen, ich habe in meinem schrecklichen Leben wahrhaftig Spitzbuben gesehen. Ich bin auch schon ausgeplündert worden. Aber einem Schurken wie diesem bin ich noch nicht begegnet. Kein Zweifel, wenn mir heute solch einer über den Weg liefe, würde ich wohlbehalten davonkommen, denn ich bin inzwischen erfahren und traurig, ich kenne die Menschen und ängstige mich um sie, doch damals ... Mein Gott, begreifen Sie, meine Teure, das war kein Gesicht, das war ein Paßbild. Und dann, sagen Sie mir, wem außer einem intelligenten Waschlappen würde es in den Sinn kommen, einen Vertrag abzuschließen mit einem Mann, dessen Name Rwazki (Raffer) ist! Das habe ich mir nicht ausgedacht! Rwazki. Kleingewachsen, kirschroter Schlips mit falscher Perle, gestreifte Hose, schwarze Fingernägel, und die Augen ...
Aber der Redakteur, ach, der Redakteur!
Ich ging zu ihm.
Er sagte:
„So, mein Freund, Sie fahren jetzt zu Rwazki ins Büro und

machen mit ihm einen Vertrag. Alles angeleiert! Ach, wie schön."
Ich antwortete:
„Hören Sie, Rudolf Rafailowitsch, ich habe Rwazki gesehen. Ich fürchte mich vor ihm. Er hat eine Nadel mit falscher Perle in der Krawatte. Ich möchte lieber mit Ihnen den Vertrag machen."
Er schmunzelte, er war ein starker Mensch, ein Toreador aus Granada.
Er zeichnete einen kleinen Kreis aufs Papier und sagte:
„Sie sind ein Kind! Sie haben keine Lebenserfahrung, wie jeder Schriftsteller. Sehen Sie den Kringel? Das sind Sie."
Auf dem Papier erschien ein zweiter Kreis.
„Das bin ich, der Redakteur."
„Soso."
Der dritte Kreis war, wie sich zeigte, der Verleger Rwazki.
„Jetzt schauen Sie. Ich verbinde den Schriftsteller mit dem Redakteur und dem Verleger. Sehen Sie? Das ist eine geometrische Figur, ein gleichschenkliges Dreieck. Von dem Verleger führt ein Faden zu mir und ein weiterer zum Schriftsteller. Sie und ich sind nur künstlerisch miteinander verbunden: ein Manuskript lesen, über Gogol plaudern … Geldgeschichten haben wir nicht miteinander, können wir nicht haben. Ich kann mit Ihnen über Anatole France sprechen, doch mit Rwazki … nein, das geht nicht, er weiß ja gar nicht, was das ist, Anatole France. Mit Ihnen wiederum kann ich nicht über Geld sprechen, und zwar aus zwei Gründen – erstens, weil Geld einen Schriftsteller überhaupt nicht interessieren darf, und zweitens, weil Sie davon nichts verstehen. Verträge schließt man mit Verlegern, mein Bester, nicht mit Redakteuren, außerdem fährt Rwazki um halb drei ins Volkskommissariat für Bildung, und jetzt ist es dreiviertel zwei, also beeilen Sie sich und sitzen Sie hier nicht so schlaff und verschüchtert herum."
Es lag mir auf der Zunge, ihn zu fragen, wieso ich dann meinen ersten Vertrag mit ihm gemacht hatte. Aber da schlüpfte ich schon in der Diele in mein fadenscheiniges Mäntelchen, dennoch fragte ich dumpf:

„Haben Sie seine Augen gesehen? Er hat dreieckige Lider, seine Augen sind stahlgrau und blicken in den Winkel."
Er antwortete:
„Als nächstes besorg ich Ihnen einen Verleger mit Augen, wie Sie sie haben, kristallklar. Sie sind aber verwöhnt! Lesen Sie aufmerksam durch, was Sie unterschreiben, auch die Wechsel."
Meine Freundin, ich werde Ihnen das Büro des Semjon Semjonowitsch Rwazki nicht beschreiben. Ich sage nur, daß mich das Firmenschild verblüffte: „Photographisches Zubehör". Was hatten hier Romane zu suchen? Noch niederschmetternder: In dem Büro war nicht ein einziges photographisches Zubehör zu sehen. Da lagen fünf nicht sehr große Pakete, das oberste war geöffnet, und ich las auf Schachteln die Aufschrift „Phenazetin". Phenazetin, meine Freundin, ist, wie Sie wissen, natürlich nichts anderes als Para-azetphenetidin, und in der Photographie Verwendung finden kann es nur in einem Falle, nämlich, wenn der Photograph Migräne hat. Im übrigen verstehe ich nichts von der Photographiererei, mich interessierte etwas anderes: in der zweiten Ecke lagen an die hundert Kistchen Sprotten. Also: Nach den Worten des Redakteurs wollte Rwazki um halb drei ins Volkskommissariat fahren. Wollte er denen dort Sprotten anbieten? Ja? Oder hatte er im Gegenteil die Sprotten vom Volkskommissariat bekommen und wollte nun reklamieren, daß sie verdorben seien?
Eine Masse Volks drängte sich in Rwazkis Büro. Alle hatten einen Hut auf und waren beunruhigt. Ich hörte Worte: „Wechsel", „Shapiro" und „Draht".
Rwazki empfing mich wie ein Gespenst. Ich hatte den Eindruck, daß er vor mir erschrak. Mit Sicherheit kann ich jedoch sagen, ihn quälte die Vorstellung, einen Wechsel oder einen Vertrag zu unterschreiben. Aus seinen Worten ging folgendes hervor: Wozu Vertrag und Wechsel – das sei ein Vorurteil, und ob ich im Ernst dächte, er würde mich nicht bezahlen? Stellen Sie sich vor, es gab einen Moment, wo ich zusammenzuckte. Ich sehe Sie mit dem Fuß aufstampfen. Er wollte, daß ich ihm ein Papier schrieb, wonach ich ihm erlaube, den Ro-

man zu drucken. Sie lachen? Warten Sie. Ich blieb fest. Ich spürte, wie ich blaß wurde, und ging zur Tür. Da rief er mich zurück, zuckte gequält die Achseln und schickte unter allgemeinen mißfälligen Blicken jemanden los, Wechselpapier zu kaufen. Kurz und gut, nach einer Stunde verließ ich das Büro, in der Tasche vier Wechsel auf vier winzige Summen und den Vertrag. Mich peinigte schreckliche Scham, daß ich die Wechsel von Rwazki genommen hatte. Ich bin Schriftsteller, und ich hatte Wechsel in der Tasche!

Sie sind ein ungeduldiger, aufbrausender Mensch und wissen natürlich, wie es weiterging: Er verschwand einen Monat später, die Wechsel waren falsch, er heißt überhaupt nicht Rwazki, der Roman erschien nicht ...

Nein, nein, nichts dergleichen. Warum denn so primitiv? Es kam viel schlimmer.

Ich will nicht lügen, ich kriegte alle vier Wechsel ausgezahlt, nicht voll, sondern vermindert (sie wurden mir vor dem Zahlungstermin abgekauft), und der Roman erschien, aber nicht vollständig, sondern nur zur Hälfte! Rwazki verschwand, das stimmt, aber nicht einen Monat später, sondern schon am selben Tag. Und er fuhr nicht zum Volkskommissariat, wie ich später durch Zufall erfuhr, sondern zum Zug. Und wissen Sie, seitdem habe ich ihn nie wieder gesehen (ich hoffe jedoch, ihn früher oder später noch einmal zu sehen, wenn ich es erlebe).

Aber weil ich an einem staubigen Tag von selbst zu Rwazki ins Büro gegangen war und wie ein Mondsüchtiger meine Unterschrift neben die seinige gesetzt hatte, mußte ich:

1. dreimal Besucher in meiner Wohnung empfangen,
2. dreimal die Bank aufsuchen,
3. einen Notar konsultieren,
4. noch irgendwohin gehen,
5. mit dem Redakteur vor das Schiedsgericht ziehen. Fünf erwachsene Männer prüften die Verträge – meinen mit dem Redakteur, den des Redakteurs mit dem Märtyrer, meinen mit Rwazki und den des Redakteurs mit Rwazki, und sie gerieten in schäumende Wut. Selbst Salomo hätte nicht zu sagen vermocht, wem der Roman gehörte, warum der Roman

nicht fertiggedruckt war, wieso Sprotten im Büro lagen und wo Rwazki geblieben war.
Aber eines festzuhalten gelang: daß ich meinen Roman für drei Jahre nach einem versklavenden Vertrag einem gewissen Rwazki überlassen hatte, daß Rwazki unauffindbar war, aber Bevollmächtigte in Moskau hatte und mein Roman somit für drei Jahre beigesetzt war, da ich ihn nicht ein zweitesmal verkaufen durfte. Es endete damit, daß ich schallend lachte und ausspuckte.
Ein kurioses Detail: Ich hatte mit eigenen Augen im Telefonbuch die Nummer von S. S. Rwazki gesehen. Vor der Gerichtsverhandlung warf ich einen Blick in dasselbe Telefonbuch und fand Rwazki nicht.
Bei Gott, ich sage die Wahrheit!
Dieses Ding erschütterte mich. Auf welche Weise kann man seinen Namen aus sämtlichen Telefonbüchern Moskaus tilgen?
Ich eile jetzt voraus: Ein paar Jahre vergingen, und wie Sie ganz richtig vermuten, fand sich Rwazki im Ausland wieder. Dort machte er sich meinen Roman und ein Stück zunutze. Auf welche Weise es ihm gelungen war, den Roman ins Ausland mitzunehmen, ist mir unbegreiflich, denn der ist so schwer wie eine Grabplatte.
Kurz und gut, ich schäme mich. Solch eine Liederlichkeit ist unverzeihlich. Aber hören Sie weiter. Eines schönen Tags platzte die Nachricht herein, daß mein Redakteur Rudolf verhaftet sei und ins Ausland abgeschoben werden solle. Und wirklich, er verschwand. Ich bin jedoch überzeugt, er wurde nicht abgeschoben, denn er verschwand wie ein Fünfkopekenstück in einem Teich. Wer wurde damals nicht alles verbannt und wer reiste nicht alles aus in den berühmten Jahren 1921–1925! Dennoch, ein Mensch fliegt zum Beispiel nach Mexiko. Weiter weg geht's nicht, sollte man denken. Doch nein, plötzlich kriegst du ein Photo – eine russische Pfannkuchenvisage unter einem Kaktus. Er hat sich gefunden! Aber Rudolf war nicht in Mexiko, nein, es hieß, er sei nur nach Berlin verbannt. Und kein Lebenszeichen. Kein Mucks. Er ist nicht in Berlin. Er kann nicht dort sein.

Erst später klärte sich die Sache auf. Zufällig traf ich einen sehr klugen Mann. Ich erzählte ihm alles. Da griente er und sagte:
„Wissen Sie was, Ihren Rudolf hat der Teufel geholt und Rwazki auch."
Da kam mir die Erleuchtung: es stimmte.
„Ganz einfach. Sie haben doch selber gesagt, daß Rudolf seine Seele dem Teufel verkauft hat, oder?"
„Ja, so ist es."
„Natürlich, die Zeit ist um, und da kommt der Teufel und sagt: Darf ich bitten ..."
„Ach Gott! Wo sind sie jetzt?"
Statt einer Antwort zeigte er mit dem Finger auf die Erde, und ich bekam Angst.

3 (Ein Schwächeanfall.
Faust als Zimmermann von Saardam.
Vollkommen unsterblich. Neurasthenie)

Ich hatte einen schrecklichen Traum. Es herrscht grimmiger Frost, und das Kreuz auf dem eisernen Wladimir-Denkmal leuchtet in unermeßlicher Höhe über dem zugefrorenen Dnepr.
Ich sehe einen Menschen, einen Juden, er liegt auf den Knien, und der pockennarbige Kommandeur des Petljura-Regiments schlägt ihm den Ladestock über den Schädel. Schwarzes Blut fließt dem Juden übers Gesicht. Er stirbt unter der Stahlrute, und ich weiß im Traum ganz genau, daß er Fuhrmann heißt, Schneider ist und nichts getan hat, und ich schreie weinend im Traum:
„Wage es nicht, Kanaille!"
Schon werfen sich Petljura-Soldaten auf mich, und der Pockennarbige schreit:
„Schlagt ihn!"
Ich sterbe im Schlaf. Blitzschnell entscheide ich, daß es besser ist, mich selbst zu erschießen, als unter der Folter zu sterben, und laufe zu einem Holzstapel. Aber der Browning will,

wie immer im Traum, nicht schießen, und ich stoße keuchend einen Schrei aus.
Schluchzend wachte ich auf und lag noch lange zitternd in der Dunkelheit, bis ich wieder wußte, daß ich irrsinnig weit von dem Wladimir-Denkmal entfernt in Moskau war, in meiner verhaßten Bude, die Nacht ringsum murmelte, wir 1923 hatten und der pockennarbige Mensch längst nicht mehr lebte.
Den kranken Fuß schonend, schleppte ich mich hinkend zur Lampe und zündete sie an. Sie beleuchtete die Armut und Dürftigkeit meines Lebens. Ich sah die beunruhigten gelben Pupillen meiner Katze. Die hatte ich vor Jahresfrist an der Haustür aufgelesen. Sie war tragend, und irgendein Kerl, obwohl stocknüchtern, in einem schwarzen Mantel, hatte sie im Vorübergehen in den Bauch getreten, und eine Frau, die vor der Haustür stand, hatte es gesehen. Das stumme Tier brachte blutüberströmt zwei tote Kätzchen zur Welt und kränkelte noch lange bei mir im Zimmer, krepierte jedoch nicht, ich pflegte sie gesund. Die Katze wohnte zwar bei mir, fürchtete aber auch mich und gewöhnte sich nur schwer ein. Mein Zimmer lag unterm Dach, und so konnte ich die Katze sommers wie winters auf dem Dach spazierengehen lassen. In den Korridor der Wohnung ließ ich sie nicht, denn ich hatte Angst, ihretwegen ins Gefängnis zu kommen. Die Sache war die, daß mich einmal in einer dunklen Gasse bei den Patriarchenteichen Rowdys überfallen hatten. Mechanisch griff ich nach der Hosentasche, doch da fiel mir ein, daß sie schon seit ein paar Jahren leer war. Daraufhin kaufte ich auf dem Sucharjowka-Markt einem verdächtigen Kerl ein Finnenmesser ab, das ich seitdem ständig bei mir trug. Darum hatte ich Angst, ins Gefängnis zu kommen, falls noch einmal jemand die Katze schlug.
Sie wurde wehmütig, als sie mich aufstehen sah, öffnete die Augen und beobachtete mich finster und argwöhnisch. Ich blickte auf das abgewetzte Wachstuch und reizte meine Wunden. Ich erinnerte mich, daß vor zwölf Jahren, als ich noch ein junger Dachs war, ein Mann mich beleidigt hatte und die Beleidigung ungesühnt geblieben war. Gern wäre

ich in die Stadt gefahren, in der er lebte, und hätte ihn zum Duell gefordert. Doch da fiel mir ein, daß er schon viele Jahre in der Erde verfaulte und gewiß keine Überreste mehr von ihm aufzufinden waren. Nun trieben im Gedächtnis wie böse Schmerzen die Erinnerungen an zwei weitere Kränkungen herauf. Sie zogen die Beleidigungen nach sich, die ich selbst schwachen Wesen zugefügt hatte, und da begannen sämtliche Kratzer in meiner Seele zu brennen. Wehmütig betrachtete ich die Stromleitung. Sie hing herab und lockte mich. Ich dachte an meine unsichere Lage und legte den Kopf aufs Wachstuch. Ich hatte ein Leben gehabt, und es war plötzlich zerflattert wie Rauch, und ich war aus irgendwelchen Gründen in Moskau, mutterseelenallein in meinem Zimmer, überdies hatte ich das gequälte rauchgraue Kätzchen am Hals. Ich mußte ihm täglich für zehn Kopeken Fleisch kaufen und es auf seinen Spaziergang schicken, obendrein warf die Katze dreimal im Jahr, jedesmal unerträglich qualvoll, und ich mußte ihr helfen und dann dafür bezahlen, daß man ein Junges ertränkte; ein zweites mußte ich behalten und dann jemandem im Hause schmeichelnd anbieten, damit er es nahm und nicht quälte.

Eine Last, eine Last.

Und weswegen das Ganze?

Wegen meiner Wahnsinnsidee, alles hinzuschmeißen und Schriftsteller zu werden.

Stöhnend ging ich zum Sofa. Das Licht erlosch. In der Dunkelheit sangen die Sprungfedern mit erkälteten Stimmen. Beleidigungen und Unbilden zerflossen allmählich.

Wieder ein Traum. Der Frost hat nachgelassen, und es fallen große weiche Schneeflocken. Alles ist weiß. Mir ist klar, daß wir Weihnachten haben. Hinter einer Ecke prescht ein brauner Traber hervor, von einem violetten Netz umspannt.

„Hüh!" schreit der Kutscher. Ich werfe die Filzdecke ab, entlohne den Kutscher, öffne leise die schwere Haustür und steige die Treppe hinauf.

Die riesige Wohnung ist warm. Mein Gott, wie viele Zimmer! Nicht zu zählen. In jedem von ihnen gibt es wichtige, verführerische Dinge. Mein jüngster Bruder löst sich vom Klavier. Er

lacht, lockt mich mit dem Finger. Obwohl seine Brust durchschossen und mit einem schwarzen Pflaster verklebt ist, beginne ich vor Glück zu murmeln und zu schluchzen.
„Deine Wunde ist also geheilt?“ frage ich.
„Oh, vollkommmen.“
Auf dem Klavier mit dem aufgeklappten Deckel der Klavierauszug aus „Margarethe“, aufgeschlagen an der Stelle, wo Valentin singt.
„Und die Lunge ist nicht angegriffen?“
„Oh, überhaupt nicht.“
„Dann sing die Cavatine.“
Er singt.
Die Dampfheizung sendet Hitzewellen aus, die Glühbirnen im Kronleuchter strahlen, Sofia kommt in Lackschuhen herein. Ich schließe sie in die Arme.
Später saß ich auf meinem Sofa und wischte mir das verheulte Gesicht. Ich wünschte mir einen Zauberer, der imstande wäre, Träume zu deuten. Dabei verstand ich den Traum auch ohne Zauberer.
Das violette Netz auf dem Traber – das war das Jahr 1913. Ein glanzvolles, üppiges Jahr. Die durchschossene Brust paßte nicht dazu, das war viel später, 1919. In dieser Wohnung konnte mein Bruder nicht sein, denn damals wohnte ich dort. Zu Weihnachten war ich mit Sofia Hand in Hand zum Kinematographen gegangen, der Schnee hatte unter ihren Damenüberschuhen geknirscht, und sie hatte gelacht.
Jedenfalls konnten das schwarze Pflaster, das Lachen im Traum und der Valentin nur eines bedeuten – mein Bruder, den ich in den ersten Tagen des Jahres 1919 zuletzt gesehen hatte, war tot. Wo und wann er gefallen war, wußte ich nicht, ich würde es vielleicht auch nie erfahren. Er war tot, demnach war von all dem Leuchten, von Sofia, den Glühbirnen, von Shenja und den violetten Bommeln nur ich allein übriggeblieben auf dem verwetztem Sofa im nächtlichen Moskau des Jahres 1923. Alles andere war untergegangen.
Lautlose Nacht. Es roch nach Schimmel. Ich verstand nur

das eine nicht: Wie konnte ich von Wärme träumen? Mein Zimmer war kalt.
Ich bin aufgedreht, ich bin aufgedreht, dachte ich erschauernd. Ab und zu verschwand mein Herz irgendwo, dann war es wieder an seinem Platz. Ich muß vor allem Brom finden.
Seufzend fuhr ich in meine gestopften Pantoffeln. Es stach mich in die Ferse, ein Reißnagel war in den Pantoffel geraten. Soll es pieken, so ist mir leichter.
Mein altes seidenes Nachthemd hatte wahrlich ausgedient. Es bestand nur noch aus langen Streifen, aber ich hütete es wie eine teure Erinnerung. Ich hängte den Mantel darüber und kroch, kroch buchstäblich zum Schreibtisch.
In welcher Sekunde ich wohl sterbe? Wenn ich den Schreibtisch erreicht habe oder schon vorher? Wenn ich dort bin, muß ich einen Zettel schreiben – worüber? Unsinn! Nicht nachgeben? Das ist weiter nichts als eine Nikotinvergiftung, die Schwermut vor einem Herzanfall, Todesangst.
Auf dem Weg zum Tisch starb ich jedenfalls nicht. Am Tisch begann ich zu sterben. Die Katze beobachtete mich seit langem.
Wer wird dich Tier zu sich nehmen?
Ich nahm den Federhalter und schrieb auf ein Stück Papier:
„Murotschka, nehmen Sie bitte meine Katze zu sich und dulden Sie nicht, daß Buldin ihr etwas tut."
Meine Hände wurden kalt und bedeckten sich mit kalter Feuchtigkeit. Ich konnte nicht zu Ende schreiben.
Dann ging es doch noch weiter:
„Dafür schenke ich alle Sachen, die in meinem Zimmer sind, meiner Nachbarin Maria Potapowna Klenowa."
Es wäre einfacher gewesen, „Murotschka"! zu rufen. Aber ich schämte mich. Dann würde nicht nur Murotschka erwachen, sondern auch Tarakanow und seine Frau. Pfui Teufel!
Ich hielt mich zurück.
Das ist der Tod durch Herzschlag, dachte ich und fühlte mich beleidigt. In diesem Zimmer zu sterben – pfui! Sie

würden hereinkommen ... Lärm schlagen ... Kein Geld für die Beerdigung. In Moskau, im vierten Stock, allein ... Ein unanständiger Tod.

Schön ist es, in einer Wohnung in duftig reiner Wäsche oder aber im Felde zu sterben. Du bohrst den Kopf in die Erde, jemand robbt zu dir heran, hebt dich auf, dreht dich mit dem Gesicht zur Sonne, und deine Augen sind schon glasig.

Aber der Tod kam nicht.

Brom? Wozu Brom? Hilft Brom etwa gegen Herzschlag?

Trotzdem streckte ich die Hand nach der unteren Schublade aus, zog sie auf und wühlte darin, die linke Hand ans Herz gepreßt. Brom fand ich nicht, hingegen zwei Phenazetin-Pulver und ein paar alte Fotos. Statt des Broms trank ich kaltes Wasser aus dem Teekessel, danach hatte ich das Gefühl, der Tod sei aufgeschoben.

Eine Stunde verging. Das Haus war stumm wie zuvor, und mir schien, als wäre ich in Moskau ganz allein in diesem steinernen Sack. Das Herz hatte sich längst beruhigt, und ich schämte mich bereits meiner Todesangst. Ich zog mir die Kasernenlampe auf dem Schreibtisch so nahe wie möglich heran und stülpte über ihren grünen Schirm eine Haube aus rosa Papier, davon wurde das Papier lebendig. Ich schrieb darauf die Worte: „Und es werden gerichtet die Toten, wie es geschrieben steht, nach ihren Werken." Dann begann ich zu schreiben, noch ohne zu wissen, was daraus werden würde. Ich erinnere mich, daß ich sehr gern wiedergeben wollte, wie schön es ist, wenn man es zu Hause warm hat, wenn die Uhr im Eßzimmer wie eine Turmuhr schlägt, wenn man schläfrig im Bett liegt, wenn man Bücher hat und draußen Frost herrscht. Auch den schrecklichen Pockennarbigen wollte ich schildern, wie auch meine Träume. Schreiben ist sehr schwer, aber aus irgendwelchen Gründen ging es mir glatt von der Hand. Ich hatte nicht vor, das Geschriebene drucken zu lassen.

Ich erhob mich vom Schreibtisch, als ich im Korridor das heisere Hüsteln der alten Semjonowna vernahm, einer Frau, die ich aus tiefstem Herzen haßte, weil sie ihren zwölfjähri-

gen Sohn Schura mißhandelte. Selbst heute noch, wo seit jener Nacht sechs Jahre vergangen sind, hasse ich sie wie damals.
Ich schlug die Gardine zurück und sah, daß ich die Lampe nicht mehr brauchte, draußen war schon blauer Morgen, die Uhr zeigte viertel acht. Also hatte ich fünf Stunden am Schreibtisch gesessen.

4 Drei Leben

Seit dieser Nacht setzte ich mich allnächtlich gegen eins an den Schreibtisch und schrieb zwei bis drei Stunden. Das ging leicht in der Nacht. Am Morgen kam es zu einer Auseinandersetzung mit der alten Semjonowna.
„Was soll das? Schon wieder hat bei Ihnen die ganze Nacht Licht gebrannt."
„Stimmt, es hat gebrannt."
„Sie müßten wissen, daß nachts kein Strom verbraucht werden soll."
„Grade für die Nacht ist er bestimmt."
„Wir haben nur einen Zähler. Alle zahlen den gleichen Anteil."
„Dafür ist es bei mir von fünf bis Mitternacht dunkel."
„Wer weiß schon, womit sich die Leute in der Nacht so beschäftigen. Wir sind nicht mehr unterm Zaren."
„Ich drucke Zehnrubelscheine."
„Was?"
„Zehnrubelscheine druck ich, falsche."
„Spotten Sie nicht, für geschniegelte Adlige haben wir hier noch das Hauskomitee. Die sollten dahin ziehen, wo die Intelligenz wohnt, wir Arbeiter haben ihr Geschreibsel nicht nötig."
„Wenn eine alte Frau auf dem Smolensker Markt Sahnebonbons verkauft, ist sie ein Privathändler und kein Arbeiter."
„Die Sahnebonbons gehen Sie nichts an, unsereins hat nicht in einer Villa gewohnt. Wir werden Sie auf Räumung verklagen müssen."

„Apropos Räumung. Wenn Sie Ihren Schura noch einmal auf den Kopf schlagen, Semjonowna, und ich wieder das Geschrei des mißhandelten Kindes höre, zeige ich Sie beim Volksgericht an, dann können Sie ein Vierteljahr absitzen, dabei wäre es mein Traum, man würde Sie zu längerer Haft verdonnern."

Um nachts schreiben zu können, muß man die Möglichkeit haben, am Tag zu existieren. Wie ich in der Zeit von 1921 bis 1923 existierte, kann ich Ihnen nicht schreiben. Erstens würden Sie es nicht glauben, zweitens hat es mit der Sache nichts zu tun.

Aber 1923 hatte ich mir schon eine Möglichkeit zu leben verschafft.

In einer meiner absolut phantastischen Stellungen freundete sich ein sympathischer Journalist namens Abram mit mir an.

Abram packte mich auf der Straße am Ärmel und führte mich in die Redaktion einer großen Zeitung, bei der er arbeitete. Auf sein Geheiß bewarb ich mich dort als Bearbeiter. So wurden in der Redaktion Leute genannt, die stümperhafte Texte in Druckreifes verwandelten.

Man gab mir einen Korrespondentenbericht aus der Provinz, ich überarbeitete ihn, er wurde weggetragen, dann erschien Abram mit traurigen Augen, die nicht wußten, wo sie hinblicken sollten, und teilte mir mit, ich sei für untauglich befunden worden.

Mir ist gänzlich entfallen, warum ich mich ein paar Tage danach einer zweiten Eignungsprüfung unterwarf. Ich weiß es ums Verrecken nicht mehr. Aber ich erinnere mich, daß ich schon eine Woche später an einem vollgeschmierten, wackligen Redaktionstisch saß und schrieb, in Gedanken Abram lobpreisend.

Eines kann ich Ihnen sagen, meine Freundin, eine scheußlichere Arbeit habe ich mein Lebtag nicht getan. Heute noch träume ich davon. Es war ein Strom hoffnungsloser grauer Langeweile, unaufhaltsam und unerbittlich. Draußen regnete es.

Auch daran, warum man mir anbot, ein Feuilleton zu schrei-

ben, kann ich mich nicht erinnern. Meine Bearbeitungen spielten dabei gar keine Rolle. Im Gegenteil, ich erwartete jeden Moment, gefeuert zu werden, denn unter uns gesagt, ich war ein schlechter, schlampiger, fauler Mitarbeiter, der seine Tätigkeit verabscheute.
Möglicherweise (ich glaube, es ist so) spielte dabei die berühmte, unnachahmliche Zeitung „Weihnachtsabend“ eine Rolle. Sie erschien in Berlin, und für sie schrieb ich Feuilletons. Irgendeine Dame, ganz in Seide, die Finger voller Ringe, Vertreterin dieser Zeitung in Moskau ....

....

„Ob ich aus dieser Notiz nicht lieber ein Feuilleton mache?“
Der Redaktionssekretär sah mich verwundert an.
„Können Sie das denn?“
Ich räusperte mich.
„Versuchen Sie's“, sagte er auf einmal entschlossen.
Ich versuchte es. Um was es da ging, weiß ich nicht mehr. Eine Bibliothektreppe war vereist, die Arbeiter mit ihren Büchern rutschten aus und stürzten. Tags darauf wurde mein Text gedruckt. Je länger ich dort arbeitete, desto mehr Texte wurden es.
Eines schönen Tages kam unser berühmter Julius hereingestürmt, der Assistent des Chefredakteurs (er wurde Juli genannt), ein sympathischer Mensch, doch ein Fanatiker, und versetzte:
„Michail, bist du das etwa, der die Feuilletons für den 'Weihnachtsabend' schreibt?“
Ich erbleichte, denn ich wähnte mein Ende gekommen. Der „Weihnachtsabend“ erfreute sich einmütiger Verachtung bei allen Menschen auf der Welt: bei ausländischen Monarchisten, Moskauer Parteilosen und vor allem bei Kommunisten. Kurz und gut, es war eine einzigartige Zeitung.
Ich erbleichte also. Aber ich vernahm, daß Juli von mir genauso gute Feuilletons verlangte, wie ich sie für den „Weihnachtsabend“ schrieb. Ich erklärte ihm, das ginge leider nicht, der „Weihnachtsabend“ pflege einen anderen Stil, er bringe zwar auch Feuilletons, aber ich sei ja bereits nach

Kräften bemüht, daß in seiner Zeitung ebenfalls gute Feuilletons erschienen.
Wir gelangten zu einer Übereinkunft. Ich sollte ein höheres Gehalt als ein Bearbeiter bekommen und mich dafür verpflichten, monatlich acht kleine Feuilletons zu schreiben. So geschah es denn auch.
Ich begann zu schreiben.
Das alles war ja ganz schön, aber die Sache hatte einen Haken. Ich will Ihnen ein Geheimnis verraten: Die Abfassung eines Feuilletons von fünfundsiebzig bis hundert Zeilen kostete mich, eingeschlossen Rauchen und Pfiffeln, achtzehn bis zweiundzwanzig Minuten. Das Abtippen auf der Maschine, eingeschlossen das Kichern mit der Stenotypistin, dauerte acht Minuten. Kurz und gut, in einer halben Stunde war alles fertig. Ich unterschrieb das Feuilleton entweder mit einem blöden Pseudonym oder manchmal mit meinem eigenen Namen und brachte es Juli oder einem anderen Assistenten das Chefredakteurs, der den seltenen Namen Nawsikat trug.
Dieser Nawsikat war drei Jahre lang für mich die reinste Pest. Am dritten Tag bereits hatte er sich entlarvt. Erstens war er nicht klug, zweitens war er grob. Drittens war er eingebildet. Gegenüber den parteilosen Mitarbeitern, die ihm unterstanden, benahm er sich herausfordernd und beleidigte sie durch sein Mißtrauen. Vom Zeitungswesen verstand er rein gar nichts. Wie man ihn auf einen so verantwortlichen Posten hatte setzen können, begreife ich bis heute nicht.
Nawsikat drehte das Feuilleton in den Händen und suchte als erstes nach einem verbrecherischen Gedanken gegen das Sowjetregime. Wenn er sich überzeugt hatte, daß nichts offen Schädliches vorlag, begann er Ratschläge zu erteilen und das Feuilleton zu korrigieren.
In diesen Momenten war ich nervös und rauchte, von dem Wunsch beseelt, ihm den Aschbecher über den Schädel zu hauen.
Wenn er das Feuilleton nach Möglichkeit verdorben hatte, schrieb er darauf die Bemerkung „Zum Satz“, und damit war mein Arbeitstag beendet. Von nun an war die gesamte Ar-

beit meines Gehirns darauf gerichtet, eine Idee zu finden, wie ich mich davonmachen konnte. Juli war nämlich von folgendem Schema besessen: Alle Mitarbeiter, auch die Feuilletonisten, haben morgens pünktlich zu erscheinen und bis zum Ende des Tages in der Redaktion zu sitzen, bemüht, dem Staat soviel wie möglich Nutzen zu bringen. Bei der kleinsten Abweichung vom Schema magerte Juli ab.
Ich hingegen hatte nur den einen Gedanken: aus der Redaktion nach Hause zu kommen, in mein Zimmer, das ich mit ganzer Seele haßte, wo aber ein Stoß Papier lag. Nach Lage der Dinge war es für mich völlig nutzlos, in der Redaktion zu bleiben. Also mußte ich die Zeit totschlagen. Vor Langerweile grün angelaufen, trottete ich von Abteilung zu Abteilung, schwatzte mit den Mitarbeitern, hörte mir Witze an, rauchte bis zur Benebelung.
Wenn ich so zwei Stunden totgeschlagen hatte, verschwand ich endlich.
Auf diese Weise, meine Freundin, lebte ich ein dreifaches Leben. Das eine in der Zeitung. Das war der Tag. Regen. Langeweile. Nawsikat. Juli. Herumgelaufen, der Kopf ist wüst und leer.
Das zweite Leben. Wenn ich von der Zeitung kam, schlenderte ich zur Moskauer Filiale der „Weihnachtsabend"-Redaktion. Dieses zweite Leben gefiel mir besser als das erste. Dort konnte ich meine Gedanken frei entfalten.
Ich muß Ihnen sagen, daß ich während meines zweiten Lebens etwas schrieb, vielleicht vier Druckbogen lang. Eine Novelle? Nein, keine Novelle. So etwas wie Memoiren.
Es gelang mir, einen Auszug aus diesem Kunstwerk in der Literaturbeilage des „Weihnachtsabends" zu veröffentlichen. Einen weiteren Auszug konnte ich zu günstigen Bedingungen an den Besitzer eines privaten gastronomischen Journals verkaufen. Der Mann glühte vor Leidenschaft zur Literatur und hatte, um eine eigene Novelle mit dem Titel „Der Übeltäter" drucken zu können, einen ganzen Almanach herausgegeben. Darin stand also die Novelle dieses Krämers, eine Erzählung von Jack London, Erzählungen sowjetischer Schriftsteller und der Auszug von meiner Wenigkeit. Er bezahlte die Autoren

teils in Geld, teils in Sprotten. Ich muß hier unbedingt erwähnen, daß ich nun erstmals der Zensur begegnete. Bei allen ging es glatt, nur bei mir strich die Zensur mehrere Sätze. Dadurch bekam das Werk einen geheimnisvollen, sinnlosen Charakter und wurde ohne jeden Zweifel noch konterrevolutionärer. Dann saß die Karre fest. Wie ich auch durch Moskau trabte, um noch ein Stück meines Werks an den Mann zu bringen, ich erreichte nichts. Das Stück lockte keinen, das ganze Werk erst recht nicht. Irgendwo sagte mir übrigens ein Redakteur, er halte mein Geschreibsel für konterrevolutionär, und riet mir eindringlich, nichts mehr in dieser Art zu schreiben. Finstere Vorahnungen bemächtigten sich meiner, vergingen aber bald wieder. Mich rettete der „Weihnachtsabend“. Ein aus Berlin angereister Obermacher dieses Organs, ein Mann mit gelber Aktentasche aus der Haut eines tropischen Reptils, las mein Manuskript und äußerte den Wunsch, mein Werk vollständig zu drucken.

Der „Weihnachtsabend“ nutzte meine Armut und das herbstliche Schlackerwetter aus und bot mir acht Dollar pro Bogen (sechzehn Rubel). Ich weiß noch, daß ich mich abwechselnd dafür schämte und in ohnmächtiger Wut verzagte, als ich das Häuflein der unablässig fallenden verschiedenfarbigen sowjetischen Geldscheine erhielt. Drei Monate lang wartete ich auf das Erscheinen des Werkes, dann begriff ich, es würde nicht kommen. Den Grund erfuhr ich: Die Novelle stand unter dem Unstern der Zensur. In Moskau und in Berlin gab es ein endloses Getuschel mit irgendwelchen Leuten.

Inzwischen hatte Frost eingesetzt. Ganz Moskau war vereist. Eines Abends kam ich in meinem Mantel in die Redaktion des „Weihnachtsabends“ und erblickte dort Rudolf. Er saß mit feuchten Wimpern in einem Diakonspelz da. Wir kamen ins Gespräch.

„Schreiben Sie?“ fragte Rudolf.

Ich erzählte ihm von meinem Werk. Es war allgemein bekannt, daß Rudolf sehr gern Leute druckte, die schon einen Namen hatten, er führte seine Zeitschrift (damals noch dünn) recht gescheit.

Jetzt lächelte er nachsichtig und sagte:
„Zeigen Sie doch mal her."
Sofort holte ich das Manuskript aus der Tasche, mit dem ich sogar schlief. Rudolf in seinem Pelz las sogleich alle vier Bogen und sagte:
„Wissen Sie was? Ich drucke einen Auszug."
Ich gab mir alle Mühe, ihm meine Freude nicht merken zu lassen, aber natürlich umsonst. Bei Rudolf gedruckt zu werden war mir äußerst angenehm, mir, einem Menschen im Drappmantel zur Winterszeit.
Ehrlichkeit zieht stets Unannehmlichkeiten nach sich. Ich weiß seit langem, daß Gauner erstens besser leben als ehrliche Menschen und sich zweitens allgemeiner Achtung erfreuen. Dennoch konnte ich es mir nicht verkneifen, Rudolf warnend mitzuteilen, daß niemand diesen Text drucken wollte, weil sie alle Angst vor der Zensur hatten. Sprach's und erschrak, Rudolf könnte mir das Manuskript zurückgeben. Aber zu meiner Verwunderung machte meine Mitteilung keinen Eindruck auf ihn. Er zahlte sogar für den Auszug, und bald darauf sah ich ihn gedruckt. Das bereitete mir eine gewaltige Freude. Ebenso erfreulich fand ich es, auf dem Umschlag in der Liste der Mitarbeiter aufgeführt zu werden.
Ich erzähle Ihnen von diesem unbedeutenden Vorfall, damit Sie wissen, wie ich Rudolf kennenlernte.
Der kalte Winter dauerte fort. Ich führte drei Leben. Mein drittes Leben blühte am Schreibtisch. Der Stoß Manuskriptseiten schwoll an. Ich schrieb mit Bleistift oder Tinte.
Inzwischen machten sich die Zeitungsfeuilletons bemerkbar. Gegen Ende des Winters war alles klar. Mein Geschmack hatte rapide nachgelassen. In meinen Schreibereien tauchten immer öfter schablonenhafte Wörter und abgenutzte Vergleiche auf. Jedes einzelne Feuilleton sollte den Leser erheitern, und das führte dazu, daß ich Derbheiten gebrauchte. Kaum versuchte ich, eine etwas feinere Arbeit zu leisten, da spiegelte das Gesicht meines Henkers Nawsikat Verständnislosigkeit. Zu guter Letzt war mir alles egal, und ich bemühte

mich, so zu schreiben, daß Nawsikat darüber lachen mußte. Meine Freundin, es können sich einem die Haare sträuben, wenn man die Feuilletons liest, die ich dort haufenweise schrieb.
Als irgendein revolutionärer Feiertag nahte, sagte Nawsikat:
„Ich hoffe, Sie werden zum übermorgigen Feiertag eine gute heroische Erzählung gebären."
Ich erbleichte, errötete und druckste.
„Ich kann keine heroischen, revolutionären Erzählungen schreiben", sagte ich zu ihm.
Nawsikat verstand das nicht. Ich hatte längst bemerkt, daß er über Journalisten und Schriftsteller seltsame Ansichten hatte. So glaubte er, ein Journalist könne alles schreiben, was er wolle, und ihm wäre gleichgültig, was er schreibe. Aus mehreren Erwägungen durfte ich Nawsikat eines nicht erklären: zum Beispiel, daß man, um eine gute revolutionäre Erzählung zu gebären, vor allem selber ein Revolutionär sein und über das Herannahen eines revolutionären Feiertags Freude empfinden muß. Widrigenfalls wird es, wenn jemand eine aus geldlichen oder sonstigen Beweggründen gebärt, eine schlechte Erzählung. Sie werden verstehen, daß ich mit Nawsikat nicht über dieses Thema plauderte. Juli war klüger und feinfühliger und begriff auch ohne Geplauder, daß ich für heroische Erzählungen nicht taugte. Trauer umflorte seinen rasierten Schädel. Außerdem hatte ich, um mich zu retten, gegen Ende des dritten Monats ein Feuilleton unterschlagen und gegen Ende des vierten Monats sogar zwei, indem ich nur sieben beziehungsweise sechs ablieferte.
„Michail", sagte Juli erschüttert, „du hast doch bloß sechs Feuilletons geliefert."
Juli stand mit allen, vom verantwortlichen Redakteur bis zur Putzfrau, auf „du". Und alle zahlten es ihm mit gleicher Münze heim.
„Waren es wirklich nur sechs?" fragte ich verwundert. „Richtig, es waren sechs. Weißt du, Juli, ich hatte in letzter Zeit häufig Migräne."
„Das kommt vom Bier", sagte Juli rasch.

„Nein, von den Feuilletons."
„Ich bitte dich, Michail, du brauchst doch nur zwei Stunden in der Woche für ein Feuilleton!"
„Mein Lieber, wenn du wüßtest, was mich diese zwei Stunden kosten!"
„Nein, ich verstehe das nicht. Was ist los?"
Nawsikat machte einen Versuch, Juli zu Hilfe zu kommen. Ideen platzten in seinem Kopf wie Seifenblasen.
„Ich hoffe, Sie gebären aus Anlaß des französischen Ministers ein Feuilleton."
Mir wurde schwindelig.
Ihnen, meine Freundin, kann ich's erklären, und Sie werden's verstehen: Ist es denkbar, aus Anlaß eines französischen Ministers ein gutes Feuilleton zu schreiben, wenn man mit diesem Minister aber auch gar nichts zu schaffen hat? Wohlgemerkt, Sie sollen diesen Minister in schlechtem und lächerlichem Licht darstellen und unbedingt beschimpfen. Wo ist der Minister, was ist mit dem Minister? Ein politisches Feuilleton gut schreiben kann der Feuilletonist nur, wenn er diesen Minister aufrichtig haßt. Das sind doch Anfangsgründe, oder?
Na, dann wollen wir mal:
„Der Minister betrat sein Kabinett und läutete ..."
Und – stop. Wie weiter?
Na, der Sekretär kommt herein. Was sagt der Minister zu ihm?
Kurz und gut, endlich ließen sie von mir ab, Nawsikat in der festen Überzeugung, ich sei ein kleiner konterrevolutionärer Spezialist, der ein bißchen sabotiere, und Juli in der Überzeugung, ich sei ein zutiefst unglücklicher Mensch, ein Bohemien, ein Faulpelz und ein schwarzes Schaf. Beide hatten Unrecht, aber einer war näher an der Wahrheit.
Vor lauter Freude, die französischen Minister und die russischen Bergleute für immer los zu sein, unterschlug ich ihm in diesem Monat drei Feuilletons und lieferte nur fünf ab. Ich schäme mich, zuzugeben, daß ich im folgenden Monat nur vier präsentierte. Da riß Juli die Geduld, und er setzte mich auf Akkord. Ich muß gestehen, mich verdroß das sehr.

Ich wünschte mir sehr, daß mir der Staat ein Gehalt zahlte und ich nichts weiter zu tun brauchte, als in meinem Zimmer auf dem Fußboden zu liegen und den Roman zu schreiben. Aber das kann der Staat nicht tun, das verstehe ich sehr gut.

....

5 Er ist geschrieben

....

In diesem Moment geschah etwas Merkwürdiges. In der Etage unter mir spielte jemand die Overtüre aus „Margarethe". Ich war verblüfft. Unten gab es ein Klavier, doch lange hatte niemand darauf gespielt. Die düsteren Klänge drangen zu mir. Ich lag auf dem Fußboden, das Gesicht dicht am Glas der Petroleumlampe, und blickte in die Hölle. Meine Verzweiflung war vollständig, ich grübelte über mein schreckliches Leben und wußte, daß es jetzt endgültig abbrach.

In meinem Kopf entstanden Bilder: Zu dem verzweifelten Faust kommt der Teufel, zu mir kommt niemand. Die schmähliche Todesangst stach mich noch einmal, doch ich besiegte sie folgendermaßen – ich stellte mir vor, was mich erwartete, falls ich mich nicht entschließen konnte. Vor allem rief ich mir unsern dreckigen Korridor ins Gedächtnis, das scheußliche Klo, und ich malte mir das Geschrei des mißhandelten Schura aus. Das half sehr, ich fletschte die Zähne und legte die Mündung an die Schläfe. Die Berührung des kalten Laufs an der Haut ließ mich noch einmal erschrecken. Niemand kommt mir zu Hilfe, dachte ich grimmig. Tiefe und geheimnisvolle Töne sickerten durch den Fußboden. Als mein kleinmütiger Finger sich vorsichtg dem Abzugsbügel näherte, klopfte es an die Tür. Infolge dieses Klopfens hätte ich mir beinahe wirklich eine Kugel in den Kopf gejagt, denn meine Hand zuckte vor Überraschung und drückte den Bügel.

Aber der allgegenwärtige Gott bewahrte mich vor der Sünde. Die automatische Pistole hatte keine Sicherung. Um zu schießen, mußte man nicht nur den Abzugsbügel durchzie-

hen, sondern die Waffe in der Hand pressen, damit von hinten ein zweiter Hebel in den Griff gedrückt wurde. Das eine ohne das andere löste keinen Schuß aus. Das zweite hatte ich vergessen.
Das Klopfen wiederholte sich.
Hastig steckte ich die Pistole in die Tasche, knüllte den Zettel zusammen, steckte ihn ein und rief rauh:
„Herein! Wer ist da?"

6 Den Degen zur Seit'!

Die Tür öffnete sich lautlos, und auf der Schwelle stand der Teufel. Der Sohn des Untergangs sah jedoch verändert aus. Von seinem gewöhnlichen Aufzug war lediglich das schwarze Samtbarett geblieben, flott aufs Ohr geschoben. Die Hahnenfeder fehlte. Er trug auch keinen Umhang, sondern einen Mantel aus Fuchspelz, gewöhnliche gestreifte Hosen, und eines der Beine endete in einem Huf, der in einer blanken Galosche steckte.
Angstschlotternd betrachtete ich den Besucher. Meine Zähne ratterten.
Ein dunkelroter Lichtfleck fiel von unten auf das Gesicht des Besuchers, und ich begriff, daß es dem Schwarzen gefallen hatte, in der Gestalt seines Dieners Rudolf bei mir zu erscheinen.
„Guten Tag", sprach der Satan verwundert, nahm das Barett ab und zog die Galoschen aus.
„Guten Tag", erwiderte ich noch immer halbtot.
„Warum liegen Sie auf den Fußboden?" erkundigte sich der Teufel.
„Wissen Sie … die Petroleumlampe", stammelte ich.
„Hm!" sagte der Beelzebub.
„Nehmen Sie bitte Platz."
„Merci. Können wir nicht Licht machen?"
„Wissen Sie, die Birne ist kaputt, und es ist schon spät."
Der Teufel griente, öffnete die Aktentasche und holte eine Glühbirne heraus, die in einem grauen Zylinder steckte.

„Haben Sie immer Glühbirnen bei sich?"
Der Teufel lächelte nachsichtig.
„Reiner Zufall", antwortete er, „vorhin erst gekauft."
Ich schraubte die Birne ein, und ein unangenehmes Licht fiel ins Zimmer. Mein Zittern hörte auf, und ich sagte auf einmal:
„Wissen Sie, bevor Sie kamen, wollte ich einen Moment ... hm ... hören Sie, da spielt jemand Margarethe ..."
„Ich hör's!"
Schweigen.
„Ich kam hier vorbei", sagte der Teufel, „na, dacht ich mir, schaust mal rein."
„Sehr angenehm. Möchten Sie Tee?"
Der Teufel lehnte ab.
Schweigen.
„Sie haben einen Roman geschrieben?" fragte der Teufel nach einer Pause.
Ich zuckte zusammen.
„Woher wissen Sie das?"
„Bussin hat's mir gesagt."
„Hm ... Ich hab ihn Bussin nicht vorgelesen. Wer ist dieser Bussin?"
„Ein Menschlein", antwortete der Teufel gähnend.
„Ich habe einen geschrieben, das stimmt", erwiderte ich leidend.
„Lassen Sie mal sehen", sagte der Satan gelangweilt, „ich habe grad ein bißchen Zeit."
„Schauen Sie, Rudolf Rafailowitsch, er ist noch nicht abgetippt, und ich habe eine scheußliche Handschrift. Verstehen Sie, daß 'A' sieht bei mir immer wie ein 'O' aus, und dann ergibt sich ..."
„Das kommt häufig vor", sagte Mephistopheles gähnend, „aber ich kann jede Handschrift lesen. Gewohnheitssache. In welcher Schublade haben Sie ihn? In dieser?"
„Nein, wissen Sie, ich bin davon abgekommen, ihn irgendwem anzubieten."
„Warum?" fragte Rudolf mit schmalen Augen.
„Die Zensur läßt ihn nicht durch."

Der Teufel lächelte verführerisch.
„Woher wissen Sie?"
„Man hat es mir gesagt."
„Wer?"
„Rjunkin. Plaxin, Parsow ..."
„Parsow, ist das so ein Kleiner?"
„Ja, blond."
„Ich will ihn nicht drucken", erklärte er verschmitzt, „reine Neugier. Ich mag die schöne Literatur."
„Wirklich ... er gefällt mir nicht mehr ..." Ich merkte gar nicht, wie ich die Schublade aufzog.
Der Teufel legte den Pelz ab, hängte ihn an einen Nagel, setzte den Kneifer auf und wurde so endgültig zu Rudolf. Er nahm das erste Heft und ließ die Augen über die Zeilen flitzen. Es stimmte, wie er die Seiten umblätterte, bewies mir, daß auch die gräßlichste Handschrift ihn nicht aufhalten konnte. Er las sie wie Gedrucktes.
Vier Stunden vergingen. In diesen vier Stunden stärkte sich der Böse nur ein einziges Mal. Er aß ein Stück Brot mit Wurst und trank ein Glas Tee. Als die Uhrzeiger übereinander standen, Punkt zwölf, las Rudolf die letzten Worte von den Sternen und klappte das fünfte und letzte Heft zu. Meine Folter war zu Ende, ich hatte in dieser Zeit den ersten Band der „Nachgelassenen Aufzeichnungen aus dem Pickwick-Klub" gelesen. Nun bemühte ich mich, Rudolf nicht in die Augen zu sehen, um mich nicht mit einem kläglichen Blick als Feigling zu verraten. Aber meine Augen huschten.
Es hat ihm nicht gefallen. Er zieht angewidert die Mundwinkel nach unten, dachte ich, ich bin ein Unglücksrabe ... Warum hab ich es ihm zu lesen gegeben?
„Das ist die Rohfassung, wissen Sie, ich hab sie noch nicht korrigiert ..."
Puh, diese widerliche Stimme!
„Ist Ihre Mutter gestorben?" fragte Rudolf.
„Ja", antwortete ich verdutzt.
„Und wann?"
„Meine liebe Mutter starb im vorletzten Jahr an Typhus, zu meinem größten Leidwesen", sagte ich rauh.

Der Teufel legte höfliches offizielles Mitleid in sein Gesicht. „Und sagen Sie bitte, was haben Sie für eine Schulbildung?"
„Kirchenschule", sagte ich aufs Geratewohl. Wissen Sie, ich hielt es damals aus irgendwelchen Gründen für notwendig, meine Bildung zu verheimlichen. Es war mir peinlich, mit einer solchen Bildung bei einer Zeitung zu arbeiten, vor der Petroleumlampe auf dem Fußboden zu liegen und keine Bilder an den Wänden zu haben.
„So", sagte Rudolf, und seine Augen funkelten.
„Verzeihung, wozu eigentlich diese Fragen?"
„Sie ahmen den Grafen Tolstoi nach", bemerkte der Teufel und klopfte mit dem Finger auf die Hefte.
„Welchen Tolstoi?" fragte ich, gereizt von Rudolfs rätselhaften Fragen. „Lew Nikolajewitsch, Alexej Konstantinowitsch oder vielleicht den noch berühmteren Pjotr Andrejewitsch, der den Zarewitsch Alexej in die Falle lockte?"
„Ich bitte Sie", sprach Rudolf und fügte hinzu: „Sie brauchen sich nicht zu ärgern. Sagen Sie, sind Sie Monarchist?"
Wie es sich bei dieser Frage für jeden gehört, wurde ich totenblaß.
„Erbarmen Sie sich", schrie ich.
Der Teufel kniff pfiffig die Augen ein und fragte:
„Sagen Sie, wie oft pro Woche rasieren Sie sich?"
„Siebenmal", antwortete ich verwirrt.
„Sie sitzen bei der Petroleumlampe." Der Teufel ließ die Augen durchs Zimmer gleiten. „Allein mit der Katze und der Petroleumlampe, Sie rasieren sich jeden Tag ... Außerdem, entschuldigen Sie, ich möchte noch eine Frage stellen: Wie machen Sie es, daß Sie solch einen Scheitel haben?"
„Ich reib mir den Kopf mit Briolin ein", antwortete ich mürrisch, „aber nicht jeder, der sich den Kopf mit Briolin einreibt, ist deshalb schon ein Monarchist."
„Oh, in Ihre Überzeugungen misch ich mich nicht ein", entgegnete der Teufel. Dann schwieg er ein Weilchen, hob den Blick zur verräucherten Decke und zischte: „Den Kopf mit Briolin ..."

Sein Ton änderte sich. Finster mit den Kneifergläsern funkelnd, sagte er mit Grabesstimme:
„Ihren Roman wird niemand drucken. Weder Rimski noch Agrejew. Ich rate Ihnen sogar, ihn nirgends anzubieten."
Das rauchgraue Tier kam unterm Schreibtisch hervor und rieb sich an meinem Fuß.
Was haben wir beide für ein Leben, Katze, was für ein Leben, dachte ich traurig und ließ den Kopf hängen.
„Es gibt nur einen Menschen auf der Welt, der ihn drucken kann", fuhr Rudolf fort, „und dieser Mensch bin ich!"
Mir wurde kalt unterm Herzen, und ich horchte, aber „Margarethe" war nicht mehr zu hören, das Haus schlief.
„Ich", fuhr Rudolf fort, „werd ihn in meiner Zeitschrift drucken und ihn als Buch veröffentlichen. Und ich werde Ihnen sogar gutes Geld dafür bezahlen."
Er nannte eine ungeheuerlich kleine Summe.
„Ich gebe Ihnen sogar jetzt gleich fünfzig Rubel Vorschuß."
Ich schwieg.
„Folgende Bitte", sagte er noch, „könnten Sie Ihren Scheitel eine Woche lang verwuscheln? Außerdem rate ich Ihnen in aller Freundschaft, tragen sie keinen. Und dürfte ich Sie bitten, sich diese Woche nicht zu rasieren?"
Ich riß verwundert den Mund auf.
„Morgen wird er abgetippt", sagte Rudolf versonnen.
„Es sind siebzehn Verlagsbogen!" rief ich erschrocken. „Wie wollen Sie ihn morgen abtippen?"
„Ich", antwortete der Teufel mit eherner Stimme, „gebe ihn morgen um neun ins Büro und setze zwölf Stenotypistinnen daran. Der Roman wird in zwölf Teile zerlegt. Bis zum Abend ist der Roman abgetippt."
Ich begriff, daß ich mich mit ihm nicht streiten durfte, und lag ihm hingerissen zu Füßen.
„Das kostet hundertfünfzig Rubel, wohlgemerkt, auf Kosten des Autors. Übermorgen bringe ich ihn zur Zensur, und in drei Tagen fahren Sie mit mir dorthin."
„Zu Befehl", sagte ich mit Grabesstimme.
„Sie werden dort kein Wort sagen und keinen Scheitel tragen", versetzte Rudolf rauh.

Ich machte wieder einen schwachen Versuch zu meutern.
„Bin ich denn so dumm, daß ich nicht den Mund aufmachen darf?" knurrte ich. „Dann fahren Sie doch allein hin. Wozu brauchen Sie mich?"
„Ich brauche Sie", sagte Rudolf eisig. „Er wird etwas streichen wollen. Was, weiß ich nicht. Obwohl ich mir manches denken kann. Also, Sie bekunden Ihre völlige Zustimmung zu allem, was er auch sagt. Es wäre sogar schön, wenn Sie ihm irgendein Kompliment machen könnten. Vielleicht so – wie toll er sich das ausgedacht hat und daß Sie als Autor finden, mit diesen Kürzungen wäre der Roman noch mal so gut."
„Das ist aber gar nicht nach meinem Geschmack", murmelte ich und brach plötzlich in eine donnernde Philippika gegen die Zensur aus. Sie dauerte fünf Minuten. Rudolf saß auf das löchrige Sofa geflätzt und kniff vor Vergnügen die Augen zu. Endlich schloß ich den Mund.
„Sind Sie fertig?"
„Ja."
„Sie sind ein Kind", sagte Rudolf, holte einen sechskantigen Rotstift hervor und strich aus dem Epigraph die Worte „Aus der Apokalypse".
„Lassen Sie das", sagte ich und guckte ihm über die Schulter. „Der weiß bestimmt auch so, woraus das ist."
„Den Teufel weiß er", antwortete Rudolf düster, sauste durch alle fünf Hefte und strich noch ein halbes Dutzend Sätze, wobei er jedesmal höflich fragte: „Sie gestatten doch?"
Dann drückte er mir fünf Zehnerscheine in die Hand. Er, sein Barett und mein Roman verschwanden im Erdboden. Mich dünkte, ich hätte noch eine Flammenzunge aus einer Parkettritze schlagen sehen, und im Zimmer roch es noch lange nach Schwefel. Aber das habe ich mir vielleicht nur eingebildet.
Die mir geschenkte Glühbirne war längst erloschen, die Katze schlief auf Zeitungspapier, ich stand noch immer am Fenster und schaute in die Finsternis. Mein Haus schwamm darin wie ein Schiff mit vielen Decks. Darüber kochte ein rauchiges Gemisch.

Als ich eingeschlafen war, träumte ich von den Junkern des Jahres achtzehn. Sie rückten in Kette vor und pfiffen und sangen ein wildes Lied. Was die Katze träumte, weiß ich nicht. Wahrscheinlich von Hunden, vielleicht auch von Menschen. Und das ist viel schlimmer.

7 Eine verwaschene Photographie

Was dann kam, meine kostbare Freundin, wissen Sie aus dem früher Geschriebenen: die Pleite des Mannes mit den Ähren, den Sprotten und den Wechseln, Rwazki, dieser Quatsch. Alles übrige ist in meiner Erinnerung total verwaschen. Nichts weiß ich mehr! Ich glaube, es regnete. Und ich weiß noch, daß mich Langeweile quälte, benebelnde Langeweile. Sie war allüberall, sie floß in mich hinein und ließ mein Blut verfaulen. Ich erinnere mich, daß ich auf dem Strastnaja-Platz Kippen und Spucke, irgendwelche Weiber mit nassen Röcken und Nawsikat sah, als ich mit schmerzendem Bein in die Redaktion humpelte. Vorbei! Vorbei!

8 Der Roman erscheint

Und dann kam der Tag, an dem ich doch zusammenzuckte. Als die Lampen und Laternen angingen und das Würfelpflaster zu glänzen begann, betrat ich Rwazkis Zimmer. Und hier haben Sie den Beweis dafür, wie verwaschen alles ist – ich weiß nicht mehr, ob es Frühling war oder vielleicht Sommer. Oder Februar? Ich weiß es nicht mehr.

Der Raum hatte sich völlig verändert. Ich sah weder Sprotten noch Rwazki, dafür waren Sperrholzwände eingezogen worden. In einer der Zellen thronte Rudolf unter einer blendend hellen Lampe, und vor ihm lagen zwei Stapel der frisch erschienenen Zeitschrift. Der blaue Umschlag sah elegant aus. Rudolf strahlte und empfing mich mit einem warmen Händedruck.

Vor Rudolf saß ein junger Mann von einem ganz besonde-

ren Typ. Dem war ich in den verschiedensten Redaktionen schon begegnet. Folgende Kennzeichen: fünfundzwanzig bis dreißig Jahre alt. Niemals älter oder jünger. Anständig gekleidet. Jackett, manchmal auch Ausgehanzug, freilich alt. Die Hose immer gestreift. Entweder langer kirschroter Schlips oder karierte Fliege. Immer ein Stock mit Silberknauf. Immer gut gekämmt. Wer diese jungen Männer sind, weiß niemand. Wer sind ihre Eltern? Wovon leben sie? Sie selber schreiben nicht. Auf die Frage, wie sie heißen, pflegte der Redakteur stirnrunzelnd zu antworten:
„Wie er heißt? Pi … verdammt, vergessen!"
Sie besuchen die Redaktionen an allen Feiertagen, an den Tagen, wenn neue Bücher erscheinen, an Tagen großer literarischer Skandale, an Tagen des Eingehens von Zeitschriften. Besondere Kennzeichen: Sie flüstern gern mit den Frauen der Redaktionen, behandeln sie sehr höflich und sprechen über alle Volkskommissare vertraulich mit deren Namen und Vatersnamen.
Sie sagten nicht: „Derundder Volkskommissar."
Oder: „Der Genosse Soundso."
Sondern:
„Gestern hat Anatoli Wassiljewitsch uns was erzählt, wir haben so gelacht …"
Soll man daraus schließen, daß sie Volkskommissare besuchen? Ich weiß es nicht.
Kurz und gut, solch einer saß hier.
Auch ich setzte mich.
Rudolf wandte sich sofort an den Unbekannten und fragte:
„Na, wie finden Sie den neuen Roman?"
Mir pochte das Herz, und ich warf einen Blick auf die Hände des jungen Mannes. Sie hielten ein Zeitschriftenexemplar, aufgeschlagen da, wo mein Roman anfing.
Der junge Mann wurde sehr lebhaft und sagte schnarrend:
„Rudolf Maximowitsch, ich verstehe Sie nicht! Es ist Ihre Entscheidung, aber was hat Sie bewogen, ihn zu drucken? Ich verstehe das überhaupt nicht. Erstens ist das gar kein Roman."

„Was dann?“ fragte Rudolf und genoß den Anblick meines Gesichts. Seine Augen loderten.
„Verdammt ... Ich versteh das nicht! Jedenfalls von meinem Standpunkt aus ist er sehr schlecht, Rudolf Maximowitsch, entschuldigen Sie schon! In höchstem Maße unbegabt. Außerdem schreibt er hier ‚Die Hähne flogen‘. Ein Hahn fliegt nicht, Rudolf Maximowitsch! Sagen Sie das dem Autor. Er ist unbegabt und kann nicht schreiben.“
„Sagen Sie es ihm doch selber“, antwortete Rudolf, dieser Bandit, „da sitzt er. Machen Sie sich bekannt. Er behauptet, eine Kirchenschule besucht zu haben.“
Ich stand sofort auf, bleckte liebenswürdig die Zähne und reichte dem jungen Mann die Hand. Sie war tot und kalt. Er wurde bleich, lehnte sich auf dem Stuhl zurück und schwieg die ganze Zeit, während ich von Rudolf meine Autorenexemplare in Empfang nahm.
Aber als ich ging, hörte ich ein dünnes Heulen: „Rudolf Maximowitsch“, und das schallende Lachen des heiteren Rudolf.
Meine Freundin, Sie haben bestimmt schon Mitteilungen gelesen wie diese: „Der französische Schriftsteller X. hat einen Roman geschrieben. Innerhalb eines Monats wurde der Roman in Frankreich sechshunderttausendmal verkauft, und er wurde ins Deutsche, Englische, Italienische, Schwedische und Dänische übersetzt. Innerhalb eines Monats gelangte der ehemalige bescheidene Clerk (oder Offizier oder Verkäufer oder Bahnhofsvorsteher) zu Weltruhm.“
Nach einer gewissen Zeit halten Sie ein schmieriges Exemplar einer französischen oder deutschen Illustrierten in den Händen, und Sie sehen den Auserwählten des Schicksals. Er trägt eine weiße Hose und ein dunkelblaues Jackett. Seine Haare sind zerzaust, denn auf See weht Wind. Neben ihm in kurzem Rock und mit Hut eine häßliche Frau mit wunderschönen Zähnen. Im Arm hält sie ein zottiges Hündchen mit spitzen Ohren. Man sieht das Relingsgitter des Dampfers und ein Stück Liegestuhl und durch das Gitter gebrochene Wellen. Die Bildunterschrift besagt, daß der Auserwählte glücklich ist und mit Frau und Hund nach Amerika fährt.

Von Neid vergiftet und zähneknirschend schleudern Sie die Illustrierte auf den Tisch und stecken sich eine Zigarette an, und aus dem seit Jahren nicht gesäuberten Aschbecher steigt Gestank. In der Redaktion riecht es nach Stiefeln und merkwürdigerweise nach Karbolsäure. An der Garderobe hängen die nassen Mäntel der Mitarbeiter. Es ist Herbst, doch einer von ihnen ist mit einer Kapitänsmütze mit weißem Deckel gekommen, sie fault naß an einem Nagel. Draußen regnet's. Es hat gestern geregnet, regnet heute und wird morgen regnen …

Ich will Sie nicht belügen, meine Freundin, mein Roman ist nicht in sechshunderttausend Exemplaren erschienen, er ist überhaupt nicht erschienen. Was die zwei Drittel des Romans in Rudolfs Zeitschrift betrifft, so wurden sie nicht ins Dänische übersetzt, und ich bin nicht mit Hündchen auf einer Yacht nach Amerika gefahren. Mehr noch, der Roman hat keinerlei Eindruck hinterlassen, so daß ich manchmal glaube, er wäre überhaupt nicht erschienen. Im Verlauf von zwei Monaten habe ich keine lebendige Seele getroffen, die ihn gelesen hätte. Dafür habe ich den gedruckten Text noch an die fünfzehnmal gelesen und bin zu dem Schluß gekommen, daß Rudolf in der Nacht damals aus meinem Zimmer einen Rohentwurf mitnahm. Wenn ich an dem Entwurf noch ein paar Monate hätte sitzen können, wäre vielleicht wirklich ein anständiger Roman daraus geworden.

Also, zwei Monate sind vergangen. Am Ende des zweiten Monats konne ich mich überzeugen, daß es auf der Welt doch Menschen gibt, die mein Kunstwerk gelesen haben.

In der Redaktion traf ich den hemdsärmeligen und angetrunkenen Dichter Wowa Borgusin. Er sagte:

„Mischa, ich habe Ihren Roman in der Zeitschrift ‚Das Land' gelesen. Ziemlich schlecht, der Roman, Mischa, Sie …"

1929

Es war Mai

Es war Mai. Der Wonnemonat Mai. Ich ging durch die Gasse, in der das Theater liegt. Das war eine ausgezeichnete, glatte, geliebte Gasse, durch die unentwegt Autos fuhren. Im Vorbeifahren brachten sie einen Metalldeckel im Asphalt zum Klappern. Das könnte ein Gully oder vielleicht der Dekkel einer Wasserleitung sein, dachte ich mir. Die Autos schrien verzweifelt mit verschiedenen Stimmen. Und jedesmal, wenn sie schrien, sank mir das Herz und knickten mir die Beine ein.

Irgendwann, wenn ein Auto so schreit, werde ich sterben, dachte ich, klopfte mit dem Stock auf den Gehsteig und fürchtete mich vor dem Tod.

Ich muß schneller gehen und in den Hof zum Theater abbiegen. Dort sind die Autos nicht mehr so schlimm, und es ist durchaus möglich, daß ich nicht sterbe.

Aber es gelang mir nicht, in den Hof abzubiegen. Ich sah ihn. Er stand an die Wand des Theaters gelehnt und hatte ein Bein übers andere geschlagen. Seine Füße steckten in blutroten Schuhen mit dicker Sohle, darüber sah ich dicke Wollsocken und über den Socken eine ausgebeulte schokoladenbraune Hose. Ein Jackett trug er nicht. Statt dessen hatte er eine sonderbare Jacke an, die war aus Wildleder, wie man es früher für Herrenportemonnaies verwendet hatte. Auf der Brust hatte er ein Metallband mit Schnalle und auf dem Kopf eine Frauenbaskenmütze mit kurzem Zipfel.

Er war ein junger Mann von blendender Schönheit mit langen Wimpern und munteren Augen. Vor ihm standen fünf Schauspieler, eine Schauspielerin und ein Regisseur. Sie versperrten mir den Weg durchs Tor.

Ich zog den Hut und verbeugte mich tief vor dem jungen Mann. Er begrüßte mich auf seltsame Weise – verschränkte beide Hände, hob sie hoch und zog gleichsam an einem unsichtbaren Glockenstrang. Dabei sah er mich durchdringend an, und seine ungewöhnlich schönen Augen zeigten ein kekkes Lächeln. Verwirrt ließ ich den Stock fallen.

„Wie geht es Ihnen?" fragte er mich.

Mir ging es gut, mich störten nur die Autos mit ihrem höllischen Geschrei. Ich stotterte etwas und setzte den Hut schief auf.
Nun richtete sich die allgemeine Aufmerksamkeit auf mich.
„Und wie geht es Ihnen?" fragte ich, und meine Zunge schien geschwollen.
„Gut!" antwortete der junge Mann.
„Er kommt gerade aus dem Ausland", sagte mir der Regisseur.
„Ich habe Ihr Stück gelesen", sagte der junge Mann rauh.
Ich hätte einen anderen Weg ins Theater nehmen sollen, dachte ich wehmütig.
„Ich hab's gelesen", wiederholte der junge Mann tönend.
„Und wie fanden Sie es, Polijewkt Eduardowitsch?" fragte der Regisseur, der den jungen Mann nicht aus den Augen ließ.
„Gut", sagte Polijewkt Eduardowitsch bündig, „gut. Der dritte Akt muß umgeschrieben werden. Das zweite Bild des dritten Akts muß raus, und das erste muß in den vierten Akt gesteckt werden. Dann wird es sehr gut."
„Gehen Sie nach Hause und stecken Sie", flüsterte mir der Regisseur zu und zwinkerte unruhig.
„Nun, ich fahre fort", sagte Polijewkt Eduardowitsch. „Sie kommen also reingestürmt und verhaften Hans."
„Sehr gut! Sehr gut!" bemerkte der Regisseur. „Hans muß verhaftet werden. Aber finden Sie nicht, er hätte besser schon im vorhergehenden Bild verhaftet werden sollen?"
„Quatsch!" antwortete der junge Mann. „Genau hier muß er verhaftet werden und nirgends sonst."
Eine ausländische Geschichte, dachte ich. Aber warum hat er solch eine Wut auf Hans? Ich möchte die ausländische Geschichte hören, ob ich sterbe oder nicht.
Ich rückte näher an den jungen Mann heran, um kein Wort zu verlieren. Meine Seele machte schlapp, dann zuckte es in meiner Brust. Ich wollte von dem glutheißen Spanien hören. Und einer sollte Gitarre spielen. Aber nichts dergleichen bekam ich zu hören. Der junge Mann peinigte mich, indem er unentwegt von dem unglücklichen Hans erzählte. Nicht ge-

nug, daß sie ihn verhaftet hatten, sie verprügelten ihn auch noch im Revier. Aber auch damit nicht genug, sie sperrten ihn ins Gefängnis. Und auch damit nicht – die arme alte Mutter dieses Hans wurde aus der Wohnung gejagt und übernachtete im Regen auf dem Boulevard.
Mein Gott, was der für finstere Sachen erzählt! Und wo im Ausland ist er zu meinem Unglück diesem Hans begegnet? Ich kann nicht durchs Tor, ehe er mit Hans fertig ist, denn das wäre unhöflich – an der interessantesten Stelle ...
Je tiefer im Wald, desto mehr Holz. Hans wurde zur Zwangsarbeit verurteilt, seine Mutter erkältete sich auf dem Boulevard und starb. Ich hatte Durst auf Mineralwasser, mein Herz erstarb und sank abwärts, die Autos kläfften und klapperten. Es stellte sich heraus, daß es diesen Hans gar nicht gab und der junge Mann ihm nicht begegnet war, sondern lediglich den dritten Akt seines Stücks nacherzählte. Im vierten Akt schleuderte die Mutter vor ihrem Tod den Henkern, die Hans umgebracht hatten, einen Fluch entgegen und starb. Mir schien, daß die Sonne sich verdunkelte, und ich fühlte mich unglücklich.
Ganz in der Nähe fiedelte ein zerlumpter Mann auf der Geige eine Mazurka von Wenjąwski. Vor ihm auf dem Gehsteig lagen in seiner Mütze ein paar Kupferfünfer. Ein Stückchen weiter bot ein anderer Mann Blechmäuse feil, und die Blechmäuse am Gummiband huschten flink über ein Brettchen.
„Eine großartige Sache", sagte der Regisseur. „Wir warten schon ungeduldig."
Ein billiges kleines Auto kam ans Tor gerollt und hielt.
„Na, ich muß", sagte der junge Mann. „Genosse Jermolai, ins Herzen-Haus."
Der auffallend finstere Jermolai hinter der Scheibe ruckte mit irgendwelchen Hebeln. Der junge Mann läutete die Glocke, verschwand in der Kutsche und flog lautlos davon. Gleich darauf flammte vor seinem Gesicht ein grünes Auge auf und ließ Jermolais Kutsche durch. Der junge Mann fuhr direkt in die Sonne hinein und verschwand.
Ich zog den Hut, verbeugte mich hinter ihm her und kaufte

eine Blechmaus für den Jungen, dann ging ich, um mich vor den Autos zu retten, über den Hof zu einer kleinen Tür, wo ich wieder den Regisseur sah. Er sagte zu mir:
„Bitte hören Sie auf ihn. Bitte. Sie arbeiten das dritte Bild um. Es ist ein schlechtes Bild. Wegen dieses Bildes kann es große Mißverständnisse geben. Pfeifen Sie auf das dritte Bild!"
Der Mai verschwand. Es kamen der Juni und Juli. Und dann der Herbst. Dauerregen überströmte die Gasse, und die Bühne drehte sich mit beunruhigendem Grollen, und täglich starb ich, und dann wurde es wieder Mai.

1934

Erzählungen und Feuilletons

Der Überfall

In der Laterna magica

Der schwarze Brei des Schneesturms zerriß in schrägem bleichem Feuer, und sogleich fielen aus einer Wolke lange dunkle Pferdeköpfe.
Schnarchen. Dann schlug das Feuer zum zweitenmal zu. Abram stürzte unter dem Anprall eines formlosen Mauls und einer furchtbaren Pferdebrust in den tiefen Schnee und kullerte ein Stück, ohne das Gewehr loszulassen ... Zertrampelt und zerknautscht rappelte er sich auf in den perlgrauen Säulen, in denen es wie von Fliegen wimmelte.
Die Kälte spürte er nicht. Im Gegenteil, den ganzen Körper überlief eine sehr trockene Hitze, die abgelöst wurde von einem Schweißausbruch bis zu den Füßen. Da spürte Abram, daß dies Todesangst war.
Der Schneesturm und sie, die heiße Angst, verklebten ihm die Augen, so daß er ein Weilchen gar nichts sah. Es stöberte schwarz und kalt und schräg, und vor den Augen schwammen feurige Ringe.
„Schieß nur, schieß, du Scheißkerl", sagte eine Stimme von oben, und Abram begriff, daß sie von dem Pferd kam.
Da dachte er aus irgendwelchen Gründen an das Feuer im schwarzen Öfchen, an das unfertige Aquarell an der Wand – ein Wintertag, an das Haus, an Tee und Wärme. Er erkannte, daß genau das Verrückte und Schreckliche

eingetreten war, was vor ihm gegaukelt hatte, als er verängstigt und hellwach auf Posten stand, was er sich vorgestellt hatte, als er in den wirbelnden Schneesturm blickte. Schießen? O nein, ans Schießen dachte er nicht. Er ließ das Gewehr in den Schnee fallen und holte krampfhaft Luft. Schießen wäre nutzlos gewesen, die Pferdemäuler verharrten in der dünner gewordenen Schneesturmsäule, unweit stand schwarz das Wächterhäuschen, und der Bretterstapel sah aus wie ein grauer Haufen Lumpen. Ganz in der Nähe war dunkel und formlos der zweite Posten Strelzow mit seinem spitzen Baschlyk zu sehen, der dritte, Stschukin, war verschwunden.

„Welches Regiment?“ fragte die Stimme heiser.

Abram holte tief Luft, hob den Blick nach oben, wahrscheinlich um für einen Moment den Himmel zu sehen, aber von dort rieselte es schwarz und kalt, und die Schraube drehte sich nach oben, dort war kein Himmel.

„Na, du wirst schon noch reden!“ sagte es ebenfalls von oben, aber von der anderen Seite, und Abram hörte durch das Brausen des Schneesturms mit feinem Gespür den großen zurückgehaltenen Grimm. Er kam nicht dazu, sich zu schützen. Etwas Schwarzes und Hartes zuckte an seinem Gesicht vorbei wie ein Vogel, dann zertrümmerte ihm ein wütender, sengender Schmerz den Kiefer, das Gehirn und die Zähne, und er hatte das Gefühl, sein Kopf sei im Feuer zerborsten.

„Aaaah“, brachte er krampfhaft hervor, knirschte mit den Knochenkrümeln im Mund und würgte an salzigem Blut.

Da leuchtete auf einmal blaßblau und zerquält Strelzow im Lichtkegel einer Taschenlampe auf, und ganz deutlich zeichnete sich der dritte Posten Stschukin ab, der zusammengerollt im Schnee lag.

„Welches Regiment?“ kreischte der Schneesturm.

Abram wußte, daß der zweite Schlag noch fürchterlicher sein würde als der erste, er holte tief Luft und antwortete:

„Wachregiment.“

Strelzow erlosch und leuchtete wieder auf.

Die Fliegen des Schneesturms rasten, ein harmloser Schwarm, hüpfend und purzelnd im hellen Lichtkegel.
„Ha, einen Jidd haben wir!" peitschte eine Stimme in der Dunkelheit hinter der Taschenlampe, und die Taschenlampe schwenkte, löschte Strelzow, und in Abrams Augen bohrte sich ein großes gewölbtes Auge. Die Pupille darin funkelte. Abram sah das Blut auf seinen Händen, einen Fuß im Steigbügel und die schwarze Mündung im Holzfutteral.
„Ein Jidd, ein Jidd!" knurrte freudig der Orkan hinter ihm.
„Und der andere?" entgegnete gierig ein Baß.
Nur das linke Ohr Abrams hörte, das rechte war tot, wie auch die Wange und das Gehirn. Mit der Hand wischte Abram das dickklebrige Blut von den Lippen, wobei ihm ein feuriger Schmerz durch die linke Wange in Brust und Herz fuhr. Die Taschenlampe löschte Abram zur Hälfte und zeigte den ganzen Strelzow im Lichtkreis. Aus dem Sattel schlug eine Hand Strelzow die Papacha vom Kopf, und eine Haarsträhne stand senkrecht. Strelzow ruckte mit dem Kopf, öffnete den Mund und sagte überraschend, und es klang schwach im Sausen des Schneesturms:
„Uch, Banditengesindel. Ihr könnt mich."
Das Licht sprang hoch, dann auf Abrams Beine. Strelzow traf ein dumpfer Schlag. Dann drang wieder das Pferdemaul vor.

Die beiden – Abram und Strelzow – standen nebeneinander vor dem hohen Bretterstapel, noch immer im bläulichen Schein der Taschenlampe, und dicht vor ihnen hasteten Abgesessene in grauen Militärmänteln. In den Lichtkegel geriet bald ein Gewehr mit einer Hand, bald ein roter Schwanz mit Tresse und Troddel an einer Papacha, bald ein klirrendes Mundstück, gekaut, voll weißlichem Schaum.
Zwei Lichter leuchteten – ein weißes auf der Station, kalt und hoch, und ein niedriges, im Schnee begraben, auf der anderen Seite, hinter dem Bahndamm. Es stöberte dünner, spärlicher, und es brauste und rauschte nicht mehr, doch ins Gesicht und in den Hals trieben trockene, kalte Wolken,

und im Lichtkegel flog weich und gleichmäßig der sich abschwächende Schneesturm.
Strelzow stand da, mit einem Gesicht, auf das eine rote Maske geklebt war – sie hatten ihn lange und furchtbar geschlagen für seine Frechheit und ihm den ganzen Kopf demoliert. Die Schläge hatten ihn in rasende Wut versetzt, er war ganz gefühllos, und während er mit dem einen sehenden und haßerfüllten und mit dem anderen sehenden blutroten Auge blickte und sich mit verrenkten Händen am Bretterstapel festhielt, sagte er zischend und blutspuckend:
„Uch … Banditengesindel … Uch, ihr könnt mich … Sie werden euch alle fangen und erschießen, alle …“
Immer wieder sprang eine Gestalt mit einer knochigen schwarzen Pistole in der Hand in den Lichtkegel und schlug Strelzow mit dem Griff. Dann wurde er schwach, brüllte, seine Beine rutschten von dem Stapel weg, aber er hielt sich noch mit den Händen.
„Schneller!“
Von dem hohen weißen Stationslicht her drang ein Salvenfächer und verhallte.
„Los, schlag doch, schlag, schneller!“ schrie Strelzow heiser. „Wozu einen unnütz quälen.“
Strelzow war nur in Unterhemd und gelber Stepphose; Mantel und Stiefel hatte er nicht an, und ein abgewickelter flekkiger Fußlappen kroch hinter ihm her, als die Beine von den Brettern wegrutschten. Abram trug seinen scheußlichen Mantel und die Filzstiefel. Keiner kümmerte sich um sie, und ein goldgelber Strohhalm guckte friedlich aus dem zerrissenen rechten Nasenloch, als ob das immer so gewesen war.
Ein Gesicht wie das von Abram hatte niemand je gesehen.
„Der Jidd lacht!“ sagte verwundert die Dunkelheit hinter dem Lichtkegel.
„Er lacht über mich“, antwortete der Baß.
Abram rannen ganz von selbst, nicht kitzelnd und nicht schmerzend, Tränen aus den Augen, und sein Mund war zerfetzt, als hätte er etwas belächelt, und das Lächeln wäre stehengeblieben. Der aufgeknöpfte Militärmantel öffnete

sich, die Hände griffen aus irgendwelchen Gründen nach der schwarzen Hose, er schwieg und blickte in das gewölbte Auge mit der blendend hellen Pupille.
So geht nun alles zu Ende, dachte er, ich hätte es nicht gedacht. Das Aquarell sehe ich nie wieder, auch nicht das Feuer. Nichts wird geschehen, ich habe nichts mehr zu erwarten – das Ende.
„Na na", warnte die Dunkelheit. Der Lichtkegel bewegte sich, das Auge wanderte nach links, und in der Dunkelheit, vor den beiden Posten, lag in den Löchern der Gewehre dieses schwarze Ende beschlossen. Da wurde Abram ganz schwach und begann zu kriechen, seine Beine gaben nach. Darum spürte er das aufblitzende Ende gar nicht.

Der Schneesturm wirbelte den Bahndamm entlang, und nach einer Stunde hatte sich alles verändert. Es schüttete nicht mehr von oben und von den Seiten. Weit weg über den Schneefeldern rissen die Wolken auf, es trieb sie auseinander, und aus der Lücke blickte zeitweilig der Rand der Aureole um den goldenen Mond. Dann legte sich ein milchig dünner, trügerischer Widerschein auf das Feld, die Schienen strömten in die Ferne, und der Bretterstapel wurde schwarz und häßlich. Das hohe Stationslicht schwächte sich ab, während das niedrige gelbliche Licht unveränderlich war. Dies sah Abram als erstes, als er die Lider hob, und er blickte sehr lange darauf, wie angeschmiedet. Das Licht blieb unverändert, aber Abrams Lider öffneten und schlossen sich, darum dünkte ihn, daß das Licht zwinkerte und blinkte.
Abrams Gedanken waren sonderbar, schwerfälllig, unerklärlich und schlaff – warum er nicht den Verstand verloren hatte, daß ein erstaunliches Wunder geschehen war, das gelbe Licht ...
Er schleppte die Beine nach, als wären sie gebrochen, arbeitete sich mit den Ellbogen durch den Schnee, zog die durchschossene Brust nach und brauchte sehr lange, um zu Strelzow zu kriechen: fünf Minuten – fünf Schritte. Als er ihn erreicht hatte, befühlte er ihn, überzeugte sich, daß der kalt und zugeschneit war, und kroch zurück. Er stellte sich auf

die Knie, spannte sich wankend, stand auf den Füßen, preßte beide Hände auf die Brust. Er ging ein Stückchen, fiel hin und kroch wieder zum Bahndamm, ohne das gelbe Licht aus dem Blick zu verlieren.

„Wer ist da? Mein Gott, wer?" fragte die Frau erschrocken und klammerte sich an den Türgriff. „Ich bin allein, bei Gott, mein Kind ist krank. Gehen Sie zur Station, gehen Sie."
„Laß mich rein, bitte. Ich bin verletzt", sagte Abram hartnäckig immer wieder, und seine Stimme war trocken, dünn und singend. Mit der Hand griff er nach der Tür, aber die Hand gehorchte ihm nicht, sie rutschte ab, und Abrams größte Angst war, die Frau könnte die Tür schließen. „Hören Sie, ich bin verwundet", wiederholte er.
„Oi, das Gesicht", antwortete die Frau und öffnete ein wenig die Tür.
Auf Knien kroch Abram in die schwarze Diele. Die Augen der Frau verschwanden in Kreisen, sie blickte auf den kriechenden Abram; er sah vor sich das gelbe Licht und sah es ganz nahe. Es zischte in dem dreikantigen Lampenglas.

Vollends erblühte die Nacht erst gegen Morgen, eisig und von Sternen übersät. Als Kreuze, als Büschlein, als Quadrate saßen die Sterne über der begrabenen Erde, am höchsten Punkt und weit über den schweigenden Wäldern am Horizont. Kälte, Frost und ein bunter Kranz am Himmelsgewölbe um den Mond.
In dem Wächterhäuschen am Bahndamm war es schwülheiß, und das Flämmchen, noch immer gelb und unermüdlich, brannte sparsam und zischend.
Die Wächtersfrau saß schlaflos auf der Bank am Tisch und blickte am Licht vorbei zum Ofen, wo unter einem Berg von Lumpen und Schafsfellen zischend der Körper von Abram lebte.
Die Hitze lief in Wellen vom Gehirn zu den Füßen, kehrte dann in die Brust zurück und trachtete, das eisige Lichtlein im Herzen auszupusten. Dieses verkleinerte und vergrößerte sich rhythmisch, um die Sekunden zu zählen, und klopfte sie still

und gleichmäßig. Abram hörte das Lichtlein nicht, er hörte das gleichmäßige Zischen des Flämmchens in dem dreikantigen Glas, wobei ihm schien, daß es in seinem Kopf flackerte, und diesem Flämmchen erzählte Abram von dem wirbelnden Schneesturm, von den schmetternden Schmerzen auf der Wange und im Gehirn, von dem schneeverwehten Strelzow. Abram wollte Strelzow aus der Schneewehe herausholen und auf den Ofen ziehen, aber der war schwer und widerstrebend wie ein in die Erde gerammter Pfahl. Abram wollte das verderbliche gelbe Flämmchen aus dem Gehirn herausnehmen und wegwerfen, aber es saß hartnäckig fest und verbrannte alles, was in dem lodernden Kopf war. Der eisige Uhrzeiger im Herzen stockte, und die Lebensuhr lief auf sonderbare Weise verkehrt herum, statt der Hitze wanderte Kälte vom Kopf zu den Füßen, das Lichtlein verschob sich in den Kopf und das gelbe Flämmchen ins Herz, und Abrams zerstörter Körper flatterte terzweise in winzigem Beben, stockend und nicht im Takt mit dem Pochen des Lebens, und es waren schon zu wenig Schafsfelle, und er hätte am liebsten das ganze Wächterhäuschen mit Fellen vollgestopft bis oben, sich gekrümmt und sich auf die glühenden Ofenziegel gelegt.

Jahre vergingen. Und es geschah ein ebenso erfreuliches wie ungewöhnliches Ereignis: Der Klub bekam Brennholz geliefert. Natürlich war es feucht, aber auch feuchtes Holz kann brennen, und auch dieses brannte. Die Ofentür spuckte häßliche Feuerteufel aus, Gluthitze schwebte hervor und tanzte auf der vertrockneten Tannengirlande, auf den Bändern des Porträts, wo sie den Rand eines Bartes herausgriff, auf dem Fußboden und auf dem Gesicht von Bronja. Bronja hockte vor der Ofentür und blickte in die Flammen, sie hatte die Arme um die Knie gelegt, und die zottigen Filzstiefel ragten vor und wärmten sich an dem Feuerteufel. Bronjas Kopf war mohnrot von dem unvermeidlichen Tuch, das flott geknotet war.

Die übrigen saßen auf löchrigen Stühlen im Halbkreis und lauschten den Rednerkünsten von Jak Grusny. Er erzählte im Baß von Attacken, von eisigen Nächten, vom heißen Krieg.

Aus alldem ging hervor, daß Jak ein tapferer Mann war, der nie verzagte. Und wirklich, er war tapfer. Als er endete, spuckte er in den taillierten grauen Eimer und stieß einen Schwaden stinkenden Rauchs von verfaultem, billigem Tabak aus.
„Jetzt Abram", sagte Bronja, „ein richtiger Professor. Er weiß auch Interessantes zu erzählen. Sie sind dran, Abram." Sie stockte ein wenig, denn Abram war der einzige unlängst zugereiste Mensch und bekam von ihr im Gespräch das „Sie" zu hören.
Der kleine Abram, zerzaust wie ein Spatz, kam aus der hinteren Reihe vor und geriet in all seiner Schönheit ins Licht der Flamme. Er hatte eine Wattejacke an, wie sie früher Mehlhändler getragen hatten, und eine an der ganzen Arbeiterfakultät berühmte und womöglich weltweit einmalige Hose, braun, mit einem seltsamen Grünschimmer, oben weit und unten schmal. Aus irgendwelchen Gründen bedeckte sie nie die rechte Schlaufe des Schuhs, sondern ruhte weiter oben und erlaubte jedermann einen Blick auf einen Streifen von Abrams grauem Strumpf.
Der Besitzer der Hose war schwerhörig, hatte daher stets ein höfliches verwirrtes Lächeln im Gesicht und legte, wenn nötig, die Hand hinter das linke Ohr.
„Sie sind dran, Abram", verfügte Bronja laut, wie sie alle mit ihm sprachen, „Sie waren wahrscheinlich nicht im Krieg, also erzählen Sie irgend etwas anderes."
Der zerzauste Spatz blickte in den Ofen und dämpfte seine Stimme, um nicht lauter als nötig zu sprechen, dann begann er zu reden. Schließlich geriet er in Fahrt und erzählte mit Leidenschaft, dabei wandte er sich an die Flammen und an Bronjas mohnrotes Kopftuch. Er wollte alles in die Geschichte hineinlegen: den wirbelnden Schneesturm, die plötzlichen Pferdemäuler und wie schrecklich die formlose Angst ist, wenn man stirbt und keine Hoffnung mehr hat. Er redete in der dritten Person von zwei Posten eines Wachregiments, zog kläglich die Augenbrauen hoch, als er darauf kam, wie sie den einen von ihnen nicht ganz totgeschossen hatten und er immerzu auf das gelbe Licht zukroch, er erzählte von der Wächterin, von dem Krankenhaus, in dem

der Arzt versichert hatte, der Posten könne keineswegs durchkommen, und wie der dann doch überlebte. Abram hatte die linke Hand in der Jackentasche, mit der rechten zeigte er auf den Ofen und das Feuer, als malte ihm das Feuer dieses Bild. Als er fertig war, warf er einen entsetzten Blick in den Ofen und sagte:
„So ist das ..."
Alle schwiegen.
Jak blickte herablassend auf die braune Hose und sagte:
„So was hat's gegeben. Warum nicht ... Das gab's in der Ukraine. Wem ist das passiert?"
Der Spatz schwieg und antwortete dann verschämt:
„Mir ist das passiert."
Nach kurzem Schweigen fügte er hinzu:
„Na, ich geh in die Bibliothek."
Und er ging, wie immer hinkend.
Alle Köpfe drehten sich nach ihm um, und alle blickten unverwandt auf die braune Hose, bis Abram den großen Saal durchquert hatte und in der Tür verschwand.

1923

Die Renaissance des Handels
Moskau zu Beginn des Jahres 1922

Für einen, der Moskau vor etwa einem halben Jahr zuletzt gesehen hat, ist es nicht wiederzuerkennen, so sehr hat die neue ökonomische Politik die Stadt verändert (die NÖP, eine Abkürzung, die sich bei den Moskauern schon eingebürgert hat).
Das fing ganz klein und sehr allmählich an. Bald da, bald dort fielen die Holzverkleidungen, und dahinter blickten nach der langen Pause verstaubte und trübe Schaufenster ins Licht. In den verwahrlosten Räumen brannten Glühbirnen, in deren Licht sich Leben regte: Da wurde genagelt, gehämmert, ausgebessert, da wurden Kisten und Körbe mit Waren ausgepackt. Die geputzten Schaufenster erstrahlten.

Starke runde Lampen oder blendend helle schmale Röhren an den Seiten der Fenster flammten auf.
Es ist schwer zu begreifen, aus welchen geheimnisvollen Tiefen das verarmte Moskau die Waren hervorholte, aber es holte sie hervor und verteilte sie mit freigebiger Hand in den spiegelden Schaufenstern und auf den Ladenregalen.
Es regten sich der Kusnezki, die Petrowka, die Neglinny, die Lubjanka, die Mjasnizkaja, die Twerskaja, der Arbat. Die Läden schossen wie Pilze aus dem Boden, beträufelt vom lebendigen Regen der NÖP. Staatliche, kooperative, Artel-, Privatläden ... Den Konditoreien, deren Lichter überall als erste aufleuchteten, folgten Kurzwaren-, Lebensmittel-, Schreibwaren-, Hut-, Friseur-, Buchläden, technische Läden und schließlich die gewaltigen Warenhäuser.
Auf die kahlen Wände spülte eine bunte Welle Aushängeschilder, täglich kamen neue hinzu, und sie wurden täglich größer. Da und dort waren sie von rascher Hand gemacht, manchmal war es einfach eine Inschrift auf Leinwand, aber daneben erschienen ständige Schilder, nach neuer Schreibweise, mit grellen Halbmeterbuchstaben, befestigt mit mächtigen Mauerhaken.
Also auf Dauer.
Die alten, verbogenen und abblätternden Blechplatten dazwischen schienen sich zu strecken und lebendig zu werden, und die jämmerlichen Zeichen der alten Schrift schnitten seltsam ins Auge.
Immer mehr, immer umfangreicher.
Moskau ist nicht wiederzuerkennen. Moskau handelt ...
Auf dem Kusnezki Most, auf seinen vereisten Gehsteigen flaniert den ganzen Tag ein Gedränge von Fußgängern; Droschken fahren in langer Reihe, Automobile sausen, Signale krächzen.
Hinter den riesigen Schaufensterscheiben eine stürmische Palette bunter Farben: Mit lackierten Gesichtern lächeln Spielzeugfigürchen eines Heimarbeiterartels. Weiter oben, in dem ehemaligen Geschäft von Shanks, blicken aus den riesigen Schaufenstern Damenhüte, Strümpfe, Schuhe, Pelze. Es ist eines der Warenhäuser. Moskauer Konsumge-

sellschaft. Sie hat in ganz Moskau acht solcher Läden eröffnet.
In der Petrowka ergießt sich in der Dämmerstunde aus den Fenstern pausenlos elektrisches Licht auf die von Menschen schwarzen Gehsteige. Die Fenster der Konfektionsläden leuchten. Hunderte von Flakons mit den besten ausländischen Parfums – geschliffen, milchigweiß, gelb, in den wunderlichsten Formen und Fassons. Wellen von Stoffen, Berge von Schlipsen, Spitzen, Reihen von Puderdosen. Da strahlen, leblos schmachtend, die angemalten Gesichter der Schaufensterpuppen, über den Schultern unbezahlbare Palatinen.
Die Passagen sind erwacht.
Der gewaltige Klotz von „Muir und Merilees" zeigt seine mächtigen Fenster noch stumm, leer und schwarz, aber schon sind im Erdgeschoß die farbigen Politkarikaturen aus den Fenstern verschwunden, und aus den Türen wird Unrat gefegt. Moskau weiß bereits, daß hier im Februar ein Warenhaus mit fünfundzwanzig Abteilungen eröffnet wird und daß die früheren Direktoren von Muir zur Leitung gehören.
Konditoreien gibt es auf Schritt und Tritt. Den ganzen Tag bis zur Schließung sind sie voller Menschen. Auf den Regalen häufen sich Weißbrot, Kringel, französische Brötchen. Kuchen in endlosen Reihen bedecken die Ladentische. Alles ungeheuerlich teuer. Aber die Preise schrecken in Moskau keinen mehr, und märchenhafte, astronomische Millionen (dieses Wort gibt es längst nicht mehr in Moskau, es wurde endgültig von dem Wort „Limonen" verdrängt) wandern jeden Tag durch die blanken, unablässig klingelnden Kassen.
In der ehemaligen Bäckerei von Filippow in der Twerskaja, die bis zur Decke voll ist mit Weißbrot, Torten, Kuchen, Zwieback und Hörnchen, stehen endlose Schlangen.
Die Auslagen der Lebensmittelgeschäfte verblüffen durch ihren Luxus. Berge von Kartons mit Konserven, schwarzer Kaviar, Lachs, Störrücken, Räucherfisch, Apfelsinen. Und immer stehen vor den Schaufenstern, wie verzaubert, Passanten und blicken unverwandt auf die Delikatessen.

Die vierunddreißig Lebensmittelgeschäfte des Moskauer Konsums und die Privatläden teilen schon in Annoncen mit, daß sie russische und ausländische Weine führen, und die Moskauer kaufen wie verrückt.
Ende November erschien die „Iswestija" erstmalig mit Inseraten, und die sprenkeln jetzt die Seiten aller Zeitungen und Handelsbulletins. Flugzeuge der „Luftflotte" haben schon den ersten Versuch gemacht, Reklamezettel über Moskau abzuwerfen, und jetzt kann man sich für Werbung „aus dem Aeroplan" anmelden. Eine Zeile solcher Werbung kostet 15 Rubel in neuem Geld.
Der Straßenverkehr nimmt von Tag zu Tag zu. Straßenbahnen der Linien, 3, 6, 7, 16, 17, A und B fahren, Droschken bringen die Moskauer überallhin, und die Kutscher feilschen nur so drauflos:
„Kommen Sie, mein Herr! Genau 1 Rubel (100000)! Fahren Sie mit mir!"
Am „Metropol", am Woskressenskije-Tor, am Strastnoi-Kloster – überall an den Kreuzungen schwirrt die Luft von den Ausrufen der unzähligen Händler mit Zeitungen, Papirossy, Sahnebonbons und Brötchen.
Am Iljinskije-Tor stehen Frauen mit Piroggen in zwei Reihen. In der Iljinska ist von dem grauen Gebäude mit den Säulen die Schrift „Bergbaurat" verschwunden, und nun hängt da eine andere mit gewaltigen Buchstaben: „Börse". Dort finden Börsenversammlungen statt, und über Makler werden Milliardengeschäfte abgewickelt.
Bis in die späte Nacht bewegt sich, kauft, verkauft, drängt sich in den Läden das Moskauer Volk. Aber auch spät am Abend, wenn die Zeiger der erleuchteten Straßenuhren unaufhaltsam gegen Mitternacht kriechen und alle Läden schon geschlossen sind, ist die unermüdliche Twerskaja noch immer lebendig.
Die Rufe von Jungen zerschneiden die Luft:
„Loser Tabak ‚Ira'! ‚Jawa'! ‚Mursal'!"
Die Fenster der unzähligen Cafés sind beleuchtet, aus ihnen tönt dumpf das Winseln der Geigen.
Bis spät in die Nacht regt sich, kauft und verkauft, ißt und

trinkt an den Tischen das Volk, das in dem nie zuvor gesehenen roten Handelsviertel Kitai-Gorod lebt.

1921

Eine spiritistische Sitzung
Erzählung

Es geht nicht an, ihn herzurufen!
Es geht nicht an, ihn herzurufen!
Rezitativ des Mephistopheles

1

Die dumme Xjuscha meldete:
„Da will ein Kerl zu dir."
Madame Lusina brauste auf.
„Erstens, wie oft habe ich dir schon gesagt, du sollst mich nicht mit du anreden! Was für ein Kerl?"
Sie schwebte in die Diele.
In der Diele hängte eben Xaweri Antonowitsch Lissinewitsch seine Mütze an das Hirschgeweih und lächelte säuerlich. Er hatte Xjuschas Meldung gehört.
Madame Lusina brauste zum zweitenmal auf.
„Ach mein Gott! Entschuldigen Sie, Xaweri Antonowitsch! Diese dumme Gans vom Lande! Sie redet alle so ... Guten Tag!"
„Aber ich bitte Sie!" Lissenewitsch breitete weltmännisch die Arme aus. „Guten Abend, Sinaida Iwanowna!" Er brachte seine Füße in die dritte Position, neigte das Haupt und zog Madame Lusinas Hand an seine Lippen.
Aber kaum hatte er angefangen, einen langen und klebrigen Blick auf Madame zu heften, da trottete der Ehemann Pawel Petrowitsch aus der Tür. Der Blick erlosch.
„Tjaa", begann Pawel Petrowitsch sogleich seine Suada, „‚Kerl' ... hähä! Pri-mi-tiv! Total primitiv. Ich denke mir, die Freiheit dort ... Kommunismus. Ich bitte Sie! Wie kann

man vom Kommunismus träumen, wenn überall solche Xjuschas sind! ‚Kerl' ... Hähä! Entschuldigen Sie um Gottes willen! Als Ehemann ..."
Dieser Dummkopf! dachte Madame Lusina und fiel ihm ins Wort:
„Warum stehen wir in der Diele? Kommen Sie bitte ins Eßzimmer."
„Ja, herzlich willkommen, ins Eßzimmer", bekräftigte Pawel Petrowitsch, „bitte!"
Die ganze Gesellschaft schlüpfte gebückt unter dem schwarzen Rohr durch und betrat das Eßzimmer.
„Wie ich sage", fuhr Pawel Petrowitsch fort und legte dem Gast den Arm um die Taille, „der Kommunismus ... Kein Zweifel: Lenin ist ein genialer Mensch, aber ... ach, möchten Sie nicht eine Papirossa aus der Zuteilung ... hähä! Heute bekommen ... Aber der Kommunismus, das ist ein Ding, daß er sozusagen seinem Wesen nach ... Ach, eingerissen? Nehmen Sie eine andere, hier von der Seite ... Seinem Wesen nach verlangt er eine gewisse Entwicklung ... Ach, feucht? So was von Papirossy! Nehmen Sie bitte diese ... Seinem Inhalt nach ... Moment, gleich brennt sie ... So was von Streichhölzern! Auch aus der Zuteilung ... Ein gewisses Bewußtsein ..."
„Moment, Pawel! Xaweri Antonowitsch, den Tee vorher oder hinterher?"
„Ich glaube ... äh, vorher", antwortete Xaweri Antonowitsch.
„Xjuscha, den Primuskocher! Die andern kommen gleich! Sie sind alle schrecklich interessiert! Schrecklich! Ich habe auch Sofia Iljinitschna eingeladen ...
„Und der Tisch?"
„Haben wir besorgt! Bloß ... Nägel sind drin. Aber das macht ja wohl nichts?"
„Hm ... Das ist natürlich schlecht. Aber irgendwie wird's schon gehen."
Xaweri Antonowitsch musterte den dreibeinigen Tisch mit den Intarsien, und seine Finger bewegten sich ganz von selbst.

Pawel Petrowitsch sagte:
„Offen gestanden, ich glaub nicht dran. Ich glaub nicht dran, sag ich Ihnen. Obwohl, in der Natur …"
„Ach, was du redest! Das ist wahnsinnig interessant! Aber ich warne dich: Ich werde Angst haben!"
Madame Lusinas Augen glänzten lebhaft. Sie eilte hinaus in die Diele, richtete vor dem Spiegel hastig ihre Frisur und flatterte in die Küche. Von dort drangen das Fauchen des Primuskochers und das Knallen von Xjuschas Hacken.
„Ich finde", begann Pawel Petrowitsch, kam aber nicht weiter.
An der Wohnungstür klopfte es. Als erste erschien Lenotschka, dann der Vermieter. Auch die Lehrerin Sofia Iljinitschna ließ nicht auf sich warten. Gleich nach ihr kamen Boborizki mit seiner Braut Ninotschka.
Das Eßzimmer füllte sich mit Gelächter und Tabaksqualm.
„Das hätten wir schon längst mal arrangieren sollen!"
„Offen gestanden, ich …"
„Xaweri Antonowitsch, Sie werden das Medium sein, nicht wahr, nicht?"
„Herrschaften", kokettierte Xaweri Antonowitsch, „ich bin ja eigentlich gar nicht eingeweiht … Obwohl …"
„O doch! Bei Ihnen hat sich der Tisch in die Luft erhoben!"
„Offen gestanden, ich …"
„Ich versichere dir, Manja hat mit eigenen Augen das grüne Licht gesehen!"
„Entsetzlich! Ich will nicht!"
„Bei Licht! Bei Licht! Sonst mache ich nicht mit!" schrie die kräftig gebaute, materielle Sofia Iljinitschna. „Sonst glaub ich's nicht!"
„Erlauben Sie … Wir geben unser Ehrenwort …"
„Nein! Nein! Bei Dunkelheit! Als Julius Caesar uns den Tod geklopft hat …"
„Ach, ich will nicht! Nicht nach dem Tod fragen!" schrie Boborizkis Braut, und Boborizki flüsterte schmachtend:
„Bei Dunkelheit! Bei Dunkelheit!"
Xjuscha, den Mund vor Verblüffung sperrangelweit offen,

brachte die Teekanne. Madame Lusina klapperte mit Tassen.
„Schnell, meine Herrschaften, wir wollen keine Zeit verlieren!“
Man setzte sich zum Tee.
Das Fenster wurde auf Weisung Xaweri Antonowitschs dicht verhängt. In der Diele wurde das Licht ausgemacht, und Xjuscha bekam Befehl, in der Küche zu sitzen und nicht mit den Hacken zu trampeln. Man setzte sich, und es ward dunkel …

2

Xjuscha langweilte sich und war zugleich beunruhigt. Eine Teufelei … Überall Dunkelheit. Sie haben sich eingeschlossen. Anfangs Stille, dann leises, gleichmäßiges Klopfen. Als Xjuscha es hörte, erstarrte sie. Und bekam Angst. Wieder Stille. Dann eine undeutliche Stimme:
„Herrgott?“
Xjuscha bewegte sich auf dem fettigen Hocker und begann zu horchen.
Klopf … Klopf … Klopf … Dann die Stimme einer Besucherin (diese Walze, verzeih mir's Gott!), die brubbelte:
„A, ga, ga, ga …“
Klopf … Klopf …
Xjuscha auf ihrem Hocker pendelte zwischen Angst und Neugier. Bald geisterte vor dem schwarzen Fenster ein gehörnter Teufel, bald zog es sie in die Diele.
Endlich hielt sie es nicht mehr aus. Sie lehnte die Tür der erleuchteten Küche an und schlüpfte in die Diele. Ihre tastenden Hände stießen auf Truhen. Sie zwängte sich weiter, suchte mit den Händen, fand die Tür und äugte durchs Schlüsselloch. Aber im Schlüsselloch war höllische Finsternis, aus der Stimmen drangen …

3

„Geist, wer bist du?“
„A, b, c, d, e, f, g, h, i ...“
Klopf!
„K!“ hauchten Stimmen.
„Ka!“
Klopf ... klopf, klopf ...
„Kaiser! Oho! Herrschaften ...“
„Kaiser Napo ...“
Klopf ... Klopf ...
„Na-po-le-on! Mein Gott, wie interessant!“
„Still! Fragen Sie! Stellen Sie Fragen!“
„Was? Ja, stellen Sie Fragen! Na, wer möchte?“
„Geist des Kaisers“, fragte Lenotschka abgerissen und aufgeregt, „sage mir, soll ich von der Hauptverwaltung Chemie zur Eisenbahnversorgung wechseln? Oder nicht?“
Klopf ... Klopf ... Klopf ...
„Dumme Gans!“ antwortete Kaiser Napoleon deutlich.
„Hii!“ kreischte der freche Vermieter.
Ein Lachen lief um den Tisch.
Sofia Iljinitschna flüsterte ärgerlich:
„Wie kann man nach solchem Quatsch fragen?“
Lenotschkas Ohren glühten in der Dunkelheit.
„Sei nicht böse, guter Geist!“ flehte sie. „Wenn du nicht böse bist, klopfe einmal!“
Napoleon gehorchte den Händen Xaweri Antonowitschs, der es fertigbrachte, zwei Dinge gleichzeitig zu tun – er kitzelte mit den Lippen Madame Lusinas Hals und drehte den Tisch, hob das Bein und trat Pawel Petrowitsch aufs Hühnerauge.
„Sss!“ zischte Pawel Petrowitsch gequält.
„Still! Stellen Sie Fragen!“
„Ist bei Ihnen auch kein Fremder in der Wohnung?“ fragte der vorsichtige Boborizki.
„Nein! Nein! Reden Sie getrost!“
„Geist des Kaisers, sage an, wie lange werden die Bolschewiken noch an der Macht sein?“

„Ah! Das ist interessant! Still! Zählen!"
„Tack, Tack", klopfte Napoleon, auf einem Bein lahmend.
„D ... r ... e ... i ... drei ... Monate!"
„Ah!"
„Gott sei Dank!" schrie die Braut. „Wie ich sie hasse!"
„Pst! Was reden Sie?"
„Ist doch keiner da!"
„Wer soll sie stürzen? Geist, sage uns das!"
Angehaltener Atem ... Tack, tack ...
Neugier sprengte Xjuscha.
Endlich hielt sie es nicht mehr aus. Vor ihrem eigenen Spiegelbild, das ihr in der Dunkelheit erschien, zurückprallend, zwängte sie sich zwischen den Truhen zurück in die Küche. Sie nahm ihr Tuch, schlüpfte wieder in die Diele, zögerte kurz. Dann entschloß sie sich, zog leise die Tür ins Schloß, ließ die Hacken flitzen und sauste hinunter zu Mascha.

4

Mascha von unten stand im vorderen Treppenhaus mit Duska aus der vierten beim Fahrstuhl. Sie hatte hunderttausend Sonnenblumenkerne in der Tasche.
Xjuscha sprudelte los:
„Sie haben sich eingeschlossen, Mädels ... Sie reden vom Kaiser und von den Bolschewiken ... Ganz dunkel in der Wohnung, schrecklich! Der Vermieter, der Herr, die gnädige Frau, ihr Kerl, eine Paukersche ..."
„Na, na", staunten Mascha von unten und Duska, und der Mosaikfußboden bedeckte sich mit klebrigen Sonnenblumenschalen.
Die Tür der Wohnung Nr. 3 klappte, und treppab stieg ein schneidiger Mann mit einer ungewöhnlichen Hose. Duska, Xjuscha und Mascha von unten stielten die Augen. Die Hose war bis zu den Knien eine Hose aus gutem Stoff, doch von den Knien abwärts wurde sie weiter und weiter und erinnerte an zwei Glocken.

Die quadratische bronzene Brust spannte das Leibchen, und an der Hüfte lugte aus einem Lederding matt und düster eine spitznasige Mündung.
Der Schneidige, den Kopf mit den Goldbuchstaben auf der Stirn stolz erhoben, setzte die Füße rasch, so daß die Glocken flatterten, ging zum Fahrstuhl, versengte die drei mit einem flüchtigen Blick und näherte sich dem Ausgang.
„Die Lampen haben sie ausgemacht, damit ich nichts sehen kann … Hihi! Und sie reden … mit den Bolschewiken ist Schluß, sagen sie … Der Kaiser … Hihi!“
Mit dem Schneidigen ging etwas vor. Die Lackschuhe hafteten plötzlich am Fußboden. Der Schritt wurde langsamer. Er blieb auf einmal stehen, suchte in der Tasche, als hätte er etwas vergessen, gähnte dann, und plötzlich, als hätte er sich's anders überlegt, ging er statt durch die Haustür zurück und setzte sich auf eine Bank, die ein gläserner Vorsprung mit der Aufschrift „Portier“ Xjuschas Blicken entzog.
Ihn interessierte sichtlich ein gesprungener rötlicher Cupido an der Wand. Den starrte er an, er studierte ihn.
Nachdem sich Xjuscha die Seele erleichtert hatte, trappelte sie wieder nach oben. Der Schneidige gähnte wehmütig, blickte auf die Armbanduhr, zuckte die Achseln und hatte es sichtlich satt, auf jemanden zu warten, darum stieg er, verwegen die Glocken schwenkend, im Abstand einer halben Treppe hinter Xjuscha hinauf.
Als Xjuscha in der Wohnung verschwunden war, ohne mit der Tür geklappt zu haben, flammte auf dem dunklen Treppenabsatz bei der weißen Wohnungsnummer 24 ein Streichholz auf. Der Schneidige klebte nicht mehr am Fußboden und gähnte nicht mehr.
„Vierundzwanzig“, sagte er konzentriert zu sich selbst, dann sauste er, munter und lebhaft, pfeilgeschwind die sechs Treppen hinunter.

5

In der rauchigen Dunkelheit vollbrachte Sokrates, der Napoleon abgelöst hatte, wahre Wunder. Er tanzte wie ein Verrückter und prophezeite den Bolschewiken den nahen Untergang. Die schwitzende Sofia Iljinitschna ratterte unaufhörlich das Alphabet. Alle Hände waren fühllos außer denen von Xaweri Antonowitsch. Trübweiße Silhouetten schimmerten in der Finsternis. Als die Nerven aufs äußerste gespannt waren, schwankte der Tisch mit dem darauf sitzenden weisen Griechen und schwebte aufwärts.

„Ach! Es reicht! Ich hab Angst! Nein! Er soll! Lieber Geist! Höher! Hat auch keiner seine Beine dran? Aber nein! Pst! Geist! Wenn es dich gibt, schlag auf dem Klavier das C an!" Der Grieche stürzte von oben herab und knallte mit allen Beinen auf den Fußboden. Etwas in ihm platzte krachend. Dann rappelte er sich hoch, trat den aufkreischenden Damen auf die Füße und stürzte zum Klavier. Die Spiritisten sausten, mit der Stirn zusammenknallend, hinter ihm her.

Xjuscha sprang wie hochgescheucht von der Kattundecke in der Küche. Ihr Piepsen „Wer ist da?" konnten die aufgedrehten Spiritisten nicht hören.

Ein neuer, bösartiger und furchteinflößender Geist hatte den toten Griechen weggestoßen und auf dem Tisch Platz genommen. Er trampelte schrecklich mit den Beinen, es klang wie ein Maschinengewehr, warf sich von einer Seite auf die andere und redete dummes Zeug daher:

„Dra-tu-ma ..., by ... y ... y."

„Lieber Geist!" stöhnten die Spiritisten.

„Was willst du?"

„Die Tür!" entfuhr es endlich dem wütenden Geist.

„Ah! Die Tür! Hört ihr! Zur Tür will er raus! Laßt ihn!"

„Trick, track, tuck", humpelte der Stuhl zur Tür.

„Halt!" schrie auf einmal Bobobrizki. „Ihr seht doch, wie stark er ist! Er soll von hier aus an die Tür klopfen."

„Geist! Klopfe!"

Der Geist übertraf alle Erwartungen. Er hämmerte von außen wie mit drei Fäusten gegen die Tür.
„Au!“ kreischten im Zimmer drei Stimmen.
Der Geist war wirklich sehr stark. Er trommelte so laut, daß den Spiritisten die Haare zu Berge standen. Der Atem erstarb, es wurde still.
Mit zitternder Stimme rief Pawel Petrowitsch:
„Geist! Wer bist du?“
Vor der Tür antwortete eine Grabesstimme:
„Die Tscheka.“
Der Geist verblühte schmählich vom Tisch – in einem einzigen Augenblick. Der Tisch stand, auf dem beschädigten Bein lahmend, unbeweglich. Die Spiritisten versteinerten. Dann stöhnte Madame Luisina: „O Gott!“ und sank in einer nicht gespielten Ohnmacht Xaweri Antonowitsch an die Brust. Dieser zischte:
„Zum Teufel mit dieser idiotischen Idee!“
Mit flatternden Händen öffnete Pawel Petrowitsch die Tür.
Im Nu flammten sämtliche Lampen auf, und der Geist trat vor die schneebleichen Spiritisten. Er war ganz und gar aus Leder, von der Mütze bis zur Aktentasche. Mehr noch, er war nicht allein. Eine ganze Reihe ihm unterstellter Geister zeigte sich in der Diele.
Da, eine bronzene Brust, ein kantiger Pistolenlauf, ein grauer Militärmantel, noch einer …
Der Geist musterte das Chaos des spiritistischen Zimmers und sagte mit unheildrohendem Grienen:
„Ihre Dokumente, Genossen …“

Epilog

Boborizki saß eine Woche, der Vermieter und Xaweri Antonowitsch 13 Tage, Pawel Petrowitsch eineinhalb Monate.

1922

In der Schule der Dritten Internationale

Mittag. Pause. Im leeren Saal hallen die Stimmen.
„Woloooodja!“
Ein Bürschchen mit geschorenem Rundkopf stapft in besohlten Filzstiefeln hinter den anderen her, holt sie ein, hält sie fest.
„Haaalt!“
Zwei kleine Mädchen kommen den Korridor entlang, treten sittsam beiseite. Die eine trägt eine Schulmappe unter dem Arm, die andere ein zusammengeschnürtes Bündel zerfledderter Bücher. Die Zöpfchen sind straff geflochten, die Näschen keck erhoben. Ein Lehrer kommt vorüber, er blinzelt durch eine billige Brille. Er trägt eine Studentenjoppe, ein russisches Hemd und die unvermeidlichen Filzstiefel.
„Wolodja! Wolodja!“
Plumps – klatscht Wolodja mit dem Rücken an die Wand. Wütend saust er dem Beleidiger hinterher. Seine Fersen wirbeln. Er ist klein, hat aber Elefantenbeinchen, das machen die Filzstiefel.
Die Klingel schrillt im Saal. Hallende Korridore. Mittag. Pause.
Im Schulmuseum ist es still, nur dumpf dringt Wolodjas Siegesschrei in das helle Zimmer.
Im Schulmuseum ist es still. Zahllose bunte Zeichnungen blicken von der Wand. „Geschichte der Revolution“. Große Druckbuchstaben. Darunter Reihen von Schülerzeichnungen. 9. Januar 1905. Eine Menge Arbeiter marschiert. Bunte Barrikaden. Streik.
Die Wände sind besprenkelt. Überschriften – „Die Muttersprache“, darunter ein Bildchen, ein roter Fuchs. Buschiger Schwanz, das Gesicht schlau und gerührt. Es ist der Fuchs, der den Käse im Schnabel der dummen Krähe entdeckt hat. Darunter: ein grauvioletter Elefant wird durch die Straßen geführt, einsam, gutmütig, mit sachlicher Miene geht er an einer Bäckerei vorüber, die Passanten laufen erschrocken auseinander. Ein Gaffer hascht nach dem dünnen Elefantenschwanz.

Man weiß, daß Elefanten sehr selten sind bei uns. In der Schule wird die illustrative Methode in breitem Umfang angewendet. Die Kinder der Unterstufe hören Fabeln von Krylow und zeichnen sie, und die Wände bedecken sich mit bunten Flecken. So entsteht ein richtiges lebendiges Museum. Alben liegen aus, voll von Kinderzeichnungen, die das Vorlesen in der Klasse illustrieren.
Leibeigenschaft. Zeichnungen, photographierte Bilder. An der Wand gegenüber eine naturwissenschaftliche Sammlung. Getrocknete Pflanzen. Die Kollektion ist das Ergebnis von Wandertagen außerhalb Moskaus.
Es gibt auch Exkursionen durch Moskau. Altrussische grellfarbene Kaftane. Bunte Flecke. Die Kinder haben im Kreml gezeichnet.
In Gesellschaftskunde haben sie einen Vortrag gehört; die älteren Gruppen haben eine Anzahl Diagramme dazu gezeichnet.
Das Museum ist von lebendigem Geist erfüllt. Die Zeichnungen – von den wohldurchdachten Diagrammen bis zu den schiefen bunten Figuren in festlicher Kleidung mit Rosinenaugen – zeigen das wahre Leben. All das prägt sich ein, bleibt für immer. Das ist kein totes scholastisches Pauken, das ist wirkliches Lernen.

Im Saal und in den Korridoren ist es nach der Pause still geworden. In dem kleinen Klassenraum hinter den schwarzen Tischen zwanzig geschorene oder bezopfte Köpfe.
„Wieviel Bilder sind hier?"
„Hier sind drei Bilder. Bilder."
Ein Knirps zieht die Nase hoch und fängt an:
„Chier sind drej."
„Drei", korrigiert die Lehrerin, und der Knirps berichtigt seufzend: „Sind drei ..." Dabei schaut er so, daß er gleichzeitig die bekleckste Seite und den Eintretenden sehen kann.
Eine der jüngsten Gruppen lernt hier Deutsch.
Im Physikzimmer sind ältere Schüler an einem Tisch voller Geräte mit praktischen physikalischen Arbeiten beschäftigt. Ein Metronom klopft, in einem Kolben brodelt Flüssigkeit,

Schrotkörner werden auf eine Waage geschüttet, forschende Kinderaugen beobachten eine Thermometerskala.
In der Klasse der ältesten Gruppe der Oberstufe sitzen in uralten Schulbänken Halbwüchsige und lösen eine physikalische Aufgabe von einer Last, die ins Wasser eintaucht. Der Lehrer schlurft mit seinen Filzstiefeln von Bank zu Bank, beugt sich über die Hefte bis fast zu den benagten Bleistiften, blinzelt kurzsichtig.

Dann klingelt es. Wieder Pause. Wieder weicht die Stille hohem Stimmenlärm.
Aus der Klasse, in der eine der älteren Gruppen unterrichtet wurde, tritt der Mathematiklehrer. Studentenjoppe. Die abgewetzte Hose steckt mit den Beinen in den unvermeidlichen Filzstiefeln.
„Kalt haben Sie's hier."
„Nein, warm", antwortet er und lächelt freudig.
„Wie meinen Sie das? Ich bin im Fellmantel, und trotzdem ..."
„Manchmal ist es viel kälter", erläutert der Mathematiklehrer.
Und wirklich, man sieht, daß die Kinder und die Lehrer mit Wärme nicht verwöhnt werden. Fast alle sitzen im Mantel da. Aber es gibt auch Standhafte, die es gewöhnt sind. Dieser Mann mit seinem typischen Studentengesicht sitzt stundenlang munter in der Schule, nur mit seiner Joppe bekleidet, zeichnet mit klopfender Kreide eine Fünf-Kilo-Last an die Tafel oder ein Thermometer, das ganze fünfzehn Grad zeigt. Das richtige Thermometer zeigt weniger. Sogar bedeutend weniger, danach zu urteilen, daß ich dauernd die Hände in die Ärmel ziehen möchte.

Ja, in der Schule ist es kalt. Die Schule ist arm. Ihr Pate, die Komintern, hat etwas Kohle geschickt, aber die ist schon alle, und nun zweigt die Schule von ihren spärlichen Mitteln etwas für Brennholz ab. Und kauft es bei einem Privathändler.
Die Schule ist arm. Nicht nur an Heizmaterial. Alles ist von

Kargheit geprägt. Das Physikzimmer hat so wenig Geräte, daß kompliziertere Experimente nicht angestellt werden können. Arm ist auch das naturwissenschaftliche Kabinett. Tafeln, Bänke, alles uralt, fleckig, zerkratzt, alles müßte längst ausrangiert werden. Die Schule ist von lebendigem Geist erfüllt, aber bei zehn Grad muß auch das lebendigste Wesen fröstelnd erschauern.

Ich betrachte die Lehrerinnen, die sich zwischen den Kindern bewegen. Ich betrachte die verblichenen Strickjacken, die gestopften Röcke, die geflickten Filzstiefel, und ich denke: Wovon lebt dieses Lehrervölkchen?
Der Mathematiklehrer, Sekretär des Rats, erhält hundertfünfzig Millionen im Monat.
„Für Kleidung reicht es nicht", sagt er und blickt nachsichtig auf seine speckige Universitätskluft, „muß ich eben alte Sachen auftragen."
„Man kann natürlich mit Stundengeben dazuverdienen", erzählt ein Lehrer, „aber dazu reicht die Zeit nicht. Die Schule nimmt einen zu sehr in Anspruch. Am Tag der Unterricht, abends Sitzungen, Kommissionen, Beratungen, Arbeit am Lehrplan ... was nicht alles ..."
Was kann solch ein Leben für Folgen haben?
Es kommt zur Fluktuation. In jedem Frühjahr halten sie es haufenweise nicht aus, verlassen die wackligen Stühle in den Klassen und gehen in die weite Welt. Zur Büroarbeit. Oder sie versuchen, bei der Moskauer Volksbildung unterzukommen.
Bei dem Wort „Volksbildung" bekommt der Lehrer blanke Augen.
„Oh, die Volksbildung!" Er strahlt. „Da sind die Tarife dreimal so hoch."
$150 \times 3 = 450$, multipliziere ich in Gedanken.
„Dort ist es großartig", schwärmt der Mathematiklehrer. „Die Schulen, die der Volksbildung unterstehen, sind steinreich. Unsere dagegen ..." Er macht eine wegwerfende Handbewegung. „Unsere ..."
„Was heißt das – unsere?"

„Na, die der Sozialerziehung unterstehen. Die sind alle arm. Wir haben's schwer, sehr schwer. Jedes Frühjahr hauen welche ab. Die Fluktuation schlägt der Schule schwere Wunden. Es kommen zwar neue, aber die Arbeit ist nicht kontinuierlich, und das ist sehr schlecht."

Wieder ist die Pause zu Ende. Die Korridore werden still. Die Bänke füllen sich mit geschorenen Köpfen. Ich muß gehen.

Über die Lage der Lehrer ist schon viel geschrieben worden. Ich selbst habe darüber gelesen und es wieder vergessen. Aber die speckigen, zerschabten Ellbogen und die geflickten Filzstiefel sind doch gar zu eindrucksvoll. Man muß Maßnahmen ergreifen, um die Lehrer mit dem Notwendigsten zu versorgen, sonst schmelzen sie weg, die Tuberkulose frißt sie auf, und dann ist keiner mehr da, der die geschorenen Köpfchen der sowjetischen Kinder in den Schulklassen des Städtchens der Dritten Internationale mit Wissen füllt.

1923

Unter gläsernem Himmel

Der Gauner trägt eine graugestreifte Hose und eine mit abgeschabtem Fell besetzte Mütze und hat Beutelchen in den Händen. Seine Physiognomie ist wie von Bienen zerstochen. Zwischen den dicken Lippen hält er eine zerkaute Papirossa.
An dem glänzenden Portier vorbei schlüpft eine kleine Gestalt. Sie trägt einen grauen Mantel und eine Mütze mit geknicktem Schirm. Das Gesicht ist unruhig und verwirrt. Eine Schnapsnase. Zweifellos ein Bote aus einer Behörde. Der Gauner wirft einen Blick und schlurft mit Gummigaloschen zu dem Boten.
„Was verkaufst du?"

„Eine Obligation", antwortet der Bote und öffnet die Faust. Daraus schaut eine blaugraue Obligation.
„Wieviel?" Die Augen des Gauners bohren sich in die Obligation.
„Hundertzehn", quäkt der Bote und hickt. Kämpferische Funken blitzen in den Augen des verschwiemelten Gesichts.
„Ein sympathisches Gesicht hast du ja, darum folgendes", sagt der Gauner, „für dein Gesicht mach ich dir einen Vorschlag: neunzig Rubelchen. Willst du? Einem andern würd ich soviel nicht geben. Aber du gefällst mir."
Der Mund des Boten unter dem Bastwisch des Schnurrbarts wird rund vor Verwunderung. Mechanisch wendet er sich einem Ladenschaufenster zu, um sein Spiegelbild zu sehen. Lustige Fünkchen spielen in den Augen des Gauners. Der Bote spiegelt sich in dem Fenster mit dem ganzen Zauber seines sympathischen Antlitzes unter dem geknickten Mützenschirm.
„Abgemacht?" Der Gauner schiebt rasch Druck nach.
„Wie denn ... Mein Gott, ich hab doch schon 125 gekriegt ..."
„Spinner! Gekriegt! Kriegen kannst du sie für 125. Von mir aus jetzt gleich. Vergiß nicht, mein Lieber, Geben ist das eine und Nehmen ganz was anderes."
„Aber sie werden doch im Mai 200 bringen."
„Sehr vernünftig", blafft der Gauner siegesbewußt. „Also rate ich dir: Behalte sie bis zum Mai!"
Der Gauner macht eine Kehrtwendung um 180 Grad und tut, als wolle er gehen. Aber schon bewegen sich zwei neue Jäger auf den Boten zu. Das bronzene Gesicht eines südöstlichen Menschen und ein verschwommener rasierter Moskauer Pfannkuchen. Darum vollzieht der Gauner eine jähe Kehrtwendung.
„Hier mein letztes Wort. Damit du hier nicht so leidend herumläufst, gebe ich dir noch zwei Rubelchen. Meine Straßenbahn. Nur weil du ein guter Mensch bist."
„Her damit!" piepst der Bote verzweifelt und schiebt die Mütze auf den Hinterkopf.

Unter den endlosen langgestreckten Glasdächern der Handelsreihen herrscht blasses Frühlingslicht. Auf dem Balkon über dem Springbrunnen spielt ein Blasorchester mal langweilige Walzer, mal irgendeine musikalische Gemeinheit – ein „Potpourri russischer Lieder", von dem einem die Ohren abfaulen.

Rund um den Springbrunnen ununterbrochenes raschelndes Schlurfen. Keine Rufe, kein lautes Gespräch. Aber unentwegt murmeln vorübergehende Gestalten:

„Ich kaufe Dollars, ich verkaufe Dollars."

„Ich kaufe Anleihen, ich kaufe Banknoten."

Und am meisten, noch geheimnisvoller, noch vorsichtiger:

„Ich kaufe Gold, ich verkaufe Gold ..."

„Gold ... Gold ... Gold ... Gold ..."

Gold ist nicht zu sehen, Gold ist nicht zu hören, aber Gold liegt in der Luft. Unsichtbar zappelt es irgendwo im Blut.

Ein Devisenschieber in fipsigem Jäckchen taucht auf und schnürt wie ein Wolf den Gang entlang, der vom Springbrunnen wegführt. Ihm folgt eine zweite Gestalt. In einem verborgenen Winkel bei der Tür, die zu dem Denkmal Minins und Posharskis führt, bleiben beide stehen.

Aus den Tiefen des fipsigen Jäckchens springt wie durch Zauber ein goldenes Scheibchen. Da ist es, das Gold.

Die Gestalt dreht es in den Händen, schaut um sich, betrachtet das Goldstück mit dem Bild des Zaren.

„Ist es denn ... ähem ... gut?"

Das fipsige Jäckchen haucht verächtlich:

„Hier ist nicht der Sucharjowka-Markt. Ich mach die nicht selber."

Die Gestalt schaut sich ängstlich um, bückt sich und läßt die Münze sacht zu Boden fallen. Ein kurzer klarer Klang von Gold. Gold! Die Münze verschwindet in der Manteltasche. Das fipsige Jäckchen knetet und zählt Geldscheine. Rasch gehen sie auseinander. Und wieder endloses Kreisen um den Springbrunnen. Und Flüstern, Flüstern ... Gold ... Go ... G ...

Eine der Handelsreihen ist gesperrt. Vor der Sperre sitzt ein geheimnisvoll lächelnder Mann mit einem Billettblock in

der Hand. Wer Operationen an der Börse vollziehen möchte, erwerbe bitte ein Billett für vierzig Limonen.
Außerhalb des gesperrten Raums werden Operationen keineswegs geduldet. Aber man kann schließlich den Leuten nicht verbieten, in den Reihen beim Springbrunnen spazierenzugehen! Und wenn die Leute murmeln wie im Schlaf? Daran ist auch nichts Kriminelles. Da geht ein Bürger und flüstert, an niemanden gewandt:
„Ich kaufe kleines Silber … kaufe kleines Silber!"
Was gibt es nicht alles für Originale!
Zwischen den schlafwandelnden Gentlemen zeigen sich Damen von saloppem Aussehen mit unruhigen Augen. Es sind Beamtenfrauen, sie machen Zufallsgeschäfte mit Valuten. Oder sie sind gekommen, um Goldmünzen zu verkaufen, die sie für schlimme Zeiten in gestopften Socken in der Kommode aufbewahrt haben, oder sie wollen, von Habgier besessen, ein paar Münzen kaufen. Bekannte summen einem in die Ohren, daß der Zehner steigt … steigt … Gold … Gold …
„Gold muß man kaufen, Maria Iwanowna, das ist ein sicheres Geschäft."
Maria Iwanowna drückt sich in eine dunkle Ecke in den Reihen. Maria Iwanowna läßt die Münze auf den Fußboden klirren.
„Ist sie auch nicht abgewetzt?"
„Aber Madame", sagt der Devisenschieber beleidigt, „was Sie so reden, Madame!"
„Aber aber, nicht gleich böse sein! Bloß, der Zar hier sieht so sonderbar aus. Sein Gesichtsausdruck …"
„Madame, ich habe ihm den Gesichtsausdruck nicht gemacht. Der ist ganz normal."
Maria Iwanowna holt hastig zerknüllte Scheine aus der Tasche. Die Münze verschwindet am Grunde der Tasche.
In der Menge der Profis da und dort zufällige Schirmmützen mit abgewetztem Rand. Alle rein zufällig dem Gold hinterher. Dann und wann geschminkte bleiche Frauen, Nachtfalter. Gewöhnliche Passanten gehen in dichtem Strom durch die Galerien von der Nikolajewskaja zur Iljinka, Käufer strö-

men in die zahllosen Läden des GUM. Sie vermischen sich, stoßen aufeinander, lösen sich in der Menge der Devisenschieber auf, die um den Springbrunnen und in den Galerien ihre Kreise ziehen. Unter ihnen sind Profis aller Typen und Arten. Moskauer mit Ohrenklappenmützen, finstere Gedanken in den Augen, mit schmuddeligen unrasierten Gesichtern, dunkle Menschen aus dem Osten, dem Westen und dem Süden. Abgewetzte, im Wind wehende Mäntel und teure Biberkragen. Latschen vom Sucharjowka-Markt und elegante Lackschuhe. Grauhaarige und Bartlose. Freche und Höfliche. Zögerliche und Ungreifbare, wie Quecksilber. Profis. Sie beschäftigen sich mit nichts, sie interessieren sich für nichts, nur für Gold, Gold, Gold. Stundenlang flanieren sie um den Springbrunnen herum. Sie gucken, spähen, lauern.

Fünf Uhr nachmittags. Während in den Kuppeln noch volles, mattgraues, frühlingshaftes, gläsernes Tageslicht herrscht, sind die Galerien hell und hallend. In den Schaufenstern brennen Lampen. An der Ecke beim Springbrunnen spielen in den Schaufenstern goldene Funken auf Zigarettenetuis, Pokalen, Teeglashaltern, Edelsteinen. Aus den Cafés riecht es nach Gebratenem. Schwarzhändler bieten eifrig Halbliterflaschen mit saurem Wein und winzige Konfektschachteln feil.
Aber da, ein bohrender Pfiff. Ende der schwarzen Börse für heute. Durch die Sperre strömen Börsianer heraus. Auch die noch schwärzere Börse, die flüsternd und um sich blickend handelt, macht für heute Schluß. Noch tuschelt es hastig: „Gold … Gold."
Noch wird flinkäugig nach Käufern Ausschau gehalten. Der Zehner ist auf 15 Limonen gestiegen. Aber schon wird die Menge dünner. Zu den Ausgängen kriechen schwarze Fellmäntel und graue Mäntel. Die Gänge leeren sich. Schritte klappern hallend. Der Frühlingsabend rückt näher, und in dem langgestreckten, gläsernen, feinverflochtenen Himmel schimmert zart und langsam das Abendrot.

1923

Ein Benefiz für Lord Curzon

(Von unserem Moskauer Korrespondenten)

Genau um sechs Uhr früh läuft der Zug unter die Kuppel des Brjansker Bahnhofs ein. Moskau. Wieder zu Hause. Nach der karikaturhaften Provinz ohne Zeitungen, ohne Bücher, mit wilden Gerüchten nun Moskau, die gewaltige Stadt, die einzige Stadt, ein Staat, nur hier kann man leben.

Da, die Droschkenkutscher. Zur Sadowaja verlangen sie 80 Millionen. Ich handele einen Fünfziger herunter. Los geht's. Moskau. Moskau. Aus den Depots rollen schon Straßenbahnen. Die Menschen haben es eilig. Was mag's hier im letzten Monat Neues geben? Der Kutscher dreht sich um, setzt sich seitlich, hält nebulöse, doppeldeutige Reden. Einerseits mag er die Regierung, aber andererseits kosten Räder anderthalb Milliarden! Den Ersten Mai mag er, aber die antireligiöse Propaganda „entspricht nicht". Wem oder was, bleibt ungewiß. In seiner Visage steht geschrieben, daß es etwas Neues gibt, aber ich kann es nicht erfahren.

Ein wohltuender Frühlingsschauer, ich krieche unter das Verdeck, der Kutscher schwenkt die Peitsche und erzählt so mancherlei, wobei er die Trillionen „Trilliarden" nennt und irgendwas über den Patriarchen Tichon daherschwatzt, woraus ich nur entnehmen kann, daß er Zepljak, Tichon und den Bischof von Canterbury durcheinanderbringt.

Und dann bin ich zu Hause. Nie wieder fahre ich weg von Moskau. Um zehn das Bettlaken der „Iswestija", einen Monat lang habe ich sie nicht in der Hand gehalten. Gleich über der ersten Kolumne – „Ermordung Worowskis!"

Das ist es also. Daher die Visage des Kutschers. In Moskau haben sie es schon gestern gewußt. Man soll am Tag nicht schlafen. Man soll auf die Straße gehen und sehen, was wird. Da ist nicht nur Worowski. Curzon. Curzon. Curzon. Das Ultimatum. Kanonenboot. Trawler. Heraus zum Protest, Genossen! Das sind mir Ereignisse! Moskau begrüßt mich. Ich

hatte ja auch wirklich den Eindruck, daß irgendeine Spannung in der Luft liegt!
Und doch hat mich der Schlaf zermürbt. Bis zwei Uhr nachmittags habe ich geschlafen. Um zwei bin ich aufgewacht und habe gehorcht. Ja, tatsächlich, von der Twerskaja her Orchesterklänge. Noch ein Orchester, ein anderes, offensichtlich in Bewegung.
Um zwei Uhr nachmittags ist die Twerskaja nicht mehr zu überqueren. In ununterbrochenem Strom, so weit das Auge reicht, ein endloses Menschenband, darüber ein Wald von Fahnen und Transparenten. Viele davon alte Bekannte – vom Oktober und vom Mai, dazwischen aber auch neue, verblüffend schnell gefertigte, mit sehr vielsagenden Aufschriften. Ein schwarzes Trauerplakat schwebt vorüber: „Die Ermordung Worowskis ist die Todesstunde der europäischen Bourgeoisie." Dann ein rotes: „Spielen Sie nicht mit dem Feuer, Herr Curzon." – „Wir halten das Pulver trocken."
Der Strom wird dichter und dichter, und es wird schwer, auf dem Gehsteig voranzukommen. Die Läden haben geschlossen, die Gitter sind herabgelassen. Von den Balkons und Fensterbrettern blicken Hunderte von Köpfen. Ich will in eine Gasse abbiegen, um mit einem Umweg den Strastnaja-Platz zu erreichen, aber in der Mamontowski-Gasse ein hoffnungsloser Stau von Lastfuhrwerken, zwei Autos und Droschken. Ich beschließe, mit dem Strom zu schwimmen. Über der Menge ein langgestreckter Festwagen. Lord Curzon, mit Zylinder, mit puterrot gefärbtem Gesicht, in zerknautschtem Frack, fährt stehend. In der Hand hält er Ketten aus Seilen, die östlichen Menschen in bunten Kitteln um den Hals gelegt sind, und er treibt sie mit der Peitsche an. In der Menge gellende Pfiffe. Komsomolzen singen im Chor:

Curzon, schreib's dir ins Gesicht,
Papier ist geduldig, wir sind es nicht!

Auf dem Strastnaja-Platz kommt ein zweiter Strom entgegen. Reihen von Rotarmisten marschieren ohne Waffen. Komsomolzen rufen ihnen skandierend zu:

„Es le-be die Ro-te Ar-mee!"
Einem Milizionär gelingt es, den Strom für ein paar Sekunden zu unterbrechen, er läßt zwei Autos und ein Kabriolet zum Boulevard durch. Dann ruft er den Lastfuhrleuten heiser zu:
„Umweg fahren!"
Das Menschenband strömt in die Twerskaja und schwimmt abwärts. Aus einer Gasse taucht ein bekannter Schieber, brummt vielsagend und bemerkt:
„Das gefällt mir irgendwie nicht. Im übrigen habe ich einen Bruch."
Die Menge spült ihn hinter die Ecke, und er verschwindet.
Im Stadtsowjet stehen die Fenster offen, der Balkon ist mit Menschen vollgestopft. Trompeten im Strom spielen die „Internationale". Curzon fährt schwankend über den Köpfen. Vom Balkon wird englisch und russisch gerufen:
„Nieder mit Curzon!"
Gegenüber auf einem kleinen Balkon unter dem Freiheitsobelisk dröhnt Majakowski, den ungeheuerlichen quadratischen Mund weit aufgerissen, über der Menge mit brüchigem Baß:

„Britenlöwe, heule!
Links! Links! Links!"

„Links! Links!" antwortet ihm die Menge. Aus der Stoleschnikow-Gasse wälzt sich ein neues Band, hält auf den Obelisk zu. Die Menge ruft nach Majakowski. Wieder steht er auf dem Balkon und dröhnt:

„Genossen, ihr alle hört den Ton,
wißt aber nicht, wer ist Lord Curzon!"

Und er erläutert:
„Unter der Maske des höflichen Lords steckt ein Gesicht mit Raubtierzähnen! Als die Bakuer Kommunisten ermordet wurden ..."
Wieder schmettern Trompeten vor dem Stadtsowjet. Hohe Frauenstimmen singen:

„Wacht auf, Verdammte dieser Erde ...“

Majaskowski schleudert pflastersteinschwere Worte, am Fuß des Denkmals wimmelt es wie in einem Ameisenhaufen, und eine Stimme vom Balkon übertönt den Lärm:
„Curzon in den Ruhestand!“
Auf dem Ochotny Rjad ziehen in ganzer Straßenbreite endlose Kolonnen dahin, und der Theaterplatz ist mit Menschen vollgestopft. Vor der Iwerskaja-Kathedrale flackern beunruhigt Kerzenflammen, vier alte Frauen beugen sich schwer atmend zur Ikone, und an der Kathedrale vorbei ziehen durch beide Torbögen des Wosnessenskije-Tors stürmisch die Reihen. Messingtrompeten spielen einen Marsch. Hier wird Curzon auf Bajonetten getragen, hinterher läuft ein Arbeiter und schlägt ihm den Spaten auf den Kopf. Der Kopf mit dem verbeulten Zylinder baumelt hilflos. Hinter Curzon kommt aus dem Tor ein Gentleman mit einem Brett auf der Brust: „Note“, dazu eine gigantische Pappfaust, die eine Feige zeigt: „Das ist unsere Antwort.“
Durch die Nikolskaja komme ich hindurch, aber in der Tretjakowski-Gasse flutet mir wieder ein Strom entgegen. Ich sehe eine Stange, an der Curzon mit einer Leine um den Hals hängt. Er wird mit dem Kopf aufs Pflaster geschlagen. In der Theaterdurchfahrt über der Menge ein Galgen mit hölzernen Skeletten und der Aufschrift: „Die Früchte von Curzons Politik“. Lackglänzende Autos sind in der Kurve zur Neglinny-Gasse in der Menschenmasse steckengeblieben. Auf dem Theaterplatz ein geschlossenes Menschenmeer. Ähnliches habe ich nicht mal in den Oktobertagen in Moskau gesehen. Ein paar Minuten mußte ich in die Reihen und brodelnden Strudel tauchen, bis ich das Band der Jungen Pioniere mit ihren Fähnchen durchqueren konnte, danach mußte ich durch eine graue Wand von Rotarmisten hindurch und gelangte auf den verstopften Gehsteig beim Zentralbad. Die Neglinny war frei. Straßenbahnen aller Nummern haben die Strecken geändert und fahren eilig durch die Neglinny. Bis zum Kusnezki ist es frei, aber dort blinken wieder rote Flecke und strömen Menschenreihen.

Durch die Rachmanowski-Gasse zur Petrowka, von dort auf den Boulevard, wo hintereinander Straßenbahnen fahren. Am Strastnoi-Boulevard wieder Menschenmassen. Ein Festwagen mit einem Käfig. Im Käfig sitzen Piłsudski, Curzon und Mussolini. Ein Bengel auf dem Wagen trompetet mit einem mächtigen Papprohr. Die Menschen auf den Gehsteigen recken die Köpfe. Über Moskau schwebt langsam ein gelber Lufballon nach Osten. Deutlich zu sehen ein Teil des bekannten Satzes: „... aller Länder, verein ..."
Die Piloten werfen Flugblätter aus dem Gondelkorb, die sinken, schwarz vor dem hellblauen Hintergrund, sacht auf Moskau nieder.

1923

Reisenotizen

Schnellzug Nr. 7 Moskau–Odessa

Die Abfahrt

Der neue Brjansker Bahnhof ist grandios und sauber. Ein Mensch, der zwei Jahre nicht gereist ist, wird alles daran übernatürlich finden. Eine Unmenge freier Raum, blanke Fußböden, Gepäckträger, Fahrkartenschalter, davor keine erbitterten, erschöpften Menschen, die stöhnend und fluchend irgendwohin reisen wollen. Keine Flüche, keine klebrigen, wüsten Beschimpfungen, keine grauen Säcke, keine eingequetschten Kinder, keine herumflitzenden geheimnisvollen Menschen, die davon leben, daß sie in höllischem Durcheinander Koffer und Bündel rauben. Kurz und gut, ein ganz unbeschreiblicher Bahnhof. Wenig Taschendiebe, die Leute europäisch gekleidet. Die Gepäckträger freilich bewahren ihr rätselhaftes Aussehen, aber schon mit einem Anflug von Melancholie. Eine Fahrkarte kann man innerhalb eines Tages im Hotel Metropol kaufen (eine Schlange von fünf oder sechs Menschen!), und man kann sie auch telefonisch bestellen. Man kriegt sie sogar ins Haus geschickt.

Ein einziges Mal habe ich eine Herzbeklemmung, als ich an der Tür zum Bahnsteig an die dreißig Frauen und Männer mit Teekesseln auf ihren Koffern hocken sehe. Koffer, Teekessel und Kinder schlängeln sich dann in den Wartesaal. Angesichts dieser Schlange, die mit Anspannung und finsterer Konzentration zur Tür und einander anblickt, erstarre ich und werde blaß.
Mein Gott! Diese Sauberkeit, Geräumigkeit und Ruhe, sind sie etwa trügerisch? Mein Gott! Die Türen gehen auf, Kinder brüllen, Glas splittert, eine Brieftasche wird „gezogen" ... Ein Alptraum! Einsteigen! Ein Alptraum.
Ein vorübergehender Mann mit Eisenbahnermütze begrüßt mich:
„Sie brauchen nicht zu zweifeln, Bürger. Die machen das aus Dummheit. Nichts passiert. Die Plätze sind numeriert. Gehen Sie spazieren, und in fünf Minuten kommen Sie wieder und steigen ein."
Mein Herz füllte sich sogleich mit Freude, und ich ging den Bahnhof besichtigen.
Auf die Minute 10.20 Uhr ging die rote Mütze am Zug entlang, vorn pfiff heiser die Lokomotive, die gigantische Glaskuppel entschwand, und vor den Fenstern zogen Schornsteine, Waggons, verspäteter Aprilschnee vorüber.

Unterwegs

Was ist das für eine Teufelei! Schlimmer als der Bahnhof. Ein Coupé mit zwei Plätzen. Auf den Sitzbänken nagelneue Bezüge, an den Fenstern Vorhänge. Der Schaffner kommt, nimmt Billett und Platzkarte entgegen und gibt eine Quittung. An der Tür klopft es. Ein unbeschreiblich höflicher Mann mit Lederjoppe fragt:
„Möchten Sie frühstücken?"
„Ja! Ich möchte frühstücken!"
Zwischen den Waggons nicht mehr die Sicherheitsbälge. Von Waggon zu Waggon, durch die in der schnellen Fahrt schaukelnden Plattformen, zum vorletzten Waggon, dem Speisewagen. Riesige Fensterscheiben, der Fußboden mit

einem Teppich belegt, weiße Tischtücher. Die Dampfheizung funktioniert, und beim Eintreten erfaßt mich angenehme Mattigkeit.

Über den Tischen bläuliche Rauchschwaden. An den breiten Fenstern vorbei fliegen Waldstücke, Felder mit weißen Flecken, kahle Zweige, Haine, wieder Felder.

Wieder zurück in meinen Waggon durch die „harten" ehemaligen Waggons dritter Klasse. Im Coupé die gleiche wohlige Mattigkeit, das Rohr über dem Fenster verströmt Wärme, der Schaffner hat die Heizung eingeschaltet.

Am Abend nach dem zweiten Besuch im Speisewagen und der Rückkehr wird es dunkel. Auf den Feldern scheint weniger Schnee zu liegen. Vielleicht ist es hier etwas wärmer. Die Lampen im Coupé erglühen, im Gang Stimmen. Ich höre die Wörter „Banknote", „Gottloser". Bunte Zeitschriftseiten blinken vorüber, der Schaffner geht des öfteren mit einem Besen vorbei und fegt die Kippen zusammen. Gentlemen in eleganten Mänteln, mit spitzen Schuhen und Handschuhen begeben sich zum Speisewagen. In der Dämmerung huschen Stationen vorüber. Der Zug hält ein paar Minuten. Und wieder, wieder rütteln die Waggons, und die Wärme von den Rohren wird stärker.

In der Nacht wird der Polsterwaggon still, in den Coupés entkleidet man sich, das schläfrige Murmeln von Banknoten, Devisen, Kalkulationen ist nicht mehr zu hören, und in Wärme und Schlaf werden Hunderte von Werst zurückgelegt – Brjansk, Konotop, Bachmatsch.

Am Morgen wird klar: Hier liegt kein Schnee, hier ist es warm.

In Neshin taucht unter den Waggonrädern hervor mit geheimnisvollem und aufgeregtem Gesicht ein Junge auf. Unter den Armen hat er zwei Fäßchen mit Salzgurken.

„Fünfzehn Limonen!" piepst der Bengel.

„Gib her!" rufen freudig die Fahrgäste. Und schwenken Geld. Aber mit dem Junge geschieht etwas Schreckliches. Sein Gesicht verzerrt sich, und er verschwindet wie im Erdboden.

„Ein Verrückter!" sagen die Moskauer verständnislos. Nach

dem Jungen kommt ein Weib angesprungen und verschwindet ebenfalls in Krämpfen.
Das Rätsel klärt sich sogleich auf. Ein unerbittlicher Wächter in einem knöchellangen Kavalleristenmantel bis zu den Füßen geht an den Waggons entlang und murmelt gereizt: „Verdammte Weiber!" Dann wendet er sich an die Fahrgäste: „Bürger, verstoßen Sie nicht gegen die Vorschriften. Kaufen Sie nichts am Waggon. Der Laden ist da drüben!"
Die Fahrgäste eilen zu den Neshiner Gurken und kaufen sie mit und ohne Verstoß gegen die Vorschriften.
Gegen ein Uhr mittags zeigt sich mit zweistündiger Verspätung hinter den Wäldern der Dnepr, der Zug fährt auf die nach einer Explosion wieder geflickte Eisenbahnbrücke, schwebt hoch über den trüben Wellen, und am anderen Ufer entfaltet sich im Grün der Berge die schönste Stadt Rußlands, Kiew.
Am Fuß der Berge laufen verrostete Gleise auseinander. Endlos ziehen sich im Krieg zerstörte Personen- und Güterzüge hin. Auf einer Lokomotive trüb und verwischt eine Schrift – „Proletar ..."
Hinein in ein Gebäude, darauf die Inschrift „Kiew 2".

1923

Der Fall Komarow

Anfang 1922 begannen in Moskau Menschen zu verschwinden. Das betraf vor allem Moskauer Pferdehändler oder Bauern aus der Umgebung, die in die Stadt gekommen waren, um Pferde zu kaufen. Es sah so aus, daß einer kein Pferd kaufte, sondern selber verschwand.
Zu dieser Zeit machte man nächtlicherweile sonderbare und unangenehme Entdeckungen – auf den Ödplätzen von Samoskworetschje, in Hausruinen, in verlassenen, nicht zu Ende gebauten Dampfbädern in der Schabolowka fanden sich stinkende graue Säcke. Sie enthielten nackte Männerleichen.

Nachdem ein paarmal solche Funde gemacht worden waren, setzte in der Moskauer Kriminalmiliz hektisches Treiben ein. Sämtliche Säcke mit Toten zeigten Anzeichen dafür, daß der Täter immer derselbe war. Die Köpfe waren sichtlich mit ein und demselben stumpfen Gegenstand zerschmettert worden, und die Arme und Beine der Leichen waren geschickt und sorgfältig, immer auf dieselbe Weise, zum Bauch hin zusammengebunden. Dauerhaft, gewissenhaft.

Die Kriminalmiliz nahm sich des seltsamen Falls beharrlich an. Aber es verging geraume Zeit, und mehr als dreizehn Menschen in Säcken fanden sich in den Ziegelbergen von Samoskworetschje.

Die Fahndung lief langsam, doch hartnäckig. Die Säcke waren auf charakteristische Weise verschnürt – so machen es Menschen, die daran gewöhnt sind, Pferde einzuschirren. War der Mörder ein Kutscher? Auf dem Boden mehrerer Säcke fanden sich Spuren von Hafer. Also höchstwahrscheinlich ein Kutscher. Schon waren 22 Leichen gefunden, aber erst sieben identifiziert. Man fand heraus, daß sie alle mit Pferden zu tun hatten. Kein Zweifel – ein Kutscher.

Aber sonst keinerlei Spuren. Absolut kein Faden führte von dem Moment, wo jemand ein Pferd kaufen wollte, zu dem Moment, wo er tot aufgefunden wurde. Keine Spur, keine Gespräche, keine Begegnungen. In dieser Hinsicht war der Fall in der Tat einzigartig.

Also – ein Kutscher. Wieder Leichen in Samoskworetschje, wieder. Der Mörder, der Kutscher, mußte in Samoskworetschje wohnen.

Ein weites Agentennetz legte sich über Pferdeplätze, Teestuben, Haltestellen, Schenken. Man suchte nach Spuren des Kutschers aus Samoskworetschje.

Zu diesem Zeitpunkt wurde wieder ein Leichnam gefunden, dessen zerschmetterter Kopf in eine Windel gewickelt war. Die Schlinge zog sich zusammen – ein Familienvater wurde gesucht, dem kürzlich ein Kind geboren war.

Der Kutscher wurde unter Tausenden gefunden.

Wassili Iwanowitsch Komarow, Mietkutscher, wohnte in der

Schabolowka 26. Seinem Gewerbe ging er auf sonderbare Weise nach, er zog fast nie Berufssachen an, war aber oft auf dem Pferdeplatz zu finden. Geld hatte er immer. Er trank viel.
In der Nacht zum 18. Mai erschienen in der Wohnung in der Schabolowka Agenten mit einem Auftrag der Miliz, angeblich um nach Schwarzbrennern zu fahnden. Der Kutscher empfing sie mit unerschütterlicher Gelassenheit. Aber als die Agenten die Tür zu einer Kammer im Treppenhaus öffnen wollten, sprang er aus dem ersten Stock in den Garten und konnte entkommen, obwohl das Haus umstellt war.
Doch es wurde ernsthaft gefahndet, und noch in derselben Nacht wurde Komarow in dem Vorort Nikolskoje bei einer Bekannten, einer Milchhändlerin, festgenommen. Man traf ihn bei der Arbeit. Er saß da und schrieb auf den Umschlag seines Ausweises eine Aussage über die von ihm verübten Morde, dabei verschleierte er einiges und verleumdete seine Nachbarn.
In der Moskauer Schabolowka hatten die Agenten inzwischen die letzte Leiche untersucht, die sie in der Kammer gefunden hatten. Als sie die Kammer öffneten, war der Tote noch warm.

Während die Untersuchung lief, redete ganz Moskau von dem Kutscher Komarow. Frauen sprachen von Kissenbezügen voller Geld, davon, daß Komarow seine Schweine mit menschlichen Eingeweiden gefüttert habe usw.
All das war natürlich Unsinn.
Aber die reine Wahrheit, die bei der Untersuchung herauskam, war so beschaffen, daß Geldberge in Kissenbezügen und sogar die scheußliche Schweinefütterung und sonstige Bestialitäten und Perversionen angenehmer gewesen wären. Dann hätte man nämlich das Schlimmste an diesem Fall begreifen können – den Menschen Komarow. (Ein unwesentliches Detail: er hieß natürlich nicht Wassili Iwanowitsch Komarow, sondern Wassili Terentjewitsch Petrow. Der falsche Name war sicherlich der Schleier einer kriminellen, finsteren Vergangenheit … Aber ich wiederhole, es ist nicht wichtig.)

Ich habe nicht den Wunsch, ein Kriminalfeuilleton zu schreiben, das versichere ich dem Leser, aber es ist mir nicht möglich, mich mit etwas anderem zu beschäftigen, denn schon den ganzen Tag plagt mich das Verlangen, diesen Komarow doch noch zu verstehen.
Er hatte, wie sich herausstellte, besondere Bastmatten, auf die er das Blut der Leichen ablaufen ließ, um die Säcke und den Schlitten nicht zu verderben; wenn seine Mittel es erlaubten, kaufte er zu demselben Zweck einen verzinkten Trog. Er tötete mit Sorgfalt und sehr wirtschaftlich, immer mit der gleichen Methode: ein Hammerschlag über den Kopf, ohne Lärm und Hektik, während eines friedlichen Gesprächs. Die Getöteten waren immer Menschen, die sich für Pferde interessierten. Er bot ihnen sein Pferd zum Kauf an und lud sie zum Verhandeln in seine Wohnung ein. Sie waren stets unter sich, es gab keine Mittäter; Frau und Kinder schickte er weg.
So wird Vieh getötet. Ohne Mitleid, aber auch ohne Hast. Komarow hatte seinen Nutzen davon, aber keinen phantastisch großen. Der Kaufinteressent hatte in etwa den Preis eines Pferdes bei sich. Reichtümer fanden sich nicht in den Kissenbezügen, aber Komarow aß und trank für dieses Geld und unterhielt seine Familie. Er hatte gleichsam einen Schlachthof in seiner Wohnung.
Abgesehen davon, war er ein gewöhnlicher schlechter Mensch, wie es Millionen gibt. Er schlug seine Frau und die Kinder, und er soff, aber an Feiertagen lud er Geistliche zu sich ein, sie hielten bei ihm einen Gottesdienst ab, und er bewirtete sie mit Wein. Er war ein frommer Mensch von schwerem Charakter.
Reporter, Feuilletonisten und Spießbürger erfreuten sich zwei Wochen lang an dem Wort „menschliche Bestie“. Zwei trübsinnige, inhaltsleere Worte, die nichts erklären. Die Wirtschaftlichkeit der Schlächtereien wurde so deutlich, daß sie für mich persönlich die „Bestialitäten“ verdrängte und eine andere Formel sich in mir festsetzte. „Keine Bestie, aber auch keinesfalls ein Mensch.“
Man kann Komarow keineswegs einen Menschen nennen,

ebensowenig wie man ein Gehäuse, aus dem das Uhrwerk entfernt wurde, als Uhr bezeichnen kann.

Der Prozeß bestätigte mir diese Formel. Vor Gericht stand das Futteral eines Menschen, das keinerlei Anzeichen für Bestialität in sich hatte. Im übrigen mochte er irgendwelche besonderen Züge haben, die nur ein Psychiater versteht, aber für einen normalen Blick war er ein gewöhnlicher, bejahrter Mann mit unangenehmem, doch nicht bestialischem Gesicht ohne Merkmale von Entartung.

Aber als dieses Geschöpf vor Gericht zu sprechen begann, und insbesondere als es ein heiseres Kichern hören ließ, wurde mir zwar nicht ganz, aber doch in bedeutendem Maße (ich weiß nicht, wie andere es empfinden) verständlich, was das bedeutet – „kein Mensch".

Als seine erste Frau sich vergiftet hatte, sagte es – dieses Wesen:

„Zum Teufel mit ihr!"

Als das Wesen zum zweitenmal heiratete, wollte es nicht einmal wissen, woher seine Frau stammte und wer sie war.

„Ich wollte schließlich keine Kinder mit ihr taufen!" (Kichern.)

„Ruck und zuck!" (Auf die Frage, wie er getötet hatte. Kichern.)

„Weiß der Teufel!" (Auf viele Fragen diese idiotische Redensart. Kichern.)

„Haben Sie Ihre Ferkel mit Menschenfleisch gefüttert?"

„Nein. (Hihi) Dann hätte ich ja viel mehr Ferkel halten können. (Hihi)"

Je länger, desto schlimmer. Alles im Leben begleitete er mit diesem verwegenen, schäbigen „Teufel" und mit seinem Kichern. Für ihn gab es überhaupt keine Menschen. Es gab „Komiker" und „Kummete". Er verachtete sie. Von wegen „Bestialität"! Wenn er die Menschen tierisch gehaßt und mit Wut getötet hätte, würde er sie nicht so beleidigt haben wie mit dieser erstaunlichen Verachtung. Einen Hund – ein Tier – hätte man zu Tode quälen können mit diesem unglaublichen Desinteresse, mit dem Komarow die Menschen seiner Umgebung bedachte. Seine Frau sei eine „römisch-katholische Pani" (hihi), sie „ißt viel". Kein Grimm, kein Geiz. Soll doch dieses römisch-katholische Dreckstück neben mir sitzen und essen. Kein Grimm, aber „gebackpfeift hab ich sie manchmal". Die Kinder schlug er, „damit sie was lernten".

„Warum haben Sie gemordet?"

Aus zwei Gründen. Aber verständlich. Erstens des Geldes wegen. Zweitens, er habe die Menschen „nicht gemocht". Es gibt ja Tiere, die zu töten von doppeltem Gewinn ist: es bringt Nutzen, und man hat das Bewußtsein, sich der Betrachtung eines unangenehmen Gottesgeschöpfs entledigt zu haben. Eine Raupe vielleicht oder eine Schlange. So sah Komarow die Menschen.

Kurz und gut, dieses Geschöpf war ein Trugbild mit dem Aussehen eines Kutschers. Mit dem chronischen, kalten Wunsch, davon auszugehen, daß es auf der Welt keine Menschen gibt. Ein Wesen außerhalb der Menschen.

Die grauenhafte Aureole der „menschlichen Bestie" verschwand. Nichts Furchtbares. Aber über die Maßen abstoßend.

Beseitigen. Er hatte Angst gehabt? Nein. Er ist ein starkes, kein feiges Wesen.

Ich bin überzeugt, daß er für die Interviewer, die Verhandlung und das Gericht sogar leichten Hohn empfand. Manchmal redete er irgendeinen Blödsinn daher. Aber lasch. Spöttelnd. Sie interessieren sich? Bitte sehr. „Eine Zigeunerin möcht ich umbringen oder einen Popen." Weshalb? „Bloß so."

Und man spürte, daß er keineswegs eine Zigeunerin umbringen wollte oder einen Popen, sondern daß ihn die „Komiker" mit ihren Fragen belästigten und er das erste daherredete, was ihm in den Sinn kam.

Ein Interviewer fragte, wie er darüber denke, was ihn erwarte. „Ach, wir müssen alle krepieren!"

Gleichgültig, stark, nicht feige und sehr dumm im menschlichen Sinne. Seine Redensarten kamen unpassend, seine Gedanken waren knapp, absurd. Und auf der menschlichen Dummheit saß ein glänzendes, prachtvolles Amalgam von jener spezifischen stinkenden Flegelhaftigkeit, von der viele, sehr viele Kleinbürger von Samoskworetschje durchtränkt waren, lange Tuchröcke, vergiftet von den großen Städten.

Was seine Stärke betrifft:

Eines Nachts, ich weiß nicht nach welchem Mord, schleppte er den eingepackten, ausgebluteten Leichnam zum Fluß Moskwa. Ein Milizionär hielt ihn an:

„Was schleppst du da?"

„Du bist dumm. Fühl doch mal", antwortete Komarow sanft.

Der Milizionär war tatsächlich dumm: Er befühlte den Sack und ließ Komarow weitergehen.

Später begann Komarow mit seiner Frau zu reisen.

Diese Reisen bewirkten, daß später auch Komarows Frau Sofia Komarowa neben ihm auf der Anklagebank saß.

Ebenfalls ein bekanntes Gesicht. Wie oft hat man auf den Märkten Sucharjowka, Domnikowka und auf dem Smolensker Platz diese länglichen, freudlosen, gelben Weibergesichter im Kopftuch gesehen.

Komarow wurde hinausgeführt, als Sofia ihre Aussagen machte, doch man hatte gleichwohl den Eindruck, daß sie etwas verschwieg. Ich glaube jedoch, daß sie keine besonderen Geheimnisse zu verbergen hatte. Während der Morde hatte Komarow sie mit den Kindern weggeschickt. Vielleicht hatte sie manchmal geholfen – aufräumen, den Fußboden wischen. Das war Weiberarbeit. Nun, und dann diese Reisen.

„Dumme Gans, schwach", charakterisierte sie ihr Mann. Kein Zweifel, über dem stumpfen, hohlen „römisch-katholischen" Weib schwebte wie ein Stein der Wille ihres Mannes.

Das Urteil?

Nun, was gibt's da groß zu reden.

Das Urteil wurde ihm zum erstenmal gesprochen, als die Miliz ihn eskortierte, damit er aussagen konnte, wo er die Lei-

chen vergraben hatte (einige der Toten hatte er nicht weit von seiner Wohnung in der Schabolowka verscharrt.)
Wie auf ein Signal sammelte sich eine Menschenmenge. Anfangs gab es Schreie, hysterisches Weibergeheul. Dann begann die Menge zu brüllen und gegen die Milizkette anzubranden, um Komarow in Stücke zu reißen.
Unfaßbar, wie es der Miliz gelang, die Menge abzuwehren und Komarow wegzubringen.
Die Frauen in dem Haus, in dem ich wohne, sprachen ebenfalls ihr Urteil – „lebendig kochen".
„Bestie. Fleischhauer. Die fünfunddreißig Männer haben ebenso viele Waisenkinder hinterlassen. Hundesohn."
Vor Gericht gutachteten drei Psychiater:
„Gänzlich normal. Sofia ebenfalls."
Also ...
„Wassili Komarow und seine Ehefrau Sofia werden zur Höchststrafe verurteilt. Die Kinder werden auf Staatskosten erzogen."
Ich wünsche von Herzen, daß das schwere Gesetz der Erblichkeit den Kindern gnädig sein möge.
Gott verhüte, daß sie ihren toten Eltern nachgeraten.

1923

Chanson d'été

Regnerische Introduktion

Der Sommer 1923 in Moskau war sehr verregnet. Das Wort „sehr" muß hier entschlüsselt werden. Es bedeutet nicht, daß es oft regnete, sagen wir mal, jeden zweiten Tag oder sogar täglich, nein, es regnete jeden Tag dreimal, und es gab Tage, an denen der Regen überhaupt nicht aufhörte. Außerdem regnete es dreimal in der Woche auch nachts. Außer der Reihe setzten Sturzregen ein. Anderthalb Stunden lang pladderte es, dazu kamen grüne Blitze und Hagel, dessen Körner die Größe eines Taubeneis erreichten.

Wenn die Sintflut aufhörte und am Himmel die ersten hellblauen Flecke erschienen, fanden in den Moskauer Straßen originelle Reisen statt: für fünf Millionen Rubel fuhr man mit Droschken oder Frachtkutschen von einem Gehsteig zum andern. Außerdem waren Männer zu sehen, die aufeinander ritten, und Frauen, die ihre Beine bis an die Grenzen der Schicklichkeit und darüber hinaus entblößt hatten.
In den seltenen Pausen, in denen der Himmel über Moskau wie Schlagsahne aussah, sagten die Moskauer:
„Na, Gott sei Dank, das Wetter hält sich, schon eine halbe Stunde kein Regen."
In der Twerskaja und auf dem Theaterplatz erschienen graublaue Tankwagen, von jeweils einem Pferd gezogen und gelenkt von einem Mann in Segeltuchmantel und Segeltuchhelm. Aus einem horizontalen Rohr am Hinterteil der Tankwagen sickerte durch zahlreiche Öffnungen jeweils ein Eßlöffel Wasser, und der im Schritt fahrende Tankwagen hinterließ eine anderthalb Meter breite feuchte Spur.
Ich saß in der Straßenbahn am Fenster und rechnete mit dem Bleistift im Notizbuch nach: Um den Theaterplatz zu sprengen, hätte es 90 gleichzeitig arbeitender Tankwagen bedurft, die im Galopp fuhren.
Der Himmel beantwortete die Verhöhnung durch die Sprengwagen mit grauenhaften Kanonenschüssen, schrägen MG-Garben von Hagel, der die Fensterscheiben zertrümmerte, und Strömen von Wasser, die die Keller überfluteten. In der Neglinny-Gasse ertranken zwei Frauen, weil die unterirdische Neglinka ihre Rohre gesprengt und das Pflaster weggerissen hatte. Feuerwehrmannschaften pumpten das Wasser aus dem Café „Rich", Droschkenmähren gingen durch im prasselnden Hagel. Das war im Juni und Juli. Danach verschwanden die Tankwagen, und der Regen nahm normale Formen an.
Wenn jedoch auf dem Theaterplatz wieder Tankwagen erscheinen, um den Himmel zu reizen, tragen sie die Verantwortung für den Untergang Moskaus.

Farbige Pilze

Die Regenfälle zeitigten in Moskau einen interessanten Pilzwuchs. Als erstes zeigten sich auf allen Kreuzungen Rotkappen. Dies waren Milizionäre in neuer Uniform. Sie trugen Schirmmützen mit rotem Rand, schwarzem Deckel und grüner Borte; grün waren auch die Kragenspiegel, die Feldbluse und die Reithose. Mit ihren Pfeifen, Kokarden und Stäben im Futteral sahen sie so wacker aus, daß der Blick wohlgefällig auf ihnen ruhte. Die Führung der Miliz funktionierte glänzend.

Die Autos von Moskau, dreieinhalb Tausend an der Zahl, fuhren brüllend, heulend und krächzend durch die Stadt und umrundeten an den Kreuzungen kokett europäisch die wie gemeißelten rotköpfigen Gestalten auf ihren grünen Beinen.

Die Straßenbahnen in Moskau sehen ordentlich aus: Auf den Trittbrettern und an den Stromabnehmern kein Mensch, und kein Mensch in Moskau springt während der Fahrt auf oder ab. Diesen Idealzustand hat der Moskauer Stadtsowjet in einer knappen Woche auf geniale Weise erreicht, indem er schlicht und einfach fünfzig Rubel Strafe gleich am Tatort festlegte. Aber in dieser knappen Woche gab es in und um die Straßenbahnen ein ziemliches Durcheinander. Die Rotkappen mit ihren Quittungsblocks tauchten wie aus der Erde überall auf und straften höflich die bestürzten Russen.

Widerspenstige zahlten nicht 50, sondern 500, und das nicht am Tatort, sondern bei der Miliz.

Haben Sie mal Feuer?

Die Straßenbahnstrafen hatten überraschende Folgen. Vor einer Woche trat ich auf der Lubjanka an der Straßenbahnhaltestelle zu einem Mann und bat ihn um Feuer. Statt mir seine Papirossa hinzuhalten, ergriff er vor mir die Flucht. Ich hielt ihn für verrückt, ging weiter durch die Theaterdurchfahrt und bekam weitere drei Absagen.

Wenn ich sagte: „Haben Sie mal Feuer?“, erbleichten die Bürger und versteckten ihre Papirossa hinterm Rücken. Feuer bekam ich hinter einer Säule der Alexander-Passage neben dem „Muir“, wobei der Feuergeber um sich äugte wie ein gehetzter Wolf. Von ihm erfuhr ich, daß es unter Strafe gestellt worden war, auf der Straße um Feuer zu bitten. Begründung: Nichtstuer hielten die zum Dienst eilenden Sowjetmitarbeiter auf.

Offen gestanden, ich gehörte zu denen, die das glaubten. Das ganze endete ein paar Tage später mit einer Notiz in der „Iswestija“, in der die Moskauer als „Spießer“ bezeichnet wurden. Aber der melancholische Ton der Notiz zeigte deutlich, daß der von Zivilcourage erfüllte Autor nicht um Feuer gebeten hatte.

Nach den Rotkappen schossen nie gesehene Pilze aus dem Boden: Schwarzkappen. Junge Leute beiderlei Geschlechts zeigten sich in genausolchen Tschakos, wie jugendliche Portiers in ausländischen Filmen sie zu tragen pflegten. Die Schwarzkappen hatten Armbinden und Bauchläden mit Papirossy. Auf den Tschakos die goldene Schrift „Mosselprom“.

Also, der „Mosselprom“ war zur entscheidenden Schlacht gegen den illegalen Straßenhandel angetreten. Eine prächtige Idee, zumal die Schwarzkappen arbeitslose Studenten waren. Nun ist es aber so, daß Studenten gern Bücher lesen. Darum sieht man nun oft auf dem Bauchladen das Buch „Der historische Materialismus“ von Bucharin. Dies ist zweifellos ein interessantes Buch, aber der Handel hat seine eigenen Launen und Gesetze. Sie verlangen, daß der Mensch sich bewegt, daß er schreit, Passanten anspricht und an seine Existenz erinnert. Das Publikum betrachtet die Schwarzkappen mit Wohlwollen, scheut sich aber mitunter, den Lesenden anzusprechen, denn einen mit Lesen beschäftigten Jüngling mit der Forderung nach Streichhölzern zu belästigen könnte flegelhaft wirken. Vielleicht bereitet er sich gerade auf die Prüfung vor?

Ich würde die Bauläden mit Gold beschriften:

„Alles hat seine Zeit, der Handel und das Buch.“

Am besten gefällt mir die Weißkappe. Das ist ein vielgeschossiges Haus am Nowinski-Boulevard, das anstelle der nicht fertig gebauten und während des Krieges aufgegebenen roten Ziegelmauern emporgewachsen ist.
Bauen, bauen, bauen! Mit diesem Gedanken müssen wir einschlafen und aufstehen. Das Bauen ist unsere Rettung, unser Ausweg, unser Erfolg. Auf dem Ausstellungsgelände sind schon Pavillons emporgewachsen, eine Zweigstrecke der Eisenbahn wurde gebaut, gelegentlich sieht man blanke, lakkierte Straßenbahnwagen (wahrscheinlich generalüberholt), aber am notwendigsten brauchen wir Häuser.

Sommerfrischler, hol euch der Teufel

Also, in diesem Jahr ging es los. Sie fuhren scharenweise auf allen Strecken, die aus Moskau hinausführen, und hängten sich den Bauern der Umgebung an den Hals. Die Bauern nahmen sie wie die biblischen Heuschrecken auf, aber wie fette Heuschrecken, und knöpften ihnen für jede Stunde Aufenthalt soviel wie möglich ab. Den ganzen März über kauften all die Akulinas und Jegors für die Anzahlungsgelder Kühe, Hosenstoff, Sensen und Küchengeschirr.
Die Iwan Iwanowitschs und Maria Iwanownas hatten bei sich Petroleumlampen, „Schlüssel des Glücks", Decken und skrofulöse Kinder, sie bezogen hölzerne Hühnerställe und wimmerten unter den Mückenstichen. Nach einer Woche stellte sich heraus, daß die Mücken die Malaria übertrugen. Die Sommerfrischler ernährten sich von Bauernmilch, zur Hälfte mit Wasser verdünnt, und Chinin, das in den Vorortapotheken dreimal teurer war als in Moskau. An allen Flüssen machten sich Schmarotzer mit morschen Ruderbooten breit und auf den Bahnstationen Schmarotzerinnen mit Eis, Bier, Papirossy und schmutzigen Süßkirschen. Im Grün erschien, dem Auge schmeichelnd, eine schöne Inschrift:

„Lotto an der Kljasma ab 17 Uhr"

Und überall war zu lesen: „Restaurant".
Auf Flüssen und Teichen brummten bis zum Morgen Moto-

ren. An den Bahnstationen standen Scharen von bärtigen Männern in blauem Kaftan und verlangten für eine Viertelquadratwerst mehr, als in Moskau anderthalb Quadratwerst kosteten.
Fleisch, Äpfel, Brennholz, Petroleum, bläuliche Milch – alles doppelt so teuer!
„Unser Strand ist wundervoll, mein Herr. Sie werden zufrieden sein. An den Sonntagen ist es die reine Schande. Splitternackt, wie sie auf die Welt gekommen sind, liegen sie den Fluß entlang. Was sind das für Menschen, verzeih mir's Gott! Am Tag liegen sie nackt am Fluß, und bei Nacht trägt sie der Satan durch den Wald!"
Die Bauern standen um drei Uhr nachts auf, um zu arbeiten, und zur selben Zeit legten sich die Sommerfrischler schlafen. Am Tag melkten die Bauern die Kühe, mähten, ernteten, klopften mit Beilen, die Sommerfrischler aber schmachteten in ihren hölzernen Zellen, lasen die „Atlantis" von Benoît, trotteten auf der Suche nach Bier verzagt durch den Regen, riefen nach dem Arzt, um ihre Malaria behandeln zu lassen, und am Morgen sausten sie scharenweise gähnend und leidend in den Vorortzügen stehend nach Moskau.
Der Regen hatte ihnen den Rest gegeben, und sie desertierten in ganzen Bataillonen. Nach Moskau, in die Ermitage und ins Aquarium. Eine knappe Woche später kehrten sie zurück.
Vor ihnen gibt es keine Rettung!

Schlußakkord

Stellen Sie sich vor, es hat wieder geregnet.
Wir erreichen das Ufer.
Dort werden uns die Wellen die Füße küssen.

1923

Die goldglänzende Stadt

1
Eine Götterspeise

Ein mächtiges Schwein. Es reicht von der Ecke des Konzertflügels bis zu Anna Wassiljewnas Zimmertür.
„Wassja, die schwindelst doch!"
„Ich schwindle? Gehen Sie doch hin, und sehen Sie sich's an! So was kränkt einen doch schließlich, alles, was man sagt, ist geschwindelt! Hundertachtzig Pud wiegt das Schwein."
„Du hast es selbst gesehen?"
„Alle haben's gesehen."
„Nein, wirklich, du hast es selbst gesehen?"
„Na ... Petrow hat's mir erzählt. Ein gewaltiges Schwein!"
„Ein gewaltiger Lügner ist dein Petrow. Ein solches Schwein paßt ja gar nicht in einen Güterwagen, wie soll das nach Moskau gekommen sein?"
„Wie soll ich das wissen! Vielleicht auf einem ... wie heißt er gleich ... auf einer offenen Plattform. Oder mit einem Lastauto."
„Wo soll dieses Schwein gezüchtet worden sein?"
„Weiß der Teufel! In irgendeinem Sowchos. Natürlich nicht bei einem Bauern. Die räudigen Bauernschweine sind so klein wie Katzen. Dieses haben sie mit dem Auto hingebracht. Die Bauern sollen es sich angucken und dann selber solche züchten."
„Nein, Wassja ... du bist mir ein ... ein ..."
„Also zum Teufel! Ihnen erzähl ich nie wieder was!"

2
An der Moskwa

Ein klarer Augustabend. Durch den staubigen Dunst des Sadowoje-Rings sausen die polternden Kästen der Straßenbahnlinie B mit der roten Aufschrift: „Zur Ausstellung". Knüp-

peldicke voll. Lastautos und Personenwagen überholen die Straßenbahn, verbreiten Staubwolken und Benzinqualm.
Auf dem Smolensker Markt wird das Gedränge immer größer. Inmitten von Hüten und Hütchen auch mal ein weißer Turban, inmitten von Jacketts der gestreifte Rücken eines Buchara-Kittels. Safrangelbe breite Gesichter, Schlitzaugen.
Die Steinerne Brücke in der Straßenschlucht ist von den roten Flecken der Fahnen gesprenkelt. Auf der Brücke, auf den Fußwegen strömen die Menschen, ihnen entgegen schleicht hupend ein Autobus mit abgeblättertem Lack. Von der Brücke aus blickt man auf das Städtchen. In der untergehenden Sonne an der Moskwa wirkt es leicht, luftig und goldglänzend.
Die Leute kullern aus der Straßenbahn wie Erbsen aus einem Sack. Auf den sandbestreuten Räumen vor den Eingängen ein Ameisengewimmel von Menschen.
Bauchladenverkäufer rufen:
„Duchesse, Duchesse, ganz süß!"
Fahrzeuge hupen, kriechen langsam durch die Menge. An den Haltestellen Menschenmauern, die auf die zurückfahrende Straßenbahn B warten, an den Kassen lange Schlangen.
Weiterhin überall Holz, Holz, Holz. Frisch, gehobelt, gesägt, goldgelb, verbaut in wunderlichen Türmen, Pavillons, Figuren.
Die Schuppenhaut des Flusses Moskwa teilt zwei Welten. Am einem Ufer niedrige, ebenerdige, rote, graue Häuschen, gewohnte Behaustheit und Lebensordnung, am anderen die Pavillonstadt mit ihren spitzen, stachligen Dächern.
Aus der Straßenbahn steigt schnaufend eine gut gekleidete Männergestalt mit einer goldenen Kette auf dem Bauch, umfängt das stürmische Gedrängel mit einem Blick und murmelt:
„Weiß der Teufel, tatsächlich! Auf diesem Sumpf hätten sie fünf Jahre bauen müssen, und sie haben es in fünf Monaten geschafft! Manetschka, wir suchen erst mal ein Restaurant."

Die dicke Manetschka, die mit Ringen und Armbändern, Ketten und Kameen klirrt und funkelt, klammert sich an seine Jacke, und das Paar eilt zu den Kassen.
Die Drehkreuze knarren, Verkäufer und Verkäuferinnen mit dem Abzeichen der Luftflotte stürmen von allen Seiten herbei.
„Bürger, ein Abzeichen! Ein Abzeichen!"
„Die Zeitung ‚Smytschka' mit dem Plan der Ausstellung! Zehn Rubel! Mit ausführlichem Plan!"
Unter den Füßen knirscht der Sand. Rechter Hand ein wie aus Kinderbausteinen zusammengesetzer bunter Pavillon.

3
Heimindustrie

Von ganz hinten ein Blasorchester mit einem Marsch. Am Eingang in blauer Uniform mit weichem blauem Helm der diensthabende Feuerwehrmann. „Offenes Feuer und Rauchen streng verboten." Ein Signal. „Im Falle eines Brandes ..." usw. An einem Tisch werden Damentäschchen und Aktenmappen entgegengenommen.
Ein dreigeschossiger Pavillon mit drei Fensterreihen ist ganz gesprenkelt von bunten Exponaten auf vergoldetem Holzhintergrund, und vor den Fenstern erstreckt sich stahlblau der Fluß Moskwa.
„Sibkustprom" – Erzeugnisse aus Mammutbein. Eine kleine Trotzki-Büste, geschnitzte Schachfiguren, Hunderte von Dingelchen und Sächelchen.
Aus Hermelinpelz auf Schaffell die weißen Buchstaben „NKWT" (Volkskommissariat für Außenhandel) und Schautafeln mit Fellen. Schwarzbraune Fuchsfelle, seltener schwarzer Wolf, diverse Polarfüchse – Blaufuchs, Schneefuchs. Zobel vom Baikal, aus Jakutien und von Narym. Dunkler Vielfraß.
Mullblasses Abendlicht im Fenster, ein Schlafzimmer aus Mahagoni. Ein Eßzimmer. Und überall Trotzki, Trotzki,

Trotzki. Aus schwarzer Bronze, weißem Gips, aus Bein, aus sonst noch was.
„Spielzeug zur Freude der Kinder“ – der Heimarbeiterverband bietet eine jubelnde gold-blau-rote Palette und ein Karussel an.
Das Malzew-Werk, die Kusnezowschen Fabriken arbeiten. Das Salpetersyndikat füllt Regale mit buntem Glas, mit Porzellan, Fayence, Keramik. Bemalte Teekannen, Tassen, Geschirr – Export in den Orient, nach Buchara.
Die Kommissin, der die Haftorte unterstehen, zeigt Arbeiten von Häftlingen: Schuhwerk, Nippes. Von oben blickt ein Porträt von Karl Marx.
„Gosspirt“. Von leichten Ölverdünnern, Methylalkohol und gereinigtem Sprit bis hin zu bunten zwanzigprozentigen Schnäpsen. Eine Turmflasche mit Ebereschengeist von Smirnow mit buntem Etikett. Das Publikum schiebt sich vorüber, Seufzer umschweben den Schrank, der den Blicken schmeichelt. Reihen von Gläschen warten auf Auserwählte – Fachleute, Verkoster.
Edelsteine vom Ural, Jaspis, Malachit, rauchiger Bergkristall. Auf einem gewaltigen Tisch das Modell einer Galoschenfabrik. Wieder Pelze, Stoffe, Leder, Stickereien. Ich kann deutlich sehen, wohin sich die leichten Treppen, die Equipagen, die Kutschen einer Musterwerkstatt bewegen. Fässer, Achsen, Räder …
Lampen flammen auf an der Decke und an den Wänden, der Pavillon füllt sich mit warmen Licht, die Moskwa vor den Fenstern erlischt.

4
Lenin als Blumenbeet

Der Sand knirscht, Schatten legen sich auf die Moskwa. Weiße Kugeln leuchten, der Bogen ist hoch droben mit Lichtern geschmückt. Ein Bierkiosk wird belagert. Es ist schwül. Das Hauptgebäude ist ein wunderliches Gemisch aus Holz und Glas.

Im Halbdunkel drinnen ein Blumenbeet. Am Eingang mächtige geschnitzte Holztorsos. Auf einem großen Platz versinkt die Rednertribüne im Dickicht einer tausendköpfigen Menge. Man hört kein Wort, aber man sieht eine Frauengestalt. Es ist eindeutig eine Dörflerin mit weißem Kopftuch. Ihre letzten Worte gehen unter nicht im Geschrei, sondern im Dröhnen der Menge, und als Antwort ertönt in der Ferne ein Orchester, dessen Klänge sich in dem hufeisenförmigen Hauptpavillon verlieren. Das weiße Kopftuch verschwindet von der Rednertribüne, statt dessen erscheint eine schwarze Männersilhouette.

„Teurer Wladimir Iljitsch!"

Wieder Dröhnen. Dann ein stürmischer Marsch, und die Menge flutet in Reihen zwischen einem gewaltigen Blumenbeet und dem Gebäude des Freilufttheaters zum Konzert in den Vergnügungspark. In den Reihen schwimmen keilbärtige Mushiks, Armisten mit Helm, Pioniere mit rotem Halstuch und bloßen Knien, Frauen mit Kopftuch, ländliche vollbärtige Krähwinkelgestalten und Moskauer Arbeiter mit Schirmmütze.

Der Strom hat eine Dame vom Theater abgeschnitten. Sie flüstert:

„Das soll eine Ausstellung sein, weiß der Teufel! Vor lauter Proletariat ist kein Durchkommen. Ich kann das nicht mehr sehen!"

Ein Jackett antwortet mit heiserem Flüstern:

„Tja, schwierig!"

Ein Strudel wirbelt die beiden herum.

Zum Mittelpunkt des Blumengartens wallfahren unentwegt menschliche Gestalten. Dort ist das in ganz Moskau berühmte Blumenporträt von Lenin zu sehen. Ein vertikal gestelltes, leicht geneigtes Schild mit zwei Feldern, mit Erde ausgefüllt, auf dem einen Feld ein erstaunlich ähnliches riesiges Porträt von Lenin bis zum Gürtel aus verschiedenfarbigen Blumen und Gräsern. Auf dem anderen Feld ein Auszug aus einer seiner Reden.

Drei elektische Sonnen scheinen durch die leichten Spaliere, Gitter und Masten des Freilufttheaters. Alles aus Holz, alles luftig, durchscheinend, geräumig. Auf der riesigen Bühne spielt ein Blasorchester einen Walzer, und die Bänke sind schwarz von Menschen.

5
Abend, Usbeken

Schatten verhüllt die Stadt und die Moskwa. Über dem phantastischen Ausstellungsgelände voller Blumen herrscht Halbdunkel, und der Blumen-Lenin darin sieht aus wie auf eine riesige Leinwand gemalt.
Die Pavillons, die sich am Ufer entlang bis zum Vergnügungspark ziehen, beginnen zu leuchten. Blendend hell strahlt ein Pavillon mit mächtigen Gipstorsos, die graue Feuerwehrschläuche tragen. Auf dem Fronton und auf der Wand Schriften. Brände im Dorf. Brandbekämpfung. Der Pavillon ist vom Licht durchflutet, aber im Innern stehen da und dort noch Gerüste. Das Gebäude ist nicht ganz fertig.
„Keine Bange, morgen wird's eröffnet. Ich hab's ja erlebt: Morgens kommst du hin und siehst der Arbeit zu, und am Abend erkennst du die Stelle nicht wieder – alles fertig!"
Und wieder: Licht, dann Halbdunkel. Da leuchtet der Pavillon des Landwirtschaftsverbandes. Hinter Glas Melonen, Birnen. Daneben ein dunkler Block. Eine schwarze Schrift: „Geschlossen". Im Halbdunkel, im Widerschein der entfernteren Laternen, im Café am Ufer, wird gegessen und getrunken. Hier am Ufer sind die Stromleitungen noch nicht angeschlossen.
Auf der Moskwa Boote mit Lichtern. In der Ferne rattert ein Motor, ein breitgestreckter Hydroplan hat am Ufer festgemacht. Armisten mit Helmen umdrängen den Trennzaun, beäugen den Wasservogel aus Aluminium.
Auch im Halbdunkel: Quadrate und Schachfelder von berieselten Beeten, undeutliche dunkle Umrisse bei den Blumenrabatten, die die Pavillons mit weißen Astern umrahmen. Abendlich duften die Blüten der Tabakpflanzen.
Auf den Gehwegen strömt das Volk in Gruppen zum Pavil-

lon von Turkestan. Drängt hinein. Drinnen glänzt wunderliches hölzernes Schnitzwerk, strömen Lichtwellen. Von außen ist das Gebäude grellbunt, fremdartig bemalt.
Nebenan duftet es einladend nach Schachlyk.
Da, wo die Laube direkt am Ufer steht, eine Erinnerung an das erloschene Jahrhundert Katharinas, Pauls und Alexanders, an der Stelle, wo sich wie ein grünes Meer der Vergnügungspark heranschiebt mit seinen hellen, neuen elektrischen Lichtern, brodeln am Ufer gigantische Samoware, bummeln Tübetejkas und Turbane.
Hinter dem bizarren, bemalten Turkestan-Haus eine biblische Arba. Gigantische Räder, gigantische Nagelköpfe, eine gigantische Doppeldeichsel. Eine Arba. Dann am Ufer längs des Weges unter hölzernen Schutzdächern flache Bretterbeläge, mit Orientteppichen bedeckt. Hierher lockt der Schaschlykduft die Moskauer, und blasse Moskauer Fräuleins, Kinder, Männer im europäischen Jackett sitzen mit gekreuzen Beinen und spitzen Schuhen, ein verschwommenes Lächeln im Gesicht, auf dem dicken bunten Gewebe. Sie trinken aus henkellosen Tassen. Da stehen taillierte, mattglänzende orientalische Gefäße.
In den Öfen unter den Schutzdächern fauchen rote Flammen, an Längsbalken hängen frische Schlachtleiber. Flinke Schürzen. Schwarze Köpfe.
Glühende Kohlen in einem ungefügen gewundenen Rohr. Ein schwarzer Orientale aus einer Republik raucht.
„Was seid ihr für welche? Woher? Nationalität?“
„Usbeken sind wir.“
Ja doch. Usbeken. In die Kasse des Usbeken rieseln 50- und 100-Rubelscheine.
„Vier Portionen Schaschlyk.“
Pelmeni bruzzeln am Ofen. Glut weht herüber. Schmatzen und Gespräche. Man ißt die öligen Pelmeni, man ißt irgendwie gewundenes weißes Brot, Schaschlyk auf Tellern wird gebracht.
An den Schutzdächern vorbei strömen die Menschen unentwegt zum Vergnügungspark. Von dort klingen bald dumpf, bald hell Musikexplosionen herüber.

6
Verkehr

Auf den Gehwegen, die mal festgestampft, mal weich und locker sind, ein ewiges Kommen und Gehen, vorwärts zu den Turkestanern, zurück zu den Ausgängen. Am Weg noch ein Büfett, ebenfalls dunkel, ebenfalls noch nicht angeschlossen. Gleichwohl klirren dort Löffel und Gläser.
Etwas Rundes, Erleuchtetes versperrt den Weg, der Pavillon der Gewerkschaft Volksernährung. In der umlaufenden Galerie außen wird natürlich gegessen und getrunken, ein „Bediener", eine wunderliche Mütze mit rotem Etikett auf dem Kopf, serviert. Im Innern des verglasten kantigen Pavillons geht es sauber und gesittet zu. Diagramme, auf der oberen Hälfte der Wände Ölbilder, die die gesellschaftliche Ernährung der Zukunft zeigen. Gemeinschaftsküchen mit bester technischer Ausstattung. Gemeinschaftskantinen.
In der Mitte ein gedeckter Tisch. So sauber, von schönem Geschirr, werden wir essen, wenn die Volksernährung erst einmal floriert.
Die Ausstellung hat jetzt bis Mitternacht geöffnet. Aber nach zwei oder drei Stunden im Gedränge auf einem Gelände von der Größe einer Kreisstadt wollen die Beine nicht mehr.
Diese Ausstellung muß man oft besuchen, fünf- oder sechsmal, um wenigstens einen Teil ordentlich zu sehen, sich etwas einzuprägen, überall einmal zu sein.
Zum Ausgang! Zum Ausgang! Nach Hause!
Und dann vor den Ausgängen ein langwieriger, langweiliger, übler Scherz. Die Straßenbahnen in die Stadt fahren gerammelt voll ab. Menschenmassen warten noch. Wann soll man da mitkommen?
Doch da, eine Hoffnung. Ein schwarzes Auto mit langen Bänken.
„Nehmen Sie Fahrgäste mit?"
„Nein. Der Wagen gehört der Bergbaubank."
Aber da, ein rettender roter Kasten. Plump wie ein Elefant, mit abblätterndem Lack, schwergewichtig.

„Zum Strastnoi-Boulevard!“
„Fünfundsiebzig Rubel.“
Schnell hinauf. Die Plätze sind im Nu besetzt.
Mein Gott! Es schüttelt einem die Eingeweide durch!
Als letzter springt im Fahren ein Mann mit Aktentasche auf. Das Gesicht so sorgenvoll, die Aktentasche so eindrucksvoll, der Blick so konzentriert, daß man sofort sieht – kein gewöhnlicher Sterblicher, sondern einer von der Ausstellung.
„Ich organisiere den Autobusverkehr. Mit guten Fahrzeugen.“
„Das wäre sehr gut. Wissen Sie, so geht man ja ein.“
„Na klar … Das ist kein Fahrzeug, das ist …“
Aber der Organisator kann nicht weitersprechen. Er bekommt einen Stoß, daß ihm die Zunge zwischen die Zähne gerät.
Geschieht ihm recht. Hätte er besser organisiert.
Rattern, Rütteln, Schaukeln, immer die Uferstraße entlang, zur Erlöserkathedrale.
„Wenn wir bloß lebendig wieder rauskommen!“

7
Zwei Wochen später

Ich war zwei Wochen nicht in der Ausstellung, und in diesen zwei Wochen hat sich die hölzerne Stadt sehr verändert.
Sie hat Farbe gewonnen, sich mit bunten Flecken bedeckt.
Die letzten Gerüste an den Pavillons sind verschwunden, der Schutt ist weg. Die Septembersonne hat den Erdboden getrocknet und gefestigt, und es geht sich jetzt leichter.
Die Stadt schnauft und hämmert und spielt. Es kommen immer mehr Besucher, und an den Feiertagen gibt es großes Gedränge. Man gewinnt den Eindruck, daß sie alle, die sich durch die Drehkreuze bewegen, von freudiger Erregung erfüllt sind. Rufe von Zeitungsverkäufern, Orchesterklänge, die Menge, die Farbenpracht, all das hebt die Stimmung.
Wie Pilze sind die Kioske aus der Erde geschossen – Bier,

Papirossy, Wein, Obst, Milch. Und ich muß sagen, daß sie die Besichtigung und das Gehen sehr erleichtern. Nach ein paar Stunden in der warmen Sonne bekommt man Durst.

8
Hoffen auf Gott und Feuerwehrtelegraph

Ein schmetterndes Hornsignal der Feuerwehr. Ein weißer Pavillon, mit Losungen gesprenkelt. „Zentrale Feuerwehr“.

Mächtige weiße Torsos halten graue Schläuche. Wer hat sie gefertigt? Der Gummitrust.

Weiterhin Segeltuchanzüge auf Schaufensterpuppen, Helme, Pferdegeschirr, Pumpen. Diagramme, Zeichnungen, Plakate, Bilder.

Der Sinn: Das Dorf muß geschützt werden. Das Dorf muß nicht nur lernen, Brände zu bekämpfen, sondern auch ihnen vorzubeugen. Eine ganze feuerfeste Wand aus „Solomit“, Preßstroh. Ein Werk des Bauhandels.

Über dem Solomit ein großes Gemälde: Ohne jedweden futuristischen Schnickschnack, ganz realistisch ein brennendes Dorf. Pferde laufen herum, Flammen lodern, barhäuptige Frauen strecken die Hände gen Himmel. Eine alte Frau mit einer Ikone.

Untertitel: „Wem der Verstand nicht half, dem wird Beten nicht helfen.“

Charkow zeigt Lithographien. Auf einer ein gelassener und fröhlicher Ukrainer vor einem schneeweißen Haus. Er ist gelassen, weil er alle Brandschutzmaßnahmen getroffen hat.

Daneben ein zerlumpter Bettler vor einer Brandruine. „Ich habe den Brandschutz nicht genutzt. Ich habe dahingelebt und auf Gott gehofft, und der Brand hat mir die Armut gebracht.“

Blanke rote Gehäuse mit Feuerwehrtelegraphen, komplizierte Telephone, Signalsysteme, Modelle, an denen man sehen kann, wie Schornsteine gebaut werden müssen, damit sie ungefährlich sind, wertvolle Feuerlöscher „Recke“ und

„Rekord", Pumpsysteme von „Schenelis", alle möglichen Arten von Petroleumlampen und Losungen, Losungen und Diagramme.
Die Stimme des Erklärers:
„Dieses Ende wird gegen den Fußboden geschlagen, dann richtet man den Strahl in die richtige Richtung."

9
Wie man seine Wälder schützt

Das Haus des Bauern, ein großes zweigeschossiges Gebäude, zieht viele Besucher an.
Eine Frau mit roter Armbinde geht vornweg und erklärt:
„Genossen, wir kommen jetzt in das Haus des Bauern, wo Sie als erstes die Gedenkstätte für unsern Wladimir Iljitsch sehen."
Im Haus des Bauern so hastiges Treiben, daß es einem vor den Augen flimmert, und die Bilder von Lenin, Kalinin und noch anderen prägen sich nur verschwommen ein.
Hacken klappern hinauf, hinunter. Plötzlich eine Tür, dahinter ein Theater. Eine Bühne ohne Vorhang. Vor einem kleinen Bauernhaus eine Frau mit Kopftuch, ein ganzes Konklave von klugen Mushiks mit Schirmmütze und Stiefeln und dann noch ein dummer Kerl mit Stupsnase, in Bastschuhen. Man stelle sich vor, er hat unverständigerweise ein ganzes Waldrevier abgeholzt.
„Genossen, können Sie sich das vorstellen?" ruft ein kluger Mann mit Schirmmütze ins Publikum. „Hatte er recht oder nicht? Wenn nicht, heben Sie den Arm."
Das Publikum beschaut mit Vergnügen den Dummkopf, der das Waldstück abgeholzt hat, aber es ist noch nicht an sakrale Theaterstücke gewöhnt und hebt nicht die Hand.
„Er hat also recht gehandelt? Man kann ruhig abholzen? Sehr schön!" erregt sich die Schirmmütze auf der Bühne. „Genossen, wer dafür ist, daß er nicht recht getan hat, den bitte ich um das Handzeichen!"
Alle Hände gehen hoch.

„So ist das!“ sagt der Besitzer der zivilisierten Kopfbedekkung zufrieden. „Verleihen wir ihm den Namen Dummkopf!“
Der Dummkopf geht schmählich ab, und die Klugen stimmen im Chor Couplets an. Eine Harmonika schmettert.

Ja, wir müssen wirklich lernen,
wie man seine Wälder schützt,
hat der Mensch sein Heim verloren,
ihm das überhaupt nichts nützt!

Kommen und Gehen, Geschirr wird eilig ausgepackt. Wahrscheinlich für eine Bauernmahlzeit. Eine neue Menge strömt herbei, und wieder die Frauenstimme:
„... als erstes die Gedenkstätte für unsern Wladimir ...“

10
Karamel, Tabak und Bier

Vom Haus des Bauern am Ufer entlang weiter in Richtung Vergnügungspark. Die Gegend ist nicht wiederzuerkennen. Wie früher jahrhundertealte Bäume, Schatten und der glatte Teich, aber im Grün originelle weiße und dunkle Gebäude. Und fast in allen fauchen, surren, rattern Maschinen.
Da ist der Mosselprom. Wie ein Pilz anzuschauen. Unterm Hut ein Schild: „Restaurant“.
Gleich am Eingang umweht einen süßer Karamelgeruch. Weiße Hauben, schneeweiße Kittel. Die Karamelmasse wird geknetet, eine Maschine schneidet die Karamelwürfel. Auf Herden Schüsseln mit Füllung. Junge Besucherinnen beugen sich über den Trennzaun – ein freundlicher Pavillon! 2. Staatliche Konditoreiwarenfabrik. P. A. Babajew, vormals die berühmte „Abrikossow und Söhne“.
An den Wänden Diagramme des staatlichen Hefewerks Nr. 1 des Mosselprom.
In Gläsern und Ampullen separierte Hefe, Maische, Gersten- und Hafermalz, eine Hefekultur.
Diagramme der Arbeitsproduktivität der 1. Staatlichen Mak-

karonifabrik, gleichfalls bei dem allgegenwärtigen Mosselprom.
Im Januar 1923 wurde 7042 Pud Makkaroni geliefert, im Mai 10870 Pud.
In der nächsten Abteilung verdrängt Tabakgeruch den Karamelduft. Die Arbeiterinnen tragen hier blaue Kittel. „Dukat". Daneben auf ausländisch: „Doukat". Maschinen schneiden, stopfen, kleben Hülsen zu. Eine Ausstellung farbenfroher Schachteln, darunter schon eine mit der Aufschrift „Gruß von der Ausstellung".
Weiterhin folgt eine prachtvolle Fruchtsaftfabrik, vormals Kalinkin, jetzt Erstes Werk für Obstgetränke.
Im Karbonisator wird Wasser unter einem Druck von 5 Atmosphären mit Kohlensäure angereichert. Filter von Chamberland.
Ein Bierausschank. Die Flaschenwaschmaschine spritzt, die Hände der Arbeiterinnen in schweren Handschuhen sind unwahrscheinlich flink. Die Trommel der Abfüllmaschine dreht sich, und das goldgelbe Bier von Mosselprom schäumt in die Flaschen.
An der Theke können die Besucher es an Ort und Stelle kaufen und aus Gläsern trinken.
Eine Leistungsschau von Flaschen – was produziert vormals Kalinkin jetzt? Alles. Wie früher Siphons mit Soda- und Selterswasser, wie früher verschiedenfarbige Flaschen mit allen möglichen Limonaden. Und freundliche Etiketts: „Mit reinem Zucker."

11
Wieder Tabak, dann Seide, dann Müdigkeit

Was ist hier? Der Pavillon des Tabaktrusts.
Vormals Asmolow, jetzt Staatliche Fabrik in Rostow am Don. Auch hier schneiden Maschinen Tabak, stopfen Papirossy. Hier werden buntbemalte Schachteln mit je hundert soeben fertiggestellten Papirossy angeboten.
Hier wachsen grünblättrige Tabaksorten – Tykkulk, Dubec,

ukrainischer Bauerntabak. Hier stehen Modelle von beheizten Trockenschuppen, hier hängen Packen, Schnüre, Nadeln. Bunte Losungen: „Hackst du rechtzeitig und gleich, wird die Tabakernte reich“, „Stengel und geile Triebe abreißen, die besten Blätter ernten“.
Der Leiter kommt und spricht darüber, um wieviel sich die Anbauflächen für Tabak in Rußland verringert haben und was für Anstrengungen unternommen werden, um den Tabakanbau am Kuban, auf der Krim und im Kaukasus zu fördern.
Hülsen sind knapp auf dem Markt. In Rußland wird jetzt kaum Tabak angeboten, es gibt nur noch fertige Papirossy.

Unweit des Asmolowschen ein weiterer Pavillon mit einem gigantischen Plakat „Machorka“. Das Plakat ruft dem Bauern zu: „Säe Machorka, das ist vorteilhaft.“
Genug vom Tabak! Weiter!

Und da ist der Textilpavillon. Volkswirtschaftsrat. Hier ist es schön. Erstens sieht er von außen gut aus. Zwei Gebäudeteile, durch eine luftige Galerie mit einer gedrechselten Balustrade miteinander verbunden. Grün umgibt das Reich der Textilien. Innen auf zwei Etagen eine bunte Farbskala, endlose Wellen von Seide, Leinwand, Cheviot, Baumwolle, Tuch.
Es beginnt mit dem Petrograder staatl. Hanftrust, „The Petrograd State Hemp Trust“, dieser zeigt Seile, Säcke, Leinen, Diagramme. Dann folgen in einer ununterbrochenen Reihe von drapierten Salons die Flachsfabriken von Wjasnikow, wieder Hanftrusts, die Gawrilo-Jamsker Manufaktur mit Wäschestoffen und Dutzende von Trusts: Seidentrust, Baumwolltrust, Iwanowo-Wosnessensker Textiltrust, Kammgarntrust, Moskauer staatl. Trikotagevereinigung …
Das Moskauer Textilinstitut mit seinen Seidenraupen, die hier unentwegt kauen und Berge von grünen Blättern vertilgen.
Nach der Besichtigung des Textiltrusts wollen die Beine nicht mehr. Zurück zur Moskwa, zu den Kiosken, ausruhen,

rauchen, gucken, aber nicht „besichtigen". Mit einem Besuch kriegt man sowieso nicht mal den zehnten Teil zu sehen. Also zurück. Fleischkühlanlagen des Volkskommissariats für Arbeit, dann der Pavillon des Volkskommissariats für Verkehrswesen, dann (eine blitzblanke Lokomotive kriecht direkt in ein Blumenbeet) Mospolygraph, dann ...
Ans Ufer, den Sonnenuntergang betrachten.

12
Kooperation! Ein japanischer Pechvogel

Er ist sehr schön, der Sonnenuntergang. In der Ferne leuchten die goldenen Kuppeln der Erlöserkathedrale, auf der Moskwa liegen flimmernde Lichtstreifen, und in der Ausstellungsstadt leuchten schon die blassen Kugeln.
Eine Menge steht dichtgedrängt vor dem Balkon des Pavillons des Zentralkonsumverbands, der auf den Fluß blickt. Auf dem Balkon farbenprächtige Schirme, darunter drei Figürchen. Agitation für die Kooperation: ein Kasperletheater.
Hinter einem Ladentisch ein dicker Kaufmann mit Weste, der einen Mushik bemogelt. In der Menge Gelächter. Tatsächlich, der Mushik ist vortrefflich getroffen, von der Schirmmütze bis zum Quersack auf dem Rücken. Ein typisches Mushikgesicht. Die Figur ist großartig gemacht. Auch die Stimme ist unnachahmlich. Der Mushik ist wunderbar.
„Meine Firma besteht schon 2000 Jahre", tönt der Kaufmann.
„Mein Gott!" staunt der Mushik.
Er fuchtelt mit den hölzernen Händen und schüttelt den Bart und ruft den Herrgott an und bekommt von dem Kaufmann, diesem Gauner, für eine Milliarde nur ein winziges Bündel Waren.
Dann aber erscheint der langnasige Kasperle vom Konsum, er trägt eine grüne Haube und entlarvt im Nu die Gaunerei des Geldsacks, dann richtet er einen Konsumladen ein und

überschüttet den Mushik mit Waren. Der besiegte Kaufmann sinkt zur Seite, Kasperle tanzt mit dem Mushik einen wilden Freudentanz, und beide singen mit ihren Ziegenstimmen ein Siegeslied:

Konsum! Kooperation!
Davon profitiert die Nation!

„Genossen", schreit der Mushik in die Menge, „schließen wir ein Bündnis und treten wir alle dem Konsum bei."

Bei der Anlegestelle der Freiwilligen Flotte Hunderte von Zuschauern. Der Aluminiumvogel, der Hydroaeroplan „RRDae", steht in schwarzen Riesengaloschen am Ufer. Ein Flug über der Ausstellung kostet pro Passagier zehn Rubel. In der Menge Gespräche, wie sie schon der unvergeßliche Iwan Feodorowitsch Gorbunow beschrieben hat.
„Die Junkers fliegt schneller als die Fokker."
„Sie irren sich, Madame, die Fokker ist schneller."
„Da kann ich nur staunen, woher wollen Sie das wissen?"
„Verlassen Sie sich darauf. Ich weiß das alles sehr genau, denn ich wohne im Petrowski-Park."
„Aber selbst geflogen sind Sie noch nicht?"
„Für mich hat das keinen Zweck. Ich steige in die Sechs und fahre in die Stadt."
„Sie haben Angst?"
„Der Zehner tut mir leid."
„Sie kommen. Sieh mal, die Japaner kommen! Sie werden fliegen!"
Drei Japaner, klein, würdig, mager, gut gekleidet, mit Hornbrille. Das Publikum begrüßt sie durch mitleidiges Stimmengewirr wegen der Katastrophe in Japan.
Zwei von ihnen steigen wohlbehalten in die Kabine, der dritte aber rutscht von dem Treppchen ab und fällt, in gestreifter Hose, kariertem Jackett und breiten Schuhen, plumpsend ins Wasser.
Zum erstenmal in meinem Leben bin ich Zeuge des Schweigens einer Moskauer Menschenmenge. Es wird nicht einmal gekichert.

„Die Japaner haben in letzter Zeit Pech …“
Bald darauf saust der Hydroplan übers Wasser und zieht eine stürmische Gischtwelle hinter sich her, dann steigt er wie ein summender Käfer über dem Vergnügungspark auf.
„Da fliegen drei Zehner“, sagt ein Rotarmist.

13
Kämpfe um den Traktor, Hornbläser von Wladimir

Abend. Die ganze Stadt in Lichter getaucht. Überall blendend weiße Punkte und Kleckse von Licht, und in der Ferne drehen sich im dunklen abendlichen Grün bunte Reklamebilder und -sterne.
Im Theater beleuchten drei elektrische Sonnen die Bühne. Auf der Bühne ein Tisch, mit rotem Tuch bedeckt, ein großer grüner Teppich, Grünpflanzen in Kübeln. Am Tisch das Präsidium – in Sakko, Jackett und Mantel. Ein Disput findet statt: „Der Traktor und die Elektrifizierung der Landwirtschaft.“
Alle Bänke sind besetzt. Die Leute sitzen dichtgedrängt.
Es kommt zum heißen Höhepunkt des Disputs.
Ein Professor tritt auf, ein Agronom, und argumentiert, wir bräuchten gegenwärtig keinen Traktor, der bei unserer Armut für den Bauern eine schwere Last bedeuten würde. Um dem Skeptiker zu widersprechen oder ihn zu unterstützen, haben sich fünfzig Menschen eingetragen, obwohl der Disput schon lange dauert.
Hinter dem Stehpult erscheint ein aufgeregter Redner. Soldatenmantel und Schirmmütze.
„Liebe Genossen! Wir haben hier verschiedene Wörter gehört – ‚Elektrifizierung‘, ‚Maschinisierung‘, ‚Mechanisierung‘ und so weiter und so fort. Was sollen diese Wörter bedeuten? Diese Wörter bedeuten nichts anderes, Genossen, als daß wir auf dem Land Elektrizität und Maschinen brauchen.“ (Stimmen im Publikum: „Richtig!“) „Der Professor sagt, wir brauchen keinen Traktor. Was bedeutet das, Ge-

nossen? Das bedeutet, Genossen, daß unser Professor schläft. Er will uns in die alte Zeit zurückversetzen, aber das wollen wir nicht. Wir haben nackt und barfuß unsere Feinde besiegt, und jetzt, wo wir aufbauen wollen, sagen uns Gelehrte, das ist nicht nötig? Wir sollen also mit dem Spaten in der Erde stochern? Das wird nicht sein, Genossen." („Bravo! Richtig!")

Es erscheinen Schaftstiefel aus dem Gouvernement Smolensk und fragen mit süßem Tenor, wieso von Traktoren die Rede sein könne, wenn Bindegarn vierzehn Goldrubel kostet.

Der Professor sagt mit wohlgesetzten Worten, er sei lediglich gegen Phantastereien, und ruft zu klugem Rechnen auf, zur Vernunft, zu strenger Kalkulation, er verlangt ausländischen Kredit und redet zu guter Letzt in Versen.

Es erscheint ein fipsiges Jackett und empfiehlt dem Professor, wenn es ihm in Rußland, das Traktoren haben wolle, nicht gefalle, sich in eine andere Gegend zu entfernen, beispielsweise nach Paris.

Daraufhin bedeckt sich der Professor verdrossen mit seinem Panamahut und entfernt sich mit den Worten: „Ich verstehe nicht, warum man mich Dunkelmann nennt", in die Finsternis.

Ein Redner vom Volkskommissariat für Landwirtschaft zerschlägt die Thesen des Professors, beruft sich auf kanadische Emigranten und plädiert für Elektrifizierung, für Traktoren, für Maschinen.

Die Diskussion hört auf.

In seinem Schlußwort redet der Vorsitzende leidenschaftlich von Phantasten und behauptet, das Volk, das schon mehr als eine Phantasie wahrgemacht habe, werde in den letzten fünf erstaunlichen Jahren nicht vor der letzten Phantasie von der Maschine haltmachen. Und es werde sich durchsetzen.

„Ist er nicht ein Phantast?"

Seine Hand zeigt unwillkürlich dahin, wo im Schummerlicht der gewaltige Lenin im Blumenbeet steht.

Der Disput ist zu Ende. Noch dichter drängt das Volk ins Theater. Auf der Bühne stehen im Halbkreis zehn keilbärtige Wladimirer Hornbläser und flöten auf langen selbstgebauten Pfeifen aus Holz alte russische Lieder. Die Pfeifen stöhnen oder trillern, und unwillkürlich erstehen vor dem Blick neblige Felder, Bauernhäuser mit Kienspan, stille Buchten, düstere Kiefernwälder. Die Pfeifen wecken teils Trauer, teils undeutliche Hoffnungen. Als sie aufhören, brechen die Träume ab. Zum letztenmal brummt der im Wasser aufsetzende Hydroplan, die Lichter brennen in Trauben, in Buketts, und die Reklametafeln schwenken die Flügel. Aus dem Vergnügungspark tönt ein Marsch.

1923

Eine unruhige Fahrt
Monolog eines Natschalniks
(Kein Märchen, sondern Wahrheit)

Malbrough s'en va-t-en guerre ...
Lied

Nun, das muß sich etwa so abgespielt haben. Nachdem wir, meine Mitarbeiter und ich, ausgiebig Tee getrunken hatten, fuhr ich abends auf der vorgesehenen Strecke vom Bahnhof Noworossisk ab. Unmittelbar vor der Abfahrt kam einer und sagte:
„Tja", sagte er, „eine schöne Bescherung, unsere Drehscheibe wird gerade instand gesetzt. Wie kriegen wir Sie bloß von dort zurück?"
Wir überlegten. Schließlich sagte ich, wenn's so ist, sollen sie uns eben in Tichorezkaja wenden. Na schön. Dann eben in Tichorezkaja. Einsteigen, Pfeifen, ab ging's. Was soll ich sagen. Wir kommen nach Tichorezkaja. Stellen Sie sich vor, pünktlich. Ich sehe zur Uhr und staune, auf die Minute genau! Donnerwetter, denk ich, großartig! Damit hab ich's natürlich beschrien. In der Drehscheibe scheint der Satan zu

stecken. Sie drehen und drehen uns, wohl anderthalb Stunden lang. Mir wird schwindlig im Kopf. Geht's bald weiter? schrei ich. Gleich, heißt es. Na, schließlich haben sie uns gewendet und fangen an, den Zug zusammenzustellen. Ich guck aus dem Fenster. Wirklich fleißige Arbeit, Rennen, Pfeifen, Fähnchenschwenken. Tüchtige Jungs in diesem Tichorezkaja, sag ich, die schaffen was weg. Damit hab ich's natürlich beschrien. Unmittelbar vor der Abfahrt kommt einer und sagt:

„Also, wir können nicht fahren."

„Was?" schrei ich. „Warum nicht?"

„Ja", sagt er, „wir müssen paar Waggons aus dem Zug schmeißen. Die sind schadhaft."

„Dann schmeißt sie raus, aber schnell", schrei ich. „Weshalb zum Teufel habt ihr sie überhaupt reingehängt?"

Keine Antwort. Er lächelt schüchtern und verschwindet. Wieder Gepfeife, Gefuchtel, Gerenne. Schließlich sind die defekten Waggons raus. Wir haben schon zweieinhalb Stunden Verspätung.

Endlich geht's los. Gott sei Dank, denk ich, wir fahren. Damit hab ich's natürlich beschrien, klarer Fall.

Unser Zug entwickelt eine derartige Geschwindigkeit, daß ich beim Rausgucken den Kneifer verlier. Der Schaffner springt ab, holt ihn und erreicht den Zug im Trab. Da schrei ich: „Wollt ihr mich verpflaumen? Wie soll ich bei dem Tempo den Zustand der Strecke und des rollenden Materials begutachten? Binnen vierundzwanzig Sekunden wird mir das Tempo gebracht, das auf diesem Abschnitt als Höchstgeschwindigkeit für Güterzüge gilt!" Denken Sie nur, ich hab sie dermaßen angebrüllt, doch meines Lebens froh bin ich nicht geworden! Sie legen Tempo zu, aber was nun kommt, geht auf keine Kuhhaut! Klirrend und rasselnd fahren wir weiter, und nach fünf Minuten hör ich Gebrüll: „Halt! Halt! Überfahren sollst du werden!" Leineziehen, Fähnchenschwenken. Ich zu Tode erschrocken. So, denk ich, jetzt sind wir geliefert! Was ist? schrei ich. Nichts weiter, sagen sie, die Buchsen glühen. Ich fahre aus der Haut und schreie: „Was ist das für eine Schweinerei! Wieso glühen die Buchsen? Schluß damit! Raus-

nehmen! Abhängen!“ Na großartig. Auf der nächsten Station wird der Waggon abgehängt. Wir zockeln weiter.
Verstehen Sie, wir sind noch keine drei Schritt weitergerast, da gibt’s neuen Spektakel. Bei zwei Waggons glühen die Buchsen. Sie werden abgehängt, doch auf der nächsten Ausweichstelle glühen sie wieder bei zwei Waggons. Fünf Stationen weiter guck ich aus dem Fenster und bin entsetzt: Bei der Abfahrt war der Zug so lang wie der Pariser Meridian, und jetzt ist er so kurz wie ein Ferkelschwanz. Ach du lieber Gott, denk ich, noch vierzig Werst auf diese Tour, dann hab ich den ganzen Zug zerkrümelt. Womöglich glühen die Buchsen auch noch bei meinem Waggon, dann hängen sie auch mich auf irgendeiner Satansstation ab! Dabei werde ich in Rostow erwartet. Ich lasse mir den zuständigen Mann kommen und sag: „Na hören Sie mal, bißchen sachter. In den Sumpf mit Ihnen bei dieser Höchstgeschwindigkeit. Fahren Sie, wie sich’s für anständige Leute gehört, und nicht wie ein Irrer.“
Sehr wohl, wir fahren weiter. Ich nach vorn zum Guckfenster, will die Strecke besichtigen, und was meinen Sie, was ich seh? Dicht vor mir hocken auf den Puffern zwei Kerle. Ich lehn mich aus dem Fenster und frag:
„Was soll denn das? Was macht ihr da?“
Stellen Sie sich vor, da werden die mir doch frech antworten:
„Dasselbe wie du, wir fahren nach Rostow.“
„Was?“ schrei ich. „Auf den Puffern? Dann seid ihr wohl Schwarzfahrer, was?“
„Klarer Fall doch“, antworten sie, „Weißwäscher wohl kaum!“
„Was?“ schrei ich. „Schwarzfahrer? Auf den Puffern? In meinem Dienstzug? In meinem Waggon? Auf der Stelle springt ihr runter wie Flaschenkorken!“
„Von wegen“, antworten sie, „spring doch selber runter, wenn du lebensmüde bist! Wenn du bei der Fahrt abspringst, brichst du dir Arme und Beine!“
Was tun? Ich schreie: „Signal geben! Zug anhalten! Weg mit den Schwarzfahrern!“
Aber Pustekuchen. Es gibt kein Signal, keine Verbindung mit der Lokomotive.

Durchs Fenster rufen wir dem Lokführer zu:
„He! Guter Mann! Heee! Wie heißt du gleich? Sei lieb, brems ein bißchen!"
Pustekuchen. Er hört nicht.
Was jetzt? Die beiden hocken auf den Puffern und kichern.
„Na was?" sagen sie. „Habt ihr uns runter? Schluck's rein!"
Verstehen Sie? So was von Frechheit! Abgesehen davon, daß es gegen die Vorschrift ist, kann ich durch die Guckfenster nichts sehen. Bloß zwei grinsende Visagen, die verdecken die ganze Landschaft. Ich seh, da ist nichts zu machen, und trete in Verhandlungen ein.
„Hört mal", sage ich, „da habt ihr jeder fünfzig Rubel, aber steigt ab."
Sie weigern sich. Fünfhundert pro Nase, sagen sie. Was tun?
Und da, stellen Sie sich vor, geht es zu meinem Glück bergan. Der Zug bleibt natürlich stehen, er schafft's nicht. Na, ich hab mich gefreut. Ich rufe: „Holt sie runter, die Gottesknechte! Zeigt ihnen, was ne Harke ist. Hier auf den Puffern zu fahren!" Na, die Schaffner laufen natürlich zusammen, holen die beiden runter, stecken sie in den Waggon, nehmen sie mit. Wunderbar. Aber kaum hab ich mich am Fenster eingerichtet, da steht der Zug schon wieder. Was ist? schrei ich. Es stellt sich heraus, wieder wegen der verdammten Schwarzfahrer. Die schlagen um sich! Da halten wir Kriegsrat und beschließen endlich, sie zu allen Teufeln zu schikken. Gesagt, getan. Vier Werst vor der nächsten Station setzen wir sie raus. Sie bedanken sich, sagen, bis hier wollten wir ja, die vier Werst laufen wir zu Fuß.
Wir weiter. Zehn Minuten später steht der Zug. Was ist? Ein Schwarzfahrer! Da halt ich's nicht mehr aus und weine los. Was ist das für ein Elend? sag ich. Komm ich noch mal nach Rostow oder nicht? Die Tränen rieseln mir nur so. Ich weine, die Schaffner schluchzen, der Schwarzfahrer hält es nicht aus und schluchzt mit. Das Ganze hängt mir dermaßen aus dem Hals, daß ich nichts mehr sehen will! Ich winke ab, ziehe die Vorhänge zu und lege mich schlafen. In Rostow

kurier ich erst mal meine zerrütteten Nerven. Solche Züge gibt es!

1923

Die Geheimnisse des Madrider Hofs

In einem Zimmer, das von einer Petroleumlampe beleuchtet wurde, saß Ugrjumy, Kontorist der 2. Wiederaufbauorganisation, und sagte zu seinem Besucher, dem Kontoristen Petuchow:

„Ihr habt's gut, ihr Satansbraten! Ihr lebt in Kiew. Da habt ihr allerhand alte Bauten, Klöster, Heiligtümer, Theater und Kabaretts. In diesem lausigen Polozk gibt's gar nichts. Nur Schlamm und Schweine. Stimmt es, daß bei euch diese ... diese Kuppeln erneuert werden?"

„Schwindel", antwortete Petuchow im Baß, „ich bin auf den Heumarkt gegangen, um mir das anzusehen. Die Kuppeln sind wie immer. Das haben sich die Weiber ausgedacht."

„Das ist schlecht!" sagte Ugrjumy seufzend. „Die Kirchen zerfallen, und der liebe Gott zuckt nicht mit der Wimper. Zum Beispiel das Spasski-Kloster ... das ist schon ganz zerbröckelt. Im Himmel haben sie kein Geld, das ist das Elend."

Ugrjumy seufzte, rührte mit dem Löffel im trüben Tee und fuhr fort:

„Apropos Geld. Es ist keins da, gar keins, aber manchmal – zack! – fällt dir welches auf den Kopf. Bei uns ist da eine erstaunliche Geschichte passiert. Wir haben für Mai vier Millionen zweihunderteintausend Rubel und ein paar Kopeken aus dem Budget beantragt für zweitausendsiebenhundert Arbeiter, und das Zentrum kriegt es fertig und schickt vier Millionen siebenhundertdreißigtausend für faktisch ehemalige 817 Mann."

„Schwindel!" schrie Petuchow.

„Von wegen Schwindel", antwortete Ugrjumy. „Wenn's nicht stimmt, will ich hier festwachsen!"

„Also bleibt doch wohl was übrig?"

„Und ob. Aber verstehst du, die Schwierigkeit ist ja, dieses Geld restlos in die Ausgaben zu stopfen."
„Wie denn das?" staunte Petuchow.
Ugrjumy sah sich um, horchte und flüsterte geheimnisvoll:
„Nach der Manier des Natschalniks von unserer mechanischen Werkstatt. Verstehst du, er hat die Gewohnheit, daß er fünfmal mehr Material bestellt, als er braucht, und alles rein in die Ausgaben! Sie haben ihm schon gesagt: Passen Sie auf, sonst kriegen Sie eins auf den Hut. Ja, sagt er, auf den Hut ... so weit reicht ihr nicht! Ich hab ja einen triftigen Grund – wir haben keinen Lagerraum. Ein fähiger Bursche!"
„Wird er nicht sitzen müssen?" fragte Petuchow begeistert.
„Ganz sicher. Denk an meine Worte. Und sitzen wird er wegen der Werkstatt. Damit klappt es nicht bei ihm, es ist zum Heulen. Das Holz sägt er von Hand, weil die Kreissäge kaputt ist, und der 30-PS-Motor treibt ein Gebläse für vier Schmiedeessen!"
Petuchow erstickte vor Lachen.
„Nicht so laut!" flüsterte Ugrjumy. „Was soll das? Und neulich, das war ein Jux mit den Nieten." (Ugrjumy kicherte.) „Wozu sollen wir Nieten kaufen, wenn wir eine eigene Werkstatt haben? Er meint, er kann ganz Rußland mit Nieten überschütten! Na, das hat er auch: 308 Pud. Wunderschöne Dinger: krumm, mit Verdickung und überglüht. 128 Pud mußte er nacharbeiten lassen, den Rest hat er noch immer auf Lager."
„Das sind mir Sachen!" ächzte Petuchow.
„Das ist noch gar nichts!" sagte Ugrjumy lebhaft. „Hör dir an, was bei uns in der Buchhaltung los ist, dir stehen die Haare zu Berge. Wir haben bei uns in der mechanischen Werkstatt die KK, und der Werkzeugmacher Beljawski", zischte Ugrjumy, „der ist Mitglied der KK. Stell dir vor, der hat sich alle Aufträge unter den Nagel gerissen. Er selbst prüft alles, er selbst macht alles und kriegt Geld dafür. Der Ingenieur Gejneman wollte die ganzen Formalitäten in der Abrechnungs- und Finanzabteilung vereinfachen und hat deshalb eine neue Ord-

nung eingeführt. Einmal guck ich nach und sehe: Die Rechnung Nr. 91 für Akkordarbeiten, ausgeführt vom Akkordarbeiter Michail Kusnezow und seinen Kumpels, lautet auf die Summe von 42475 Rubel. Ausgestellt an ein Artel, Empfänger Kusnezow. Und weiter nichts!"
„Warte mal", unterbrach ihn Petuchow, „hatte er nicht ein paar Kumpels?"
„Na eben!"
„Wie denn?"
„Du bist ein naives Kerlchen", sagte Ugrjumy seufzend, „bei diesem Gejneman besteht das ganze Personal aus Verwandten. Der Chef ist Gejneman, der Arbeitsleiter sein Schwiegersohn Markow, die Technikerin ist seine leibliche Schwester Emma Markowa, die Kontoristin seine leibliche Tochter Gejneman, der Buchhalter sein Neffe Gejneman, die Stenotypistin Schulman eine Nichte seiner leiblichen Frau!"
„Und Enkel hat er keine?" fragte Petuchow perplex.
„Enkel nicht, leider."
Petuchow nippte vom Tee und fragte:
„Erlaube mal, Freund, wo hat denn die Arbeiter-und-Bauern-Inspektion ihre Augen?"
Ugrjumy stieß einen Pfiff aus und flüsterte:
„Du bist gut! ABI! Unsere ABI, das ist Timofej Jakutowitsch. Ein prima Kumpel, unser Mann. Dem kannst du vorlegen, was du willst, er unterschreibt alles."
„Gutmütig?" fragte Petuchow.
„Von wegen gutmütig, bei uns erzählen sie" (Ugrjumy beugte sich zu Petuchows abstehendem Ohr), „er soll zehn Fuhren Holz von dem Baumaterial für die Brücken über die Westliche Dwina gekriegt haben, dazu viereinhalb Pud Mehl und 43 Arschin Stoff. Wenn du soviel Stoff kriegst, kannst du schon gutmütig sein."
„Geheimnisse des Madrider Hofs", rief Petuchow begeistert.
„Stimmt", pflichtete Ugrjumy bei, „aber verstehst du, mit diesen Geheimnissen haben wir uns schon Unannehmlichkeiten eingehandelt. Eines schönes Tages kreuzen zwei Früchtchen bei uns auf. Ganz unscheinbar, abgewetzte Ho-

sen. Die sagen: ‚Zeigen Sie mal Ihre Bücher.' Na, wir haben sie ihnen gegeben. Und dann ging der Jux los. Wir meinen, das Rechenschaftswesen ein Jahr im Rückstand, eine Lappalie! Die meinen, ein Verbrechen. Wir meinen, die Kassenbücher brauchen nicht beglaubigt und verschnürt werden, die meinen, sie brauchen doch! Wir meinen, Bolzen von Hand zu schneiden ist produktiv, die meinen, es muß mechanisch gemacht werden! Wir meinen, die Bretter für den Brückenbelag müssen von Hand gefertigt werden, die meinen, das ist ein Verbrechen! Wir sind nicht zueinander gekommen. Nachdem die wieder weg waren, haben wir keine Ruhe mehr. Was mögen diese Besucher angerichtet haben? Seitdem sind wir sauer!"
„Tja, Unannehmlichkeiten", pflichtete Petuchow bei.
Beide verstummten. Der Lampenschirm färbte ihre Gesichter grün, und die beiden Kontoristen sahen aus wie geheimnisvolle Gnome. Die Lampe summte böse.

1923

Wie Busygin abstürzte

Eine Schauergeschichte in 17 Dokumenten

1

Brief des Arbeiters Busygin von der Station Koristowka an der Südstrecke an seinen Schwager Mogutschi in Moskau. Datumsstempel auf dem Kuvert: 12. Mai 1923.
„Gleich zu Anfang meines Briefs, lieber Schwager, teile ich Dir eine erfreuliche Neuigkeit mit. Du schreibst, wir unglücklichen Maulwürfe lebten im Erdreich unserer Unwissenheit.
Laß mich dazu bemerken, daß das nicht stimmt und daß endlich eine erfreuliche Überraschung eingetreten ist – bei uns auf der Station Koristowka wird im Depot ein Klub eröffnet.
Das Depot ist einen Dreck wert, darum haben wir auf einer

Versammlung einstimmig beschlossen, seine Renovierung zu verlangen.
Auch ich habe mit einer Rede abgestimmt als politisch bewußter Mensch, der auf der Position der Kulturarbeit steht. Sie haben mich zum Vorsitzenden unseres Klubs gewählt. Schöne Grüße an die geliebte Gattin Anna Michailowna, an Onkel Prochor und den Vorsitzenden der Parteizelle, Shirkow. Dein Dich bis ans Lebensende liebender Wlas mit kameradschaftlichem Gruß."

2

Stempel:
Gewerkschaftskomitee
des Reparaturdienstes
der Station Koristowka
an der Südstrecke
Nr. 6900
10. Juni

an Abschnittsdirektor 1
Wir bitten, die Renovierung des Depotgebäudes der Station Koristowka, das als Eisenbahnerklub vorgesehen ist, in Angriff zu nehmen.
Grundlage: Telegramm Nr. soundso vom 9. Mai d. J. und Beschlußprotokoll der Arbeitervollversammlung vom 11. Mai.
Anlage: Kopie des Beschlusses, 17 (siebzehn) Seiten mit zwei Siegeln. Unterschriften des Gewerkschaftskomitees:
Vorsitzender Julio Jurenito
Sekretär Kusja

3

Telegramm.
Aufgenommen 20. Juni 1923, 14 Uhr.
Antwort Schriftstück Nr. 69 zwei Nullen bitte um Genehmigung Depotreparatur.

Abschnittsdirektor 1

4

Brief des Arbeiterkorrespondenten Nr. 11205 an die „Gudok"

Ich schicke Ihnen, lieber Genosse „Gudok", die Lebensbeschreibung unseres Arbeiters Wlas Busygin, des einmütigen Kämpfers der Kulturarbeit für unsern Klub, und sein Foto in zwei Exemplaren en face. 22. Juni d. J.

5

Postkarte aus Moskau an Wlas Busygin.
Stempel: 12. Juni 1923.
Ich beglückwünsche Dich, Wlas, als Helden der Kulturarbeit. Du bist jetzt berühmt auf beiden Halbkugeln. Habe heute Dein Foto in der „Gudok" gesehen. Du erinnerst sogar ein wenig an den Allunionsstarosten Kalinin, aber der ist viel schöner.

Dein Dich liebender Schwager Mogutschi.

6

Auszug aus einem Brief Busygins an die Lehr- und Kulturabteilung. 29. August 1923

Liebe Genossen, ich schicke Euch das Geheul unserer Genossen. Alle kommen zu mir als dem Helden der Kulturarbeit – warum wird das Depot nicht renoviert? Ich schicke Euch ein kleines Gedicht, das ich in der Verzweiflung der Poesie verfaßt habe.

Das Depot ist ganz verwittert,
alle sind total erbittert,
bin allein auf weiter Flur,
nun, was sagt ihr jetzt dazu?

7

Stempel:
Lehr- und
Kulturabteilung
Nr. 987 654 321
4. September 1923

an Abschnittsdirektor 1
Bitte beschleunigen Sie die Renovierung des Depots als Klub der Station Koristowka.
Leiter der Lehr- und Kulturabteilung Gen. Strychnin

8

Telegramm.
Aufgenommen 8. September, 15 Uhr.
Auf die Nummer 987 654 321
Renovierung beschleunigen geht nicht Grund sie hat noch nicht begonnen stop soeben Genehmigung zur Reparatur erhalten stop.

Abschnittsdirektor 1

9

Stempel:
Gewerkschaftskomitee
15. September

an Abschnittsdirektor 1
Erbitten Auskunft warum Renovierung Depot als Klub der Arbeiter Station Koristowka nicht beginnt.
Unterschriften:
Für den Vorsitzenden: Jesus Nawin
Für den Sekretär: Rumjanzew-Sadunaiski

10

Stempel:
Abschnittsdirektor 1
Nr. Milliarde

an Verwaltungsdirektor 6
Mit Erhalt dieses sind Sie angewiesen Renovierung Depot Station Koristowka zu beginnen.

Abschnittsdirektor 1

11

Rapport

Als Antwort auf Ihre Anweisung Nummer Milliarde melde ich, daß der Beginn der Renovierung nicht möglich ist aus zwei Gründen:
1. Das Gebäude ist so hoch, daß beim Tünchen die Leute aus der Höhe auf den harten Steinfußboden abstürzen und sich verletzen können.
2. Es ist unmöglich, Leute zu finden, die man mit der besagten Renovierung beauftragen könnte, desgleichen zwei Zimmerleute.

Verwaltungsdirektor 6 Umnow

12

Stempel:
Abschnittsdirektor 1
3. Oktober 1923
Nr. Milliarde
einhundertzehn

an Verwaltungsdirektor 6 Umnow
Aus Ihrem Schreiben mit der laufenden Nummer geht nicht hervor, warum die Leute abstürzen und sich verletzen können und warum keine Leute zu finden sind.

Abschnittsdirektor 1

13

Auszug aus einem Brief Mogutschis an Busygin vom 19. Oktober 1923.
... und dann, lieber Wlas, was macht Euer geehrter Depotklub ...

14

Kopie des Beschlusses der Vollversammlung vom 1. November 1923 auf der Station Koristowka.

Gehört:	Beschlossen:
Über die Renovierung des Depots als Klub.	Dem Kulturhelden und Vorsitzenden des Klubs Wlas Busygin einen Tadel auszusprechen wegen Nichtstun.

15

Auszug aus einem Brief von Busygins Frau an Mogutschi Stempel: 5. November 1923.
... ach, mein Herzeleid, Wlas hat angefangen zu trinken wie ein Alkoholiker ...

16

Brief Wlas Busykins an Verwaltungsdirektor 6 Umnow vom 10. November 1923.
Ich erbiete mich freiwillig, an der besagten Wand hinaufzuklettern und zu tünchen! Was ich hiermit melde ...

17

Telefonogramm
Aufgenommen 11. November 1923, 13 Uhr.
Der Arbeiter Wlas Busygin vom Reparaturdienst der Station Koristowka ist während der Kulturarbeit vom Dach des Depots der besagten Station abgestürzt Komma Verletzungen mit völligem Verlust der Arbeitsfähigkeit Komma Bruch der Arme und Beine Stop Feierliche Beisetzung mit Teilnahme zwölften November 1923 alle Arbeiter verständigen.
Für den Vorsitzenden des Gewerkschaftskomitees Pompon.

1923

Die Treppe ins Paradies
(Nach der Natur)

Die Treppe, die zur Bibliothek des Belorussischen Bahnhofs in Moskau führt (Erste Meschtschanskaja-Straße), ist total vereist.
Es ist stockdunkel, die Arbeiter stürzen sich zu Tode.

Arbeiterkorrespondent

Der Arbeiter Kossin fiel glücklich. Er polterte vom ersten Stock herunter, drehte sich auf dem Treppenabsatz mit dem Kopf voran und landete auf der Straße. Nach ihm kamen seine Mütze und das Buch „Krieg und Frieden", ein Werk von L. Tolstoi. Das Buch rodelte aufgeschlagen, mit dem Einband nach oben, herunter und kam neben Kossin zum Stehen.
„Na, wie war's?" fragten die Leute, die unten warteten, bis sie dran waren.
„Hab mir die Hose zerrissen", antwortete Kossin dumpf, „es ist ne gute Hose, meine Frau hat sie auf dem Sucharjowka-

Markt erwischt.“ Er befühlte einen prächtigen sternförmigen Riß an der Hüfte.
Dann hob er das Werk Tolstois auf, bedeckte sich mit der Mütze und humpelte nach Hause.
Als zweiter wagte es Baltschugow.
„Ich zwing dich, ich bezwing dich“, murmelte er und preßte Gogols Gesammelte Werke in einem Band an die Brust. „Neunzehnhundertfünfzehn bin ich auf die Karpaten geklettert und hab kein Wort darüber verloren. Zweimal verwundet … Auf dem Rücken der Rucksack, in den Händen das Gewehr, Stiefel an den Füßen, und hier soll ich's mit Gogol nicht schaffen? Ich will mir das ‚ABC des Kommunismus‘ ausleihen … Ich … Verfluchter Mist! Ich …“ Er verlor sich in der Finsternis. „Einstürzen soll sie, eure Bibliothek!“
Er machte einen Versuch, sich am unsichtbaren Geländer festzuhalten, doch es glitt ihm aus der Hand. Sodann entfiel ihm Gogol und war im Nu wieder unten.
„Ach!“ piepste Baltschugow, denn er spürte, daß eine teuflische Kraft ihn von den vereisten Stufen wegriß und in den Abgrund zog.
„Hil …“, begann er und kam nicht weiter.
Ein Eisbuckel unter seinen Füßen stieß ihn tückisch zu der Stelle, wo ein eiserner Bolzen auf ihn lauerte. Baltschugow war ein Pechvogel, der Bolzen traf ihn in die Zähne.
„Hil …“, ächzte Baltschugow, während er mit dem Kopf voran abwärts sauste.
„… fe!“ schloß er, als er schon im Schnee saß.
„Nimm Schnee in den Mund“, empfahlen ihm die Wartenden, als sie ihn schöne rote Flecke in den Schnee spucken sahen.
„Nein, keinen Fnee“, nuschelte Baltschugow, dessen Wange zusehends schwoll. „Einen Pfahl muff man diewem Bibliothekar über den Kopf hauen und der Klubleitung auch. Auf der Fnautfe müfften die die Treppe runterwauwen …“
Er tastete im Schnee herum und sammelte die verstreuten Blätter des „Taras Bulba“ ein. Dann rappelte er sich hoch, spie einen roten Fleck in den Schnee und ging nach Hause.

„Da will man wich ein neues Buch holen", nörgelte er und hielt sich die Wange. „Von wegen ... Der Tfahn wackelt."
Die Finsternis verschluckte ihn.
„Kriechen wir rauf, Mitja?" fragte ein Wartender zaghaft. „Ich möcht gern ne Zeitung lesen."
„Ach, der Satan soll die holen", antwortete Mitja. „Hier riskiert man sein Leben, dabei hab ich erst kürzlich geheiratet. Ich hab ne Frau. Die würde als Witwe zurückbleiben. Gehn wir nach Hause."
Die Finsternis verschluckte auch sie.

1923

Ein stark wirkendes Mittel

Stück in einem Akt

Wenn K. Woitenko kein Gehalt bekommt, schickt die „Gudok" das Stück ans Kleine Theater in Moskau, damit es aufgeführt wird.

Personen:

KLAWDIA WOITENKO, Lehrerin mittleren Alters. Fellmantel und Mütze, in den Händen irgendwelche Papiere.
KULTURABTEILUNGSLEITER der Krim, mittleren Alters, sympathisch. Trägt eine gelbliche Jacke und ebensolche Hosen.
BOTE DER KULTURABTEILUNG, 50 Jahre.

Die Bühne zeigt das Arbeitszimmer des Kulturabteilungsleiters der Krim. Verqualmt, eng und scheußlich. Eine Tür. Im Vordergrund ein Schreibtisch mit Telefon und Tintenfaß. Darüber drei Plakate. „Wenn du zu einem beschäftigten Menschen kommst, bist du verloren", „Hast du dein

Anliegen erledigt, so gehe getrost", „Händedruck ein für allemal abgeschafft".

Der Kulturabteilungsleiter sitzt am Schreibtisch und blickt versonnen in den Zuschauerraum. Auf einem Stuhl bei der Tür der Bote. Mittag.

BOTE Ohoho ... *Hustet.*

Pause.

Die Tür geht auf, herein kommt Woitenko.

BOTE Wohin? Wohin? Zum wem wollnse?

WOITENKO Zu ihm. *Zeigt mit dem Finger auf den Kulturabteilungsleiter.*

BOTE Das geht nicht, der Herr sind beschäftigt.

WOITENKO *zaghaft* Ich kann ja warten.

BOTE Setzen Sie sich hier hin, aber machen Sie keinen Lärm.

Woitenko setzt sich auf den Stuhl. Pause.

WOITENKO *flüstert* Womit ist er denn beschäftigt? Ist doch keiner da.

BOTE Keine Ahnung. Vielleicht denken der Herr nach ...

Pause.

WOITENKO Ich muß zum Zug, mein Bester. Ich komme zu spät. Vielleicht sagst du ihm ...

BOTE Na schön. Ich meld's ihm.

Geht zum Schreibtisch und hustet. Pause. Hustet.

KULTURABTEILUNGSLEITER *kommt zu sich* Geh, Afanassi, ich hab genug von dir. *Denkt nach.*

BOTE *kehrt zurück.* Na bitte, ich hab's ja gesagt. Gehen Sie mit Gott.

WOITENKO *aufgeregt* Ich muß nach Jewpatoria, ich verpaß den Zug.

Geht zum Schreibtisch, hustet.

KULTURABTEILUNGSLEITER *zerstreut* Gehst du endlich, Afanassi? *Hebt den Blick.* Pardon! Sie wollen zu mir?

WOITENKO Ja, entschuldigen Sie ...

KULTURABTEILUNGSLEITER Mit wem habe ich die Ehre?

WOITENKO *knickst* Darf ich mich vorstellen: Lehrerin an der Analphabetenschule der Station Jewpatoria an der Südstrecke, Klawdia Woitenko, geborene Manko.

Kulturabteilungsleiter Soso. Und was möchten Sie, geborene Manko?

Woitenko *aufgeregt* Bitteschön, ich habe für den August dieses Jahres noch kein Gehalt bekommen.

Kulturabteilungsleiter Hm ... Eine schöne Geschichte! Sie haben bestimmt die Listen nicht geschickt.

Woitenko *müde* Von wegen! Mehr als einmal. *Dreht ihre Papiere in der Hand.* Die Liste wurde geschickt, und unsern Gewerkschaftsbevollbemächtigten in Jewpatoria hab ich schon an die zwanzigmal erinnert.

Kulturabteilungsleiter Hm ... Afanassi.

Bote Sie wünschen?

Kulturabteilungsleiter Sieh mal zu, daß du die Gehaltsliste für die geborene Manko findest!

Pause. Der Bote kommt zurück.

Bote Nicht gefunden, die geborene ... *Hustet.*

Kulturabteilungsleiter Na sehen Sie!

Woitenko Erlauben Sie mal, was sehe ich? *Aufgeregt.* Sie müssen sehen! Wenn bei Ihnen was verschwindet ...

Kulturabteilungsleiter Verzeihung ... Seien Sie bitte vorsichtig. Sie sind hier nicht in Jewpatoria.

Woitenko *fängt an zu weinen* Seit ... August ... lauf ich rum ... immerzu ...

Kulturabteilungsleiter *verwirrt* Bitte weinen Sie nicht in einer amtlichen Stelle.

Bote Die heulen mir das Zimmer voll, und ich muß es aufwischen. Immerzu lauf ich mit dem Lappen rum. *Knurrt Unverständliches.*

Woitenko schluchzt.

Kulturabteilungsleiter Bitte beruhigen Sie sich!

Woitenko schluchzt.

Kulturabteilungsleiter Geben Sie Ihre Liste her!

Woitenko *unter stürmischem Schluchzen* Ich werde mich über Sie beschweren bei der Kontrollkommission.

Kulturabteilungsleiter *gekränkt* Bitte sehr, von mir aus gleich bei der Allrussischen. Sie können mich nicht erschrecken!

Woitenko Dann schreibe ich an die „Gudok"! Wie Sie hier …

Kulturabteilungsleiter *totenbleich* Verzeihung … Hä-hä. Warum denn das? Äh … Beeilung. Afanassi! Ein Glas Wasser für die geborene Manko. Nehmen Sie bitte Platz. Hä-hä. Sie sind mir energisch! Sofort … Frrr! Frrr! „Gudok"! Afanassi, lauf zu Maria Iwanowna und sag ihr, ich brauch die Liste. Und wenn sie sie vom Meeresgrund holen muß. Hä-hä. Wissen Sie, die Papiere sind mein Untergang. Mir schwirrt der Kopf.

Woitenko wird trocken, wischt die Augen mit einem Tüchlein.

Bote *kommt herein* Gefunden. *Gibt ihm ein Papier.*

Kulturabteilungsleiter *triumphierend* Na sehen Sie, gefunden. Hä-hä. Und Sie weinen … „Gudok"! Da wollen wir gleich die Entscheidung draufschreiben … Ein Kratz mit der Feder, und fertig. Das Geld wird ausgezahlt.

Woitenko *ganz trocken* Ich hatte schon die Hoffnung aufgegeben!

Kulturabteilungsleiter Ich bitte Sie! Die darf man nie aufgeben! Hier mit dem Entscheid geradeaus, dann nach rechts, noch mal nach rechts, dann links, da legen Sie sie vor.

Woitenko *strahlt* Danke, danke!

Kulturabteilungsleiter Ich bitte Sie, erbarmen Sie sich, es ist ja meine Pflicht! Und mit der „Gudok", wissen Sie, das taugt nichts. Man soll ja nicht die Tatsachen aufbauschen. Afanassi! Begleite sie! *Lächelt freundlich.*

Vorhang

1924

Serie Null Sechs Nr. 066 024 3

Eine wahre Begebenheit

Erzählung

Um vier Uhr nachmittags trat der Angestellte Joshikow vor den Kassierer und bekam von ihm einen nagelneuen knisternden Zehnrubelschein, einen zerknitterten Zehnrubelschein mit einem gelben Fleck, sechs prächtige bunte Geldscheine und ein blaugraues Papier größeren Formats.

„Eine Obligation", sagte der Kassierer und lächelte zärtlich.

Joshikow fuhr verächtlich mit der Nase über das Papier und steckte es in die Tasche.

Im Büro stand Joshikows Kollege Petuchow, ein bekannter Mathematiker, Philosoph und Dummkopf.

Er schwenkte eine Obligation und sprach zu den anderen Angestellten, die ihn umdrängten:

„Nach der Wahrscheinlichkeitstheorie fällt der Hauptgewinn auf eine ungerade Zahl. Ich sage das auf der Grundlage des Studiums der Tabellen der beiden letzten Auslosungen. Darum habe ich mir vom Kassierer eine ungerade Zahl geben lassen. Da: sie endet auf 827."

Sämtliche Angestellten sahen nach ihrer Zahl. Zwei von ihnen hielten es nicht aus und rannten zum Kassierer, um ihre geraden Zahlen in ungerade umzutauschen.

Petuchow sprach mit solcher Überzeugung, daß er sogar Joshikow hypnotisierte.

Joshikow holte seine Obligation hervor und überzeugte sich, daß er kein Glück gehabt hatte. Serie 06, Nr. 066 024 3.

Ewig hab ich Pech, dachte er und ging zum Kassierer.

Der Kassierer sagte, er habe keine Obligationen mehr.

„Erlauben Sie mal, und die Serie?" fragte Joshikow.

„Die Serie läßt sich nicht vor der fünften Auslosung voraussagen, das heißt, 1924", antwortete Petuchow, „aber annähernd kann ich sagen, es wird" (er stellte mit Bleistift auf dem Umschlag seines Ausweises eine Berechnung an) „ent-

weder die dritte oder die fünfte oder am wahrscheinlichsten unsere sechste sein."
„Dann fahre ich nach Paris", sagte die Stenotypistin.
„Ich verkaufe sie jetzt", sagte der Säufer.
„Das sollten Sie nicht tun", riet der Kassierer, „morgen ist die Auslosung. Deponieren Sie sie lieber in der Bank. Vielleicht gewinnen Sie!"
Auf der Straße war Joshikow erfüllt von Gedanken an die Goldanleihe. Von allen Wänden blickten Plakate mit der Aufschrift „Goldanleihe" und zogen die Blicke auf sich.
„Jeder hat die Möglichkeit, eine große Summe in Gold zu gewinnen", wiederholte Joshikow mechanisch. „Jeder. Hm. Warum sollte ich eigentlich nicht gewinnen? Ich bin genauso jeder wie jeder andere. Ich stell mir vor, ein kleines Kind greift in die Trommel und zieht die 06. Und danach die 0660. Sehr schön. Na, und wenn es danach zufällig die 243 zieht? Ich sage euch, das wäre ein Ding, das wäre ein Ding ... Völlig unbeschreiblich."
Am 30. abends kaufte Joshikow die „Wetschernjaja Moskwa" und überzeugte sich, daß er noch nichts gewonnen hatte. Das Kind hatte einen solchen Mist gezogen, daß keine Ähnlichkeit mit der 660 oder mit der 243 bestand.
Am 2. Januar blamierte sich das Kind wieder.
Am 3. auch. Die nächstgelegene Zahl war die 066 028 0.
Am 4. erfuhr Joshikow aus der „Iswestija", daß die Auslosung der Hauptgewinne stattfinden sollte. Er wollte ins Neue Theater fahren, schlief aber statt dessen auf seinem Sofa ein.
Er erwachte von einem Klopfen an der Tür. Auf seinen Ruf „Herein" erschien ein unbekannter munterer Mensch mit einem großen Blatt Papier in der Hand.
Nach einem Blick auf den zerrauften Joshikow schlug der Mensch die Hände zusammen und rief:
„Wie findet man denn das? Er schläft auf dem Sofa wie ein unschuldiger Säugling, während er doch einen richtigen Foxtrott tanzen müßte! Darf ich mich vorstellen: Ilja Semjonowitsch, Kommissionär."

„Was kann ich für Sie tun?“ stammelte Joshikow verdutzt.
Der exzentrische Besucher brach in fröhliches Gelächter aus.
„Nein, dieser Bürger Joshikow ist wirklich ein Original. Er fragt, was er für mich tun kann. Na? Ihm kommt gar nicht in den Sinn, was ich für ihn tun kann! Nun, ich will es ihm sagen – dies!“
Damit entfaltete Ilja Semjonowitsch vor Joshikow das Blatt, eine Nummer der „Iswestija“. Und nun tanzte das Zimmer um Joshikow herum. Er sah große rote Buchstaben und Zahlen: „Der Gewinn von 50 000 Rubel in Gold fällt auf die Serie 06, Nr. 066 024 3.“
„Was?“ sagte er und spürte, wie sich in seinem Kopf das Unterste zuoberst kehrte. „Was? Das ist ja …“ Aus seinem Hals drang statt der Stimme eine Art Knarren. „Das ist ja meine Nummer!“
„Sag ich denn, es wäre meine?“ antwortete Ilja Semjonowitsch freudig. „Erlauben Sie mir, Sie zu küssen, mein lieber Bürger Joshikow.“
Mit diesen Worten nahm er Joshikow in die Arme und küßte ihn nacheinander auf beide Wangen.
„Das Kind …“, sagte Joshikow ganz außer sich.
„Kein Kind“, antwortete Ilja energisch. „Erlauben Sie mir die Frage, mein hochgeschätzter Bürger Joshikow, was Sie sich wünschen.“
Aber Joshikow, der erschöpft aufs Sofa gesunken war, wünschte sich nichts. Er schwieg und wollte nur das eine – daß das Drehen in seinem Kopf wieder aufhörte.
Die Fähigkeit, sich etwas zu wünschen, kehrte erst zu ihm zurück, nachdem Ilja ihn mit Wasser besprengt hatte.
Da öffnete Joshikow den Mund und sagte heiser:
„Ich wünsche, Madame Muchina zu heiraten, aber sie will nicht.“
„Sie will nicht?“ schrie Ilja. „Nein, Sie machen mich fertig, mein lieber Joshikow. Ich möchte mal die dumme Gans sehen, die nicht bereit wäre, einen Mann zu heiraten, der fünfzigtausend in reinem Gold gewonnen hat. Beruhigen Sie sich, sie ist schon da, und sie will!“

Ilja Semjonowitsch holte aus der Diele Madame Muchina herein. Madame Muchina lächelte schüchtern, rückte die purpurne Rose in ihrer Frisur zurecht und sagte:
„Ich habe Sie immer geliebt, Jean."
Die Ereignisse überstürzten sich in einem süßen Nebel. Joshikow saß auf dem Sofa, küßte Madame Muchina und legte Ilja seine Wünsche dar. Er wünschte sich eine goldene Uhr, eine Krimreise, violette Unterhosen, körnigen Kaviar, einen Besuch der Oper „Aida", eine Büste von Lew Tolstoi, einen Teppich, ein Jagdgewehr, drei Zimmer mit Küche, ein Automobil ...
Wie ein Zauberer beschaffte Ilja das alles. Im Verlauf eines Augenblicks besuchte Joshikow die Krim, hatte eine goldene Uhr in der Tasche, saß in der Loge des Bolschoi-Theaters, fuhr mit einem stinkenden Taxi über den Strastnaja-Platz und kaufte Madame Muchina auf dem Sucharjowka-Markt einen Zobelpelz.
Joshikows Leben wurde zu einem schwindelnden Wirbel, und er wußte nur noch zwei Dinge – die Nummer seines Bankkontos und ... daß er nicht einen Moment nüchtern war.
So ging das einen Monat lang weiter, und zum Schluß kam es zu einem Skandal.
Es erschien einer mit dem Abzeichen der Luftflotte an der Brust und sagte höflich:
„Joshikow, du bist doch eigentlich ein Schwein. Fünfzigtausend sind dir auf den Kopf gefallen, da könntest du ja wenigstens eine Kopeke für die Luftflotte spenden."
Gewissensbisse nagten an Joshikow.
„Wenn's so ist, spende ich zwanzigtausend. Einen ganzen Aeroplan", schrie Joshikow. „Aber unter einer Bedingung: Er soll den Namen bekommen ‚Nr. 066 024 3 – Bürger Fokker-Joshikow'."
„Gern." Der Luftflottenmann lächelte nachsichtig.
Aber da kam Madame Muchina angesprungen und machte alles zunichte.
„Du bist ja wohl verblödet, du Idiot", schrie sie. „Zwanzigtausend! Nur über meine Leiche."

„Das ist mein Geld!“ brüllte Joshikow und lief rot an. „Verschwinde!“
Von seinem eigenen Gebrüll erwachte Joshikow auf dem Sofa und sah, da war nichts: kein Ilja Semjonowitsch, keine Lew-Tolstoi-Büste, keine Madame Muchina.
Am letzten Tag der Auslosung kam Joshikow zur Arbeit und posaunte schleunigst aus:
„Stellt euch vor, ich habe geträumt, ich hätte fünfzigtausend gewonnen.“
„Ihre Nummer kann nicht gewinnen“, sagte Petuchow überzeugt, „eine ungerade Nummer gewinnt, die auf 5 oder auf 7 oder wenigstens auf 3 endet.“
Pünktlich um vier wurde die „Wetschernjaja Moskwa“ ins Büro gebracht.
Joshikow schlug sie erregt auf und blickte herzklopfend auf die vierte Seite. Ein säuerliches Lächeln lief über sein Gesicht.
Fünfzigtausend – andere Serie.
Zwanzigtausend – andere Nummer.
Zehntausend.
Fünftausend.
„Hä-hä“, seufzte Joshikow und überflog mechanisch die Gewinnertabelle für die fünfhundert Rubel in Gold.
Und da sah er als erstes die 06. Dann sah er die 066 und wurde blaß wie Zahnpulver. Das Ende der Nummer war 43, und in der Mitte entdeckte er wie durch Nebel die 02.
Joshikow verließ seinen Arbeitsplatz auf ungewöhnliche Weise. Die Treppe herab folgte ihm das ganze Büro nebst unrasierten Männern aus dem zweiten Stock, die mit Fingern auf ihn zeigten, Boten und Papirossaverkäufern. Von beiden Seiten stützten ihn zwei Stenotypistinnen an den Armen.
Joshikow sagte geschwächt:
„Vielleicht ist es ein Druckfehler. Ich kaufe mir ein Zimmer.“
Einzeln ging traurig und schweigsam Petuchow. Seine Nummer wich von der Joshikows nur um eine Zahl ab. Fürs Le-

ben hatte er seinen Spitznamen weg: „Wahrscheinlichkeitstheorie".
Wenn jemand glaubt, ich hätte mir diese Geschichte ausgedacht, soll er sich die Gewinnertabelle für fünfhundert Rubel in Gold ansehen.

1924

Theater in Petuschki

1
Der Mann, der das Theater haßte

Er trug eine dunkle Wattejacke, Hose und Stiefel. Ein gewöhnlicher Schnauzer, ein Kinnbart, eine mittelmäßige Nase. Aber der Mann hatte ein besonderes Kennzeichen – er haßte das Theater. Sein Haß fand täglich neue Nahrung und wuchs sich schließlich zu einer bösen Furie aus, die ihn restlos verschlang – er begann argwöhnisch zu husten, und auf seine Wangen trat fleckige Röte. Das Theater stand da, zwei Schritte entfernt, auf der Station Petuschki, wo der Mann als Streckenmeister diente (ich sage „diente", denn vielleicht haben sie ihn schon umgebracht).

2
Das unheildrohende Papier

Eines Tages bekam der Mann ein geheimnisvolles Papier und steckte die Nase hinein. Nachdem er es gelesen hatte, lief er vor Freude rot an. Seine Augen strahlten wie Sterne.
„Na schön ... na schön ... na schön ...", murmelte er, „na schön, ich zäune dich ein. Ich zäune dich ein! Und wie ich dich einzäune ..." Er holte tief Luft in seine erschöpfte Brust und blaffte: „He!"
Vor dem Mann erschienen Arbeiter. Was für Anordnungen

er den wackeren Werktätigen erteilte, ist nicht bekannt (sie können nichts dafür, ich wiederhole es tausendmal). Bekannt ist aber, daß gegen Abend rund um das Theater Pfähle eingerammt wurden. Viele sahen diese Pfähle, aber da niemandem ein Verdacht hinsichtlich des höllischen Plans dieses Mannes kommen konnte, achtete niemand sonderlich auf die Pfähle.
„Schon wieder hat sich unser Streckenmeister irgendeinen Quatsch ausgedacht", sagten manche und entfernten sich.

3
Stacheldraht

Leider sah niemand, wie er kam, denn alle waren, wie es sich gehört, auf Arbeit. Die wackeren Werktätigen schleppten gewaltige Rollen Stacheldraht herbei, wickelten sie ab und spannten den Draht an den Pfählen rund um das Theater. Sie meinen, das wäre in aller Eile geschehen? Flüchtig? Sie irren. Es wurde ein mächtiger Drahtverhau wie vor einem Schützengraben, in dem die besten Regimenter hängenbleiben konnten. Nur ein Schlupfloch blieb, und das war zwei Meter breit.

4
Theater in Petuschki

Und nun, liebe Bürger, sollte am Abend eine Theateraufführung stattfinden. Das wußten alle, aber vom Stacheldraht rund um das Theater wußte niemand. In der Dämmerung strömten fröhlich lächelnde Eisenbahner mit ihren Familien zum Theater.
Und dann erhob sich ein Geheul über Petuschki! Stöhnen und Zähneknirschen! Der beste und dauerhafteste Stoff, auf Arbeiterkredit erworben, zerriß wie Zigarettenpapier. Eine Berührung der verdammten Absperrung reichte aus, um Hosen in Fetzen zu verwandeln.

Die Streitmacht der Eisenbahner bestürmte den Streitverhau und ließ Röcke, Blusen, Mantelfetzen und fette Bäusche Futterwatte darauf zurück. Zerfetzt gelangte die Streitmacht ins Theater, ließ Bluttropfen fallen und schmähte den Streckenmeister mit Wörtern, die man nicht in der Zeitung drukken darf.

5
Feuer!

Sagen wir mal theoretisch: Kann im Theater von Petuschki Feuer ausbrechen? Antworten Sie: Kann es ausbrechen oder nicht?
„Es kann. Dagegen ist kein Theater gefeit."
„Nun, können Sie sich vorstellen, was in einem Theater passiert, das außen dicht mit Stacheldraht umwickelt ist? Eben."
Telegramm an den Streckenmeister in Petuschki:
Beseitigen Sie den Draht, zum Teufel damit.

1924

Stunden des Lebens und des Todes
Nach der Natur

Im Hause der Sowjets, im Säulensaal, steht der Sarg mit dem Leichnam Lenins. Rund um die Uhr, Tag und Nacht auf dem Platz gewaltige Menschenmassen, die, in Reihen geordnet – endlose Bänder, die sich in den Seitenstraßen und -gassen verlieren –, in den Säulensaal strömen. Das werktätige Moskau verneigt sich vor den sterblichen Überresten des großen Iljitsch.

Der Pfeil der Leuchtuhr erreichte zitternd die Fünf. Dann lief er unentwegt weiter, denn die Uhr bleibt niemals stehen.

Wie immer senkte sich ab fünf Dämmerung über Moskau. Grimmiger Frost. Auf dem Platz vor dem weißen Haus zog eine Schwadron auf.
„He, runter von der Weiche!"
Der Weichenwärter hatte auf der Kreuzung mit seiner obligaten Stange zu tun, er trug einen Bojarenpelz, der Schnurrbart war silbern. Die Straßenbahn schob sich knirschend in die Menge. Die Autos schalteten die Lichter ein und brüllten.
„He, aufgepaßt!"
Die Schwadron ritt prasselnd vorüber. Die Helme waren festgeschnallt, die Pferde in Reif gehüllt.
Im frostigen Dunst tanzten Lichter, Straßenbahnfenster. Auf der Linie wuchs im Nu eine schwarze Schlange aus der Erde. Menschen liefen, liefen nach verschiedenen Seiten, sahen aber die Reiter und wußten, gleich würde man sie einlassen. Eins, zwei, drei ... hundert, tausend!
„Runter von der Weiche!"
„Achtung, Straßenbahn! Ein Auto – aufgepaßt!"
„Ordnung halten, Genossen, Ordnung halten! He, wohin?"
„Brüder, um Christi willen, laßt mich in die Schlange, ich will Abschied nehmen!"
„Zu spät, Tante. Tante! Wohin?"
„In die Schlange! In die Schlange!"
„Du lieber Gott, die reicht doch bis in die Dmitrowka!"
„Wo soll ich denn hin, ich armes Wesen? Vielleicht in der Erde versinken?"
Das abgetragene Mäntelchen hüpft, flattert, aber die gigantischen Milizpferde sind im Weg. Wo soll die arme Frau hin? Versink in der Erde, Frau ... Rote Tschakos, die Pferde tänzeln. Die Schlange, eine tausendgliedrige Kette, reicht bis zur Paraskewa Pjatniza, sie schweigt, aber sie rückt vor! Ach, bald sind wir da!
„Ihr Lieben, laßt keinen rein außer der Reihe!"
„Ordnung halten, Bürger."
„Wir müssen alle sterben."
„Überleg dir, was du redest. Wollen mal sagen, wenn du tot

bist, was macht das schon? Sag mir, Bürger, was macht das schon?"
„Werden Sie nicht ausfallend!"
„Ich werde nicht ausfallend, ich will dir was klarmachen. Ein großer Mann ist gestorben, also sei still. Sei still und überleg dir im Kopf, was geschehen ist."
„Wohin? He! He!"
„Kompanie, halt!"
Näher, näher, näher ... Knirsch, knirsch. Halt. Knirsch ... Knirsch ... Stop ... Die Tür. Du liebes bißchen, der Fluß strömt!
„In Dreierreihe, Genossen!"
„Hinauf! Hinauf!"
„Die Lichter, die vielen Lichter! Die Posten wie aus Stein längs der Wände. Die Wände weiß, an den Wänden Lichtertrauben. Auf dem Ochotny Rjad ist der Fluß geboren, und er strömt trampelnd über den roten Teppich."
„Sei still, du. Pst ..."
„Sie haben die Mützen abgenommen, sie gehen? Nein, sie gehen nicht, Brüder, da fließt ein Fluß von einer Million."
Auf den Teppich legt sich Schnee.
In das Meer aus weißem Licht strömt der Fluß.

In dem Sarg auf dem roten Postament liegt ein Mensch. Er ist wächsern gelb, und die Stirn des kahlen Kopfs ist scharf gebuckelt. Er schweigt, aber sein Gesicht ist weise, wichtig und ruhig. Er ist tot. Er hat ein graues Jackett an, darauf ein roter Fleck, der Bannerorden. Die Banner an den Wänden des weißen Saals sehen aus wie ein Schachbrettmuster – schwarz, rot, schwarz, rot. Ein gigantischer Orden, eine strahlende Rosette in Lichtertrauben, und mittendrin liegt auf dem Postament der vom Tod zu ewigem Schweigen verurteilte Mensch.
So wie er mit seinem Wort die unsterblichen Helme der Posten zu Wort und Tat anspornte, so tötet er jetzt mit seinem Schweigen die Posten und den Strom derer, die zum letzten Abschied kommen.

Die Posten schweigen, Gewehr bei Fuß, und schweigend strömt der Fluß.
Alles klar. Zu diesem Sarg werden sie in Moskau vier Tage lang durch den grimmigen Frost gehen und später jahrhundertelang über die fernen Karawanenwege der gelben Wüsten des Erdballs, da, wo einst, bei der Geburt der Menschheit, über seiner Wiege der ewige Stern dahinzog.

Der Fluß strömt und strömt davon. Weiße Säle, roter Teppich, Lichter. Rotarmisten stehen da, blicken ernst.
„Lisa, nicht weinen. Nicht weinen ... Lisa ..."
„Wasser, gebt ihr Wasser!"
„Laßt den Sanitäter durch, Genossen!"
Frost. Frost. Bedeckt euch, Brüder. Draußen ist es grimmig kalt.
„Liebe Leute, wie komm ich rein?"
„Hier nicht!"
„Ordnung halten, Bürger!"
„Nur Ausgang. Nur Ausgang!"
„Lieber Genosse, in der Dmitrowka steht eine Million Menschen! So lange kann ich nicht warten, da erfrier ich, laßt mich rein, ja?"
„Ich kann nicht. In die Schlange!"
Die Lichter der fahrenden Autos sind wie Explosionen. Sie schlagen ins Gesicht, erlöschen wieder.
„Geht! He! Aufgepaßt! Das Auto überfährt dich! Paß auf!"
Die Uhr leuchtet.

1924

Eine elektrische Vorlesung

Die Wissenschaft nährt junge Leute, den Alten gibt sie Freud und Trost. Die Wissenschaft verkürzt das Leben, das ohnehin kurz ist.

Im Korridor des Rjasaner Bautechnikums für Verkehrswesen schrillte die Klingel. Der Klassenraum füllte sich mit Schülern, die erhitzte rote Gesichter hatten und schwer, pfeifend atmeten.

Die Tür ging auf, und ans Katheder trat der sehr geehrte Professor für Elektrotechnik, der zugleich Leiter der Werkstatt war.

„Ruhe", sagte der elektrische Professor und blickte streng in die roten Gesichter seiner Hörer. „Warum seht ihr so aus, so unordentlich?"

„Den Ventilator für den Schmiedeherd haben wir gekurbelt!" riefen hundert Stimmen im Chor.

„Aha, und warum ist Kolessajew nicht zu sehen?"

„Der ist gestern gestorben", antwortete ein Chor wie in der Oper im Baß.

„Hat sich totgekurbelt!" antwortete ein Chor von Tenören.

„Soso. Nun, Gott schenke ihm das Himmelreich. Wenn er gestorben ist, kann man nichts machen. Ihn wiederzuerwekken liegt nicht in meiner Macht. Richtig?"

„Rrrichtig!" donnerte der Chor.

„Brüllt nicht so", empfahl der Gelehrte. „Wo waren wir letztes Mal stehengeblieben?"

„Was Elektrizität ist!" antwortete die Klasse.

„Richtig. Nun, wir machen weiter. Nehmt die Hefte und schreibt mit."

Wie Blätter im Wald raschelten die Hefte, und hundert Bleistifte strichelten übers Papier.

„Bevor ich euch sage, was Elektrizität ist", tönte es vom Katheder, „erzähl ich euch … äh … vom Dampf. Wirklich, was ist das, Dampf? Jeder Dummkopf hat schon den Teekessel auf dem Herd gesehen. Habt ihr?"

„Wir haben!" antworteten die Schüler wie ein Orkan.
„Brüllt nicht so. Also, nämlich ... von außen scheint es, das wäre ganz einfach, jede Frau könnte Wasser zum Kochen bringen, doch in Wirklichkeit ist es nicht so ... Ich sage euch, so ist es keineswegs ... Könnte die Frau eine Lokomotive in Gang setzen? frag ich euch. Nein, meine Lieben, eine Frau kann eine Lokomotive nicht in Gang setzen. Erstens ist das nicht Frauensache, und drittens, ein Teekessel, das ist Quatsch, der Dampf in der Lokomotive ist von ganz anderer Sorte. Dieser Dampf steht unter Druck, denn unter dem erwähnten Druck geht der Dampf aus dem Kessel, drückt auf die Räder und setzt sie in ewige Bewegung, genannt Perpetuum mobile."
„Was ist ein Perpetuum?" fragte der Schüler Kurjakowski.
„Unterbrich mich nicht. Ich erklär's ja. Perpetuum, das ist ein Ding, meine Lieben, ohoho! Wollen mal sagen, am Morgen steigst du in Moskau auf dem Brjansker Bahnhof ein, ein Pfiff, und es geht los, und du guckst, und schon vierundzwanzig Stunden später bist du in Kiew, das ist eine ganz andere Sowjetrepublik, die sogenannte Ukraine, und all das wegen der Dampfkonzentration im Kessel, die über Hebel, die sogenannten Kolben, zu den Rädern geht nach dem Gesetz des ewigen Perpetuums, das von dem bekannten Dampfgelehrten One Step im achtzehnten Jahrhundert vor Christus entdeckt wurde, als er den Teekessel auf einem ganz gewöhnlichen Herd sah, in England war das, in der Stadt London ..."
„Uns haben Sie gestern in Mechanik gesagt, vor Christi Geburt gab's noch keinen Herd", piepste eine Stimme.
„England gab's auch noch nicht", brummte ein anderer.
„Christi Geburt gab's auch noch nicht!"
„Hohoho! Ho!" lärmte die Klasse.
„Ruhe!" donnerte der Lehrer. „Charjusin, verlasse die Klasse! Aufwiegler! Raus!"
„Raus, Charjusin!" heulte die Klasse.
Charjusin, der heftig schluchzte, stand auf und sagte:
„Entschuldigen Sie, Genosse Lehrer, ich tu's nie wieder!"

„Raus!" wiederholte der Professor gnadenlos. „Ich werde dich dem Lehrerrat melden, dann fliegst du binnen vierundzwanzig Stunden raus!"
„Mit dem Perpetuum fliegst du raus, hurra!" bestätigte die Klasse aufgewühlt.
Da verfiel Charjusin in verzweifelte Frechheit.
„Wenn ich sowieso erledigt bin", rief er verwegen, „dann pack ich auch aus! In mir kocht's schon!"
„Pack aus, Charjusin!" antwortete der Chor, der sich auf die Seite des Unterdrückten schlug.
„Sie haben ja nicht die geringste Ahnung", nörgelte Charjusin den Professor an, „weder vom Perpetuum noch von Elektrotechnik und auch nicht vom Dampf. Alles Quatsch, was Sie reden!"
„Ohoho!" sang die Klasse interessiert.
„Ich? Was hast du gesagt? Ich hätte keine Ahnung?" rief der Professor verblüfft und lief rot an. „Das wirst du mir verantworten! Das wird dir noch leid tun, Charjusin!"
„Ich fürchte nichts als Gott allein!" antwortete Charjusin in Ekstase. „Ich habe nichts zu verlieren außer meinen Ketten! Du willst mich rausschmeißen? Mach das! Sauf mein Blut für Mütterchen Wahrheit!"
„Recht so! Gib's ihm, Charjusin!" lärmte die Klasse. „Leide für die Wahrheit!"
„Ich werde leiden", stieß Charjusin aus, „Sie verkleistern einem das Gehirn! Sie reden Stuß! Sie können nicht mal einen Motor in den Ventilator einsetzen!"
„Rrrrichtig", tobte die Klasse begeistert. „Wir haben genug vom Kurbeln! Christi Geburt gab's noch nicht. One Step gab's gar nicht! Du alter Satan hast keine Ahnung!"
„Das ... eine Meuterei", knirschte der Professor, „eine Verschwörung! Ich werde ... ihr werdet ..."
„Schlagt ihn!" donnerte die Klasse.
Im Korridor schrillte die Klingel, und der Professor stürzte hinaus, verfolgt von den Räuberpfiffen der hundertstimmigen Klasse.

1924

Ein Warenhaus auf Rädern

Die gewöhnlich stille Station „Tausend Scherben“ der sowjetischen Bahnstrecke XY wimmelte wie ein Ameisenhaufen, in den ein Knabe einen Stock gestoßen hat. Eisenbahner drängten sich vor einem gewaltigen Fragezeichen auf einem weißen Plakat. Darunter stand zu lesen:

Er kommt!!!

„Wer kommt?“ fragten erschöpft die Eisenbahner, die aufeinander kletterten.

„Der Verkaufswaggon vom Konsum“, antwortete das Plakat.

„Oho, prima!“ lärmten die Eisenbahner.

Tags darauf kam er.

Er war ein langgestreckter Verkaufswaggon, gesprenkelt mit Losungen, Sprüchen und Aufschriften:

Nirgends als in unserm Warenhaus!

Sonja, Mascha und Natascha, hierher eure Einkaufstasche!

Eisenbahner! Warum läßt du dich im Laden der Privatspinne aussaugen, wenn du bei uns einkaufen kannst?

„Hihi, prima!“ riefen die Eisenbahner begeistert. „Die Spinne, das ist unser Mitrofan Iwanowitsch.“

Die Stationsspinne Mitrofan Iwanowitsch äugte finster aus ihrem Lädchen.

Die Verkehrskooperierung will durch Normalisierung, Standardisierung und Inventarisierung Hilfe bringen für die Meliorisierung, Elektrifizierung und Mechanisierung.

Diese Losung gefiel den Weichenstellern am besten.

„Man kapiert nicht die Bohne“, sagte der rotbärtige Gussew, „aber du merkst, ein kluges Ding.“

„Jeder, der mit seinem Dokument beweist, daß er Mitglied ist, bekommt 83,5 Prozent Rabatt. Nichtmitglieder bekommen den gleichen Rabatt!“

In der Kasse für gegenseitige Hilfe herrschte starker Andrang. Die Eisenbahner standen Schlange und nahmen Kredit auf.

Gegen Mittag begann der umdrängte fahrende Konsumladen mit dem Verkauf.
Drei Verkäufer schlängelten sich herum, die Kassiererin rief: „Kein Wechselgeld!", und das Stationsvolk stürmte los.
„Bitte drei Pfund Wurst, ich bin verrückt nach Wurst. Bei der Spinne Mitrofan Iwanowitsch ist sie vergammelt."
„Wurst haben wir nicht. Ausverkauft. Statt dessen kann ich marinierten Hummer anbieten."
„Hummer? Wie teuer?"
„Drei fünfzig."
„Drei was?"
„Was schon, Rubel."
„Im Glas?"
„Ja, im Glas."
„Und der Rabatt? Ich bin Mitglied."
„Ich seh schon. Mit Rabatt drei fünfzig, sonst sechs zwanzig."
„Und warum stinkt er?"
„Kommt vom Ausland."
„Nicht so drängen!"
„Riemen haben wir grade nicht, statt dessen kann ich Patenthosenträger ‚Duplex' aus London anbieten, mit automatischen Knöpfen ‚Pli'. 7 Rubel 25. Wer gleich ein Dutzend kauft, kriegt 15 % zusätzlichen Rabatt. Verzeihung, Bürger, er wird an der Taille festgemacht."
„Mein Gott, gerissen!"
„Zahlen Sie an der Kasse 7 Rubel 25."
„Baumwolle haben wir nicht, Mademoiselle. Wir haben Gardinenstoff aus Lyon, großgeblümt. Unersetzlich zum Möbelbeziehen."
„Hihi. Wir haben ja gar keine Möbel."
„Schade. Ich kann Ihnen komfortable Klappstühle für Picknicks anbieten."
„Was möchten Sie, Madame?"
„Ich bin keine Madame", antwortete Gussew verdutzt und strich sich den Bart.
„Pardon, was möchten Sie?"
„Ich such Baumwolle als Geschenk für meine Alte."

„Mille pardons, Baumwolle ist ausverkauft. Als Geschenk für Ihre geehrte Gattin kann ich ein Pariser Korsett aus Seide auf Walbarten anbieten."
„Wo sind denn die Ärmel?"
„Verzeihung, Ärmel sind nicht vorgesehen. Wenn Sie Ärmel brauchen, nehmen Sie einen Pyjama. Unentbehrlich auf Seereisen."
„Wir reisen nicht auf Seen. Nein, dann schon lieber das Korsettchen. Das ist ein dauerhaftes Ding."
„Keine Bange, sogar kugelsicher. Welche Größe hat Ihre Gattin?"
„Bei uns geht das nach hinkucken, nicht nach Nummern", antwortete Gussew verschämt, „klar, wir sind rückständig."
„Pardon, dann nach Augenmaß. Kann man sie mit dem Arm umfassen?"
Gussew überlegte.
„Das geht nicht. Mit zwei Armen, wenn sie lang sind."
„Hm. Ziemlich groß. Ihre Gattin benötigt eine Diät. Wir können Ihnen die Nr. 130 anbieten, die ist speziell für Dicke."
„Gut", sagte Gussew nachgiebig.
„11 Rubel 27. Was noch?"
Gussew erwarb noch einen Rasierspiegel „Jockey-Club", der auf der einen Seite vergrößerte und auf der anderen verkleinerte. Er bat um Seife, da boten sie ihm russischen Schweizerkäse an. Gussew verzichtete in Ermangelung von Mitteln, dann stärkte er sich bei Mitrofan Iwanowitsch mit Selbstgebranntem und trat vor seine Gattin.
„Was hast du gekauft, du Säufer? Zeig her", sagte Gussews Gattin.
„Weißt du, Mascha, das Sortiment in dem Laden kommt vom Ausland, nicht die Bohne zu kriegen", erklärte Gussew und öffnete sein Bündel. „Sie sagen, für Dicke wie dich Nr. 130."
„Ach, diese Frechlinge!" Die Gattin schlug die Hände zusammen. „Die haben wohl bei mir nachgemessen? Und du bist auch gut, so was von deiner Frau zu sagen!"

Sie warf einen Blick in den Spiegel und ächzte auf. Aus dem runden Glas guckte eine gewaltige Physiognomie mit Hängebacken und bindfadendicken Haaren.
Die Gattin drehte den Spiegel um und sah ihren Kopf so klein wie ein Tintenfaß.
„So seh ich aus? Und dann Nr. 130?" fragte die Gattin und lief rot an.
„Dick bist du, Mascha", piepste Gussew und ging in die Hocke, konnte sich aber nicht mehr decken. Die Gattin holte mit dem Korsett aus und hieb es ihm über den Kopf, daß die Seide platzte und eine Walbarte ihm übers Auge fuhr.
Gleich darauf saß Gussew breitbeinig vor seiner Wohnungstür und blickte mit geschwollenem Auge dem Zug nach, der den fahrenden Konsumwagen davonzog.
Gussew drohte ihm mit der Faust.
Er stand auf und ging zu Mitrofan Iwanowitsch.

1924

Aufklärung mit Blutvergießen

Gewidmet dem Leiter der Eisenbahnerschule der Station Agrys, Strecke Moskau – Kasan

Aufklärung ist gut, aber möglichst ohne Blutvergießen!

M. J. Saltykow-Stschedrin

Stiefel polterten die Treppe hinunter, und die Putzfrau der Schule, Fetinja, nahm sich nicht in acht, die arme Alte! Wankas Kopf kam die Treppe heruntergerast und prallte von hinten gegen die arme Alte. Sie setzte sich auf den Fußboden, und der Wassereimer kippte um.
„Krepieren sollst du!" wimmerte die Alte. „Bist du wahnsinnig, du verdammter Kerl?"
„Hier kannst du wahnsinnig werden", antwortete Wan-

ka keuchend. „Ich bin mühsam entwischt! Steh auf, Alte."
„Was denn, er selbst?"
„Da, hörst du?"
Aus der Schule drang ein Gebrüll, als ob ein Tiger meuterte:
„Her mit der Kanaille! Her mit ihm, ich stech ihn ab wie ein Huhn! Ha!"
„Meint er dich?"
„Klar", antwortete Wanka und wischte sich den Schweiß ab, „ich hab die Tafel in der zweiten Klasse nicht abgewischt."
„Her mit dem Wächter Wanka, tot oder lebendig!" dröhnte das Schulgebäude. „Ich mach Hackfleisch aus ihm!"
„Wanka! Wanka! Wanka! Zum Leiter!" heulten Schülerstimmen.
„Den Teufel werd ich tun und hingehn!" krächzte Wanka und flitzte über den Hof. Im Nu war er über die Leiter auf dem Heuboden und verschwand im Dachfenster.
Das Gebäude wurde für einen Moment still, dann brüllte wieder der Räuberbaß:
„Den Geographielehrer zu mir!"
„Mir! Miiir!" donnerte das Echo im Gebäude.
„Der Geographielehrer ist reingefallen", piepste begeistert ein Diskant im Korridor.
Der Geographielehrer, bleich wie der Tod, stürmte ins physikalisch-geographische Kabinett und erstarrte.
„Was hat das zu bedeuten?" fragte ihn der Leiter mit einer Stimme, daß dem unglücklichen Erforscher des Erdballs die Beine einknickten.
„Eine Karte der RSFSR", antwortete der Geograph mit flatternden Lippen.
„Mund halten!" brüllte der Leiter und tanzte mit stampfenden Füßen. „Mund halten, wenn der Natschalnik mit Ihnen redet! Das soll eine Karte sein? Ist das eine Karte, frage ich Sie? Warum steht sie nicht auf der Staffelei? Warum ist die Wolga so krumm? Warum heißt Leningrad nicht Petrograd? Warum ist das Schwarze Meer hellblau? Warum ist gestern

die Schlange krepiert? Wer hat Tinte ins Aquarium gekippt?"
„Das war der Schüler Fissuchin", verriet der Lehrer den Schüler. Er hat der Schlange Baldriantropfen gegeben."
Die Fensterscheiben klirrten von dem Gebrüll.
„Aha! Fissuchin! Er soll herkommen, ich will ihn vierteilen!"
„Fissuuuchin!" stöhnte das Gebäude.
„Leute, verratet mich nicht", jammerte Fissuchin, der angezogen auf der Toilette saß. „Leute, ich komm nicht raus, und wenn ihr die Tür aufbrecht ..."
„Komm raus, Fissuchin! Was willst du machen ... Komm raus! Besser du allein als wir alle", flehten die Schüler.
„Hier?" dröhnte es vor der Toilette.
„Ja", stöhnten die Schüler, „er hat sich eingeschlossen."
„So! So! Verbarrikadiert ... Aufbrechen! Die Tür aufbrechen! Hakenstangen her! Ruft den Hausmeister! Holt mir den Fissuchin aus der Toilette!"
Schreckliche Axtschläge donnerten durch das Gebäude, und als Antwort kam das dünne Geheul von Fissuchin.

1924

Der sprechende Hund

Bei der Kulturarbeit hat jeder seine eigene Methode.

Russisches Sprichwort

Mit den Zügen ist es immer so: Sie fahren und fahren und landen in einer Einöde, wo rein gar nichts ist, nur Wälder und Kulturarbeiter.
Einer dieser Züge hielt auf einer Station der Murmansker Eisenbahn und spuckte einen Mann aus. Der Mann verweilte auf der Station genauso lange wie der Zug, 3 Minuten, dann fuhr er weiter, aber die Folgen seines Besuchs waren schwerwiegend. Der Mann war auf der Station herumge-

laufen und hatte zwei Plakate angepappt: das eine an der gelblichen Wand neben der Glocke und das andere an der Tür eines sauberen Gebäudes mit der Aufschrift: Eisenbahnerklub.
Die Plakate lösten auf der Station ein babylonisches Stimmengewirr aus. Die Leute stiegen einander auf die Schulter.

> Halt, Passant! Schau her!
> Nur eine Vorstellung, dann nach Paris!
> Mit Erlaubnis des Natschalniks.
> Der berühmte Cowboy und Fakir
> JOHN PIERS
> mit seinen Weltattraktionen, als da sind: Tanz mit einem kochenden Samowar auf dem Kopf, barfuß über Glasscherben, er legt auch das Gesicht hinein.
> Außerdem wird auf Wunsch des geehrten Publikums ein lebendiger Mensch aufgegessen. Bauchredner. Abschließend der hellsehende sprechende Hund, ein Wunder des zwanzigsten Jahrhunderts.
> Hochachtungsvoll John Piers, weißer Magier.
> Für die Richtigkeit: Vorsitzender der Klubleitung.

Drei Tage später füllten den Klub, in dem sonst acht Menschen saßen, 400, von denen 350 nicht Klubmitglieder waren.
Es kamen sogar Bauern aus der Umgebung, deren keilförmige Bärte von der Galerie blickten. Der Klub summte, lachte, Stimmengewirr von oben nach unten. Wie ein Vögelchen war das Gerücht herumgeflattert, der Vorsitzende des Gewerkschaftskomitees solle lebendig verspeist werden.
Der Telegraphist Wassja setzte sich ans Klavier, und zu den Klängen der „Sehnsucht nach der Heimat“ trat der Cowboy und Magier John Piers vor das Publikum.
John Piers war ein schmächtiges Männlein in einem fleischfarbenen Trikot mit Glitzerlichtern. Er trat auf die Bühne und warf Luftküsse ins Publikum. Das Publikum antwortete mit Applaus und Gebrüll:

„Anfangen!"
John Piers wich zurück und lächelte, und schon brachte die rosige Schwägerin des Klubleiters einen kochenden bauchigen Samowar auf die Bühne. Der Leiter in der ersten Reihe lief vor Stolz puterrot an.
„Ihr Samowar, Fedossej Petrowitsch?" flüsterte das Publikum begeistert.
„Ja, meiner", antwortete Fedossej.
John Piers nahm den Samowar bei den Henkeln, setzte ihn auf ein Tablett und stellte das Ganze auf seinen Kopf.
„Maestro, bitte einen Foxtrott", sagte er mit gepreßter Stimme.
Maestro Wassja trat auf das Pedal, und der Foxtrott hüpfte über die Tasten des verstimmten Klaviers.
John Piers tanzte, die dürren Beine werfend, über die Bühne. Sein Gesicht war dunkelrot vor Anstrengung. Der Samowar polterte mit den Füßen auf dem Tablett und spuckte.
„Da capo!" dröhnte der Klub begeistert.
Dann zeigte Piers weitere Wunder. Er zog die Schuhe aus, ging über die Scherben von Stationsglas und legte auch das Gesicht hinein. Dann war Pause.
„Du sollst einen lebendigen Menschen aufessen!" heulte das Theater.
John Piers legte die Hand ans Herz und lud ein:
„Ich bitte einen Freiwilligen auf die Bühne."
Das Theater erstarrte.
„Petja, geh rauf", rief eine Stimme aus der Seitenloge.
„Schlauberger!" war die Antwort. „Geh doch selber."
„Also kein Freiwilliger?" fragte John Piers und lächelte blutgierig.
„Geld zurück!" blaffte eine Stimme von der Galerie.
„In Ermangelung eines Freiwilligen zum Aufessen fällt die Nummer aus", erklärte Piers.
„Den Hund!" dröhnte das Parterre.

Der hellsehende Hund war ein unansehnlicher Köter, eine Promenadenmischung. John Piers stand neben ihm und bat wieder:

„Ich bitte Freiwillige auf die Bühne, die sich mit dem Hund unterhalten möchten."

Der Klubleiter, der schwer atmend eine Bierfahne ausstieß, stieg auf die Bühne und blieb bei dem Hund stehen.

„Bitte Fragen zu stellen."

Der Leiter überlegte, erbleichte und fragte unter Grabesstille:

„Wie spät ist es, Hund?"

„Dreiviertel neun", antwortete der Hund und streckte die Zunge heraus.

„Das geht nicht mit rechten Dingen zu", heulte jemand auf der Galerie.

Die Bauern bekreuzigten sich, drängten aus der Galerie und fuhren nach Hause.

„Hör zu", sagte der Leiter zu John Piers, „wieviel soll der Hund kosten, mein Bester?"

„Dieser Hund ist unverkäuflich, ich muß doch bitten, Genosse", antwortete Piers. „Der Hund ist dressiert, er kann hellsehen."

„Zwanzig Rubel?" sagte der Leiter hitzig.

John Piers lehnte ab.

„Dreißig", sagte der Leiter und griff in die Tasche.

John Piers schwankte.

„Hund, möchtest du in meine Dienste treten?" fragte der Leiter.

„Ja, ich möchte", antwortete der Hund und räusperte sich.

„Fünfzig!" rief der Leiter.

John Piers ächzte und sagte:

„Nehmen Sie ihn."

Den mit Bier gelabten John Piers entführte der nächste Zug. Er entführte auch die fünfzig Rubel des Leiters.

Am nächsten Abend füllten den Klub wieder dreihundert Menschen.

Der Hund stand auf der Bühne und lächelte ein versonnenes Lächeln. Der Leiter stellte sich vor ihn und fragte:

„Na, wie gefällt es dir bei uns an der Murmansker Eisenbahn, lieber Mylord?"

Aber Mylord blieb völlig sprachlos.
Der Leiter erbleichte.
„Was ist mit dir?“ fragte er. „Bist du stumm geworden oder was?“
Aber der Köter wünschte auch darauf nicht zu antworten.
„Er redet nicht mit Dummköpfen“, sagte eine schadenfrohe Stimme auf der Galerie. Alles lachte.

Genau eine Woche später schüttete der Zug einen Mann auf die Station. Dieser Mann klebte keine Plakate, er preßte seine Aktentasche unter die Achsel, begab sich stracks zum Klub und fragte nach dem Leiter.
„Sie haben hier einen sprechenden Hund?“ erkundigte sich der Aktentaschenbesitzer bei ihm.
„Ja“, antwortete der Leiter errötend, „aber es ist ein falscher Hund. Er spricht nicht. Ein Gauner war bei uns. Der hat statt seiner mit dem Bauch geredet. Mein Geld ist futsch.“
„So so“, sagte die Aktentasche nachdenklich, „ich habe Ihnen ein Papier mitgebracht, Genosse, Sie werden als Klubleiter abgelöst.“
„Warum?“ ächzte der Leiter bestürzt.
„Weil Sie, statt sich mit Kulturarbeit zu beschäftigen, den Klub in eine Schaubude verwandelt haben.“
Der Leiter ließ den Kopf hängen und nahm das Papier.

1924

Ausgehängt oder nicht?

Wissen Sie, was Bürokratie ist?
Nein, Sie wissen es nicht.

Das Papier von Koposop und Kogokois

Es fing damit an, daß eine Stenotypistin auf einer scheußlichen Maschine und auf scheußlichem Papier herunterratterte, was folgt:
„Jusowo, Streckenleiter 17, Stationsleiter, Obertelegraphist.

Das Gewerkschaftkomitee der Station Jusowo bittet Sie, eilig folgendes Material anzufordern und in allen Räumen der Werkstätten, Depots, Büros usw. auszuhängen: Generalkollektivvertrag, Arbeitsgesetzbuch, den neuen Lokalvertrag und die Regeln der inneren Ordnung, damit sich die Arbeiter und Angestellten Ihrer Dienste täglich und umfassend damit vertraut machen können, wobei darauf hingewiesen wird, daß der Arbeitsschutz der Gewerkschaft nach einer gewissen Zeit nachprüfen wird, ob dies ausgeführt wurde, und daß gegen Personen der Administration, die dieser gewerkschaftlichen Verpflichtung nicht nachgekommen sind, ein Protokoll aufgesetzt wird."

Donnerwetter! Ein Protokoll wird aufgesetzt.

Apropos Protokoll: Warum hält es bei uns niemand für seine Pflicht, leserlich zu unterschreiben? Ihr seid doch keine Minister, Genossen! Unter dem Papier stehen zwei Unterschriften. Die obere wäre völlig unleserlich, hätte nicht die Stenotypistin darunter getippt: Netschajew. Die andere ließ sich doppelt lesen: Wenn sie lateinisch geschrieben war, dann Kogosis, und wenn russisch, dann Koposop.

Aber das ist nicht wichtig. Angenehm war, daß auf dem Papier ein leserlicher Stempel stand: „Proletarier aller Länder, vereinigt euch."

Das war am 18. Oktober 1923.

Eine giftige Frage

„Stationsleiter Jusowo.

Wo sind denn die Exemplare des Arbeitsgesetzbuchs 1922 und die Regeln der inneren Ordnung, die Ihnen von der Streckenverwaltung geschickt wurden? Sie hingen doch in den Büros der Station. Der neue Kollektivvertrag wurde noch nicht versandt. Er stand in der ‚Gudok' Nr. 1022.

Die Unterschriften schreiben wir so, wie sie geschrieben wurden, da ist nichts zu machen.

Für den Leiter der 2. Abteilung des Nutzungsdienstes

A. Pulplu."

Her mit dem Vertrag!

„Streckenleiter 2. 21. November 1923
Anbei das Schreiben des Gewerkschaftskomitees Jusowo, bitte schicken Sie mir 3 Exemplare des Generalkollektivvertrags, des Arbeitsgesetzbuches und der Regeln der inneren Ordnung.

Stationsleiter Jusowo Kosakil."

Ich sage euch, liefert!

„Streckenleiter 2 auf Nr. 18999.
Das Gewerkschaftskomitee verlangt, daß in der Frachtgüterkasse, im Fahrkartenschalter, in der Kanzlei und im technischen Kontor alles ausgehängt wird, aber ich habe nur ein Exemplar, darum bitte ich um weitere drei Exemplare", schreibt der Stationsleiter von Jusowo verzweifelt und verwandelt sich vor Angst in der Unterschrift aus Kosakil in Koselkow.
Und das innerhalb eines Monats, am 19. November 1923.

Unterstützung kommt

„Stationsleiter.
Ich bitte, dem Wunsch des Stationsleiters von Jusowo zu erfüllen." Unterschrift: A. Purlis (vormals Pulplu).
Bestätigt von vormals Keschewlent, nunmehr Konvoi.

Wunder, Genossen!

„Streckenleiter Jusowo.
Nach Auskunft vom 4. Dezember dieses Jahres hat die Strecke aus dem Zentrum nur 60 Exemplare des Kollektivvertrags bekommen, darum kann sie nicht mehr schicken. Sie empfiehlt, sich an das Gewerkschaftskomitee zu wenden."
Alles aus! Es gibt keine ...
Wer hat den armen Stationsleiter Kosakil dermaßen ent-

täuscht? Stellen Sie sich vor, derselbe Pulplu, der für ihn gebeten hat. Der Abwechslung halber unterschrieb er diesmal A. Pulit.
Das war am Tag vor Weihnachten, am 23. Dezember.

Was soll Kosakil jetzt machen?

Er kann nichts weiter machen, als sich erneut an das Gewerkschaftskomitee zu wenden.
Was er auch tat.
„Gewerkschaftskomitee Jusowo, Nr. 807.
24. Dezember, Weihnachten
Beiliegend ... unter der Nr. ...“ usw., „bitte um Zusendung so vieler Exemplare, wie Sie für nötig halten.“ usw.

Hat es geschickt?

Unbekannt.
Das Gewerkschaftskomitee schreibt zu Neujahr.
Das Aushängen muß sein, „aber für die Versorgung mit den nötigen Exemplaren ist das Wirtschaftsorgan zuständig“.
Kosakil ist erledigt! Wo soll er sich jetzt hinwenden?

Damit bricht der Briefwechsel ab. Es sind Briefe eines unbekannten Mannes.
An die Redaktion der Zeitung „Gudok“.
Anliegend schickt Ihnen die Schulungs- und Kulturabteilung das Material (9. Januar 1924).
Merci.
Ist denn nun der Kollektivvertrag ausgehängt worden?
Vielleicht. Da hängt er dann und lächelt mit seinen unzähligen Paragraphen.
„Doch noch ausgehängt, verdammt!“
Vielleicht aber auch nicht.
Das ist sogar wahrscheinlich.
In dem dicken Packen des Briefwechsels sind ein paar Doku-

mente, in denen gejammert wird, daß es keine Milch gibt. Dabei steht im Kollektivvertrag deutlich, daß es Milch geben muß.
Was nicht alles passiert …

1924

Die Geschichte des Makar Dewuschkin

Unser Leben ist zwar nicht hauptstädtisch, aber doch interessant, ein Leben am Knotenpunkt, und auch an Geschehnissen gibt es bei uns eine unwahrscheinliche Menge, eines verblüffender als das andere.

Hosen und Wahlen

Zum Beispiel gab es bei uns eine Geschichte dieser Art: Der Sekretär unseres Gewerkschaftskomitees, Fitilew, kaufte sich eine neue gestreifte Cheviothose. Das ist nicht weiter verwunderlich in einer Weltstadt wie zum Beispiel Moskau, da trägt jeder gestreifte Hosen, aber in unserer Gegend ist das ein Novum.
Es ist natürlich für jeden schmeichelhaft, Fitilews Hose zu betrachten. Aber Fitilew ist ein Mensch von Sorgfalt, er macht die Hose nicht vorzeitig publik. Doch dann wurde ganz überraschend die Tagesordnung der berühmten Vollversammlung unserer Station ausgehängt. Darin standen solche Fragen wie die Rede des Vorsitzenden des Streckengewerkschaftskomitees, die Rede des Streckendirektors und als Schlußakkord die Rechenschaftslegung des Gewerkschaftskomitees nebst Neuwahlen, die der Hauptpunkt waren.
Außerdem sagten alle, auf der feierlichen Versammlung werde auch unser berühmter Fitilew sprechen, der Sekretär, angetan mit seiner Neuanschaffung. Darum füllte sich der Saal bis an die unerträglichen Grenzen der Stickigkeit, und Tatsache, Fitilew erschien mit Bügelfalten, und seine Hose

glich der ehernen auf dem Denkmal des Dichters Puschkin in Moskau, so vorzüglich war sie genäht.
Bitte sehr, vorzüglich. Genau um sechs stand der Vorsitzende auf und erklärte die Versammlung für eröffnet, dann trat unser majestätischer Vorsitzender der Streckengewerkschaft vor, räusperte sich und donnerte der Versammlung eine Rede hin. Er referierte vom Verkehrskongreß, und er referierte von 6 bis 9, nach neuem Stil 21 Uhr, dabei trank er eine halbe Karaffe Wasser aus dem Wartesaal erster Klasse. Was im Saal war, kann ich nicht ausdrücken, mit Ausnahme dessen, daß plötzlich die ganze erste Reihe einschlief, danach die zweite, wie auf einem Schlachtfeld. Vergeblich läutete der Vorsitzende und appellierte ans politische Bewußtsein. Wo soll ein Mensch Bewußtsein herkriegen, wenn er schläft?
Aber dann brach, den Ablauf des Gewerkschaftslebens zerreißend, ein Gewitter in Gestalt des Reparaturarbeiters Wassja Danilow aus. Wassja erhob sich in seiner Reihe, weinte dermaßen, als hätte er einen teuren Lebensgefährten verloren, nämlich seine Frau, und sprach mit Donnerstimme zum Referenten:
„Wenn du nicht bald die Klappe hältst, ersticke ich! Nach meinem achtstündigen Arbeitstag kann ich mir deine Fakten nicht länger anhören."
In den Reihen kam Erregung auf, und Wassja wurde von der Versammlung ausgeschlossen, bis er sich beruhigt hätte.
Wassja weinte sich bis an die Tür und verlockte im Hinausgehen viele, indem er sagte:
„Teure Genossen, ich gehe in die Bierstube, denn ohne ein Bier stehe ich eine weitere Rede nicht durch."
Mit ihm gingen noch ein paar Leute. In Sorge um die Beschlußfähigkeit liquidierte der Vorsitzende den ersten Redner und schickte den zweiten vor, der sprach über die Leitungsarbeit bis 23 Uhr, und er trug zwei Stunden lang Zahlen vor. Da half keine Hose, sogar Fitilew fiel mit dem Gesicht auf seine weißen Hände, tat, als ob er zuhörte, und schlief in Wirklichkeit. Die Mädels, die den schönen Fitilew

verliebt betrachtet hatten, gingen sämtlich, denn Fitilew war zwar Junggeselle, aber das nützte nichts.
Endlich gegen Mitternacht war alles vorüber, und besser als alle schlug Fitilew zu, der nach der Rede wieder wach geworden war. Er stand auf, kniff am Rednerpult die Augen schmal und erklärte:
„Im Namen der Russischen Kommunistischen Partei der Bolschewiken ..."
Der Saal wurde munter, denn alle glaubten, er werde eine Meldung von internationaler Tragweite verkünden, doch er fuhr fort:
„... der Zelle unserer Station und im Namen des Streckenkomitees wird die Liste der Kandidaten für das Gewerkschaftskomitee vorgeschlagen. Und ich bitte mir aus, Genossen, daß keine Einsprüche und Veränderungen vorgebracht werden, denn ich bin mit der Durchführung beauftragt und lasse es nicht zu."
Wassja Danilow kehrte mit seinen Begleitern erfrischt zu den Neuwahlen zurück; er hatte vor, gesunde Arbeiterkritik an den Kandidaten zu üben, und er öffnete sogar den Mund.
„Das ist ein Ding!" schrie Wassja und hob ohne jede Kritik die Hand. Die anderen ebenso.
Aber als wir auseinandergingen, nagte mir ein Wurm am Herzen; ich hielt es nicht aus und fragte unseren Parteimann Nasar Nasarowitsch, einen hochentwickelten Menschen:
„Ist es wahr, daß man im Namen der Russischen Partei nicht mehr den Mund aufmachen darf?"
Der sagte:
„Nichts dergleichen! Schade, daß ich krank war, sonst hätte ich's erklärt. Schweinerei! Ein Chlestakow in gestreifter Hose. Das ist keine lebendige Sache, sondern fauler Bürokratismus!"
Und er ging.
Solch originelle Versammlungen gibt's in unserm Krähwinkel.

1924

Die unsichtbaren Stiefel

Erzählung

Erlaube mir die Frage, womit schmierst du deine Stiefel, mit Schmalz oder mit Teer?
Von Gogol

Geh in den Sumpf, Gevatter! Ich schmiere sie gar nicht, denn ich habe keine!
Von mir

Der Traum

Pjotr Chikin, Rangierer auf dem Kiewer Güterbahnhof, hatte einen herrlichen Traum. Zu ihm tritt ein unbekannter Bürger mit einer Goldkette auf dem Bauch und sagt:
„Chikin, wie ich höre, machst du eine Schuhkrise durch?"
„Von wegen Krise", antwortet Chikin, „bloß meine Stiefel sind zum Teufel, sie fallen auseinander. Ich habe nichts zum Rausgehen."
„Eijeijei", sagte lächelnd der Unbekannte, „das ist ja ein Skandal. Ein sympathischer Mensch wie du kann plötzlich nicht mehr rausgehen. Du kannst ja nicht den ganzen Tag zu Hause sitzen. Zumal darunter ja auch der Dienst leiden könnte. Habe ich recht?"
„Ihre Überlegung ist ganz richtig", stimmt der barfuß schlafende Chikin zu. „Zu Hause sitzen kann unsereiner nicht. Schon weil die Frau mit mir zetert."
„Eine Hexe?" fragt der Unbekannte.
„Und was für eine!" gesteht Chikin.
„Also, hör zu, Chikin. Weißt du, wer ich bin?"
„Woher sollte ich", schnarcht Chikin.
„Ich bin ein Zauberer, Chikin, so sieht das aus. Und für deine Tugenden schenk ich dir Stiefel."
„Ergebensten Dank", pfeift Chikin im Schlaf.
„Nur eins ist zu bedenken, mein Lieber, die Stiefel sind keine gewöhnlichen, es sind Zauberstiefel. Sie sind unsichtbar."
„Was?"

„Ja, was?"
Der schläfrige Nebel löst sich auf, und vor Chikin steht ein Paar Stiefel von erstaunlicher Schönheit. Chikin rafft sie an sich, zieht sie an und geht, krächzend und schmatzend im Schlaf, zu seiner angetrauten Ehefrau Marja.
Die Petroleumlampe blakt, der Rangierer schluckt von dem schweren Qualm, er geht krumm, schief, seitlich, wird zu einem Alptraum.
Das Gesichtchen der angetrauten Marja erscheint, und ihr Stimmchen fragt:
„Was läufst du hier in Unterhosen rum, du Ölgötze?"
„Schau doch, Marjalein, was für Stiefel mir der Zauberer geschenkt hat", piepst Chikin sanft.
„Zauberer?" schreit die Gattin. „Wehe mir, zum Zauberer hast du dich schon gesoffen. Du bist doch barfuß wie ein Insekt, du unglückseliger Schluckspecht. Betracht dich doch mal in der Pfütze!"
„Dieses Wort wirst du mir verantworten, Marja", spricht Chikin mit zitternder Stimme, da ihn das „Insekt" beleidigt hat, „versteh mal mit deinem Kopf: die Stiefel sind unsichtbar."
„Unsichtbar? Wehe über mein Haupt, gute Leute, seht euch das Väterchen einer großen Familie an! Jetzt ist er schon im Delirium."
Die Kinder auf dem Ofen stimmen ein Geheul an, und in der Familie des Rangierers beginnt die wahre Hölle.
Chikin saust im Traum vom Kiewer Güterbahnhof auf den belebten Krestschatik, und hier kommt er um.
Eine Menge Bürger in Lackschuhen gehen hinter Chikin her, heulen und hetzen:
„Hoho! Faßt ihn! Seht euch den Rangierer an, Leute! Seine Stiefel hat er versoffen. Hurra! Schlagt den Hundesohn!"
Milizionäre pfeifen.
Einer von ihnen springt zu Chikin, salutiert und meldet:
„Eine Schande, Bürger Chikin, bitte entfernen Sie sich von der Hauptstraße und verderben Sie nicht die Landschaft."
„Geh weg von mir, du Gimpel!" brüllt Chikin im Traum. „Bist du blind? Die Stiefel sind unsichtbar."

„Aha, unsichtbar“, sagt der Milizionär. „Wenn’s so ist, Monsieur Chikin, bemühen Sie sich bitte ins Revier, dort wird man Ihnen beweisen, wer unsichtbar ist.“
Und er pfeift wie eine Nachtigall.
Von diesem Pfiff erwachte Chikin schweißgebadet.
Und da war nichts: kein Zauberer, keine Stiefel.

Die Wirklichkeit

Chikin ging zur Station und erblickte eine großartige Bekanntmachung:

Arbeiterkredit,
den nimmt man doch mit

Der Eisenbahnerkonsum bietet seinen hochgeehrten Kunden unbegrenzten Kredit an. Auf Kredit ist alles billig und zweckdienlich.
„Mein Traum wird wahr!“ Chikin freute sich und eilte in den Laden.
Im Laden geschah Unbeschreibliches. Eine Menschenmauer drängte vor und forderte Stiefel. Auch Chikin forderte welche, bekam das Geforderte, fuhr hinein und fragte:
„Warum kommen die bei euch drei Rubel teurer als auf dem Markt?“
„Mein Herr, sehen Sie sich doch mal an, was das für Stiefel sind“, antwortete der Verkäufer und lächelte wie ein Engel. „Das sind Liebhaberstiefel. Wie sie sein müssen! Aus eigenem Material.“
Chikin zog also die Liebhaberstiefel an und begab sich zur Ausübung seiner dienstlichen Verpflichtungen, Waggons zu rangieren, da setzte ein Liebhaberregen ein, wie er sein muß, und nach fünf Minuten war Chikin ohne Stiefel. Entsetzt zog er die Liebhaberreste von den Füßen und begab sich barfuß in den Eisenbahnerkonsum.
„Aus eigenem Material?“ fragte er drohend den Bevollmächtigten.
Der Bevollmächtigte bejahte dreist und hemdsärmelig.

„Aber das ist doch Pappe."
„Hab ich dir für deine fünfzehn Rubel vielleicht Stiefel aus Eisen versprochen?"
Chikin lief rot an, holte mit den aufgelösten Stiefeln aus und sagte dem Bevollmächtigten Wörter, die man hier nicht drucken darf.
Es waren nämlich nicht druckfähige Wörter.

1924

Kopfjäger

Der Leiter der Bahnhofswache der Belorussischen Eisenbahn in Moskau, Linko, erließ einen Befehl, wonach jedem Wachmann die Verpflichtung auferlegt wurde, vier Gesetzesübertreter dingfest zu machen. Falls es solche nicht gab, sollte, wer gegen diesen Befehl verstieß, entlassen werden.

„Nun, meine treuen Mitstreiter", sagte der Leiter der Transportwache des Belorussischen Bahnhofs, der wegen seiner Kühnheit den Spitznamen „Greifer" trug, „meldet mir, was in der letzten Nacht vorgefallen ist."
Die treuen Mitstreiter klirrten mit ihren verrosteten Waffen und ließen verwirrt den Kopf hängen. Ein tapferer Mann trat vor, der Stellvertreter des Greifers.
„Nichts ist vorgefallen."
„Was?" brüllte der Greifer. „Wieder nichts? Die fünfte Nacht und nichts! Warum gibt es keine Gesetzesübertreter?"
„Sie sagen, das politische Bewußtsein ist stärker", meldete sich der Stellvertreter in entschuldigendem Ton.
„Soso", jammerte der Greifer drohend, „das politische Bewußtsein! Sind die Waggons mit der Manufaktur in Ordnung? Hat nicht wieder ein Satan eine instand gesetzte Lokomotive entführt? Hat niemand einen Anschlag auf Geld und

Leben des Leiters des ruhmreichen Belorussischen Bahnhofs verübt? Wie kann das sein? Soll ich vielleicht für die verdammten Kerle anfangen zu klauen?“
Die Mitstreiter schwiegen wehmütig.
„So geht das nicht, meine Lieben“, jammerte der Greifer weiter. „Das sieht ja so aus, als ob ihr überflüssig auf der Erde herumlauft. Wofür zum Teufel eßt ihr das Brot der Belorussisch-Baltischen Strecke? Das wird noch damit enden, daß ihr alle achtkantig aus dem Dienst gefeuert werdet und ich mit euch. Ein so gewaltiger Bahnhof und keine Vorfälle! Und wenn mich der Natschalnik fragt: Wie viele Gesetzesübertreter hast du im letzten Monat dingfest gemacht?, was soll ich ihm dann zeigen? Eine Feige? Meint ihr, dafür würde er mir den Kopf streicheln?“
„Wenn es doch keine gibt“, sang der Stellvertreter wehmütig, „wo soll ich sie hernehmen? Ich kann doch keine gebären!“
„Doch“, heulte der Greifer. „Dann mußt du eben die Naturgesetze umstoßen. Gib acht! Sieh gut hin! Ein Mann geht die Gleise entlang, dann mußt du gleich zu ihm. Was hast du für Gedanken im Kopf? Achte nicht drauf, daß er vielleicht ein mageres Gesicht hat und Augen wie ein Pädagoge. Vielleicht träumt er nur davon, die Plombe von einem Waggon abzupolken. Kurz und gut, folgendes: Im sowjetischen Staat erfüllt jedes Insekt seine Norm, also erfüllt ihr sie auch. Jeder bringt mir vier Gesetzesübertreter pro Monat. Wie kann das sein, frag ich euch, daß keine Vorfälle passieren?“
„Letzte Nacht war einer“, krächzte einer der Verkehrskrieger, „der Hund des Meisters Stschukin hätte Chlobujew beinahe die Hose zerrissen, als wir unter den Waggons herumkrochen.“
„Das ist es!“ schrie der Anführer. „Das ist es! Und du sagst, es gibt keine! Und ein wildes Tier auf dem uns anvertrauten Territorium des Belorussischen Bahnhofs, das soll kein Vorfall sein? Festnehmen und vernichten! An Ort und Stelle vernichten!“
„Wen, den Meister oder den Hund?“

„Denken müßt ihr mit dem Gehirn! Den Hund. Und den Meister verhören: Zeig dein Mandat anläßlich der Verschmutzung des Bahnhofsgeländes mit Raubtieren. Kurz und gut – Abmarsch!"

Der Meister Stschukin hatte einen Glücksstern im Leben, darum ging die Kugel zwischen seinen Knien hindurch.
„Seid ihr wahnsinnig, ihr verdammten Kerle?" schrie Stschukin bestürzt. „Warum nehmt ihr den Gotteshund unter Feuer?"
„Schlag ihn! Gib ihm das Bajonett! Weg ist er, der Verfluchte! Und du, Bart, zeig dein Mandat, was für ein Mensch du bist."
„Du kennst mich doch, Chlobujew", zischte Stschukin und lief grün an. „Du wirst dich noch zum Teufel saufen. Sieh mir mal ins Gesicht."
„Das hab ich gar nicht nötig. Dein Gesicht kenn ich zur Genüge. Zeig deinen Ausweis."
„Laß mich in Ruhe, du violetter Satan."
„Aha. In Ruhe lassen? Na schön. Bikin, nimm ihn fest. Soll er zeigen, wieso er hier auf den Gleisen rumläuft."
„Hilfe!"
„Schrei nur, schrei ..."
„Hilfe!"
„Schrei ruhig."
„Kr...kr..."
„Krächze nur."

Als zweiter lief das Mitglied des Anwaltkollegiums Lamza-Drizer in die Falle, der mit dem Vorortzug von der Station Faule Wurzeln kam und den kürzesten Weg über die Gleise genommen hatte.
„Das ist schreiendes Unrecht", schrie der Anwalt, den die Kriegerschar des Greifers exkortierte, „ich werde mich beim Kleinen Rat der Volkskommissare beschweren, und wenn das nicht hilft, beim Großen."
„Von mir aus beim gewaltigen", schnauften die tapferen

Krieger, „der Rat der Volkskommissare kennt keine Nachsicht mit Räubern."
„Ich ein Räuber?" flammte Lamza-Drizer auf und erlosch wie eine Kerze.
„Es ist schon vorgekommen, daß Alistokraten mit Aktenmappe Leuten die Brieftasche rausgeschnitten haben."

Die dritte war die Schwiegermutter des Stationsleiters mit Bastkorb.
„Liebe Leute! Söhnchen! Wo schleppt ihr mich hin?"

Als viertes wurde ein Artel von Saisonarbeitern in voller Besetzung festgenommen. Samt Spaten, Spitzhacken und harten Schwarzbrotlaibern. Der Artelsstarost, der wie ein Patriarch aussah, lag auf den Knien, geblendet vom Glanz der Gardewaffen, und stammelte:
„Nehmt alles, Brüder. Spaten und Hemden. Zieht uns die Hosen aus, nur laßt unsere christlichen Seelen Buße tun."

Man weiß nicht, wie die Heldentaten des Greifers geendet hätten, hätte ihm nicht der allwissende Natschalnik ein Telegramm geschickt:
„An den Greifer.
Du bist eingesetzt, um Gesetzesübertreter zu fangen, und wenn es keine gibt, danke dem Schicksal und erfinde nicht selber welche!
Unser Ideal besteht ja darin, daß es keine Übertreter gibt. Schäme dich, Greifer! Dein Dich liebender Natschalnik."
Der Greifer bekam das Telegramm, brach in Tränen aus und beendete seine Heldentaten. Daraufhin trat auf dem Belorussischen Bahnhof Ruhe und Frieden ein.

1924

Abenteuer eines Toten

„Husten Sie mal“, sagte der Arzt des 6. Streckenabschnitts.
Der Patient erfüllte diese schlichte Bitte.
„Nicht in die Augen, Mann! Sie spucken mir ja ins Gesicht. Atmen Sie.“
Der Patient atmete, und der Arzt hatte den Eindruck, im Ambulatorium spiele plötzlich ein Grammophon.
„Oho!“ rief der Arzt. „Toll! Wie ist die Temperatur?“
„70 Grad“, antwortete der Patient und hustete dem Arzt auf den Kittel.
„70 Grad, das gibt's nicht“, sagte der Arzt nachdenklich. „Hören Sie, Freund, Sie haben nichts Besonderes, nur galoppierende Schwindsucht.“
„Ach Gott, dann muß ich wohl sterben?“
„Wir alle müssen sterben“, sagte der Arzt ausweichend. „Also, mein Engelchen, ich schreibe Ihnen eine Überweisung, und Sie fahren nach Moskau und lassen eine Röntgenaufnahme machen.“
„Hilft das?“
„Wie soll ich sagen“, entgegnete der Diener der Medizin, „manchen schon. Und mit Aufnahme ist es angenehmer.“
„Das stimmt“, pflichtete der Patient bei. „Wenn man stirbt, ist es ein Trost, das Bild anzuschauen. Die Witwe kann es dann in den Salon hängen und den Gästen zeigen: ‚Das ist das Foto von meinem verstorbenen Eisenbahner, Gott schenke ihm das Himmelreich!‘ Da freuen sich die Gäste.“
„Es ist schön, daß Sie Ihre Geistesgegenwart nicht verlieren. Nehmen Sie den Zettel und gehen Sie damit zum Leiter der Brennstoffzweigstrecke Sernowo – Kotschubejewka. Der weist Ihnen eine Fahrkarte nach Moskau an.“
„Ergebensten Dank.“
Der Patient spuckte zum Abschied den Spucknapf voll und stapfte zum Leiter. Aber er kam nicht gleich zu ihm, da ihm der Sekretär den Weg vertrat.
„Was wollen Sie?“
„Ich hab Galoppierende.“

„Na so was! Komiker! Du meinst wohl, der Leiter hat ein Sanatorium in seinem Arbeitszimmer? Da mußt du zum Arzt, mein Bester."
„Da war ich schon. Hier ist die Anweisung von ihm für die Fahrkarte."
„Eine Fahrkarte steht dir nicht zu."
„Und was ist mit der Aufnahme? Willst du die machen?"
„Ich bin kein Fotograf. Und huste mir nicht auf die Papiere."
„Der Arzt sagt, ohne die Aufnahme hat es nicht seine Ordnung."
„Na, von mir aus, kriech zum Natschalnik."
„Tag. Kch ... kch! Kchä, kchä!"
„Halt die Hand vor. Was? Fahrkarte? Steht dir nicht zu. Du arbeitest hier erst zwei Monate. Mußt noch einen warten."
„Ohne Aufnahme sterb ich."
„Geh auf den Boulevard und laß dich knipsen."
„Solch eine brauch ich nicht, das ist es ja."
„Geh zum Buchhalter und red mit ihm."
„Tag."
„Komm nicht so nah ran. Was ist?"
„Fahrkarte. Wegen der Aufnahme."
„Das denkst du dir! Hab ich hier ne Kasse? Lauf zum Sekretär."
„Tag. Kchä. Rrr!"
„Du warst doch schon bei mir. Hast noch zu wenig gespuckt? Geh zum Natschalnik."
„Guten Tag ... kchä ... chr ..."
„Willst du dich lustig machen? Bote, wisch mir die Hose ab. Geh zum Arzt!"
„Tag ... Sie geben mir keine!"
„Was kann ich machen, mein Bester? Gehen Sie zum Natschalnik."
„Ich geh nicht ... ich sterbe ... Urr..."
„Ich geb Ihnen Tropfen. Kippen Sie nicht um. Sanitäter, heben Sie ihn auf."

Zwei Wochen später

„Zeichen und Wunder! Du bist doch gestorben!"
„Genau so ist es."
„Was kommst du dann zu mir? Gott schenke dir das Himmelreich! Geh direkt zum Friedhof."
„Nicht ohne Aufnahme."
„Das ist ne Geschichte! Stell dich weiter weg, du riechst nicht gut."
„Das ist normal bei der Hitze."
„Trink doch ein Bier."
„Toten geben sie keins."
„Na, geh zum Natschalnik."
„Tag …"
„Bote! Hilfe! Du liebe Güte!"
„Wieso kommst du mit dem Sarg ins Zimmer, verdammter Leichnam?"
„Rede, rede schnell! Aber sieh mich um Christi willen nicht an."
„Eine Fahrkarte nach Moskau … wegen der Aufnahme …"
„Gebt ihm eine! Gebt sie ihm! Polsterklasse im Internationalen Zug. Bloß er soll mir aus den Augen gehen, sonst kriege ich nochn Herzschlag."
„Wie soll die Anweisung lauten?"
„Schreiben Sie: von der Station Sernowo nach Moskau für das Skelett soundso."
„Und der Sarg?"
„Gepäckwagen."
„Fertig, hier hast du."
„Ergebensten Dank. Darf ich Ihnen die Hand drücken?"
„Nein, der Händedruck ist abgeschafft."
„Geh, mein Lieber, ich flehe dich an, geh schnell! Bote, begleite den Genossen Toten hinaus!"

1924

Sitzung in Anwesenheit eines Mitglieds

Die Neuigkeit machte in zwei Augenblicken die Runde in der Station Nowo-Bachmutowka: Das wird keine gewöhnliche Sitzung, sondern eine in Anwesenheit eines Mitglieds des Awdejewkaer Streckengewerkschaftskomitees. Zur festgesetzten Stunde füllte sich der Klubsaal mit proletarischen Gesichtern. Allgemeine Aufmerksamkeit und Sympathie erregte das Mitglied des Streckengewerkschaftskomitees, das am Präsidiumstisch thronte.

Es fing ganz manierlich an: Der Versammlungsleiter wurde gewählt, er schwankte wie ein Grashalm und erklärte verwirrt:

„Hm ... Jetzt müssen wir wohl einen Schriftführer haben."

„Richtig!" bestätigten schwielige Stimmen im Saal. „Wassja Gusin!"

„Von mir aus Wassja", sagte der Leiter und wandte sich an das Mitglied. „Ist Wassja genehm?"

„Von mir aus", antwortete das Mitglied, „soll er. Ich hab nichts gegen Wassja."

„Also, die Mehrheit ist für Wassja", sagte der Leiter.

„Genossen", ertönte Wassjas Stimme, „ich bitte gehorsamst abzulehnen kraft meiner geringen Schreibkenntnisse, ich hab ja eben erst die Analphabetenschule hinter mir."

„Wassja, drück dich nicht!" lärmte der Saal. „Du wirst doch wohl für das Gemeinwohl ein paarmal mit der Feder kratzen können?"

Unter donnerndem Applaus nahm Wassja seinen Platz am Tisch ein.

„Als erstes steht bei uns die Frage, auf welcher Grundlage die teuren Genossen Dsjuba, Duscheba und Samiska ohne Wissen der Gewerkschaft vom Dienst gefeuert wurden", erklärte der Leiter. „Bitte sich zu äußern."

Der Saal äußerte sich sofort mit stürmischem Murren.

„Still", sagte der Leiter, „immer nur einer."

Aber da standen gleich zwei auf und äußerten sich um die Wette:

„Das war der Meister!“
„Der Stellvertreter von der 9, alles Üble soll ihm widerfahren!“
„Er sagt, euer Gewerkschaftsbevollmächtigter ist nur für sechs Monate, aber ich bin Meister für immer!“
„Schlau gedreht!“ dröhnte der Saal.
„Lesen Sie die Akte Nr. 1.“
„Richtig!“ schrie einer.
„Für die Nr. 10 haben sie sie entlassen!“
„Und ist das richtig so?“
„Ruhe!“ heulte der Leiter, der in der Woge des Volkszorns unterging. „Wer ist dafür? Ich stimme ab – bitte die Hände heben! Wassja schreib.“
Ein Wald von Händen ging in die Höhe und sank gleich darauf nieder wie gefällt.
Wassja tunkte die Feder ein und schrieb:
„Lesen Sie die Akte Nr. 1 angehört für Nr. 10 enthalten sich 6 Mann Entlassung falsch Fedorenko.“
Dann überlegte er und schrieb hinzu:
„Erläuterung bestätigt für Nr. 8 Gawrikow und Filonow.“
„Wofür hab ich gestimmt?“
„Noch mal von vorn!“
„Leiter, erklär, wofür wir stimmen sollen.“
„Von mir aus noch mal von vorn“, sagte der Leiter und erbleichte.
„Was soll denn das“, sagte einer, „wir mußten die Erde am Feiertag ausladen. Überstunden, und statt der Erholung ein Garnichts.“
„Den Meister sollte man im Tankwagen ersäufen!“
„Mord ist verboten!“ schrie der Leiter mit überkippender Stimme.
„Schlumpsack!“
„Radaubruder!“
„Petroleum ist eingetroffen, aber wir haben noch keins zu sehen gekriegt.“
„Und an der Strecke haben wir drei Monate ohne Wasser gesessen.“
„Wo ist der Gewerkschaftsbevollmächtigte?“

„Der Meister sagt, sie haben ihn bei einer Bestechung ertappt: fünf Pud Kartoffeln!“
„Wer hat wen ertappt?“
„Ruhe!“ schrie der Leiter und wischte sich den Schweiß ab. „Wassja, schreib.“
Der bleiche Wassja begann zu stricheln:
„Gehört: Material Petroleum eingetroffen und andere Gegenstände von der Bahnmeisterei nicht abgelehnt.
Beschlossen: Kein Petroleum gekriegt unzulässig vom stellvertretenden Streckenleiter Fedorenko.“
„Soll man ihn aus der Gewerkschaft rausschmeißen?“
„Wen?“
„Beim Pumpenwerk haben wir acht Tage lang Schilf gemäht, das ist da liegengeblieben.“
„Ausbeutung von Arbeit!“
„Ihre Leute sind ganz schön hitzig“, sagte das Mitglied verwirrt zum Leiter, „ein Jammer!“
„Was soll ich jetzt machen?“ fragte der Leiter.
„Laß abstimmen“, empfahl das Mitglied, „vielleicht halten sie dann den Mund.“
„Wir stimmen ab, Genossen!“ nörgelte der Leiter.
„Für wen?“ lärmte der Saal.
„Klarer Fall, der soll sich nicht blicken lassen.“
„Wer?“
„Wer dafür ist, hebt die Hand!“
„Im Gegenteil, raus mit ihm, zum Teufel!“
„Wer?“
„Fedorenko, der Meister!“
„Aha!“
„Wer ist dafür, daß er ausgeschlossen wird? Eins, zwei, drei … Wassja, schreib!“
„Für Ausschluß fünfzehn Stimmen“, schrieb Wassja.
„Hurra! Rausgeschmissen“, frohlockte der Saal.
„Es war mühsam, aber dafür ist die Gewerkschaft gesäubert.“
„Und was jetzt?“ fragte der Leiter das Mitglied.
„Schließ die Versammlung“, antwortete der Mann. „Sollen sie nach Hause gehen.“

„Ich erkläre für geschlossen!" rief der Leiter erleichtert.
„Richtig", antwortete das Volk von Bachmutowka, „es ist Zeit für die Kohlsuppe."
Polternd leerte sich der Saal.
Wassja überlegte und schrieb:
„Versammlung geschlossen um sieben Uhr."
„Prima, Wassja", sagte der Leiter und steckte das Protokoll ein.

Anmerkung der „Gudok":
Das Feuilleton beruht auf einer Kopie des Protokolls der Gewerkschaftsversammlung auf der Station Bachmutowka vom 19. Juni. Das Protokoll ist der Gipfel der Unsinnigkeit.
Es ist unbegreiflich, wie auf diese Weise eine Versammlung ablaufen konnte, an der ein Mitglied der Streckengewerkschaft von Awdejewka teilnahm.

1924

Politische Hauptverwaltung für Gottesdienste

Das Kreisexekutivkomitee von Konotop hat in einem Vertrag vom 23. Juli 1922 mit der Gemeinde der Gläubigen in der Siedlung bei der Station Bachmatsch dieser die unbefristete gottesdienstliche Nutzung des Gebäudes übertragen, das auf dem Bahngelände errichtet wurde und sich an das Gebäude anlehnt, das der Südweststrecke gehört und in dem die Eisenbahnerschule untergebracht ist.
Die Kirchenfenster blicken auf die Schule.
Aus einer dienstlichen Korrespondenz

Der Vater Diakon von der Bachmatscher Kirche, deren Fenster auf die Schule blickten, hielt es schließlich nicht mehr aus und ließ sich schon früh am Morgen des Paraskewa-Freitags (14. 10.) vollaufen. Betrunken wie ein Regenschirm erschien er zur Ausübung seiner dienstlichen Obliegenheiten beim Altar.

„Vater Diakon!" rief der Obergeistliche. „Was ist denn das? Gucken Sie doch mal in den Spiegel, Sie sehen sich selber nicht mehr ähnlich!"

„Ich kann nicht mehr, Vater Obergeistlicher!" heulte der Vater Diakon. „Sie machen mich kaputt, die Verfluchten. Das hält doch kein Nerv mehr aus. Wie soll ich hier Gottesdienst abhalten, wenn sie einem gleich nebenan mit ihrer Bildung in den Ohren liegen?" Der Diakon schluchzte, und erbsengroße Tränen rannen ihm über die Nase. „Glauben Sie mir, gestern bei der Abendmesse war ich mitten in dem Ritual, und vor meinen Augen tanzten feurige Buchstaben: ‚Religion ist Opium für das Volk.' Pfui! Eine teuflische Sinnestäuschung. Wo soll das ... hick ... hinführen? Da merkt man gar nicht, wie man anfängt, an die ko... ko... kommunistische Partei zu glauben. Auf einmal ist man kein Diakon mehr! Dann fragen die guten Leute: Wo ist denn unser lieber Diakon? Der Diakon ... der ist in der Hölle ... in der feurigen Hygiena."

„Gehenna", korrigierte der Vater Obergeistliche.

„Dasselbe in Grün", sprach der Vater Diakon verzweifelt und fuhr schief in das Chorhemd, „ein Dämon hat mich befallen!"

„Sie trinken zuviel", sagte der Vater Obergeistliche behutsam, „davon haben Sie solche Erscheinungen."

„Das soll eine Erscheinung sein?" fragte der Vater Diakon böse.

„Herrscher der Welt soll die Arbeit sein!" schallte es aus den offenen Fenstern des Nachbargebäudes.

„Ach", seufzte der Diakon, zog die Gardine auf und brüllte: „Segne mich, Herr!"

„Der Proletarier hat nichts zu verlieren als seine Augen."

„Immerdar, von nun an in alle Ewigkeit", bestätigte der Vater Obergeistliche und schlug das Kreuz.

„Amen!" pflichtete der Chor bei.

Der Polituntericht schloß mit einem machtvollen Absingen der Internationale und mit einem Wechselgesang.

„Friede für alle!" sang unbekümmert der Obergeistliche.
„Sie machen einen kaputt, die Langhaarigen", jammerte der Politlehrer und trat seinen Platz an den Muttersprachelehrer ab. „Ich sag ein Wort, die sagen zehn!"
„Ich werd sie schon übertönen", prahlte der Russischlehrer und versprach: „Kljukin, lies die Fabel."
Kljukin trat vor, zog den Gürtel hoch und las den Fabeltext.
„Den Erlöser hat sie geboren!" dröhnte der Kirchenchor.
Die Antwort war ein donnernder Chor der ganzen Klasse.
Die Pfarrkinder prusteten.
Der Klassenbeste Kljukin weinte in der Klasse, und im Altarraum weinte der Vater Obergeistliche.
„In den Sumpf mit denen", sprach der Lehrer und kicherte verdutzt. „Genug, Kljukin, setz dich, eins plus."
Der Vater Obergeistliche trat ans Lesepult und betrübte die Pfarrkinder mit der Mitteilung:
„Der Vater Diakon ist plötzlich erkrankt ... ähem ... er kann den Gottesdienst nicht abhalten."
Der plötzlich erkrankte Vater Diakon lag im Seitenaltar und murmelte im Säuferwahn:
„Gebenedeit ... unser Selbstherrscher ... sie haben ihn umgebracht, die Verfluchten!"
„Seien Sie still", zischte der Vater Obergeistliche, „wenn's einer hört, gibt's ein Unglück!"
„Ich spuck drauf", murmelte der Diakon, „ich hab nichts zu verlieren als ... hick ... meine Augen."
„Amen!" sang der Chor.

Anmerkung der „Gudok":
Die Redaktion verfügt über Material, aus dem hervorgeht, daß sich die Sache mit der Schule und der Kirche unter einem Dach schon zwei Jahre hinzieht. Die zuständigen Behörden werden gebeten, mitzuteilen, wann dieser unmögliche Zustand aufhört.

1924

Wie eine Schule zur Hölle fuhr

Erzählung von Makar Dewuschkin

„Das ist noch gar nichts!“ rief der bekannte Eisenbahner Dewuschkin von der Moskauer-Belorussisch-Baltischen Strecke. Er saß in der Bierstube im Kreis seiner Freunde. „Bei uns auf dem Posten Nemtschinow ist ein Ding passiert, ganz unglaublich!“

Dewuschkin klopfte mit einem silbernen Zwanzigkopekenstück auf die Marmorplatte. Daraufhin erschien ein Mitglied der Gewerkschaft der Volksernährungsarbeiter in weißer Schürze. Ein gutmütiges Gewerkschafterlächeln spielte auf seinem Gesicht.

„Mein Lieber, gib uns noch zwei Pärchen“, bat ihn Makar Dewuschkin.

„Mehr als je ein Pärchen ist verboten“, antwortete der Volksernährer bedauernd.

„Freund!“ rief Makar gefühlvoll. „Was ist nicht alles verboten! Richte es irgendwie ein.“ Makar klopfte noch einmal mit der Münze.

Der Volksernährer seufzte und warf einen Seitenblick auf die Schrift an der Wand:

„Wer Trinkgeld nimmt, ist nicht würdig, Gewerkschafter zu sein.“

Er seufzte noch einmal, entflatterte und kam mit zwei Pärchen wieder.

„Prima!“ rief Makar, nippte an seinem Glas und begann: „Kennt ihr die Datsche des ehemaligen Bürgers Senet?“

„Nie gehört“, antworteten die Freunde.

„Eine prima Datsche. Mit allem Komfort. Na, diese Datsche haben sie ihm weggenommen, um eine Grundschule daraus zu machen. Hauptsache, die schöne Lage: ein kleiner Wald, dies und das, ein Klo natürlich vorhanden. Kurz und gut, eine sehr geeignete Datsche für neunzig Schüler. Aber keine Wasserleitung! Das war ein Ding.“

„Sie hätten ja einen Brunnen anlegen können.“

„Na klar, Kleinigkeit. Wegen dem Brunnen ist ja das ganze passiert, und die Datsche ist verschwunden, zum Teufel gegangen. Der Brunnen war direkt an der Vortreppe, und letztes Jahr passierte die traurige Geschichte, die Holszauskleidung ist eingestürzt. Na, der Schulleiter schlägt Alarm bei allen Instanzen unseres Apparats. Er schreibt an den Streckenleiter: soundso, das muß ausgebessert werden. Der Streckenleiter schickt Material und Arbeiter. Auch Brunnenbauer jagt er zu uns. Na, die haben natürlich im Handumdrehen eine neue Auskleidung zusammengehauen und eingesetzt, und dann waren bloß noch paar Kleinigkeiten zu machen, einmal ausspucken.

Aber dabei blieb's: Statt die Arbeit zu beenden, haben sie sie auf den Frühling verschoben. Na prima.

Im Frühling, als die Erde auftaute, rutschte alles in den Brunnen, und der Brunnen ist sechsunddreißig Meter tief. Erde rutschte ab, auch die neue Holzauskleidung. Alles verschwunden. Ja, Freunde, so entstand eine tiefe Grube, über sechs Meter breit, dicht vor der Schule.

Das Fundament der Schule überlebte eine Weile, dann barst es und kroch der Auskleidung hinterher in den Brunnen. So ging's dann weiter: krach! platzte die Wand. Da sind natürlich alle aus der Schule getürmt. Noch zwei Tage – und auf Wiedersehen: die ganze Schule rutschte in den Brunnen. Die guten Leute kamen und sahen: abseits steht das Klo für neunzig Personen, und am Tor hängt ein Schild: ‚Grundschule', weiter nichts, eine kahle Stelle!

So war's denn zu Ende mit der Schulbildung bei uns auf dem Posten Nemtschinow an der Moskauer-Belorussisch-Baltischen Strecke. Eure Gesundheit, Genossen!"

1924

Mit welchem Recht hat der Polier geheiratet?
(Alltag)

Ihr fragt, warum ich traurig bin? Wie sollte ich nicht traurig sein, meine Lieben, wenn mir auf dienstlicher Grundlage Unrecht geschehen ist? Ich hatte mich verliebt, Genosse, und ich hatte meinem Gegenstand Herz und Hand angetragen und die Einwilligung bekommen, darum schwebte ich im siebenten Himmel. Wie es sich gehört, hab ich alles eingekauft für die Hochzeit, und ich hab es fertiggebracht, meinen Gegenstand zu heiraten, ohne für die Hochzeit auch nur eine Sekunde Arbeitszeit zu vergeuden, ich bin zwischen zwei Arbeiten geradewegs in die Flitterwochen gesprungen, um den Kelch des Lebens zu leeren.
Aber damit war's nichts! Ich treffe den Leiter der Baustelle vom Abschnitt Slawuta an der Südwestbahn, Loginow (ich arbeite als Polier), und da fragt er mich in dienstlichem Ton und klimpert mit seiner Uhrkette:
„Wie können Sie es sich erlauben, Verehrtester, ohne mein Wissen zu heiraten?"
Mir blieb das Wort im Halse stecken. Ich bitte Sie, bin ich vielleicht ein Leibeigener? Was geht den das an! Vor allem, wenn ich für die Heirat meine Arbeitszeit benutzt hätte oder, wollen mal sagen, mich mit den Genossen hätte vollaufen lassen, das wär eine Schande für die Gewerkschaft gewesen. Aber so hab ich still und friedlich die Ehe geschlossen, wozu jedes Individuum auf dem Erdball das Recht hat. Und nun quält mich der Gedanke: Wenn es meiner Frau in den Sinn kommt, mich mit Nachkommenschaft in der Größenordnung eines Kindes auszustatten, muß ich dann zu Loginow laufen? Um Erlaubnis fragen? Und wenn die sozialistische Taufe ist? Und wenn die Schwiegermutter stirbt? Darf sie das ohne Loginow?
Nein, Bürger, ein solcher Leiter kann einen schon traurig machen.

1924

Eine Biergeschichte

Der Verkaufswaggon des Kiewer Konsums hat vier Monate lang nichts als Bier mitgebracht.
Aus einem Korrespondentenbrief

Der Verkaufswaggon wurde auf der Station ungeduldig erwartet, und endlich kam er. Die Menge der Eisenbahner stürzte darauf zu.
„Da ist er ja."
Das erste, was den Stationsbewohnern ins Auge fiel, war eine Losung an der Wand des Waggons:
„Keine unanständigen Ausdrücke gebrauchen."
Darunter noch eine:
„An Personen in nicht nüchternem Zustand wird nichts verkauft."
„Prima!" wunderten sich die Eisenbahner. „Was es nicht alles für Losungen gibt. Früher hat es geheißen: ‚Stärkt den Konsum' oder: ‚Der sowjetische Konsum rettet die', wie heißt sie gleich ... ‚Situation ...' Oder sonst was Kluges. Und jetzt so einfach."
„Also ist er gestärkt!"
„Man darf also keine wüsten Ausdrücke gebrauchen."
„Leute, es riecht nach Bier! Wo kommt das her?"
„Jerjomkin riecht danach, er hat eben mit dem Meister ein halbes Dutzend gekippt."
Die Waggontür öffnete sich, und ein Bürger von konsumhaftem Aussehen äugte heraus.
„Nicht drängen, Bürger", bat er, und von seinen Worten ging ein so angenehmes Strömen durch die Luft, daß Jerjomkin, statt nach Stiefeln zu fragen, wissen wollte:
„Gibt's Dörrfisch?"
„Aber ja, Liebhaberdörrfisch", antwortete der Konsummann freudig.
„Kattun möcht ich."
„Entschuldigung, ham wir nicht."
„Gibt's vielleicht gestreifte Baumwolle?"
„Entschuldigung, ham wir nicht."

„Nesselstoff?"
„Entschuldigung, nein."
„Was gibt's denn für Stoff?"
„Samtbier, schwarz."
„Hoho! Geben Sie mir ein halbes Dutzend."
„Was kosten Stiefel?"
„Entschuldigung, Stiefel ham wir nicht. Was bitte? Petroleum? Führen wir nicht. Gasolin führen wir nicht. Statt Gasolin kann ich Ihnen ‚Stenka Rasin' oder ‚Rotes Bayern' anbieten, Tantchen."
„Was soll ich mit deinem ‚Rasin'! Für den Primuskocher brauch ich's."
„Für den Primuskocher führen wir nichts."
„Was führt ihr denn, ihr gestreiften Teufel?"
„Oma, ich muß doch bitten, keine gemeinen Ausdrücke zu gebrauchen."
„Man müßte diese Flasche nehmen und euch Konsumleuten über den Kopf schlagen. Wir warten hier auf Ware, und ihr bringt nur Gesöff."
„Bitte zwei Dutzend Biere."
„Gibt's Erbsen?"
„Bier!"
„Bier!"
„Bier!"
„Bier!"
„Bier!"
„Bier!"

Am Abend, als die Station bis über die Ohren im Bier versunken war, saß der einzige Nüchterne, der Korrespondent, im Mondlicht da (es gab nichts, um die Lampe zu füllen) und schrieb an die „Gudok":
„Im Namen der Angestellten unserer Station und indirekt im Namen unserer Strecke bitte ich die ‚Gudok', die schlafende Streckengewerkschaft 5 und die Konsumleitung dazu zu bewegen, daß sie die Strecke mit Lebensmitteln versorgen. Widrigenfalls treten wir aus Protest aus der freiwilligen Mitgliedschaft des Konsums aus."

Ein fetter Mond saß am Himmel und schien ebenfalls betrunken zu zwinkern.

1924

Wie der Vorsitzende den Suff ausrotten wollte und dabei die Transportarbeiter ausrottete

Eine jammervolle Geschichte

Durch die Tür mit der Aufschrift „Ohne Anmeldung kein Eintritt" tönte ein Krachen.
Es kam vom Vorsitzenden der Streckengewerkschaft, der sich über die Schädlichkeit des Suffs den Kopf zerbrach.
„Versteh doch", sagte er und drehte einen Knopf des Sekretärs, „all unser Unglück kommt vom Suff. Der zerstört die Gewerkschaftsdisziplin, gefährdet das Transportwesen, untergräbt die kulturelle Aufklärungsarbeit als solche und zerrüttet den Organismus! Hab ich recht?"
„Vollkommen", bestätigte der Sekretär und fügte hinzu: „Wie klug Sie sind, Amos Fjodorowitsch, richtig unangenehm."
„Na siehst du. Also haben wir die Aufgabe, die Hydra des Suffs auszurotten."
„Schwierig", seufzte der Sekretär. „Wie willst du die verfluchte Hydra ausrotten?"
„Es muß sein, Freund! Kein Bange: Ich reiße unsere Transportarbeiter aus den Klauen des Suffs und des Lasters, koste es, was es wolle! Mir fällt schon was ein."
„Sie schaffen das", schmeichelte der Sekretär, „Sie sind pfiffig."
„Genau."
Er setzte sich hin, um nachzudenken, dachte sechzehn Stunden lang nach, und etwas Verblüffendes fiel ihm ein.

Ein paar Tage später hing in sämtlichen Kellern, Bierstuben und ähnlichen feuchten Einrichtungen eine Bekanntmachung: „Wirte, bedenkt, daß Transportarbeiter nicht kreditwürdig sind. Also gebt ihnen nichts."
Die Wirkung war in der Tat überraschend.

„Tag."
„Tag", antwortete der Wirt mürrisch.
„Wieso ist deine Visage so sauer? Los, gib uns zwei Pärchen."
„Pärchen gibt's nicht!"
„Wieso nicht? Bist du verrückt?"
„Kein bißchen. Zeig dein Geld."
„Willst du dich lustig machen? Morgen ist Zahltag, da kriegst du's."
„Nein. Vielleicht kriegst du gar keinen Lohn."
„Du spinnst wohl? Ich krieg keinen Lohn? Was ist, erkennst du mich nicht?"
„Doch, sehr genau. Du bist nicht kreditwürdig."
„Ich knall dir gleich eine für deine Worte."
„Laß mich in Ruhe. Lies das Plakat."
Der Transportarbeiter las und erstarrte.

„Eine Flasche Bier!"
„Wer sind Sie?"
„Ha! Er kennt mich nicht. Der stellvertretende Stationsvorsteher."
„Dann gibt's kein Bier."
„Wieso nicht, was hast du da in den Körben?"
„Rizinusöl."
„Du lügst. Die beiden da haben sich mit deinem Rizinusöl vollaufen lassen und singen."
„Das sind andere."
„Was für welche?"
„Bessere. Holzverarbeiter."
„Ach, du Giftnatter! Woher nimmst du das Recht, uns Transportarbeiter zu beleidigen?"
„Lies das Plakat."

„Tag, Abram. Ich bring dir Stoff. Näh mir eine Hose, mein Freund."
„Das Geld im voraus."
„Wieso Geld? Du hast doch da ein Plakat hängen: ‚Gewerkschaftsmitglieder erhalten Kredit'."
„Das gilt für andere Mitglieder. Die Transportarbeiter kriegen nichts."
„Warum nicht?"
„Weil euer Vorsitzender in den Bierkneipen ein Plakat ausgehängt hat."

„Manka, lauf in den Laden, hol Petroleum auf das Mitgliedsbuch. Na, was ist?"
„Hihi. Sie geben nichts."
„Wieso nicht?"
„Sie sagen, die Transportarbeiter kriegen nichts. Sie sind nicht würdig …"

„Fedos Petrowitsch, pump mir einen Fünfer, Sonnabend kriegst du ihn wieder."
„Ich verpump nichts."
„Ich bin dein bester Freund, wieso weigerst du dich?"
„Du bist nicht kreditwürdig."

Zwei Wochen später ertönte auf dem ganzen Gelände der Streckengewerkschaft das Geheul der Transportarbeiter. Man weiß nicht, wie das Ganze geendet hätte, wenn nicht die Eisenbahnergewerkschaft an die Streckengewerkschaft geschrieben hätte:
„Lieber Amos Fjodorowitsch! Nehmen Sie Ihre Plakate ab, zum Teufel damit. Gegen den Suff helfen sie nicht, sie vergällen aber das Leben.

Unterschrift."

Amos Fjodorowitsch entfernte verlegen die Plakate.

1924

Eine Ehekatastrophe

Folgende Verträge werden von beiden Seiten für ungültig erklärt: 1. der Ehevertrag von S. K. H. dem Herzog von Edinburgh, Sankt Petersburg, vom 22. Januar 1874.

Auszug aus dem britisch-sowjetischen Vertrag

Die Neuigkeit machte den Eindruck einer detonierenden Bombe.

1

Drei Tage nach dieser Veröffentlichung erschien in der Zeitung „Rul" folgende Meldung:
„Wie aus Moskau gemeldet wird, hat die Aufhebung des Ehevertrages Seiner Königlichen Hoheit unter den Moskauer Arbeitern, besonders den Transportarbeitern, gewaltige Empörung ausgelöst. Die letzteren stehen gänzlich auf seiten der sympathischen Jungvermählten. Sie verfluchen Rakowski, der dem Herzog von Edinburgh die Möglichkeit raubte, weiterhin die süßen Ketten des Hymenäus zu tragen, die seiner Hoheit vor fünfzig Jahren in Sankt Petersburg angelegt wurden. Gerüchten nach ist es in Moskau zu Unruhen gekommen, in deren Verlauf 7000 Menschen getötet wurden, darunter der Redakteur der Zeitung ‚Gudok' und ein Feuilletonist, Autor des Feuilletons ‚Eine Ehekatastrophe', das in Nr. 1277 der ‚Gudok' abgedruckt ist."

2

Ein Brief, adressiert an Ponsonby:
„Ponsonby, Du bist ein Schuft!
Warum zum Teufel hast Du mir meine Gattin genommen? Von seiten Rakowskis ist es verständlich, er ist Bolschewik, und einem Bolschewiken darfst Du kein Brot geben, sondern

nur die Möglichkeit, dem Herzog eine Gemeinheit anzutun.
Aber Du?
Ich fordere Dich zum Duell.

Dein Dich liebender Herzog von Edinburgh."

3

Gespräch im Schlafgemach des Herzogs von Edinburgh:

Gattin: Da bist du ja endlich, mein Hühnchen, komm her, ich will dich küssen, mein Bommelchen.

Herzog (äußerst verdrossen): Geh mir aus den Augen!

Gattin: Herzog, nehmen Sie sich zusammen! Mit wem reden Sie denn? Mein Gott, wer sagt mir so grobe Worte? Mein Mann.

Herzog: Einen Dreck hast du, aber keinen Mann.

Gattin: Was?

Herzog: Lies. (Zeigt ihr den Vertrag.)

Gattin: Ach! (Fällt in Ohnmacht.)

Herzog (läutet dem Diener): Nehmen Sie sie vom Teppich.

Vorhang

1924

Der Mitarbeiter und die Masse oder Eine Schweinerei auf Gewerkschaftsebene

(Fotografische Erzählung)

Dunka kam angesaust wie eine Windsbraut.
„Genosse Opischkow", heulte Dunka, und ihre Augen flitzten. „Wo ist er? Genos ..."
Ein Hüsteln im Baß von der Vortreppe, und Genosse Opischkow trat, den Gürtel auf der Unterhose richtend, vor Dunka.
„Was brüllst du hier wie bescheuert?" fragte er und gähnte.

„Sie sollen kommen“, erklärte Dunka, „gehn Sie schnell hin, die warten!“
„Welche warten?“ fragte Opischkow beunruhigt.
„Die Versammlung doch ... Eine Unmasse Leute hat sich versammelt.“
Der Genosse Opischkow spuckte von der Vortreppe.
„Pfui Teufel! Ich dachte ... Sag denen, ich komm gleich.“
„Möchtest du Tee trinken?“ fragte die Gattin.
„Ach, danach ist mir jetzt nicht“, brubbelte Opischkow und fuhr in die Hose. „Die Masse wartet, verrecken soll sie. Ich hab diese Masse bis hier.“ (Opischkow klopfte sich gegen den Hals.) „Was zum Teufel will diese Masse ...“ Opischkows Stimme erinnerte an fernen Donner oder an ein Fuhrwerk auf dem Damm. „Die Masse ... Ich hab keine Zeit. Ob die nichts zu tun haben ...“
Opischkow knöpfte sich zu.
„Kommst du bald?“ fragte die Gattin.
„Gleich“, entgegnete Opischkow, er trappelte mit den Stiefeln auf der Vortreppe. „Ich kann mich dort nicht abkühlen ... bei dieser Masse ...“
Er verschwand.
In dem Saal, in dem die Masse der Transportarbeiter von der 3. Teilstrecke wartete, erhob sich bei Opischkows Erscheinen ein Lufthauch nebst Geflüster:
„Da ist er ... Da ist er ... Schau ... Der stellvertretende Direktor ...“
Der Versammlungsleiter stand bei Opischkows Eintritt auf und lächelte zärtlich.
„Sehr angenehm“, sagte er.
„Burr ... burr ... burr ...“, dröhnte als Antwort Opischkows Baß. „Was ist?“
„Wie meinen?“ antwortete respektvoll der Leiter. „Ihr Vortrag ... Hä-hä.“
„Vortrag?“ fragte Opischkow verblüfft. „Für wen?“
„Für wen? Für die Leute.“ Der Leiter zeigte auf die dichtgedrängte Masse in den Stuhlreihen.
„Wr ... los ... gu ... gu ...“, raunte und schneuzte die Masse.

Eine saure Miene zerfloß auf Opischkows Gesicht und lief sogar hinunter auf die Jacke.
„Versteh ich nicht“, sagte er und verzog den Mund. „Wozu der Vortrag? Hm … Ich halte täglich Vortrag beim Abschnittsleiter, aber hier?“
Der Leiter lief rot an, und die Masse kam in Bewegung. In den hinteren Reihen reckten sich Köpfe.
„Nein, ich muß schon bitten“, murmelte der Leiter, „der Abschnittsleiter ist das eine, aber dies hier, entschuldigen Sie den Ausdruck, ist etwas anderes, also haben Sie die Güte …“
„Gur … gur …“, knurrte Opischkow und setzte sich auf den Stuhl. „Na schön.“
Der Saal schneuzte sich ein letztes Mal.
„Ruhe!“ sagte der Leiter.
„Hm“, begann Opischkow. „Na, von mir aus … was soll ich reden … Na, drei Werst Strecke wurden gebaut.“
Im Saal Grabesstille.
„Na“, fuhr Opischkow fort, „tausend Stück Schwellen ausgewechselt!“
Schweigen.
„Na“, fuhr Opischkow fort, „Unkraut beseitigt.“
(Schweigen.)
„Na“, fuhr Opischkow fort, „das Gleis wurde angehoben.“
Eine hohe Stimme brach das Schweigen:
„Ha, der Vortrag macht ihm Mühe. Zum Heulen!“
Wieder Stille.
„Na?“ fragte der Leiter schüchtern.
„Was – na?“ fragte Opischkow sichtlich gereizt.
„Was das gekostet hat, und überhaupt, der Zeitaufwand, wie man so sagt, und so weiter.“
„Ich habe mich nicht vorbereiten können“, sagte Opischkow mit einer Stimme wie aus dem Keller.
„Verzeihung, das hätten Sie uns doch sagen müssen, wir hatten Sie doch gebeten, Verzeihung.“
Opischkows Geduld platzte, und sein Gesicht nahm die Farbe der Stationsleitermütze an.
„Ich“, brüllte er, „unterstehe Ihnen nicht!“

(Im Saale Grabesstille.)
„Schert euch doch alle! Ich hab genug von euch, und ich will nicht mehr mit euch reden“, blaffte Opischkow, bedeckte sich mit der Mütze, stand auf und ging hinaus.
Die Grabesstille währte drei Minuten. Dann zerbrach sie.
„Das ist ein Ding!“ piepste jemand.
„Das war eine Rede!“
„Gekränkt haben wir Opischkow.“
„Eine Schweinerei ist das!“
„Das heißt doch, er spuckt auf uns, oder?“
Der Leiter saß da wie bespuckt, er schwenkte die Glocke.
Die Stimme eines Arbeiterkorrespondenten übertönte das Getöse:
„Über den schreib ich an die ‚Gudok‘! Dem werden sie die Kufen verbiegen! Der spuckt nie wieder auf die Masse!“

1924

Drei Kopeken

Der Oberweichensteller der Station Orechowo ging sein Gehalt abholen.
Der Kassierer klackerte mit dem Rechenbrett und sagte zu ihm, was folgt:
„An Gehalt haben Sie zu beanspruchen 25 Rubel 80 Kopeken.“ (Klack!)
„Dem Streckenkonsum schulden Sie 12 Rubel 50 Kopeken!“ (Klack!)
„Für die ‚Gudok‘ 65 Kopeken.“ (Klack!)
„Kredit für die Nähstube – 12 Rubel 50 Kopeken.“
„Für die Schule 12 Kopeken.“
„Also kriegen Sie auf die Hand ...“ (Klack! Klack!)
„Drei Kopeken.“
„Bitte.“
Der Weichensteller wankte, stürzte jedoch nicht, denn hinter ihm hatte sich eine Schlange gebildet.

„Was wollt ihr?" fragte der Weichensteller und drehte sich um.
„Ich bin von der Arbeiterhilfe", sagte der erste.
„Ich bin ein Freund der Kinder", sagte der zweite.
„Ich von der Kasse der gegenseitigen Hilfe", der dritte.
„Ich von der Gewerkschaft", der vierte.
„Ich von den freiwilligen Chemikern", der fünfte.
„Ich von der freiwilligen Luftflotte", der sechste.
„Soso", sagte der Weichensteller. „Da habt ihr drei Kopeken, Kumpels, nehmt und teilt sie, wie ihr wollt."
Und da sah er noch einen.
„Wofür?" fragte der Weichensteller kurz.
„Für eine Fahne", antwortete der Gefragte kurz.
Der Weichensteller zog sich aus und sagte:
„Aber ihr müßt sie selber nähen, die Stiefel sind für Ihre Frau."
Und noch einer kam.
„Für eine Büste!" sagte der.
Der nackte Weichensteller dachte ein wenig nach, dann sagte er:
„Kumpels, nehmt mich statt der Büste. Stellt mich auf das Fensterbrett."
„Geht nicht", sagten sie ihm, „Sie sind ihm nicht ähnlich."
„Na, dann macht, was ihr wollt", antwortete der Weichensteller und ging hinaus.
„Wo willst du hin so nackt?" fragten sie ihn.
„Zum Schnellzug", antwortete der Weichensteller.
„Wohin willst du fahren in diesem Aufzug?"
„Nirgendwohin", antwortete der Weichensteller. „Ich setz mich rein bis nächsten Monat. Vielleicht wird dann menschlich gezahlt. Wie es im Gesetz steht."

1924

Ein Spiel der Natur

Bei uns gibt es einen Eisenbahner, der heißt Wrangel ...

Aus dem Brief eines Arbeiterkorrespondenten

Die Tür zum Gewerkschaftskomitee der Station M. öffnete sich, und herein kam ein hochgewachsener Mann mit einem korkenzieherartig gezwirbelten Schnurrbart. Seine militärische Haltung war nicht zu übersehen.
Der Gewerkschaftsvorsitzende, der am Schreibtisch saß, musterte den Ankömmling und dachte: Schneidig!
„Was möchten Sie, Genosse?" fragte er.
„In die Gewerkschaft eintreten", antwortete der Besucher.
„Soso ... Wo arbeiten Sie denn?"
„Ich bin eben erst angekommen", erklärte der Gast, „ich soll hier als Wiegemeister arbeiten."
„Soso. Und wie ist Ihr Name, Genosse?"
Das Gesicht des Gastes verdunkelte sich ein wenig.
„Ja, mein Name, natürlich", sagte er, „mein Name ist ... Wrangel."
Schweigen trat ein.
Der Vorsitzende starrte den Besucher an, dachte nach und griff auf einmal mechanisch nach den Papieren in seiner linken Jackentasche.
„Entschuldigung, und Ihr Vor- und Vatersname?" fragte er mit sonderbarer Stimme.
Der Ankömmling seufzte tief und bitter und sprach:
„Ja, mein Vorname ... na, mein Name, also, ich heiß Pjotr Nikolajewitsch."
Der Vorsitzende erhob sich ein wenig, setzte sich, erhob sich wieder, blickte zum Fenster, vom Fenster zum Trotzki-Bild, von Trotzki zu Wrangel, von Wrangel zum Türschlüssel, vom Schlüssel schräg zum Telefon. Dann wischte er sich den Schweiß ab und fragte heiser:
„Und wo kommen Sie her?"
Der Ankömmling atmete so mächtig aus, daß die Haare des Vorsitzenden in Bewegung kamen, und sprach:

„Sie dürfen sich aber nichts dabei denken. Ich komme von der Krim."
In dem Vorsitzenden schnellte eine Sprungfeder auseinander.
Er sprang auf und war im Nu verschwunden.
„Ich hab's ja gewußt", sagte der Gast niedergeschlagen und ließ sich auf einen Stuhl fallen.
Draußen wurde der Schlüssel knackend herumgedreht. Mit Augen, die wie Sterne glitzerten, durchsauste der Vorsitzende den Wartesaal dritter Klasse, dann die erste Klasse bis zu der geheimen Tür. In seinem Gesicht spielten Farben. Unterwegs schwenkte er die Arme und rollte mit den Augen. Er prallte auf einen Mann mit Uniformjacke und heulte ihm flüsternd zu:
„Lauf, lauf zum Gewerkschaftskomitee und bewach die Tür! Damit er nicht entkommt!"
„Wer?"
„Wrangel!"
„Du bist ja bescheuert!"
Der Vorsitzende packte einen Gepäckträger an der Schürze und zischte:
„Lauf schnell die Tür bewachen!"
„Welche?"
„Blödmann: Du kriegst eine Belohnung!"
Der Träger riß die Augen auf und flitzte davon, gefolgt von einem zweiten.
Drei Minuten später drängte sich vor der Gewerkschaftstür eine tobende Menge. In sie hinein keilte sich der Vorsitzende, blaß und schweißgebadet, gefolgt von zwei Männern mit Mützen, die oben rot und am Rand bläulich waren. Munter drangen sie in die Menge, und der erste rief schallend:
„Hier gibt's nichts zu sehen, Bürger! Räumen Sie den Flur! Wo wollen Sie hin? Nach Kiew? Es hat schon zweimal geklingelt. Räumen Sie den Flur!"
„Wen habt ihr gefangen, Freunde?"
„Genau den Richtigen. Laßt uns bitte durch."
„Der Gewerkschafter hat Denikin gefangen!"

„Blödmann, Sawinkow ist getürmt, und bei uns haben sie ihn erwischt."
„Ich hab ihn am Schnurrbart erkannt", murmelte der Vorsitzende einem der Mützenträger zu. „Ich hab hingeguckt und mir gedacht, mein Gott, das ist er!"
Die Tür ging auf, die Menge stieg aufeinander, und im Türspalt war der Ankömmling zu sehen.
Er blickte den Eintretenden entgegen, seufzte bitterlich, lächelte säuerlich und ließ die Mütze fallen.
„Tür zu! Ihr Name?"
„Na Wrangel doch, ich hab's schon gesagt."
„Aha!"
Die Uniformmützen besetzten sofort das Telefon.
Fünf Minuten später war das Publikum vor der Tür verschwunden, und durch den geräumten Flur bewegte sich feierlich ein Zug von sieben Uniformmützen. Mittendrin schritt, die Augen himmelwärts gerichtet, der Ankömmling und murmelte:
„Da, dein Wille geschehe ... Wie sie mich quälen ... In Cherson abgeführt ... In Kiew abgeführt ... Ein Elend ... Ich schreib an den Rat der Volkskommissare, die sollen mir irgendeine andere Bezeichnung geben."
„Ich hab's rausgefunden", murmelte der Vorsitzende ganz hinten, „mein Gott, denk ich, der Schnurrbart! Na, bei mir geht so was ganz fix und militärisch: zack – und zugeschlossen. Der Schnurrbart ist das Wichtigste ..."

Genau drei Tage später öffnete sich die Tür des Gewerkschaftskomitees, und der Schneidige kam herein. Seine Physiognomie war finster.
Der Vorsitzende stand auf und glotzte.
„Was denn, Sie?"
„Ja, ich", antwortete der Ankömmling finster und hielt dem Vorsitzenden wortlos ein Papier hin.
Der Vorsitzende las es, errötete und erklärte:
„Wer soll das wissen", murmelte er. „Hm, ja, ein Spiel der Natur. Das Wichtigste, Sie haben einen Schnurrbart, und dann noch Pjotr Nikolajewitsch ..."

Der Ankömmling schwieg finster.
„Na schön ... Dann gibt's wohl keine Bedenken mehr. Ja ... Wir nehmen Sie. Der Schnurrbart hat mich verwirrt ..."
Der Ankömmling schwieg böse.

Eine Woche später trat der angetrunkene Wiegemeister Karassew zu dem finsteren Wrangel, um sich einen Spaß zu machen.
„Wünsche Gesundheit, Euer Exzellenz", sagte er, salutierte und zwinkerte den anderen zu. „Wie ist das werte Befinden? Wie gefällt es Ihnen unter der Sowjetmacht und überhaupt bei uns in der RSFSR?"
„Laß mich in Ruhe", sagte Wrangel mürrisch.
„Der Herr General sind ärgerlich", fuhr Karassew fort, „wirklich, ärgerlich! Ich fürchte, er läßt mich noch erschießen. Bei ihm geht das flink, er hat einen Proletarier geschnappt."
Wrangel holte aus und versetzte Karassew einen Kinnhaken, daß dem die Mütze vom Kopf flog.
Gelächter ringsum.
„Wieso schlägst du mich, du Perekoper Giftnatter?" sagte Karassew mit zitternder Stimme. „Ich mach Spaß, und du ..."
Wrangel holte ein Papier aus der Tasche und hielt es Karassew vor die Nase. Alle umdrängten das Papier und lasen:
„Angesichts dessen, daß ich im Leben keine Ruhe finde, bitte ich meinen verhängnisvollen Nachnamen in den hochgeehrten Namen meiner Mutter, Iwanow, zu ändern."
Auf der Seite war mit Kopierstift dazu geschrieben: „Stattgegeben."
„Du Schwein", jammerte Karassew. „Wieso hast du mich geschlagen?"
„Du darfst ihn nicht reizen", sagte die Menge auf einmal. „Iwanow, du gibst einen aus."

1924

Die Wiege des Stationsleiters

Schlafe süß, mein schönes Bübchen,
draußen weht der Wind,
ruhig blickt der Mond ins Stübchen,
lugt nach meinem Kind.
Lermontow

Schlaf, mein Jungchen,
schlafe süß,
Mütterlein ist in Paris …
Aus den Werken von
Sascha Tschorny

„Ich erkläre die Vollversammlung der Arbeiter und Angestellten der Station Scheluchowo an der Kasaner Strecke für eröffnet!" verkündete der Versammlungsleiter freudig und blickte in den Saal, in dem vorwiegend Arbeiter des Streckendienstes saßen. „Auf der Tagesordnung steht ein Vortrag über die Kriegswoche 1914. Das Wort hat der Genosse Stationsleiter. Bitte, Genosse Stationsleiter!"
Aber der Genosse Stationsleiter kam der Bitte nicht nach.
„Wo steckt er denn?" fragte der Leiter.
„Zu Hause", antwortete eine Stimme.
„Man muß nach ihm schicken."
„Macht das unbedingt", lärmte der Saal. „Er ist ein interessanter Mann; wenn er vom Krieg erzählt, kannst du nicht genug hören!"
Der Abgesandte kam ohne den Genossen Stationsleiter zurück, aber er brachte einen Brief mit.
Der Leiter entfaltete ihn feierlich und las:
„Als Antwort auf Ihre Einladung vom Soundsovielten teile ich mit, daß ich nicht zur Versammlung kommen kann. Begründung: Ich habe mich schlafen gelegt."
Der Leiter mit dem Brief in der Hand stand starr, und im Saal bemerkte jemand:
„Das nenn ich eine offizielle Antwort."
„Gute Nacht!"
„Wieso denn Nacht, es ist doch erst fünf."

Der Leiter überlegte, sah zur Decke, dann auf seine Stiefel, dann zum Fenster hinaus und versetzte traurig:
„Ich erkläre die Sitzung für geschlossen."
„Die Wiege des Stationsleiters ist das Grab der Vollversammlung."
Alle gingen still nach Haus.
Amen!

1924

Geschichte von Podshilkin und den Graupen

In der Transportsektion erschien ein Bürger, ging ins Arbeitszimmer, setzte sich auf ein Polstermöbel, nahm eine Schachtel „Tais" aus der Tasche, dann ein Schlüsselbund und tat alles in die andere Tasche.
Sodann holte er ein Taschentuch hervor und schluchzte hinein.
„Bitte schluchzen Sie nicht, junger Mann, Sie sind in einer Behörde", sagte der Mann am Schreibtisch finster, „Schluchzen entfällt."
Aber der Bürger schluchzte noch heftiger.
„Ist bei Ihnen jemand gestorben? Ihre Frau Mutter vielleicht? Dann begeben Sie sich in die Begräbnisabteilung der Versicherungskasse, da können Sie schluchzen, soviel Sie wollen. Verderben Sie uns hier nicht den Teppich, junger Mann!"
„Ich bin kein junger Mann", stieß der Gast unter Schluchzen hervor. „Im Gegenteil, ich bin der Leiter des ersten Eisenbahnerkonsums, Podshilkin."
„Sehr angenehm", sagte der Sektionsmann verblüfft. „Weswegen weinen Sie?"
„Wegen der Graupen", antwortete Podshilkin und wurde still. „Bei allem, was Ihnen heilig ist, geben Sie mir Graupen!"

„Was heißt geben?“ Der Sektionsmann lächelte breit. „Soviel Sie wollen! Der Zentralverband hat uns drei Waggons grobe Grauben angeboten. Ach, Sie Schluchzer, Heuler, Weiner, Sie Trauriger!“

„Wie teuer?“ fragte Podshilkin fröhlich.

„Zweizwanzig!“

Podshilkin dachte mühsam nach.

„Das ist ein Ding“, murmelte er, „das ist eine Gelegenheit! Halten Sie die Graupen ein Weilchen fest, ich komm gleich wieder.“

Er enteilte.

„Komiker“, sagte der Mann ihm hinterher. „Erst heult er wie ein Delphin, dann läuft er weg.“

Podshilkin unterdes lief direkt zur Kommission für Preisregulierung beim Moskauer Konsumverband.

„Wo ist die Kommission?“

„Die Tür da. Rennen Sie die Leute nicht um. Sie schaffen's schon noch.“

„Hört zu, Kumpels, ich kann hier Graupen kriegen, grobe, für zwei Rubel zwanzig Kopeken, aber ihr habt den Preis für den Einzelhandel in den Konsumläden auch auf zweizwanzig festgelegt!“

„Na und? Haben wir. Und weiter?“

„Weiter müßt ihr mir erlauben, ein bißchen teurer zu verkaufen. Wie soll ich sonst den Transport, die Lohnkosten und so weiter finanzieren?“

„Schlauer Hund. Das geht nicht!“

„Warum nicht?“

„Weil es nicht geht.“

„Was soll ich machen?“

„Hm ... Gehen Sie in die Warwarka zum Volkskommissariat für Binnenhandel.“

Podshilkin nahm die Straßenbahn 6.

Und sauste hin.

„Da ... Grobe Graupen ... ich hab Angst, sie zu verpassen ... zweizwanzig, verstehen Sie ... der Einzelhandelspreis ... verstehen Sie ... auch zweizwanzig ... verstehen Sie?“

„Na und?“
„Darf ich bißchen höher gehen?“
„So was Schlaues. Geht nicht.“
„Warum nicht?“
„Darum nicht.“
„Was soll ich machen?“ fragte Podshilkin und griff in die Tasche.
„Nein, lassen Sie das. Da hängt das Plakat – ‚Es wird gebeten, nicht zu weinen‘.“
„Wie soll ich nicht weinen?“
„Gehen Sie zum Moskauer Konsumverband.“
Podshilkin fuhr mit der 4 zurück.
„Schon wieder Sie?“
„Sie haben mich zu Ihnen geschickt.“
„Schlauberger. Geh zurück.“
„Zurück?“
„Genau.“
Podshilkin ging hinaus. Er stand ein Weilchen da, dann spuckte er aus. Ein Milizionär trat zu ihm.
„Drei Rubel.“
„Wofür?“
„Du hast am Napf vorbeigespuckt.“
Podshilkin zahlte drei Rubel und ging in seinen Konsumladen. Er nahm ein Stück Pappe und malte darauf:

„Keine Graupen!“

Arbeiter traten zu der Pappe und beschimpften Podshilkin.
Nebenan verkaufte ein Privathändler die Graupen für vier Rubel.
So ist das.

1924

Der Bibliofettier

Auf einer Station ist der Bibliothekar vom Lesewaggon gleichzeitig Büfettier im Leninzimmer.
Aus dem Brief eines Arbeiterkorrespondenten

„Bitte sehr! Da ist ein freier Tisch. Ich wisch ihn gleich ab. Bier oder Buch?"
„Wassja, der Bibliofettier fragt, was wir wollen, Buch oder Bier?"
„Für mich ... ein Heft und ein belegtes Brot."
„Ach, ihr ... votre maman ... tam-tam-tam-tam kreuzweise."
„Es wird gebeten, keine unanständigen Ausdrücke zu gebrauchen."
„Ich drücke Protest aus!"
„Mein Lieber, gib uns ein halbes Dutzend!"
„Das ‚ABC' vom Genossen Bucharin, habt ihr das?"
„Ganz frisch hereinbekommen. Gerassim Iwanowitsch, ein Bucharin! Und ein halbes Dutzend Helles!"
„Dörrfisch mit Kaviar!"
„Dörrfisch möchten Sie?"
„Für uns was zu lesen."
„Was darf's denn sein?"
„Na, vielleicht Gogol?"
„Nach Hause? Das geht nicht. Die Bücher müssen hierbleiben. Sie können sie hier essen, das heißt, lesen."
„Ich hatte ein Schnitzel bestellt. Muß ich noch lange warten?"
„Gleich. Ich hab nur zwei Hände. Ich mußte das ‚Erfurter Programm' aus dem Keller holen."
„Ihre Gesundheit!"
„Hurra! Ich bin schon seit dem Morgen hier. Wir lesen auf Ihre Gesundheit!"
„Ich sehe, daß Sie nicht stricken. Womit haben Sie sich so vollaufen lassen?"
„Mit dem Kritiker Belinski."
„Auf den Kritiker!"

„Auf die Gesundheit unseres Vorsitzenden! Bringen Sie bitte zwei Exemplare Bier."
„Nein! He! Der Schinken kommt hierher. Und für meinen Jungen etwas vom Komsomol, damit er was lernt."
„Die Geschichte der Bewegung kann ich anbieten."
„Na, dann her mit der Bewegung. Das Kind soll lesen."
„Mein Lieblingsschriftsteller ist Trjochgorny."
„Ein bekannter Mann. An jeder Wand, sogar auf der Flasche abgebildet."
„Unser Gerassim Iwanowitsch flattert herum wie ein Adler."
„Wohltäter! Jedem mußt du's rechtmachen, jedem was bringen ..."
„Engel!"
„Gerassim Iwanowitsch, unsere Lesergruppe bringt ein ‚Hurra' auf Sie aus."
„Keine Zeit, Leute. Tri... nein, lest, laßt euch die Lektüre schmecken."
„Man stirbt! Da begraben sie einen, als ob man nie gelebt hätte."
„Man verfault ... steht nie wieder auf ... seid lustig, Freunde!"
„Schenkt ein ... schenkt ein ..."

1924

Die nackte Angelegenheit

(Brief)

Alles war still, alles sehr schön, doch plötzlich ging ein Gerücht durch unsere geehrte Station Gudermes an der Nordkaukasusstrecke, mit dem Zug Nr. 12 um 18 Uhr würden aus Moskau lauter nackte Mitglieder der Gesellschaft „Nieder mit der Scham" eintreffen.
Dies erregte ungewöhnliches Interesse, darunter bei den Frauen, die sagten:
„Schweinekram ist das!"

Gleichwohl kamen alle gucken.
Andere sagten:
„Die verprügeln wir!“
Kurz und gut, ganz Gudermes strömte zum Zug.
Na, es gab eine Enttäuschung, denn der Zug war piekfein angezogen mit Ausnahme des Heizers, und der auch bloß bis zum Gürtel. Aber einen nackten Heizer hatten wir schon gesehen, bei dem ist der Ruß sozusagen die Arbeitskleidung.
Alle gingen lachend auseinander.
Und nun möchten wir wissen, was es mit dieser Gesellschaft auf sich hat und wie wir deren Handlungen in Moskau zu verstehen haben.

Brief des Gen. Piwen
Umgeschrieben von M. Bulgakow.

Die Antwort Bulgakows:
„Genosse Piwen, teilen Sie den Gudermesern mit, daß die Handlungen der Nackten als dumme Handlungen zu begreifen sind.
In der Tat haben in Moskau zwei Nackte die Straßenbahn bestiegen, aber sie gelangten nur bis zum nächsten Milizrevier.
Die ‚Gesellschaft‘ ist jetzt aufgelöst aus zwei Gründen: Erstens kann die Miliz Nackte nicht leiden, und zweitens fängt der Winter an.
Also machen Sie sich keine Hoffnungen: Nackte werden nicht kommen.“

1924

Mauer gegen Mauer

Am Tag des Kirchweihfestes fand im Dorfe Popljowina im Bereich der Station Rjashsk der traditionelle Faustkampf der Bauern statt. An diesem Kampf beteiligte sich der Feldscher des Rjashsker Sprechzimmers, der seinen Parteibeitritt beantragt hatte.

Arbeiterkorrespondent

1 Auf dem Weideplatz

Am Tag des Kirchweihfestes für den Heiligen Sergi ertönte im Dorf der Kampfruf:

„Leute! Kommt zusammen! Leute, haltet euch wacker!"

Der bei der ganzen Bevölkerung wohlbekannte Onkel mit dem Spitznamen Ziegenbart, Initiator und Plattkopf, schrie mit Kommandostimme:

„Halt, Leute! Sind noch nicht alle beisammen. Ein paar sind in der Messe."

„Richtig!" stimmte die kämpferische Bevölkerung zu.

In der Kirche schellten hastig die Glocken, und der Vater Oberpriester ratterte die Worte des Schlußgebetes herunter. Es folgte wie ein schwerer Seufzer der abschließende Akkord des Chors, dann strömte die männliche Bevölkerung auf den Weideplatz.

„Hurra, hurra!"

Der Kopf von Ziegenbart war mitten im Gewühl, und von dort tönten seine Worte:

„Halt! Zurück."

Es wurde still.

Ziegenbart sprach die einleitenden Worte:

„Keine Kupferfünfer der Prägung 1924 in die Faust pressen. Die teuren Gegner nicht unter die Rippen schlagen, um die Bevölkerung nicht zu vernichten. Wer schon liegt, darf nicht getreten werden, er ist keine Hirse! Mit Gott!"

„Hurra!" tönte der Reckenruf.

Sogleich teilte sich die männliche Bevölkerung in zwei Mau-

ern. Diese gingen auseinander und bewegten sich dann mit dem Ruf „Hurra“ aufeinander zu.
„Nicht schlappmachen, Prokudin!“ heulte die linke Reihe. „Schlagt die Hundesöhne, jeder wie er kann!“
„Schlagt! Schlagt!“ Die Baumgruppen zerteilten das Echo.
Die Mauern trafen aufeinander, und das erste Opfer des Kraftkerls Prokudin wurde der arme Ziegenbart. Wie sie auch von allen Seiten auf ihn einschlugen, Prokudin kämpfte sich zu Ziegenbart durch, traf ihn fürchterlich und verpaßte ihm noch einen Tritt in die Stelle, auf der Ziegenbart auf den Versammlungen des Dorfsowjets zu sitzen pflegte, so daß er im Nu aus der Schlachtordnung draußen war. Er flog mit dem Kopf voran strampelnd durch die Luft, dabei verlor er aus der Tasche sechs Zwanzigkopekenstücke, aus dem Mund zwei Zähne, aus den Augen Funken und aus der Nase dunkles Blut.
„Leute!“ heulte die erste Reihe. „Verlieren wir etwa?“
Ziegenbarts Blut schrie zum Himmel und wurde sogleich gesühnt. Die Mauern waren dicht beieinander, die Fäuste hämmerten wie Dreschflegel auf der Tenne. Der zweite, der aus der Mauer flog, war Wassja Kljukin, er schleifte mit der Physiognomie über die Erde und fetzte sich hinten wie vorn die Haut ab. Er kam neben Ziegenbart zu liegen und sprach nur wenige Worte:
„Meine Stiefel gebt der Witwe.“
Ohne Ärmel und mit zerfetztem Hinterteil flog Ptachin durch die Luft, drehte sich um seine eigene Achse, schlug einen gegen den Hinterkopf, fing sich selber eine gewaltige Maulschelle ein und blaffte:
„Ich ergebe mich! Ich kann Gottes Welt nicht mehr sehen!“
Und nahm eine liegende Position ein.
Am Dorfende heulten unruhig die Hunde. Und die zuschauenden Weiber begannen sacht zu kreischen.
Da zeigte sich mit Chemisett, Schlips und Galoschen, feiertäglich strahlend, der Feldscher Wassili Iwanowitsch Talalykin. Er näherte sich dem tobenden Kampfgetümmel, und seine Äuglein wurden schmal. Zuerst trat er auf der Stelle,

zerrte unschlüssig an seinem Schlips, dann fuhr er mit der Hand entschlossen über die Knöpfe des Jacketts, warf es ab, stieß einen siegesbewußten Schrei aus und keilte sich in die Schlacht. Die rechte Mauer bekam so Verstärkung. Wie ein Adler stürzte sich der Diener der Medizin hinein, um seine Patienten zu verstümmeln. Aber die blieben ihm nichts schuldig. Es krachte, dann kullerte der Universalarzt wie eine leere Zinksalbendose durchs Gras und sprenkelte es mit Blutflecken.

2 Weggejagt

Zwei Tage später erschien im Kreisparteikomitee der Stadt R. der Feldscher Wassili Iwanowitsch Talalykin. Er trug eine Lederjacke und ein Führerbild, und sein Gesicht zeigte derart viel politisches Bewußtsein, daß einem davon schlecht werden konnte. Oberhalb des Bewußtseins zierte ihn ein buntfarbenes Veilchen unterm rechten Auge, und der linke Backenknochen war etwas dicker als der rechte. Mit strahlenden Augen, die deutlich zeigten, daß er das Politwissen bis auf den Grund beherrschte, begrüßte er die Anwesenden voller Würde:

„Guten Tag, Genossen."

Die Antwort war Grabesstille.

Nach kurzem Schweigen sprach der Kreisparteisekretär zum Feldscher was folgt:

„Bürger, gehen wir für einen Moment in mein Zimmer."

Bei dem Wort „Bürger" gab es Talalykin einen Ruck.

Die Tür wurde geschlossen, der Parteisekretär schob die Hände in die Hosentaschen und sprach:

„Hier habe ich Ihren Antrag auf Eintritt in die Partei."

„Aber ja, aber ja", antwortete Talalykin, dem Übles schwante, und hielt die Hand vor das Veilchen.

„Sie haben sich gestoßen?" fragte der Sekretär verdächtig freundlich.

„Hä ... ja, gestoßen", antwortete Talalykin. „Aber ja, ich bin gegen den Türrahmen gelaufen. Tja, der Antrag. Schon ein

Jahr klopf ich an die Tür unsrer lieben Partei, unter deren Banner es mich mit allen Fibern meiner Seele zieht", zwitscherte Talalykin mit heller Stimme. „Eingedenk der großen Vermächtnisse unserer Führer ..."

„Genug", unterbrach ihn der Sekretär mit unangenehmer Stimme, „genug. Sie haben unter dem Banner nichts zu suchen!"

„Aber warum nicht?" fragte Talalykin ersterbend.

Statt einer Antwort zeigte der Sekretär auf das bunte Veilchen.

Talalykin sagte nichts. Er ließ den Kopf hängen und entfernte sich aus dem Kreisparteikomitee.

Ein für allemal.

1924

Eine neue Methode der Bücherverbreitung

Der Buchklub in Charkow verkaufte 182 Pud und 6 Pfund Bücher, herausgegeben vom Volkskommissariat für Landwirtschaft zur Verteilung auf dem Lande, als Einwickelpapier.
Außerdem verkauften die Händler zu 4 Rubel das Pud Ausgaben des ukrainischen Schriftstellerverbandes „Plug".

Arbeiterkorrespondent

In dem Buchladen war kein einziger Kunde, und die Verkäufer standen gelangweilt hinterm Ladentisch. Die Glocke klingelte, und herein kam ein Bürger mit fächerartigem gelblichem Bart. Der sagte:

„Tag."

„Womit kann ich dienen?" fragte ein Verkäufer erfreut.

„Die Werke des Bürgers Lermontow möcht ich", sagte der Bürger leicht hickend.

„Die Gesammelten Werke?"

Der Bürger überlegte und antwortete dann:

„Ja. So an die fünfzehn bis zwanzig Pud."
Dem Verkäufer sträubten sich die Haare.
„Ich bitte Sie, die Gesammelten Werke wiegen höchstens fünf Pfund!"
„Weiß ich", antwortete der Bürger, „ich kauf sie ja ständig. Packen Sie mir fünfzig Exemplare ein. Ihre Jungs können sie mir rausbringen. Ich hab draußen ein Fuhrwerk."
Der Verkäufer spritzte die hölzerne Leiter hinauf und meldete vom obersten Regal ehrerbietig:
„Tut mir leid, nur noch fünf Exemplare."
„Schade", sagte der Kunde traurig. „Na, dann eben die fünf. Außerdem, guter Mann, nehm ich noch die ‚Weltgeschichte'."
„Wieviel Exemplare?" fragte der Verkäufer freudig.
„So an die fünfzig."
„Exemplare?"
„Nein, Pud."
Sämtliche Verkäufer tauchten aus ihren Bücherhöhlen, und der Leiter des Ladens bot dem Kunden einen Stuhl an. Die Verkäufer turnten auf den Leitern wie Matrosen in der Takelage.
„Wassja, Regal 15. Gib die ‚Weltgeschichte' herunter, alles, was noch da ist. Möchten Sie sie eingebunden? Pappband mit Goldprägung?"
„Nicht nötig", antwortete der Kunde. „Den Einband kann ich nicht gebrauchen. Hauptsache, das Papier ist schlecht."
Die Verkäufer waren wieder perplex.
„Wenn Sie schlechtes wollen", sagte endlich einer, „dann kann ich Ihnen Puschkins Werke in der Ausgabe des Volkskommissariats für Landwirtschaft anbieten."
„Puschkin kann ich nicht gebrauchen", antwortete der Bürger. „Da sind Bilder drin, und die sind hart. Aber vom Volkskommissariat kannst du mir fünf Pud zur Probe mitgeben."
Nach einiger Zeit waren die Regale leer, und der Leiter persönlich schrieb dem Kunden höflich den Kassenzettel aus. Ächzend schleppten die Jungs die Bücherpacken hinaus.

Der Kunde zahlte mit raschelnden weißen Scheinen und sagte:
„Auf angenehmes Wiedersehen."
„Gestatten Sie die Frage", fragte der Leiter respektvoll, „Sie vertreten gewiß einen großen Laden?"
„Ja, einen großen", antwortete der Kunde würdevoll. „Ich handle mit Heringen. Meinen Gruß." Und er entfernte sich.

1924

Benachrichtigung mit Imperator

Der Arbeiter Wlas Wlassowitsch Wlassow bekam vom Wosnessensker Postamt die Benachrichtigung über eine Geldüberweisung. Er entfaltete sie und las laut, weil ihm das Lesen so leichter fiel:
„Das Wos-nes-sen-sker Post-Amt. Postamt. Teilt mit. Hörst du, Katerina, es teilt mit. Wahrscheinlich schickt mein Bruder Geld. Daß auf Ihren Namen eine Überweisung von 15 Rubeln eingegangen ist. Am Namenstag ... Seiner Kaiserlichen ..."
Wlas verschluckte sich.
„Majestät ..."
Wlas sah sich erschrocken um und las flüsternd weiter:
„Des Imperators ... Was ist denn das? Des Imperators Niko-laus Alexandrowitsch."
Wlas verstummte bestürzt, dann las er weiter:
„Krawawawa", obwohl dieses Wort in der Benachrichtigung nicht vorkam. „Die Auszahlung des Geldes erfolgt täglich mit Ausnahme der zwölf Hauptfeiertage und des Geburtstags Ihrer Kaiserlichen Majestät der Kaiserin Alexandra Fjodorowna. Das ist ein Ding!" rief Wlas. „Schöne Benachrichtigung. Hörst du, Katerina, sie schicken eine Benachrichtigung mit Imperator!"
„Das kommt dir bloß so vor", antwortete Katerina.
„Dein Imperator macht mir Spaß", sagte Wlas gekränkt,

„der kommt mir nicht so vor. Im übrigen hat es keinen Zweck, dir das zu beweisen, du bist ja Analphabetin."
„Na, dann geh doch zu Alphabeten", antwortete die zärtliche Gattin.
Wlas ging zu den Alphabeten im Wosnessensker Postamt, bekam seine fünfzehn Rubel, dann schob er den Kopf in die vergitterte Öffnung und fragte:
„Aus welchem Grund ist der Imperator auf die Benachrichtigung gedruckt? Das möcht ich gern wissen, Genosse."
Der Genosse in Gestalt einer Frau mit einem straff gewundenen Haardutt auf dem Kopf und einem Türkis am Zeigefinger antwortete wie folgt:
„Halten Sie mich nicht auf, Genosse, ich hab keine Zeit für Sie. Die Formulare sind alt, noch aus der Zarenzeit."
„Sehr schön", brummte Wlas in das Loch, „in der sowjetischen Zeit so was von Verirrung."
„Der hat sich vorgedrängt!" heulte es am Ende der Schlange. „Wir wollen auch rankommen."
Wlas wurde an der Hose gepackt und vom Schalter weggezogen.
Auf dem Heimweg schüttelte Wlas den Kopf und flüsterte:
„Seine Majestät der Imperator. Scheußliche Wörter!"
Zu Hause angekommen, bewaffnete er sich mit einem Kopierstiftstummel und einem alten Gepäckschein, auf dem er einen Brief an die „Gudok" schrieb:
„Es könnte nicht schaden, die Kinkerlitzchen der abgelebten Ordnung abzuschaffen, die auf der Rückseite von Benachrichtigungen gedruckt sind. Sie unterjochen und verärgern die Arbeiterklasse. Wlas."

1924

Stoffwechsel

Notizbuch

Am 15.

In Odessa mit Ätzsoda 1000 Mäuse verdient. Heute in Moskau eingetroffen. Ich suche ein Zimmer. Reicht das Geld? Hihi! Ich glaube, ja.

Am 16.

Wenn einer Geld hat, findet er leicht eine Wohnung in Moskau. Ich habe eine gefunden. Die Hausverwaltung gibt mir für 28 Mäuse im Monat ein blendendes Zimmer mit Gobelin, Telefon und Klosett.

Die übrigen Mieter sind Gesindel.

Am 18.

Vertrag für ein Jahr unterschrieben. Eingezogen. Der Gobelin ist grün. Heute über den Hof gegangen, irgendwelche Weiber haben geguckt und mit dem Finger auf mich gezeigt. Statt zu grüßen. Der Verwalter sagt: „Sie sind bei uns der einzige Reiche." Hihi. Angenehm. Unbestreitbar, Geld ist Macht. Hut ab vor den Mäusen.

Am 19.

Möbel gekauft – 80 Mäuse.

Bett – 20.

Sprungfedermatratze – 15.

Hol's der Teufel, das Zimmer verlangt Ausgaben.

Am 20.

Heute ... Ein Mann mit Vollbart. Unangenehmes Gesicht. Wieviel zahlen Sie für das Zimmer? fragt er. Was geht Sie das an? Da stellt sich heraus, Finanzinspektor.

Am 21.

Ist er verrückt? Die Miete, sagt er, macht ein Fünftel des Budgets aus, also verdienen Sie im Monat 28 x 5 = 140 Mäuse. Macht im Jahr 1680 Mäuse! Also zahlen Sie an die Steuer ... Er rechnet und rechnet und kommt auf 120 Mäuse!

Von wegen, ich zahle nicht!

Am 28.

Verdammt, ich habe gezahlt, mit Strafzuschlag.

Am 29.
Die Wasserleitung im Haus ist geplatzt. Umlage nach Höhe der Wohnungsmiete. Auf mich kamen 20 Mäuse.
Am 31.
Treppenreparatur. Auf mich kamen 18 Mäuse.
Luftflotte – 1 Maus.
Obdachlose Kinder – 1 Maus.
(Sie sind doch „reich".)
Freiwillige Chemiker …
Für die Tuberkulose an die Proletarier 15 Kopeken gezahlt.
Am 3.
Hof asphaltiert, von allen einen Rubel, von mir 5. Geht doch zum Teufel! Ich wollte das Zimmer aufgeben, geht nicht, 500 Mäuse Vertragsstrafe.
Am 9.
Es ist nicht zu fassen. Das ganze Haus wird auf meine Kosten unterhalten. Überall neue Scheiben eingesetzt, ein Kinderspielplatz gebaut, neue Hosen für den Verwalter (ihm wurde ein Gehalt bewilligt).
Am 10.
Der Finanzer kam und belegte mich mit einer Zusatzsteuer als „besonders reichen Mann". Einmalige Zahlung von 500 Mäusen. Ich habe aufgeschrien. Ich verstehe das nicht. Vom Hof kommt Asphaltgeruch. Ich schreie: „Ich bin ruiniert", und er sagt: „Versuchen Sie nur, nicht zu zahlen."
Am 15.
Er inventarisierte Möbel, Gobelin, Telefon, Koffer, 10 Anzüge, ein paar Goldsachen.

Ich fahre zurück nach Odessa zum Ätzsoda.

1924

Erzählung eines Arbeiterkorrespondenten von überflüssigen Menschen

Als sich der Stundenzeiger der verhängnisvollen 5 näherte, strömten die Arbeiter in die Bachmatscher Kaserne, um den Bericht des Gewerkschaftskomitees über seine Arbeit zu hören.

Genau um Viertel acht bat der Versammlungsleiter mit schallender Stimme, die Plätze einzunehmen, danach trat der Gewerkschaftsvorsitzende vor und begann seinen Vortrag ohne Nervosität, frei und flüssig wie eine Nachtigall.

„Wir haben im September 406 Angestellte, davon nicht in der Gewerkschaft 6. Also 400 Mitglieder. Die ‚Gudok' wird von allen abonniert. Vierhundertmal 1 ‚Gudok' macht 400 ‚Gudok'. Damit ist der Plan zu 100 % erfüllt, macht hundert. Ein Blasorchester wurde angeschafft und teilweise bezahlt."

„Macht wieviel?" wurde aus der hinteren Reihe gefragt.

„Wir müssen das restliche Geld auftreiben, um zu bezahlen", antwortete der Vorsitzende und fuhr fort:

„Die Wandzeitung erscheint mitunter verspätet wegen der Schreibmaschine."

„Inwiefern verhindert sie es?" wurde gefragt.

„Sie ist nicht vorhanden", erklärte der Vorsitzende und fuhr fort: „Der Posten des Referenten ist in Bachmatsch überflüssig und muß eingespart werden. Ebenso der Posten des Brandmeisters."

„Ich bitte ums Wort!" schrie plötzlich einer, alle standen auf und sahen, daß es der Referent war.

„Sie haben das Wort", sagte der Versammlungsleiter.

Der Referent trat vor die Versammlung, und alle sahen, daß er aufgeregt war.

„Ich soll überflüssig sein", fragte der Referent und fuhr fort: „Vielen Dank für diesen Ausdruck an meine Adresse. Merci. Ich sitze 24 Stunden am Tag und wühle mich durch meine Berichte, und dann bin ich auf einmal überflüssig. Ich arbeite wie ein Pferd, das Gewerkschaftskomitee merkt nichts davon, und dann erklärt es, ich bin überflüssig! Ich hab viel-

leicht allein an Papieren schon eine Million vollgeschrieben! Und ich soll überflüssig sein?"
„Richtig, überflüssig", lärmte die Versammlung.
„Vollkommen überflüssig", bestätigte der Leiter.
„Das stimmt nicht, ich bin nicht überflüssig!" schrie der Referent.
„Ich entziehe Ihnen das Wort", sagte der Leiter.
„Ich bin nicht überflüssig!" schrie der Referent gereizt.
Der Leiter läutete mit der Glocke gegen ihn, da fand er sich ab.
„Ich bitte ums Wort", ertönte eine Stimme, und alle sahen den Brandmeister. „Ich bin auch überflüssig?" fragte er.
„Ja", antwortete der Leiter fest.
„Erlauben Sie mir die Frage, wovon Sie sich leiten lassen, wenn Sie die Frage meiner Entlassung aufwerfen?" fragte der Brandmeister.
„Von meinem staatsbürgerlichen Gewissen und der wirtschaftlichen Sorgfaltspflicht", antwortete der Leiter fest, und sein Blick heftete sich auf das Leninbild.
„Aha", antwortete der Brandmeister und schlug keinen Krach. Er war ein tapferer Mann dank der Brände.
Danach erzählte der Leiter von der Kasse für gegenseitige Hilfe, daß mehr als tausend Rubel drin seien, aber das sei zu wenig, weil alles Geld verliehen sei, und schloß die Versammlung. Das sind so unsere Bachmatscher Angelegenheiten.

1924

Der Untergang des bevollmächtigten Schurka

(Wörtliche Erzählung eines Arbeiterkorrespondenten)

Sie kennen doch Schurka N., den Stellvertreter unseres Stationsleiters? Aber wer kennt nicht diese bekannte Persönlichkeit des zwanzigsten Jahrhunderts!

Als Schurka gefragt wurde, ob sein Vater an der Werkbank gearbeitet habe, antwortete er, sein Vater sei Stationswächter gewesen.

Darum schlug Schurka im zwölften Jahr seines jungen Lebens die Verkehrslaufbahn ein und erlangte nach zehnjähriger Berufszeit den hohen Titel eines Gewerkschaftsbevollmächtigten.

Mit diesem Titel war er in der Blüte seines Lebens verloren.

Sie fragten ihn:

„Was wirst du in der Eigenschaft des Bevollmächtigten tun, Schurka?"

Er sagte: „Ich will mich energisch um das Bündnis mit dem Dorf kümmern, Leute."

Und er kümmerte sich um das Bündnis mit dem Dorf. Er reiste ins Dorf und trank dort Selbstgebrannten. Und der Selbstgebrannte im Dorf ist sehr gut, aus Getreide.

Dann besorgte er sich irgendwo einen Nagant-Revolver. Er lief besoffen durchs Dorf und schwenkte den Nagant. Während des Bündnisses mit dem Dorf gewöhnte er sich dermaßen an den Selbstgebrannten, daß er täglich siebzehn Flaschen trank.

Seine alte Mutter ging hinter ihm her und weinte, Schurka aber trank und trank. Bei kleinem verbrauchte er Arbeitergelder, die er für die Versicherungskasse entgegengenommen hatte.

Über kurz oder lang gingen Beschwerden bei der Gewerkschaft ein, wo eines schönen Tages Schurkas Geschäfte überprüft wurden, worauf sie ihn von seinem Bevollmächtigtenposten feuerten. Mit dem Bündnis war es nun vorbei!

Damit ist die Geschichte zu Ende.

Arbeiterkorrespondent

Bitte drucken Sie meine Erzählung, darüber würde sich Schurkas Mutter sehr freuen, denn er säuft noch immer. Dieser Tage wurde bei ihm eine Durchsuchung gemacht, aber der Nagant wurde nicht gefunden, den hatte er irgendwo versteckt.

Der Brief des Arbeiterkorrespondenten wurde umgeschrieben von M. Bulgakow.

Anmerkung Bulgakows:
Lieber Schurka! Wie Sie sehen, haben wir eine Erzählung über Sie gedruckt. Ich sitze hier in Moskau, weit entfernt von Ihnen, und ich kenne Ihre Adresse nicht, aber ich gebe Ihnen Brief und Siegel: Bessern Sie sich, ehe es zu spät ist, sonst werden Sie auch noch von dem niedrigeren Posten gefeuert, auf den man Sie versetzt hat.

1924

Die Klänge der überirdischen Polka

Nein, wirklich, nach jedem Ball habe ich eine Sünde begangen. Und ich mag mich nicht daran erinnern.

Aus Gogol

Komm tanzen, komm tanzen,
mein liebes schönes Kind.
Wir wollen Polka tanzen …

Sss, pfiff die Flöte.
„Ich hör's, ich hör's", sangen sie im Büfettraum.
Polka, Polka, Polka, schmetterten die Trompeten im Orchester.

… damit wir glücklich sind.

Das Lgower Volkshaus erzitterte. Die Lämpchen blinkten im Dunst, vollkommen grüne Fräuleins und schaumbedeckte puterrote Kavaliere sausten herum. Zigarettenstummel wurden vom Winde verweht, und die Sonnenblumenschalen knirschten unter den Füßen wie Läuse.

Komm tanzen, komm tanzen …

„Mein liebes schönes Kind", flüsterte der Telegraphist seinem Fräulein wie besessen zu und entschwebte mit ihm in den Himmel.

„Polka! A gauche, madame!“ heulte der Dirigent und schwenkte eine fremde Frau. „Die Kavaliere rauben ihre Damen!“

Von ihm tropfte und schwitzte es. Der Kragen war aufgeweicht. Im Saal rasten böse Kräfte wie beim Hexensabbat.

„Immer auf die Hühneraugen, ihr Satansbraten!“ murmelte ein Nichttänzer, der sich zum Büfett drängte.

„Musik, spielt die Nr. 5!“ schrie mit erlöschender Stimme vom Büfett ein Mann, der wie eine Wasserleiche aussah.

„Wassja“, heulte ein anderer und klammerte sich an dessen Joppe. „Wassja! Ich sehe die Proletarier nicht! Wo sind sie geblieben?“

„Was denn für Proletarier? Musik, donnert eine Polka!“

„Die Proletarier haben an der Wand gehangen, jetzt sind sie weg.“

„Wo?“

„Da, da.“

„Sie haben sie zugeklebt, die guten Leute! Zugeklebt! Siehst du, sie haben ein Plakat über sie gehängt. Kauft ... kauft ... kauft Papierschlangen, und bindet euch zusammen ...“

„Bitter ist mir! Ich leide.“

„Ach, wie ich leide!“ lockte flüsternd der Telegraphist, den das Parfüm berauschte. „Wie meine Seele schmachtet!“

Die Polka will ich tanzen ... immer nur mit dir!

„Die Kavaliere gehen auf die Damen zu und umgekehrt! A droite“, brüllte der Dirigent.

Im Büfettraum schwebte Nebel.

„Für jeden ein Gläschen, Bürger“, lud der Büfettier mit dem lackierten Gesicht ein und füllte die Gläser mit einer geheimnisvollen rosa Flüssigkeit, „zugunsten der Bibliothek! Iwan Stepanowitsch, ich bitte dich, unterstütze den Granitfelsen der Wissenschaft!“

„Ich mach mir nichts aus Zitro.“

„Komiker, von wegen Zitro! Erst schlucken, dann reden!“

„Ohoho, Selbstgebrannter!“

„Na siehst du!“

„Mir auch ein Gläschen!“

„Auf die Gesundheit des preisgekrönten schönsten Mannes auf diesem Ball, Ferapont Iwanowitsch Stschukin!"
„Glückspilz, eine Puderdose hat er gewonnen mit seiner Schönheit!"
„Schiebung. Der mit seiner schiefen Nase hat sie nicht verdient!"
„Sachte. Dafür kriegst du ..."
„Keinen Streit, Bürger!"
Glänzende Gesichter mit gefrorenen Augen wie bei toten Fischen umlagerten die Theke. Blaugraue Rauchschwaden schwebten, die Augen sahen doppelt.
„Haben Sie mal Feuer?"
„Bitte."
„Warum halten Sie mir drei Streichhölzer hin?"
„Komiker, das bildest du dir ein!"
„Bei welchen soll ich anrauchen?"
„Ziele auf das mittlere, dann wird's schon stimmen."
Der Saal tobte. Decken und Fußböden stürzten ein. Die alten Wände wackelten. Die Fensterscheiben klirrten.
„Klirr, klirr, klirr!"
Polka – klirr! Polka – klirr! schmetterten die Trompeten.

... damit wir glücklich sind.

1924

Banane und Sidaraf

„Was für eine Regierung hat die Türkei?"
„Äh ... äh ... eine türkische!"
„Beamtenprüfung"
Erzählung von A. P. Tschechow

1

Die Geschichte ist im vorigen Jahr passiert. 15 Mann von einer Station an der Südostbahn beendeten einen zweimonatigen Kursus an der Schule zur Liquidierung des Analphabetentums und erschienen zur Prüfung.

„Nun, fangen wir an“, sagte der Oberexaminator, stieß den Finger in die Zeitung und fragte: „Was steht hier geschrieben?“

Der Gefragte zog die Nase hoch, ließ die Augen über die bekannten Großbuchstaben flitzen, die fett unterstrichen waren, erfreute sich an der Zeichnung des Künstlers Axelrod und antwortete fröhlich und pfiffig:

„Gudok!“

„Prima“, antwortete der Examinator erfreut, zeigte auf den Anfang eines Artikels in mittelgroßer Schrift, kniff pfiffig die Augen ein und fragte:

„Und hier?“

Im Gesicht des Prüflings standen deutlich in mittelgroßer Schrift die Worte: „Das ist schon schlechter.“

Schweiß trat ihm auf die Stirn, und er begann:

„B-a-ba, n-a-n. Also Banane!“

„Nein, das heißt nicht Banane“, sagte der Examinator betrübt, „das heißt Bagdad. Na, in zwei Monaten kann man nicht mehr verlangen. Befriedigend! Der nächste. Kannst du schreiben?“

„Wie soll ich sagen“, antwortete der zweite munter, „in der Lohnliste ja, ohne die Liste nicht.“

„Was soll das heißen?“

„Na ja, meinen Namen, für den Lohn.“

„Soso ... Na gut. Taugt. Der nächste! Hm ... Was ist das, IAH?“

Der Gefragte druckste:

„Sag schon, keine Bange, Freund. Na ...“

„IAH? Hm ... Vorsitzender.“

Die Examinatoren liefen grün an.

„Wieso Vorsitzender?“

„Vergessen“, antwortete der Prüfling.

Der Oberexaminator war wie gelähmt, und die nächsten Fragen mußte der zweite Examinator stellen.

„Wer ist Lunatscharski?“

Der Prüfling blickte zur Decke und antwortete:

„Luna ... tschar ... ski? Kchä ... Der ist in Moskau.“

„Was macht er da?“

„Weiß der Teufel“, antwortete der Prüfling bieder.
„Na, geh, geh, mein Lieber“, murmelte der Examinator entsetzt. „Drei minus.“

2

Ein Jahr war vergangen. Die Kursusteilnehmer hatten alles vergessen, was ihnen beigebracht worden war, Lunatscharski und die Banane und Bagdad, sogar ihren Namen in der Lohnliste zu schreiben hatten sie verlernt. Sie wußten nur noch das Wort „Gudok“, und das, weil sie alle, selbst die Analphabeten, bestens die Vignette und die Großbuchstaben der Schlagzeilen kannten, die täglich aus Moskau beim Gewerkschaftskomitee eintrafen.

3

Über dieses Thema kam es eines Tages zu einem Gespräch zwischen einem Arbeiterkorrespondenten und dem Gewerkschaftsbevollmächtigten. Der Korrespondent war entsetzt.
„Aber das ist ja ungeheuerlich, Genosse“, sagte er, „kann man denn so Menschen unterrichten? Das ist ja der reinste Hohn! Einer redet beim Examen totalen Stuß, schreibt in die Lohnliste ‚Sidaraf‘ statt ‚Sidorow‘, schreibt Kuh mit Ypsilon, und dann kriegt er die Bescheinigung, daß er lesen und schreiben kann!“
Der Gewerkschafter war verwirrt und betrübt.
„So ist das nun mal. Was soll man machen?“
„Was man machen soll?“ rief der Korrespondent empört. „Man muß sie noch einmal unterrichten.“
„Aber was willst du in zwei Monaten bewirken?“ fragte der Gewerkschafter.
„Also muß man sie nicht zwei, sondern vier Monate unterrichten. Oder sechs oder so lange wie nötig. Es geht doch schließlich nicht, daß man die Leute vom Kursus entläßt

und ihnen vormacht, sie könnten schreiben, während sie in Wirklichkeit Analphabeten geblieben sind! Hab ich nicht recht?"
„Doch", antwortete der Gewerkschafter unter Tränen und ließ den Kopf hängen. Was hätte er antworten sollen?

1924

„Der Revisor" mit Rausschmiß
Neuinszenierung

Bei uns im Klub hat ein Leitungsmitglied ein Klubmitglied am Kragen gepackt und aus dem Foyer rausgeschmissen.
Brief eines Arbeiterkorrespondenten von einer Station an der Donezker Strecke.

Personen:

Stadthauptmann
Semljanika, Kurator der wohltätigen Einrichtungen
Ljapkin-tjapkin, Richter
Chlopow, Schulaufseher
Mitglied der Klubleitung
Mitglied des Klubs
Souffleur
Publikum
Stimmen

Klub der Station an der Donezker Eisenbahn.
Der Vorhang ist geschlossen.

Publikum Anfangen! Anfangen! *Trampelt mit den Füßen, das Licht geht aus, hinter der Bühne hört man die dumpfen Stimmen von Besuchern ohne Eintrittskarte, die mit den Kontrolleuren kämpfen. Der Vorhang geht auf. Auf der beleuchteten Bühne ein Zimmer im Hause des Stadthauptmanns.*

STIMME *von der Galerie* Ruhe!

STADTHAUPTMANN Ich habe Sie hergebeten, meine Herrn …

SOUFFLEUR *heiser flüsternd aus dem Kasten* um Ihnen eine sehr unangenehme Mitteilung zu machen.

STADTHAUPTMANN Um Ihnen eine sehr unangenehme Mitteilung zu machen: Ein Revisor kommt zu uns!

LJAPKIN-TJAPKIN Was, ein Revisor?

SEMLJANIKA Was, ein Revisor?

SOUFFLEUR Murr-murr-murr …

STADTHAUPTMANN Ein Revisor aus Petersburg, inkognito und mit einem Geheimauftrag.

LJAPKIN-TJAPKIN Das ist ein Ding!

SEMLJANIKA Wer keine Sorgen hat, kriegt schon welche.

CHLOPOW Mein Gott, und auch noch mit einem Geheimauftrag.

STADTHAUPTMANN Ich habe so ein Vorgefühl … *Hinter der Bühne schrecklicher Krach. Eine Tür zur Bühne geht auf, und ein Klubmitglied kommt hereingesaust. Der Mann trägt eine Joppe mit zerrissenem Kragen. Seine Haare stehen zu Berge.*

KLUBMITGLIED Sie haben nicht das Recht zu stoßen! Ich bin Klubmitglied. *Auf der Bühne Verwirrung.*

PUBLIKUM Ach!

SOUFFLEUR *zischt wie eine Schlange* Verpiß dich von der Bühne. Bist du bescheuert?

STADTHAUPTMANN *wie erstarrt* Genosse, sind Sie verrückt?

PUBLIKUM Hihihihi …

STADTHAUPTMANN *will weiterspielen* Heute habe ich die ganze Nacht geträumt … Verschwinde von der Bühne, ich bitte dich um Christi willen … Irgendwelche Ratten, zwei, ungewöhnlich … Geh zur Tür hinaus, sag ich dir! Du Hundesohn machst die Aufführung kaputt.

SEMLJANIKA *flüsternd* Die Tür links. Kriech in die Kulissen, du Mistkerl.

Das Klubmitglied hastet über die Bühne und findet den Ausgang nicht.

PUBLIKUM *mit beginnendem Vergnügen* Dakapo, Gorjuschkin! Bravo, Joppe!

STADTHAUPTMANN *verwirrt* Wirklich, so was hab ich noch nie erlebt. So ein Halunke!

SOUFFLEUR *brüllt* Sie waren schwarz, von unnatürlicher Größe … Scher dich zum Teufel! Geh wenigstens vom Kasten weg!

PUBLIKUM Hahahaha!

STADTHAUPTMANN Ich lese Ihnen den Brief vor. Er schreibt. *Hinter der Bühne Lärm und die Stimme des Leitungsmitglieds: „Wo ist der Halunke?" Die Tür geht auf, und das Leitungsmitglied kommt auf die Bühne. Der Mann trägt ein Jakett und dazu einen roten Schlips.*

LEITUNGSMITGLIED *drohend* Bist du hier, Kanaille?

PUBLIKUM *begeistert* Bravo, Chwatajew! *Gellendes Pfeifen von der Galerie.* Schlag ihn!

KLUBMITGLIED Sie haben kein Recht. Ich bin Mitglied!

LEITUNGSMITGLIED Ich zeig dir gleich, was für ein Mitglied du bist. Hier ohne Eintrittskarte reinzuschlüpfen!

SEMLJANIKA Genosse Chwatajew, Sie haben kein Recht, unter der Sowjetmacht physische Gewalt anzuwenden.

STADTHAUPTMANN Ich unterbreche die Aufführung. *Nimmt Backenbart und Perücke ab.*

STIMME *von der Galerie, begeistert* Wanka, sieh mal, wie jung der ist! *Pfeifen.*

LEITUNGSMITGLIED *in Ekstase* Ich zeig's dir! *Packt das Klubmitglied am Kragen, schüttelt es wie einen Lappen und schleudert es von der Bühne.*

KLUBMITGLIED Hilfe! *Fällt mit dumpfem Heulen ins Orchester.*

STADTHAUPTMANN Pachom, den Vorhang!

SEMLJANIKA Vorhang! Vorhang!

PUBLIKUM Miliz! Miliz!

Der Vorhang schließt sich.

1924

Per Telefon
Stück

Bei uns auf der Station Stscholkowo an der Nordstrecke werden mit dem Dienstapparat Privatgespräche geführt.
Aus dem Brief eines Arbeiterkorrespondenten

Personen:

Stimme des Stationsbeamten
Stimme des Fräuleins
Stimme des Stubenmädchens
Stimme der fremden Ehefrau
Grabesstimme
Stimme des Ehemanns

Auf der Station Individualnaja, dreißig Werst von Moskau, hängt in einer Ecke ein Telefon und langweilt sich. Der Hörer glänzt, und darüber steht geschrieben: „Privatgespräche mit dem Diensttele sind verbo". Der Stationsbeamte geht zum Hörer und nimmt ihn ab.

Stimme des Beamten Geben Sie mir die Stadt ... Merci.
Stimme des Fräuleins 2–15.
Stimme des Beamten Bitte die 05–07–08. Ja. Merci. Wer spricht?
Stimme des Stubenmädchens Ich bin's, Fekluscha.
Stimme des Beamten *flüsternd* Ist Pawel Fjodorowitsch zu Hause?
Stimme des Stubenmädchens Nein, der Herr sind im Trust.
Stimme des Beamten Dann holen Sie Maria Nikolajewna.
Stimme der fremden Ehefrau Ich höre.
Stimme des Beamten Guten Tag, Maria Nikolajewna.
Stimme der fremden Ehefrau Ach, Sie sind's, Iljuscha! Ich hab Sie kaum erkannt.

STIMME DES BEAMTEN *leidenschaftlich und traurig* Aha, Sie erkennen mich nicht! Das ist nicht schön! So kurz und schon vergessen. Ich bin allein ... in der Einöde ... Und Sie dort in der Hauptstadt ... *Seufzt.*

STIMME DER FREMDEN EHEFRAU *kokett* Warum seufzen Sie?

STIMME DES BEAMTEN Nur so ...

STIMME DER FREMDEN EHEFRAU Von wo rufen Sie an, Iljuscha?

STIMME DES BEAMTEN Hier von der Station.

STIMME DER FREMDEN EHEFRAU Mit dem Dienstapparat?

STIMME DES BEAMTEN Gewiß, vraiment. Marie ...

STIMME DER FREMDEN EHEFRAU Na?

STIMME DES BEAMTEN Wann kommen Sie?

STIMME DER FREMDEN EHEFRAU Heute geht's nicht. *Flüsternd* Mein Mann ist nicht weggefahren.

STIMME DES BEAMTEN Verdammt! Was ist mit der Dienstreise?

STIMME DER FREMDEN EHEFRAU *traurig* Verschoben.

STIMME DES BEAMTEN Verdammt! Marie ...

STIMME DER FREMDEN EHEFRAU Na?

STIMME DES BEAMTEN Marie, weißt du noch?

STIMME DER FREMDEN EHEFRAU Unterstehen Sie sich, mich zu duzen! Scheusal!

STIMME DES BEAMTEN Scheusal, ich? Soso, Marie! Ich bin unglücklich, aber kein Scheusal. Marie, ich sehn mich so. Hier hab ich Schnee, Kiefern, Einsamkeit ... Ich bin so allein ... Bei mir ist nur mein treuer Freund, der Genosse Browning ... Ach!

STIMME DER FREMDEN EHEFRAU Iljuscha, schämen Sie sich, so kleinmütig zu sein!

GRABESSTIMME Geben Sie mir Individualnaja.

STIMME DES FRÄULEINS Pi-pi! Besetzt.

STIMME DES BEAMTEN Marie, liebst du mich?

STIMME DER FREMDEN EHEFRAU Lassen Sie mich!

GRABESSTIMME Geben Sie mir Individualnaja.

STIMME DES FRÄULEINS Pi-pi! Besetzt.

STIMME DES BEAMTEN Marie, antworte, liebst du mich?

GRABESSTIMME Geben Sie mir Individualnaja.

FRÄULEIN Pi-pi-pi! Besetzt.
GRABESSTIMME Wer zum Teufel hängt da an der Station? Ich habe eine wichtige Durchsage.
STIMME DES BEAMTEN Marie, ich habe mich entschlossen, ich kann es nicht länger ertragen. Antworte mir, oder eine Kugel aus meinem Browning wird meine Qualen für immer beenden.
STIMME DES STUBENMÄDCHENS *erschrocken* Gnädige Frau, gnädige Frau, gehen Sie weg vom Telefon. Der Herr ist gekommen.
STIMME DER FREMDEN EHEFRAU *hört nicht* Iljuscha, das werden Sie nicht tun!
STIMME DES BEAMTEN Sag's mir!
GRABESSTIMME Geben Sie mir Individualnaja. Der Teufel soll die holen!
STIMME DER FREMDEN EHEFRAU Na schön, ich liebe dich.
STIMME DES EHEMANNS Endlich habe ich dich ertappt! Du liebst ihn also, du Schlampe? Antworte! Wen liebst du? Wen? Schlange! *Man hört Finger knacken.*
STIMME DER FREMDEN EHEFRAU Schorsch, besinn dich! Ich spreche mit Katja!
STIMME DES EHEMANNS Deine Katja kenn ich! Sie hat einen Schnurrbart, es ist Iljuscha in Individualnaja!
STIMME DER FREMDEN EHEFRAU *entsetzt* Das stimmt nicht!
STIMME DES EHEMANNS *reißt ihr den Hörer aus der Hand* Hören Sie, wenn Sie noch einmal …
GRABESSTIMME Geben Sie mir Individualnaja … Ich habe eine Durchsage!
STIMME DES FRÄULEINS *müde* Na schön, ich verbinde.
GRABESSTIMME Gott sei Dank! Übermitteln Sie …
STIMME DES EHEMANNS Ach so, übermitteln? Ich übermittle Ihnen gleich was. Wenn Sie … Wenn Sie noch einmal wagen, meine Nummer anzurufen … *Keuchend* schlage ich Ihnen die Visage kaputt, Sie Lump …
GRABESSTIMME *sprachlos*
STIMME DES EHEMANNS Sie Bahnhofshalunke!
GRABESSTIMME *findet Worte* Was? Wie können Sie es wagen! Ich bin Abteilungsleiter.

STIMME DES EHEMANNS Ein Dreck bist du, kein Abteilungsleiter.
GRABESSTIMME *kreischend* Was? Sie haben den Verstand verloren! Fräulein! Fräulein!
STIMME DES FRÄULEINS *Verzweifelt* Legen Sie auf. Ich habe Sie falsch verbunden.
GRABESSTIMME Wer spricht da? Ich bring Sie vor Gericht! Geben Sie mir sofort den Stationsleiter!
STIMME DES EHEMANNS *schäumend* Halt's Maul.
STIMME DES FRÄULEINS Herr Jesus! Legen Sie auf. *Trennt sie krachend.*
Stille.

1924

Der Heilkünstler

Am 12. Dezember bat der Streckenarbeiter Gen. Bajaschko von der Zweigstrecke nach Werejzowo, dessen Beine erkrankt waren, den Feldscher K. aus Uborki, der bei seinem kranken Nachbarn war, auch ihn zu untersuchen, aber der Feldscher untersuchte den Gen. Bajaschko nicht, sondern sagte ihm, er solle sich seine Beine abhacken, reiste ab, ohne Hilfe geleistet zu haben.

Minus

Er trat ein, schloß die Schleifen seines Kittels und rief:
„Der nächste."
Der nächste war ein Bürger mit Stock. Er hüpfte wie ein Spatz und zog das eine Bein hoch.
„Was ist denn mit dir los, mein Bester?"
„Väterchen Feldscher!" sang der Bürger.
„Laß die Hose runter. Ba-ba-ba ..."
„Väterchen, mach mir keine Angst."
„Das ist nicht meine Aufgabe. Dazu bin ich nicht da. Ich bin

dazu da, euch Hundesöhne von der Eisenbahn gesund zu machen. Gangrän des Kniegelenks mit Affektion des zentralen Nervensystems."
„Väterchen!"
„Das bin ich seit vierzig Jahren. Zieh die Hose wieder an."
„Väterchen, was wird denn mit dem Bein?"
„Nichts Besonderes. Der nächste! Es fault ab bis zum Knie, dann ist Sense."
„Vät ..."
„Was quäkst du dauernd Väterchen, Väterchen? Wieso bin ich dein Väterchen? Ich schreib dir Tropfen auf. Wenn das Bein abgefallen ist, kommst du wieder. Ich schreib dir eine Bescheinigung. Die Versicherung bezahlt dir noch was für das Bein. Das ist sogar vorteilhaft für dich. Und du, was hast du?"
„Ich kann nichts sehen, mein Schöner, gar nichts kann ich sehen. Sobald es Abend wird, finde ich nicht mehr die Tür."
„Oma, hör auf, dich zu bekreuzigen. Wir sind hier nicht in der Kirche. Du hast ein Trachom, Oma. Und grauen Star ersten Grades nach Artikel A."
„Du bist mir ein Schöner!"
„Das bin ich seit vierzig Jahren. Die Augen werden auslaufen, dann wirst du schon sehen."
„Mein Schöner!"
„Ich schreib dir Tropfen auf. Wenn du rein gar nichts mehr siehst, kommst du wieder. Ich schreib dir ein Papier. Dann kriegst du von der Versicherung für jedes Auge einen Rubel. Heule nicht, Oma, das kannst du bei der Versicherung machen. Und ihr, was wollt ihr?"
„Der Junge hat Ausschlag im Gesicht, Bürger Heilgehilfe."
„Aha. So. Gib ihn mal her. Heule nicht. Du mußt bald heiraten, aber du heulst. Hähä."
„Bürger Heilgehilfe, quälen Sie nicht das Mutterherz."
„Ihr Herz berühre ich gar nicht. Das bleibt Ihnen. Ihr Nachfahr hat Wasserkrebs der Wange."
„Mein Gott, was soll denn werden?"

„Hm … Das ist klar: Durchbruch der Wange, dann wird die ganze Physiognomie schief. Einen Monat muß er sich quälen, dann ist Schluß. Dann kommen Sie wieder, und ich schreib Ihnen ein Papier. Und was haben Sie?“
„Ich komm die Treppe nicht mehr hoch. Keine Puste.“
„Sie haben einen Fehler in der fünften Herzklappe.“
„Und was bedeutet das?“
„Ein Loch im Herzen.“
„Sauber!“
„Eher schwierig.“
„Schaff ich's noch, mein Testament zu schreiben?“
„Wenn Sie sehr schnell laufen.“
„Merci, ich sause los.“
„Sausen Sie. Alles Gute. Der nächste! Keiner mehr da. Auch gut. Hör auf zu klingeln!“

1925

Die Apotheke

Die Apotheke des Volkskommissariats für Verkehrswesen in der Basmannaja-Straße hat nur werktags geöffnet, an Feiertagen ist sie geschlossen. Wenn nun einer krank wird, was macht er dann?

Aus dem Brief eines Arbeiterkorrespondenten

Schnee. An der Ecke die Apotheke.
„Die Liebe dörrt den Menschen aus“, sang mit angenehmer Stimme ein Mann in Grau, der an der Vortreppe stand. In den Fenstern rechts und links der Vortreppe prangten zwei glänzende Kugeln, eine rote und eine blaue, und ein Bild, das eine Flasche Mineralwasser darstellte.
Ein sehr bleicher Bürger in schwarzem Mantel kam um die Ecke gesprungen, eilte die Vortreppe hinauf und rüttelte an dem Vorhängeschloß.
„Lassen Sie das“, sagte ihm der Graue, „es ist zu.“

„Wieso denn zu? Ach, mein Bester“, sagte der Schwarze und wurde noch bleicher, „ich flehe dich an. Oh, ich kann dir sagen, es reißt mich durch und durch.“
„Im Bauch wohl?“ fragte der Graue teilnahmsvoll.
„Ja, im Bauch. Ach, mein Bester“, murmelte der Bürger demütig, „ich habe hier ein Rezept. Fünf Tropfen Opium, dreimal täglich! Au, ich sterbe. Es reißt schon wieder. Drei Tropen täglich ... Ich flehe Sie an, Genosse!“
„Was flehen Sie mich an, ich bin der Wächter. Mich anzuflehen hat keinen Zweck.“
„Ohohoho“, schrie auf einmal der Bürger und riß den Mund weit auf. Die Passanten wichen vor ihm zurück. „Uch, jetzt geht's wieder“, fügte er leiser hinzu und wischte sich den Schweiß von der Stirn. „Mit welchem Recht ist geschlossen?“
„Was haben wir denn heute für einen Tag?“
„Sonn ... Sonntag. Ach, liebe Leute, Sonntag haben wir heute!“
„Komm morgen wieder. Da ist Montag. Doch nein, komm nicht morgen, da ist auch Feiertag. Komm nach Neujahr wieder.“
„Ich sterb noch im alten Jahr, oh-oh.“
„Geh in eine andere Apotheke, was willst du sonst machen!“
„Wo ist hier die nächste?“
„Weiß ich nicht, mein Bester, frag den Milizionär.“
Der Schwarze löste sich von der Vortreppe, drehte sich um sich selbst, schrie ein paarmal unterdrückt auf und sauste dann schräg über den Damm zum Milizionär.
„Ich hab Bauchschmerzen, Genosse Milizionär“, schrie er und schwenkte das Rezept, „ich flehe Sie an.“
Der Milizionär nahm die Papirossa aus dem Mund und erklärte dem Bürger fuchtelnd, wohin er laufen sollte.
Der Bürger trat noch kurz von einem Fuß auf den andern, dann verschwand er.

1925

Die verwunschene Stelle

Auf der Station Bobrinskaja an der Südweststrecke gibt es einen Konsumkiosk. Wer immer dort zur Arbeit eingesetzt wird, begeht unweigerlich binnen zwei Monaten Unterschlagungen und kommt vor Gericht.

Aus dem Brief eines Arbeiterkorrespondenten

1

Der Bürger Taldykin saß im Freundeskreis und lauschte. Sein Gesicht strahlte, die Freunde stießen mit ihm an.
„Wir gratulieren dir, Taldykin. Bewähre dich auf dem Posten des Kioskleiters."

2

Zwei Monate später saß der Bürger Taldykin auf der Anklagebank und lauschte, leise schluchzend, der Rede des Mitglieds des Anwaltskollegiums, das hinter ihm stand, die Daumen in die Armlöcher seiner Weste gehakt.
„Genossen Richter!" tönte das Kollegiumsmitglied. „Bevor wir davon sprechen, ob mein Mandant 840 Rubel 15 Kopeken in Gold unterschlagen hat, wollen wir uns eine Frage stellen: Haben diese 840 Rubel 15 Kopeken in Gold überhaupt existiert? Eine aufmerksame Untersuchung des Geschäftsbuchs Nr. 15 zeigt, daß dieses Geld nicht existiert. Nun fragt sich, was hat der Bürger Taldykin dann unterschlagen? Nichts hat er unterschlagen, denn jeder Mensch mit gesundem Verstand begreift, daß man nichts unterschlagen kann, was es nicht gibt! Andererseits zeigt das Geschäftsbuch Nr. 16, daß die 840 Rubel 15 Kopeken in Gold existieren, aber wenn sie vorhanden sind, gibt es keine Unterschlagung!"
Die Richter hörten dem Verteidiger bestürzt zu, und von ihnen tropfte Schweiß.
Von Taldykin tropften Tränen.

3

Der Richter stand auf und trug vor:
„In Ansehung der Tatsache ... drei Jahre auf Bewährung."
In Taldykins Gesicht trockneten die Tränen.

4

Die Mitglieder der Konsumleitung saßen da und sagten:
„Dieser Taldykin ist ein Halunke! Wir müssen einen anderen einsetzen. Vielleicht sollte Bintow im Kiosk arbeiten. Bintow, hier ist deine Ernennung."

5

Der Bürger Bintow saß auf der Anklagebank und lauschte seinem Verteidiger.
Der Verteidiger tönte:
„Erstens behaupte ich, daß diese 950 Rubel 23 Kopeken gar nicht existieren, zweitens will ich beweisen, daß mein Mandant Bintow sie nicht genommen hat, und drittens, daß er sie vollständig zurückgezahlt hat!"
„In Ansehung der Tatsache", sagte der Richter finster und nickte zu Bintow hin, „auf Bewährung."

6

Konsumleitung:
„Zum Teufel mit diesem Bintow, wir setzen Persik ein."

7

Persik stand da, drückte die Mütze an den Bauch und sprach sein Schlußwort:
„Ich tu's nie wieder, Bürger Richter."

8

Auf Persik folgte Schumichin, auf Schumichin Koslodojew.

9

Die Konsumleitung saß da und sagte:
„Jetzt reicht's. Wir setzen eine Stoßgruppe von fünfzehn Genossen ein, damit sie untersuchen, was es mit diesem scheußlichen Kiosk auf sich hat! Wen wir auch einsetzen, nach zwei Monaten Volksgericht! So geht das nicht weiter. Man sieht sich die Leute an, lichte Persönlichkeit, guter, ehrlicher Bürger, und kaum sitzt er im Kiosk, schon hat er die Schnauze im Dreck. Stoßgruppe, vorwärts!"

10

Die Stoßgruppe machte sich auf den Weg.
Die Untersuchungsergebnisse kennen wir noch nicht.

1925

Das runde Siegel

Auf der Station Waldai blieb ein Streckenarbeiter ohne Lebensmittel, weil sie ihm im Verkaufswaggon ohne rundes Siegel keine Lebensmittel gaben. Während die Frau des Arbeiters das Siegel suchte, fuhr der Waggon ab.

Arbeiterkorrespondent

1

Der Verkaufswaggon traf auf der Station ein.

2

Die Frau des Streckenarbeiters Ferapont Rodionow, seine angetraute Sekleteja, betrat den Verkaufswaggon mit dem für fünf Rubel beglaubigten Sparbuch.

3

Der Verkäufer flatterte wie ein Schmetterling, wog, maß, schüttete, schnitt, wickelte, verpackte. Nach dem Wiegen, Messen, Schütten, Schneiden, Wickeln und Verpacken nahm er Sekletejas Sparbuch, blickte hinein, packte aus, wikkelte auf, schüttete zurück und sagte:

4

„Ich kann nicht!“

5

„Warum nicht?“ fragte Sekleteja verdutzt.

6

„Bei Ihnen fehlt das runde Siegel.“

7

„Wo haben die bloß ihre schamlosen Augen!“ fragte Sekleteja, und man wußte nicht, wen sie meinte, den stellvertretenden Abschnittsleiter, der das Sparbuch unterschrieben hatte, oder den Starost des Artels, diese Schlafmütze.

8

„Flitze zur Gewerkschaft, Tante, oder zu dem andern Stellvertreter des Abschnittsleiters“, empfahl ihr der Verkäufer.

9

Die Tante flitzte und murmelte dabei dauernd etwas von Hundesöhnen.

10

„Drücken Sie mir das runde Siegel rein, aber Tempo“, bat sie im Gewerkschaftskomitee.
„Mit Vergnügen, Tante, wir haben auch das Siegel, aber wir dürfen nicht“, antworteten ihr das Gewerkschaftskomitee und der Stationsleiter.

11

„Ich darf, und ich würd's dir reindrücken, Tante, aber ich habe kein Siegel", antwortete ihr der andere Stellvertreter des Abschnittsleiters.

12

Die Tante heulte auf und stürzte zum Verkaufswaggon.

13

Aber der war schon weg.

14

Das Kontor, das die Lohnlisten zusammenstellte, zog dem Ferapont Rodionow fünf Rubel für angeblich erhaltene Lebensmittel ab.

15

Ferapont Rodionow fluchte scheußlich, als er das erfuhr. Und er hatte recht.

16

Auf einer gewissen Station nebst Umgebung sitzen Flegel und Trödler.

1925

Eine geniale Persönlichkeit

Der Sekretär des Abschnittskomitees, der an der Gewerkschaftsversammlung auf der Station Perejesdnaja an der Donezker Strecke teilnahm, brachte es fertig, nicht nur die Resolution der Versammlung, sondern auch das Protokoll schon vorher zu schreiben.
Alle waren verblüfft über die Genialität des Sekretärs.

Arbeiterkorrespondent Gwosd

1

Der Sekretär saß im Bahnhofssaal und käute am Federhalter. Vor ihm lag ein großes Blatt Papier, durch eine Längslinie geteilt. Über der linken Hälfte stand geschrieben „gehört“ und über der rechten „beschlossen“. Der Sekretär blickte inspiriert zur Decke und murmelte:
„Also, die Frage der Arbeitskleidung. Hab ich recht, Genossen? Vollkommen recht!“ antwortete der Sekretär sich selbst im Chor. „Richtig! Darum: gehört und dann beschlossen.“
Der Sekretär tunkte die Feder ein und kritzelte: „Es werden allseitige Maßnahmen ergriffen, damit bei der Versorgung jedes einzelnen mit Arbeitskleidung keine Stockungen auftreten. Angenommen, Genossen? Wer ist dagegen?“ fragte der Sekretär sein Tintenfaß.
Es hatte nichts dagegen, und der Sekretär schrieb auf sein Blatt: „Einstimmig angenommen.“ Dann lobte er sich selbst: „Bravo, Makuschkin!“
„Was haben wir als nächstes“, fuhr er fort. „Die Kasse der gegenseitigen Hilfe: klar wie Kloßbrühe. Na, in der Kasse ist kein Geld, das ist klar wie Kloßbrühe. Ebenso klar ist, daß die Darlehen nicht rechtzeitig zurückgezahlt werden. Also: von der Kasse gehört und dann beschlossen: Mit allen Mitteln die Entwicklung der Kasse für gegenseitige Hilfe fördern und die unteren Eisenbahnerschichten restlos für die Teilnahme an der Kasse gewinnen, zugleich aber Maßnah-

men zur Vergrößerung des Fonds durch politisch bewußte und rechtzeitige Rückzahlung der Darlehen zu gewährleisten. Wer ist dagegen?" fragte Makuschkin siegesbewußt.
Weder der Schrank noch die Stühle sagten auch nur ein Wort dagegen, und Makuschkin schrieb: „Einstimmig."
Die Tür ging auf, und sein Nachbar kam herein.
„Hau ab", sagte Makuschkin zu ihm, „ich hab zu tun, ich schreib das Versammlungsprotokoll."
„Von gestern?" fragte der Nachbar.
„Von morgen", antwortete Makuschkin.
Der Nachbar riß den Mund auf und ging offenen Mundes hinaus.

2

Der Saal der Vollversammlung war gerammelt voll, und alle Köpfe blickten auf die Bühne, wo neben der Wasserkaraffe und dem Glöckchen der Genosse Makuschkin stand.
„Erster Punkt der Tagesordnung", sagte der Versammlungsleiter, „die Frage der Arbeitskleidung. Wer wünscht das Wort?"
„Ich, ich, ich", antwortete der Saal zwanzigstimmig.
„Genosse, laß mich sprechen", bat Makuschkin mit musikalischer Stimme.
„Das Wort hat der Genosse Makuschkin", sagte der Leiter ehrerbietig.
„Genossen", Makuschkin räusperte sich und hakte die Daumen in die Armlöcher der Weste. „Jedes Gewerkschaftsmitglied mit politischem Bewußtsein weiß, daß Arbeitskleidung unbedingt notwendig ist."
„Richtig! Im Juni wurden Filzstiefel ausgegeben!" lärmte der Saal.
„Bitte nicht den Redner unterbrechen", sagte der Leiter.
„Darum, liebe Genossen, ist es notwendig, allseitige Maßnahmen zu ergreifen, damit bei der Ausgabe von Arbeitskleidung keine Stockungen eintreten."

„Richtig! Bravo!“ schrie der Saal. „Im Januar haben sie uns Segeltuchhosen geschickt!“
„Ruhe!“
„Ich schlage vor, daß keine Redner mehr sprechen, um keine Zeit zu verlieren“, sagte Makuschkin, „sondern gleich zur Erörterung der Resolution zu kommen.“
„Wer hat die Resolution?“ fragte der Leiter verwirrt.
„Ich“, sagte Makuschkin bescheiden und verlas sofort die Resolution.
„Wer ist dagegen?“ sagte der Leiter verblüfft.
Der Saal schwieg einmütig.
„Schreiben Sie: ohne eine einzige Enthaltung“, sagte der verdutzte Leiter zum Protokollführer.
„Nicht nötig, Genosse, ich hab schon alles aufgeschrieben“, sagte Makuschkin mit strahlenden Augen.
Die Vollversammlung erhob sich wie ein Mann und starrte Makuschkin an.
„Ein zentraler Knabe“, sagte einer begeistert, „nicht so unbeholfen wie unsereins!“

Als die Vollversammlung zu Ende war, folgte die Menge Makuschkin noch eine halbe Werst weit. Die Frauen hoben ihre Kinder hoch und sagten:
„Sieh mal, da geht Makuschkin. So einer mußt du auch mal werden.“

1925

Eine Sammlung fauler Fakten

(Briefe von Arbeiterkorrespondenten)

Wie ein Feldscher für die Rote Hilfe Stoff spendete

Dieser faule Fakt, gänzlich durchtränkt von Alkoholismus, ereignete sich in einem Klub an der Weststrecke, als ein Abend für die Internationale Rote Hilfe stattfand.
Es ging über die Maßen feierlich zu, und zugunsten der Roten Hilfe wurde Stoff versteigert.

Plötzlich ertönte Geheul, das an ein Ferkel erinnerte.
Alle Arbeiter wandten den Kopf dorthin.
Und was sahen sie?
Den Feldscher von unserm Sprechzimmer.
Er schwankte wie ein Pendel und war puterrot.
Alle stellten sich die Frage: Wo kommt der Feldscher her?
Und zweitens – ist er nicht betrunken?
Er war in der Tat betrunken, aber noch erstaunlicher, betrunken waren auch der Klubleiter und der Leiter und die Mitglieder unserer Kommission.
Eines der verblüfften Klubmitglieder trat vor und sagte zu dem Feldscher:
„Sie sehen sich selbst nicht ähnlich!"
Der Feldscher antwortete mit einer Frechheit:
„Das geht dich einen Dreck an!"
Da wußten alle, daß sich der Feldscher im Klub mit der Leitung hatte vollaufen lassen, angeblich mit Bier.
Aber wir wußten, was für Bier das war.
Trotz seines Suffs drang der Feldscher durch die Menge zur Bühne vor, gewann mit einem Schlag Stoff aus der Auktion und erklärte lauthals:
„Da seht ihr's, wie besoffen ich bin! Euch allen zum Trotz spende ich den Stoff für die Rote Hilfe!"
Kaum hatte der Auktionator diese Spende bekanntgegeben und der Feldscher sah, daß ihm der Stoff weggenommen wurde, da bereute er seine Tat und erklärte weinend:
„Das habe ich ohne Bewußtsein gemacht, im Zustand der Trunkenheit. Ich erkläre das Faktum für unwirksam und verlange den Stoff zurück."
Unter allgemeinem Geschrei wurde ihm der Stoff verächtlich zurückgegeben, und er verließ den Klub.
Der Vorsitzende der Leitung stürzte zu Boden, schlug sich das Gesicht blutig, und den Klubleiter führte seine Braut von dannen.
Solche Abende gibt's ...
Eine Schande!

1925

Ein Unterpfand der Liebe
Roman

1
Mondschatten

Auf der Station verstummte jeder Laut. Selbst die unermüdliche Rangierlok hörte auf zu heulen und entschlummerte auf dem Gleis. Froh lächelnd erschien der Mond über dem Wald und hüllte alles in geisterhaftes grünes Licht. Die Akazien verströmten einen Duft, der zu Kopfe stieg, und eine arbeitslose Nachtigall begann zu pfeifen ... Und so weiter.
Zwei Schatten drückten sich in das Schattenmuster der Büsche, und im Widerschein des Mondlichts leuchteten dann und wann Schaffnerknöpfe auf.
„Das ist doch alles Schwindel, du Halunke", flüsterte eine Frauenstimme, „du spielst mit mir und läßt mich dann sitzen."
„Marussja, schämst du dich nicht?" fragte eine heisere Stimme, die vor Kränkung zitterte. „Du meinst, ich wäre zu solch einer Gemeinheit fähig? Eher jag ich mir eine Kugel in den Kopf, als eine Frau zu betrügen."
„Da kannst du lange warten", murmelte die Frauenstimme erregt. „Grade du! Du pflückst die Blume des Vergnügens, dann steigst du in den Schnellzug, und weg bist du. Laß mich lieber in Ruhe."
Sie küssen sich, die Satansbraten, dachte neidisch der unverheiratete Stationsleiter, der auf dem Balkon saß. Das ist ja eine Mondnacht, in der man den Signalmast küssen könnte.
„Ich weiß Bescheid", flüsterte der eine Schatten und schob den anderen weg, „das kennen wir. Du singst und singst, und ich kann dann mit dem Kind schluchzen und ihm mit den Fäusten die Tränen abwischen."
„Ich laß dich nicht schluchzen, Marussja. Wenn sich ein Kind einstellt, wisch ich ihm selber mit den Fäusten die Tränen ab. Es braucht keinen Mucks zu sagen. Komm, ich küß

dich auf dein Hälschen. Vierzig Rubel schenk ich dem Säugling oder dreißig."

Puh, das macht einen ganz verrückt, ächzte der Stationsvorsteher und verließ den Balkon.

„Ich sag dir, geh."

„Gib mir dein Mündchen."

„Da … Und nun hau ab. Du bedrängst mich wie ein Dämon."

Das Weib ist störrisch, dachte der Schatten mit blitzenden Schaffnerknöpfen. Aber ich krieg dich schon! Ach, verdammt, da kommt mir ein Gedanke. Ich hab ja doch ein kluges Köpfchen.

„Weißt du was, Marussja, ich sag dir was. Wenn du mir nicht glaubst, laß ich dir ein Pfand da."

„Geh weg mit deinem Pfand, quäl mich nicht!"

„Nein, Marussja, warte mal. Weißt du, was ich dir da lasse?" Der Schatten flüsterte und knöpfte Knöpfe auf. „Ein Pfand ist das, ohne das kann ich gar nicht existieren. Also muß ich zu dir zurückkommen."

„Zeig her."

Die Schatten flüsterten noch lange, versteckten etwas. Dann trat Stille ein.

Der Mond warf einen Blick über die Kiefern und hüllte sich schamhaft in Wolken wie eine Türkin in ihren Schleier.

Es wurde dunkel.

2
Das Pfand in der Truhe

Es pladderte. Marussja saß am Fenster und dachte:

Wo bleibt der Halunke bloß? Oh, mein Herz hat's gewußt. Na schön, du wirst schon noch. Ohne das Pfand kommst du nicht weit. Mein Glück hab ich in der Truhe. Aber ich möchte doch wissen, wo er steckt, der Verführer meines Lebens?

3
Ein schuftiger Plan

Der Verführer steckte zu dieser Zeit im Milizrevier.
„Was möchten Sie, Bürger?“ fragte ihn der Miliznatschalnik.
Der Verführer räusperte sich und sagte:
„Hm ... Mir ist ein Mißgeschick passiert.“
„Was für eins?“
„Es ist nicht zu beschreiben. Ich hab mein Arbeitsbuch verloren.“
„Unbeschreiblich. Das passiert schlampigen Menschen. Unter was für Umständen?“
„Die Umstände sind ganz gewöhnlich. Schauen Sie bitte, ein Loch in der Tasche. Ich bin spazierengegangen ... der Mond schien ... Da habe ich ihr gesagt ...“
„Wem, ihr?“
„Ach, ich hab mich versprochen, Verzeihung. Gar nichts hab ich gesagt, ich hab bloß gemerkt, mein Gott, ein Loch, das Arbeitsbuch ist weg!“
„Geben Sie eine Annonce auf, die schneiden Sie dann aus und bringen sie her. Dann kriegen Sie ein neues.“
„Zu Befehl.“

4
Der verhängnisvolle Brief

Nach einiger Zeit erschien in der „Gudok“ dies:
„Arbeitsbuch verloren, Nr. soundso, auf den Namen sowieso. Ausgestellt von demunddem Milizrevier am 8. Mai 1923.“
Noch einige Zeit später ging bei der „Gudok“ ein Brief ein, und die Redaktion war wie vom Donner gerührt:
„Sehr geehrter Genosse Redakteur! Alles gelogen! Das Arbeitsbuch ging nicht verloren, und derundder lügt. Er hat es mir als Unterpfand der Liebe gegeben. Und jetzt veröffentlicht er in der Zeitung!“

5
Epilog

Derundder raufte sich die Haare und schrie:
„Was soll ich denn jetzt machen nach der Schande?“
Ein Freund stand vor ihm und sagte:
„Ich weiß nicht, was ich dir raten soll. Du hast der Frau gegenüber eine Gemeinheit begangen. Gib dir selbst die Schuld.“

1925

Sie möchten ihre Bildung zeigen

... und reden stets von Unverständlichem.
A. P. Tschechow

Manche von unsern Referenten sind richtige Komiker! Sie benutzen beim Sprechen fremdländische Wörter, und wenn die Arbeiter sie bitten, sie zu erklären, zeigt sich, sie verstehen sie selber nicht!
Arbeiterkorrespondent N. Tschufyrkin

Im Saal hing über den tausend Menschen eine sechs Meter starke Dampfschicht. Dampf stieg auch vom Redner auf. Er näherte sich im Eiltempo dem Ende der internationalen Lage.

„Also, liebe Genossen, ich resümiere! Der internationale Kapitalismus hat letzten Endes und im großen und ganzen seine Länder in eine völlige Prostration hineingeführt. Die Haie des Weltkapitalismus kennen nur die eine Überschrift, wie sie das Sowjetland isolieren und mit einer Intervention überziehen könnten! Sie nutzmachen alle Möglichkeiten bis hin zu Diffamationen, das heißt, sie schreiben Briefe, die angeblich vom Genossen Sinowjew stammen! Das, Genossen, ist vom Standpunkt des Proletariats eine moralische Zersetzung der Bourgeoisie sowie ihrer Parasiten und Kammerlakaien aus der Zweiten Internationale!“

Der Redner trank ein halbes Glas Wasser und schmetterte wie eine Trompete:

„Wird ihnen das gelingen, Genossen? Genau im Gegenteil! Es wird ihnen nicht gelingen! Die kapitalistische Vendée, rings umgeben von den Wellen des vorerst noch amorphen Proletariats, erstickt im eigenen Saft, und die Kapitalisten haben keinen anderen Ausweg, als die Sowjetunion anzuerkennen und ihre bevollmächtigten Gesandten bei ihr zu akkreditieren!“

Der Redner tauchte ab, als wäre er in der Erde versunken, aber dann sprang sein Kopf aus dem Sessel und schlug vor:

„Wenn jemand Fragen hat, bitte ich, sie zu stellen.“

Im Saal trat Stille ein. Dann regte sich mitten in der Menge und erhob sich der Kopf von Tschufyrkin.

„Haben Sie, Genosse?“ fragte ihn der heisere Redner zärtlich von der Bühne.

„Ich habe“, antwortete Tschufyrkin und stützte die Ellbogen auf die vordere Stuhllehne. Er sah verzweifelt aus. „Du hast mir das ganze Blut ausgesaugt.“

Ein Ächzen ging durch den Saal, und sämtliche Köpfe wandten sich dem mutigen Tschufyrkin zu.

„Ich sitze hier und weiß nicht, ob ich lebe oder schon tot bin“, erklärte Tschufyrkin. Im Saal trat Totenstille ein.

„Verzeihung, ich versteh Sie nicht, Genosse“, sagte der Redner erbleichend und zog gekränkt den Mund schief.

„In meinem Kopf machen Blasen gluck-gluck, als ob ich unter Wasser sitze“, erklärte Tschufyrkin.

„Ich verstehe nicht“, rief der Redner aufgeregt. Der Vorsitzende erhob sich von seinem Sessel.

„Genosse, Sie haben eine Frage? Also?“

„Ich habe“, bestätigte Tschufyrkin, „erklär mir, was das heißt, ‚ich resümiere‘.“

„Wie meinen Sie das, Genosse? Ich verstehe nicht, was ich erklären soll.“

„Was das bedeutet, sollst du erklären!“

„Verzeihung, ach so ... Sie verstehen nicht ganz, was das bedeutet, ‚ich resümiere'?"
„Überhaupt nicht", schrie plötzlich eine gequälte Stimme aus den hinteren Reihen. „Vendée, wer ist das?"
Der Redner nahm die Farbe von Preiselbeeren an.
„Sofort. Hm ... Also, ‚ich resümiere', Genosse, das ist ein fremdländisches Wort ..."
„Das merkt man", antwortete eine Frauenstimme von der Seite.
„Was bedeutet es?" wiederholte Tschufyrkin.
„Schauen Sie, ich resümiere", murmelte der Redner. „Verstehen Sie, wollen mal sagen, ich halte eine Rede. Und dann die Schlußfolgerungen sozusagen. Kurz und gut, verstehen Sie?"
„Unwissende Teufel", sagte Tschufyrkin böse.
Der Saal wurde wieder still.
„Wer ist unwissend?" fragte der Redner verwirrt.
„Wir", antwortete Tschufyrkin. „Wir verstehen nicht, was Sie reden!"
„Er hat Hochschulbildung, er hat die höhere Grundschule besucht", sagte eine Stimme giftig, und der Versammlungsleiter läutete. Irgendwo wurde gelacht.
„Intervention, was ist das?" fuhr Tschufyrkin hartnäckig fort.
„Diffamation", fügte eine durchdringende Stimme von oben und von der Seite hinzu.
„Und was ist ein Kammerlakai? In was für einer Kammer?"
„Erklären Sie Vendée!"
Der Vorsitzende fuhr hoch und läutete.
„Nicht alle auf einmal, Genossen, bitte der Reihe nach."
„Akkreditieren, das verstehe ich nicht."
„Nun, was heißt akkreditieren?" sagte der Redner verwirrt.
„Nun, das bedeutet, Gesandte zu uns schicken."
„Dann sag's doch so!" rief gereizt ein Baß von der Galerie.
„Intervention, was ist das, erklär es uns!" forderten die hinteren Reihen.

Ein langhaariger Lehrerkopf erhob sich und erklärte, das anschwellende Stimmengewirr übertönend:
„Außerdem, Genosse Redner, merken Sie sich, das Wort ‚nutzmachen' gibt es gar nicht! Benutzen heißt es!"
„Prima!" erwiderte der Saal. „Schön hat er's ihm gegeben."
„Er ist Pauker, er versteht's!"
Im Saal begann der Aufruhr.
„Rede, rede! Bevor mir das Gehirn davonfliegt!" schrie Tschufyrkin leidend. „Das ist ja nicht auszuhalten!"
Der Redner blickte wie ein gehetzter Wolf den Versammlungsleiter an, dann war er plötzlich verschwunden. Der puterrote Leiter läutete durchdringend und schrie:
„Ruhe! Ich schlage eine Pause von zehn Minuten vor. Wer ist dafür?"
Der Saal antwortete mit stürmischem Gelächter, und ein Wald von Armen ging hoch.

1925

Eine teuflische Situation

Bei uns in Kusnezk wurden für ein und denselben Abend, für ein und dieselbe Stunde im Gewerkschaftskomitee folgende Sitzungen angesetzt: Ladenüberwachungskommission, Produktionszelle, Arbeitsschutz, Arbeiterkorrespondenten und Junge Pioniere. Nebenan lief eine Filmvorführung „Die Tochter des Montezuma". Unbeschreibliches trug sich zu.

Arbeiterkorrespondent

In dem kleinen Zimmer saßen die Leute dichtgedrängt, zerrauft und schweißgebadet. Über ihnen hingen „Die Tochter des Montezuma" unter Mitwirkung des Publikumslieblings und der Leinwandkönigin und „Die Reise um die Erde in 18 Tagen".
Die Tür wurde zu einem Viertel geöffnet. Herein schob sich

ein Arm mit zerfetzter Manschette und dann ein wütender Kopf. Der Kopf begann zu schreien:
„Laßt mich los, Genossen! Schweinerei."
„Komm rein!" rief es im Zimmer.
„Laßt mich los!" schrie der Kopf und trachtete, sich aus der unsichtbaren Zange vor der Tür zu befreien. Draußen Geschrei.
„Stoßen Sie nicht mit den Füßen, Genosse Krutobedrow! Sie sind hier nicht auf dem Markt!"
Die Wand erbebte und zeigte die hüpfenden Worte: „Der Kurier Napoleons".
Die zerfetzte Persönlichkeit gelangte schließlich zum Zimmer herein, enterte die Bühne und legte von dort in heiserem Baß los wie ein aufgezogenes Grammophon:
„Wenn ich von dem Preis für Schweinekoteletts rede, Genossen, komme ich nicht umhin, empört festzustellen, daß sie auf dem Privatmarkt 32 Kopeken kosten und bei uns im Laden 33,5 ..."
Die Versammlung antwortete mit bösem Stimmengewirr, und vor der Tür erscholl ein hysterischer Schrei:
„Macht schneller! Ihr sitzt zu lange!"
„Was murmeln Sie da von Koteletts?" schrie gereizt ein Mann, der sich an die „Millionärstochter" preßte.
„Ich murmele nicht!" schrie der Redner. „Ich rede!"
„Wovon redest du?"
„Von den Schweinefleischpreisen", schrie der Redner.
„Verschwinde von hier mitsamt deinem Schweinefleisch! Wo ist unser Redner?" schrie es von allen Seiten.
„Nicht da, er hat sich verspätet, hol ihn der Teufel! Also müssen wir sie reinlassen!"
Das Publikum strömte zur Tür und stieß auf das andere Publikum, das sich im Nu auf die Plätze verteilte. Hinter einer anderen Tür klimperte ein Klavierspieler dumpf eine Polonaise von Chopin.
Der zerraufte Redner blickte in die neuen Gesichter und brabbelte:
„Wenn ich von dem Preis für Schweinekoteletts rede, liebe Genossen, komme ich nicht umhin, empört festzustellen,

daß sie auf dem Privatmarkt 32 Kopeken kosten und bei uns im Laden 33,5 ..."
Ein junger Mann mit einer Papacha auf dem Kopf stand auf und unterbrach ihn höflich:
„Genosse, Sie sind hier falsch. ‚Fleischproduktion' hatten wir gestern. Heute läuft ‚Blut und Sand'."
„Genauso der Zucker!" schrie der Redner verzweifelt. „Während er auf dem Privatmarkt 25,5 Kopeken ..."
„Der Erklärer hat sich vollaufen lassen vor dem Film", schrie das Publikum lachend und stürmte plötzlich zur Tür. Chopin verstummte.
Aus allen Türen strömte neues Publikum.
„Wenn ich von dem Preis für Schweinekoteletts rede", begann der Redner verzweifelt, „komme ich nicht umhin, empört festzustellen, daß der Zucker auf dem Markt 25,5 Kopeken kostet und das Schweinefleisch bei uns im Laden 36 Kopeken! Auf diese Weise entsteht ein Unterschied, liebe Genossen ..."
„Zum Teufel mit dem Schweinefleisch!" schrie das neue Publikum. „Hast du noch nicht genug geredet in deiner Ladenkommission!"
Der Redner mit den Koteletten wurde hinausgeworfen, ein anderer erklomm seinen Platz, schloß die Augen und brabbelte hastig:
„Die Frage der Arbeitskleidung ist eine Kardinalfrage, Genossen. Wie lange müssen wir noch warten auf die Handschuhe für die Streckenarbeiter? Sollen sie vielleicht mit bloßen Händen ..."
Er brabbelte etwa 3 Minuten, dann öffnete er die Augen vor dem schrecklichen Geschrei.
„Genug! Genug! Es reicht mit den Handschuhen, jetzt laß andere reden!"
Aufgeregte Menschen, Bleistift in der Hand, hatten das vorherige Publikum hinausgedrängt. Einer von ihnen sprang auf die Bühne, quetschte den Handschuhfachmann an das „Indische Grabmal" und schrie los:
„Damit ein Korrespondentenbericht möglichst aktuell ist, muß man sich an folgende Regeln halten ..."

Aber er kam nicht dazu, zu erklären, an welche Regeln sich ein Korrespondent halten soll, damit sein Bericht möglichst aktuell ist, denn vor der Tür links dröhnte der Marsch „Die Eiserne Division“, und hinter der Tür rechts sang ein Chor von zweihundert Stimmen:

Keiner wollte aus den Zelten
raus, um draußen Dienst zu tun.
An den Füßen mußten wir die
Pioniere ins Freie ziehen.

Und nun begann das, was sich nach Meinung des Korrespondenten nicht beschreiben läßt. Darum werde ich es nicht beschreiben.

1925

Die unverdrossenen Fernschreiberinnen

Es gibt einen Apparat nach dem System Bodo. Der eignet sich bestens zum Telegraphieren. Sie sitzen zum Beispiel in Kiew, und Ihre Freundin bedient den Apparat in Moskau. Sie beide langweilen sich dermaßen, daß Sie ganz plierige Augen kriegen. Der Apparat hat auch nichts zu tun. Da fangen die Finger an, auf den Tasten zu spielen, und so entsteht ein sehr interessantes Gespräch.

KIEW *fängt an* Tick, tick ... Bist du's, Lisa? Grüß dich, Schätzchen.

MOSKAU *angenehm überrascht* Olja, du? Erzähl, was gibt's Neues?

KIEW *stolz* Ich hab einen ... ich hab einen ...

MOSKAU *interessiert* Was hast du?

KIEW Einen lieben Mann, Kolja!

MOSKAU Wirklich?

KIEW Ja doch. Aber außer Kolja interessieren sich viele für

mich. Ich verdrehe allen den Kopf. Im Sommer fahr ich auf die Krim in Urlaub. *Stolz* Alle sind sie hinter mir her wie hinter einem Wild.

MOSKAU *weiß keine Antwort* Ich bin nach der Krankheit dick geworden. Ansonsten spiel ich auf der Bühne. Da kann ich nicht mehr stottern und nuscheln.

KIEW *neckend* Mein Kolja ist ein lieber Kerl. Aber ich bin absichtlich kalt zu ihm – *vertraulich* –, damit er mich noch heißer liebt. Und überhaupt, hier ist es besser als in meiner früheren Stellung. *Pause.* Sie lieben mich ... Na, und du, mein Herzblatt? Noch immer so etepetete und bescheiden in deinen inneren und äußeren Gefühlen? *Der Apparat seufzt.* Ach, Kindchen, Kolja, mein Mann, ist jünger als ich und obendrein Ukrainer. Aber da gibt's ja noch Wassja aus Leningrad, der gefällt mir unheimlich!

MOSKAU Du hast doch kürzlich noch für Petja geschwärmt? Hihi. Stimmt es nicht? *Schlangenartiges Zischen.*

KIEW *gleichmütig* Ja, das war eine phantastische Liebe. Alle möglichen Halunken haben mich schlechtgemacht. Mein Mann war gerade verreist, und da haben Schufte das Gerücht verbreitet, ich hätte ihm einen üblen Streich gespielt. *Pause.* Na, er ist gestorben.

MOSKAU *nach einer Pause* Was gibt's sonst Neues?

KIEW Katja ist in die Partei eingetreten!

MOSKAU Ach?

KIEW Schura war auf der Durchreise von Odessa bei mir. Im Sommer wollte ich zu ihr fahren, aber dann war mir der Urlaub auf der Krim doch lieber. Ach ja, und Kochanjuk, weißt du noch, der dir den Hof gemacht hat, der hat geheiratet. Hörst du? Geheiratet. Hihi. Geheiratet.

MOSKAU *zuckt im Apparat zusammen* Trr ...

KIEW Na alles Gute, Kindchen, ich geh schlafen, das rate ich dir auch.

MOSKAU Sag mal, ist bei euch kein Personalabbau in Sicht? Verlierst du deine Stelle?

KIEW *fröhlich* Nein, ich sitze fest im Sattel. Gute Nacht. Tick ...

Anmerkung. Der Stoff für dieses Feuilleton entstammt den Kontrollstreifen, deren Kopie uns ein Arbeiterkorrespondent zusandte. Auf diesen Streifen haben die Fernschreiberinnen 1230 Wörter Unsinn durchgegeben. Sie wurden teilweise wörtlich in das Feuilleton übernommen.

1925

Sobald es dunkel wird

In unserm Saratower Haus der Arbeit und Bildung (Eisenbahnerklub) passieren Schweinereien bei der Filmvorführung. Sobald es dunkel wird, gebrauchen Rowdys auf dem Rang gemeine Ausdrücke und spucken ins Parkett. Die Filme sind rissig, außerdem zeigt der Vorführer sie manchmal mit den Beinen nach oben.

Arbeiterkorrespondent

Jakow Strigun und seine Gattin erwarben für schwer verdiente Fünfer das Recht, sich den wundervollen Film „Das Geheimnis der Gruft" anzusehen, einen amerikanischen Trickfilm unter Mitwirkung des Publikumslieblings.

„Setz dich, Manja", murmelte Strigun, nachdem er sich mit seiner Gattin in die zwanzigste Reihe gedrängt hatte.

Manja setzte sich, das Licht im Saal erlosch. Vom Rang spuckte jemand herunter, er hatte auf Manjas Hut gezielt, verfehlte ihn aber und traf das Knie.

„Hör auf zu spucken, Rowdy", schrie Strigun wie ein Hahn.

„Halt's Maul, Gauner", antwortete die Dunkelheit auf dem Rang im Baß.

„Ich geh mich beschweren!" schrie Strigun, schwenkte im Dunkel die Fäuste und hatte nur unklare Vorstellungen, bei wem er sich beschweren würde und über wen.

„Wenn du nicht still bist, spuck ich dir auf die Glatze, die

kann ich prima sehen, sie glänzt", drohte die Dunkelheit.
Strigun setzte den Hut auf und stellte den Krieg ein.
Auf der Leinwand flackerte es, spaltete sich in zwei Hälften, dann fiel schräg dunkler Regen, gefolgt von feurigen Wörtern in einer unbekannten Sprache. Sie verschwanden rasch, abgelöst von einem Mann mit Zylinder, der an der Decke mit den Beinen nach oben trippelte wie eine Fliege. Nun erschien ein Haus, das Dach nach unten, und von oben nach unten wuchs eine Palme. Mit den Rädern nach oben kam ein Auto gefahren, aus dem wie ein Sack Hafer mit dem Kopf nach unten ein Dickwanst fiel, der eine Dame umarmte.
Lautes Trampeln erschütterte den Saal.
„Vorführer, dreh den Film um!" schrie die Dunkelheit.
Helles Licht füllte den Saal, dann wurde es wieder dunkel, und auf der Leinwand erschien rückwärts ein Kamel, von dem rückwärts ein Mann stieg und rückwärts in der Ferne verschwand.
Im Saal Pfeifen.
„Der Vorführer zeigt den Film von hinten!" schrie es vom Rang.
Auf der Leinwand eine Explosion wie ein Kugelblitz, dann erschien zu einem leisen Walzer eine Laus von der Größe eines Kalbes.
„Scheußlich", sagte Manja entsetzt, „wieso ist die in der Gruft?"
Zu der ersten Laus gesellten sich sieben weitere, die, mit verzagter Miene die Pfötchen bewegend, einen Sarg trugen. Das Klavier spielte eine Mazurka von Wieniawski. Im Sarg lag ein Mann, der wie ein Ei dem andern Strigun ähnelte. Manja ächzte und bekreuzigte sich, Strigun wurde blaß. Eine feurige Schrift sprang hoch:
„Das erwartet dich, Eisenbahner, wenn du dich nicht im Dampfbad wäschst und scherst."
„Und rasierst!" heulte der Rang. „Schmeiß die Laus von der Leinwand! Die hatten wir gestern, schmeiß ‚Das Geheimnis der Gruft' rein!"

Die Musik spielte eine Polka. Auf der Leinwand eine Schrift „Chaplin heiratet!“, die wieder verschwand. Statt dessen zeigten sich oben an der Decke Füße in weißen Gamaschen. Dann war alles weg. Ein paar Augenblicke geisterten noch dunkle Flecke, dann trat auf die Bühne ein kleiner Mann in fipsigem Jäckchen und erklärte:
„Die Vorstellung fällt aus, dem Vorführer sind die Kohlen durchgebrannt.“
Der Saal begrüßte ihn mit einem Nachtigallenpfeifen, dann drängte das Publikum, einander stoßend, zur Kasse.
Bei der Kasse tobte noch lange die Menge, die ihre Fünfer zurückwollte.

1925

Frauentag mit Syphilis

Nach beglaubigter Auskunft des Dorfsowjets von Laka-Tyshma.

Am Internationalen Frauentag, welcher alljährlich am achten März begangen wird, öffnete sich die Tür des Lesehäuschens in dem Dorf Laka-Tyshma, das sich der wohlgeneigten Patenschaft der Kasaner Eisenbahn erfreute, und ließ den Sanitätsfeldscher ein (nennen wir ihn Iwan Iwanowitsch).
Wäre nicht der Umstand, daß sich am achten März kein politisch bewußter Bürger in betrunkenem Zustand zeigen kann, noch dazu bei einem Vortrag, noch dazu in einem Lesehäuschen, und wäre nicht der Umstand, daß der Feldscher Iwan Iwanowitsch wohlbekanntermaßen keinen Tropfen Alkohol in den Mund nahm, so hätte man wetten mögen, daß er sternhagelblau war.
Seine Augen sahen aus wie zwei Siegellackpfropfen auf Flaschen mit vierzigprozentigem russischem Wodka, und seine Temperatur betrug höchstens 30 Grad. In dem Häuschen verbreitete sich eine derartige Schnapsfahne, daß der Ver-

sammlungsleiter das Rauchen einstellte und Iwan Iwanowitsch mit folgenden Ausdrücken das Wort erteilte:
„Das Wort zu seinem Vortrag über den Internationalen Frauentag hat Iwan Iwanowitsch."
Iwan Iwanowitsch, von alkoholischer Würde beflügelt. schaffte den Sprung auf die Bühne beim dritten Anlauf und trug folgendes vor:
„Bevor ich vom Internationalen Tag spreche, will ich ein paar Worte über die Geschlechtskrankheiten sagen!"
Diese Einleitung hatte vollen Erfolg. Grabesstille trat ein, und eine Glühbirne erlosch.
„Tja ... meine lieben internationalen Frauen", fuhr der Feldscher heftig schnaufend fort, „da sehe ich eure Gesichter vor mir, so an die achtzig Stück ..."
„Vierzig", sagte der Leiter verwundert mit einem Blick auf die Anwesenheitsliste.
„Vierzig? Um so schlimmer, das heißt, besser", fuhr der Redner fort, „ihr tut mir leid, meine lieben Mädchen und Damen ... Pardon! Frauen ... Denn je weniger Bevölkerung es auf einem bestimmten Gebiet gibt, das zeigt die Statistik, desto weniger Geschlechtskrankheiten treten auf, und umgekehrt. Insbesondere die Syphilis ... Diese entsetzliche Geißel des Proletariats, die keinen verschont ... Wißt ihr denn, was Syphilis ist?"
„Iwan Iwanowitsch!" rief der Leiter.
„Sei mal still. Unterbrich mich nicht. Die Syphilis", sagte der Redner hickend und langgedehnt, „die ist ein Ding, das man sich ganz leicht einfangen kann! Ihr sitzt hier und denkt vielleicht, ihr seid davor sicher?" (Der Feldscher lachte böse.) „Pustekuchen. Da läuft zum Beispiel so ein junges Mädchen mit roter Armbinde rum, freut sich über den Achten März und alles, und dann heiratet sie, und eines schönen Tages wäscht sie sich ... schnaubt sich die Nase, und zack! liegt die Nase in der Waschschüssel, und statt der Nase, entschuldigt den Ausdruck, hat sie ein Loch!"
Stimmengewirr ging durch die Reihen, und eine Arbeiterin, ganz blaß, eilte zur Tür.
„Iwan Iwanowitsch!" rief der Leiter.

„Verzeihung, ich bin beauftragt, also rede ich. Ihr meint wohl, wenn ihr noch unschuldig seid, das könnte euch retten? Ohoho! Und sind unter euch überhaupt Unschul …"
„Iwan Iwanowitsch!" rief der Leiter.
Weitere zwei Arbeiterinnen gingen und blickten entsetzt zurück zur Bühne.
„Ihr kommt zum Beispiel hierher, wollen mal sagen, der Kessel mit abgekochtem Wasser … na klar, es ist heiß", fuhr der Redner fort und lockerte den aufgeweichten Kragen, „na ja, da nimmt man den Becher. Über euch hängen Plakate von der Komintern, ‚Trinkt kein unabgekochtes Wasser' und so, und vor euch hat ein Syphilitiker getrunken mit seinem Mund, sagen wir mal, unser Versammlungsleiter …"
Der Leiter heulte auf.
Zwanzig Arbeiterinnen wischten sich angewidert mit ihren Tüchern den Mund, und wer keins hatte, nahm den Rocksaum.
„Was heulst du?" fragte der Feldscher den Leiter.
„Ich habe nie Syphilis gehabt", schrie der und nahm die Farbe von Preiselbeeren an.
„Komiker … Das war doch bloß ein Beispiel. Sagen wir mal, Sie." Der Feldscher zeigte mit zitterndem Finger in die erste Reihe, die sich röckeraschelnd leerte.
„Wenn eine Frau am Achten März, entschuldigt den Ausdruck, die Geschlechtsreife erlangt", zwitscherte der Redner am Pult, der sich in der Schwüle immer mehr auflöste, „was denkt sie sich dann?"
„Schweinekerl!" sagte eine dünne Stimme in den hinteren Reihen.
„Das einzige, wovon sie in den Mondnächten träumt, ist, wie sie am schnellsten zu ihrem Sexualpartner kommt", meldete der Feldscher und fuhr mit den Händen die Hosennähte entlang.
Da erfüllte Stöhnen und Zähneknirschen das Lesehäuschen. Die Bänke leerten sich polternd. Sämtliche Arbeiterinnen gingen hinaus, viele schluchzten.
Zwei blieben: der Versammlungsleiter und der Feldscher.
„Ihr Sexualpartner aber", murmelte der Feldscher schwan-

kend und blickte den Leiter an, „meine liebe Arbeiterin, der ergibt sich der Liebe und sonstigen Lastern ...“

„Ich bin keine Arbeiterin!“ schrie der Leiter.

„Entschuldigung, sind Sie ein Mann?“ fragte der Feldscher und glotzte durch einen Schleier.

„Ja!“ rief der Leiter beleidigt.

„Sieht nicht so aus“, hickte der Feldscher.

„Iwan Iwanowitsch, Sie sind blau wie ein Veilchen“, rief der Leiter, der vor Unmut zitterte, „Sie haben mir den Frauentag verdorben! Ich werde mich über Sie beim Zentrum und noch weiter oben beschweren.“

„Mach das“, sagte der Feldscher, setzte sich in einen Sessel und schlief ein.

1925

Die Badewärterin Iwan

Im Dampfbad der Station Essino an der Strecke nach Murom ist freitags, am Frauentag, immer der Badewärter Onkel Iwan dabei, in dessen Gegenwart sich die Dampfbadbesucherinnen ausziehen müssen, dabei benutzen sie Wasserschüsseln als Feigenblatt.

Kann man nicht freitags eine Frau, eine Streckenarbeiterin, für das Dampfbad abstellen?

Arbeiterkorrespondent

Vorwort

Dies ist dermaßen unanständig, daß sich die Feder sträubt.

1 Im Dampfbad

„Onkel Iwan, he, Onkel Iwan!“

„Was willste? Seife, Bastwisch?“

„Hab ich alles, aber ich bitte dich, scher dich zum Teufel.“

„Du bist ja gut, ich geh weg, und inzwischen werden die Sachen geklaut. Wer ist dann verantwortlich? Onkel Iwan. Am Dienstag hatten wir Männertag, da ist dem Stationsleiter seine Zigarrentasche gemaust worden. Und wer kriegte die Haue? Ich, Onkel Iwan!"
„Onkel Iwan, dreh dich wenigstens um, damit ich durchlaufen kann."
„Na schön, lauf durch."
Onkel Iwan drehte sich zu den beschlagenen Fensterchen des Vorraums um, strich den gelblichen Fächerbart und knurrte:
„Meine Güte, als ob ich das nie gesehen hätte. Du bist ja komisch. Meinst du, das macht mir Spaß? Wo ich schon so einen unanständigen Posten hab ... Mein Posten zwingt mich dazu."
Die Frauengestalt sprang aus ihrem Laken und lief, wie Eva durchs Paradies, in die Schwitzkammer.
„Au, wie peinlich!"
Die Tür in den Vorraum öffnete sich und ließ eine Dampfwolke herein, der ein nasses, verschwitztes Muttchen entstieg, die Tante eines Bahnmeisters. Die Alte wrang ihren Bastwisch aus, setzte sich auf eine Bank und plinkerte vor Vergnügen mit den Augen.
„Gutes Schwitzen", gratulierte ihr ein heiserer Baß.
„Danke, meine Liebe. Danke ... Oh! Das geht nicht mit rechten Dingen zu. Du bist wohl ein Mann?"
„Ja, na und? Willst du ein Laken?"
„Heilige Mutter Gottes von Kasan! Geh mir weg mit deinem Laken, du Flegel! Was ist denn los in unserm Dampfbad?"
„Tantchen, was toben Sie denn, ich war ja schon hier, als Sie kamen!"
„Das hab ich gar nicht bemerkt! Ich kann schlecht kucken, du schamloser Kerl. Aber jetzt seh ich, er hat einen Bart wie ein Besen! Manka, du Taugenichts, halt dir ein Laken vor!"
„Das ist ja die reinste Strafe", knurrte Onkel Iwan und ging.
„Onkel Iwan, hau ab von hier!" schrien die Frauen von der

anderen Seite und hielten sich die Schüsseln vor wie Schilder gegen einen Feind.
Onkel Iwan wandte sich wieder in die andere Richtung, dort ertönte Geheul, er stürzte auf die dritte Seite und wurde weggejagt. Da spuckte er aus und verließ den Vorraum, wobei er drohend erklärte:
„Wenn was geklaut wird, wasch ich meine Hände in Unschuld."

2 In der Bierstube

Am Sonntag saß Onkel Iwan, von der Arbeit der Woche erschöpft, beim Bier in der Bierstube „Rotes Paris" und erzählte:
„Es ist die reinste Strafe. Am Montag fang ich an zu heizen, am Dienstag waschen sich alle möglichen Angestellten, am Mittwoch kommen sie mit kleinen Kindern, am Donnerstag einfache Männer, und am Freitag ist Frauentag. Der Frauentag ist für mich das reinste Gift. Es ist zuviel für meine Augen. Das Bad ist voller Weiber, die kreischen und schmeißen ihre Klamotten überall rum. Und das Schlimmste, sie sind mir böse, aber was kann ich dafür? Soll ich hinkucken oder nicht, wenn ich nu mal diesen Posten hab? Ich muß ja! Nein, ein schlimmeres Volk als die Weiber gibt es nicht auf der Welt. Eine davon sieht ganz anständig aus, die Frau von unserm neuen Angestellten Kowerkotow. Hübsches Weibchen. Kommt rein, rollt alles zusammen, legt's weg, sagt: ‚Onkel Iwan, scher dich in die Hölle.' Bloß eins ist nicht schön, im Gesicht so ein hübsches Weibchen, aber auf dem Rücken hat sie ein Muttermal, eine richtige Gemeinheit, wie eine Fledermaus, du siehst das und möchtest ausspukken …"
„Waaas? Was für eine Maus? Von wem redest du, du rothaariger Mistkerl?"
Onkel Iwan erbleichte, drehte sich um und sah den Angestellten Kowerkotow. Dessen Augen funkelten, die Hände ballten sich zu Fäusten.

„Wo hast du die Maus gesehen? Was verbreitest du hier für Schweinereien?"
„Wieso Schweinereien", fing Onkel Iwan an und kam nicht weiter.
Kowerkotow trat dicht an ihn heran und ...

3 Vor Gericht

„Bürger Kowerkotow, Sie werden beschuldigt, am 21. März dieses Jahres den Dampfbadangestellten Bürger Iwan tätlich beleidigt zu haben."
„Bürger Richter, er hat meine Ehre in den Dreck gezogen!"
„Erzählen Sie, auf welche Weise haben Sie die Ehre des Bürgers Kowerkotow in den Dreck gezogen?"
„Gar nichts habe ich in den Dreck gezogen. Das ist ja die reinste Strafe. Ich bitte Sie, Bürger Richter, mich von dem Posten des Badewärters abzulösen. Ich kann nicht mehr."

Der Richter sprach noch lange mit Feuer, die Hand am Herzen, und der Friedensrichter schloß den Fall ab.
Ein paar Tage später wurde Onkel Iwan von der Anwesenheit im Frauenbad am Freitag befreit und statt seiner eine Streckenarbeiterin für das Dampfbad abgestellt.

1925

Vom Nutzen des Alkoholismus

Auf einer Wahlversammlung für das Gewerkschaftskomitee in der Station X erschien das Gewerkschaftsmitglied Mikula sternhagelvoll. Die Masse der Arbeiter schrie: „Das ist unzulässig!“ Aber der Vertreter des Abschnittskomitees setzte sich für Mikula ein, indem er erklärte, die Trunksucht sei eine soziale Krankheit und man könne auch Trinker ins Gewerkschaftskomitee wählen.

Arbeiterkorrespondent 2619

Prolog

„Zum Teufel mit der besoffenen Visage in der Versammlung! Das ist unzulässig!“ schrie die Masse der Arbeiter.
Der Versammlungsleiter stand immer wieder auf und setzte sich hin, als trüge er eine Sprungfeder in sich.
„Das Wort erhält!“ schrie er und rieb sich die Hände. „Ruhe, Genossen! Das Wort erhält ... Genossen, Ruhe! Genossen! Ich bitte euch, den Vertreter des Abschnittskomitees anzuhören ...“
„Nieder mit Mikula!“ schrie die Masse. „Der Säufer gehört ausgemerzt!“
Das Gesicht des Vertreters erschien am Präsidiumstisch. Es zeigte ein wohlwollendes Lächeln. Die Masse war noch aufgewühlt wie ein Ozean, doch sie wurde still.
„Genossen!“ rief der Vertreter mit angenehmem Bariton.

Ich hab den Vorsitz, und wenn das
die Welle ist, seid ihr die Masse –
Sowjetrußland, und seid ihr empört,
so kann das Komitee nicht schweigen.

Dieser Anfang schmeichelte der Masse außerordentlich.
In Versen redet er!
„Unser Ernährer“, rief begeistert ein altes Muttchen und

schluchzte. Nachdem man sie hinausgeführt hatte, fuhr der Leiter fort:

„Warum regt ihr euch auf und haltet wilde Reden?"

„Wegen Mikula!" antwortete die Masse.

„Raus mit ihm! Schande!"

„Genossen! Wegen Mikula will ich ja gerade sprechen!"

„Recht so! Gib's ihm, dem Trunkenbold!"

„Vor allem erhebt sich für uns die Frage: Ist er wirklich besoffen, der erwähnte Mikula?"

„Und wie!" schrie die Masse.

„Na gut, er ist besoffen", stimmte der Vertreter zu. „Daran gibt es keinen Zweifel, teure Genossen. Aber nun erhebt sich vor uns die sozial wichtige Frage, auf welcher Grundlage das geehrte Gewerkschaftsmitglied Mikula besoffen ist."

„Geburtstag hat er!" antwortete die Masse.

„Nein, liebe Bürger, darum geht's nicht. Die Wurzel des Übels liegt viel tiefer. Unser Mikula ist besoffen, weil er krank ist."

Die Masse erstarrte wie ein Salzsäule. Der puterrote Mikula öffnete ein völlig trübes Auge und sah den Vertreter entsetzt an.

„Ja, liebe Genossen, die Trunkenheit ist nichts anderes als eine soziale Krankheit, so wie Tuberkulose, Syphilis, Pest, Cholera und ... Bevor wir von Mikula sprechen, laßt uns überlegen, was Trunkenheit ist und wo sie herkommt. Früher einmal, liebe Genossen, hat der ehemalige Großfürst Wladimir, der wegen seiner Vorliebe für alkoholische Getränke Rote Sonne genannt wurde, ausgerufen: ‚Unsere Freude ist das Trinken!'"

„Schön gesagt!"

„Schöner geht's nicht. Unsere Historiker haben die Worte des unvergeßlichen einstigen Fürsten zu würdigen gewußt und auch ein wenig zu trinken begonnen, dabei riefen sie: ‚Besoffen und klug, vorteilhaft genug!'"

„Und was war mit dem Fürsten?" fragte die Masse, die sich für den Vortrag des Vertreters interessierte.

„Er ist gestorben, meine Freunde. Totgesoffen hat er sich", erklärte der allwissende Vertreter voller Mitgefühl.

„Gott schenke ihm das Himmelreich!" piepste ein altes Muttchen. „Er war sowjetisch, trotzdem ein Heiliger."
„Verbreite hier auf der Versammlung keinen religiösen Nebel", bat sie der Vertreter. „Hier gibt's kein Himmelreich. Ich fahre fort, Genossen. In der bourgeoisen Gesellschaft tranken 900 Jahre lang alle und jeder, Säuglinge und Waisen nicht ausgenommen. ‚Trink, aber versteh dich darauf', rief der berühmte Poet Turgenjew in der bourgeoisen Periode. Später entstand eine Reihe von humoristischen Volkssprichwörtern zugunsten des Alkoholismus wie: ‚Der Trunkene hat vor nichts mehr Angst', ‚Was der Nüchterne im Kopf, hat der Trunkene auf der Zunge', ‚Nicht der Schnaps macht den Menschen betrunken, sondern die Zeit', ‚Steig nicht in einen fremden Schlitten', und was gibt's noch?"
„‚Tee ist kein Wodka, trink nicht soviel davon!'" antwortete die äußerst interessierte Masse.
„Richtig, merci. ‚Kannst du dich etwa mit sechs Litern besaufen?', ‚Auch das Huhn trinkt', ‚Wer trinkt, stirbt, wer nicht trinkt, stirbt auch', ‚Schenk ein, schenk ein, Genosse, damit aufs Wohl wir trinken'."
„‚Gott weiß, was mit uns geschieht'", sang der betrunkene Mikula im Einschlafen.
„Genosse Kranker, ich bitte Sie, auf der Versammlung nicht zu singen", sagte der Leiter höflich, „fahren Sie fort, Genosse Redner."
„‚Wir beten'", fuhr der Redner fort, „‚wir beten zu Gott dem Herrn, dann trinken wir ein Schlückchen und essen ein Gürkchen', ‚Herr Polizist, Herr Polizist, sein Sie nett zu mir, ich will im Dreck nicht schlafen, bringen Sie mich aufs Revier', ‚Keine unanständigen Wörter gebrauchen und keine Trinkgelder geben', ‚Am neunundzwanzigsten Februar hab ich ne Flasche Schnaps geleert', ‚Täglich frische Krebse!', ‚Übern Prellstein, übern Prellstein ...'"
„Wohin?" kläffte auf einmal der Versammlungsleiter.
Fünf Mann stahlen sich aus den Reihen und schlüpften zur Tür hinaus.
„Sie halten die Rede nicht aus", erklärte die Masse begeistert.

„Sie war sehr überzeugend. Sie stürmen zur Bierstube, bevor sie dichtmacht."
„Also!" dröhnte der Redner. „Ihr seht, wie tief uns diese soziale Krankheit durchdringt. Aber laßt euch nicht irremachen, Genossen. Unser berühmter Edelstein Lomonossow zum Beispiel, der hat sich im achtzehnten Jahrhundert überaus gerne vollaufen lassen, trotzdem ist er ein erstklassiger Gelehrter und Genosse geworden, dem sogar ein Denkmal gesetzt wurde vor dem Universitätsgebäude in der Mochowaja-Straße. Ich könnte noch weitere Beispiele anführen, aber ich schließe. Wir kommen zu den Wahlen ..."

Epilog

„... woraufhin die Arbeitermassen den bekannten Alkoholiker zum Kandidaten des Gewerkschaftskomitees wählten, und tags darauf saß er sturzbetrunken auf dem Bahnsteig und erheiterte Gaffer mit Witzen, erzählte auch, es sei erlaubt zu trinken, wenn nur kein Schaden entstünde."

Aus demselben Brief des Arbeiterkorrespondenten

1925

Wie Bouton heiratete

In der Verwaltung der Südweststrecke werden Lebensmittelkarten nur an Verheiratete ausgegeben. Ledige kriegen nichts. Also muß man heiraten. Wobei die Verwaltung die Rolle der Kuppelmutter spielt.

Arbeiterkorrespondent Nr. 2626

Denkt der Herr nicht ans Heiraten?

N. W. Gogol („Die Heirat")

Der Eisenbahner Valentin Arkadjewitsch Bouton-Ungeküßt, ein hartnäckiger und überzeugter Junggeselle, erschien in

der Verwaltung und wandte sich höflich an den Lebensmittelnatschalnik.
„Was möchten Sie? Hei, was Sie für einen Schlips haben, getüpfelt!“
„Aber ja. Ich bitte um die Lebensmittelkarte.“
„Soso. Heiraten Sie erst mal.“
Bouton zuckte zusammen.
„Wie denn?“
„Ganz einfach. Sie kennen das Standesamt? Gehen Sie hin, sagen Sie, soundso. Ich liebe sie mehr als alles auf der Welt. Geben Sie sie mir, widrigenfalls stürz ich mich in den Dnepr oder erschieß mich. Was Ihnen besser gefällt. Na, dann werden Sie registriert. Nehmen Sie Ihre Papiere mit und die von ihr auch.“
„Von wem?“ fragte Bouton grüngesichtig.
„Na, sagen wir, die von Warenka.“
„Von welcher ... Warenka?“
„Von unserer Stenotypistin.“
„Ich will nicht“, sagte Bouton.
„Komischer Kerl. Ich mein’s doch gut mit dir. Versteh das mal in deinem Kopf. Was du dann für ein Leben hast! Was trinkst du jetzt zum Frühstück?“
„Bier“, antwortete Bouton.
„Na siehst du. Dann wirst du Schokolade trinken oder Kakao.“
Bouton wurde schlecht.
Der Natschalnik fuhr fort:
„Schau dich doch mal an im Spiegel der Südweststreckenverwaltung. Wie siehst du aus? Ein Schlips wie ein Schmetterling, ein dreckiges Hemd. An der Hose keine Knöpfe, eine Schweinerei, typisch Junggeselle! Wenn du erst verheiratet bist und du hast dir noch nicht mal die Augen gerieben, da steht schon die Gattin vor dir: Wünschen Sie etwas? Wie ist dein Vor- und Vatersname?“
„Valentin Arkadjewitsch.“
„Also, Valjuscha oder Valjun. Dann sagt sie zu dir: Brauchst du etwas, Valjun, möchtest du vielleicht ein Käffchen, Valjuscha, dies oder jenes ... Zum Verrücktwerden! Was will ich

dir sagen? Du wirst nicht mehr wissen, ob du im Paradies bist oder bei der Südwestbahn!"
„Sie hat doch einen Stiftzahn!"
„Du bist ein Blödmann, verzeih mir's Gott. Ein Stiftzahn! Das ist doch kein Arm oder Bein! Außerdem aus Gold! Den kannst du Komiker doch notfalls ins Leihhaus tragen. Kurz und gut, schreib einen Antrag auf Eheschließung. Wir geben dir unsern Segen. Übers Jahr lädst du uns zur sozialistischen Taufe ein, dann trinken wir einen."
„Ich will nicht!" schrie Buton.
„Na schön, ich seh schon, du bist ein Dickschädel. So was von Unverstand! Aber wie du willst. Ich bitte, einen beschäftigten Menschen nicht aufzuhalten."
„Ich bitte um die Lebensmittelkarte."
„Nein!"
„Auf welcher Grundlage?"
„Steht Ihnen nicht zu."
„Und warum habt ihr Ptjuchin eine gegeben?"
„Der ist besser als du, er ist verheiratet!"
„Also soll ich ohne Lebensmittelkarte verhungern?"
„Wie Sie wollen, junger Mann."
„Was ist das bloß", murmelte Bouton und wechselte die Farbe. „Ich muß vor Hunger entweder mein Leben verlieren oder meine kostbare Freiheit?"
„Schreien Sie nicht so."
„Nehmt mich!" schrie Bouton hysterisch. „Verheiratet mich, schleppt mich aufs Standesamt, freßt mich zur Grütze!" Und er riß sein Hemd in Stücke.
„Bote! Hol Warenka her! Genosse Bouton wird ihr Herz und Hand antragen."
„Warum heult er?" erkundigte sich der Bote.
„Vor Freude übergeschnappt. In diesem staatlichen Haus hat für ihn ein neuer Lebensabschnitt begonnen."

1925

Mit dem Bündnis über den Schädel

Dem Feuilleton liegt eine wahre Begebenheit zugrunde, die der Arbeiterkorrespondent Nr. 742 beschrieben hat.

Endlich gelangte die Freude auch in ein Dorf im Kreis Fastow im Kiewschen! Sergejew, Vertreter des Kreisexekutivkomitees und zugleich stellvertretender Vorsitzender des Gewerkschaftskomitees und zugleich Oberhaupt des Arbeitsschutzes der Station Fastow, traf persönlich ein, um das Bündnis mit dem Dorf zu festigen.

Durchs Radio kam die Nachricht, an demunddem Tag wolle Sergejew das Gesicht dem Dorf zuwenden!

In dichten Scharen strömten die Dörfler ins Lesehäuschen. Sogar der sechzigjährige Opa Omelko (von Beruf Mittelbauer) bewaffnete sich mit seinem Krückstock und tappte in die Vollversammlung.

In dem Häuschen konnte kein Apfel zu Boden fallen. Der Opa setzte sich in ein Eckchen, formte mit der Hand das Ohr zum Hörrohr und hielt sich bereit, das Bündnis zu akzeptieren.

Der Gast dröhnte auf der Bühne wie eine Nachtigall im Geißblatt. Das Parteiprogramm fiel in großen Stücken aus ihm heraus wie aus einem Menschen, der es lange Zeit verschlungen, aber überhaupt nicht verdaut hat.

Die Dörfler sahen seine energische Hand, die das Jackenrevers festhielt, und sie hörten seine Worte:

„Mehr Aufmerksamkeit für das Dorf ... Melioration ... Produktivität ... Aussaatkampagne ... Mittelbauer und armer Bauer ... Vereinte Bemühungen ... wir zu euch ... ihr zu uns ... Saatgut ... Kreis ... das garantiert euch, Genossen ... Saatgutdarlehen ... Volkskommissariat für Landwirtschaft ... Preisbewegung ... Volkskommissariat für Aufklärung ... Traktoren ... Kooperation ... Obligationen ...“

Leise Seufzer flatterten durch das Häuschen. Der Vortrag strömte dahin wie ein Fluß. Der Vortragende wandte sich endlich ganz dem Dorf zu. Der erste Gegenstand, der ihm in

diesem Dorf ins Auge fiel, war das große runzlige Ohr von Opa Omelko, das wie ein Grammophontrichter aussah. Das Gesicht des Opas zeigte angespanntes Nachdenken.
Alles hat ein Ende, auch jeder Vortrag. Nach dem Beifall trat ausgedehntes Schweigen ein. Endlich stand der Versammlungsleiter auf und fragte:
„Hat jemand Fragen an den Redner?"
Der Redner blickte stolz um sich, so als wie, es gibt keine Frage auf der Welt, die ich nicht beantworten könnte.
Nun kam es zu einem Drama. Der Krückstock knallte, Opa Omelko stand auf und sagte:
„Ich bitte darum, Genossen, daß der Genosse Bündnis seinen Vortrag auf einfach erzählt, denn ich habe gar nichts verstanden."
Nachdem er diese Unanständigkeit begangen hatte, setzte er sich wieder hin. Grabesstille trat ein, und alle sahen Sergejew rot anlaufen.
Metallisch schallte seine Stimme:
„Was ist das für ein Individuum?"
Der Opa war beleidigt.
„Ich bin kein Indivum. Ich bin Opa Omelko."
Sergejew wandte sich an den Versammlungsleiter:
„Ist er Mitglied des Komitees der Dorfarmut?"
„Nein, nicht", erwiderte der verwirrt.
„Aha!" rief Sergejew räuberisch. „Also ein Kulak?"
Die Versammlung erbleichte.
„Schmeißt ihn raus!" kläffte Sergejew plötzlich, geriet in schäumende Wut und vergaß sich so weit, daß er dem Dorf nicht das Gesicht, sondern das Gegenteil zukehrte.
Die Versammlung erstarrte. Niemand legte Hand an den klapprigen Opa, und wer weiß, wie das Ganze geendet hätte, hätte nicht der Sekretär des Dorfsowjets den Referenten gerettet. Wie ein Geier stürzte er sich auf den Opa, nannte ihn „Hundeopa" und schleifte ihn am Kragen aus dem Lesehäuschen.
Wenn jemand aus einer feierlichen Versammlung geschleift wird, ist es kein Wunder, wenn er protestiert. Der Opa sträubte sich mit Händen und Füßen und murmelte:

„Sechzig Jahre leb ich auf der Welt, und ich hab nicht gewußt, daß ich ein Kulak bin. Besten Dank für solch ein Bündnis!“
„Na schön“, fauchte Ignat. „Red du nur. Quatsch dich ruhig aus. Ich zeig dir schon noch, was für ein Element du bist.“
Um ihm dies zu zeigen, wählte Ignat eine originelle Methode. Er zerrte den Opa in den Hof und hieb ihm etwas Schweres über den Hinterkopf, so daß der Opa glaubte, die Mittagssonne wäre erloschen und am Himmel stünden Sterne.
Wir wissen nicht, womit Ignat es dem Opa gezeigt hat. Nach Meinung des letzteren (und er mußte es besser wissen als jeder andere) war es ein Gegenstand aus Gummi.
Auf diese Weise endete das Bündnis mit Opa Omelko.
Aber nicht ganz. Seit dem Bündnis war er auf einem Ohr taub.

„Wissen Sie was, Genosse Sergejew? Ich erlaube mir, Ihnen zwei Ratschläge zu geben (sie gelten auch für Ignat). Erstens, erkundigen Sie sich, wie es dem Opa geht.
Und zweitens: Bündnis hin, Bündnis her, aber Bauern mißhandeln, das geht nicht.
Sonst kommt es statt des Bündnisses zu Unannehmlichkeiten.
Für alle.
Und für Sie insbesondere.“

1925

Schlange mit Gewissensbissen

Vor dem Gebäude der Moskauer Kriminalmiliz eine Schlange.
„Ohoho! Man steht und steht …“
„Auch hier ne Schlange.“
„Was will man machen? Gestatten Sie die Frage, sind Sie Buchhalter?“

„Nein, Kassierer!“
„Sie wollen sich festnehmen lassen?“
„Na klar!“
„Gute Sache! Und darf ich fragen, mit wieviel Sie drin hängen?“
„Mit dreihundert Tscherwonzen.“
„Kleinigkeit, junger Mann. Ein Jahr. Aber in Anbetracht der aufrichtigen Reue, außerdem ist es nicht mehr lange bis zum Oktober. Also sitzen Sie höchstens drei Monate und gehen wieder nach Hause.“
„Wirklich? Sie beruhigen mich richtig! Ich war schon ganz verzweifelt. Gestern abend hab ich mich mit dem Verteidiger beraten, der hat mir einen Schreck eingejagt. Der Artikel, meint er, wär so, daß ich nicht unter zwei Jahren mit strengem Regime davonkomm.“
„Er spinnt, junger Mann. Glauben Sie meiner Erfahrung. Halt, wo wollen Sie hin? Hinten anstellen!“
„Bürger, laßt mich durch. Ich hab mir Staatsgelder unter den Nagel gerissen. Das Gewissen drückt mich ...“
„Es drückt uns alle, Väterchen, nicht bloß Sie.“
„Ich hab den staatlichen Laden vom Mosselprom versoffen“, dröhnte ein Baß.
„Du greifst ja zu. Jetzt wirst du sehen, wie sie dich Gottesknecht einbuddeln.“
„Nichts dergleichen. Und wenn ich rückständig bin? Unentwickelt? Und wenn ich erbliche soziale Bedingungen hab? Und nicht vorbestraft bin? Und Alkoholiker?“
„Wie konnten sie dir alkoholischem Satan einen Schnapsladen anvertrauen?“
„Das frag ich mich auch.“
„Was wollen Sie?“
„Bürger Milizmeister, mich quälen Gewissensbisse ...“
„Erlauben Sie mal, was drängen Sie so, mich quälen sie auch.“
„Verzeihung, ich wart schon seit zehn auf meine Verhaftung.“
„Sprechen Sie kurz – Name, Institution und wieviel.“
„Fioletow heiß ich, Mischa. Meine Gewissensbisse ...“

„Wieviel?"
„Zweihundert Mäuse, im Textiltrust."
„Sidortschuk, übernimm den Bürger Fioletow."
„Darf ich eine Zahnbürste mitnehmen?"
„Sie dürfen. Wie viele sind Sie?"
„Sieben."
„Familie?"
„Jawohl."
„Wieviel haben Sie genommen?"
„An Geld zweihundert, einen Damenmantel, eine Uhr und Kerzenleuchter."
„Das versteh ich nicht. Hat der Damenmantel der Behörde gehört?"
„Nein. Wir beschäftigen uns nicht mit Behörden. Eine Privatfamilie, Schtipelman."
„Sie sind die Schtipelmans?"
„Nein."
„Was hat Schtipelman damit zu tun?"
„Wir haben ihn abgestochen. Ich melde: sieben Personen, die Frau, fünf Kinder und die Großmutter."
„Sidortschuk, Machruschin, treffen Sie Vorbeugungsmaßnahmen!"
„Erlauben Sie mal, warum wird er vorgezogen?"
„Bürger, haben Sie politisches Bewußtsein, er ist ein Mörder."
„Was ist schon ein Mörder. Auch was Großes! Ich hab vielleicht eine Behörde in die Luft gesprengt."
„Schweinerei. Bürokratismus. Wir werden uns beschweren."

1925

Der doppelgesichtige Stationsleiter

Auf der Station Fastow hat der Leiter eine Anordnung erlassen, daß kein Angestellter Korrespondentenberichte an Zeitungen geben darf, ohne daß er sie gesehen hat.
Als ein Korrespondent davon erfuhr, erschrak der Leiter und versteckte das Anordnungsbuch hinter Schloß und Riegel.

Arbeiterkorrespondent 742

„Ich habe euch hergebeten, Genossen", begann der Stationsleiter, „um euch über eine Gemeinheit zu unterrichten: Ich habe erfahren, daß viele von euch an Zeitungen schreiben."

Die Hergebetenen erstarrten.

„Das hätte ich von meinen teuren Kollegen nicht erwartet", fuhr der Leiter bitter fort. „Solide Beamte wie ihr, das heißt, Angestellte ... Und dann so was ... au, au, au!"

Der Stationsleiter bewegte den Kopf wie eine Porzellankatze.

„Ich möchte wissen, welcher Knilch einen Schatten auf unsere teure Station wirft. Das heißt, wenn ich's wüßte ..."

Der Leiter musterte die Anwesenden mit prüfendem Blick.

„Vielleicht der Genosse Babkin?"

Babkin lief grün an, stand auf, legte die Hand aufs Herz und sagte:

„Weiß Gott ... Ehrenwort ... ich schwöre ... Ich will Erde essen, wenn ... die Ikone abnehmen ... und wenn ich den Kurscheck nicht kriege ... und wenn ich wegen Personalkürzung abgebaut werde ... ich war's nicht!"

Seine Worte klangen so aufrichtig, daß nicht daran zu zweifeln war.

„Dann also Rabinowitsch?"

Rabinowitsch antwortete sofort:

„Da haben wir's! Kaum ist irgendwas, gleich heißt es, Rabi-

nowitsch. Aber natürlich, Rabinowitsch ist an allem schuld! Wenn ein Zugunglück war – Rabinowitsch. Wenn der Schnellzug hat acht Stunden Verspätung – Rabinowitsch. Wenn die Arbeitskleidung wird nicht geliefert – Rabinowitsch! Wenn gewählt wird Hindenburg – Rabinowitsch. Und wenn einer an die Zeitung schreibt, auch Rabinowitsch? Warum ich, Rabinowitsch, und nicht er, Aseberdshanjan?"
Aseberdshanjan antwortete:
„Hör bitte auf zu spinnen! Ich hab nicht mal Tinte im Haus. Nur roten aserbejdshanischen Wein. Rotwein."
„Dann etwa Bandurenko?" fragte der Leiter.
Bandurenko erwiderte:
„Ich will verrecken, wenn ..."
„Merkwürdig. Die Station ist voll von Menschen, jeden zweiten Tag erscheint was in der Zeitung, und wenn ich frag, wer das war, gibt's keinen Schuldigen. Schreibt etwa der Heilige Geist?"
„Anzunehmen", sagte Bandurenko.
„Wenn ich diesen heiligen Geist erwische, kann er was erleben! Na schön. Iwan Iwanowitsch, lesen Sie den Befehl vor, dann unterschreiben alle!"
Iwan Iwanowitsch stand auf und las:
„Ich erkläre den Angestellten der mir anvertrauten Station ... ich habe festgestellt ... Ich richte die Aufmerksamkeit ... unzulässig ... kurz und gut, daß mir keiner wagt ..."

Seither war die Station wie im Erdboden versunken. Schweigen.
„Merkwürdig", urteilten sie in der Hauptstadt, „solch eine große Station, aber keiner schreibt. Ob sich bei denen keine Vorfälle ereignen? Man müßte mal einen Korrespondenten hinschicken."

Der Bote kam herein und sagte erschrocken:
„Genosse Stationsleiter, ein Korrespondent will zu Ihnen."

„Quatsch“, sagte der Stationsleiter erbleichend. „Mach mir keinen Kummer! Ich hab schon die ganze Nacht von zwei großen Ratten geträumt. Mein Gott, was mach ich jetzt? Jag ihn zum Teufel, das heißt, nein, bitte ihn herein ... Guten Tag, Genosse. Nehmen Sie Platz. Im Sessel bitte. Der Stuhl ist zu hart für Sie. Womit kann ich dienen? Sehr angenehm, daß jemand in unsere Einöde reinschaut.“
„Ich bin gekommen, um eine Korrespondenzverbindung aufzubauen.“
„Mein Gott! Du lieber Gott! Ich strampel mich schon ein halbes Jahr ab, um die verdammte Verbindung aufzubauen. Sie kommt nicht in Gang. Die Leute sind so. Das Volk ist derart rückständig, unter uns gesagt, geradezu entsetzlich. Zwanzigtausendmal hab ich denen gesagt: Schreibt, ihr gestreiften Teufel, schreibt! Nicht die Bohne schreiben sie, sie saufen bloß. Das kommt so weit, obwohl ich mit Arbeit überlastet bin, wie Sie verstehen werden, lieber Genosse, daß ich ihnen selber vorgeschlagen hab: Schreibt, sag ich, bei allem, was euch heilig ist, ich werde eure Korrespondentenberichte selber korrigieren, ich helf euch und schick sie selber ab, bloß schreibt, daß euch der Teufel hole. Nein, sie schreiben nicht! Ich werd sie Ihnen gleich mal herrufen, dann können Sie unsere Fastower Bevölkerung betrachten. Bote, ruf die Angestellten in mein Zimmer.“
Als alle beisammen waren, griente der Stationsleiter mit einer Wange zärtlich den Korrespondenten an, mit der anderen die Angestellten, und sagte:
„Also, liebe Genossen, weshalb ich euch hergebeten habe. Entschuldigt, daß ich euch von der Arbeit abhalte. Der Genosse Korrespondent hier ist aus der Hauptstadt hergekommen, um euch, Genossen, zu bitten, daß ihr nicht zu faul seid, unsern hauptstädtischen Genossen Korrespondentenberichte zu schicken. Ich habe euch schon so oft gebeten, Genossen ...“
„Das waren wir nicht!“ antworteten erschrocken Babkin, Rabinowitsch, Bandurenko und Aseberdshanjan.
Sie stechen mich ab, die Teufel! rief der Stationsleiter im stillen, dann sagte er laut, um das Murren des Volkes zu

übertönen: „Genossen, ich flehe euch an, schreibt! Unsere Unionspresse wartet auf eure Berichte wie auf das himmliche Manna, wenn man sich so ausdrücken kann. Warum sagt ihr nichts?"
Das Volk schwieg.

1925

Die Saporoger schreiben einen Brief an den türkischen Sultan

Tambow, Abschnittsleiter 4.
... und bitte umgehend mitzuteilen: Zu welchem Zweck haben Sie die Zeitung „Tambowskaja Prawda" bestellt?
Aus einer Dienstnotiz vom 7. Mai d. J.
Arbeiterkorrespondent A. R. 56

Der Leiter des vierten Streckenabschnitts schloß die Kanzleitür fest und sagte:
„Ich gratuliere euch, liebe Kollegen." Dann wandte er sich an den Buchhalter, machte giftig einen Kratzfuß und fügte hinzu: „Insbesondere Ihnen merci, geehrter Genosse Kryschkin. Sie haben dauernd gekrächzt: Bestell sie, bestell sie, da hab ich sie dir bestellt! Was sollen wir jetzt antworten?"
Schweigen.
„Leser, Zeitungsleser", stichelte der Abschnittsleiter weiter. „Wir haben hier still und friedlich gelebt und keinem was getan. Aber nein, ihr wolltet ja unbedingt die Zeitung. Wie soll ich mich jetzt vor den Natschalniks rechtfertigen?"
Schweigen.
„Ihr schweigt?" fragte der Leiter bitter. „Ihr bringt einen Menschen ins Unglück, und nun wollt ihr euch drücken? So als wie, trag du die Verantwortung, du alter Latschen, weshalb hast du deine Untergebenen zu der Zeitung verführt."

„Er zürnt?“ fragte der Buchhalter.
„Und wie, gottbehüte!“ antwortete der Leiter. „Er tobt und brüllt. Zu welchem Zweck, fragt er, habt ihr sie bestellt.“
„Eine giftige Frage“, bemerkte der Streckenobermeister.
„Das kann man wohl sagen“, antwortete der Leiter, „dort verstehen sie sich aufs Fragen. Und sie tun es. Also, Ihre geschätzte Meinung, Genossen Zeitungsleser.“
„Wir müssen Kriegsrat halten. Wir denken uns was aus“, empfahl der Buchhalter.
„Richtig! Setzt euch im Kreis, Brüder“, kommandierte sorgenvoll der Leiter. „Wir hängen gemeinsam drin, wir müssen es gemeinsam verantworten. Genossenschaftlich.“
Alle rückten polternd die Stühle zusammen.
„Die Saporoger schreiben einen Brief an den türkischen Sultan, ein Bild von dem berühmten Maler Aiwasowski!“
„Das Bild ist von Repin“, sagte die gebildete Stenotypistin.
„Zum Teufel damit, unwichtig! Also, ich bitte die Interessenten, Projekte vorzulegen. Was schreibt man ihm am schlauesten?“
„Er soll nicht denken, wir hätten sie gelesen!“
„Gottbehüte!“
„Dann setzt es Zunder.“
„Ich habe ein Projekt.“
„Na?“
„Wir schreiben ihm so: Angesichts dessen, daß die Tapeten in der mir anvertrauten Kanzlei als Folge des Bürgerkriegs ...“
„Wassja, schreib mit.“
„... total abgenutzt sind, wurde ein Satz der Zeitung ‚Tambowskaja Prawda‘ bestellt, um den genannten Raum zu tapezieren.“
„Prima!“
„Nicht allzu prima. Dann kommt die Rückfrage, wieso wir dafür nicht sauberes Papier genommen haben.“
„Oder wir probieren's so ... Schreib, Wassja: Infolge der schrecklichen Teuerung bei Zigarettenpapier habe ich einen Satz der Zeitung bestellt, damit die Angestellten des mir an-

vertrauten Abschnitts sie als Zigarettenpapier benutzen. Begründung: Die Zeitung ‚Tambowskaja Prawda' wird auf schlechtem Papier minderer Qualität gedruckt, das für die Gesundheit zuträglich ist. Das Papier der ‚Iswestija' läßt sich unmöglich rauchen, weil es zu dick ist."

„Pfiffig!"

„Wißt ihr was, vielleicht so", sagte plötzlich einer der Freunde des Leiters, „mir fällt da ein Projekt ein, Wanjuscha."

„Schieß los!"

Der Freund druckste.

„Ich kann nicht, wenn Damen dabei sind."

„Sag's mir ins Ohr."

Unter dem leisen Kichern der Saporoger, die offenbar wußten, um was es ging, raunte der Freund dem Leiter etwas ins Ohr.

„Blödmann", antwortete der Leiter kurz. „Setzen."

„Lampenschirme haben wir daraus gemacht!"

„Schreib auf."

„Die Schreibtische bezogen!"

„Prima!"

„Sommermützen gefaltet für die Streckenmeister!"

„Zum Ofenheizen in den Diensträumen!"

Am Abend war die Antwort fertig, abgetippt und abgeschickt:

„In Beantwortung Ihres Schreibens Nr. 4393 vom 7. März d. J. teile ich mit, daß die Zeitung ‚Tambowskaja Prawda' von mir für technische Bedürfnisse des mir anvertrauten Abschnitts bestellt wurde, als da sind: Tapezierung der Diensträume, Heizen der Öfen, Beziehung der Schreibtische, Anfertigung von Lampenschirmen in der Kanzlei und Falten von Mützen als sommerliche Arbeitskleidung.

Was den Verdacht angeht, die Zeitung würde auf der Strecke gelesen, teile ich mit, daß von mir nichts Derartiges bemerkt wurde. Im Falle der Entdeckung von Schuldigen werden sogleich Maßnahmen getroffen. Mit Respekt, Ihr Streckenleiter."

1925

Die Arbeit erreicht 30 Grad

Die Vollversammlung der Kommunistenzelle in der Station Troizk fand nicht am 20. April statt, da mehrere Parteimitglieder das Osterfest mit Trinken und Verprügelung ihrer Frauen gefeiert haben.
Als dieser Vorfall auf der nächsten Versammlung erörtert wurde, traten das Mitglied des Zellenbüros und der Sekretär des Gewerkschaftskomitees auf und erklärten, man dürfe trinken, müsse es aber verstehen.
Arbeiterkorrespondent Subotschistka

Ein einziger Mensch saß im Raum der Kommunistenzelle auf der Station Iks und langweilte sich.
„Das ist im höchsten Maße sonderbar. Die Versammlung wurde auf 17 Uhr angesetzt, und jetzt ist es halb neun. Die Jungs verspäten sich."
Die Tür ließ noch einen herein.
„Tag, Petja", sagte er, „bist du abstimmungsberechtigt? Dann stimm ab, Petja!"
„Ich verstehe das nicht", antwortete der erste. „Bankin nicht da, Krushkin nicht da."
„Bankin kommt nicht."
„Warum nicht?"
„Besoffen."
„Unmöglich!"
„Auch Krushkin kommt nicht."
„Warum nicht?"
„Besoffen!"
„Na, und die übrigen?"
Schweigen. Der Neueingetretene tat, als kippe er ein Gläschen.
„Wirklich?"
„Ich werde dir die bittere russische Wahrheit nicht verheimlichen", antwortete der zweite, „alle besoffen. Goroschkow und Sossiskin und Muskat und Kornejewski und der

Kandidat Korschanenko. Schließ die Versammlung, Petja!"
Sie löschten die Lampe und gingen hinaus in die Dunkelheit.

Die Ostertage waren vorüber, deshalb war die Versammlung gerammelt voll.
„Liebe Genossen!" sagte Petja auf der Bühne. „Ich finde eine solche Lage der Dinge unzulässig. Es ist eine Schande! Am Ostertag habe ich selbst gesehen, wie unser geehrter Genosse Bankin seine Frau gezogen hat."
„Zum Spaziergang habe ich es gezogen, mein Vögelchen", erwiderte Bankin salbungsvoll.
„Das haben Sie aber sehr originell gemacht, Bankin!" rief Petja unmutig. „Ihre Gattin schleifte mit der Visage über den Gehsteig, und ihr Zopf befand sich in Ihrer geehrten rechten Hand!"
Die Nichttrinker murrten.
„Ich wollte mir eine Locke von ihr zum Andenken nehmen!" rief Bankin verwirrt, denn er spürte, wie das Parteibuch in seiner Tasche zitterte.
„Eine Locke?" fragte Petja giftig. „Ich habe noch nie gesehen, daß man sich von seiner Frau eine Locke zur Erinnerung nimmt und sie dabei auf der Straße in den Rücken tritt!"
„Das ist meine Privatangelegenheit!" antwortete Bankin erlöschend und spürte deutlich die eisige Hand des Kreisparteikomitees an seinem Parteibuch.
Ein Murren ging durch die Versammlung.
„So, Sie halten das für Ihre Privatangelegenheit? Nein, teurer Bankin, das ist nicht privat! Das ist eine Schweinerei!"
„Bitte keine Beleidigungen!" schrie Bankin frech.
„Sie veranstalten Skandale auf öffentlichen Plätzen und werfen damit einen Schatten auf unsere Zelle! Und Sie geben Kandidaten und Parteilosen ein schlechtes Beispiel! Als Muskat die Fenster seiner Wohnung zertrümmerte und seine Gattin abzustechen drohte, war das wohl auch seine Privatangelegenheit? Und als ich Krushkin in österlicher

Verfassung traf, das heißt, mit abgerissenem rechtem Ärmel und zugeschwollenem Auge? Und als Gorschanenko sämtliche Passanten auf der Straße mit säuischen Flüchen beschimpfte, das war seine Privatangelegenheit?"

„Sie intrigieren gegen uns, Genosse Petja", rief Bankin unsicher.

Ein Murren ging durch die Versammlung.

„Genossen, ich bitte ums Wort", sagte auf einmal Wsemiswestny (der Name wird in die Geschichte eingehen) mit schallender Stimme, „ich persönlich bin dagegen, diese Frage zur Erörterung zu stellen. Das entfällt, Genossen. Erlaubt mir, meinen Standpunkt darzulegen. Hier debattieren viele darüber, ob man trinken darf. Im großen und ganzen darf man trinken, man muß nur wissen, wie man trinkt."

„Genau!" schrie es im Chor auf der äußersten alkoholischen Rechten.

Die Nichttrinker antworteten mit Murren.

„Sachte muß man trinken", erklärte Wsemiswestny.

„Genau!" schrien die Trinker bei dieser unerwarteten Verstärkung.

„Du hast dir zum Beispiel drei Flaschen gekauft", fuhr Wsemiswestny fort, „und dazu ..."

„Beihappen."

„Ruhe!"

„Ja, und Beihappen ..."

„Gurken sind gut dafür."

„Ruhe!"

„Du kommst nach Hause", fuhr Wsemiswestny fort, „du ziehst die Gardinen vor, damit nicht Spionenaugen deinen häuslichen Frieden stören, du hast einen Freund eingeladen, deine Frau macht dir Hering zurecht, du setzt dich hin, ziehst die Jacke aus, stellst den Wodka unter den Wasserhahn, damit er ein bißchen abkühlt, dann gießt du dir in aller Ruhe einen Schluck ein ..."

„Aber Genosse Wsemiswestny!" rief Petja bestürzt. „Was reden Sie da!"

„Du störst keinen Menschen, und keiner tut dir was", fuhr Wsemiswestny fort. „Natürlich kann es dann zu einem Mißverständnis mit deiner Frau kommen, wollen mal sagen, nach der zweiten Flasche. Dann darfst du kein Esel sein. Zerr sie nicht bei den Haaren auf die Straße! Wem nützt das? Eine Frau mag es gern, wenn sie zu Hause geschlagen wird. Und schlag sie nicht in die Visage, sonst läuft sie am nächsten Tag mit blauen Flecken auf der Station herum, und alle wissen Bescheid. Schlag sie auf versteckte Stellen! Dann hat sie nichts zum Angeben."

„Bravo!" schrien Bankin, Sakuskin und K.

Dröhnender Beifall auf seiten der Trinker.

Petja stand auf und sagte:

„In meiner ganzen Zeit habe ich noch keine empörendere Rede gehört als Ihre, Genosse Wsemiswestny, und ich sage Ihnen, ich werde sie der ‚Gudok' schreiben. Das ist eine unerhörte Schweinerei!"

„Ich hab mächtige Angst vor ihr", antwortete Wsemiswestny. „Schreib doch!"

Das Ende der Geschichte ging unter im Geschrei der Versammlung.

1925

Bei der Ausübung heiliger Pflichten

Addressiert an Abschnittsleiter 25. Von der Station Alatyr an der Kasaner Strecke. Feldscherin Podenko.
Ich bringe Ihnen zur Kenntnis, daß während meiner Wache am 15. Juni d. J. um 19 Uhr der Vertreter der Abschnittsversicherungskasse A. K. Sergijewski in betrunkenem Zustand ohne mein Wissen in den Kreißsaal eindrang und von dort in das gynäkologische Krankenzimmer ging, wo er die Wäsche der Frauen untersuchte, behauptete, sie wäre dreckig, herumschrie, die Patientinnen erschreckte, die diensthabende Feldscherin Sau und eine Patientin Gaunerin nannte.
Unterschrift der Feldscherin.
Unterschrift der Pflegerin.
Unterschrift der Patientinnen.
Unterschrift des Arbeiterkorrespondenten 994.

Still und ruhig war es im Eisenbahnkrankenhaus. Abend. Die genesenden Patientinnen beschäftigten sich mit dem Lesen von Zeitungen und nützlichen Büchern. Bei den Schwerkranken hatten Pflegerinnen und Feldscherinnen zu tun.
Aus dem Kreißsaal drang ab und zu Stöhnen. Dort wurden Kinder geboren.
Kurz und gut, alles, wie es sich gehört an einem anständigen Ort.
Doch da ... ertönten laute Schritte, dann ein gedämpftes Hicken, und im Krankenhaus erschien ein Bürger. Heftiger Schnapsgeruch folgte ihm und vermischte sich mit dem Geruch von Jod und Choroform.
„Gestatten ... äh ... darf ich fragen, wo haben Sie hier ... äh ... den Kreißsaal?" fragte der Bürger und lächelte geheimnisvoll.
„Wozu wollen Sie das wissen?" fragte die Feldscherin verwundert.

„Ich wünsche zu gebären", erläuterte der Bürger.
„Was, gebären? Sie sind doch ein Mann", antwortete die Feldscherin, die ihren Ohren nicht traute.
„Woher wollen Sie das wissen? Hihi! Aber ich habe Spaß gemacht. Ich habe … Spaß gemacht, mein Hühnchen", sprach der Bürger und machte einen Versuch, der Feldscherin ans Kinn zu fassen, verfehlte es aber.
„Ich bin nicht Ihr Hühnchen", antwortete die Feldscherin, vom sicheren Auftreten des Besuchers verunsichert. „Wer sind Sie denn?"
„Meine Liebe, ich bin Vertreter der Versicherungskasse", erklärte der teure Besucher.
„Und was möchten Sie?"
„Das werden Sie gleich erfahren", sagte der Gast drohend.
Er öffnete sehr geschickt die Tür des Kreißsaals und zeigte sich dort in seiner ganzen Schönheit. Die werdenden Mütter empfingen ihn erschrocken mit leichtem Kreischen.
„Ich störe doch nicht?" fragte der Gast beleidigt.
„Bürger, gehen Sie, was machen Sie?" sagte die Feldscherin entsetzt.
„Das ist ja ziemlich merkwürdig, hm … Wieso soll ich gehen? Ich bin grade erst gekommen und soll schon wieder gehen? Nein, ich untersuch erst mal die Wäsche."
Mit diesen Worten machte er fünf schräge Schritte zum ersten Bett.
Der Kreißsaal heulte auf.
Der etwas erschütterte Besucher schwankte wie ein Pendel und bemerkte:
„Na schön. Wenn ihr so schreckhaft seid … komm ich … später noch mal wieder …"
Er ging hinaus, betrat die gynäkologische Abteilung, steuerte das erste Bett an und griff nach der Decke.
Die Feldscherin faßte sich ein Herz.
„Stellen Sie bitte die Untersuchung ein, Sie belästigen die Patientinnen."
„Waaas?" fragte der Besucher, und in sein himbeerrotes Gesicht trat Wut. „Was hast du gesagt? Ich störe? Ich? Ich? Ich?" (Pflegerinnen blickten zur Tür herein.) „Ich? Ich bin

Mitglied der Versicherungskasse, und ich belästige die Patientinnen? Weißt du denn, was du bist, wenn du solche Bemerkungen machst?"
„Was denn?" fragte die bleiche Feldscherin.
„Eine Sau bist du, jawohl!"
Die Feldscherin holte ein Taschentuch hervor und weinte hinein.
„Raus!" kläffte der Besucher die Pflegerinnen an, so daß sie wie im Erdboden verschwanden. Nachdem der alkoholisierte Revisor das untere Personal auf diese Weise vernichtet hatte, wandte er sich wieder dem mittleren Personal zu, nämlich der Feldscherin.
„Weißt du, was ich mit dir machen kann? Du fliegst in 24 Minuten auf die Straße ..., und da kannst du in der Gosse verfaulen. Die Füße wirst du mir küssen und mich um Verzeihung bitten. Aber, ich verzeih dir nicht! Versteh mal, du Person ohne politisches Bewußtsein, ich tue meine heilige Pflicht, wenn ich die Patientinnen untersuche und ihre Bedürfnisse feststelle. Vielleicht haben sie sich über etwas zu beschweren?"
„Bürger", flehte eine Frauenstimme unter ihrer Decke, „gehen Sie weg von hier!"
„Unter welcher Decke wurde das gesagt?" fragte der Besucher drohend. „Unter dieser gestreiften? Halt den Mund, Gaunerin!"
Unter der gestreiften Decke wurde geweint. Dann auch unter den anderen Decken.
Der Revisor stand schwankend da und sagte:
„Schön, sehr schön habt ihr mich aufgenommen. Das schreiben wir auf. Ihr werdet noch daran denken, was es heißt, einen Vertreter der Versicherungskasse in Ausübung seiner Dienstpflichten zu beleidigen. Das wird euch noch bitter leid tun."
Mit diesen Worten verließ der „hohe" Besucher unter vielstimmigem Frauengeheul das Krankenhaus.

Wohin, weiß ich nicht. Jedenfalls soll ihm mein Feuilleton auf seinem weiteren Lebensweg als Laterne dienen.

1925

Wenn einer seine Frau schlägt

Vor mir liegt ein bemerkenswerter Brief. Hier ein Auszug: „Ich bin Familienvater, darum weiß ich, daß die meisten Familienszenen sich auf dem Boden der materiellen Unversorgtheit abspielen. Die Frau piepst: ‚Da, sieh dir dieunddie Bekannten an, wie sie leben!‘ Solche Argumente können einen zur Weißglut bringen. Ein Unglück ist es, wenn das Familienoberhaupt eine lockere Hand hat und ihr eine knallt!

In solchen Fällen kann es nach meiner Meinung nützlich sein, sich an das Gewerkschaftskomitee zu wenden, aber nicht um sich zu beschweren, sondern um sich Rat zu holen. Nicht um dem Schläger eine Lehre zu erteilen, sondern um die Ursachen zu beseitigen, die den Familienzwist ausgelöst haben. Das Komitee ist kein Richter, sondern ein Gewerkschaftsorgan, dem es unter anderem obliegt, sich um den Wohlstand der Mitglieder zu kümmern. Es kann nach Mitteln suchen, um der Erregung abzuhelfen, etwa durch ein Gesuch, dem Bahnbediensteten seine Existenz besser zu sichern ...“

Lieber Genosse Familienvater! Erlauben Sie mir, Ihnen auszumalen, wohin es führt, wenn die Gewerkschaft Ihr Projekt ins Leben umsetzt.

Im Gewerkschaftskomitee erscheint ein Familienvater.

„Was wollen Sie?“

„Ich hab heute meine Frau geschlagen.“

„Soso. Womit denn?“

„Mit einem Teller aus der ehemaligen Popow-Fabrik.“

„Ach, Sie Komiker! Wer schlägt denn mit Tellern? Geschirr kostet Geld. Hätten Sie lieber den Feuerhaken genommen. Der Teller ist bestimmt kaputtgegangen?“

„Na klar. Ihr Kopf auch.“

„Na, der Kopf, das macht nichts weiter. Der verheilt ja schlimmstenfalls. Ich hoffe doch, Sie haben Ihre Gattin nicht zu Tode gepflegt?“

„Es macht ihr nichts aus!“

„Na sehen Sie, aber der Teller verheilt nicht. Sie sind ein unwirtschaftlicher Mensch. Aus welchem Anlaß hatten Sie denn die Diskussion mit Ihrer Gattin? Zu welchem Thema haben Sie sie geschlagen?"
„Tja ... kchä ... Wir haben gestern Lohn gekriegt. Na, mein Kumpel und ich sind dann natürlich ..."
„In die Bierstube?"
„Natürlich. Na, wir haben uns ein Bierchen bestellt ... Dann noch eins ... Dann noch eins ..."
„Erzählen Sie in Dutzenden, dann geht's schneller."
„Tja ... wir haben also getrunken ... Dann wieder ..."
„Nach Hause?"
„Genau, zu Sidorow. Bei ihm haben wir Madeira ..."
„Soso ... weiter."
„Weiter war ich noch irgendwo, bloß ich kann mich ums Verrecken nicht erinnern. Heut früh komm ich nach Hause, da geht die Schlange auf mich los ..."
„Verzeihung, welche Schlange?"
„Meine Frau natürlich. Wo hast du den Lohn, sagt sie, du Saufsack? Ein Wort gab das andere, na, da hab ich's nicht ausgehalten."
„Ja, was mach ich nun mit Ihnen? Welche Lohngruppe haben Sie?"
„Die neunte."
„Na schön, Sie kriegen die zehnte!"
„Ergebensten Dank."

Aus der zehnten kam er, nachdem er seiner Schlange den Arm gebrochen hatte, in die zwölfte. Danach biß er ihr ein Ohr ab und kam in die sechzehnte. Danach schlug er ihr mit dem Stiefel die Augen aus und kam in die 24. Lohngruppe des Tarifnetzes. Höher ging's nicht. Nun fragt sich, wenn er ihr den Bauch aufschlitzt, was macht man dann mit ihm?
„Ein personengebundenes Gehalt?"
Nein, das wäre doch zu fett!

Ein Mann war Stationsvorsteher, der brach seiner Frau drei Rippen, und sie machten ihn zum Verkehrsrevisor! Daraufhin schlug er sie ganz tot. Alle höheren Posten waren jedoch besetzt. Wie belohnt man ihn nun? Wahrscheinlich mit Geld.

Nein, Familienvater! Ihr Projekt taugt nichts. Niemand schlägt seine Frau wegen Unversorgtheit. Man schlägt sie aus Rückständigkeit, aus Unwissenheit und wegen Alkoholismus, und da helfen keine Lohngruppen. Und wenn man solch einen Schläger zum Chef des Maschinenparks macht, er wird dennoch die Fäuste schwingen.
Für die Heilung familiärer Streitigkeiten bedarf es anderer Mittel!

1925

Der Vorfall mit dem Neger
Briefe des Arbeiterkorrespondenten Lag

Wenn man in den Zeitungen liest, wie die Neger in Amerika verprügelt werden, ist man nicht besonders erstaunt, weil das in den zivilisierten Ländern eine tägliche Erscheinung ist.
Wenn so etwas aber in unserm Land passiert, ist man bestürzt bis auf die Knochen! In einem sozialistischen Staat darf man niemanden aufs Maul hauen, nicht einmal Kirillowitsch.
Also, am 19. Juni d. J. war ein Tag größten Triumphes, zugleich aber auch größten Kummers für alle Frauen und Kinder. Nämlich: Es war Lohntag, und die Kantine auf der Station Rjashsk 1 war gerammelt voll. Auch unser verantwortlicher Konsummitarbeiter, ein gewisser W., hatte die Kantine seines Besuchs gewürdigt. Erstens!
Sodann ein Mitglied des Gewerkschaftskomitees, zugleich Mitglied des Kreisgewerkschaftsbüros, zugleich ein bekannter Radaubruder, zugleich Alkoholiker, eine überaus berühmte Persönlichkeit, dessen Name mit Ch. anfängt. Zweitens!
Drittens das ehemalige Mitglied der Gewerkschaft Korelin.

Nichts Besonderes, eine recht sympatische Persönlichkeit, die sich nicht durch hervorragende Taten in der Republik hervorgetan hat, vorwiegend Elektriker.
Und viertens verschiedene andere Persönlichkeiten.
Na, die saßen an den Tischen und ließen sich vollaufen bis zur Höchstbelastung, 420 Pud je Achse, dann auch mehr, wodurch ihre Zapfen und Buchsen zu glühen begannen.
Als erster sprang ausgerechnet unser Konsumfunktionär aus den Gleisen und verkündete lauthals:
„Leute, mir dämmert allmählich, daß wir nicht auf der Station Rjashsk sind, sondern in Amerika, in der Stadt Chicago!"
Warum ihm das dämmerte, wer weiß.
Die übrigen brüllten wie Kinder, die von ihrer Mutter verlassen wurden.
„Verloren sind wir jetzt! Wahrscheinlich kriegen wir nie wieder russischen Wodka!"
„Ihr irrt euch wie ein Fisch im Eis!" erklärte ihnen unser Konsummann und kläffte:
„Pst! He, Neger!"
Und es erschien der Kellner Kirillowitsch. Er war kein Neger, sondern ein gewöhnlicher weißer Mensch.
„Was beliebt?"
„Gib uns eine Flasche russischen Wodka!"
„Sofort!"
Ein Weilchen später brachte er eine Flasche russischen Wodka und erklärte dabei:
„Bitte gleich zu zahlen."
Die ganze Gesellschaft war bis auf den Grund empört.
„Was, du vertraust uns nicht? Weißt du denn nicht, wer wir sind?"
Da wird der Kirillowitsch doch antworten:
„Das weiß ich sehr wohl." (Und ob er es wußte, darum verlangte er ja das Geld.)
Da erhob sich der Konsummann W. wutschäumend und schrie:
„Ach, so ist das?"
Er schlug Kirillowitsch mit seiner verantwortlichen Kon-

sumfaust dermaßen aufs Ohr, daß dem ganzen Publikum im 1. Klasse-Wartesaal die Funken aus den Augen sprangen.
Es kam zu einem Skandal.
Wie verhalten Sie sich zu solchen Vorkommnissen, Genossen?

Arbeiterkorrespondent Lag.

Wir verhalten uns zu solchen Vorkommnissen sehr ablehnend, darum drucken wir Ihren Brief ab.

1925

Die Krimreise

Gepriesen seist du, Riesenberg Ai-Petri
in deinem Königskleid aus Kiefernwald!
Dein mächt'ger Leib, er wurde heut bestiegen
vom pensionierten Hauptmann Wunderbald.

Aus einer Erzählung

Neurasthenie statt eines Vorworts

Die Straßen kommen einem gar zu staubig vor. In der Straßenbahn findet man keinen Platz – warum gibt es so wenig Straßenbahnen? Den ganzen Tag hat man quälenden Bierdurst, aber wenn man endlich Bier kriegt, sticht man sich eine Dörrfischgräte in den Gaumen und braucht keins mehr. Es ist warm, im Kopf erhebt sich Moordunst, und man wünscht sich nicht eingeweichte Erbsen, sondern Moskau zu verlassen und nach Pokrowskoje-Streschnewo zu fahren.
Aber auf dem Strastnaja-Platz heulen wie Wölfe freche Kerle mit Sträußen, die wie Pferdeschwänze aussehen.
Im Dienst benörgeln sie einen: der Sekretär, dieser Schleicher, ein Kerl mit gesprungenem Zwicker, unausstehlich. Man kann doch nicht zwei Jahre lang ohne Pause die Sekretärsvisage anschauen!

Die Arbeitskollegen, egoistische Leutchen, eindeutige Spießer, trotz der Führerbilder mit den Kragenspiegeln.
Die Hausverwaltung macht irgendwelche Asphaltscherze, und nicht genug, daß der ganze Hof umgewühlt ist, will sie dafür auch noch Geld. Zu Versammlungen hab ich keine Lust, und im „Aquarium" geht ein Satan in hellen Shorts über ein Drahtseil, und seine Idiotie reizt einen so, daß man eine Neuralgie kriegt.
Kurz und gut, wenn einer in Moskau anfängt, die Wände hochzugehen, ist er fertig, und was er auch sein mag, Buchhalter, Journalist oder Arbeiter, er muß auf die Krim fahren.
Aber wohin auf der Krim?

Das Rätsel von Koktebel

„Natürlich nach Koktebel", antwortete mein Freund, ohne zu überlegen. „Die Luft, Sonne, Berge, das Meer, der Strand, die Felsen. Der Karadag, eine Pracht!"
In dieser Nacht träumte ich von Koktebel, und meine Mansarde in der Pretschistenka kam mir schwül vor, voll von fetten, smaragdgrün schillernden Fliegen.
„Ich fahre nach Koktebel", sagte ich zu meinem zweiten Freund.
„Ich weiß, daß Sie ein unbedarfter Mensch sind", antwortete er und zündete sich eine von meinen Papirossy an.
„Erklären Sie."
„Gibt nichts zu erklären. Sie krepieren vom Wind."
„Was für Wind?"
„Den ganzen Juli und August weht es wie durch die Lüftungsklappe. Sund."
Ich ging von ihm weg.
„Ich will nach Koktebel fahren", sagte ich unsicher zum dritten und fügte hinzu: „Aber bitte beleidigen Sie mich nicht, ich kann das nicht erlauben."
Er sah mich verwundert an und antwortete wie folgt:
„Glückspilz! Das Meer, die Luft, die Sonne ..."

„Ich weiß. Bloß der Wind, dieser Sund."
„Wer sagt das?"
„Katoschichin."
„Das ist doch ein Idiot! Der ist noch nie aus Moskau rausgekommen, höchstens bis Malachowka. Sund – solch einen Wind gibt's gar nicht."
„Na schön."
Eine Dame sagte:
„Es weht, aber nur im August. Der Juli ist wunderschön."
Gleich nach ihr sagte ein Mann:
„Der Wind im Juni, das stimmt, aber im Juli und August fühlen Sie sich wie im Paradies."
„Ach, hol euch alle der Teufel!"
„Hör doch nicht auf die", sagte meine Frau, „du bist urlaubsreif, du mußt weg hier."
Ich begab mich zum Kusnezki Most und kaufte ein Buch in giftblauem Einband mit der Goldprägung „Krim" für einen Rubel fünfzig.
Ich bin ein patentierter städtischer Sonderling, Skeptiker und Neurastheniker – ich hatte Angst, es zu lesen. Wenn es ein Reiseführer war, mußte er ja alles loben.
Daheim schlugen wir im ekelhaften Licht der Arbeitslampe das Buch auf („Die Krim. Ein Reiseführer. Unter der Gesamtredaktion des Präsidiumsmitglieds der Moskauer Physiotherapeutischen Gesellschaft usw., Verlag Land und Fabriken") und fanden auf Seite 370 über Koktebel buchstäblich dies:
„Der Grund für das Fehlen von Grün ist der ‚Krimschirokko', der Ende Juli, Anfang August oft wochenlang ins Tal weht, die Pflanzen verdorren läßt und die Luft mit feinem Staub sättigt, der Nervenschwache zum Wahnsinn treibt. Der ununterbrochene Wind, der drei Wochen lang nicht aufhört, hat Neurastheniker schon in den Wahnsinn getrieben. Sämtliche Funktionen des Organismus werden geschädigt, und der Kranke fühlt sich schlechter als vor seiner Ankunft in Koktebel."
(An dieser Stelle brach meine Frau in Tränen aus.)
„Das Fehlen von Wasser ist eine Tragödie des Kurorts", las

ich auf Seite 370 bis 371, „das Brunnenwasser ist salzig und riecht scharf nach Seewasser ...“
„Hör auf, Mann, du verdirbst dir die Augen.“
„Zu den negativen Seiten von Koktebel zählt auch das Fehlen von Beleuchtung, Kanalisation, Hotels, Kaufläden, guter Gesellschaft, medizinischer Versorgung und Sanitäraufsicht, dazu die hohen Lebenskosten ...“
„Hör auf!“ sagte meine Frau nervös.
Die Tür öffnete sich:
„Ein Brief für Sie.“
In dem Brief stand:
„Kommen Sie zu uns nach Koktebel. Herrlich. Wir baden. Ein Mittagessen 17 Kopeken.“
Da fuhren wir los.

Nach Sewastopol!

„Unmöglich“, wiederholte ich, mein Kopf wackelte wie bei einem Erstochenen und schlug gegen die Sitzlehne. Ich überlegte, ob mein Geld reichte. Es regnete. Das Fahrzeug schien auf der Stelle zu stehen und Moskau nach hinten zu fahren. Vorbei schwebten Bierstuben mit befrackten roten Krebsen auf den Fenstern und graue Häuser, und stimmgewaltige Autos grunzten im Netz des Regens. Ich lag in der Droschke, hielt mit den Knien meinen Einkauf von Muir fest, preßte mit der Hand die schmale Geldbörse, sah in Gedanken das grüne Meer und überlegte, ob ich nicht vergessen hatte, mein Zimmer abzuschließen.

Der Schnellzug war eine Pracht. Er war von milchweißem Nebel verhängt, an jeder Tür stand ein Schaffner mit Laterne, der war vor der Lektüre der Bettkarte unnahbar und majestätisch, nach der Lektüre jedoch zuvorkommend. Die Fenster waren erleuchtet, im Speisewagen standen auf weißen Tüchern Mineralwasser- und Rotweinflaschen.
Nach dem sehr leisen zweiten Signal setzte sich der Schnellzug tückisch in Bewegung und fuhr los. Fünf Minuten später

war Moskau in einen dichten schwarzen Mantel gehüllt, in der Erde verschwunden und verstummt.
Über uns drehte sich ein Ventilator. Die Kellner waren von ausgesuchter Höflichkeit, man konnte das Zittern kriegen. Ich trank bayrisches Bier und verstand nicht, warum die zugezogenen Vorhänge mir die Natur der Moskauer Umgebung vorenthielten.
„Sie schmeißen mit Steinen, die Hundesöhne", erläuterte mir der Bediener und verbog sich wie eine Schlange.
In der dritten Klasse legte man sich schlafen. Ich kam mitdem Schaffner ins Gespräch, und er erzählte mir zur Beruhigung für die Nacht, wie man Koffer stiehlt. Ich erkundigte mich, welche Plätze er für besonders gefährdet hielt. Er sagte: Tula, Orjol, Kursk, Charkow. Ich gab ihm einen Rubel und hoffte, er könne mir noch nützlich sein. Für den Rubel gab er mir eine weiche Unterlage (plombierte Wäsche und Unterlage kosteten drei Rubel). Mein Koffer von Muir mit den blanken Schnallen sah gar zu verlockend aus.
In Orjol werden sie ihn mir klauen, dachte ich bitter.
Mein Nachbar schnürte den Koffer mit einer Leine am Garderobenhaken fest. Ich legte meine kleine Reisetasche neben mich und befestigte meinen Schlips an ihrem Handgriff. Die Folge war, daß ich nachts Alpträume hatte und mich ums Haar erwürgt hätte. Tula und Orjol lagen längst hinter uns, und als ich aufwachte, waren wir schon in Kursk oder gar Belgorod. Ich sah zum Fenster hinaus und bekam schlechte Laune. Scheußlich kaltes Wetter Hunderte Werst von Moskau. Der Himmel war von Pulverqualm verhangen, den die Sonne vergeblich zu durchdringen versuchte.
Felder sausten vorüber, wir brausten nach Süden, gingen von Waggon zu Waggon, passierten auch den glanzvollen internationalen Waggon, aßen grüne Kohlsuppe. Vorhänge gab es nicht, niemand schmiß mit Steinen, zeitweilig fiel Regen, der in schrägen Säulen hinter den Feldern verschwand.
Von Moskau bis Dshankoi dauerte die Fahrt dreißig Stunden. Neben mir stand mein Koffer von Muir, und mir gegenüber stand in wasserdichtem Umhang der Stationsleiter

von Dshankoi mit blaugefrorenem Gesicht. In Moskau war es bedeutend wärmer gewesen.
Es stellte sich heraus, daß wir bis zu dem Zug nach Feodossija sieben Stunden Aufenthalt hatten.
Im Wartesaal erster Klasse stand hinterm Büfett ein ikonenhafter, dem Eroberer Mamai ähnlicher Tatar und tränkte das schlaflose Umsteigepublikum mit Tee. Der Kleinmut wegen der Kälte verschwand, kaum daß sich die Sonne zeigte. Sie stieg hinter Güterwaggons auf und kämpfte mit den Wolken. Vor den Fenstern standen Akazien. Der Friseur rasierte mir den Kopf, und ich las derweil seine Gebührenliste und die Verlautbarung:
„Borgen macht Sorgen."
Später sprach mich ein Gentleman amerikanischen Zuschnitts an und sagte, er rate mir ab, nach Koktebel zu fahren, in Otusy sei es tausendmal schöner. Da gebe es Rosen, Wein, das Meer, ein Zimmer für zwanzig Rubel monatlich, und er sei dort in Otusy der Vorsitzende. Wovon? Vergessen. Vom Konsum oder vom Verbraucherverband. Mit einem Wort, er war Weinbauer.
Die Sonne war inzwischen durchgebrochen, und ich zog los, um Dshankoi zu besichtigen. Nachdem ich mich schwungvoll in den Schlamm gesetzt hatte, machte sich ein flinker Bengel daran, mir die Schuhe zu putzen. Auf meine Frage, wieviel ich ihm schulde, antwortete er schmeichelnd:
„Soviel Sie wollen."
Als ich ihm dreißig Kopeken gab, heulte er, daß es durch ganz Dshankoi schallte, ich wolle ihn ausplündern. Ein paar Frauen liefen zusammen, und eine sagte zu dem Bengel:
„Du bist ein Halunke. Zwanzig Kopeken hast du von den Durchreisenden zu kriegen."
Und zu mir:
„Hauen Sie ihm eine runter, Bürger."
„Woher wissen Sie, daß ich auf der Durchreise bin?" fragte ich, perplex lächelnd, und gab dem Jungen noch zwanzig Kopeken. (Er war schwarz wie ein Mistkäfer, sehr munter und vernünftig, vielleicht zwölf; wenn Sie mal nach Dshankoi kommen, nehmen Sie sich vor ihm in acht.)

Statt einer Antwort warf die Frau einen Blick auf meine Schuhspitzen. Ich ächzte auf. Der Taugenichts hatte sie mit etwas eingeschmiert, was bis heute nicht runtergeht. Die Schuhe sahen wie irdene Töpfe aus.
Der Zug nach Feodossija lief ein, ein Gewitter brach los, dann ratterten die Räder, und wir fuhren nach Süden, ans Meeresufer.

Koktebel, Fernampixe und „Frösche“

Stellen Sie sich eine halbrunde Bucht vor, eingefaßt auf der einen Seite von einem düsteren, überhängenden Bergmassiv, dem vor undenklichen Zeiten erloschenen Vulkan Karadag, auf der anderen Seite von einer gelbbraunen, wie mit dem Lineal abgeschnittenen Hügelkette, die in einem Kap endet, dem Pryshok Kosy (Ziegensprung).
In dieser Bucht liegt der Kurort Koktebel.
Er hat einen herrlichen Strand, einen der schönsten auf der Krim, dieser Perle: ein Streifen Sand und direkt am Wasser ein Streifen vom Meer umspülter bunter Steine.
Zunächst über die Steine. Koktebel wimmelt von Leuten, die an der „Steinkrankheit“ leiden. Ein Mensch kommt an, und wenn er klug ist, zieht er die Hose aus, schüttelt den Reisestaub von Moskau und Tula heraus und hängt sie in den Schrank, dann zieht er Shorts an und geht an den Strand.
Wenn er nicht klug ist, behält er die lange Hose an, die seinen Beinen die Luft der Krim vorenthält, dennoch geht er an den Strand, hol ihn der Teufel!
Die Sonne brennt manchmal fürchterlich, Wellen mit weißen Schaumkronen branden ans Ufer, der Körper wird leicht und locker, der Kopf ist ein wenig benebelt nach den schwülen Moskauer Straßenschluchten.
Am Abend erscheint der Neuankömmling mit irren Augen in der Datsche und packt Steine aus der Tasche.
„Schauen Sie, was ich gefunden habe!“
„Herrlich“, antworten ihm die Alteingesessenen, die schon

zwei Wochen da sind, und in ihrer Stimme ist verdächtig falsches Entzücken. „Einfach großartig! Weißt du, wann diese Steinchen besonders schön sind?"
„Wann denn?" fragt der naive Moskauer.
„Wenn du sie bei Sonnenuntergang ins Wasser schmeißt, sie fliegen besonders schön. Versuch's mal!"
Der Neuling ist beleidigt. Aber nach ein paar Tagen fängt er an zu begreifen. Vor seinem Zimmerfenster liegen haufenweise graue, weiße und rosa Steinchen, die er selbst gefunden und selbst weggeworfen hat. Jetzt sucht er nur noch echte abgeschliffene Karneole, durchsichtige Steine sowie andere mit Streifen und Mustern.
Den Strand entlang bummeln Gestalten, ihre Haut am Hals und an den Armen schält sich, die Gesichter sind braun. Sie sitzen, graben, rutschen auf dem Bauch.
Stört diese Menschen nicht, sie suchen Fernampixe! Mit diesem geheimnisvollen Wort bezeichnen die Sammler reinrassige schöne Steine. Außer den Fernampixen finden sich auch „Frösche", hübsche kleine Steine, mit bunten Augen bedeckt. Der Liebhaber verschmäht auch die „Landschaftshunde" nicht. So heißen schlichte graue Steine mit phantastischer Zeichnung. Auf ein und demselben Stein kann jeder wie im Antlitz Hamlets alles finden, was er will.
„Wassja, sieh mal, was der Stein für eine Zeichnung hat!"
„Ach, verdammt, tatsächlich, haargenau Mephisto."
„Selber Mephisto! Das ist das Moskauer Bolschoi-Theater!"
Wer keine Steine sammelt, badet einfach, und das Baden in Koktebel macht großen Spaß. Der glühende Sand zieht die städtische Fäulnis aus dem Körper, die Schmerzen in den Knien und im Kreuz verschwinden, Rheumatiker und Skrofulöse werden lebendig.
Nur eine Anmerkung: Koktebel ist nicht für alle gut, für manche sogar schädlich. Menschen mit zerrüttetem Nervensystem sollten nicht hierher fahren.
Ich erkläre Koktebel: Der Wind weht nicht im Mai oder August, wie mir gesagt wurde, nein, er weht ganzjährig, je-

den Tag, er ist allgegenwärtig, selbst bei größter Hitze. Das können Neurastheniker nicht vertragen.
Koktebel ist von allen Kurorten der Krim der schlichteste. Es gibt hier vergleichsweise wenig NÖP-Geschäftsleute, aber es gibt welche. An der Wand des aus der Vorkriegszeit überkommenen poetischen Cafés Karo, das jetzt zum Glück geschlossen und zur Hälfte eine Ruine ist, prangt die berühmte Inschrift:

„Der Sommerfrischler – ein Freund der Natur.
Ihr schamlosen Nackten, schämt euch nur!"

Der normale Sommerfrischler war abgebildet mit Kreissäge, Schlips, Jackett und Hose mit Umschlag.
Solche Freunde der Natur kommen auch heute noch aus Moskau nach Koktebel, und genau in dem Aufzug, der im „Karo" abgebildet ist. Bei sich haben sie Ehefrauen und Schwägerinnen: die Lippen matt rosa, die Haare gekräuselt, Büstenhalter, cremefarbene Strümpfe und Lackschuhe.
Erkennungszeichen dieser Kategorie: Bei Sonnenuntergang, wenn sich der Rand des Meeres in Dunkelheit hüllt und jedermann irgendwo nach oben oder in die Ferne davonfliegen möchte, und später, wenn der Mond eine zerbrechliche goldene Säule aufs Wasser stellt und die Wellen schäumend ans Ufer zischen, sitzen diese Leute auf Bänken, den Rücken zum Meer, das Gesicht zum Konsum, und essen Süßkirschen.

Zu den „schamlosen Nackten". In Wirklichkeit sind sie die Klügsten. Sie werden braun, sie wissen, daß die Haut auf der Krim atmen muß, sonst brauchen sie gar nicht hinzufahren. Ein NÖP-Mann zieht sich um nichts auf der Welt aus. Und wenn man ihn vergoldet, er trennt sich nicht von Jacke und Hose. In der Hose hat er die Uhr und das Portemonnaie und in der Jacke die Brieftasche. Ausgezogen bis auf die Badehose sind Komsomolzen, Gewerkschaftsmitglieder, die einen Urlaubsplatz auf der Krim ergattert haben, und die gescheitesten Sommerfrischler.
Sie genießen nicht nur das Meer, sie erklimmen die Felsen

des Karadag, und wenn sie im Segelboot unter den überhängenden Felsen an den schrecklichen dunklen Grotten vorbeifahren, oder wenn sie in gewaltiger Höhe auf Saumpfaden herumklettern, dann wird einem etwas kalt im Bauch. Ich sah die weißen Flecke der Hemden und die roten Kopftücher und fragte mich: Wie sind die da hinaufgekommen?

Noch in Vorkriegszeiten war einmal ein unbehauster Student in Koktebel hängengeblieben. Zu essen hatte er nichts. Er fiel dem Besitzer des damals einzigen und heute ehemaligen Hotels von Koktebel auf, der ihm eine Reklamebroschüre in Auftrag gab.

Drei Monate lang saß der Student in Vollpension, pries das Schicksal, wurde dick, schrieb einen Akathistos auf Koktebel und füllte ihn mit Perlen der Redekunst, die den Fernampixen nicht nachstanden:

„... und die Damen, die andernorts an andere Manieren gewöhnt sind, wandern lange durch den Sand, angetan mit einem Feigenblatt, und heben schamhaft den Rock ..."

Niemand hebt schamhaft den Rock. An heißen Tagen liegen Männer und Frauen, versengt und verwittert, splitternackt im Sand.

Es schaukelt

Der Dampfer „Ignat Sergejew", mit einem Schornstein und zweitklassig (er hatte nur zweite und dritte Klasse), legte bei größter Hitze in Feodossija an, um zwei Uhr nachmittags. Lange tönte seine Sirene bei der Anlegebrücke der Seefahrtagentur. Seine Ketten zerrten rostig an den Ohren, und in der Luft drehten sich am Haken gewaltige Würfel Preßheu, das die Matrosen im Laderaum verstauten.

Auf der Anlegestelle dichtes Gewimmel. Jugendliche Gepäckträger schoben polternd ihre Rollwagen, oder sie schleppten Truhen und Körbe. Viele Leute reisten, und alle Betten zweiter Klasse waren schon von Batum her besetzt. An der Kasse gab es Fahrkarten zweiter Klasse ohne Bett,

nur für die Sofas in der Messe, in der ein Klavier und ein Harmonium standen.
Eine solche Fahrkarte kaufte ich, und genau das hätte ich nicht tun dürfen; warum nicht, davon später.
Die „Ignat Sergejew“ stand etwa eine Stunde, dann wurde ein Schild „Abfahrt 17 Uhr 20“ ausgehängt, doch die Abfahrt erfolgte um 18 Uhr 30. Da begann schon der Sonnenuntergang. Feodossija schwamm zurück und entfaltete seine weiße Pracht. Durch die Bullaugen wehte Frische.
Der Büfettier und seine Gehilfen (frech, unverschämt und beide betrunken) breiteten Tücher über die Tische, und auf die Tücher verteilten sie Teller, so dick und schwer, daß sie unzerbrechlich waren. Dann servierten sie schuhsohlenartige Beefsteaks mit Speckkartoffeln oder knochige Hühnchen sowie Flaschenbier. Um diese Zeit hatte das Schiff schon die offene See erreicht.
Es ist schwierig, den besten Zeitpunkt für Beefsteak und Bier zu wählen. Das Heck (und die Masse lag im Heck) ging langsam und weich in die Höhe und dann langsam und noch weicher in die Tiefe.
Als ersten erwischte es meinen Nachbarn. Er ließ den Beefsteakhappen auf halbem Weg zum Mund stehen, als auf seinem Teller noch ein tüchtiges Stück lag. Man sah ihm an, daß er es nicht mehr mochte. Sein rosiges Gesicht lief durchsichtig grün an und bedeckte sich mit leichtem Schweiß.
Mit zarter Stimme sprach er:
„Gebt mir Mineralwasser.“
Der Büfettier mit seinen gleichgültig-frechen Äuglein knallte ihm Flaschen auf den Tisch. Aber der Nachbar trank nicht, er stand auf und fing an zu gehen. In schräger Haltung wankte er über den Teppichläufer.
„Es schaukelt!“ sagte fröhlich ein Tenor im Korridor.
Eine wohlgestalte Kinderfrau, die in Feodossija ein Kind gewiegt hatte, wurde auf See zu einer graugesichtigen Greisin, die das Kind plötzlich aufs Sofa plumpsen ließ wie einen Sack.
Weich ... nach oben ... Druck aufs Zwerchfell ... abwärts ...

Der Teufel hat mich geritten, das Beefsteak zu bestellen.

Die Messe leerte sich. Im Korridor, wo die Koffer bis zur gläsernen Decke getürmt lagen, sagte eine blau anlaufende Dame auf einem kleinen Sofa durch die Zähne zu ihrer Begleiterin:

„Ach, ich hab ja gleich gesagt, wir hätten mit dem Zug nach Simferopol fahren sollen."

Warum zum Teufel habe ich zweite Klasse genommen, wenn ich ja doch an Deck sitzen muß? Die ganze Welt war voll von dem Geruch des Beefsteaks, das spürbar im Magen rumorte. Der Organismus verlangte nach der dritten Klasse, das heißt, nach dem Deck.

Hier war eine Menge los. Eine alte Armenierin kroch stöhnend zur Reling. Drei Bürger und sehr viele Bürgerinnen hingen über Bord wie leere Anzüge, und ihre Köpfe pendelten.

Die Gehilfe des Kapitäns, frisch, rosig und wohlgenährt, angetan mit blauer Uniform und weißen Schuhen, ging die Reling entlang und tröstete die Menschen:

„Das wird schon wieder. Die See fordert Tribut."

Von Feodossija aus gesehen hatte das Meer ruhig gewirkt, allenfalls mit leichter Dünung, doch hier waren die Wellen hoch, mächtig, schwarz, so groß wie ein Fußballfeld, manchmal mit zerfranstem grauem Kamm, sie wanderten langsam unter das Schiff, und der Bug stieg höher, immer höher ... und wieder abwärts.

Der Wind legte sich. Der Karadag schwebte vorüber. Ärgerlich und schwarz im Nebel, löste sich das flache Koktebel hinter ihm auf. Leb wohl, leb wohl.

Ich versuchte einen Blick in den Himmel – schlecht. Auf die Berge – noch schlechter. Auf die Wellen – erst recht.

Als ich mich von der Reling löste, wurde mir leichter. Ich legte mich an Deck hin und schlief ein. Die Berge waren im graublauen Dunst noch zu erkennen.

Aber so was von schön!
In der Nacht, kurz vor Morgengrauen, wird in der Schwärze aus dem einen Licht ein Gewimmel von zwei, drei, sieben Lichtern, die wie Edelsteine sind.
Die Messe wird hell erleuchtet.
„Jalta."
Da flimmert es terrassenartig im Bullauge.
Ich fühle mich besser, immer besser. Die Lichter im Bullauge verschwinden. Wir sind schon unterhalb. Hastiges Treiben setzt ein, die Schatten auf dem Sofa werden wach, Koffer kommen zum Vorschein. Plötzlich verstummt das gleichmäßige Brummen im Leib der „Ignat Sergejew", Ketten rasseln. Und alles schwankt.
Natürlich – Jalta!
Jalta ist schön, Jalta ist scheußlich, und diese beiden Eigenschaften wechseln ständig. Man muß sofort tierisch feilschen. Jalta ist eine Stadt, ein Kurort, in dem die Ankömmlinge, die einzeln anreisen, als fette Beute angesehen werden.
Über die noch nachtschwarze Uferstraße führt mich der Gepäckträger zu einer Stelle, die mir wie eine Schloßterrasse vorkommt. Trübweißer Stein, Balustraden, Zypressen, gestutzte Buschgruppen, der Mond verglüht über dem Wellenbrecher hinter mir, und vor mir liegt ein Palast, verdammt noch mal!
Wahrscheinlich hat er mich ins teuerste Hotel geführt.
So ist es auch. Die Zimmer zu zwei Rubeln sind „alle besetzt". Für drei Rubel gibt es eins.
„Warum brennt die Lampe nicht?"
„Kurort."
„Na schön, ist ja auch egal."
Vor den Hotelfenstern das terrassenartige Jalta. Es wird hell. An die Berge klammern sich Wolken, und eine leichte Brise weht. Ich habe nie und nirgends solche Luft geatmet wie in Jalta. In dieser Luft muß ein Mensch sich ja erholen. Sie ist süß, kalt, duftet nach Blumen, und wenn man sie tief einat-

met, spürt man, wie sie einen durchströmt. Es gibt keine bessere Luft als in Jalta!

Am nächsten Morgen ist die Stadt vom Regen gewaschen. Auf der Uferstraße mehr Gedränge als in der Twerskaja: Ein Lädchen klebt am andern, alle Türen weit offen, gehäufte Waren, Geschrei, tatarische Tübetejkas, Pfirsiche und Süßkirschen, Zigarettenspitzen und Netzwäsche, Fußbälle und Weinflaschen, Parfüms, Hosenträger, Kuchen. Die Händler sind Griechen, Tataren, Russen, Juden. Alles sehr teuer, Kurortpreise, dennoch Nachfrage. An den blanken Schaufenstern vorbei ein unablässiger Strom – weiße Hosen, weiße Röcke, gelbe Schuhe, bestrumpfte und unbestrumpfte Beine, weiße Schuhe.

Am Strand

Schlimmer als in Jalta kann das Baden nirgendwo sein, ich meine das Baden in der Stadt selbst, an der Uferstraße.
Stellen Sie sich eine aufgewühlte Moskauer Straße mit großen Pflastersteinen vor. Das ist der Strand. Selbstverständlich mit Zeitungsfetzen besät. Nicht minder begreiflich, daß wegen der Sittenstrenge im Kurort (hol sie der Teufel, wer braucht sie schon!) hölzerne Zwischenwände errichtet wurden, mit dünner Farbe gestrichen, die jedoch nichts verbergen. Es findet sich kein Zoll breit, wo man hinspucken könnte, ohne eine fremde Hose oder einen nackten Bauch zu treffen. Und das Spucken ist sehr notwendig, insbesondere für Tuberkulosekranke, und davon gibt's in Jalta mehr als genug. Darum ist der Strand ja so vollgespuckt.
Es versteht sich von selbst, daß am Eingang zum Strand eine Art Starkasten mit einem Kassenfensterchen steht, darin sitzt ein trauriges Wesen weiblichen Geschlechts und nimmt von einzelnen Bürgern zwanzig Kopeken und von Gewerkschaftsmitgliedern fünf Kopeken entgegen.
Dialog nach dem Baden mit der Frau im Starkasten:
„Sagen Sie bitte, Sie kassieren hier Fünfer, aber Sie müssen

doch wissen, daß es ganz unmöglich ist, an Ihrem Strand zu baden."
„Hihihi."
„Nein, kichern Sie nicht. Der Strand ist ganz vollgespuckt, und in Jalta sind Tuberkulosekranke."
„Was sollen wir machen?"
„Spucknäpfe aufstellen, Plakate aushängen, Wächter an den Strand stellen, die das Papier wegräumen."

In Liwadija

Dann ist Abend in Jalta. Ich gehe durch die schmalen Straßen immer höher und schaue. Mit jedem Schritt aufwärts weitet sich der Blick über das Meer, auf dem wie ein Spielzeug eine Schaluppe mit schrägem Segel liegt. Jaltas Häuser mit dem weißen Schnitzwerk und den spitzen Zypressen liegen hinter mir. Ich bin von immer mehr Grün umgeben. Hier an der Straße nach Liwadija verstecken sich die Datschen mehr und mehr hinter grünen Wänden, und nur ein Dach oder ein weißer Balkon lugt heraus. Als die Hitze nachläßt, gelange ich über eine glattgefahrene Chaussee in die Parks. Sie sind riesengroß, blitzsauber, voller Zauber. Das Meer liegt weit drunten zu meinen Füßen, es ist vollkommen blau, wie eine gefüllte Schale, weit weit hinten am Rande von Dunst verhangen.
Hier stehen inmitten gepflegter Alleen und Parkwege zwischen Rosenbeeten der ausladende, flache, an ein Zuckerbackwerk erinnernde Palast Alexanders III. und darüber, nicht weit entfernt, auf einem großen freien Platz der weiße Palast Nikolaus' II.
Oberhalb der Säulen ein bunter Fleck, auf Stoff gemalt, das Gesicht Rykows. Auf den mit Kies bestreuten Flächen spazieren in Gruppen und einzeln, mit und ohne Fußball, Bauern umher, die in den Gemächern des Zaren wohnen. In beiden Palästen sind es mehr als zweihundert.
Es sind Tuberkulosekranke, die aus den entlegensten Teilen der Sowjetunion zur Erholung hierher geschickt wurden. Sie

alle sind einheitlich gekleidet – weiße Mützchen, weiße Jakken und Hosen.
In dieser freien, stillen Abendstunde sitzen sie auf den Marmorbänken, genießen die Luft und blicken auf die beiden Meere – das gigantische grüne Meer der Parks in abwärtsführenden Stufen, so weit das Auge reicht, und das richtige Meer, das jetzt im vorabendlichen Dunst spiegelglatt daliegt.
In geringer Entfernung, hinter der Palastkirche, von der das Kreuz entfernt wurde, hinter den Glocken in den Öffnungen der weißen Mauer (in eine der Glocken ist der bronzene Kopf Alexanders II. mit Backenbart und spitzer Nase geprägt, das Gesicht blickt sehr finster) steht das Haus für das Gefolge, davor spielt eine Harmonika, und Patienten genießen die Abendruhe.

Als ich von Liwadija nach Jalta zurückkehre, ist es schon später Abend, dichte blaue Dunkelheit. Ganz Jalta ist von oben bis unten ein Geflimmer von Lichtern. Auf der Uferstraße strahlender Glanz. Ein dichter Strom von Urlaubern.
In dem schwimmenden Restaurant fiedeln Geigen den Walzer aus „Margarethe“. Zur Begleitung läuft das Meer gegen die Poller des schwimmenden Restaurants, dadurch klingt der Walzer besonders freudig. In allen Konditoreien und verglasten Lädchen sitzen Menschen und trinken gierig eiskalte Getränke und heißen Tee.
Eine helle Nacht entfaltet sich über Jalta. Die Füße schmerzen vor Müdigkeit, aber schlafen mag ich noch nicht. Ich möchte schauen auf das hohe grüne Licht über dem Wellenbrecher und auf den gewaltigen Purpurmond, der aus dem Meer steigt. Von ihm bis zur Uferstraße liegt auf dem Meer eine gebrochene breite Goldsäule.

Bei Anton Tschechow

Im hochgelegenen Autka, durch das sich krumme schmale Sträßchen bis hinauf zum Himmel ziehen, inmitten von tatarischen Lädchen und vielen weißen Datschen auf engem Raum finde ich eine weiße Mauer mit einer Pforte. Dahinter ein blitzsauberer Hof, mit Kies bestreut. In einem üppig wuchernden Garten ein Haus mit Zwischengeschoß, ideal sauber, und an der Tür des Hauses ein kleines Messingschild: „A. P. Tschechow".

Dieses Schildchen macht, wenn man läutet, daß man das Gefühl hat, er wäre zu Hause und käme gleich heraus. Heraus kommt jedoch eine Dame mittleren Alters, sehr höflich und freundlich. Es ist Marja Pawlowna Tschechowa, seine Schwester. Das Haus ist ein Museum, und man kann es besichtigen.

Wie sonderbar es hier ist.

Frau Tschechowa hat das Haus an diesem Tag schon einer Gruppe von Ausflüglern gezeigt, sie ist müde, darum führt uns eine andere betagte Frau durchs Haus. Ich traue mich nicht zu fragen, wer sie ist. Sie kennt das Leben der Familie Tschechow sehr gut. Offensichtlich hat sie lange mit ihr gelebt.

Im Eßzimmer ein Tisch, mit einem weißen Tuch bedeckt, ein Sofa, ein Klavier. Zwei Porträts von Tschechow. Das eine zeigt ihn in den neunziger Jahren, lebendig, mit lachlustigen Augen. „So sah er aus, als er hierherkam." Auf dem anderen hat sein Gesicht schon ein Netz von Falten. Ein weiteres Bild, eine traurige Frau, der Arm ist unvollendet. Tschechows Bruder hat es gemalt.

„Hier hat Lew Tolstoi gesessen, als er Anton Pawlowitsch besuchte. Außer ihm haben hier gesessen Bunin und Weressajew, Kuprin, Schaljapin und auch Schauspieler vom Künstlertheater, wenn sie herkamen, um zu proben."

In Tschechows Arbeitszimmer hängen viele Photographien. Sie sind mit Mull verhängt. Da sind Stanislawski und Schaljapin, die Kommissarshewskaja und andere.

Eine bemalte Holzschüssel, die Tschechow auf einem ukrai-

nischen Jahrmarkt gekauft hat. Tschechows Hausgenossen haben ihn deshalb weidlich verspottet, weil sie zu nichts nutze war.
Von einem Photo an der Wand blickt einer der Brüder Tschechows nachdenklich gen Himmel. Unterschrift: „Auch die Kraniche haben wohl familiäre Unannehmlichkeiten. Kra ..."
Die oberen Fensterscheiben sind bunt und werfen ein weiches, eigenartiges Licht ins Zimmer. In einer Nische hinter dem Schreibtisch ein schneeweißes Sofa, darüber ein Gemälde von Lewitan. Grün, ein Fluß – russische Natur, in dickem Öl gemalt. Trauer und Stille.
Daneben Lewitan selbst.
Vor der Nische der Schreibtisch. Darauf in sparsamer deutscher Ordnung Bleistifte und Schreibfedern, ein Arzthämmerchen und Briefe, die Tschechow nicht mehr öffnen konnte. Sie kamen im Mai 1904 an, und im Mai fuhr er ins Ausland, um zu sterben.
„Debütierende Schriftsteller setzten Tschechow besonders zu. Sie kamen und lasen ihm vor und fragen dann: ‚Na, wie finden Sie es, Anton Pawlowitsch?'
Er war sehr taktvoll und scheute sich, zu antworten, es sei Mist. Das wollte ihm nicht über die Zunge. Darum sagte er allen: ‚Recht gut, arbeiten Sie weiter!' Ganz anders Schaljapin, der blaffte dann los: ‚Sie haben überhaupt keine Stimme, Sie können kein Künstler sein!'"
Im Schlafzimmer auf dem Nachttisch Phenazetin-Pulver, Tschechow hatte es nicht mehr nehmen können, und, von seiner Hand geschrieben: „phenal ...", das Wort bricht ab.
Kerzen unter grünem Schirm. Ein breiter roter Schrank, Geschenk von Tschechows Mutter. Die Familie nannte ihn spöttisch: „Unser sehr geehrter Schrank", daraus wurde der „sehr Geehrte" im „Kirschgarten".

Mit dem Automobil nach Sewastopol

Wenn Sie mit dem Automobil von Jalta nach Sewastopol fahren wollen, bewahre Sie der Himmel vor allen Fahrzeugen außer denen der Kurverwaltung der Krim. Ich wollte zwei Rubel sparen, und es gelang mir. Ich wandte mich an ein Kraftfahrer-Artel. Bei der Kurverwaltung kostet die Fahrt zehn Rubel, beim Artel acht.

Im Büro des Artels sagte eine muntere Persönlichkeit mit Kahlkopf, europäischer Höflichkeit und schmuddeligem Hemd, das Auto werde fünf Personen befördern. Als der Wagen am nächsten Morgen vorfuhr, entwich mir ein Ächzen. Was für ein Auto das war, hätte kein Fachmann sagen können, denn es waren keine zwei Teile von derselben Firma daran. Das rechte Vorderrad stammte von einem „Mercedes“, der Motor von Ford und die Karosserie von sonstwo! Wahrscheinlich aus Rußland. Die Gummireifen waren zerfetzter Dreck.

Das Ganze polterte und pfiff. Die Vorderräder liefen nicht parallel vorwärts, sondern auseinander wie die Beine eines Betrunkenen.

Zum Protestieren war es zu spät, es hätte auch nichts gefruchtet. Dann verpaßten wir womöglich in Sewastopol den Zug. Ein anderes Auto gab es nicht.

Der Fahrer lächelte frech, dickköpfig und finster und versicherte, es sei das schnellste Fahrzeug der Krim. Es beförderte natürlich nicht fünf, sondern elf Personen, acht Fahrgäste mit Gepäck und drei Chauffeure, zwei handelnde und einen dritten, ein munteres Wesen in blauer Bluse, wahrscheinlich der Erbauer dieses „schnellsten Fahrzeugs der Krim“, das im wahren Sinne des Wortes international war.

Wir fuhren los.

Im Gaspra hatte das „schnellste Fahrzeug der Krim“ natürlich eine Panne, worüber sich alle Fahrgäste freuten.

Aus einer Röhre sprudelte eine eiskalte Quelle. Wir tranken gierig und legten uns dann in die Sonne wie Eidechsen. Ein Meer von Grün, Terrassen, Felsen.

In Mischor platzte ein Reifen.

Der zweite platzte in Alupka, das in strahlendem Sonnenlicht lag; wieder freuten wir uns sehr. Uns entgegen flogen die lackglänzenden Autos der Kurverwaltung, darin, in Schals gewickelt, NÖP-Damen.
Man sollte diesen Weg nicht im Auto zurücklegen, sondern zu Fuß. Nur dann kann man die Schönheit der Südküste so recht würdigen.

Sewastopol und das Ende der Krim

Gegen Abend rollten wir verbrannt, verstaubt, berauscht von der Luft, in das ausladende weiße Sewastopol, Wehmut im Herzen: „Wir müssen die Krim verlassen."
Die Autobanditen schnürten das Gepäck los. An einem Koffer war eine Ecke abgeschnitten wie mit dem Messer, und aus einem Plaid war ein Fetzen gerissen. Das Auto hatte bei seiner teuflischen Fahrt ein Fuhrwerk gestreift.
Die verwegenen Fahrer betrachteten ihr Werk und fuhren mit fröhlichen Hupsignalen wieder ab. An diesem warmen und duftenden Abend reisten wir unter dem sternenbesäten Himmel wehmütig und bedauernd von Sewastopol zurück nach Moskau.

1925

Wenn die Toten auferstehen

In unserer Zeit gibt es keine Wunder.
Binsenweisheit

Nichtsdestoweniger geschah in Kislowodsk eine Geschichte, von der sich einem die Haare sträuben.
Aber berichten wir der Reihe nach.
Am 17. Juni 1925, im achten Jahr der Revolution, trat in der Chausseestraße 46 in der Stadt Kislowodsk ein Mann auf die Vortreppe, der hier seinen Wohnsitz hatte, der Bürger

und ehemalige Schütze Korabtschewski, und schluchzte laut.
Gute Menschen sammelten sich um ihn und fragten:
„Korabtschewski, Korabtschewski, warum schluchzt du, ehemaliger Schütze?"
Worauf er antwortete:
„Wie sollte ich ehemaliger Schütze nicht schluchzen, wenn mein liebes Söhnchen, mein Säugling Vitali, gestorben ist!"
Die Weiber heulten auf und fragten:
„So was, woran denn?"
„An Lungenentzündung!" sagte Korabtschewski und verschmierte die Tränen im Gesicht.
Alle sprachen ihm ihr Mitgefühl aus und gingen auseinander, das arme Väterchen aber machte sich auf den Weg, um die Formalitäten für den Tod seines Erben zu erledigen.
Die Formalitäten des Säuglings wurden erledigt.
Beweis dafür sind offizielle Dokumente.
So heißt es auf einem Papier mit dem Stempel des Stadtexekutivkomitees von Kislowodsk Nr. 391 vom 18. Juni d. J.:

„Bescheinigung

Das Kislowodsker Standesamt bestätigt hiermit, daß der Bürger Vitali Korabtschewski, neun Monate alt, am 17. Juni d. J. an Lungenentzündung verstorben ist. Die Bescheinigung ist eingetragen unter Nr. 163.
Unterschrift: Leiter des Standesamts
Lidowski.
Für die Richtigkeit:
Buchhalter der Versicherungskasse von Mineralnyje Wody
(unleserlich)."

Damit nicht genug. Der Säugling war nicht nur gestorben, sondern auch begraben. Ersichtlich aus einem Papier des Kislowodsker Standesamts, in dem es heißt, das Kind männlichen Geschlechts Vitali Korabtschewki sei auf dem Friedhof beigesetzt worden.
Punkt! Besser kann man nicht sterben.

Indessen …
Ein paar Tage nach der Beisetzung von Korabtschewski junior lag eine unheilschwangere Mondnacht über Kislowodsk.
Ein Nachbar von Korabtschewski ging in bester Laune, pfeifend und stocknüchtern, an Korabtschewskis Wohnung vorbei, da erblickte er eine sonderbar aussehende Frau, ganz in Weiß, das Gesicht grün im Mondlicht. In den Armen hielt sie ein Bündel, und in dem Bündel war etwas Kleines. Der Nachbar trat näher und fragte:
„Wer ist das? Ach, Sie, Madame Korabtschewskaja?"
Sie antwortete mit Grabesstimme:
„Ja, ich."
„Und was haben Sie da in den Armen?" fragte der Nachbar verwundert.
„Das", antwortete die Frau dumpf, „ist mein verstorbenes Söhnchen Vitali."
„Was, Vitali?" fragte der Nachbar, dem es kalt über den Rücken lief. „Ihr Vitali ist doch be-be-begraben?"
„Ja", antwortete die Frau, „aber er ist wieder zurückgekommen."
In diesem Moment glitt ein Mondstrahl über das Windelbündel, und da sah der Nachbar, daß die Frau tatsächlich Vitali in den Armen hielt und sein Gesicht grünlich verwest aussah.
„Hilfe!" schrie der Nachbar und stürzte die Chausseestraße entlang. Der Mond blickte mit einer Leichenvisage hinter einer Zypresse hervor, und der Nachbar hatte das Gefühl, daß kalte Hände nach seiner Hose griffen.
Eine Stunde später standen die mutigsten Kislowodsker Bürger bei der Vortreppe des Hauses Korabtschewskis. Korabtschewski trat vor die Tür und erzählte die Geschichte:
„Meine Frau und ich sitzen vorgestern zu Hause, da klopft es plötzlich ans Fenster. Wir gucken hinaus und wären beinah gestorben. Vitali steht in der Luft, ohne den Erdboden zu berühren, und sagt: ‚Da bin ich wieder!'"
„Das geht nicht mit rechten Dingen zu!" heulte eine Frau.
„Na und?" schrien die Männer.

„Nichts weiter“, antwortete Korabtschewski. „Wir mußten ihn wieder zu uns nehmen.“
Die Menge war bestürzt. Sämtliche Gesichter sahen im Mondlicht grün aus. Aber in diesem Moment verzog sich der Mond hinter die Wolken und hüllte das Ende dieser Schauergeschichte in tiefe Finsternis.

In der Redaktion der „Gudok“ herrschte auch Bestürzung.
Einer schrie: „Ein Wunder!“ Einer schrie: „Ich verstehe das nicht.“ Einer sagte: „Das muß man untersuchen!“ Alle ließen die Arbeit liegen.
Das war ja auch wahrlich eine Grabesgeschichte! Das nächstliegende war die Vermutung, daß Vitali überhaupt nicht gestorben war, aber wieso hatte dann der Arzt Borissow, der in der Nikolajewskaja-Straße 11 wohnte, die Todesurkunde ausgestellt, und auf welcher Grundlage hatte die Versicherungskasse für die Beisetzung eines lebendigen Menschen 17 Rubel 10 Kopeken ausgezahlt?
Vielleicht war er auch gar nicht auferstanden? Vielleicht hatte der Nachbar gelogen, oder der Feuilletonist hatte sich das vom Mond und dem Toten ausgedacht?
Aber wie konnte er nicht auferstanden sein, wenn der Mitarbeiter der Versicherungskasse von Mineralnyie Wody Wladimir Nikolajew schrieb:
„Es hat sich herausgestellt, daß kein Familienmitglied des Bürgers Korabtschewski gestorben ist und daß er, mit einem Dokument ausgestattet, ungesetzlich die Mittel für die Bestattung erhalten hat.“
Nein, schauerliche Dinge passierten in der Stadt Kislowodsk.

1925

Die Faust des Buchhalters
Stück

(Kann statt der „Verschwörung der Kaiserin" gespielt werden)

Prolog

Die Tür mit der Aufschrift „Männertoilette" in der Verwaltung der Ussuri-Strecke der Stadt Chabarowsk klappte, und heraus trat der stellvertretende Hauptbuchhalter Shukow. Er knöpfte den Kittel zu, trat zu der Botin und versetzte ihr mit der Faust einen Puff, dabei hielt er folgende Ansprache:
„Du sollst in der Arbeitszeit keine Bücher lesen! Du sollst nicht! Das ist keine Sache für eine Botin. Sieh dir lieber an, was in der Toilette los ist! In der Toilette!"
Es ist Sache der Botin, zu brüllen, wenn sie geschlagen wird. Das tat die Botin auch. Von allen Seiten strömten die Leute herbei.
„Beschwer dich bei der Gewerkschaft, Tante", schrie das Volk aufgebracht.
Und die Tante beschwerte sich.

Gerichtsverhandlung im Gewerkschaftskomitee

Personen:

SCHMONIN, Gewerkschaftsvorsitzender (mittleren Alters, graue Hose, Stiefeletten mit Schnürsenkeln, gescheiter Gesichtsausdruck).
GUDSENKO, Mitglied des Gewerkschaftskomitees (gewöhnlich, in den Augen starke Sympathie für die Kommunistische Partei, auf der linken Brustseite zwei Porträts, auf der

rechten die Abzeichen der Freiwilligen Chemiker und der Freiwilligen Flotte, in der Tasche das Mitgliedsbuch „Freund der Kinder").

SHUKOW, der Schläger, sympathisch.

BOTIN, gewöhnlich, im Kleid.

PUBLIKUM, Statisten aus dem Gewerkschaftskomitee.

Zimmer des Gewerkschaftskomitees

SCHMONIN *läutet das Glöckchen* Ruhe! Also, liebe Genossen, vor uns haben wir das Faktum, daß die Botin Tokarewa angeblich von unserm geehrten Buchhalter Shukow geschlagen wurde.

BOTIN Was heißt hier angeblich, wo ich doch einen blauen Fleck habe.

SCHMONIN Sie kriegen später das Wort. Bitte schweigen Sie. Stecken Sie Ihren blauen Fleck in die Tasche.

BOTIN *schluchzt*

PUBLIKUM *hat Mitgefühl.*

SCHMONIN Ruhä! Also, Bürger, untersuchen wir die erwähnte bedauerliche Erscheinung unseres Alltags. Was erhebt sich vor uns? Es erhebt sich die Frage: Welcher Knilch hat unserer Botin die Anzeige beim Gericht des Gewerkschaftskomitees verfaßt?

PUBLIKUM *ist verwundert.*

SCHMONIN Welcher Brennesselsamen stiftet Verwirrung im Sowjetstaat, indem er einen Teil der Bevölkerung gegen den andern aufhetzt? Na?

BOTIN Was geht es Sie an, wer sie verfaßt hat? Er hat mich geschlagen, alles andere ist Nebensache!

Stimmengewirr im Publikum.

SCHMONIN Ich verbitte mir das Stimmengewirr! Antworte dem Gericht, Tante. Wer hat sie verfaßt?

BOTIN *trotzig* Sag ich nicht!

SCHMONIN *drohend* Tante, nimm dich in acht! Du stehst vor Gericht. Wer hat sie geschrieben?

Botin Und wenn Sie mich im Feuer verbrennen, ich sag's nicht.

Publikum *flüsternd* Der Arbeiterkorrespondent Kuskin hat sie geschrieben. Tante, verrate den Genossen nicht!

Stimme vom Rang Tante Tokarewa, halt dich wacker! Verrate nicht den Arbeiterkorrespondenten, sonst wird er gefressen!

Botin Und wenn ihr mich foltert, ich sag's nicht.

Stimme vom Rang Bravo, Tokarewa!

Schmonin Wer meutert da auf dem Rang? Werft ihn raus, den Aufwiegler! *Zur Botin* Du sagst es nicht?

Botin Nein.

Publikum Prima!

Schmonin *leise zu Gudsenko* Kuck an, das Weib ist aus Eisen. *Laut* Na schön, wir werden das Subjekt auch ohne dich rausfinden, das unsere Gewerkschaft spaltet. Wir zeigen's ihm. Na schön, machen wir weiter. Genossin Tokarewa behauptet, daß Genosse Shukow sie geschlagen hat. Ist das was Besonderes, Genossen? Ich würd's ja noch verstehen, wenn Tokarewa eine intelligente Dame wäre, eine Gräfin oder Fürstin, dann wär das eine Sache! Das wär natürlich unschicklich, wenn eine Buchhalterfaust in die Visage einer Gräfin fährt. Die Dame könnte ja in Ohnmacht fallen. Da wir es aber bloß mit einer Botin zu tun haben, ist es kein großes Unglück!

Publikum Ist das ein Urteil!

Schmonin Das Wort hat der Verteidiger des Genossen Shukow, der geehrte Genosse Gudsenko.

Gudsenko *zieht die Jacke zurecht* Nehmen wir das Faktum vom medizinischen Standpunkt. Hier wird gesagt: Shukow hat geschlagen, Shukow hat geschlagen, dies und das ... Aber nun seht euch mal Shukow an. *Alle sehen Shukow neugierig an.* Seht doch, wie schwächlich und mickrig der ist, der steht doch schon mit einem Bein im Grabe.

Shukow *beleidigt* Du selber stehst mit einem Bein im Grabe. Rede, aber quatsche nicht!

Gudsenko Pardon! Überhaupt ist Shukow ein intelligenter Mensch mit politischem Bewußtsein, er ist sogar auf eine

Zeitung abonniert, kann der etwa richtig zuschlagen? Und nun seht euch die Botin an. *Alle sehen neugierig die Botin an.* Was sehen wir? Eine Psysiognomie ... *Hält die Hände einen halben Meter auseinander.* Solch eine Psysiognomie! Die Arme! Die Beine! Ein gußeisernes Denkmal! Die kann man gar nicht mit der Faust schlagen, die Faust würde zersplittern. Mit einem Schürhaken muß man die schlagen! Was für einen Schaden hat er ihr zugefügt?

BOTIN Einen blauen Fleck!

SCHMONIN Leg einen Messingfünfer drauf, dann verschwindet er bis zur Hochzeit. Also, das Gericht zieht sich zur Beratung zurück. *Verschwindet mit Gudsenko und kommt mit Gudsenko zurück.*

Ruhe! Das Gericht hat folgenden Beschluß gefaßt. *Feierlich:* Angesichts dessen, daß Shukow Frau Tokarewa keine besondere Beschädigung zugefügt hat, ist sie als nicht geschlagen anzusehen. Das Gewerkschaftskomitee spricht Shukow einen Tadel aus, aber angesichts der Intelligenz Shukows und seines schwächlichen Körperbaus wird der Tadel für fünfzehn Jahre zur Bewährung ausgesetzt. Shukow zahlt einen Messingfünfer zugunsten von Frau Tokarewa, den sie auf den blauen Fleck legt. Nach ihrer Genesung hat Frau Tokarewa den Fünfer Shukow mit Zinsen zurückzuzahlen. Die Verhandlung ist beendet.

STIMME VOM RANG *im allgemeinen Stimmengewirr* Tante Tokarewa, beschwer dich beim Volksgericht! Eine Schweinerei ist das! *Lärm.*

Vorhang

1925

Wie das Gewerkschaftskomitee für das Geld der Tante ein Geschenk kaufte

Auf der Station Sawitaja an der Ussuri-Strecke gibt es eine arme Witwe, die Bürgerin Silajewa. Eine Witwe hat es bekanntlich schwer. Sie muß essen und trinken. Eine Weile lebte sie in Not, dann wandte sie sich an das Gewerkschaftskomitee:

„Gebt mir Arbeit, Genossen."

Das Gewerkschaftskomitee erfüllte ihre Bitte und stellte sie gleich im Gewerkschaftskomitee an.

Es war ein leichter, schöner Posten.

Man rief die Witwe herein und sagte:

„Tante, du wirst fünf Öfen heizen, fünf Korridore wischen und auch fünf Zimmer. Du wirst täglich den Müll beseitigen. Und damit du dich nicht langweilst, wirst du auch noch Wasser holen."

„Und wieviel Gehalt?" fragte die Witwe und zog die Nase hoch.

Der Gewerkschafter, der Moloshai hieß, stellte eine arithmetische Berechnung an:

„Fünf Korridore multipliziert mit fünf Öfen, plus fünf Fässer Müll, geteilt durch fünf Eimer Wasser, macht fünf Rubel!" Und er verkündete Tante Silajewa das Resultat:

„Du kriegst fünf Rubel im Monat."

„Sie sind ein Wohltäter!" heulte die Tante und griff nach dem Wischlappen.

Von dem Wischlappen trennte sie sich zehn Monate lang nicht. Die Tante trug, die Tante schleppte, die Tante wischte, die Tante beseitigte.

Im elften Monat wurde ihr erklärt:

„Tante, wir verlegen dich in eine neue Wohnung, und in deine alte brechen wir ein Loch."

„Wohltäter", heulte sie.

Das Loch wurde gebrochen, die Tante verlegt und ihr erklärt:

„Die Wände müssen geweißt werden. Fang bitte an."

Die Tante rannte nach Kalk und weißte.

Dann ging sie ihren Lohn für das Weißen holen.
„Fünf Rubel stehn dir zu", erklärte ihr Moloshai.
„Wohltäter", heulte die Tante.
„Aber", fügte Moloshai hinzu, „für diese deine fünf Rubel haben wir ein Porträt gekauft und es der kommunistischen Zelle der Eisenbahner geschenkt."
„Wohltä...", begann die Tante, aber dann stockte sie und fügte hinzu: „Wieso denn ein Porträt? Vielleicht will ich gar kein Porträt!"
„Was soll das heißen?" fragte Moloshai finster. „Überleg dir, was du sagst, Tante. Wieso willst du kein Porträt?"
Die Tante wurde zaghaft.
„Na schön", sagte sie. „Von mir aus ein Porträt. Aber wenn ihr Lieblinge auf meine Kosten ein Geschenk macht, dann schreibt wenigstens auf das Porträt: ‚Geschenk von Tante Silajewa'."
Moloshai war beleidigt.
„Du bist wohl nicht bei Trost. Auf das Porträt können wir doch einen so nichtigen Menschen wie dich nicht raufschreiben."
Da wurde die Tante bockig.
„Ihr habt nicht das Recht, es ist mein Geld."
„Du bist dumm, Tante", sagte Moloshai.
„Beschimpfe mich nicht", sagte die Tante, „das Geld gehört mir."
„Verschwinde", sagte Moloshai.
„Es ist mein Geld", bemerkte die Tante ein wenig hysterisch.
Da wurde Moloshai endgültig wütend.
Aber was weiter geschah, wissen wir nicht, denn in dem Bericht des Arbeiterkorrespondenten heißt es dumpf:
„Genosse Moloshai warf ihr einen Haufen Frechheiten an den Kopf."
Das Ende der Geschichte ist in Dunkelheit gehüllt.

Aber es gibt noch einen Zusatz in dem Korrespondentenbericht:
„Liebe Leute von der Gewerkschaft, sorgt dafür, daß das Ge-

werkschaftskomitee Frau Silajewa für die Zeit vom 1. Januar bis 1. Oktober 1924 Gehalt zahlt. In dieser Zeit hat sie im Gewerkschaftskomitee die Fußböden geschrubbt und Wasser getragen. Zahlt ihr, was ihr von Rechts wegen zusteht. Darüber hinaus müßt ihr der Tante fünf Rubel zahlen und dem Gewerkschafter Moloshai erklären, daß er für fremdes Geld keine Porträts kaufen darf. So etwas nennt man Ausbeutung."

1925

Der Brand

(Nach der Natur)

Die Szene: dunkle Nacht auf der Bahnstation Rshew-2 an der Moskauer-Belorussisch-Baltischen Eisenbahn. Plötzlich ein schräger Blitz und ein Schuß – paff-paff!

Stimme des Sicherheitsagenten Rechtgläubige, das Lagerhaus auf dem Güterhof brennt! *Schuß – paff, paff!* Ho! Ho! Ho! Ho! Das Lagerhaus! *Schuß – paff, paff!* Es brennt! Gute Leute! Das Lagerhaus brennt! *Schuß.* Hilfe! *Schüsse – paff, paff! Paff, paff! Paff, paff, paff!* Da hast du, und noch mal! *Am Himmel ein unheildrohender rosa Streifen.*

Stimme Komarows Was ist passiert?

Stimme des Sicherheitsagenten Genossen! Schlagt Alarm! Das Lagerhaus brennt! *Feuerschein. Auftritt Komarow, nur in Unterwäsche.*

Komarow Du lieber Gott! Feuerwehr! Feuerwehr! *Tanzt auf der Stelle.* Feuerwehrleute, krepieren sollt ihr! Das Lagerhaus brennt!

Erster Feuerwehrmann *auf dem Wachturm, ruft herab* Waska, schlag Alarm, auf dem Güterhof brennt's!

Zweiter Feuerwehrmann *unten* Es brennt? *Gong, gong, gong!*

Erster Nun schlag doch! Es lodert! Uch! Es hat Feuer gefangen! Schlag, Waska!

Zweiter Gong, gong, ei der daus, seht, da brennt das Katzenhaus! *Verzweifelt.* Die hocken da, die Hundesöhne, wie angeklebt!

KOMAROW *stürzt herein* Du lieber Gott! Wo ist der Brandmeister? Aufstehen, Brüder! Hilfe, wir brennen! *Schnarchen.* Genosse Brandmeister, Bürger Solowjow, stehen Sie auf, Liebster, Bester, steh auf!

BRANDMEISTER *im Schlaf* Hmmm ...

KOMAROW Mein liebstes Herzblättchen, steh doch auf. Rshew zwo brennt! *In den Fenstern purpurroter Feuerschein, es ist hell wie am Mittag.*

BRANDMEISTER Ehem ... mnja ... mnja ...

KOMAROW *heult.*

BRANDMEISTER Was für eine Laus jault mir da am Ohr? Man hat keinen Moment Ruhe. Wer bist du?

KOMAROW Ich bin Komarow, liebster Freund, Komarow bin ich.

BRANDMEISTER Was zum Teufel weckst du die Leute auf? Hä? Hab mich eben hingelegt, die Augen zugemacht, und schon wird man aufgeweckt. Ihr Galgenstricke! Der Blitz soll dich erschlagen. Dir werd ich's zeigen ... *Klatsch! Platsch! Ratsch!*

KOMAROW Liebster ... Das Lagerhaus ...

BRANDMEISTER Scherst du dich raus oder nicht?

KOMAROW Das Lagerhaus ...

BRANDMEISTER Aha, ich sehe, du gibst keine Ruhe. *Wirft einen Stiefel nach ihm.* Raus!

Die Feuerwehrleute schnarchen. Hinter der Szene hört man die Lagerhausdecke einstürzen. Frauen kreischen. Vor dem Fenster läuft eine Frau mit einer Ikone vorbei.

FRAUENSTIMME Wir sind verloren, wir armen Würmer!

KOMAROW *rennt weinend zum Telefon* Ein Amt! Wir brennen, Fräulein! Ein Amt! Gib mir die Feuerwehr! Wir brennen!

STIMME IM TELEFON Wer brennt da? Sofort. Gleich.

Hinter der Szene Räderrattern.

TROMPETE Tä-tä-rä-tä. Tä-tä-rä.

STIMME *hinter der Szene* Sidortschuk, pumpen! Pumpen, verdammt, verflucht ... *Krachpolterkrach* ... Zurück! Schnappt ihn mit Feuerhaken. Fedorez, gib dem Marodeur eins in die Zähne. Das Publikum soll zurücktreten. Wo ist denn eure Feuerwehr?

STIMME KOMAROWS Die schläft. Hab sie nicht wachgekriegt.

STIMME Ach, diese Dreckskerle! Pawlenko, pumpen, pumpen! *Wasser zischt.*

BRANDMEISTER *erwacht* Was ist denn das für ein Krach?

FEUERWEHRLEUTE *erwachen* Ob es brennt? *Der Feuerschein in den Fenstern verlischt.*

BRANDMEISTER Was pennt ihr so, ihr Hunde? Wanka, Waska, Mitka! Aufstehen, anspannen! Wo sind meine Hosen?

STIMMEN Nicht nötig. Schon gelöscht.

BRANDMEISTER Von wem?

STIMME Von der Städtischen.

BRANDMEISTER Schöner Mist. Wie schnell die sind. Und in alles mischen sie sich ein. Na, von mir aus. Wenn sie schon gelöscht haben, Gott sei Dank. *Legt sich hin und schläft weiter. Schnarchen. Dunkelheit.*

1925

Säuische Flüche

In einem Arbeitszug des Abschnitts R. an der Rjasan-Uraler Strecke spielen die Arbeiter jeden Tag Karten. Dabei gebrauchen sie derart säuische Ausdrücke, daß es nicht auszuhalten ist. Schweinerei!

Arbeiterkorrespondent Nr. 3009

Waggon.
Machorka.
„Da nehm ich die Dame!"
„Na, deine Dame kann mich ... (Nicht druckfähiges Wort)! Zack!"
„Ach, du, tram-tarara ... (Vier nicht druckfähige Wörter)."
„Iwan Nikolajewitsch, schnapp ihn dir mit dem König!"

„Deinen König kannst du dir in den … (Nicht druckfähiges Wort)! Für deinen König, bumm-tarara (vier nicht druckfähige Wörter) gibt's auch noch das As!"
„Und das schieben wir mit der Trumpf Zwei, das alte … (Nicht druckfähiges Wort) in den … (Nicht druckfähiges Wort). Bam-tarabum! (Vier nicht druckfähige Wörter)."
Klirr!
„Was war das, Leute?"
„Die Glühbirne, plautz-batz-tarara (vier nicht druckfähige Wörter), ist geplatzt! Sie hat's nicht ausgehalten!"
„Das ist ja auch nicht auszuhalten, wenn Iwan Nikolajewitsch redet! Wenn der loslegt, ist das wie ein Kanonenschuß!"
„Ich lach mich schief! Vorgestern, wie Waska grade Iwan Nikolajewitschs Buben mit der Dame gekascht hat, ist die Frau von dem Eisenbahnmeister hier vorbeigekommen. Da hat er losgelegt. Die werd ich, sagt er! Die möcht ich, sagte er … Leck mich tram-bam, sagt er, ich würd sie, deine Dame, sagt er, siebenmal, sagt er, tram-bara-bums, sagt er. Die soll mich doch, sagt er! Ich würd sie, sagt er! Als ob Hagel auf die Station prasselt. Die Ärmste stützt die Ellbogen gegen den Waggon, steht da und kann sich nicht rühren, Arme und Beine flattern, und sie ist ganz blaß. Der Korb fällt ihr runter. Aber Iwan Nikolajewitsch knallt noch einen dreistöckigen Fluch obendrauf. Acht Minuten dauert der. Erst hat er die Eltern dieser Dame fertiggemacht, dann kam die Tante des Buben dran, diese Tante würd ich, sagt er, und wie! Nach der Tante ist er über die Seitenlinie hergefallen und hat Schwägerinnen, Schwager und Schwiegertochter vergewaltigt. Dann ist er bis hinauf zu den Vorfahren, hat irgendeine Urgroßmutter entehrt und sich danach an die Enkel rangemacht. Schließlich in der achten Minute hat er den Stiefneffen mit der Pik Zehn erledigt und die Klappe zugemacht. Die Frau hat sich den Schweiß abgewischt, den Korb aufgehoben, dann ist sie weinend gegangen."
„Für ein Weib ist unser Spiel nicht zu ertragen!"
„Nicht bloß für ein Weib! Gestern war ein Bauer mit Pferd hier. Er hat es an den Schlagbaum gebunden, als Petja grade

mit seinem Robber fertig war und mit seinen Ausdrücken loslegte. Das Pferd hat eine Weile dagestanden, dann hat es ausgespuckt! Schließlich hat es sich losgerissen und gesagt: ‚Ich geh jetzt in die weite Welt. Solche Sauereien hab ich in meinem Pferdeleben noch nie gehört.‘ Zwei Stunden später haben sie's im Feld wieder eingefangen.“
„Das Pferd, war das weiblichen Geschlechts? (Drei nicht druckfähige Wörter.)“
„Klar, ne Stute.“

1925

Die falsche Hose

Eile tut nur beim Flöhefangen not.
Redensart

Der Vorsitzende des Gewerkschaftskomitees vom Fahrbetrieb erklärte die Sitzung um 6 Uhr 3 Minuten für eröffnet.
Danach verkündete er die Tagesordnung, genauer gesagt, die Abendordnung.
Die Speisekarte enthielt nur ein Gericht: „Analyse des bestehenden Kollektivvertrags und Abschluß des neuen“.
„Genossen, wir werden wie die Amerikaner nicht viele Worte machen“, erklärte der Vorsitzende. „Den Anfang lassen wir weg, da steht nichts Wichtiges drin. Seite eins fällt also weg, und wir kommen gleich zu den einzelnen Paragraphen. Also, erstes Kapitel, Paragraph 1, Punkt l, Anmerkung b: ‚Es ist erforderlich, in verstärktem Umfang einzelne aktive Produktionsarbeiter einzubeziehen, indem ihnen konkrete Aufgaben erteilt werden.‘ Das ist also der Paragraph. Wer ist für die Einbeziehung?“
„Ich!“
„Ich bitte um das Handzeichen!“
„Ich auch!“

„Das ist die Mehrheit!"
Die Sitzungsmaschine kam in Fahrt. Auf den Paragraphen l folgte der Paragraph p. Dann kam v, dann x, und so verging unbemerkt die Zeit.
In der vierten Sitzungsstunde stand ein Redner auf und sprach ein und eine Viertelstunde lang über die Umstellung der Geschäftsbedingungen auf Preisfestsetzungen in Rubeln, bis alle einstimmig aufheulten und ihn baten aufzuhören!
Danach wurden noch zweihundertneun Paragraphen analysiert und zweihundertneun Korrekturen eingebracht.
Die sechste Sitzungsstunde begann. Auf der hinteren Bank hatten zwei Mann eine Decke ausgebreitet und die anderen aufgefordert, sie um halb neun zu wecken, damit sie zum Abendbrot zurechtkämen.
Eine halbe Stunde später wachte der eine von ihnen auf und bellte heiser:
„Axinja, was zu trinken! Ich bring dich um!"
Sie erklärten ihm, daß er nicht zu Hause sei, sondern auf der Sitzung, worauf er wieder einschlief.
In der siebenten Sitzungsstunde wachte einer der Redner auf und sagte gähnend:
„Ich versteh da was nicht. In Punkt 1005 steht, daß man bis zu 50 Prozent bekommt, aber höchstens 40 Millionen. Was soll das heißen, Millionen?"
„Das ist ein Tippfehler", sagte der amerikanische Vorsitzende, blau vor Müdigkeit, und warf einen trüben Blick auf den Punkt 1005. „Es muß heißen: Rubel."
Der Morgen graute. Im Morgengrauen verlangte ein Baß von dem Vorsitzenden:
„Lieber Mensch, gib mir für einen Moment den Kollektivvertrag, ich verstehe überhaupt nichts."
Er drehte ihn in den Händen, fand die erste Seite und schrie:
„Ach du, der Teufel soll dich holen." Dann wandte er sich an den Vorsitzenden: „Du bist ja vielleicht ein Arm mit Ohren."
„Meinen Sie mich?" fragte der Vorsitzende verwundert.
„Ja, dich", antwortete der Baß. „Was liest du da?"

„Den Kollektivvertrag."
„Von welchem Jahr?"
Der Vorsitzende lief rot an, las auf der ersten Seite nach und sagte:
„Das ist ein Ding! Verzeiht mir, Rechtgläubige, ich hab euch den Vertrag von 1922 untergejubelt."
Da wurden alle wach.
„Ich hab mich geirrt, liebe Leute", sagte der Vorsitzende sanft, „verzeiht mir, liebe Genossen, und schlagt mich nicht. In meinem Zimmer war's dunkel. Da hab ich wohl in die falsche Hose gegriffen, denn den Vertrag für dieses Jahr hab ich in der gestreiften."

1925

Die Leiden des Väterchens

1

Nach Feierabend stand Wassili da und sagte mit Tränen in der Stimme:
„Ich habe ein freudiges Ereignis, Freunde. Meine Gattin hat einen Säugling männlichen Geschlechts entbunden, für welchen mir die Versicherungskasse 18 Rubel in Silber ausfolgt. Als Mitgift sozusagen. Für den Sohn müssen wir Windeln, Hemdchen und eine Decke kaufen, damit er nachts nicht vor Kälte brüllt, der Hundekater. Was übrigbleibt, kriegt meine Gattin zur Verbesserung der Warmverpflegung. Soll sie essen, die Märtyrerin. Meint ihr, es wäre leicht, zu gebären, liebe Freunde?"
„Wir haben's noch nicht versucht", antworteten die Freunde.
„Versucht's mal", antwortete Wassili und entfernte sich, von Tränen des Glücks überströmt, in Richtung Versicherungskasse.

2

„Ich habe ein freudiges Ereignis. Meine Märtyrerin wurde von einem Kind entbunden", sprach Wassili in das Schalterfensterchen hinein.
„Quittieren Sie", antwortete ihm der Kassierer Wanja Neljudim.
Gleichzeitig mit Wassili kassierte der sympatische junge Axinjitsch 7 Rubel 21 Kopeken für seine Grippe.

3

„Ich habe ein freudiges Ereignis", sagte Wassili, „meine Märtyrerin hat ein Kind geboren."
„Gehen wir in den Konsum", antwortete Axinjitsch, „wir müssen deinen Säugling begießen."

4

„Zwei Flaschen russischen Wodka", sagte Axinjitsch im Konsum, „und dazu noch was Leichteres."
„Nehmen Sie Kognak", riet der Verkäufer.
„Na, dann gib uns zwei Fläschchen Kognak. Und dann noch was Erfrischendes."
„Guten Wermut haben wir", riet der Verkäufer.
„Also, zwei Flaschen Wermut."
„Was noch?" fragte der Verkäufer.
„Na, dann gib uns ein gutes Pfund Wurst und Heringe."

5

In der Nacht brannte still die Lampe. Die Märtyrerin lag im Bett und sprach zu sich selbst:
„Ich möchte doch wissen, wo das Väterchen steckt."

6

Im Morgengrauen erschien Wassili.
„Wegen Senja und wegen der Ziegelsteinchen hab ich die Ziegelei liebgewonnen", sagte Wassili mit zarter Stimme. Er stand im Zimmer, die Mütze in den Händen, und sein Jakkett war mit Flaumfedern besät.
Als er das Familienbild sah, brach er in Tränen aus.
„Mütterchen, meine angetraute Frau", sagte Wassili und weinte vor Rührung, „wenn ich daran denk, was du durchgestanden hast, meine liebe bessere Hälfte, denn es ist ja wohl nicht leicht, zu gebären, oder? Das ist ja entsetzlich, kann man sagen!" Wassili schleuderte die Mütze zu Boden.
„Wo ist das Mitgiftgeld für den Säugling?" fragte die Märtyrerin mit eisiger Stimme.
Statt einer Antwort schluchzte Wassili bitterlich und legte sein Portemonnaie vor die Märtyrerin.
Besagtes Portemonnaie enthielt 85 Kopeken in Silber und 9 in Messing.
Was die Märtyrerin daraufhin sagte, wissen wir nicht.

7

Einige Zeit später verfaßte eine Delegierte der Frauenabteilung in der Werkstatt einen Antrag, den viele Ehefrauen unterschrieben, darin hieß es:
„... die Versicherungskasse wolle die Mittel für die Geburt und Ernährung unserer Kinder nicht an unsere Männer zahlen, sondern an uns, ihre Frauen.
Dann haben wir mehr Ruhe und Sicherheit, daher unser Gesuch."
Unterschrift: „Denen ihre Frauen."
Den Unterschriften von denen ihre Frauen bittet die seinige hinzuzufügen

M.

1925

Tote gehen um

Dem Kesselschmied des 2. Fahrdienstes an der Nordstrecke starb sein Säugling. Der Feldscher verlangte, daß das Kind zu ihm gebracht würde, damit er den Tod feststellen könne.
Arbeiterkorrespondent Nr. 2121

1

Sprechzimmer. Der Feldscher empfängt Kunden.
Herein kommt der Kesselschmied des 2. Fahrdienstes. Er ist traurig.
„Tag, Fjodor Naumowitsch", sagt der Kesselschmied mit Trauerstimme.
„Ah, Tag. Ziehen Sie die Joppe aus."
„Zu Befehl", antwortet der Kesselschmied verwundert und fängt an, die Knöpfe aufzumachen. „Ich habe, wissen Sie ...
„Reden können Sie nachher. Ziehen Sie das Hemd aus!"
„Die Hose auch, Fjodor Naumowitsch?"
„Die Hose nicht. Was haben Sie für Beschwerden."
„Meine Tochter ist gestorben."
„Hm. Ziehen Sie die Joppe wieder an. Womit kann ich Ihnen dienen? Gott schenke ihr das Himmelreich. Wieder auferstehen lassen kann ich sie nicht. Die Medizin ist noch nicht soweit."
„Ich brauch die Bescheinigung. Für das Begräbnis."
„Aha, die Sterbeurkunde. Na, dann bring sie mal her."
„Ich bitte Sie, Fjodor Naumowitsch. Sie ist tot. Sie liegt. Und Sie sind lebendig."
„Ich bin lebendig, aber allein. Euch Tote gibt's haufenweise. Wenn ich jedem hinterherlaufen soll, streck ich selber alle viere von mir. Ich hab aber zu tun, du siehst, ich verschreib Pülverchen. Adieu."
„Zu Befehl."

2

Der Kesselschmied brachte den kleinen Sarg mit dem Mädchen. Ihm folgten zwei heulende Weiber.
„Bringen Sie's zum Popen?"
„Zum Feldscher, Genossen. Laßt mich durch!"

3

Vor dem Eingang des Sprechzimmers stand ein Katafalk mit einem Sarg, daneben ein Mann mit weißem Zylinder und blauer Nase, eine Laterne in der Hand.
„Was ist los, Genossen? Ist der Feldscher gestorben?"
„Wieso der Feldscher? Die Mutter des Wiegemeisters hat ihre Seele Gott befohlen."
„Wieso habt ihr sie hergebracht?"
„Damit er den Tod feststellt."
„Aha, sieh mal an."

4

„Was willst du?"
„Schauen Sie, Fjodor Naumowitsch, ich bin gestorben."
„Wann denn?"
„Morgen mittag."
„Komiker! Wieso kommst du schon heute? Morgen nach dem Mittag sollen sie dich bringen."
„Schauen Sie, Fjodor Naumowitsch, ich bin alleinstehend. Ich hab keinen, der mich herbringt. Die Nachbarn sagen, geh vorher hin, Pafnutjewitsch, zu Fjodor Naumowitsch, hol dir den Schein, denn morgen ist keine Zeit, daß wir uns mit dir abgeben. Länger als bis morgen machst du's sowieso nicht."
„Hm. Na schön. Ich datier die Urkunde auf morgen."
„Auf wann Sie wollen, Sie wissen das besser. Hauptsache, die Versicherungskasse zahlt. Ich hab noch viel zu tun. Zum

Popen muß ich und eine neue Hose kaufen, denn in dieser zu sterben wär unanständig."
„Geh schon, geh! Bist ja ein flinker Alter."
„Junggeselle bin ich, das ist der Hauptgrund. Ich hab keinen, der für mich alles bedenkt."
„Nun hau schon ab. Schönen Gruß im Jenseits."
„Ich richt's aus."

1925

Dynamit!!!

Im Frühjahr schickten sie uns Dynamit, um den Eisstau zu sprengen. 15 Pfund blieben übrig, und jetzt weiß unser Streckenabschnitt nicht, was tun. Wir haben Angst vor einer Explosion, und wegschicken können wir's auch nicht. Ein Elend ist das mit dem Dynamit!

Arbeiterkorrespondent

An allen sichtbaren Stellen der Streckenverwaltung hingen offizielle Schilder:
„Rauchen strengstens verboten!"
„Nicht laut sprechen!"
„Nicht mit den Stiefeln trampeln!"
Außerdem hing an den Eingangstüren des Wohnheims für Eisenbahner ein Schild minder offiziellen Charakters:
„Wenn eure Kinder nicht aufhören herumzuspringen, reiß ich ihnen die Ohren mit der Wurzel aus. Iwanow sieben."
Auf den Gleisen beim Einfahrtsignal hingen rote Signale und Schilder:
„Nicht pfeifen."
„Geschwindigkeit sechs Werst pro Stunde."
Die Züge schlichen sich an die Station heran, bremsten mit leisem Zischen, und in den Küchen der Speisewagen wurde das Feuer mit Wasser gelöscht. Eine Wache ging am Zug entlang und warnte alle:

„Bürger, macht die Papirossy aus. Die haben hier Dynamit auf der Station."

„Hör auf zu husten." (Flüsternd.)
„Ich bin schrecklich erkältet, Sidor Iwanowitsch."
„Ich werd's dir zeigen. Der bellt wie aus einem Faß! Wenn du so weiter hustest, fliegt mir die ganze Station um die Ohren."
„Ein Elend ist das mit diesem Dynamit, Sidor Iwanowitsch."
„Wenn du so mit den Stiefeln trampelst, wirst du schon sehen, was das für ein Elend ist."

„Wo bewahren Sie es auf, Sidor Iwanowitsch?" fragte ein Durchreisender.
„In meinem Wohnzimmer. In feuchte Lappen gewickelt, unterm Sofa."
„So wie Tabak?"
„Schöner Tabak. Ein Hundeleben ist das. Die Kinder habe ich zu ihrer Tante geschickt. Sie haben sich gefreut, die Engelchen. Herumgesprungen sind sie: ‚Papa hat Dynamit, Papa hat Dynamit ...' Ich hab sie verwamst, die gestreiften Teufel, und weggebracht."
„Da kann leicht was passieren."
„Eben. Ich mußte eine Wache einrichten. Am Tag steht meine Frau mit dem Gewehr dabei, am Abend die Köchin, in der Nacht ich."
„Schicken Sie das Zeug doch weg."
„Ich hab's versucht. Eingewickelt. Versiegelt. Dann auf die Station zur Gepäckabteilung. Der Wiegemeister fragt: ‚Was haben Sie da drin, Sidor Iwanowitsch?' Ich sag: ‚Nichts weiter', sag ich, ‚achten Sie nicht drauf, nur 15 Pfund Dynamit. Ich schick's nach Omsk.' Stellen Sie sich vor, da läßt er die Gepäckabteilung im Stich, klettert durchs Fenster und läuft weg."
„Das ist ein Ding!"
„Die reinste Qual. Dann wollte ich's einer anderen Strecke schenken. Ich hab denen geschrieben. Soundso: ‚Liebe

Nachbarstrecke Samara-Slatoust, ich sende Euch als Geschenk 15 Pfund Dynamit. Benutzt es zu Eurer Gesundheit, wie Ihr wollt. Euer Euch liebender Abschnitt der Omsker Strecke.'"

„Na und?"

Sidor Iwanowitsch suchte in seiner Tasche und holte das Telegramm hervor.

„An die Adresse 105. Schert Euch zum Teufel stop."

Sidor Iwanowitsch ließ traurig den Kopf hängen und seufzte.

„Wissen Sie was, Sidor Iwanowitsch", riet ihm der Durchreisende, „versuchen Sie doch, es der Roten Armee zu schenken."

Sidor Iwanowitsch wurde lebhaft.

„Das ist eine Idee. Warum bin ich nicht selber darauf gekommen?"

Am Abend schrieb er in der Verwaltung ein Papier folgenden Inhalts:

„Sehr geehrter Genosse Frunse, als Zeichen der Liebe zur Roten Armee möchten wir Ihnen 15 Pfund Dynamit schenken. Hochachtungsvoll, Abschnitt der Omsker Strecke."

Ein Zusatz lautete: „Aber schicken Sie einen Ihrer Leute, einen erfahrenen Militär, damit er es abholt, denn bei uns ist niemand bereit, es zu transportieren."

Die Antwort des Genossen Frunse steht noch aus.

1925

Der arme Wsewolod

Geschichte einer Schweinerei

1
Wsewolods Lebenslauf

Wsewolods Stiefvater war Kommandeur der Roten Armee. Darum mußte Wsewolod fünfeinhalb Jahre lang seinem Stiefvater von einer Stadt der Union in die nächste nachreisen, je nachdem, wohin der Stiefvater versetzt wurde.
Aber Wsewolod war schlau wie eine Fliege und hielt sich während dieser Reisen mal an der einen, mal an der anderen Lehranstalt fest.
Auf diese Weise konnte er in der Odessaer Schule für Schiffsmaschinisten auslernen, später in der Schule für Seetransport in Baku und sogar in der Technischen Gewerkschaftsmusterschule von Kiew.
Darüber hinaus war Wsewolod nicht der letzte Mensch im Schlosser-Mechaniker-Handwerk, da er drei Jahre in der Schulwerkstatt gearbeitet hatte.
Wsewolod war wißbegierig wie Lomonossow und kühn wie Kolumbus. Darum trat er vor seinen Stiefvater und erklärte:
„Teurer Stiefvater im Kommandeursrang, ich will das Polytechnikum für Verkehrswege in der Stadt Rostow am Don besuchen."
„Mach!" antwortete der Stiefvater.

2
Was geschah

Das Gewerkschaftskomitee schrieb an das Streckenkomitee über Wsewolod:
„Soundso. Wsewolod möchte studieren."

Das Streckenkomitee schrieb an die Eisenbahnergewerkschaft: „Wir möchten, daß Wsewolod studiert."
Die Eisenbahnergewerkschaft schrieb an das Polytechnikum:
„Seien Sie so liebenswürdig, Wsewolod aufzunehmen."
Das Polytechnikum nahm Wsewolods Dokumente entgegen und verbummelte sie.
Wsewolod gelangte nicht auf das Polytechnikum

3
Übers Jahr

Durch Erfahrung gewitzigt, schickte Wsewolod Kopien sämtlicher Dokumente an das Abschnittskomitee. Bei den Kopien war eine Empfehlung für Wsewolod.
„Wsewolod ist ein guter Junge, und sein Stiefvater leistet nützliche Arbeit."
All das wurde gegen Quittung einem verantwortlichen Mitarbeiter des Abschnittskomitees übergeben.
Dieser verbummelte Wsewolods Dokumente.

4
Wsewolod bleibt hartnäckig

Wsewolod ging fortan verantwortlichen Mitarbeitern von Abschnittskomitees aus dem Wege und versteckte sich in Haustüren, wenn er einen sah. Der verantwortliche Mitarbeiter fuhr in Urlaub, und Wsewolod schlüpfte zu seinem Stellvertreter, aber der war auch in Urlaub und hatte einen Gehilfen zurückgelassen, dem Wsewolod seine Dokumente aushändigte. Der Gehilfe sah die Dokumente durch und schickte sie aus unbekannten Gründen über das Abschnittskomitee an Wsewolod zurück.
Wsewolods Kandidatur scheiterte wieder.

5
Gar nichts

Wsewolod bekam die Papiere vom Abschnittskomitee zurück und dazu einen Dreck.

6
Das Abschnittskomitee hat Mitgefühl

Wsewolod stürzte heulend zum Abschnittskomitee.
„Armer Wsewolod“, sagten die Komiteeler und schluchzten Wsewolod die Weste naß. „Wir verstehen dich und haben Mitgefühl mit dir, du schöner junger Mann.“
Zum Zeichen ihres Mitgefühls schrieben sie Wsewolod ein Papier für das Polytechnikum.
„Soundso, nehmt Wsewolod auf.“

7
Eine arithmetische Aufgabe

Wsewolod stürzte mit dem Papier zum Polytechnikum.
„Haben Sie Arithmetik durchgenommen, junger Mann?“ fragten sie ihn dort.
„Hab ich“, antwortete Wsewolod ehrerbietig.
„So, dann lösen Sie mal eine Aufgabe: Das Polytechnikum hat x freie Plätze. Bewerbungen um diese freien Plätze haben wir x mal 3 plus noch eine, nämlich Ihre. Frage: Können Sie das Polytechnikum besuchen?“
„Nein, ich kann nicht“, sagte Wsewolod, der für die Mathematik sehr begabt war.
„Entfernen Sie sich, junger Mann“, sagten sie ihm im Polytechnikum.
Wsewolod entfernte sich.

8
Schlußfolgerungen

Schweinereien passieren auf dieser Welt.

1925

Der sentimentale Tränenvergießer

Diesem Feuilleton liegt ein tatsächliches Papier zugrunde, geschrieben auf dem Güterbahnhof Woronesh Südost vom Arbeiterkorrespondenten Nr. 1011.

Iwan Iwanowitsch, Stationsleiter des Güterbahnhofs, betrat sein Arbeitszimmer, zog sorgfältig die Galoschen aus, stellte sie in eine Ecke und setzte sich an den Schreibtisch.
Sein Blick fiel auf ein dienstliches Papier. Er entfaltete es, las es und begann alsbald vor Freude zu schluchzen.
„Der Leiter wird geschätzt, man denkt an ihn", murmelte er.
Und läutete.
„Hole meinen Stellvertreter Sidor Sidorowitsch", bedeutete er dem Boten.
„Sidor Sidorowitsch, Sie möchten zu Iwan Iwanowitsch kommen", sagte der Bote zum Stellvertreter.
„Was ist denn?" fragte der Stellvertreter.
„Der Herr schluchzen", erklärte der Bote.
„Warum zum Teufel schluchzt er?"
„Ich kann es nicht wissen."
„Der Teufel soll ihn holen", brummte der Stellvertreter im Korridor auf dem Weg zum Leiter. „Keine Minute Ruhe hat man mit ihm. Mal lacht er, mal schluchzt er, mal schreibt er Papiere. Damit quält er einen, der verdammte Kerl."
„Was befehlen Sie, Iwan Iwanowitsch?" fragte er süß, als er eintrat.
„Mein Bester", sagte der Leiter durch einen Tränenschleier,

„ich habe eine unerwartete, ungeahnte Freude." Dabei lief dem Leiter das Wasser in drei Bächen herunter. „Ich bekomme eine Ernennung. Also habe ich nicht umsonst dem sozialistischen Vaterland gedient. Der Kirche und dem Vaterland zum Nutz ... ach, was red ich! Kurz und gut, sie ernennen mich. Ich gehe weg von euch."
Gepriesen seid ihr, Herrgott, Himmelskönigin und alle Heiligen, ihr habt meine Gebete erhört, dachte der Stellvertreter, Gott hat meinen Langmut belohnt, und meine sibirische Katorga ist zu Ende. Laut bemerkte er:
„Was Sie nicht sagen. Ach, ist das ein Kummer! Was sollen wir denn machen ohne Sie? Ach, ach, ach!" Hol mich der Teufel, schluchzen kann ich nicht. Geweint hab ich das letzte Mal mit vierzehn. Ach, daß dich! Er holte sein Taschentuch hervor, hielt es vor die trockenen Augen, und endlich gelang es ihm, ein Schluchzen darzustellen mit einer unnatürlichen Stimme, die an Wolfsgeheul erinnerte.
„Holt die Boten zusammen, ich will Abschied nehmen", bemerkte der total aufgeweichte Glückspilz.
„Iwan Iwanowitsch will uns verlassen", erklärte der Stellvertreter mit künstlich zitternder Stimme, stieß einem Boten den Finger in die Seite und fügte leise hinzu: „Schluchze!"
Aus Höflichkeit schluchzte der Bote.
Aus der gleichen Höflichkeit schluchzte fünf Minuten später das ganze Büro des Stationsleiters.
Nachdem es gebührend lange geschluchzt hatte, beruhigte es sich und nahm seine Beschäftigung wieder auf. Aber damit war der Fall noch nicht ausgestanden.
„Wissen Sie was, Sidor Sidorowitsch", sagte der Leiter, nachdem er ein wenig trocken geworden war, „ich kann mich ja gar nicht von allen verabschieden, ich muß schon heute fahren. Wie soll ich mich bloß trennen von meinen lieben Mitarbeitern, den Kontoristen, Telegraphisten, Lokführern, Buchhaltern?"
Au, gleich heult er wieder, die reinste Strafe, dachte der Stellvertreter. Aber der Leiter heulte nicht, er hatte einen großartigen Plan.

„Ich verabschiede mich von ihnen in schriftlicher Form. Dann werden sie mich in Erinnerung behalten, meine lieben Genossen bei unserer Transportarbeit für den Aufbau unserer teuren Republik."
Er setzte sich an den Schreibtisch und verfaßte das nun folgende Kunstwerk:
„Genossen!
Nachdem ich meine Ernennung bekommen habe und es mir nicht möglich ist, mich von Euch allen zu verabschieden, hier nun mein schriftliches Abschiedswort.
Genossen Arbeiter und Angestellte, ich habe über ein Jahr lang unmittelbar in der einfachen, praktischen, sorgfältigen, kleinen, doch schweren Stationsarbeit mit Euch zusammengearbeitet, und ich muß anmerken, was vor mir auch unsere sowjetische Presse schon ein paarmal angemerkt hat, nämlich: Nur in gemeinsamer einträchtiger Arbeit mit den breiten Arbeitermassen kann jeder Leiter seine Wirtschaft verbessern, soviel im besonderen, und im allgemeinen ist die Arbeiterklasse verpflichtet, die ganze sowjetische Wirtschaft auf unseren neuen, proletarischen Grundlagen umzubauen, d. h., je schneller sie ihre Wirtschaft wieder aufbaut, desto schneller wird sie ihren persönlichen Wohlstand verbessern, und vermittels dieser heroischen unermüdlichen Arbeitsliebe der Werktätigen ..." usw. usw.
Eine Stunde verging, und der Stationsleiter schrieb noch immer:
„Da ich Euch nun verlasse" (an dieser Stelle war das Papier mit Tränen bekleckert), „erlaubt mir, Genossen, die Hoffnung, daß Ihr Arbeiter und Angestellte auch künftig wie ein Mann mit allen Mitteln Eure Autorität gegenüber der Administration der Verwaltung unterstützen werdet, und nicht nur Eure, sondern auch die der Administration der Station, und das vermittels einer ehrlichen Einstellung zu Euren dienstlichen Verpflichtungen, eingedenk dessen, daß auf der Suche nach dem einzig richtigen Weg bei der Arbeit der Station mit dem Ziel der Erreichung einer noch größeren Verbesserung im Arbeitsapparat und der Verbilligung der Selbstkosten unserer geleisteten Produktion, d. h. der Beför-

derung von Passagieren je Werst und von Frachtgut in Pud je Werst, wir alle zusammenstehen müssen wie ein Mann, um so eine Beseitigung von Hindernissen bei der richtigen Bedienung der breiten Werktätigenmassen zu erreichen, darunter folglich auch von uns selbst insbesondere, aber auch unsere unerschütterliche Ergebenheit für die Interessen der Arbeiterklasse der UdSSR zu beweisen ..."
Nachdem er ein Pud je Werst von diesem Unsinn zu Papier gebracht hatte, spürte der Stationsleiter, daß er selber Nebel im Kopf hatte, und fügte laut hinzu:
„Ich glaub, das hab ich sauber hingekriegt. Was soll ich noch dazu schreiben, damit sich die Kanaillen an mich erinnern? Aber vielleicht ist es auch so gut."
„Genossen, ich wünsche Euch alles Gute. Auf Wiedersehen. Mit kameradschaftlichem Gruß, Iwan Iwanowitsch", schrieb der Stationsleiter, tropfte statt Siegellack Tränen darauf und fügte ganz oben hinzu:
„Ich bitte jeden der Adressaten, dies in seinem Büro für die Mitarbeiter publik zu machen."
Er fuhr in die Galoschen, die Mütze und den Schal, nahm seinen Koffer und begab sich zu seinem neuen Dienstort.
Drei Tage später füllten sich sämtliche Büros mit Heulen und Zähneknirschen, das nicht gespielt, sondern echt war. Die Büroleiter trieben die Mitarbeiter zusammen und lasen ihnen laut das Werk des Stationsleiters vor.
„Zerreißen soll es ihn", sagten die Mitarbeiter flüsternd. „Man versteht kein Wort. Was der da zusammengeschmiert hat! Na, Gott sei Dank ist er weg, hoffentlich kommt er nicht wieder."

1925

Der Weltmeister
Phantasie in Prosa

Auf unserm Kongreß gab es hitzige Debatten. Der Abschnittsleiter bezeichnete seine Opponenten in seinem Schlußwort als Dummköpfe.
Aus einem Brief des Arbeiterkorrespondenten Nr. 2244

Der Saal atmete, jede einzelne Seele war gespannt wie eine Saite. Der Abschnittskongreß lief mit vollen Segeln. Auf der Bühne stand der Abschnittsdirektor und zwitscherte wie eine Nachtigall im Frühlingswald:
„Liebe Genossen! Wenn ich die Bilanz meines kurzen vierstündigen Referats ziehe, muß ich sagen, und ich lege dabei die Hand aufs Herz“ (er legte die Hand auf die Weste und ließ eine Roulade hören), „daß die Arbeit unseres Abschnitts mit 115 Prozent erfüllt wurde!“
„Oho!“ sagte ein Baß auf dem Rang.
„Ich glaube“ (seine Stimme vollführte einen Triller), „daß es zu meinem Referat keine Debatte zu geben braucht. Wozu sinnlos debattieren? Ich bin fertig!“
„Dakapo“, sagte der Baß auf dem Rang, und im Saal setzten Schneuzen und Husten ein.
„Möchte sich jemand zu dem Referat äußern?“ fragte der Vorsitzende mit höflicher Stimme.
„Ich! Ich! Ich! Ich! Ich! Ich!“
„Verzeihung, nicht alle auf einmal, Genossen. Saitschikow? So! Pelenkin? Gleich, Moment, ich schreib alle auf, gleich!“
„Ich! Ich! Ich! Ich! Ich! Ich!“
„He, he“, sagte der Vorsitzende und lächelte freundlich. „Die Arbeit brodelt, wie man so sagt. Ausgezeichnet. Wer möchte noch?“
„Schreib mich auf. Karnauchow!“
„Ich schreib alle auf!“
„Was denn, die wollen sich alle zu meinem Referat äußern?“ fragte der Abschnittsdirektor und verzog beleidigt den Mund.

„Anzunehmen“, antwortete der Vorsitzende.
„In-teressant. Sehr, sehr interessant, was die dazu äußern wollen“, sagte der Abschnittsdirektor puterrot, „sehr interessant!“
„Das Wort erhält der Genosse Saitschikow“, fuhr der Vorsitzende fort und lächelte engelsmild.
„Äußere dich, Saitschikow“, rief der Baß aufmunternd.
„Ich möchte folgendes sagen“, begann Saitschikow kühn. „Wie ist das mit dem festgefrorenen Schotter auf den Flachwagen? Wie ist das?“ (Der Stationsleiter verwandelte sich von Puterrot in Lila.) „Der Redner sagt, die Arbeit wäre 115 Prozent, aber den Schotter können wir nicht abladen!“
„Sind Sie fertig?“ fragte der Vorsitzende, zufrieden mit der lebhaften Arbeit.
„Wieso fertig? Sollen wir den Schotter mit den Zähnen runterschaben?“
„Dakapo, Saitschikow!“ sagte der Baß.
„Möchten Sie jedem Redner einzeln widersprechen oder allen zusammen?“ fragte der Vorsitzende.
„Einzeln“, sagte der Abschnittsdirektor und lächelte drohend, „ich sag jedem, hähä, einzeln Bescheid.“
Er räusperte sich, der Saal verstummte.
„Bevor ich die Frage beantworte, warum der Schotter angefroren ist, stelle ich mir die Frage: Was ist das, Saitschikow?“ sagte der Abschnittsdirektor nachdenklich.
„Interessant“, bekräftigte der Baß.
„Saitschikow ist ein auf dem ganzen Abschnitt bekannter Blödmann“, bemerkte der Direktor schallend. Der Saal ächzte auf.
„Schreib ne Quittung, Saitschikow, daß du's bekommen hast“, sagte der Baß.
„Was soll das heißen?“ fragte Saitschikow. Der Vorsitzende spielte mit dem Glöckchen eine Weise, die dem dritten Abfahrtssignal ähnelte, damit hob er den Vortrag des Direktors noch mehr hervor.
„Vielleicht erklären Sie Ihre Worte?“ erkundigte sich der Vorsitzende mit blaßblauer Stimme.

„Mit Vergnügen", antwortete der Direktor. „Hab ich vielleicht eine himmlische Kanzlei unter mir? Hab ich vielleicht den Frost auf den Abschnitt geschickt? Also, solche dummen Fragen braucht man nicht zu stellen!"
„Sauber widersprochen", bemerkte der Baß, „Saitschikow, lebst du noch?"
„Das Wort hat der nächste Redner, Pelenkin", rief der Vorsitzende und lächelte verwirrt.
„Weswegen wurden keine Handschuhe ausgegeben? Sollen wir vielleicht diesen Schotter mit bloßen Händen ausladen? Das wär's. Er soll mir antworten."
„Eine hinterhältige Frage", dröhnte der Baß.
„Sie haben das Wort zur Antwort", bemerkte der Vorsitzende.
„Ich habe in den vierzig Jahren meines Lebens schon viele Esel gesehen", begann der Direktor.
„Ein Abend der Erinnerungen", bemerkte der Baß.
„Aber solch einen wie meinen Vorredner noch nicht, soweit ich mich erinnere. Wirklich, hab ich vielleicht eine Handschuhfabrik? Oder ein Handschuhgeschäft in der Petrowka? Oder mach ich sie vielleicht selber nach Pelenkins Meinung? Oder kann ich Handschuhe gebären? Nein! Ich kann sie nicht gebären!"
„Ein kniffliges Ding", bemerkte der Baß.
„Also, wieso nörgelt er an mir herum? Meine Sache ist es, Bestellungen zu schreiben, und das hab ich getan. Weiter sage ich nichts."
„Auch Pelenkin ist durch Wegnahme seines Kopfes erledigt", bemerkte der Baß.
„Das Wort hat der nächste Redner."
„Ich versteh da was nicht", sagte der nächste Redner, „mit den 115 Prozent. Wie die Arithmetik uns lehrt, ebenso wie andere Wissenschaften, kann jeder Gegenstand nur hundert Prozent haben, und wieso wir 115 Prozent mehr gearbeitet haben, soll er mal erklären."
„Wahrhaftig, interessanter als ein Ringkampf im Zirkus", bemerkte eine Frauenstimme.
„In der ersten Reihe", fügte der Baß hinzu.

Alle Blicke richteten sich auf den Direktor.
„Ich würde es diesem dürstenden Redner gern erklären", sagte der Direktor eindringlich, „wenn er nicht den Eindruck eines deutlich debilen Menschen machte. Was soll ich einem Debilen erzählen? Wenn ich danach urteile, wie stumpf der mich ansieht, versteht er meine Erklärungen ja doch nicht!"
„In eine Kolonie für Debile mit ihm", antwortete der Baß, der gern einen Kämpfer auf den anderen hetzte.
„Sehr richtig, Genosse!" bestätigte der Direktor. „In der Tat, wenn man die Arbeit gänzlich erfüllt, kommen hundert Prozent heraus. Richtig? Aber wenn wir darüber hinaus noch mehr tun, kommen doch zusätzliche Prozente heraus, richtig?"
„Absolut!" bestätigte der Baß.
„Also, wir haben über die hundert Prozent, die unsere Pflicht waren, noch mehr gearbeitet! Stellt Sie das zufrieden, hochgeehrter Sir?" fragte der Direktor den debilen Redner.
„Weshalb fragen Sie einen debilen Menschen?" antwortete der Baß. „Reden Sie nicht mit ihm, fragen Sie lieber mich. Mich stellt es zufrieden!"
„Der nächste Redner ist Fiussow", sagte der Vorsitzende einladend.
„Nein, ich will nicht", erwiderte Fiussow.
„Warum nicht?" fragte der Vorsitzende.
„Nur so, ich mag einfach nicht", entgegnete Fiussow, „ich ziehe zurück."
„Hat der Junge die Hose voll?" fragte der allgegenwärtige Baß.
„Hat er!" bestätigte der Saal.
„Na, dann Kablukow!"
„Ich ziehe zurück!"
„Pelagejew!"
„Nein, ich will nicht."
„Ich auch nicht! Ich auch nicht! Ich auch nicht!"
„Die Rednerliste ist erschöpft", sagte der Vorsitzende verzagt und verwirrt, unzufrieden mit der abgeschwächten Lebhaf-

tigkeit der Arbeit. „Also, niemand möchte mehr widersprechen?"
„Niemand!" antwortete der Saal.
„Bravo, dakapo", dröhnte der Baß auf dem Rang. „Ich gratuliere dir, Direktor. Du hast sie auf beide Schulterblätter gelegt. Du bist Weltmeister!"
„Der französische Ringkampf ist beendet", bemerkte der Vorsitzende, „das heißt, die Sitzung ist geschlossen!"
Die Sitzung schloß mit großem Lärm.

1925

Eine musikalisch-vokale Katastrophe

An der schmutzig-braunen Wand des Lokomotivschuppens hing ein weißes Plakat, davor stand eine begeisterte Menschenmenge.
Kein Wunder, auf dem Plakat war zu lesen:
„Eisenbahner!
Achtung!
Am Montag, dem 26. April, um halb fünf findet im Lokomotivschuppen des Ausbesserungswerks namens Urizki eine Vollversammlung statt.
Tagesordnung:
1. Bericht des Geschwerkschaftskomitees.
2. Diskussion über den Wählerauftrag für das neue Gewerkschaftskomitee.
3. Neuwahlen für das Gewerkschaftskomitee.
Es spielt ein Blasorchester."

Zwei Tage nach dem Erscheinen dieses Plakats, am Mittwoch nämlich, hielt das Gewerkschaftskomitee in der Waggonwerkstatt eine Sitzung ab.
„Also, Petja, wie ist es gelaufen?" fragte der Vorsitzende finster den Sekretär.
„Gerammelt voll", antwortete Petja, „sie kamen zu hundert Prozent angesockt, und von unsern waren auch noch

fünfzig Mann mit Freikarten da, um das Orchester zu hören."

„Ach, diese Pfuscher, ach, diese Halunken", ärgerte sich der Vorsitzende, „diese verdammten Schlauberger!"

„Wieso denn", antwortete Genosse Praktitschny, Mitglied des Gewerkschaftskomitees, „denen ihr Vorsitzender Sedulajew ist ein kluger Kopf! Der weiß, wie man die Masse bei den Kiemen packt! Wir sitzen hier und faulen vor uns hin. Wieviel waren bei unserer letzten Versammlung da?"

„Siebzehn Mann", antwortete Petja.

„Na bitte, und dort waren zweitausend! Die siebzehn waren auch bloß da, weil ich die Tür zur Tischlerei vorher abgeschlossen hatte, da konnten sie nicht abhauen!"

„Also, was schlägst du vor?" fragte der Vorsitzende sorgenvoll.

„Der Vorschlag ist ganz einfach", ließ sich Praktitschny vernehmen, „totschlagen muß man die!"

„Das tu ich auch!" schrie der Vorsitzende, den Praktitschnys Vorschlag angeheizt hatte. „Ich zeig diesem Alleinunterhalter Sedulajew, wie der Heilige Geist mit Vornamen heißt! Der kann doch unserm Gewerkschaftskomitee nicht das Wasser reichen! Ich veranstalte denen eine Sache, die uns in der ganzen Union berühmt machen wird. Nehmt Papier, Leute, wir müssen schreiben."

Tags darauf, nämlich am Donnerstag, hing an der schmutzigen Wand des Waggonschuppens ein sechs Meter langes Plakat:

„An alle, an alle, an alle!

Morgen, am Freitag, um zwanzig Uhr, findet im Waggonschuppen eine grandiose musikalisch-vokale Vollversammlung unter Teilnahme der besten Künstler Europas und Asiens sowie des Gewerkschaftskomitees statt.

Programm:

1. Referat über die internationale Lage. Es spricht der Publikumsliebling Chiljakin, Bariton und Vorsitzender des Gewerkschaftskomitees.
2. Walzer aus ‚Margarethe' – Orchester des Stadttheaters.

3. ‚Kasse für gegenseitige Hilfe' – Vaudeville in Maske und Kostümen, gespielt von Schauspielern.
Personen:
Vorsitzender des Kassenbüros – Grekow, Künstler von der musikalischen Komödie.
Kunde – Schauspieler Jaron.
Pause mit Büfett und Getränken.
4. Zum erstenmal in der UdSSR!
Vortrag über die Mutterschaft. Es liest die Schwarze Maske.
Wer ist der Unbekannte?
Wer es errät, bekommt einen Preis in Gestalt einer nackten Frau aus Terrakotta und ein Aquarium mit Goldfischen.
5. Rechenschaftsbericht des bisherigen Gewerkschaftskomitees. Ein lebendes Bild in schwarzem Samt, begleitet von dem Trauermarsch des Gen. Chopin.
6. Neuwahl des Gewerkschaftskomitees. Allgemeines Vergnügen. Die Gewählten erhalten einen Schönheitspreis. Der ganze Saal nimmt teil. Ein Meer von Gelächter.
7. Laufende Angelegenheiten und Romanzen des Weltkünstlers Dmitri Smirnow!
8. Todesschleife – ausgeführt vom Vorsitzenden Chiljakin auf dem Fahrrad.
Büfett, Papierschlangen, Tanz bis 6 Uhr früh.
Am Klavier Maestro Okeantschik.
Eintritt 5 Kopeken.
Kinder und Rotarmisten zahlen die Hälfte.
Vorankündigung:
Auf der nächsten Vollversammlung Stierkampf."

Der menschliche Verstand begreift nicht, was sich am Freitag im Waggonschuppen abspielte. Der Schuppen faßt normalerweise 2000 Menschen. Doch diesmal kamen zweieinhalbtausend. Sie saßen in vierzig Reihen auf Hockern, sie saßen auf Fensterbrettern und auf dem Fußboden, sie saßen auf Werkbänken, und an den Haken hingen Trauben von Jungen. In der Luft schwebte Atemdampf.
Draußen ein Poltern. Die Nachbarn, die Lokomotivenbauer,

schlugen die Scheiben ein, um an der Vollversammlung teilzunehmen.
„Sind wir etwa schlechter als die Waggonbauer?“ schrien sie. „Schließlich möchte jeder für einen Fünfer an der Vollversammlung teilnehmen.“
Berittene Miliz pfiff und redete auf sie ein:
„Genossen, habt politisches Bewußtsein, dies ist nicht die letzte Versammlung, ihr könnt doch zum Stierkampf kommen.“
„Ihr habt euch von den Massen gelöst!“ heulten die Lokomotivenbauer. „Denen ihr Gewerkschaftskomitee macht sich einen Kopf, wie es den Arbeitern Vergnügen schafft: mal Wahlen, mal eine Versammlung, aber unseres schläft nur!“
„Genossen, was soll das?“
Im Schuppen, auf einer Bühne, vor dem Hochofen, stand ein Künstler im Frack und schmetterte wie eine Nachtigall:

„Oh, wie so trügerisch sind Weiberherzen!“

„Richtig, sehr richtig!“ schrien die Waggonbauer. „Dakapo!“
„Wenn bloß nicht die Decke einstürzt, ich hab Angst“, zischte Chiljakin, der ein Schleifchen im Knopfloch trug, „hol ein paar Arbeiter, damit sie den Draht für die Todesschleife spannen.“
„Smirnow!“ schrien die Lokführer.
„Smirnow!“ schrien die Arbeiter.
„Schlagt die Scheiben ein“, schrien die Lokomotivenbauer draußen. „Zündet ihnen das Theater an!“
„Genossen!“ schrie die Miliz.

Um zwei Uhr nachts herrschte im Waggonschuppen wohltuende Stille. Kein Mensch war zu sehen. Nur auf der ehemaligen Bühne lag jemand, mit einem Laken zugedeckt, umstanden von den betrübten Mitgliedern des Gewerkschaftskomitees, dem Sekretär Petja und der Miliz, jetzt zu Fuß.
Ein Protokoll wurde aufgesetzt.

„Der geehrte Vorsitzende des Gewerkschaftskomitees, der Waggonbauer Chiljakin, stürzte bei der Ausführung der Todesschleife aus der Höhe des Waggonschuppens ab, fiel mit dem Kopf ins Publikum und starb infolge Bruchs der Wirbelsäule. Friede deiner Asche, unermüdlicher Arbeiter und Organisator."
Im Schuppen wurde es hell.

1926

Radio-Petja

(Aufzeichnungen eines Geschädigten)

Am 1.
Habe Petja kennengelernt, der in unserm Haus wohnt. Er ist ein sehr befähigter Junge. Den ganzen Tag hat er auf dem Dach zu tun.
Am 2.
Petja war bei mir zu Besuch. Er brachte einen kleinen schwarzen Kasten mit, und zwischen uns entspann sich die folgende Unterhaltung:

PETJA *begeistert* Ach, Nikolai Iwanowitsch, die Menschheit hat tausend Jahre nach dem Zauberkristall gesucht, der in diesem Kasten steckt.

ICH Freut mich sehr, daß sie ihn endlich gefunden hat.

PETJA Ich wundere mich über Sie, Nikolai Iwanowitsch. Sie sind ein intelligenter Mensch und haben eine schöne Wohnfläche in Gestalt Ihres Zimmers, und Sie wollen ohne Radio leben. Verstehen Sie doch, Sie können um halb drei Uhr nachts im Bett liegen und die Glocken der Westminster-Abtei hören.

ICH Ich bin nicht sicher, Petja, daß ich mich um halb drei nachts über Glocken amüsieren könnte.

PETJA Na, wenn Sie keine Glocken mögen, überträgt man für Sie am Morgen Deviseninformationen aus der New-Yorker Börse. Und wenn Sie die auch nicht möchten, können Sie abends im Bademantel in Ihrem Zimmer sitzen und zuhören, wie im Bolschoi-Theater Carmen singt. Sie schließen die Augen und: „Um Mitternacht flog, flog am Himmel entlang ein Engel und leise er sang ..."

ICH *der Verlockung erlegen* Wieviel kommt denn solch ein Engel, lieber Petja?

PETJA *froh* Für elf Rubel stell ich Ihnen ein einfaches Radio hin und für dreizehn eines mit Lautsprecher für fünfundzwanzig Personen.

ICH Aber wozu denn eine solche Menge Menschen? Ich bin Junggeselle.

PETJA Weniger, das geht nicht.

ICH Gut, Petja. Hier sind drei ... noch drei ... sechs und noch sieben. Dreizehn. Ich kauf's.

PETJA *saust aus dem Zimmer* Sie werden staunen, Nikolai Iwanowitsch.

Am 3.

Ich staunte tatsächlich, denn Petja durchbrach in meinem Zimmer eine Wand, wodurch eine große Stuckplatte herunterfiel und mir das Geschirr auf dem Tisch zertrümmerte.

Am 4.

Petja erklärte, er werde alles auf wirtschaftliche Weise machen – die Erdung über die Wasserleitung und den Stecker in die Dose für die elektrische Beleuchtung. Er schloß mit den Worten:

„Ich begebe mich jetzt aufs Dach."

Am 5.

Petja fiel vom Dach und verrenkte sich den Fuß.

Am 10.

Petjas Fuß wurde instand gesetzt, und er begann mit den Arbeiten in meinem Zimmer. Einen Draht zog er zum Ausguß, den anderen zur Steckdose.

Am 11.

Um acht Uhr abends ging im ganzen Haus das Licht aus. Es war ein unglaublicher Skandal, der mit einer Sitzung der Wohngenossenschaft endete. Sie brachte unerwartet den Beschluß aus, ich sei ein Freiberufler und hätte 4 Rubel für den Quadratmeter zu zahlen. Elektriker beseitigten den Schaden.

Am 12.
Fertig. Im Zimmer hängt ein grauer Rachen, der aber einstweilen schweigt, denn es fehlt noch eine Schraube.
Am 13.
Es ist ungeheuerlich! Die alte Mutter des Vorsitzenden unserer Wohngenossenschaft wollte im Ausguß Wasser holen, da sagte der Ausguß im Baß zu ihr: „Kreuz und Mauser!" Wobei die alte dumme Gans noch zu hören wähnte, der Ausguß habe hinzugefügt: „Großmutter." Jetzt liegt sie mit Fieber im Bett. Ich beginne meinen Einfall zu bereuen.
Am Abend las ich in der Zeitung: „Heute wird die Oper ‚Margarethe' aus dem Bolschoi-Theater auf der Welle 1000 Meter übertragen." Mit stockendem Herzen verschob ich den kleinen Hebel, wie Petja es mir gezeigt hatte. Der mitternächtliche Engel sprach mit Wolfsstimme aus dem Rachen:
„Ich spreche aus dem Bolschoi-Theater. Hören Sie mich? Aus dem Bolschoi-Theater. Wenn Sie Schuhe kaufen möchten, können Sie das im GUM tun. Schreiben Sie sich ins Notizbuch: im GUM" (näselnd), „im GUM."
„Eine merkwürdige Oper", sagte ich zu dem Rachen. „Wer spricht denn da?"
„Dort können Sie auch einen Samowar und Wäsche kaufen. Prägen Sie sich ein: Wäsche. Ich spreche aus dem Bolschoi-Theater. Wäsche nur im GUM. Und jetzt verbinde ich mit dem Saal. Saal, bitte kommen. Da ist der Saal. Das Licht ist aus. Das Licht ist aus. Jetzt geht das Licht wieder an. Die Pause dauert etwa zehn Minuten, darum übertragen wir einstweilen eine Englischstunde. Auf Wiedersehen. Das heißt auf englisch: good bye. Merken Sie sich: good bye."
Ich schob den Hebel weiter, und aus dem Rachen kamen verschiedene Töne. Nach einer Viertelstunde stellte ich den Hebel wieder auf 1000 Meter, und sofort brutzelte es im Zimmer wie in einer Bratpfanne, und ein sonderbarer Baß sang:
„Erzählt ihr, meine Blumen ..."
Geheul und Geknatter begleiteten die Arie. Auf der Straße

vor meiner Wohnung blieben die Passanten stehen. Ich hörte, wie sich im Korridor meine Wohnungsnachbarn sammelten.
„Was geht bei Ihnen vor, Nikolai Iwanowitsch?“ fragte eine Stimme, und ich erkannte den Vorsitzenden der Wohngenossenschaft.
„Lassen Sie mich in Ruhe, das ist das Radio!“ sagte ich.
„Hören Sie bitte um elf damit auf“, sagte die Stimme aus dem Schlüsselloch.
Ich hörte noch früher auf, denn ich konnte das Geheul aus dem Rachen nicht mehr ertragen.
Am 14.
Heute nacht erwachte ich in kalten Schweiß gebadet.
Der Rachen sagte heiter: „Treten Sie zwei Schritte zurück.“
Ich sprang barfuß aus dem Bett und trat zurück.
„Na, wie ist es jetzt?“ fragte der Rachen.
„Sehr schlecht“, antwortete ich und fühlte, wie meine bloßen Füße auf dem kalten Fußboden froren.
„Komma, und Aserbaidshan“, sagte der Rachen.
„Was wollen Sie?“ fragte ich kläglich.
„Hier ist Kaluga“, antwortete der Rachen, „Komma, mit großem Buchstaben. Die Polizei hat in die Luft geschossen, Komma, und die Demonstranten, Komma ...“
Ich stieß mit der Faust gegen den Hebel, und der Rachen verstummte.
Am 15.
Am Tag erschien ein höflicher Mann und sagte:
„Ich bin Kontrolleur. Haben Sie das Ding schon lange?“
„Seit zwei Tagen“, antwortete ich, und mir schwante Böses.
„Also sind Sie ein Schwarzhörer, noch dazu mit Lautsprecher“, sagte der Kontrolleur. „Sie zahlen vierundzwanzig Rubel Strafe und holen sich die Genehmigung.“
„Nicht ich bin ein Schwarzhörer, sondern Petja ist ein Schwarzhalunke“, antwortete ich, „er hat mir nichts gesagt, sondern mir das Zimmer und meine Beziehungen zu den Mitmenschen verdorben. Hier sind vierundzwanzig Rubel,

und weitere sechs gebe ich demjenigen, der mir das Ding in Ordnung bringt."
„Wir schicken Ihnen einen Fachmann", antwortete der Kontrolleur und gab mir eine Quittung für die vierundzwanzig Rubel.
Am 16.
Petja ist verschwunden und läßt sich nicht mehr blicken.

1926

Die betrunkene Lokomotive

Die Station ... trinkt im Kollektiv, vom Weichensteller bis zum Direktor, mit wenigen Ausnahmen.

Aus der Zeitung „Gudok"

Der Schnellzug brauste mit drohendem Pfeifen heran. Bei der Einfahrtweiche erbebte plötzlich die mächtige Lokomotive, hüpfte dann hoch und begann zu schwanken, als überlegte sie, nach welcher Seite sie umfallen solle. Der Lokführer kreischte entsetzt auf und bremste so scharf, daß im vordersten Waggon das Toilettenfenster zersprang und im Speisewagen fünf Fahrgäste sich mit Tee verbrühten. Der Zug hielt. Der Lokführer äugte mit verzerrtem Gesicht aus seinem Fensterchen.
Auf dem kleinen Balkon des Weichengebäudes stand ein zerraufter Mensch in Unterwäsche mit puterrotem Gesicht. In der linken Hand hielt er ein schmutziges grünes Fähnchen, in der rechten eine Stulle mit Räucherwurst.
„Was ist, bist du bescheuert?" heulte der Lokführer und fuchtelte mit den Armen.
Aus allen Fenstern blickten bleiche Fahrgäste.
Der Mann auf dem Balkon hickte und lächelte gutmütig.
„Ich hab mich bißchen vertan", antwortete er und fuhr fort: „Ich hab die Weiche gestellt, aber dann sah ich, daß dich der Böse auf ein Kopfgleis fährt! Da hab ich sie wieder umge-

legt. Bei diesen Weichen soll sich der Teufel auskennen. Man kommt ganz durcheinander. Vor allem, ich versteh ja nichts davon."
„Besoffen bist du, Kanaille", sagte der Lokführer und zitterte von dem Schreck. „Besoffen auf Posten? Das hätte Menschen das Leben kosten können."
„Das hätte passieren können", stimmte der Mann mit der Räucherwurst zu. „Wenn ich wenigstens ausgebildeter Weichensteller wäre ... Aber ich bin ja Schneider!"
„Was quatschst du da?" fragte der Lokführer.
„Gar nichts", sagte der Mann, „der Weichensteller ist mein Schwager. Ich war auf der Hochzeit. Der Weichensteller ist nicht mehr zu gebrauchen, er liegt flach. Da hat mir seine Gattin gesagt: Geh hin, Pafnutjewitsch, stell die Weiche für den Schnellzug."
„Entsetzlich! Ein Alptraum! Vor Gericht mit ihm!" schrien die Fahrgäste.
„Nicht doch gleich vor Gericht", sagte der Mann mit der Räucherwurst lasch, „wenn ihr umgekippt wärt, dann ja. Aber es ist ja gut gegangen. Gott sei Dank!"
„Na, laß mich bloß bis zum Bahnsteig fahren", sagte der Lokführer durch die Zähne. „Da setzen wir dir ein Protokoll auf."
„Fahr nur, fahr", kicherte der Mann mit der Räucherwurst. „Was meinst du, was da los ist. Mit dem Protokoll wird das nichts. Unser stellvertretender Stationsleiter feiert ja seine Silberhochzeit!"
Der Lokführer ließ einen Pfiff hören, zog den Hebel und kroch, vorsichtig hinausäugend, zum Bahnsteig. Die Waggons ruckten und hielten. Aus sämtlichen Fenstern guckten verblüffte Fahrgäste. Der Hauptschaffner pfiff und stieg aus.
Eine Gestalt mit roter Mütze und offenem Uniformrock, puterrot und freudig erregt, breitete die Arme aus und schrie:
„Ha! Was für eine Begegnung! Wen seh ich da! Wenn mich meine Augen nicht täuschen, hick, dann ist das Suskow, der Hauptschaffner, mit dem ich auf dem Personenbahnhof

Rshew befreundet war. Leute, diese Freude, Suskow ist mit dem Schnellzug angekommen!"
Als Antwort auf diesen Ruf schoben sich puterrote Gesichter aus den Stationsfenstern und schrien:
„Hurra! Herein mit ihm!"
Eine Harmonika spielte.
„Ja, Suskow", antwortete der Hauptschaffner verblüfft und keuchte in dem Schnapsgeruch, „seien Sie so freundlich, wir müssen ein Protokoll aufsetzen, dann geben Sie das Abfahrtssignal. Wir sind in Eile."
„Na sowas! Fünf Jahre haben wir uns nicht gesehen, und dann so was! In Eile ist er! Ein Halunke bist du, Suskow. Versteh doch, ich hab einen Freudentag. Ich laß dich nicht weg. Versuch's gar nicht erst! Das Abfahrtssignal ist abgeschlossen, nichts ist! Wir gießen uns einen hinter die Binde, erinnern uns an alte Zeiten ... Laßt uns diese Nacht fröhlich verbringen, Freunde!"
„Genosse Direktor, was sagen Sie da? Entschuldigung, aber Sie sind besoffen. Wir müssen doch nach Moskau!"
„Du Komiker, was willst du in Moskau? Spuck drauf! Die Hitze, der Staub ... Fahr morgen. Wir freuen uns über jeden lebendigen Menschen. Wir leben hier in der Einöde, da sind wir froh über ein neues Gesicht."
„Aber ich bitte Sie, ich hab doch Fahrgäste, was reden Sie da?"
„Spuck drauf, die haben nichts zu tun, sonst würden sie ja nicht mit der Eisenbahn rumfahren. Neulich kam ein Schnellzug durch. Ich frag: Wo wollt ihr hin? Auf die Krim, war die Antwort. Da hast du's! Ganz gewöhnliche Menschen, aber auf die Krim! Wahrscheinlich um zu saufen!"
„Das ist ja entsetzlich", schrie es aus den Waggonfenstern. „Wir beschweren uns beim Rat der Volkskommissare."
„Ach so?" sagte die Gestalt und wurde wütend. „Verleumden wollt ihr mich? Wer hat hier gesagt, er will sich beschweren? Sie?"
„Ich war's", kreischte jemand im Fenster des Internationalen Waggons. „Ich sorg dafür, daß Sie von Ihrem Posten fliegen!"

„Sie sind ein Dummkopf im internationalen Waggon", fauchte die Gestalt.
„Ein Protokoll!" schrie es in der dritten Klasse.
„Ach, ein Protokoll? Na schön. Also, ihr kriegt einen Dreck statt des Abfahrtssignals, ich will doch mal sehen, wie ihr hier wegkommt, um euch zu beschweren. Gehen wir, Wassja!" Dies sagte er zu dem herzugetretenen völlig besoffenen Wiegemeister in schwarzer Bluse. „Gehen wir, Wassja! Spuck doch auf die! Die hauptstädtischen Gäste aus Moskau beleidigen uns! Na, die können hier sitzenbleiben, bis sie kalte Füße kriegen."
Die Gestalt spuckte auf den Bahnsteig und verrieb die Spucke mit dem Fuß, worauf sich der Bahnsteig leerte.
In den Waggons erhob sich Geheul.
„He, he!" schrie der Hauptschaffner und pfiff. „Wenn hier einer auf der Station nüchtern ist, soll er sich zeigen!"
Eine barfüßige kleine Gestalt kam zwischen den Rädern hervorgekrochen und sagte:
„Ich bin nüchtern, Onkel."
„Und wer bist du?"
„Ich verkauf hier Kirschen auf der Station."
„Also, Kleiner, du scheinst ein aufgeweckter Junge zu sein, wir geben dir auch zwanzig Kopeken. Lauf doch mal nach vorn und sieh nach, ob die Strecke frei ist. Wir müssen hier weg."
„Aber Onkel, auf euerm Gleis steht ja eine Lokomotive, die ist völlig besoffen."
„Was soll das heißen?"
Der Kleine kicherte und sagte:
„Als die besoffen waren, haben sie spaßeshalber statt Wasser Wodka nachgefüllt. Sie steht da und pfeift."
Der Hauptschaffner und die Fahrgäste standen versteinert auf dem Bahnsteig. Wir wissen nicht, ob es ihnen gelungen ist, die Station zu verlassen.

1926

Der Wüstling
(Eine Unterhaltung)

Der Weichensteller räusperte sich und trat bei seinem Chef ein. Der Chef saß am Schreibtisch.

„Guten Tag, Adolf Ferapontowitsch", sagte der Weichensteller höflich.

„Was willst du?" fragte der Chef nicht minder höflich.

„Ich ... schauen Sie, ich lebe in einer faktischen Ehe", sagte der Weichensteller und lächelte verschämt.

Der Chef sah ihn voller Abscheu an.

„Du hast mir schon immer den Eindruck eines Wüstlings gemacht", sagte er. „Du hast so einen sinnlichen Mund."

Der Weichensteller versteinerte. Schweigen.

„Ich halte dich nicht", fuhr der Chef fort. „Was stehtst du noch vor dem Schreibtisch? Wenn du gekommen bist, um mir die schmutzigen Geheimnisse deines Lebens mitzuteilen, sie interessieren mich nicht!"

„Ich? Schauen Sie, ich wollte die Fahrkarte abholen."

„Was für eine Fahrkarte?"

„Die Freifahrkarte für meine Frau."

„Für deine Frau? Bist du denn verheiratet?"

„Ich sag doch, ich lebe in einer faktischen Ehe."

„Hihi. Du bist ja ein lustiger Vogel, wenn ich dich so anschau. In welcher Kirche bist du getraut worden?"

„Ich bin nicht in der Kirche getraut."

„Und wo hast du dich registrieren lassen, geehrter Eisenbahner?" erkundigte sich der Chef betont ernst.

„Aber ich ... Ich bin nicht regis ... Ich sag ja: in einer fakti ..."

„Na, mein Freund, dann hast du keine Frau, sondern eine Geliebte."

„Was soll das hei ..."

„Ganz einfach. Du bist ein geriebener Bursche und hast dir eine Ballettratte an Land gezogen, und die will jetzt überallhin reisen. Und ich soll ihr die Freifahrkarte geben! Schlauer Hund! Heute will sie eine Freifahrkarte und morgen vielleicht ein Automobil oder ein Motorboot! Oder sie will im

internationalen Waggon fahren. Sie wird nicht mal im Viehwaggon fahren. Dann wird sie einen Hut verlangen! Und nach dem Hut Seidenstrümpfe. Mein lieber Weichensteller, du wirst krepieren wie ein Hund in der Gosse. Dreihundert Rubel wird sie dich im Monat kosten. Und du kannst noch von Glück sagen, wenn sie sich an das Sparsamkeitsregime hält, sonst kommen auch vierhundert zusammen!"
„Ich bitte Sie!" rief der Weichensteller mit einem heulenden Unterton. „Ich krieg doch bloß vierzig!"
„Um so schlimmer. Du wirst Schulden machen, Wechsel ausschreiben. Sie wird dir eine Schneiderrechnung über hundertachtzig für ein Kleid hinknallen. Da wirst du große Augen machen. Du wirst dich drehen und wenden und dann ein Wechselchen rausrücken. Dann ist der Termin heran, du hast kein Geld und gehst natürlich ins Spielkasino. Zuerst verspielst du dein Geld, dann fünftausend Rubel volkseigenes Geld, dann deinen Franzosen, dann dein Signalhorn, dann das grüne und das rote Fähnchen, dann die Laterne und schließlich deine Hose. Dann setzt du dich mitsamt deiner Hupfdohle splitternackt auf die Schienen. Natürlich kommst du vor Gericht und wirst achtkantig verdonnert. Sie werden dich unter Berücksichtigung deiner Herkunft in strenge Isolation setzen. Unter fünf Jährchen kommst du nicht davon. Nein, Weichensteller, laß das sein. Ist sie vielleicht Französin, deine Kokotte?"
„Wieso denn Französin", schrie der Weichensteller, in dessen Kopf sich das Unterste zuoberst kehrte. „Wollen Sie mich veräppeln? Marja heißt sie. Hut? Was reden Sie denn von Hut? Sie wüßte gar nicht, auf welche Stelle sie den Hut stülpen sollte. Kohlsuppe kocht sie mir!"
„Kohlsuppe kann ich dir auch kochen, aber das heißt doch nicht, daß ich deine Frau bin."
„Ich bitte Sie, sie lebt doch mit mir in einem Zimmer."
„Ich kann auch mit dir in einem Zimmer leben, das ist doch kein Beweis."
„Ich bitte Sie, Sie sind ein Mann."
„Weiß ich", sagte der Chef.
Dem Weichensteller wurde grün vor Augen.

Er griff in die Tasche und holte eine Zeitung hervor.
„Hier, schauen Sie, die ‚Gudok'", sagte er.
„Mein Lieber, ich habe jetzt keine Zeit, Zeitung zu lesen. Das mach ich am Abend", meinte der Chef. „Sag mir kurz und bündig, was willst du, schöner junger Mann?"
„Hier in der ‚Gudok' steht, daß faktische Ehefrauen, die mit ihrem Mann zusammenleben und von ihm ernährt werden, ebenso Freifahrkarten kriegen wie ..."
„Mein Freund", unterbrach ihn der Chef sanft, „du befindest dich im Irrtum. Du meinst vielleicht, die ‚Gudok' wär für mich das Gesetz. Mein Bester, die ‚Gudok' ist kein Gesetz, sie ist eine Zeitung zum Lesen, sonst gar nichts. Im Gesetz aber steht nichts über Ballettratten."
„Ich krieg also keine Fahrkarte?" fragte der Weichensteller.
„Nein, mein Bester", antwortete der Chef.
Schweigen.
„Auf Wiedersehen", sagte der Weichensteller.
„Leb wohl und bereu dein Benehmen!" rief ihm der Chef hinterher.

Die „Gudok" ist aber doch Gesetz, und der Weichensteller muß seine Freifahrkarte bekommen.

1926

Das Rad des Schicksals

Auf einer Station lebten zwei Freunde. Sie waren so eng befreundet, daß es schon sprichwörtlich war. Über sie hieß es: „Seht doch nur, wie Merwuchin und Ptolomejew miteinander leben! Es kommen einem die Tränen, wenn man in ihre schwieligen Gesichter blickt."
Die beiden waren Stellvertreter des Stationsleiters. Eines schönen Tages erschien Merwuchin bei Ptolomejew und verkündete:
„Lieber Freund, du kannst mir gratulieren! Ich bin befördert worden!"

Nachdem die beiden Freunde eine Weile geschluchzt hatten, wurden Einzelheiten bekannt. Merwuchin war zum Gewerkschaftsvorsitzenden gewählt worden und Ptolomejew zum Sekretär.
„Man weiß Merwuchin zu schätzen!" Er weinte Glückstränen. „Und zwölf Rubel mehr krieg ich obendrein."
„Und ich?" fragte der frischgebackene Sekretär Ptolomejew und hörte auf zu schluchzen.
„Du kriegst gar nichts, Jean", erklärte der Gewerkschaftsvorsitzende. „Keine Kopeke, nur die Ehre."
„Ziemlich merkwürdig", entgegnete der frischgebackene Sekretär, und ein Schatten legte sich auf sein Gewerkschaftergesicht.
Die Freunde kurbelten die Gewerkschaftsmaschine an.
Eines Tages erklärte der Sekretär seinem Vorsitzenden:
„Hör zu, Jerofej. Erlaube mir, dir in aller Freundschaft zu sagen, daß du zwar Gewerkschaftsvorsitzender bist, aber ein Halunke."
„Was heißt das?"
„Ganz einfach. Ich arbeite ja auch."
„Na und?"
„Du mußt mir einen Teil von deinen zwölf Rubeln abgeben."
„Findest du?" fragte Merwuchin gleichgültig. „Na schön, ich geb dir vier Rubel oder besser drei."
„Warum nicht fünf?"
„Du kannst auch fragen, warum nicht zehn?"
„Na, hol dich der Teufel, du Gierschlund. Einverstanden."
Der Zahltag kam. Merwuchin schob seine zwölf Rubel in die Brieftasche und fragte Ptolomejew:
„Was stehst du hier bei mir herum?"
„Ich möchte drei Rubel in Empfang nehmen, Jerofej."
„Drei Rubel? Ach ja, ja ... Weißt du, mein Freund, ich geb sie dir später, am 15. oder am Freitag. Ich brauch sie jetzt selber."
„Ach so?" sagte Ptolomejew und lächelte verblüfft. „So halten Sie also Wort, Sir?"
„Ich bitte, mich nicht zu belehren."
„Fürchtest du Gott?"

„Nein, es gibt ihn nicht", antwortete Merwuchin.
„Na, das ist eine Gemeinheit von dir!"
„Ich bitte, mich nicht zu beleidigen."
„Ich beleidige dich nicht, ich sag nur, daß Lumpen so handeln."
„Ich schwöre dir", sagte Merwuchin, „bei der nächsten Versammlung beschwer ich mich, daß du mich bei der Ausübung meiner dienstlichen Pflichten ..."
„Das sollen dienstliche Pflichten sein, wenn du deinem Kumpel drei Rubel ..."
„Bitte lassen Sie mich in Ruhe, Herr Ptolomejew."
„Die Herren sind alle in Paris, Herr Merwuchin."
„Na, dann fahr doch auch hin!"
„Und weißt du, wo du hinfährst?"
„Brauchst es nur zu sagen. Dann setz ich ein Protokoll auf, was für gemeine Ausdrücke du in einem amtlichen Raum gebrauchst."
„Na schön!" sagte Ptolomejew und lief rot an. „Das werde ich mir merken!"
„Tu das."

Es wurde ein sonniger Tag, als das Rad des Schicksals eine Umdrehung vollzog. Ptolomejew kam herein, und seine Mütze war feuerrot.
„Guten Tag, lieber Genosse Merwuchin", sagte Ptolomejew drohend.
„Guten Tag", sagte Merwuchin ironisch.
„Man steht auf, Bürger Merwuchin, wenn der Vorgesetzte hereinkommt", sagte Ptolomejew.
„Hihi. Du bist ja übergeschnappt! Seit wann bist du mein Vorgesetzter?"
„Das will ich dir sagen: Mit heutiger Anordnung bin ich zum zeitweilig die Pflichten des Stationsleiters Ausübenden ernannt worden."
„Gratuliere", sagte Merwuchin verwirrt und fügte hinzu: „Übrigens, lieber Jean, ich wollte dir die drei Rubel geben, aber ich vergesse es immer wieder."
„Nein, merci, wozu denn", entgegnete Ptolomejew. „Apropos

drei Rubel. Übergeben Sie bitte Ihren Dienst und befreien Sie die Station von Ihrer Anwesenheit: Ich enthebe Sie Ihres Postens."
„Soll das ein Witz sein?"
„Laut Instruktion ist es nicht erlaubt, bei der Ausübung dienstlicher Pflichten Witze zu machen. Sie kennen Ihre Pflichten schlecht, Genosse Merwuchin. Stehen Sie bitte auf!"
„Trägst du ein Kreuz am Hals?"
„Nein, ich bin im Gottlosenbund", antwortete Ptolomejew.
„Na weißt du, ich hab ja schon Halunken gesehen, aber solche ..."
„Gilt das mir?"
„Ja."
„Mir, dem Stationsleiter? Oho! Siehst du, daß ich die rote Mütze aufhabe?"
„Dann bist du eben ein Lauseei mit roter Mütze."
„Und wenn ich Ihnen dafür eine runterhaue?"
„Kriegen Sie alles wieder!" sagte Merwuchin heiser.
„Alles?"
„Klar!"
Merwuchin, der Ptolomejews frechen Blick nicht länger ertrug, hieb ihm die Stationslaterne über den Kopf.
Zwei Minuten später genossen die Stationsbewohner ein sonderbares Schauspiel. Der Gewerkschaftsvorsitzende saß rittlings auf dem ausübenden Stationsleiter, riß die rote Mütze in Fetzen, stopfte sie ihm in den Mund und sagte dazu:
„Erstick an deinen drei Rubeln, du Strolch!"

„Wir wollen uns versöhnen, lieber Jean", sagte Merwuchin tags darauf mit zugeschwollenem Auge. „Sie haben mich aus dem Gewerkschaftskomitee gefeuert."
„Einverstanden, Jerofej", entgegnete Ptolomejew, „auch mich haben sie als Stationsleiter rausgeworfen."
Die Freunde umarmten sich.
Seither hat die Station wieder helle Zeiten.

1926

Briefe

An den Sekretär des ZEK der UdSSR 3. 9. 29
Awel Sofronowitsch Jenukidse Moskau

In Anbetracht dessen, daß meine Werke für die sowjetische Öffentlichkeit absolut unannehmbar sind,
in Anbetracht dessen, daß das totale Verbot meiner Werke in der UdSSR mein Todesurteil ist,
in Anbetracht dessen, daß meine Vernichtung als Schriftsteller bereits die materielle Katastrophe nach sich gezogen hat (ich habe keine Ersparnisse, ich kann keine Steuern bezahlen, und ich kann ab nächsten Monat nicht mehr leben, dies ist dokumentarisch nachweisbar),
in grenzenloser Müdigkeit,
angesichts der Fruchtlosigkeit aller meiner Bemühungen
wende ich mich an das oberste Organ der Union, das Zentralexekutivkomitee der UdSSR, mit der Bitte,
mir und meiner Frau Ljubow Jewgenjewna Bulgakowa eine Reise ins Ausland zu gestatten für einen Zeitraum, den die Regierung der Union festzusetzen für notwendig hält.

Michail Afanassjewitsch Bulgakow
(Autor der Stücke „Die Tage der Turbins“,
„Die Flucht“ und anderer)

An A. M. Gorki 3. 9. 29

Sehr geehrter Alexej Maximowitsch!
Ich habe an die Regierung der UdSSR ein Bittgesuch gerichtet, mir und meiner Frau zu erlauben, die UdSSR für einen Zeitraum zu verlassen, den sie festsetzen wird.
Ich bitte Sie, Alexej Maximowitsch, meinen Antrag zu unterstützen. Ich wollte Ihnen in einem ausführlichen Schreiben alles darlegen, was mit mir vorgeht, aber meine Ermüdung, meine Hoffnungslosigkeit sind grenzenlos. Ich kann nichts schreiben.
Alles ist verboten, ich bin ruiniert, ich werde gehetzt, ich bin völlig einsam.
Wozu einen Schriftsteller in einem Land festhalten, in dem seine Werke nicht existieren können? Ich bitte um die humane Entscheidung, mich reisen zu lassen.

Hochachtungsvoll M. Bulgakow

Ich bitte Sie dringend, mich wissen zu lassen, ob Sie diesen Brief erhalten haben.

28. 9. 29

Sehr geehrter Alexej Maximowitsch!
Jewgeni Iwanowitsch Samjatin hat mir mitgeteilt, daß Sie meinen Brief erhalten haben, aber von mir eine Kopie haben möchten.
Ich habe keine Kopie. Mein Brief hatte ungefähr folgenden Inhalt:
„Ich habe über A. J. Swiderski an die Regierung der UdSSR einen Antrag gerichtet mit der Bitte, mir angesichts meiner unerträglichen Lage zu erlauben, mit meiner Frau Ljubow Jewgenjewna Bulgakowa auf Urlaub ins Ausland zu fahren für einen Zeitraum, den die Regierung festsetzen möge.
Ich wollte Ihnen ausführlich schreiben, was mit mir vorgeht, aber meine grenzenlose Müdigkeit läßt mich nicht mehr arbeiten.
Eines kann ich sagen: Wozu einen Schriftsteller in der

UdSSR festhalten, dessen Werke in der UdSSR nicht existieren können? Um ihn zum Tode zu verurteilen?
Ich bitte um die humane Entscheidung – mich reisen zu lassen. Sie bitte ich dringend, sich für mich einzusetzen.
Bitte seien Sie so liebenswürdig, mir mitzuteilen, ob Sie diesen Brief erhalten haben."
Diesem Brief möchte ich jetzt noch folgendes hinzufügen:
Alle meine Stücke sind verboten,
nirgends wird auch nur eine Zeile von mir gedruckt,
ich habe keine fertige Arbeit, keine Kopeke Autorenhonorar geht von irgendwo ein,
keine Behörde, keine Person beantwortet meine Anträge,
kurz und gut, alles, was ich in zehn Jahren Arbeit in der UdSSR geschrieben habe, ist vernichtet. Bleibt nur noch, das letzte zu vernichten, was geblieben ist – mich selbst. Ich bitte um eine humane Entscheidung – mich reisen zu lassen!

Hochachtungsvoll
M. Bulgakow

An die Regierung der UdSSR 28. März 1930
Moskau
von Michail Afanassjewitsch Bulgakow
(Moskau, B. Pirogowskaja 35a, W. 6)

Ich wende mich an die Regierung der UdSSR mit dem folgenden Brief:

1

Nachdem alle meine Werke verboten wurden, gaben mir viele Bürger, die mich als Schriftsteller kennen, den gleichen Rat:
Ein „kommunistisches Stück" zu schreiben (Zitate in Anführung) und mich überdies mit einem Reuebrief an die Regierung der UdSSR zu wenden mit einer Absage an meine früheren Ansichten, die ich in literarischen Werken geäußert

habe, sowie mit der Beteuerung, fortan als ein der kommunistischen Idee ergebener Schriftsteller und Weggefährte zu arbeiten.
Das Ziel: mich zu retten vor Verfolgungen, Armut und dem unausweichlichen Tod am Ende.
Diesen Rat habe ich nicht befolgt. Es würde mir kaum gelingen, vor der Regierung der UdSSR in vorteilhaftem Licht zu erscheinen, indem ich einen verlogenen Brief schreibe, der ein unsauberer und noch dazu naiver politischer Schachzug wäre. Versuche, ein kommunistisches Stück zu schreiben, habe ich ebenfalls nicht unternommen, weil ich zuverlässig weiß, daß mir ein solches Stück nicht gelingen würde.
Der in mir gereifte Wunsch, meine Qualen als Schriftsteller zu beenden, ist der Grund, warum ich mich mit einem aufrichtigen Brief an die Regierung der UdSSR wende.

2

Bei einer Analyse meiner Ausschnittalben fand ich in der Presse der UdSSR in den zehn Jahren meiner literarischen Arbeit 301 Reaktionen auf mich. Davon sind 3 lobend, 298 feindselig und beschimpfend.
Die letztgenannten 298 sind ein Spiegelbild meines Lebens als Schriftsteller.
Der Held meines Stücks „Die Tage der Turbins", Alexej Turbin, wurde in der Presse als „HUNDESOHN" bezeichnet und der Autor des Stücks als „vom HUNDEALTER besessen" empfohlen. Ich wurde „literarischer MÜLLMANN genannt, der die Speisereste aufliest, nachdem ein Dutzend Gäste sie AUSGEKOTZT hat".
Folgendes wurde geschrieben:
„MISCHKA Bulgakow, mein Kollege, ENTSCHULDIGEN SIE DEN AUSDRUCK, AUCH EIN SCHRIFTSTELLER, WÜHLT IN ABGELAGERTEM MÜLL ... Eine MIESE FRESSE hast du, Kumpel ... Ich bin ein taktvoller Mensch, ich möchte ihm EINE SCHÜSSEL ÜBER DEN SCHÄDEL KNALLEN ... Für den Spießer sind wir ohne die Turbins wie ein BÜSTENHALTER FÜR DEN HUND – überflüssig ...

Da ist auf einmal ein HUNDESOHN, EIN TURBIN, IN DIE HÖLLE MIT IHM." („Shisn ISKUSSTWA", Nr. 44, 1927)
Es wurde geschrieben „Über Bulgakow, der geblieben ist, was er war, eine NEOBOURGEOISE AUSGEBURT, die vergifteten, aber ohnmächtigen Speichel auf die Arbeiterklasse und ihre kommunistischen Ideale spuckt". („Komsomolskaja Prawda" vom 14. 10 1926)
Es wurde mitgeteilt, daß mir die „ATMOSPHÄRE EINER HUNDEHOCHZEIT um die rothaarige Ehefrau eines Freundes" gefällt (A. Lunatscharski, „Iswestija" vom 8. 10. 1926) und daß von meinem Stück „Die Tage der Turbins" GESTANK ausgehe (Stenogramm der Beratung bei der Agitprop im Mai 1927) und so weiter und so fort ...
Ich beeile mich, zu erklären, daß ich keineswegs zitiere, um mich über die Kritik zu beklagen oder dagegen zu polemisieren. Mein Ziel ist viel ernster.
Ich möchte mit Dokumenten in der Hand beweisen, daß die gesamte Presse der UdSSR und mit ihr sämtliche Behörden, die mit der Kontrolle des Repertoires beauftragt sind, in all den Jahren meiner literarischen Arbeit einmütig und mit UNGEWÖHNLICHER WUT zu beweisen versuchten, daß die Werke Michail Bulgakows in der UdSSR nicht existieren können.
Und ich erkläre, daß die Presse der UdSSR VÖLLIG RECHT hat.

3

Als Ausgangspunkt dieses Briefes dient mir mein Pamphlet „Die Purpurinsel".
Die gesamte Kritik der UdSSR hat dieses Stück ausnahmslos mit der Behauptung aufgenommen, es sei „unbegabt, zahnlos, ärmlich" und ein „Pasquill auf die Revolution".
Die Einmütigkeit war vollkommen, aber sie wurde plötzlich auf ganz erstaunliche Weise durchbrochen.
In Nr. 12 des „Repertoirebulletins" (1928) erschien eine Rezension von P. Nowizki, in der es hieß, die „Purpurinsel" sei eine „interessante und witzige Parodie", in der „der dro-

hende Schatten des Großinquisitors" aufstehe, der „das künstlerische Schaffen unterdrückt, sklavische speichelleckerische absurde dramaturgische Schablonen kultiviert, die Persönlichkeit des Schauspielers und des Schriftstellers verwischt", und in der „Purpurinsel" sei die Rede von einer „gefährlichen finsteren Kraft, die Heloten, Speichellecker und Lobhudler erzieht".

Es wurde gesagt: „Wenn eine solche finstere Kraft existiert, ist der Zorn und der böse Witz des von der Bourgeoisie gerühmten Dramatikers berechtigt."

Es wird erlaubt sein, zu fragen – wo ist die Wahrheit?

Was ist letzten Endes die „Purpurinsel"? Ein „ärmliches, unbegabtes Stück" oder ein „witziges Pamphlet"?

Die Wahrheit liegt in der Rezension von Nowizki. Ich will nicht beurteilen, ob mein Stück witzig ist, aber ich gestehe ein, daß in dem Stück tatsächlich ein drohender Schatten aufsteht, nämlich der Schatten des Hauptrepertoirekomitees. Dieses Komitee ist es, das Heloten, Lobhudler und verängstigte „Beflissene" erzieht. Es erschlägt das schöpferische Denken. Es will die sowjetische Dramatik kaputtmachen und wird es tun.

Diese Gedanken habe ich nicht in einem Winkel flüsternd geäußert. Ich habe sie in ein dramatisches Pamphlet eingebaut und dieses Pamphlet auf die Bühne gebracht. Die sowjetische Presse, die auf der Seite des Hauptrepertoirekomitees steht, nennt die „Purpurinsel" ein Pasquill auf die Revolution. Das ist unseriöses Gestammel. Das Stück ist kein Pasquill auf die Revolution, aus vielen Gründen, von denen ich aus Platzgründen nur einen nenne: Ein Pasquill auf die Revolution zu schreiben ist wegen ihrer Grandiosität unmöglich. Ein Pamphlet ist kein Pasquill, und das Hauptrepertoirekomitee ist nicht die Revolution.

Aber wenn die deutsche Presse schreibt, die „Purpurinsel" sei „in der UdSSR der erste Aufruf zur Pressefreiheit" („Molodaja Gwardija" Nr. 1, 1929), schreibt sie die Wahrheit. Ich bekenne mich dazu. Der Kampf gegen die Zensur, wie sie auch sei und unter welcher Macht sie auch existiert, ist meine Pflicht als Schriftsteller, ebenso wie Aufrufe zur Pressefreiheit. Ich bin ein glühender Anhänger dieser Freiheit, und ich meine, daß ein Schriftsteller, der auf die Idee käme, beweisen zu wollen, daß er sie nicht brauche, einem Fisch gliche, der öffentlich versichert, kein Wasser zu brauchen.

4

Dies ist einer der Züge meines Schaffens, und er allein reicht völlig aus, daß meine Werke in der UdSSR nicht existieren können. Aber mit diesem Zug stehen alle weiteren in Zusammenhang, die in meinen satirischen Erzählungen auftreten: schwarze und mystische Farben (ich bin ein MYSTISCHER SCHRIFTSTELLER), in denen die unzähligen Unsinnigkeiten unseres Alltags dargestellt sind, das Gift, mit dem meine Sprache durchtränkt ist, der tiefe Skeptizismus in bezug auf den revolutionären Prozeß, der sich in meinem rückständigen Land abspielt, und die ihm gegenübergestellte, von mir geliebte Große Evolution, vor allem aber die Darstellung der schrecklichen Züge meines Volkes, die lange vor der Revolution die tiefen Leiden meines Lehrers M. J. Saltykow-Stschedrin verursacht haben.
Ich brauche nicht zu erwähnen, daß die Presse der UdSSR nie daran gedacht hat, all das ernsthaft zu notieren, da sie mit der wenig überzeugenden Mitteilung beschäftigt war, die Satire M. Bulgakows sei „VERLEUMDUNG“.
Ein einzigesmal zu Beginn meiner Bekanntheit wurde mit einer Attitüde hochmütiger Verwunderung vermerkt:
„M. Bulgakow WILL der Satiriker unserer Epoche werden.“ („Knigonoscha“ Nr. 6, 1925)
O weh, das Wort „wollen“ ist gegenwärtig schlecht gewählt. Es muß übertragen werden ins Perfekt: M. Bulgakow IST SATIRIKER GEWORDEN, und das in einer Zeit, in der eine wirkliche (in verbotene Zonen vordringende) Satire in der UdSSR absolut undenkbar ist.
Nicht mir ist die Ehre zuteil geworden, diesen kriminellen Gedanken in der Presse zu äußern. Er wurde mit perfekter Deutlichkeit in dem Artikel von W. Bljum geäußert („Litera-

turnaja Gaseta", Nr. 6), und der Sinn dieses Artikels läßt sich glänzend und präzis in die Formel fassen:
Jeder Satiriker in der UdSSR verübt Anschläge auf die Sowjetmacht.
Bin ich in der UdSSR denkbar?

5

Und schließlich meine letzten Züge in den getöteten Stükken „Die Tage der Turbins" und „Die Flucht" und in dem Roman „Die weiße Garde": die intensive Darstellung der russischen Intelligenz als der besten Schicht unseres Landes, insbesondere die Darstellung einer Adelsfamilie der Intelligenz, die durch den Willen des unabänderlichen historischen Schicksals während des Bürgerkriegs ins Lager der weißen Garde geworfen wurde, in den Traditionen von „Krieg und Frieden". Eine solche Darstellung ist ganz natürlich für einen Schriftsteller, der aufs engste mit der Intelligenz verbunden ist.
Aber solche Darstellungen führen dazu, daß ihr Autor in der UdSSR ebenso wie seine Helden – ungeachtet seiner großen Bemühungen, leidenschaftslos über den Roten und den Weissen zu stehen – attestiert bekommt, ein Weißgardist und ein Feind zu sein, und danach kann er sich, wie jedermann begreift, in der UdSSR als erledigt betrachten.

6

Mein literarisches Porträt ist vollendet, und es ist zugleich ein politisches Porträt. Ich kann nicht sagen, welcher kriminelle Gehalt darin zu finden ist, aber ich bitte um eines: außerhalb dieses Porträts nichts zu suchen. Es ist äußerst gewissenhaft ausgeführt.

7

Ich bin vernichtet.
Meine Vernichtung wurde von der sowjetischen Öffentlichkeit mit großer Freude aufgenommen und als „ERRUNGENSCHAFT“ bezeichnet.
R. Pikel schreibt über meine Vernichtung („Iswestija“ vom 15. 9. 1929) und äußert den liberalen Gedanken:
„Damit wollen wir nicht sagen, daß der Name Bulgakow aus der Liste der sowjetischen Dramatiker gestrichen wäre.“
Und er macht dem vernichteten Schriftsteller Hoffnung mit den Worten, es sei „die Rede von seinen früheren dramatischen Werken“.
Aber das Leben in Gestalt des Hauptrepertoirekomitees hat bewiesen, daß R. Pikels Liberalismus auf nichts begründet ist.
Am 18. März 1930 bekam ich vom Hauptrepertoirekomitee ein Schreiben, in dem lakonisch mitgeteilt wird, daß nicht ein früheres, sondern mein neues Stück „Die Kabale der Scheinheiligen“ („Molière“) ZUR AUFFÜHRUNG NICHT ZUGELASSEN sei.
Ich sage bündig: Unter den zwei Zeilen des amtlichen Papiers sind begraben: die Arbeit in Büchereien, meine Phantasie, das Stück, das von qualifizierten Theaterfachleuten unzählige Beurteilungen erhielt – ein glänzendes Stück.
R. Pikel irrt. Gestorben sind nicht nur meine früheren, sondern auch die gegenwärtigen und alle zukünftigen Werke. Ich selbst habe mit meinen eigenen Händen den Entwurf eines Romans über den Teufel, den Entwurf einer Komödie und den Anfang des zweiten Romans „Theater“ in den Ofen geworfen.
Alle meine Werke sind hoffnungslos.

8

Ich bitte die Sowjetregierung, in Erwägung zu ziehen, daß ich kein politischer Funktionär bin, sondern ein Schriftsteller, und daß ich meine gesamte Produktion der sowjetischen Bühne gegeben habe.
Ich bitte um Aufmerksamkeit für die folgenden zwei Äußerungen über mich in der sowjetischen Presse.
Beide stammen von unversöhnlichen Feinden meiner Werke, darum sind sie sehr wertvoll.
1925 wurde geschrieben:
„Es erscheint ein Schriftsteller, DER SICH NICHT EINMAL MIT DER FARBE DES WEGGEFÄHRTEN TARNT." („L. Awerbach, „Iswestija" vom 20. 9 1925)
Und 1929:
„Sein Talent ist ebenso offenkundig wie das soziale Reaktionäre seines Schaffens." (R. Pikel, „Iswestija" vom 15. 9. 1929)
Ich bitte, in Erwägung zu ziehen, daß die Unmöglichkeit zu schreiben für mich gleichbedeutend damit ist, lebendig begraben zu sein.

9

ICH BITTE DIE REGIERUNG DER UdSSR, MIR ZU BEFEHLEN, UMGEHEND DIE GRENZEN DER UdSSR ZU VERLASSEN IN BEGLEITUNG MEINER EHEFRAU LJUBOW JEWGENJEWNA BULGAKOWA.

10

Ich wende mich an die Humanität der Sowjetmacht und bitte darum, mich, einen Schriftsteller, der in seinem Vaterland nicht nützlich sein kann, großmütig in die Freiheit zu entlassen.

11

Wenn jedoch das, was ich jetzt schreibe, nicht überzeugend ist und ich zu lebenslänglichem Schweigen in der UdSSR verurteilt werde, bitte ich die Sowjetregierung, mir eine Arbeit in meinem Beruf zu geben und mich zur Arbeit als angestellter Regisseur an ein Theater zu kommandieren.

Ich bitte ausdrücklich UM EINEN KATEGORISCHEN BEFEHL, UM EINE KOMMANDIERUNG, denn alle meine Versuche, Arbeit auf dem einzigen Gebiet zu finden, auf dem ich als wirklich qualifizierter Fachmann der UdSSR nützlich sein kann, haben ein völliges Fiasko erlitten. Mein Name ist dermaßen odios gemacht worden, daß Arbeitsangebote meinerseits ANGST auslösen, obwohl in Moskau einer gewaltigen Zahl von Schauspielern und Regisseuren, aber auch Theaterdirektoren meine virtuose Kenntnis der Bühne wohlbekannt ist.

Ich biete der UdSSR einen vollkommen ehrlichen Fachmann ohne jeden Schatten von Schädlingstätigkeit an, einen Regisseur und Schauspieler, der bereit ist, jedes beliebige Stück gewissenhaft zu inszenieren, angefangen bei den Stükken von Shakespeare bis hin zu den Stücken des heutigen Tages.

Ich bitte darum, mich zum Hilfsregisseur am Künstlertheater zu ernennen, an der besten Schule, die von den Meistern K. S. Stanislawski und W. I. Nemirowitsch-Dantschenko geleitet wird.

Wenn ich nicht zum Regisseur ernannt werde, bitte ich um eine Anstellung als Statist. Wenn auch das nicht möglich ist, bitte ich um den Posten eines Bühnenarbeiters.

Sollte auch dies unmöglich sein, so bitte ich die Sowjetregierung, mit mir zu verfahren, wie sie es für notwendig befindet, aber irgendwie mit mir zu verfahren, denn vor mir, einem Dramatiker, der 5 Stücke geschrieben hat und in der UdSSR und im Ausland bekannt ist, liegen IM GEGENWÄRTIGEN MOMENT Armut, die Straße und der Tod.

M. Bulgakow

An den Generalsekretär der KPdSU (B) 30. 5. 1931
J. W. Stalin Moskau

Einleitung

Sehr geehrter Jossif Wissarionowitsch!

Es sind etwa anderthalb Jahre vergangen, seit ich verstummte. Jetzt, da ich mich schwer krank fühle, möchte ich Sie bitten, mein erster Leser zu werden … (Anfang 1931.)

An den Generalsekretär des ZK der KPdSU (B)
Jossif Wissarionowitsch Stalin

Sehr geehrter Jossif Wissarionowitsch!

„Je länger, desto mehr verstärkt sich in mir der Wunsch, ein zeitgenössischer Schriftsteller zu sein. Aber ich sehe zugleich, daß ich, wenn ich die Gegenwart darstelle, mich nicht in jenem hochgestimmten und gelassenen Zustand befinden kann, der für die Durchführung einer großen und gelungenen Arbeit unumgänglich ist.

Die Gegenwart ist zu lebendig, zu beweglich, zu aufreizend; **die Feder des Schriftstellers geht unmerklich zur Satire über.***

Ich habe immer geglaubt, daß mir in meinem Leben ein großes Selbstopfer bevorsteht und daß ich gerade für den Dienst an meinem Vaterland **irgendwo fern von ihm erzogen werden muß.**

Ich habe nur gewußt, daß ich nicht reisen will, um mich an fremden Ländern zu erfreuen, sondern eher, um zu leiden, als hätte ich im voraus gefühlt, daß ich den Wert Rußlands nur außerhalb Rußlands kennenlernen und die Liebe zu ihm fern von ihm gewinnen werde."

N. Gogol

Ich bitte Sie inständig, bei der Regierung der UdSSR für mich ein Wort einzulegen, damit ich für die Zeit vom 1. Juli bis 1. Oktober 1931 zu einem Urlaub ins Ausland geschickt werde.

Ich teile mit, daß nach meinem anderthalbjährigen Schweigen mit unaufhaltsamer Kraft neue schöpferische Einfälle in

* Die von Bulgakow in seinen Briefen unterstrichenen Textstellen werden hier und weiterhin durch halbfette Schrift gekennzeichnet.

mir aufgeflammt sind, die groß und stark sind, und ich bitte die Regierung, mir die Möglichkeit zu geben, sie zu verwirklichen.
Seit Ende 1930 leide ich an einer schweren Form von Neurasthenie mit Angstzuständen und herzbedingter Schwermut, und ich bin gegenwärtig am Ende.
Ich habe Einfälle, nicht aber die physischen Kräfte noch die Bedingungen, die zum Arbeiten notwendig sind.
Den Grund meiner Krankheit kenne ich genau:
Auf dem weiten Feld der russischen Literatur in der UdSSR war ich ein einsamer literarischer Wolf. Man hat mir geraten, mein Fell zu färben. Ein dummer Rat. Ein Wolf, ob gefärbt oder geschoren, wird dennoch nicht wie ein Pudel aussehen.
Man ist mit mir umgegangen wie mit einem Wolf. Mehrere Jahre lang hat man mich gejagt nach den Regeln der literarischen Hatz im umzäunten Hof.
Ich hege keinen Groll, aber ich bin sehr müde und bin Ende 1929 zusammengebrochen. Auch ein Tier kann ja ermüden.
Das Tier hat erklärt, daß es kein Wolf mehr ist, kein Schriftsteller. Es verzichtet auf seinen Beruf. Es verstummt. Das ist, offen gesagt, Kleinmut.
Es gibt keinen Schriftsteller, der verstummt. Wenn er verstummt, war er kein wirklicher Schriftsteller.
Wenn ein wirklicher Schriftsteller verstummt ist, muß er sterben.
Der Grund für meine Krankheit – das langjährige Gehetztwerden und das darauffolgende Schweigen.

Im vergangenen Jahr habe ich folgendes getan:
trotz größter Schwierigkeiten N. Gogols Poem „Die toten Seelen" in ein Stück verwandelt,
als Regisseur am Künstlertheater bei den Proben dieses Stücks gearbeitet,
als Schauspieler gearbeitet, für erkrankte Schauspieler bei diesen Proben gespielt,
als Regisseur am Künstlertheater an allen Kampagnen und revolutionären Feiertagen dieses Jahres mitgewirkt,

im Moskauer Theater der Arbeiterjugend gearbeitet, tagsüber im Künstlertheater, abends im TdA,
am 15. 3. 1931 vom TdA weggegangen, als ich spürte, daß mein Gehirn sich verweigerte und ich dem TdA keinen Nutzen bringe,
mich mit einer Inszenierung im Theater der Sanitätsaufklärung beschäftigt (und sie im Juli vollendet).
Nachts habe ich geschrieben.
Aber ich habe mich übernommen.
Ich bin übermüdet.

Jetzt sind meine Eindrücke gleichförmig und meine Pläne schwarz verhangen, ich bin vergiftet von Schwermut und meiner gewohnten Ironie.
In den Jahren meiner Arbeit als Schriftsteller haben Parteilose wie Parteimitglieder mir eingeredet, daß ich von dem Moment an, als ich die erste Zeile schrieb und veröffentlichte, bis zum Ende meines Lebens niemals andere Länder sehen würde.
Wenn das stimmt, ist mir der Horizont versperrt, ist mir die höchste Schule des Schriftstellers genommen, und ich habe nicht die Möglichkeit, gewaltige Fragen für mich zu entscheiden. Mir ist die Psychologie des Häftlings aufgezwungen.
Wie soll ich mein Land besingen, die UdSSR?
Bevor ich an Sie schrieb, habe ich alles abgewogen. Ich muß die Welt sehen und, wenn ich sie gesehen habe, zurückkehren. Das ist der Schlüssel.
Ich teile Ihnen mit, Jossif Wissarionowitsch, daß mich große Künstler, die das Ausland bereist haben, ernsthaft warnten, man könne unmöglich dort bleiben.
Sie haben mich gewarnt, daß ich, falls die Regierung mir die Tür öffnet, äußerst vorsichtig sein müsse, um diese Tür nicht unversehens hinter mir zuzuschlagen und mir den Rückweg abzuschneiden, um nicht in ein Unglück zu geraten, das schlimmer wäre als das Verbot meiner Stücke.
Nach allgemeiner Ansicht aller, die sich ernsthaft für meine Arbeit interessiert haben, bin ich in keinem anderen Land

als in meinem, der UdSSR, vorstellbar, denn ich habe 11 Jahre lang aus ihm geschöpft.
Für solche Warnungen bin ich sehr hellhörig, und die gewichtigste davon kam von meiner Frau, die im Ausland gewesen ist. Als ich um die Austreibung nachsuchte, erklärte sie mir, daß sie nicht im Ausland bleiben wolle und daß ich dort in weniger als einem Jahr am Heimweh sterben würde.
(Ich selbst war niemals im Ausland. Die Auskunft in der Großen Sowjetenzyklopädie, ich wäre im Ausland gewesen, ist unzutreffend.)

„Solch einen Bulgakow braucht das sowjetische Theater nicht", schrieb sittlich belehrend ein Kritiker, als ich verboten wurde.
Ob das sowjetische Theater mich braucht, weiß ich nicht, aber ich brauche das sowjetische Theater wie die Luft zum Atmen.

Ich bitte die Regierung der UdSSR, mich bis zum Herbst reisen zu lassen und meiner Frau Ljubow Jewgenjewna Bulgakowa zu gestatten, mich zu begleiten. Darum bitte ich, weil ich ernstlich krank bin. Ein mir nahestehender Mensch muß mich begleiten. Wenn ich allein bin, leide ich an Angstzuständen.
Wenn zu diesem Brief zusätzliche Erläuterungen erforderlich sind, werde ich sie der Person geben, die mich zu sich bestellt.
Abschließend möchte ich Ihnen, Jossif Wissarionowitsch, noch sagen, daß mein Traum als Schriftsteller darin besteht, zu Ihnen persönlich bestellt zu werden.
Glauben Sie mir, nicht nur weil ich darin die günstigste Möglichkeit sehe, sondern weil Ihr Telefonat mit mir im April 1930 eine deutliche Spur in meinem Gedächtnis hinterlassen hat.
Sie sagten: „Vielleicht sollten Sie wirklich ins Ausland reisen ..."
Ich bin mit Telefonaten nicht verwöhnt. Von diesem Satz ge-

rührt, habe ich ein Jahr lang gewissenhaft als Regisseur in Theatern der UdSSR gearbeitet.

M. Bulgakow

An Genossen Stalin 10. Juni 1934

vom Dramatiker und Regisseur am Künstlertheater der UdSSR „Gorki", Michail Afanassjewitsch Bulgakow

Sehr geehrter Jossif Wissarionowitsch!

Gestatten Sie mir, Ihnen mitzuteilen, was mit mir geschehen ist:

1

Ende April dieses Jahres schickte ich dem Vorsitzenden der Regierungskommission, die das Künstlertheater leitet, einen Antrag, in dem ich um die Genehmigung einer zweimonatigen Auslandsreise in Begleitung meiner Frau Jelena Sergejewna Bulgakowa nachsuchte.

In dem Antrag war der Zweck meiner Reise angegeben – ich wollte ein Buch schreiben über eine Reise durch Westeuropa (um es nach meiner Rückkehr für die Veröffentlichung in der UdSSR anzubieten).

Da ich in der Tat an einer Zerrüttung meines Nervensystems leide, die mit der Furcht vor der Einsamkeit zusammenhängt, bat ich um die Genehmigung, daß meine Frau mich begleitet. Sie wollte für die zwei Monate meinen siebenjährigen Stiefsohn hier zurücklassen, der sich unter meiner Obhut und in meiner Erziehung befindet.

Als ich den Antrag abschickte, erwartete ich eine von zwei Antworten, das heißt, die Reiseerlaubnis oder die Versagung, weil ich glaubte, daß es eine dritte Antwort nicht geben kann.

Aber es geschah, was ich nicht vorausgesehen hatte, nämlich das dritte.

Am 17. Mai wurde ich angerufen, und es kam zu folgendem Gespräch:
„Sie haben eine Auslandsreise beantragt?"
„Ja."
„Gehen Sie zur Auslandsabteilung des Moskauer Gouvernementsexekutivkomitees und füllen Sie die Fragebögen für Sie und Ihre Frau aus."
„Wann soll ich das tun?"
„Sobald wie möglich, denn Ihre Angelegenheit wird am 21. oder 22. besprochen."
In meiner Freude fragte ich nicht einmal, wer mit mir sprach, sondern begab mich unverzüglich mit meiner Frau zur Auslandsabteilung und empfahl mich dort. Der Angestellte, als er hörte, daß ich telefonisch zur Auslandskommission bestellt sei, bat mich zu warten, ging ins Nebenzimmer, kehrte zurück und forderte mich auf, die Fragebögen auszufüllen.
Nachdem ich sie ausgefüllt hatte, nahm er sie entgegen, fügte die beiden Fotos dazu, lehnte aber Geld ab, indem er sagte:
„Die Pässe sind kostenlos."
Unsere sowjetischen Pässe nahm er nicht, er sagte:
„Das kommt später, beim Umtausch gegen die Auslandspässe."
Dann fügte er wörtlich folgendes hinzu:
„Sie werden die Pässe sehr bald bekommen, denn es gibt über Sie eine Anordnung. Sie könnten sie bereits heute erhalten, aber es ist schon spät. Rufen Sie mich am achtzehnten morgens an."
Ich sagte:
„Aber der achtzehnte ist ein Sonntag."
Da antwortete er:
„Nun, dann am neunzehnten."
Am 19. Mai morgens, als wir anriefen, wurde uns folgendes gesagt:
„Die Pässe sind noch nicht da. Rufen Sie gegen Abend an. Wenn die Pässe dann da sind, wird die Paßbefugte sie Ihnen aushändigen."

Als ich gegen Abend anrief, erfuhr ich, daß die Pässe nicht da seien, und bekam den Rat, am 23. anzurufen.
Am 23. Mai fand ich mich mit meiner Frau in der Auslandsabteilung ein und erfuhr, die Pässe seien nicht da. Der Angestellte holte telefonisch Erkundigungen ein und empfahl uns, am 25. oder 27. Mai anzurufen.
Daraufhin wurde ich ein wenig hellhörig und fragte den Angestellten, ob es stimme, daß es über mich eine Anordnung gebe, und ob ich mich am 17. Mai nicht verhört hätte.
Darauf bekam ich folgende Antwort:
„Sie werden verstehen, daß ich Ihnen nicht sagen kann, wessen Anordnung das ist, **aber die Anordnung über Sie und Ihre Frau gibt es**, ebenso für den Schriftsteller Pilnjak."
Nun schwanden bei mir sämtliche Zweifel, und meine Freude war grenzenlos.
Bald folgte eine weitere Bestätigung, daß meine Reise genehmigt sei. Im Theater wurde mir mitgeteilt, im Sekretariat des Zentralexekutivkomitees sei gesagt worden:
„Die Sache Bulgakow geht in Ordnung."
In dieser Zeit wurde mir oft dazu gratuliert, daß mein langjähriger Traum als Schriftsteller von einer Reise, wie sie jeder Schriftsteller braucht, in Erfüllung gegangen sei.
Inzwischen zogen sich die hinhaltenden Antworten über unsere Pässe in der Auslandskommission von Tag zu Tag hin, und ich hatte eine durchaus freundliche Haltung dazu, da ich glaubte, wie lange der Aufschub auch dauern mochte, die Pässe würden wir bekommen.
Am 7. Juni fuhr ein Bote des Künstlertheaters zur Auslandskommission mit einer Liste der Schauspieler, die Auslandspässe erhalten sollten. Das Theater war so liebenswürdig, auch meine Frau und mich in die Liste einzutragen, obwohl ich meinen Antrag nicht über das Theater gestellt hatte.
Als der Bote zurückkam, sah ich schon an seinem verlegenen und verwirrten Gesicht, daß etwas geschehen war.
Der Bote erzählte, er habe die Pässe für die Schauspieler bekommen und trage sie in der Tasche, doch was meine Frau und mich betreffe, seien uns die Pässe ABGELEHNT worden.

Am nächsten Tag erhielt ich ohne jeden Aufschub in der Auslandskommission eine Bescheinigung, wonach dem Bürger M. A. Bulgakow die Genehmigung der Auslandsreise verweigert worden sei.
Um mir nicht Bekundungen von Mitleid, Verwunderung und sonstigem anhören zu müssen, ging ich nach Hause und begriff nur das eine, daß ich in eine peinliche, lächerliche, meinem Alter nicht angemessene Situation geraten war.

2

Die Beleidigung, die mir von der Auslandskommission des Moskauer Gebietsexekutivkomitees zugefügt wurde, wiegt um so schwerer, als meine vierjährige Arbeit am Künstlertheater ihr keinen Grund dazu bietet, darum bitte ich Sie, sich für mich einzusetzen.

An Jossif Wissarionowitsch Stalin 4. Februar 1938
Moskau
Vom Dramatiker Michail Afanassjewitsch Bulgakow

Sehr geehrter Jossif Wissarionowitsch!
Gestatten Sie mir, mich mit einer Bitte an Sie zu wenden, die den Dramatiker Nikolai Robertowitsch Erdman betrifft. Er hat seine dreijährige Verbannung in den Städten Jenissejsk und Tomsk vollständig abgebüßt und lebt gegenwärtig in Kalinin.
Überzeugt davon, daß seine literarischen Fähigkeiten für unser Vaterland außerordentlich wertvoll sind, und in dem Wissen, daß der Schriftsteller N. Erdman jetzt nicht die Möglichkeit hat, seine Fähigkeiten anzuwenden, da sich eine negative Haltung zu ihm herausgebildet hat, die in der Presse heftigen Ausdruck fand, erlaube ich mir, Ihre Aufmerksamkeit auf sein Schicksal zu lenken.
In der Hoffnung, daß das Los des Schriftstellers N. Erdman gemildert wird, wenn Sie es für notwendig befinden, meiner

Bitte zu entsprechen, bitte ich sehr darum, N. Erdman die Rückkehr nach Moskau zu ermöglichen und ihn ungehindert seiner literarischen Arbeit nachgehen zu lassen, damit er aus der Einsamkeit und der seelischen Bedrückung herauskommt.

M. Bulgakow

Nachwort

Bulgakow – „Weiße Flecke" und Legenden

„Ich glaube, daß das Leben nicht erst in hundert Jahren, sondern bedeutend früher unvergleichlich tragischer wird als das, was uns jetzt peinigt ..., weil die Menschen – wie das stets nach sozialen Katastrophen zu sein pflegt –, der beleidigenden Stöße von außen müde, verpflichtet und genötigt sein werden, in ihre innere Welt zu blicken, um – wieder einmal – über Ziel und Sinn des Daseins nachzudenken ... Ich glaube, daß auch schon jetzt bei den Menschen ein neuer Instinkt entsteht, geboren wird – ein Instinkt des Erkennens. Beachten Sie, ich spreche nicht von der Unruhe des Verstandes ..., nicht von dem verlockenden Spiel der Logik, sondern von einem Instinkt ... Wir haben gelebt und leben bis heute vom Instinkt des Hungers, von dem alles stammt, was Zivilisation heißt, und vom Instinkt der Liebe, der alles schuf, was wir Kultur nennen. Und nun befinden wir uns am Vorabend der Herausbildung eines dritten Instinkts, der unausbleiblich auf dem Boden aller unserer tragischen Enttäuschungen entstehen muß ..."

Gorki am 15. März 1926 an S. T. Grigorjew

1

Das ganz unerwartete Auftauchen von Bulgakows Tagebüchern der Jahre 1922 bis 1925 offenbart wesentliche neue Seiten im Leben und Werk des Schriftstellers. Die Tagebücher zerstören zugleich verschiedenartige, mitunter direkt gegensätzliche Legenden, die auf den „weißen Flecken" in Bulgakows Biographie wucherten und wuchern.

Die Geschichte dieser Tagebücher selbst ist eine echte Bulgakowsche Teufeliade. Die Moskauer Wochenzeitschrift „Ogonjok" (Nr. 51/1989) hat sie recherchiert: Am 7. Mai 1926 führte die GPU bei Bulgakow eine Haussuchung durch und beschlagnahmte diese Tagebücher und die Erzählung „Hundeherz". Bulgakow beantragte am 24. 7. 1926 die Rückgabe der Manuskripte in einem Brief an den damaligen Vorsitzenden des Rates der Volkskommissare Alexej Rykow, der, 1929 „rechter Abweichung" bezichtigt, 1938 im dritten „Moskauer Prozeß" zum Tode verurteilt wurde. Ob Rykow nicht helfen konnte oder nicht wollte, ist unbekannt. Auch weitere Eingaben Bulgakows blieben erfolglos. Dann setzte sich Gorki für Bulgakow ein. Und Bulgakow forderte erneut am 18. Mai 1928 die „Rückgabe der Manuskripte, die eine sehr wertvolle Wiedergabe der Stimmungen in den letzten Jahren (1921 bis 1926) enthalten", mit dem Hinweis: „Maxim Gorki ließ mich wissen, daß seine Befürwortung Erfolg gehabt habe und ich die Manuskripte bekommen würde. Aber die Rückgabe zieht sich in die Länge. Ich bitte, meinem Antrag stattzugeben und mir die Tagebücher zurückzuerstatten." Am 6. Juli 1928 gab Bulgakow Gorkis Frau Jekaterina Peschkowa – Gorki selbst wohnte noch in Italien – eine Vollmacht für den Empfang der Tagebücher. Diese schrieb ihm bald darauf: „Michail Afanassjewitsch, es braucht Ihnen keineswegs peinlich zu sein, sich an mich zu wenden. Ich habe Ihr Anliegen nicht vergessen und wende mich zweimal wöchentlich an die zuständige Stelle ... Sobald ich die Manuskripte habe, gebe ich Ihnen Bescheid." Aber erst am 3. Oktober 1929 bekam Bulgakow die Manuskripte zurück. Und er verbrannte sofort die Tagebücher, um die er über drei Jahre so hartnäckig gekämpft hatte. Sechzig Jahre danach stellte sich heraus, daß die GPU vor der Rückgabe eine Kopie der Tagebücher angefertigt hatte. „Manuskripte brennen nicht", sagt der Teufel in Bulgakows Roman „Der Meister und Margarita". Wußte der Meister, daß die GPU „sein Eckermann" war?

2

Die groteske außerliterarische Geschichte der Tagebücher deutet bereits an: Diese literarischen Vorarbeiten zu einem autobiographisch-zeitgeschichtlichen Roman nach dem eigentümlichen Genremuster der „Aufzeichnungen auf Manschetten" (1920 bis 1922) wurden zu einem Politikum, dessen Existenz Bulgakow im Oktober 1929 so gefährlich erschien, daß er es schnellstens vernichtete.
Die Hausdurchsuchung vom 7. Mai 1926 zielte in erster Linie auf die Verhaftung aller Manuskripte von „Hundeherz", aus denen Bulgakow – wie damals üblich – in verschiedenen Kreisen gelesen hatte. Für dogmatische Sektierer war „Hundeherz" offene Konterrevolution. Aber diese Erzählung verbrannte Bulgakow nicht im Oktober 1929. Die direkten politischen Bekenntnisse und Interpretationen zeitgeschichtlicher Ereignisse in den Tagebüchern konnten dagegen 1929 – nach Stalin „Das Jahr des großen Umschwungs" – in mehrfacher Hinsicht verhängnisvoll werden. Als Anfang 1929 die „Rechtsabweichler" in der Partei – Bucharin, Rykow, Tomski – öffentlich verurteilt wurden, geriet Bulgakow in den Sog der allgemeinen Kampagne gegen „Rechte". Und im „Tagebuch" hatte Bulgakow sich als „Konservativer" bekannt. Doch es ging nicht nur darum. Die Tagebücher offenbaren Bulgakows Analyse der zeitgeschichtlichen nationalen und internationalen politischen Ereignisse sowie der drohenden Perspektiven. Und diese Epochensicht widersprach sowohl jener „Generallinie", die das „Triumvirat" Sinowjew, Kamenew, Stalin 1923 bis 1925 gegen Trotzki verfochte, als auch der, die Stalin nach dem Sieg über die linke Opposition 1927 gegen die rechte eingeschlagen hatte.
Diese Aspekte der „Tagebücher" zerstören radikal die weit verbreitete Legende, Bulgakow sei ein unpolitischer Mensch gewesen und habe sich nur für die „ewigen Themen" interessiert. Offenkundig ist jetzt: Bulgakows Neusicht der „ewigen Themen" gründet sich auf tagespolitische Beobachtungen und Versuche, das Chaos der weltgeschichtlichen Zeitereignisse zu enträtseln.

Zwei Themen der „Tagebücher" verdienen in diesem Zusammenhang besondere Beachtung: Bulgakows Ansichten über Revolution und Evolution in Rußland sowie über die sich für ihn bereits 1923 klar abzeichnende internationale Konfrontation von Kommunisten und Faschisten.
In den „Tagebüchern" verurteilt er entschieden Gerüchte bzw. Hoffnungen auf eine Rückkehr der Zaren aus dem Hause Romanow: „Zum Teufel mit sämtlichen Romanows! Die haben uns noch gefehlt" (15. April 1924). Von den Positionen der Weißen, die er noch 1919 als Arzt im Dienste der Denikin-Armee vertreten hatte, war er prinzipiell abgerückt. Durch den „Einbruch der Geschichte" in das gewohnte Leben war Bulgakow plötzlich in eine fremde Welt mit anderen, ihn abstoßenden Wertvorstellungen und Umgangsformen versetzt. Sein Bemühen, die Werte der alten Zivilisation und Kultur in die nachrevolutionäre Umbruchzeit hinüberzuretten, zielte nicht auf eine Restauration des historisch heillos gescheiterten Zarismus, sondern auf eine „große Evolution" zu einer neuen Zivilisation und Kultur. Schon das eigenartige Genre der „Aufzeichnungen auf Manschetten" ist ein verdichteter Ausdruck der Suche Bulgakows nach der eigenen Position im Chaos der Revolution und des Bürgerkrieges, des „Kriegskommunismus" und des Übergangs zur „Neuen Ökonomischen Politik".*
Bei der Fortsetzung dieser zeitgeschichtlichen Bestandsaufnahme und Selbstfindung überrascht in diesem Zusammenhang die Tagebuchnotiz vom 8. Januar 1924: „Heute in den Zeitungen ein Bulletin über den Gesundheitszustand L. D. Trotzkis. Es beginnt mit den Worten: ‚L. D. Trotzki ist seit dem 5. November letzten Jahres krank', und endet: ‚Urlaub mit völliger Befreiung von sämtlichen Amtsgeschäften von mindestens zwei Monaten.' Ein Kommentar zu diesem historischen Bulletin erübrigt sich. Also, 8. Januar 1924. Trotzki ist gefeuert. Was aus Rußland wird, weiß Gott allein. Möge er ihm helfen."
In dem Artikel „Kommende Perspektiven", abgedruckt in

* Näheres im Nachwort zu: M. Bulgakow „Kleine Prosa I", Verlag Volk und Welt, Berlin 1983, S. 447–452

der Zeitung „Grozny“ am 13. November (alten Stils) 1919 im Machtbereich Denikins – die allererste Publikation des Schriftstellers nach den Ermittlungen der Bulgakow-Biographin Marietta Tschudakowa –, hatte Bulgakow seine Erfahrungen der ersten zwei Revolutionsjahre so verallgemeinert: „Solange hinter der unheilverkündenden Figur Trotzkis noch die von ihm genarrten Wahnwitzigen mit Waffen in den Händen hin und her stampfen – wird es kein Leben geben.“ Diese Schlußfolgerung erinnert stark an die Fieberphantasien der Romangestalt Russakow in Bulgakows erstem großen Prosawerk „Die weiße Garde“ (1923/24). Russakow bezeichnet Trotzki direkt als Verkörperung Satans, des Antichristen der Apokalypse.

Hier tauchen Fragen auf, die nach dem bisherigen Wissensstand nicht beantwortet werden können: Wenn Trotzki für Bulgakow die Maske des „falschen Propheten“ der Apokalypse war, warum begrüßte er dann nicht dessen Verdrängung von der Macht durch das „Triumvirat“? Was fürchtete er nach diesem „historischen Bulletin“ für Rußland? Gewiß hatte Bulgakow die literarischen Arbeiten Trotzkis im Jahre 1923 in der Presse gelesen. Trotzkis Ablehnung der führenden Rolle der Partei in der Kunst und Literatur hätte ihm sogar als ein Lichtblick erscheinen können: „Die Kunst muß ihren eigenen Weg finden ... Die Methoden des Marxismus sind nicht ihre Methoden. Die Partei übt die Führung in der Arbeiterklasse aus, aber nicht über den (ganzen) historischen Prozeß ... Schließlich gibt es noch Gebiete, wo sie sich nur selbst orientieren und mit den Vorgängen auf dem laufenden halten kann. Auf dem Felde der Kunst wird die Partei nicht zur Führung berufen ...“ Auch Trotzkis Artikel des Jahres 1923 zu Alltagsfragen, „Der Mensch lebt nicht von Politik allein ...“, über das Familienleben, die bürokratischen Umgangsformen, über „Urbanität und Höflichkeit“, „Das Fluchen in der russischen Sprache“, für eine „ursprüngliche kulturelle Akkumulation“, gegen die nihilistische Ablehnung der früheren Menschheitskultur, für die Freiheit der Forschung und Toleranz gegenüber anderen Wissenschaftsschulen wie die Sigmund Freuds, mußten

Bulgakows Aufmerksamkeit erregen. Die Themen und Ideen dieser Artikel überschneiden sich sogar vielfach mit denen in Bulgakows Erzählungen und Feuilletons dieser Jahre.
Über diese literarischen Arbeiten Trotzkis schrieb sein Biograph Isaak Deutscher: „Er verwandelte den Kampf um die Macht in einen Kampf um die ‚Seele' der Revolution, und dabei verlieh er dem Konflikt, in den er verwickelt war, neue Dimensionen und eine neue Tiefe ... Er legte den Grund frei, in dem der Stalinismus zu wachsen begann, und er versuchte, das Klima zu verändern, in dem er gedeihen sollte. Daher legte er so großen Wert auf die Lebensweise und Sitten und auf die ‚kleinen Dinge' des Alltags ..."
Wir wissen nicht, wie Bulgakow diese Bemühungen Trotzkis einschätzte. Erkannte und begrüßte er die Analogien zu seinen eigenen Bestrebungen? Oder sah er in diesem Ringen um die „Seele der Revolution" nur ein neues Manöver satanischer Versuchung, eine Alltagsmaske des „apokalyptischen Reiters" und „falschen Propheten", der – gleichsam wie das „verwundete Tier" in der „Offenbarung des Johannes" –, von der Macht verdrängt, neue, noch unheilvollere Ränke schmiedet?
Dieser Fragenkomplex läßt auch Assoziationen zu Bulgakows „Teufelsroman" aufkommen. Doch davon später.
Bulgakow nannte sich einen „mystischen Schriftsteller". Aber was die Beurteilung des weltpolitischen Zeitgeschehens betrifft, war er sehr realistisch und vorahnungsvoll. Nur sehr wenige nahmen die bayrische Hitlerbewegung im Jahre 1923 so ernst wie Bulgakow. Tagebuch, 18. Oktober 1923: „Vielleicht steht die Welt wirklich vor einer Generalauseinandersetzung zwischen Kommunismus und Faschismus." Und weiter führt er Äußerungen Trotzkis an: „In Deutschland sind zwei Aufmarschräume für die bevorstehenden Kämpfe vorgesehen: das faschistische Bayern und das proletarische Sachsen und Thüringen" ... „Wir wollen keinen Krieg." „Krieg ist eine Gleichung mit vielen Unbekannten." „Die deutsche Revolution benötigt keine physische Hilfe" (22. Oktober 1923).
Bulgakow vermerkt auch, daß der „Kommunismus" in Sach-

sen 1923 – gemeint ist die linke Koalitionsregierung unter Zeigner – von einem anderen Typ ist als der russische (18. Oktober 1923), während er darüber keinen Zweifel hegt, daß die „zweitklassigen slawischen Staaten ebenso rückständig wie Rußland sind und einen großartigen Nährboden für den Kommunismus" des russischen Typs bieten (30. September 1923), und daß die bulgarischen Bolschewiki damals nur durch das Eingreifen der Weißen Emigrantenarmee Wrangels geschlagen wurden (5. Oktober 1923).
Die „Tagebücher" bezeugen, daß Bulgakow auch in bezug auf die weltpolitischen Zusammenhänge vom „Instinkt des Erkennens" besessen war. Spätestens seit dem ersten Weltkrieg hatte er begriffen, wie das Leben der einzelnen Menschen und Völker durch die jeweiligen, immer wieder wechselnden internationalen Machtkonstellationen wesentlich, vielleicht sogar entscheidend bestimmt wird. Deshalb wollte Bulgakow die weltgeschichtliche Pendelbewegung ergründen.
Künstlerisch versuchte er, diese „mystisch" zu erfassen. Für sein Schaffen ist daher die Hypothese besonders bedenkenswert, die Gorki in dem eingangs zitierten Brief vom 15. März 1926 über den „dritten Instinkt" entwickelte: „Das Erkennen aber als eine Instinktkraft ist *unter anderem* fähig, Teleologie in Theologie zu verwandeln."

3

Die „Tagebücher" sind nicht zuletzt auch von unschätzbarem Wert zum tieferen Verständnis von Bulgakows „mystischer" Fabulierkunst.
Der Vergleich zwischen den realen Fakten, die Bulgakow in den „Tagebüchern" beschreibt, und deren künstlerischer Verarbeitung in der autobiographischen Erzählung „Meiner heimlichen Freundin" (1929) ist in dieser Hinsicht sehr aufschlußreich: Bulgakow erzählt seiner „heimlichen Freundin" – seiner späteren Frau Jelena Sergejewna – die Entstehung und das Schicksal seiner Frühwerke, die Misere der

„Wohnungsfrage“, die Querelen mit den Redakteuren, Verlegern und Zensoren. Der Leser der „Tagebücher“ erkennt auf den ersten Blick, welche realen Titel, Personen, Zeitungen, Zeitschriften und Verlage der Autor verfremdet darstellt. Doch es kommt hier nicht auf die ironische Veränderung der Namen und Titel an. Diese Art der Verfremdung ist weit verbreitet. Die für das vorrevolutionäre Bewußtsein der Intelligenz irrationalen Vorgänge, das Alltagschaos, die Zensur- und Druckschwierigkeiten, die listigen Versuche, die Zensur zu unterlaufen – all das wird in der künstlerischen Epochensicht dämonisiert. Der Autor geht, um gedruckt zu werden, einen Teufelspakt ein, verkauft seine Seele, wie es russisch wörtlich heißt, „unreinen Kräften“.
Die Erzählung entfaltet sich als eine Groteske in dem plötzlichen, völlig unerwarteten Wechsel und der Überschneidung von Realem und Phantastischem, von Tragischem und Komischem. Der Erzähler scheint bestrebt zu sein, die dämonischen Kräfte durch romantische Ironie zu bannen. Aber der „mystische“ Autor versucht, die wunderlichen Geschehnisse, alles Unverständliche und Unerkennbare, das ihn umgibt, durch Rückgriff auf die traditionellen Teufelspakt-Fabeln von der Bibel über die Faustgeschichten und Dostojewskis Romane, die Thomas Mann als „schattenhafte Apokalypsen“ bezeichnete, bis zu Alexej Tolstois „Höllenfahrt“* nicht nur künstlerisch zu bündeln. Das Verhältnis von Gott und Teufel ist für ihn zugleich das Urphänomen allen Menschenlebens, des vergangenen, des heutigen und des künftigen. Das erklärt auch, warum Bulgakow über seine Zeit nur in grotesken Formen schreiben konnte.
Der Zusammenhang von literarischem Gegenstand und mystischer Weltsicht ist der Ausgangspunkt für Bulgakows Kunstwelt und für die Faszination, die sein Werk auf immer breitere Leserkreise ausübte und ausübt: Die Widersprüche „seiner Zeit, seines Ortes“ waren grotesk. Und der „mystische Schriftsteller“ brachte das real Groteske durch seine satirische Zuspitzung und seine romantische Ironie ins allge-

* Näheres im Nachwort zu: M. Bulgakow „Stücke 2“, Verlag Volk und Welt, Berlin 1990

meine Bewußtsein. Das gilt im Prinzip auch für seine „Kleine Prosa", die er als Brotarbeit für die Eisenbahnerzeitung „Gudok" geschrieben hat.

Die Titelgeschichte dieses Bandes „Kleine Prosa 2", „Die Treppe ins Paradies" (1923), symbolisiert die allgemeine Fragestellung Bulgakows: Das Ziel ist das „Licht" der Aufklärung, Verbreitung von Zivilisation und Kultur in der „ägyptischen Finsternis" des rückständigen Rußland – all das, wofür sich schon der junge Arzt Bulgakow in provinziellen Krähwinkeln so energisch eingesetzt hatte.* Aber die Treppe zur Bibliothek ist stark vereist, und es ist stockdunkel, so daß derjenige, der den Aufstieg zu diesem Paradies wagt, immer wieder abstürzt. Bulgakow stilisiert den Vorfall zu einem Gleichnis von dem Schicksal des Menschen, der ins Paradies strebt, aber in einer Höllenfahrt endet: „‚Ach!' piepste Baltschugow, denn er spürte, daß eine teuflische (‚unreine') Kraft ihn von der vereisten Treppe wegriß und in den Abgrund zog. ‚Hil ...', begann er und kam nicht weiter ..."

Tolstois „Krieg und Frieden" und Gogols Werke stürzen mit ab. Das „ABC des Kommunismus" von Bucharin und Preobrashenski, das ein wißbegieriger Leser ausleihen wollte, bleibt unerreichbar.

Die verschiedenartigen Versuche, die symbolische „finstere" und „vereiste Treppe" zu bewältigen, sind das Hauptthema von Bulgakows Werken. Er selbst setzte auf die „große Evolution", in der das „Eis" allmählich durch das sich oben und unten ausbreitende „Licht" aufgetaut und erleuchtet werden kann.

1923 herrschte für die Darstellung der „kleinen Welt" noch so viel Glasnost in der Sowjetunion, daß die Aufklärer und Satiriker der Zeitung „Gudok", wie Bulgakow immer wieder den Leserbriefen besonders aus der Provinz entnehmen konnte, auf das Gelingen der „großen Evolution" hoffen durften. „Gudok" war eine Macht, die die kleinen Natschal-

* Näheres im Nachwort zu: M. Bulgakow „Aufzeichnungen eines jungen Arztes. Das Leben des Herrn de Molière. Theaterroman", Verlag Volk und Welt, Berlin 1981

niks und Apparatschiks fürchteten und die bei den emanzipationswilligen Erniedrigten und Beleidigten des alten Rußland Mut und Selbstvertrauen entfachte. Aber sehr vielschichtige und geschichtsmächtige Gegenkräfte stauten sich bereits an und warteten auf ihre Chance eines „großen Sprunges".

Die Warnung vor solchen „Sprüngen", den wohldurchdachten, den naiven und den karrieristischen, rückt immer mehr in den Mittelpunkt von Bulgakows Satire.

Bulgakows Frühwerke veranschaulichen bereits: die gesellschaftlichen Grundstrukturen des zaristischen Rußland, die sich in Jahrhunderten fest gefügt hatten, blieben trotz des grausamen Bürgerkrieges – oder vielleicht gerade deshalb? –, von Gegenwart und sozialistischer Hoffnung nur überlagert, mit umgekehrten Vorzeichen erhalten. Immer wieder stößt Bulgakow „oben" und „unten" auf typisch zaristische Lebenserscheinungen und -konflikte, die schon seine großen satirischen Vorbilder Gogol und Saltykow-Stschedrin gegeißelt hatten. Bulgakow versäumt es nicht, diese aussagekräftigen Analogien zu betonen. Wiederholt beschwört er den Geist seiner Lehrer, weist er durch direkte Zitate dieser Klassiker oder durch unübersehbare Anspielungen auf ihre Werke hin.

Was sich auf diesem Boden unter revolutionären Bedingungen Neues entwickelte, behandelt Bulgakow in seinen Frühwerken mit äußerster Zurückhaltung. Wenn er es tut, knüpft er an die widerspruchsvollen Visionen Dostojewskis an.

Dostojewski hatte schon im „Tagebuch eines Schriftstellers" (Januar 1881) auf neue Metamorphosen des Straßenräubers Kopejkin aus Gogols „Toten Seelen" aufmerksam gemacht: „Sie alle fletschen die Zähne nach den Staatsgeldern und öffentlichen Mitteln ... Diese Leute unterstützen als die ersten jeden Vorschlag, fremde, mechanische Heilmethoden zu uns zu verpflanzen; sie schließen sich zu einer Menge zusammen, die oft sogar von sehr anständigen Menschen angeführt wird, welche eigentlich nichts dafür können, daß sie ein solches Gefolge haben. ‚Ich bin mit jeder Veränderung einverstanden, wenn sie nur fertig ist und keine Mühe kostet', sagt so ein Kopejkin: ,bei einer äußeren Veränderung, wie sie auch sei, werde ich es immerhin besser haben als jetzt, denn ich werde sicher in der ersten Zeit nach der Veränderung etwas finden, was mir Vorteile einbringt.' In dieser Beziehung ist er also sehr gefährlich, wenn er auch nur ein Kopejkin ist ..."

Dostojewski formuliert hier, publizistisch vereinfachend, etwa das Verhältnis seiner Romangestalten Iwan Karamasow und Smerdjakow aus den „Brüdern Karamasow". Iwan, der Schöpfer der „Legende vom Großinquisitor", weiht Smerdjakow in seine westlichen „revolutionären" Heilsvorschläge für das kranke Rußland ein. Smerdjakow wird zu einem raffiniert mörderischen Kopejkin.

Die neuen, sowjetischen Kopejkin-Smerdjakows bevölkern Bulgakows „Kleine Prosa" der ersten Hälfte der zwanziger Jahre in überaus vielen Varianten. Das Verhältnis zwischen den neuen Anführern und diesem Gefolge hat Bulgakow, wie die „Tagebücher" belegen, sehr beschäftigt. Aber wie war das unter den damaligen Zensurbedingungen zu beschreiben? Ehrenburg konnte das Thema direkt ansprechen, besonders in dem Kapitel „Der Großinquisitor außerhalb der Legende" seines Romans „Julio Jurenito" (1921) und in der Tragödie des Volkskommissars Wosow, der auf dem Reißbrett das Schema zur Entwicklung des „Vervollkommneten Kommunistischen Menschen" projektiert („Der VKM", 1922).* Aber der Altersgenosse Bulgakows Ehrenburg schrieb und druckte im Ausland, wo er dank seines Freundes Bucharin mit einem sowjetischen Paß lebte.

Bulgakow näherte sich dieser Problematik in Neusichten des traditionellen Themas: Intelligenz und Volk und entwickelte es obendrein in phantastisch-allegorischen Formen: In den „Verhängnisvollen Eiern" (1924) hat der geniale Professor W. I. Persikow einen „Roten Strahl" entdeckt, der alle Lebensprozesse unwahrscheinlich beschleunigt. Als aber dieser „Rote Strahl" in die Hände des erfolgsüchtigen und unkompetenten Rokk (Das Verhängnis) gelangt, droht Rußland die

* In: I. Ehrenburg „13 Pfeifen und andere unwahrscheinliche Geschichten", Verlag Volk und Welt, Berlin 1984

völlige Vernichtung. Nur ein Wunder der Natur rettet Moskau.
Dabei ist Rokk keineswegs ein Kopejkin-Smerdjakow. Er ist eher ein naiver Voluntarist, der im Geiste der Zeit mit Hilfe des „Roten Strahls" einen ökonomischen „Engpaß" auf der „Treppe ins Paradies" überwinden helfen will.
Die als ein Verjüngungsexperiment gedachte Operation des Professors Preobrashenski (Umgestalter) in „Hundeherz" zeitigt einen Typ, der viel schrecklicher ist als Smerdjakow. Er wird für seinen Schöpfer und die Gesellschaft so gefährlich, daß es nur noch einen Ausweg gibt: die Zurücknahme des Experiments.

4

Goethes Retortenmenschlein im „Faust", Homunkulus, ist „Geist allein". Er kann sich nur „verkörpern", wenn er die große Evolution des Lebens für sich nachholt. Ehrenburgs Schöpfer des „VKM" kommt um den Verstand – auch darin ist er Iwan Karamasow verwandt –, als er seine Heilsidee, das technokratisch modernisierte Plansystem eines „Großinquisitors außerhalb der Legende", in Sowjetrußland zu verwirklichen gedenkt. Im Alptraum der Bewußtseinsspaltung sieht er, wie das von revolutionären Visionen nur überlagerte „Mütterchen Altrußland" sein Planquadratensystem überschwemmt, sich in ihm häuslich einrichtet und „die Doppelgänger verschiedener Jahrhunderte zu randalieren begannen". Bulgakows „Umgestalter" scheint zunächst, unerwartet für ihn selbst, den langen Evolutionsprozeß vom Tier zum Menschen operativ abgekürzt, nachgeholt und überholt zu haben. Aber einerseits setzt sich das lumpenproletarische Pfropfferment, das für das Verjüngungsexperiment verwendet wurde, übermächtig durch. Und andererseits wird dem „Genossen Bellow" (russisch Scharikow) im Geiste eines primitiven „Gleichheitskommunismus" ein „Schein des Himmelslichts" vermittelt, das er allein gebraucht, um „nur tierischer als jedes Tier zu sein".

Die Scharikows wurden bald zu einer Massenerscheinung. Sie erwiesen sich bereits – etwa wie die Hundestaffel des Schweins Napoleon in Orwells „Farm der Tiere“ – als eine wesentliche Stütze in Stalins Kampf gegen die internationalistische Linke Opposition. Stalins irrationale Losung vom „Sozialismus in einem Land“ verhieß ihnen Aufstieg, Macht und sichere Pfründe. Daß diese Losung allen sozialistischen Einsichten und Idealen von Marx bis Lenin widersprach, kümmerte sie dabei überhaupt nicht. Auch das hat Bulgakow vorausgesehen. Sein Scharikow ist weder mit Engels noch mit Kautsky einverstanden: „Die schreiben was zusammen ... irgendwelche Deutschen ... Da platzt einem ja der Kopf.“ Und seine Alternative lautet: „Einfach alles nehmen und aufteilen ...“
Im „Tagebuch“ des Jahres 1924 verfolgt Bulgakow den Beginn dieses Kampfes gegen die Linken noch mehr oder weniger belustigt. In der Nacht vom 20. auf den 21. Dezember 1924 notiert er: „Das Wichtigste war natürlich die Spaltung der Partei, ausgelöst durch Trotzkis Buch ‚Die Lehren des Oktober‘. Dann der einmütige Angriff der Parteiführer mit Sinowjew an der Spitze auf das Buch, die Verbannung Trotzkis in den Süden unter dem Vorwand seiner Erkrankung und die Stille danach ... Sie haben Trotzki aufgefressen, sonst nichts. Ein Witz: ‚Lew Dawyditsch, wie steht's um Ihre Gesundheit?‘ – ‚Ich weiß nicht, ich habe heute noch nicht Zeitung gelesen.‘ (Anspielung auf das lächerliche Bulletin über seine Gesundheit.)“
Bedenkenswert ist, daß Stalin, der eigentliche Organisator des „Auffressens“ Trotzkis, damals nicht Bulgakows Aufmerksamkeit erregte. Bekanntlich hielt sich Stalin noch in den öffentlichen Auseinandersetzungen zurück. Er schickte Sinowjew vor, dessen massenwirksame Theatralik Bulgakow in der Tagebuchnotiz vom 17. April 1924 beschreibt. Bulgakow hatte offensichtlich das raffinierte Intrigenspiel Stalins damals überhaupt nicht bemerkt. Stalins äußerliche Zurückhaltung und Sachlichkeit bei den Auseinandersetzungen Sinowjews und Kamenjews – seiner damaligen Verbündeten und späteren Gegner – mit Trotzki, seine Rolle als „beschei-

dener Schüler und Sachwalter Lenins“ waren eine der Voraussetzungen für seinen Sieg über alle anderen Fraktionen in der Parteiführung und für den Kult um seine Person. War Bulgakow auf diesen Trug wenigstens zeit- oder teilweise auch hereingefallen? Hat dieses damalige Stalin-Bild mit dazu beigetragen, daß sich Bulgakow bald darauf hoffnungsvoll an Stalin wandte und von 1930 bis 1939 immer wieder um ein persönliches Gespräch mit ihm warb?

Diese Frage stellt sich aus den konkreten historischen Zusammenhängen und aus den Rätseln in Bulgakows Spätwerk.

1929 war Bulgakow nur eine Zielscheibe der Scharikows in der Kulturpolitik. Im Mittelpunkt ihrer Kampagnen standen Pilnjak und Samjatin, dann vor allem Platonow.

Pilnjak hatte in dem Berliner Verlag „Petropolis“ seinen Kurzroman „Mahagony“ veröffentlicht. Das war damals durchaus noch möglich. Aber in „Mahagony“ waren die geschlagenen romantischen Revolutionäre des sowjetischen Anfangs und der Linken Opposition des Jahres 1927 mit offensichtlicher Sympathie dargestellt. Gorki verteidigte Pilnjak in der „Iswestija“ vom 15. September 1929 und betonte: „Aber es geht nicht nur um Pilnjak ... Die prahlerischen Erklärungen, wir kämen ohne Weggenossen aus, sind nicht überzeugend. Mehr noch: sie kommen sehr häufig aus den Kreisen der Parasiten der neuen Herrn im Lande ..., von Leuten, die noch keine Verräter sind, aber jeden Moment Verrat begehen können. Es ist bei uns zur dummen Gewohnheit geworden, Menschen auf den Glockenturm des Ruhms zu heben und sie dann in Staub und Schmutz hinabzustürzen. Ich will hier keine Beispiele eines so absurden und grausamen Umgangs mit Menschen anführen, sie sind allen bekannt ... Wie wir mit den Menschen umgehen, damit können wir unsere eigenen Kinder durchaus zu Feinden machen ...“ Darauf geriet Gorki selbst ins Kreuzfeuer der Kritik. Als Antwort schrieb er in dem Artikel „Immer wieder über dasselbe“: „Ich finde, daß bei uns die Begriffe ‚Klassenfeind‘, ‚Konterrevolutionär‘ äußerst mißbraucht werden und daß das meistens unbegabte Menschen tun, Menschen von zweifelhaftem sozialem Wert, Abenteuerer und ‚Raffer'." Und in einer Variante dieses Artikels heißt es: „Außer Pilnjak gibt es nicht wenige Schriftsteller, auf deren Köpfen die ‚einmütigen' Leute öffentlich die Kraft ihrer Fäuste ausprobieren in dem Streben, die Obrigkeit davon zu überzeugen, daß gerade sie wissen, wie die ideologische Reinheit der Arbeiterklasse und die Keuschheit der Jugend zu schützen sind ... Soviel ich weiß, versuchen es Samjatin, Bulgakow und ebenfalls alle anderen Verdammten und Verfluchten nicht, die Geschichte daran zu hindern, ihre Sache zu machen, die schöne und große Sache, und sie sind von keiner blinden organischen Feindschaft gegen die ehrlichen Macher dieser großen und notwendigen Sache erfüllt."

Dieser Artikel, geschrieben Ende September 1929, wurde zwar damals nicht gedruckt. Aber am 25. Dezember 1929 wurde ein ZK-Beschluß zur Verteidigung Gorkis gefaßt und einige der literarischen Scharikows ihrer Posten enthoben.

Samjatin, der sowohl Gorki als auch Bulgakow nahestand und zwischen beiden vermittelte, berichtete später in seinen Erinnerungen an Gorki, daß dieser Ende der zwanziger, Anfang der dreißiger Jahre durchaus Erfolge im Kampf gegen die literarischen Scharikows erzielte und wesentlich zur offiziellen Auflösung ihrer Organisation, der RAPP, im Jahre 1932 beigetragen habe.

Es verbreitete sich damals die Legende, Stalin würde auf Gorki hören. Für viele Schriftsteller war diese Legende ein Wunschtraum, der sich bald als eine Illusion erweisen sollte. Stalin diente diese Legende zur Festigung seiner Autorität als „großer, weiser Führer".

In dieser Atmosphäre wucherte die zentrale Legende des Stalinkultes: Er kenne und wolle die Untaten seiner Gefolgsleute nicht. Man muß es ihm nur sagen ... Dostojewskiverehrer mochten glauben, Stalin sei einer jener „sehr anständigen Menschen", die „eigentlich nichts dafür können, daß sie ein solches Gefolge haben".

Und Bulgakow wußte aus erster Hand, daß sein Freund Samjatin, der 1929 vor allem wegen einer Westausgabe seiner Antiutopie „Wir" (geschrieben 1920) angeklagt wurde

und im Juni 1931 in einem Brief an Stalin seine ausweglose Lage in der SU ausführlich dargelegt und um Ausreiseerlaubnis gebeten hatte, 1932 durch Vermittlung Gorkis nach Paris fahren durfte. Bulgakow geleitete Samjatin – mit welchen Gedanken wohl – zur Abreise auf den Belorussischen Bahnhof.
Warum sollte Bulgakow versagt bleiben, was Samjatin gestattet worden war?

5

Die Briefe Bulgakows an die sowjetische Regierung, an Stalin und an Gorki werden in diesem Band erstmals vollständig deutsch vorgelegt. Ihre Veröffentlichung, die seit Ende der sechziger Jahre erfolgte und erst 1987 abgeschlossen wurde, hat Legenden zerstört und neue geschaffen. Lange Zeit galt als unbestritten, Bulgakow habe lediglich mit Stalins Hilfe die Zensur unterlaufen wollen, sei aber keinerlei Kompromisse eingegangen und gleiche dem gekreuzigten Jeshua in seinem Roman „Der Meister und Margarita". So wurde Bulgakow auch in der Inszenierung des Romans am Moskauer Taganka-Theater in den siebziger Jahren öffentlich direkt gehuldigt. Diesen Bulgakow-Kult untergruben die Veröffentlichungen der Briefe von 1931 und 1934 sowie des Stalin-Stückes „Batum" (1936–39): Auch dieser „Heilige" war „sündig", habe einen Teufelspakt angestrebt. Dem wurde jedoch entgegengehalten, daß Bulgakow den Traditionen der heiligen russischen Literatur folge und sich an Stalin wende, wie sich Puschkin mit Zar Nikolai I. nach der Niederschlagung der Dekabristen arrangieren mußte. In dem Entwurf seines Briefes an Stalin von 1931 weist Bulgakow direkt darauf hin, indem er diesen bitten will, sein „erster Leser" zu werden. Nikolai I. hatte sich mit diesen Worten als Puschkins Oberzensor angeboten. Und schließlich entdeckte der Kritiker Miron Petrowski, daß Bulgakow in „Batum" Puschkins Tragödie „Boris Godunow" parodiert, den Aufstieg des jungen Stalin, seinen Weg vom Schüler des

Priesterseminars zum Berufsrevolutionär mit der Hochstapelei des jungen Mönchs Grigori Otrepjew vergleicht, der sich als Zarensohn ausgab und ein Zar-Usurpator, der „falsche Demetrius", wurde (Zeitschrift „Teatr", Moskau 1990, Nr. 2).

Wann und wie Bulgakow zu diesem Stalin-Bild kam, ist noch nicht genau zu sagen. Aber es ist anzunehmen, daß er 1936, als er von sich aus, ohne Auftrag das Stalin-Stück plante, bereits diese Konzeption hatte. Sein Stück über Molière, „Kabale der Scheinheiligen" (1930 bis 36), schildert die Hoffnungen eines Dichters auf einen aufgeklärten Monarchen, die scheitern. Das Puschkin-Stück „Die letzten Tage" 1934/35 zeigt, welches Ende dem Dichter jenes Selbstherrschaftssystem bereitete, an dessen Spitze ein Monarch stand, der sich erbot, des Dichters „erster Leser" zu sein.

Was von den legitimen absolutistischen Herrschern und Systemen zu erwarten war, hatte Bulgakow in diesen historischen Stücken durchschaubar gemacht. Nein, Bulgakow war kein Zarenanhänger, wie seine Gegner, die „unbändigen Eiferer" von der RAPP-Kabale, behaupteten. Wenn er in den phantastischen Stücken „Glückseligkeit" (1934) und „Iwan Wassiljewitsch" (1935/36) den Zaren Iwan den Schrecklichen durch ein Zeitmaschinenexperiment in die Sowjetunion der dreißiger Jahre versetzt, so war das keine „Totenbeschwörung" Bulgakows. Das Stalin-System begann damals den grausamen Zaren als ein Vorbild zu rehabilitieren und wurde selbst in Überbau und Praxis zu einer – im Marxschen Sinne – „Totenbeschwörung" des Geistes von Iwan dem Schrecklichen.* Bulgakow wollte aber nicht nur das sinnfällig machen. Sein Experiment zielt darauf: Was wird, wenn ein epigonaler Usurpator, ein „falscher Iwan der Schreckliche", auf den Zarenthron gelangt? Der sowjetische Hausmeister-Despot Iwan Wassiljewitsch und ein Dieb werden auf dem verwaisten Zarenthron entsetzlicher als alle schrecklichen Zaren der Vergangenheit. Alles scheint wie früher zu sein, nur banaler und absurder.

* Näheres im Nachwort zu: M. Bulgakow „Stücke 1", Verlag Volk und Welt, Berlin 1982, S. 476ff

Folgerichtig ging Bulgakow nach dem Abschluß von „Iwan Wassiljewitsch“ zum Thema Stalin über, dem gegenwärtigen Usurpator im Kreml, dem „roten Zaren“.
Natürlich mußte sich Bulgakow bei einem realistischen Stück zu diesem Thema, das damals aufgeführt werden sollte, auf die Jugendzeit Stalins beschränken und sein eigentliches Anliegen schlitzohrig zwischen den Zeilen des Textes verbergen.
Aber war für Bulgakow als Künstler damit das Thema dieses Usurpators und seiner Schreckensherrschaft abgeschlossen? Was hat er davon in „Meister und Margarita“ hineingeheimnist?
Der neue Erkenntnisstand der Bulgakowforschung, die inzwischen entdeckten neuen Materialien und das tiefere Eindringen in die Schaffensmethode dieses „mystischen Schriftstellers“ vermitteln auch neue Aspekte auf das noch Rätselhafte in „Der Meister und Margarita.“
Darüber, daß Bulgakow in diesen Roman nach der Art seiner phantastischen und historischen Werke viel hineingeheimnist hat, bestand von Anfang an kein Zweifel. Einzelne Motive wurden sofort erkannt. Aber gab es ein ganzes allegorisches System? Die Zensoren der Erstveröffentlichung des Romans 1966/67 nahmen es offenbar an, denn die zahlreichen Streichungen, die dort vorgenommen wurden, konzentrierten sich auf wesentliche Orientierungspunkte zum Verständnis der Gegenwartsbezüge. So konnte man in dem Auftauchen Maljuta Skuratows, des Organisators des großen Terrors unter Iwan dem Schrecklichen, im dem Kapitel „Der große Ball beim Satan“ schon in der gekürzten Fassung einen Hinweis darauf erkennen, daß die phantastische Handlungsebene in der Zeit der „Totenbeschwörung“ dieses Zaren angelegt ist. Aber es fehlten die genaueren Bestimmungen. Gestrichen war bei dieser mitternächtlichen „Auferstehung“ großer und kleiner Verbrecher der Weltgeschichte seit der Antike das Erscheinen der zwei „Neuen“. Von dem einen weiß Korowjew zu berichten: „Asasello hat ihn mal besucht und ihm beim Kognak einen Rat zugeflüstert, wie er sich eines Mannes entledigen könne, dessen Ent-

hüllungen er außerordentlich fürchtete. Darauf ließ dieser einen Bekannten, der von ihm abhängig war, Gift auf die Wände seines Arbeitszimmers sprühen ..." Und der andere Neue „ist sein zuverlässiger Untergebener". Die meisten Forscher sind sich darin einig, daß die beiden Neulinge der ehemalige GPU-Chef Jagoda und sein Stellvertreter Bulanow sind. Jagoda wurde im dritten „Moskauer Prozeß", in der „Strafsache des antisowjetischen ‚Blocks der Rechten und Trotzkisten'", gegen Bucharin, Rykow, die Ärzte Gorkis und andere eines ähnlichen Verbrechens beschuldigt, zum Tode verurteilt und am 15. März 1938 erschossen. Und der Generalstaatsanwalt Wyschinski schätzte die Jagoda vorgeworfenen Verbrechen – besonders die angebliche Vergiftung Gorkis – als ein neues Kapitel der vielfältigen Methoden von Giftmorden seit der Antike ein. Im Zusammenhang mit dieser Ortung des phantastischen Geschehens wird immer wieder nach dem Hintersinn der Worte gefragt, mit denen Korowjew Margarita auf den „Ball" vorbereitet: „Wir werden Personen sehen, die seinerzeit eine außergewöhnliche Machtfülle besaßen. Wenn man freilich daran denkt, wie mikroskopisch klein ihre Möglichkeiten sind im Vergleich zu den Möglichkeiten desjenigen, dessen Suite anzugehören ich die Ehre habe, dann wird einem komisch und, ich will mal sagen, traurig zumute." In der Tat, welche Beziehungen bestehen zwischen dem Treiben Volands und seiner Suite im Moskau des Jahres 1938 und dem gleichzeitigen realen Geschehen?

Ilja Ehrenburg schreibt im siebenten Buch seiner Memoiren „Menschen Jahre Leben" über „Meister und Margarita": „Jerschalaim ist eine lebendige Stadt, und die Kapitel, die Pontius Pilatus gewidmet sind, habe ich wie eine vortreffliche Erzählung über einen Zeitgenossen von uns gelesen, dagegen sind die Kapitel, in denen das Moskauer Leben der zwanziger Jahre geschildert wird, nach meiner Ansicht veraltert."

Ehrenburg kannte nur die gekürzte Zeitschriftenfassung. Er konnte die Gegenwartshandlung daher nicht richtig datieren und auch nichts von der Anspielung auf den Prozeß gegen seinen Freund Bucharin und andere wissen. Doch darauf kommt es hier nicht an. Eine der ersten sowjetischen Leserurteile über „Meister und Margarita" lautete: „Satan reißt alle und jegliche Masken herunter. Satan ist nicht ein Beschützer, sondern ein Provokateur des Bösen – ein transzendentaler Julio Jurenito ... Er führt das Böse bis zum Absurden, bis zum Äußersten, wo es sich selbst entlarvt, wo es unter der eigenen Last zusammenstürzt."

Ist die Gestalt des Voland tatsächlich – wenn auch transzendental – nur ein satirischer Kunstkniff wie Julio Jurenito? Ehrenburg mag es so erschienen sein. Gewiß, Voland kommt nach Moskau und erforscht durch seine Vorstellung „Die schwarze Magie und ihre Entlarvung", ob sich die Moskauer seit der Revolution und durch sie verändert haben. Er enthüllt die alten gesellschaftlichen Strukturen und menschlichen Beziehungen, verhöhnt damit den Anspruch, der Sozialismus habe in diesem einen Land „an allen Fronten" gesiegt. Doch schwerlich erschöpft sich die Gestalt des Voland mit dieser Funktion.

Bulgakow hat wiederholt betont, daß Voland keinen Prototyp habe. Tatsächlich haben sich alle Versuche, Voland historisch zu konkretisieren oder zu identifizieren, als unhaltbar erwiesen. Das gilt besonders für die anfangs häufige Interpretation Volands als idealisierten Stalin, die auch mir zuerst einleuchtend schien, da Voland Berlioz umbringen läßt und dessen Prototyp, der einst mächtige Generalsekretär der RAPP Awerbach, dem großen Terror Stalins später zum Opfer fiel. Aber die Hauptsache geht nicht auf: Der Usurpator im Kreml rechtfertigte seine Usurpation ja gerade durch die Lüge, in der Sowjetunion der dreißiger Jahre sei der Sozialismus verwirklicht und ein neuer Mensch herangebildet worden. Und jene, die – ähnlich im Prinzip wie Voland und seine Suite – diese Lüge entlarvten, waren die ersten Opfer seiner Terroraktionen. Und Stalin blieb im Kreml, während Voland in den Westen entschwand, wo sich auf seinem Globus neue kriegerische Konflikte abzeichneten.

Voland ist wirklich Satan, ein apokalyptischer Reiter. In seiner eigentlichen Gestalt verläßt er am Schluß des Romans Moskau. Aber schon bei Gogol nimmt der Teufel eine immer wechselnde menschliche Gestalt an. Und beim frühen Bulgakow hat der apokalyptische Reiter den Namen Trotzki angenommen.

Verbirgt sich hinter der Volandiade etwa ebenfalls eine Trotzkiade? Das wäre auch eine Hypothese, die sich nicht belegen läßt.*

Wir wissen nicht einmal, wie Bulgakow die Verteufelung Trotzkis durch die massive stalinistische Propaganda in den dreißiger Jahren aufgenommen hat.

Zweifellos ist nur, daß auch die Volandiade mit all ihrer Phantastik, Symbolik und Absurdität eine geschlossene poetische Welt darstellt, deren Realitätsbezug als ein Ganzes noch unbekannt ist.

6

Der Bezug vieler allegorischer Geschehnisse und symbolischer Figuren in der „Klassischen Walpurgisnacht" des „Faust II" zu Goethes Weltsicht und zu seiner Zeit beschäftigt noch heute die Spezialisten. Die Bulgakowforschung steht noch ziemlich am Anfang. Und bisher stellte sich heraus, mit getilgten „weißen Flecken" öffneten sich immer wieder neue unbekannte Räume. Legenden wurden zerstört, neue entstanden. Letzteres hing aber nicht nur mit den „weißen Flecken" zusammen.

Manche Legenden wurden künstlich geschaffen und forciert, um das Erscheinen von Bulgakows Werken unter den Zensurbedingungen der Breshnew-Zeit zu ermöglichen. So verbreitete Jelena Sergejewna Bulgakowa, ihr Mann habe sich nie für die Tagespolitik interessiert, sich nur mit unpolitischen „ewigen Themen" beschäftigt und dabei die große Fausttradition von Goethe bis zur Sowjetliteratur fortgesetzt.

* Vielleicht vermitteln schon die Veröffentlichungen der Varianten seiner Werke, aller Privatbriefe und des ganzen Tagebuchs von Jelena Bulgakowa neue Einsichten.

Und besonders hervorgehoben wurden die anerkennenden Urteile Gorkis und Fadejews über Bulgakow – von denen Jelena Sergejewna mir zur Verbreitung Kopien gab –, wobei der Anschein erweckt wurde, Bulgakow sei der offiziell festgelegten „Hauptlinie“ der Sowjetliteratur sehr nahe gewesen. Diesem „Bild“ widersprechende Aspekte wurden entweder gemieden oder so verpackt, daß sie durch die Zensur rutschen konnten. Bulgakow selbst hatte schon in dieser Richtung sein Telefongespräch mit Stalin am 18. April 1930 zu vermarkten versucht.
Stalin rief Bulgakow an, um über dessen Brief vom 28. März 1930 „An die sowjetische Regierung“ zu sprechen. Das Stenogramm des Gesprächs ließ Jelena Bulgakowa in der Moskauer Zeitschrift „Fragen der Literatur“ 9/1966 abdrucken: „Stalin: ‚Wir haben Ihren Brief erhalten. Haben ihn mit den Genossen gelesen. Sie werden eine günstige Antwort erhalten. Und – vielleicht sollen wir Sie ins Ausland lassen? Was, haben Sie uns sehr satt?‘ Bulgakow: ‚Ich habe in der letzten Zeit sehr viel nachgedacht, kann ein russischer Schriftsteller außerhalb der Heimat leben? Und mir scheint, daß er es nicht kann.‘ Stalin: ‚Sie haben recht. Ich denke ebenso. Wo wollen Sie arbeiten . . .‘“
Von dem Kontext war nicht die Rede. Majakowski hatte am 14. April den Freitod gewählt. Seine Beerdigung am 17. April wurde zu einer großen Demonstration. War das ohne Einfluß auf Stalins Anruf?
Ähnliche Rücksichten erforderte auch die Herausgabe Bulgakows bei „Volk und Welt“. Aber die Bedingungen für die Edition kritischer sowjetischer Literatur war bei dem DDR-Verlag günstiger als damals in der Sowjetunion. Bereits 1968 bis 1970 veröffentlichte „Volk und Welt“ fünf gerade entdeckte Bulgakow-Bände. Und Anfang der siebziger Jahre wurde die Sammelausgabe konzipiert, von der „Die Treppe ins Paradies“ (Kleine Prosa 2) der siebente Band ist. Zu diesem Band ist anzumerken: Bulgakows „Kleine Prosa“ wurde – ähnlich wie die „Stücke 1“ und „Stücke 2“ – nicht nur aus sachlichen Erwägungen in zwei Bände aufgeteilt. Für die jeweils zweiten Bände wurden vor allem jene Werke Bulga-

kows aufgespart, die in der Sowjetunion noch nie erschienen waren und daher für „Volk und Welt“ vorläufig unverlegbar blieben.
Das gilt hier für „Hundeherz“. Aber gerade dieses Meisterwerk erweist sich als die umfassende künstlerische Verallgemeinerung der Problematik aller Beiträge dieses Bandes.
Mit „großen Sprüngen“, so wohl gemeint sie auch seien, gelangt man von der sündigen Erde nicht ins Paradies, sondern beschwört die Höllenfahrt herauf. Und das gilt nicht nur für das rückständige Rußland, wo die „Treppe“ nach oben besonders finster und vereist ist.
Für Bulgakow ist die „Zurücknahme“ des deutschen Faust, der mit den „Elementen spekulierte“, die Voraussetzung für die Entwicklung seiner großen Evolutionsalternative. Damit erneuert er Dostojewskis Fragestellung zeitgemäß. Er tat es offensichtlich im Ansatz in der Tradition des Philosophen Sergej Bulgakow, der „vom Marxismus zum Idealismus“ evolutionierte und bereits 1902 Iwan Karamasow als „russischen Faust“ bezeichnet hatte: Goethes „Faust endete mit der Theorie des Fortschritts. Das ist der letzte theoretische Schritt, den er vor dem Tode machen konnte ... Und das, was für die eine Generation ein mit Herzblut erlangtes Resultat darstellt, ist für die andere ein Ausgangspunkt, so ist das Vermächtnis Fausts für Karamasow ein Problem.“ Und weiter folgert Sergej Bulgakow, die Weltanschauung des Sozialismus sei „ebenso wie der Geisteszustand Iwans, ähnlich einer sittlichen Krankheit, jedoch eine Wachstumskrankheit, wie eine Übergangserscheinung, nach der eine höhere Synthese folgt, die ... aus einem Zusammenfluß zwischen den ökonomischen Forderungen des Sozialismus mit den Prinzipien des philosophischen Idealismus und der Rechtfertigung des ersten durch letzteren bestehen soll ...“.

Berlin, Dezember 1990 — Ralf Schröder

Inhalt

Erzählungen und Feuilletons

Michail Bulgakow

Sammelausgabe in Einzelbänden

In gleicher Ausstattung sind erschienen:

Die weiße Garde
Aus dem Russischen von Larissa Robiné
Mit einem Nachwort von Ralf Schröder

Kleine Prosa
Aus dem Russischen von Thomas Reschke
Mit einem Nachwort von Ralf Schröder

Aufzeichnungen eines jungen Arztes
Das Leben des Herrn de Molière
Theaterroman
Aus dem Russischen von Thomas Reschke
Mit einem Nachwort von Ralf Schröder

Stücke
Aus dem Russischen von Thomas Reschke
und Ingrid Göhringer
Mit einem Nachwort von Ralf Schröder

Der Meister und Margarita
Aus dem Russischen von Thomas Reschke
Mit einem Nachwort von Ralf Schröder

Stücke 2
Aus dem Russischen von Thomas Reschke
Mit einem Nachwort von Ralf Schröder